U0872521

SAP BW/BO 实战指南——像学习 Office 一样学习 BW/BO

张 俊 编著

机械工业出版社

本书主要介绍了 SAP BW/BO 两大商务智能产品，内容分为 BW 和 BO 两大部分。BW 部分由浅入深，先简要介绍了 BW 产品概况和 SAP GUI 客户端安装，之后演示了一个简单的从源系统到数据处理再到报表展现的端到端案例，最后将 BW 常用的基础知识分解为单元操作并逐一剖析。而 BO 部分也采用了循序渐进的讲解方式，先介绍 BO 产品以及 BO 与 BW 的集成方案，然后介绍了 BO 服务器和报表工具的安装，之后介绍了 BO 前端展现产品的基础操作以及 BO 和 BW 集成实例。

本书基于目前业界主流的 BW7.0 和 BO3.1 版本，涵盖了其中常用模块和主要功能。

本书是为 SAP BW/BO 初学者提供的实战指南。本书适合的读者群包括：SAP BW/BO 用户、SAP BW/BO 实施顾问。

图书在版编目（CIP）数据

SAP BW/BO 实战指南——像学习 Office 一样学习 BW/BO / 张俊编著.
—北京：机械工业出版社，2012.2（2025.7 重印）
ISBN 978-7-111-37555-5

Ⅰ. ①S…　Ⅱ. ①张…　Ⅲ. ①企业管理－应用软件，SAP BW/BO
Ⅳ. ①F270.7

中国版本图书馆 CIP 数据核字（2012）第 030808 号

机械工业出版社（北京市百万庄大街 22 号　邮政编码 100037）
策划编辑：丁　诚
责任编辑：丁　诚
责任印制：常天培
河北虎彩印刷有限公司印刷
2025 年 7 月第 1 版第 12 次印刷
184mm×260mm · 26.5 印张 · 657 千字
标准书号：ISBN 978 - 7 - 111 - 37555 - 5
定价：81.00 元

凡购本书，如有缺页、倒页、脱页，由本社发行部调换

电话服务
服务咨询热线：010 - 88379833
读者购书热线：010 - 88379649

网络服务
机 工 官 网：www.cmpbook.com
机 工 官 博：weibo.com/cmp1952
教育服务网：www.cmpedu.com
金 书 网：www.golden-book.com

前 言

当前，SAP BW/BO 项目方兴未艾，如火如荼。SAP BW/BO 的爱好者也越来越多，希望自己能迅速成为新时代的 SAP BW/BO 顾问。

SAP 系统本身是博大精深的，而且目前的 SAP BW/BO 图书和培训普遍重理论，轻操作。其典型表现就是大学生可以通过培训或者自学获得 SAP BW/BO 官方 PA 认证，但进入项目组，却无法开始工作，甚至有部分爱好者和初学者在培训或自学后，感到 SAP BW/BO 入门太难而放弃了继续学习的努力。

作为拥有 SAP BW/BO PA 认证，同时具有多年国际化 SAP BW/BO 项目经验和多年培训经验的作者以为，SAP BW/BO 入门并不难，能学会 Office 办公软件，就能学会 SAP BW/BO。关键是正确的学习方法和循序渐进的入门指导书。比如学习使用计算机，应该开始就进行操作和应用培训，再结合计算机理论提升。也就是说，一开始就应该进行 Windows 和 Office 应用软件培训，之后如果需要，再讲解计算机硬件原理和软件算法。

本书就是为了实现让初学者像学习 Office 一样来学习 SAP BW/BO 的目标，以应用和操作为重点的快速入门指导书籍。作者从初学者的角度，抛弃了高深的 BI（商务智能）和 SAP BW/BO 的理论，直接从操作入手。本书通过精心编选的案例，详尽的操作步骤描述和截屏，引导初学者进入多姿多彩的 SAP BW/BO 世界，就好像带领一个人穿越陌生的森林，给他指引路标，带他进入主干道，使他能在最短的时间内，对这片森林全局和主干道迅速了解，从而为他进一步探索森林打下坚实的基础。初学者完全可以参考本书，依葫芦画瓢，在系统中进行 SAP BW/BO 的各种单元操作，轻松实现 BW 建模、BW 数据加载和 BW/BO 报表展现。从而揭开 SAP BW/BO 上的神秘面纱。

本书的目的是为初学者导航。初学者在掌握操作后，可以通过自己的思考和参阅其他 SAP BW/BO 中英文资料，将对 SAP BW/BO 的感性认识上升到理性认识，进而抛弃本书，进入到 SAP BW/BO 的新境界。

本书共分为五篇：

第一篇是 BW 概述篇，包括第 1 章和第 2 章，简单介绍了 SAP 产品、BW 的解决方案和 SAP 客户端的安装等，并提供后续 BW 学习的准备知识。

第二篇是 BW 入门篇，包括第 3～6 章，介绍了一个简单的建模，包括模型、报表的建立，然后用手动和自动方式完成数据加载。该篇使读者对 BW 的基本对象和操作有一个了解。

第三篇是 BW 实战篇，包括第 7～18 章，基于项目实践，将常用的 BW 基础知识分解为单元操作并做一一剖析，从广度和深度两方面拓展 BW 的基础知识。该篇为读者打开 BW 的多彩世界，帮助读者修炼 BW 实战需要的基本技能。

第四篇是 BO 概述篇，包括第 19 和第 20 章，简单介绍了 BO 产品、BO 和 BW 的集成以及 BO 服务器和报表工具的安装。该篇提供后续 BO 学习的准备知识。

第五篇是 BO 基础篇，包括第 21～24 章，介绍了 BO 前端产品的基础操作以及和 BW 集成的解决方案。该篇使读者对 BO 的基础操作有一个了解。

作者希望能够结合当前主流的架构、产品和项目实践，给初学者一些入门的指引，希望能够抛砖引玉。商务智能理论在不断发展和演进，而 SAP BW 和 BO 产品以及两者的集成也在不断升级，限于作者的水平和时间，很难全面深入把握。所以书中疏漏甚至错误之处在所难免，欢迎广大读者批评指正。

编　者

目　录

第三篇 BW实战篇

第四篇 BO 概述篇

第五篇 BO 基础篇

第一篇　BW 概述篇

第 1 章　SAP 产品和商务智能概述

SAP 既是公司名称，又是其产品——企业管理解决方案的软件名称。SAP 源于 Systems，Applications and Products in Data Processing，即数据处理中的系统、应用和产品。根据市值排名，SAP 公司为全球第三大独立软件提供商，全球第一大企业应用软件和解决方案提供商。财富 500 强中 80%以上的企业都是 SAP 公司的客户。

SAP 公司的核心业务是销售其研发的商业软件解决方案及其服务的用户许可证。所以在其传奇性的成功故事中，产品扮演核心角色。

1.1　SAP 产品概述

1. SAP 的旗舰产品 R/3

SAP 公司自创立以来，产品不断推陈出新，产品线不断延伸。最重要的是，SAP 公司的产品都具有严谨的流程和卓越的品质，从而成为业界的领袖。

1972 年正是 IBM 大型主机风行的时代，应用软件市场还在起步阶段。但 5 位前 IBM 雇员看到其中商机，在德国创立 SAP 公司。5 位创始人的理想是开发销售能够处理整个商业流程的标准企业软件，数据处理应该实时并且可交互。

SAP 公司的第一个产品是一个自动化财务和交易程序 RF，其中 R 代表 Realtime——实时处理。1979 年 SAP 推出适用于大型机的 R/2 软件，之后迅速进入国际市场并不断扩张。1992 年中 R/3 横空出世，标志 SAP 产品乃至于整个 ERP 领域从主机/工作站产品向客户机/服务器技术的转变。R/3 的推出是 SAP 公司历史上最重大的事件，从此开启了一个奇迹般的成长记录。

SAP R/3 以模块化的产品提供集成的企业管理解决方案。这些模块中都包含了大量预设的基于最佳业务实践（Best Practice）的业务流程和实现方案，如图 1-1 所示。其中各个模块的主要内容如下。

- 财务会计模块（FI）：可提供应收、应付、总账、合并、投资、基金、现金管理等功能。这些功能可以根据各分支机构的需要来进行调整，并且往往是多语种的。同时，科目的设置会遵循任何一个特定国家的会计准则等有关规定。
- 管理会计模块（CO）：包括利润及成本中心、产品成本、项目会计、获利分析等功能，不

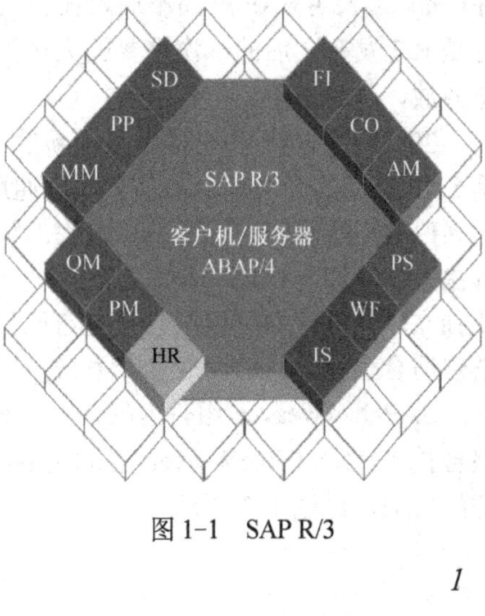

图 1-1　SAP R/3

仅可以控制成本，还可以控制公司的目标，另外还提供信息以帮助高级管理人员做出决策或制定规划。

- 资产管理模块（AM）：具有固定资产、技术资产、投资控制等管理功能。
- 销售与分销模块（SD）：包括销售计划、询价报价、订单管理、运输发货、发票等的管理，同时可对分销网络进行有效的管理。
- 物料管理模块（MM）：主要有采购、库房与库存管理、MRP、供应商评价等管理功能。
- 生产计划模块（PP）：可实现对工厂数据、生产计划、MRP、能力计划、成本核算等的管理，使得企业能够有效降低库存，提高效率。同时各个原本分散的生产流程的自动连接，也使得生产流程能够前后连贯地进行，而不会出现生产脱节，耽误生产交货时间。
- 质量管理模块（QM）：可提供质量计划、质量检测、质量控制、质量文档等功能。
- 工厂维护模块（PM）：可提供维护及检测计划、交易所处理、历史数据、报告分析。
- 人力资源模块（HR）：包括薪资、差旅、工时、招聘、发展计划、人事成本等功能。
- 项目管理模块（PS）：具有项目计划、项目预算、能力计划、资源管理、结果分析等功能。
- 工作流管理（WF）：可提供工作定义、流程管理、电子邮件、信息传送自动化等功能。
- 行业解决方案（IS）：可针对不同的行业提供特殊的应用和方案。这些功能覆盖了企业供应链上的所有环节，能帮助企业实现整体业务经营运作的管理和控制。

在上述模块中，使用最广泛的是 SD、MM、PP、FI 和 CO 五大模块。其中 SD、MM、PP 归入物流或后勤（Logistics）模块；而 FI 和 CO 归入广义的财务（Financials）模块。

2．SAP NetWeaver 和 mySAP 商务套件（Business Suite）

SAP R/3 具有众多先进的技术特性，如基于客户机/服务器模式，统一的图形界面，兼容关系型数据库，可以运行在 Windows 等多种平台上等，顺应了企业应用软件发展的潮流，从而成为有史以来最成功的企业 ERP 软件。但在 20 世纪 90 年代 Internet 技术趋向成熟和普及，独立的应用之间的交流和灵活性以及扩展性等问题显得异常突出。业界技术的发展使得开放接口、整合产品成为共识。1999 年 SAP 公司发布以“开放和集成”为中心的新战略——mySAP.com。mySAP.com 好像一把大伞，囊括了供应链管理、客户关系管理等五大支柱产品。这表明 SAP 产品不局限在传统的 ERP 思想上，公司调整到以互联网为中心的新策略。这是 R/3 发布之后的一次重要的大调整。从此 SAP 公司张开怀抱，拥抱互联网时代，产品百花齐放，与时俱进。

2003 年，SAP 公司推出了全新的 NetWeaver 平台。SAP NetWeaver 内涵丰富：首先，它是 SAP 产品的开发平台，基于现今通用的开放标准，可将所有企业解决方案按照企业服务架构（ESA）的蓝图进行建设和重构；其次，它是帮助客户实现企业服务架构的各种 SAP 套装解决方案（如 mySAP ERP）的运行平台；再者，它是一个开放的集成和应用开发平台，客户或独立软件供应商可以用它开发自己的应用。借助 SAP NetWeaver，用户可以像搭积木一样搭建适合企业自身的商业软件系统。

SAP NetWeaver 组件包括门户、商务智能解决方案、系统整合和应用服务器，以及数据整合技术。SAP NetWeaver 帮助企业跨越技术和机构组织的界限，实现人员、信息和业务流程的集成，如图 1-2 所示。

图 1-2　集成化应用平台 SAP NetWeaver

- 人员集成（People Integration）：将现有的各种管理系统、办公系统、文档系统等集中到企业的信息门户内，实现企业 IT 系统的单一入口。
- 信息集成（Information Integration）：将各种存放在数据库中的管理信息，以及分散在集团内部各处的非结构化信息（市场信息、报告等文档信息）集中起来，实现支持经营决策的信息仓库（BI）和知识管理系统。
- 流程集成（Process Integration）：SAP 的 NetWeaver 平台能够将分散在不同系统的业务处理连接起来，形成一个自动化的流程。对于使用者来说，就好像是在一套系统上操作一样。
- 应用平台（Application Platform）：SAP 提供的是基于开放标准特别是 Web 服务技术的底层架构，同时支持 Java 和 ABAP。

SAP NetWeaver 是一个全面的集成和应用平台，可将任何来源的信息和应用程序进行整合，并能与 Microsoft .NET 和 IBM WebSphere 相互兼容，有助于灵活操作现有系统并降低整个 IT 系统成本。

SAP 公司密切关注市场需求的变化和技术的发展，2003 年推出了基于 SAP NetWeaver 的 mySAP 商务套件（mySAP Business Suite）。mySAP 商务套件由 R/3 和 mySAP.com 演化而来，整合了 SAP 已有的解决方案，如图 1-3 所示。其主要内容如下。

- mySAP ERP（Enterprise Resource Planning，企业资源规划）：目前市场上最全面、最具扩展性的企业资源规划解决方案。基于 SAP NetWeaver 集成化平台，从而可同时支持 SAP 与非 SAP 技术，以及企业对网络资源的利用。
- mySAP CRM（Customer Relationship Management，客户关系管理）：将企业员工、合作伙伴、过程以及技术结合在一套完整的客户互动循环中，以此提高现有客户以及潜在客户的收益率。
- mySAP SRM（Supplier Relationship Management，供应商关系管理）：能提高业务透明

度，全面控制供应商关系，在提高供应过程效率的同时全面降低供应成本。

- mySAP SCM（Supply Chain Management，供应链管理）：可协调各供应链的计划、执行与管理，为企业带来更低的成本，更快的上市速度，更敏捷的市场反应。
- mySAP PLM（Product Lifecycle Management，产品生命周期管理）：同时支持网上协同工程，定制产品研发以及企业内、外部的项目、资产和质量管理的解决方案。

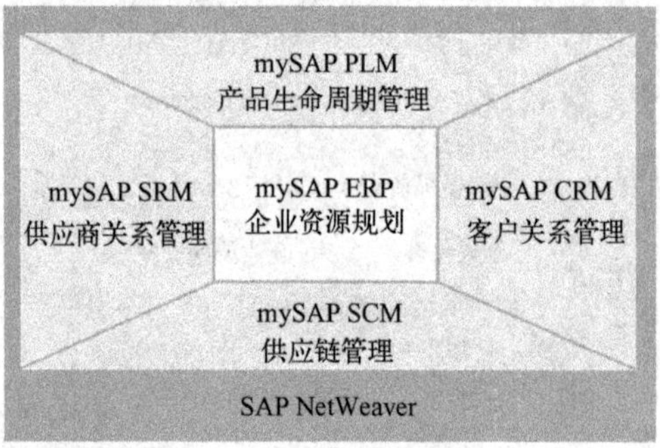

图 1-3　mySAP 商务套件

mySAP 商务套件与 SAP R/3 的关系如图 1-4 所示。图中的三角形就是原来的 SAP R/3，凸字体形就是 mySAP ERP 解决方案，是基于 SAP 的新技术平台 SAP NetWeaver 的 R/3，原来的 R/3 又被称做 ECC（ERP Central Component，ERP 核心组件）。

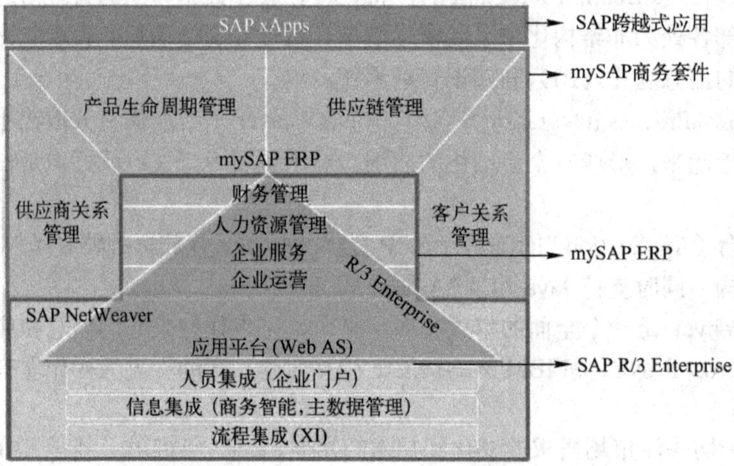

图 1-4　mySAP 商务套件与 R/3 的关系

SAP 公司的旗舰产品 R/3 的成功源于技术平台的突破，以客户机/服务器技术完全取代了主机/工作站的架构。基于 NetWeaver 的 My SAP 商务套件是对 R/3 的延伸和拓展。首先，对原有的技术和标准予以保留和增强；其次，不仅在技术平台由原来封闭的 BASIS 跨越到开放的集成和应用平台，领导业界完成面向服务架构（Service-Oriented Architecture, SOA）和 Web 服务的转变；再者，在业务平台和企业应用方面全面突破，从传统的 ERP 向组件化和公开化的 ERP II 转变，从 ERP 向 CRM、SRM、PLM、SCM 全面拓展，从企业内的业务集成向企业间的协同迈进。

SAP 为 25 个行业提供了融合“最佳业务实践”的行业解决方案。针对各行业的特点，推出行业解决方案，充分展示了各行业特殊业务处理要求，并融入 SAP 解决方案中。SAP 从平台、商务套件到行业解决方案等全面的产品架构如图 1-5 所示。

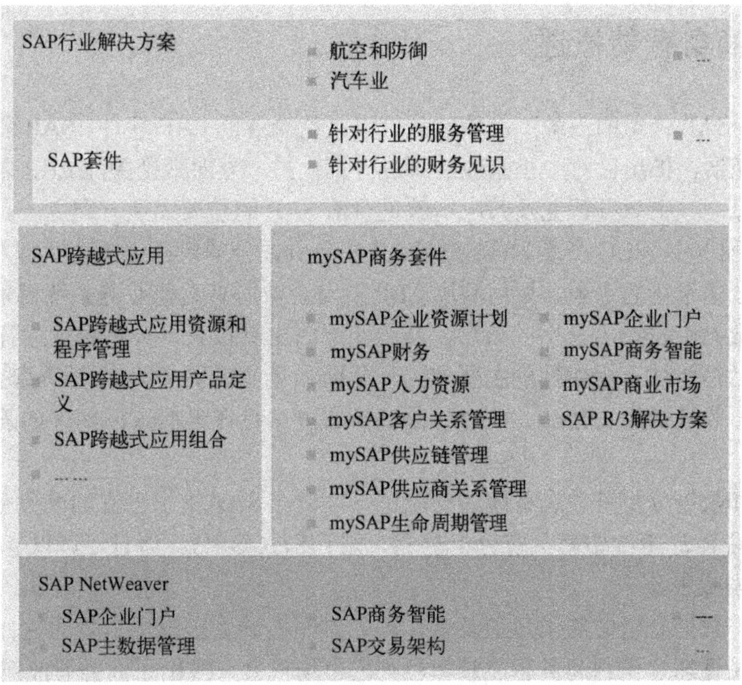

图 1-5　SAP 的全面产品架构

3. SAP 中小企业解决方案和 mySAP Business Objects 产品线

实施复杂和价格昂贵让 SAP 公司的产品一向被认为是只适合高端和大型企业的应用，导致大量中小企业望而却步。而现实的问题是近年来高端市场已经逐渐趋于饱和，中小企业反而成为最为广阔的市场。2002 年，SAP 公司发布了“中小型业务解决方案”，这是 SAP 公司通过收购一家以色列软件开发商的产品集成后推出的。从此之后，SAP 公司在中小企业解决方案上不断投入，形成了完善的面向各种企业规模的业务管理解决方案。

- SAP 大型企业解决方案：SAP Business Suite (ERP、CRM、SRM、SCM、PLM)。
- SAP 中型企业解决方案：SAP Business All-in-One。
- SAP 小型企业解决方案：SAP Business One。
- SAP 按需配置解决方案：SAP Business ByDesign。

为了应对激烈的市场竞争，SAP 公司近年来改变了完全自主研发产品的策略，大笔外部收购近年来频频出手。2007 年 SAP 公司以 68 亿美元收购了 BI 市场排名第一的 Business Objects，2010 年又以 58 亿美元收购了移动数据库领域排名第一的厂商 Sybase。在收购 BO 之前，SAP 公司的收购行为一般都是为一些独特技术而吸收一些小公司，而收购 BO 是第一个大手笔。这次收购一方面标志着 SAP 公司确立自主研发和外部收购并行的策略，另一方面也表明 SAP 公司坚定看好商务智能市场发展前景。

SAP 公司总是能够把握市场需求和技术发展趋势，在理论和实践上引领业界的方向。具体表现就是通过自主研发和外部收购，不断强化和发展在企业应用软件的优势，不断完善和改进自己的产品线。SAP收购Business Objects等产品后，推出面向战略管理的mySAP Business Objects产品线。关于SAP和Business Objects的融合，将在“BO概述”章节详细描述。

1.2 SAP商务智能概述

迄今为止，SAP公司的王牌产品依然是针对大型企业的ERP软件。SAP公司一方面在客户群方面不断拓展，推出针对中小企业的解决方案；另一方面紧密关注ERP之外的领域，发展其他领域产品。其中商务智能及其应用就是目前SAP的重要发展方向之一。

以SAP公司R/3、ECC产品为代表的ERP产品引领全球包括中国企业进入了ERP时代，大大提高了企业信息化的水平。如何利用ERP以及企业所有其他业务系统积累的大量数据，从浩如烟海的数据中发掘出有用的信息，从企业层面出具报表，分析企业运行状况，甚至找到企业业绩背后趋势性、规律性的主要原因，从而为企业提供决策支持和战略指引，这就是商务智能（BI）软件的历史使命，同时也是商务智能项目在当前依旧如火如荼、方兴未艾的根本原因。

企业报表和数据分析是信息系统的功能之一。早在SAP推出独立的商务智能产品之前，SAP的前期产品R/2、R/3中就具有分析功能，如LIS、CO-PA，而且还可以基于SAP的编程语言ABAP开发报表。

一方面用户数据分析的需求日益复杂，另一方面市场上出现了大量的软件厂商集中在该领域。SAP公司逐渐认识到商务智能领域巨大的市场机会，推出了商务智能产品SAP BW。从BW诞生之日起，就和SAP R/3等核心产品紧密集成，这也给BW的成功奠定了一个坚实的基础。

在SAP BW的发展过程中，产品名几经更改，经历了从BIW、BW、BI到BW的过程。为了避免混淆，本文略做澄清：

- BIW（Business Information Warehouse，商务信息仓库）：1997年～2000年。1997年，SAP推出SAP BIW 1.0版本，并且迅速推出BIW 1.2版本和BIW 2.0版本。
- BW（Business Warehouse，商务（信息）仓库）：2001年～2004年。该期间，SAP推出BW 3.0版本、BW 3.1版本、BW 3.3版本、BW 3.5版本，合称BW 3.x版本，3.x版本集成了大量业务最佳实践的业务内容，迅速巩固了SAP在商务智能领域挑战者的地位。
- BI（Business Intelligence，商务智能）：2005年～2008年。2005年SAP公司将BW改名为BI，并发布BI 7.0版本，SAP BI 7.0产品较前3.x产品做了大量改进。在数据抽取、转换和加载、报表展现、信息管理、数据挖掘和产品性能等方面都达到了业界领先水平。我们可以看到，在SAP新一代应用平台NetWeaver中，商务智能位于第二层，信息集成的层次。
- BW（Business Warehouse，商务（信息）仓库）：2009年～今。2007年SAP收购Business Objects后，用BI来同时代表SAP Business Objects BI Solution和SAP NetWeaver BI。之后，为了消除混淆，BI只用来代表SAP Business Objects，SAP NetWeaver BI改回BW。2011年发布BW 7.3版本。

在商务智能领域，SAP BW 并不是开创者，但是 SAP 公司在坚定看好商务智能领域的市场机会和潜力后，就持续投入，迅速成长。自主研发的 BW 3.x 和 BW 7.x 都是非常成功的产品，而且其本身作为 SAP NetWeaver 的重要组件，又具备与 mySAP 商务套件（包括 ERP、CRM、SRM、SCM、PLM 等）紧密集成的巨大先天优势，所以迅速在商务智能领域占据重要地位。

商务智能这一商务概念被多家公司 IT 产品实现，其中法国 Business Objects 公司系列产品和解决方案是商务智能的最杰出代表。SAP 公司在 2007 年收购 Business Objects 公司，之后将原来的 BI 产品改回原名 BW，将 BI 的名称给了 BO，并开始将 BW 和 BO 产品各取其长，全面融合。这次收购是强强合作，巩固和增强了 SAP BW/BO 在商务智能领域的领导地位。

目前，在项目中 SAP BW/BO 作为一个完整的解决方案被多家客户实施，但由于 BW 和 BO 产品有很多各自的特点，所以本书分开来讲述。本章主要对 SAP BW 产品从多个方面概述。

1. SAP BW 架构概述

（1）BW 的三层逻辑结构实例

我们先来看一个简单的实例。整个 BW 项目所涉及的系统架构是三层逻辑结构。从源系统 ECC 中抽取数据，然后在 BW 中完成数据的保存和加工，最后在 BEx 中出具报表展现加工过的数据。整个过程好像石油开采、炼制和终端产品销售的过程：ECC 就是数据的油田，BW 就是数据炼油厂，而 BEx 就是数据炼油厂的炼制品的展示工具，如图 1-6 所示。

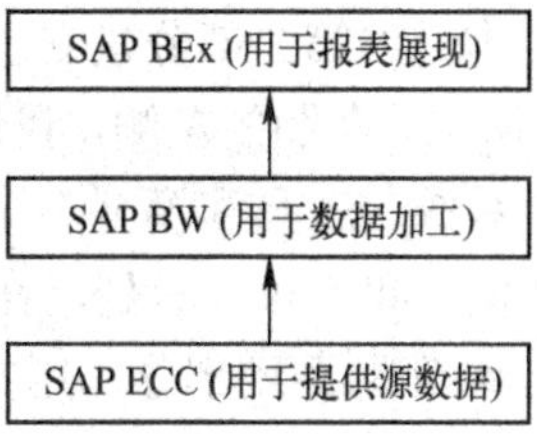

图 1-6　BW 三层逻辑架构实例

（2）SAP BW 内部的三层逻辑结构实例

在 BW 中又有三层逻辑结构，其中 PSA（Persistent Staging Area）就是数据暂存区域，在 BW 中建立了与源系统中数据一样的副本，相当于炼油厂原油库房；DW（Data Warehouse）就是将数据统一化、标准化后重新存放，相当于将原油去杂提纯后再按照炼油厂的统一标准储存；DM（Data Marts）就是业务逻辑实现部分，相当于将去杂提纯后的原油进行裂解、聚合等处理，最终炼制成乙烯、丙烯、塑料等产品。图 1-7 所示为 BW 内部三层逻辑架构实例。

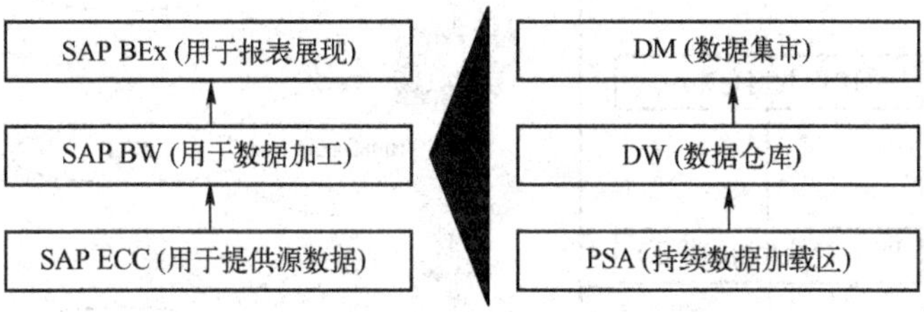

图 1-7　BW 内部三层逻辑架构实例

（3）SAP BEx 的三层架构实例

BEx 的全称是 Business Explorer，即商务浏览器，是 SAP BW 自带的一个报表客户端软件。BEx 是 BW 的表达和分析层，是终端用户使用的获取报告的环境。下面也给出了一个实例，查询设计器（Query Designer）用于设计查询，也就是表单，好像入职前填写的个人简历模板；报表分析器（Analyzer）用于数据报表，好像按模板填写完成后的个人简历，而信息发布器（Broadcaster）就好像 HR 将这些简历复印后散发给用人部门经理和 HR 招聘经理。图 1-8 所示为 BEx 三层架构实例。

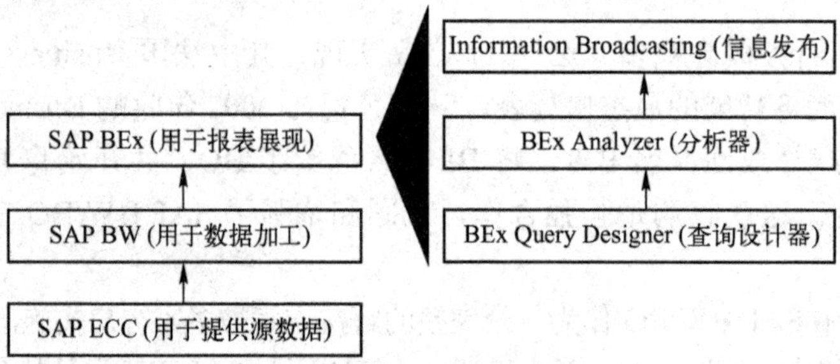

图 1-8　BEx 三层架构实例

（4）本书中的 BW 架构实例

本书中第二部分建立了第一个 BW 模型和报表，其架构和系统逻辑架构的对应关系如图 1-9 所示。在图的左侧，我们看到了系统逻辑架构图，在图的右侧，我们看到与左侧相对应的实际系统、工具和模型。图的右侧就是本书中第二部分中第一个模型和报表（不含主数据）的实例。我们可以看到，在这个实例中：

- 在源系统部分，用文件系统作为源系统，用平面文件作为数据源。
- 在 BW 系统部分，用一层 DSO 实现数据仓库。
- 在 BW 系统部分，用一层 InfoCube 实现数据集市。
- 在报表部分，用 BEx 中的 Query Designer 设计表单，用 Analyzer 展示报表。

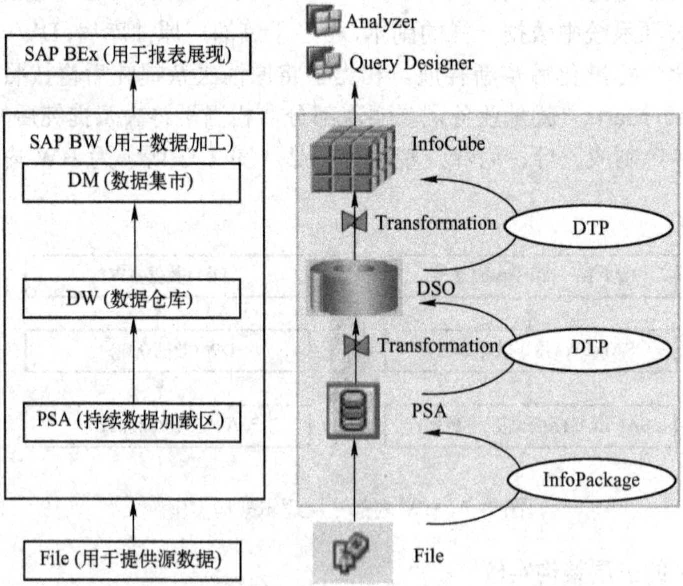

图 1-9　BW 三层架构在本书中第一个模型和报表中的实现

（5）一般的 BW 架构

基于上面的实例，我们来看更一般的 BW 架构，如图 1-10 所示。从下向上可以看到：

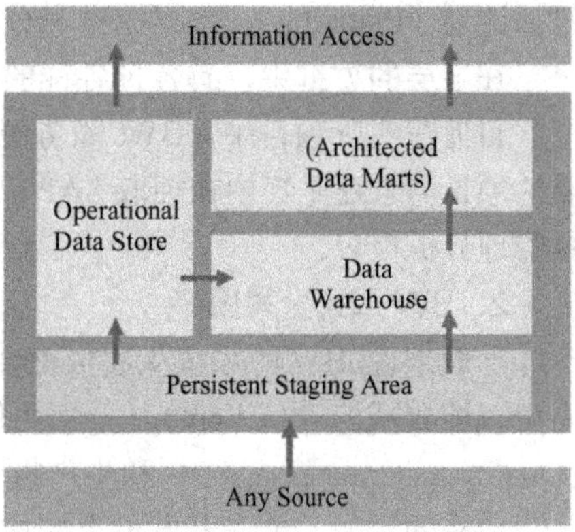

图 1-10　一般的 BW 系统架构图

- 底层源系统是任意系统（Any Source），说明 BW 系统可以处理任何源系统的数据。但要注意的是，BW 最擅长抽取和处理的是 SAP ECC、CRM 等 SAP 公司的源系统数据。好比一个炼油厂可以炼制全球任意产地的原油，但是该厂由于设备和技术的原因，最适合炼制的可能是西亚的原油。
- 中间 BW 系统中除了 PSA、DW、DM 三个逻辑层外，还有一个运营数据存储层（Operational Data Store）。该层主要用于出具在源系统中不便出具的明细型报表。类似于炼油厂将原油简单处理后直接出售。
- 上层信息访问层（Information Access）可以是 BEx，也可以是 BO 等其他报表工具。

我们也可以来看一个更复杂的 BW 系统架构，如图 1-11 所示。系统仍然是三层架构，只是每一层包含的对象更多了。

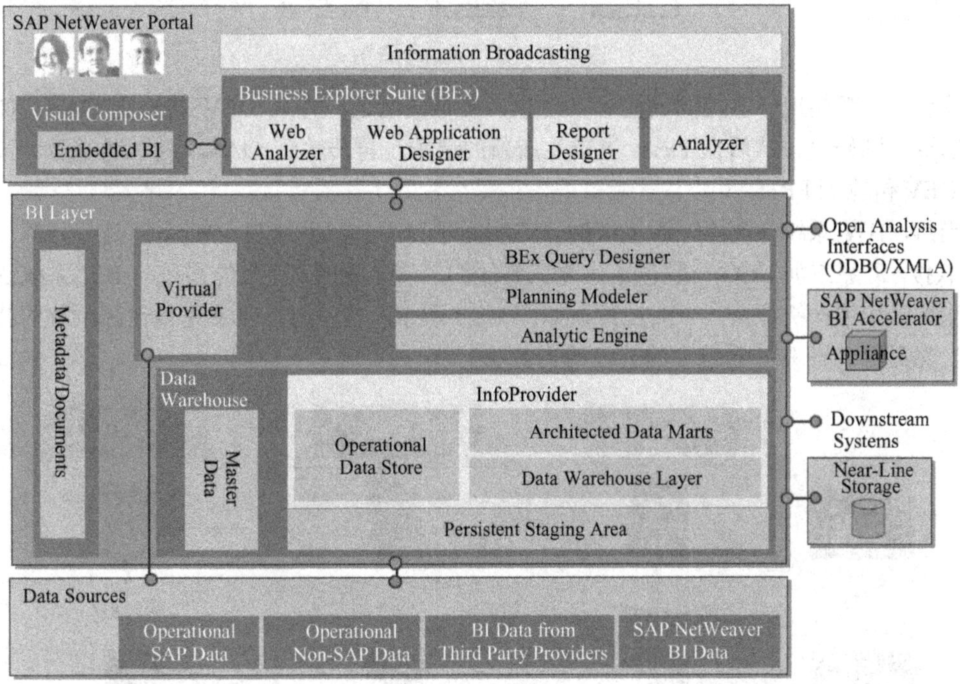

图 1-11　一个复杂的 BW 系统架构图

在底层的方框中，有各种各样的源系统。

在中间的方框中，除了数据仓库（Data Warehouse）之外，还有商务智能平台（BI Platform）。其中数据仓库包含 PSA、Data Warehouse 层和 Data Mart 层。商务智能平台在数据仓库之上，包括计划（Planning）、数据挖掘和分析（Analytic Engine）工具。

在上层的方框中，有各种各样的报表工具和发布工具。

目前在实际项目中，BW 商务智能平台的应用尤其是数据挖掘和分析类的应用较少。主要的项目需求还是集中在抽取 SAP ECC 等系统数据，然后在数据仓库层进一步处理，最后出具管理分析报表。

2. BW 系统全景图

一般来说，BW 的系统从逻辑上会配置三台 Server（当然物理上不一定是三台服务器，BW 还可以配置成三个 Client），分别用做开发机（Development，DEV）、质量保证机或测试机（Quality Assurance，QAS）和生产机（Production，PRD）。

所有的开发只能在开发机上完成，然后将开发内容先后传输到测试机和生产机上。在测试机和生产机上不能做任何模型的开发和修改，但是可以执行数据抽取、加载和处理等操作。这样就保证了开发机、测试机和生产机模型的一致性。

所有的这些系统和它们之间的关系构成了 BW 系统全景图（Landscape），如图 1-12 所示。

图 1-12　BW 系统全景图

注意，一般情况下，相同的内容（请求）要传输两遍。先从 DEV 传输到 QAS，如果测试未通过，则修改，然后在 DEV 重新生成新的请求，再传输到 QAS，测试通过后，该请求再从 DEV 传输到 PRD。

当然，BW 系统是离不开源系统的。在实际项目中，源系统与 BW 系统是分开的，通过 RFC 联接。源系统如 ECC 一般也是按照三系统的系统全景图，而且源系统与 BW 系统的开发机、测试机和生产机都是一一对应的，如图 1-13 所示。传输时，需要先传输源系统的开发和配置，然后再传输 BW 系统中的开发等内容。

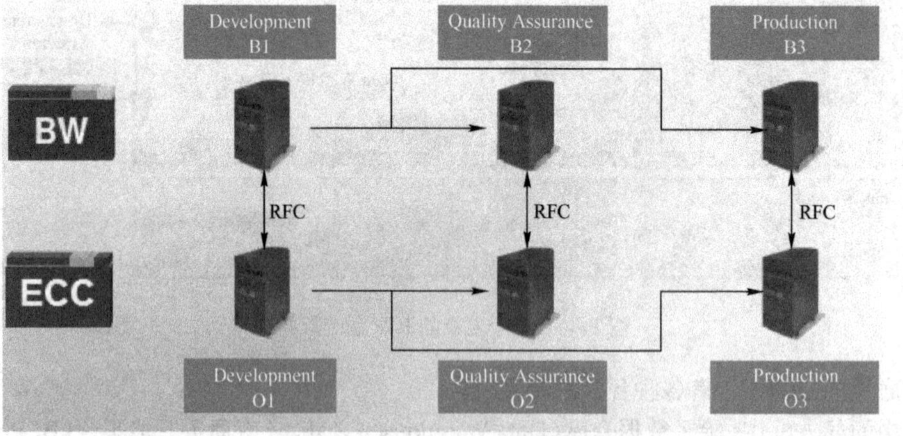

图 1-13　ECC 和 BW 系统全景图

3．项目路线图

在 SAP 项目中，一般按照 ASAP (Accelerated SAP)方法论实施，它包括 5 阶段路线图，BW 项目也是如此，如图 1-14 所示。

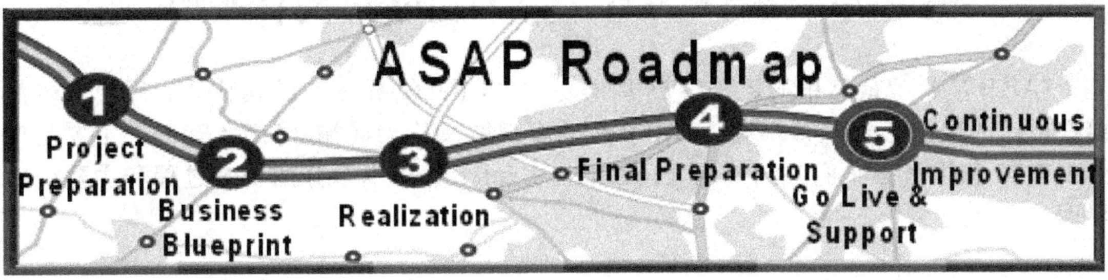

图 1-14　SAP 项目路线图

在 BW 项目的 5 个阶段中，每个阶段的主要工作内容如下。

- 项目准备　（Project Preparation）：该阶段要获得管理层和项目参与方的支持，为整个项目定好项目目标，组建项目团队，制定项目时间规划，准备好 BW/BO 及相关硬件和软件系统等，确定实施方法和开发指导原则。
- 业务蓝图　（Business Blueprint）：该阶段要明确项目的实施范围和周期。对用户的需求进行访谈、收集和整理，完成业务流程分析、信息流程分析以及与 BW 中业务内容的功能比较，在明确的需求基础上做出功能设计和技术设计。
- 实现　（Realization）：该阶段要根据功能设计和技术设计的方案，完成开发和配置，进行单元测试、系统集成测试，根据系统开发和测试的结果完善技术设计，形成文档。
- 最后准备　（Final Preparation）：该阶段将开发和配置由开发系统传输到测试系统，准备数据，培训用户，进行用户接受测试，必要时还要进行压力测试和回归测试，同时做好系统上线计划并模拟。
- 上线与支持　（Go-live & Support）：该阶段将测试通过的开发和配置传输到生产机，完成初始化抽取和调度 Delta 抽取。系统上线后还需要对新上线 BW/BO 系统进行现场支持，并规划和实施系统优化、数据归档等。

SAP 系统(包括 BW 系统)在上线之后，并不是一劳永逸的，而是进入持续改进(Continuous Improvement）的过程。一方面由于系统复杂，项目的交付成果受限于范围、时间等客观因素，需要进一步改进。更重要的是因为当今市场竞争激烈，企业业务不断变化，作为与业务密切结合的 SAP 系统（包括 BW 系统），也需要相应变化，来匹配公司业务运作，助力管理分析和战略规划。

第2章　SAP BW客户端的安装和操作

SAP BW目前最常用的还是客户机/服务器（Client/Server）结构体系。用户一般需要在自己的电脑上安装客户端。SAP BW的客户端又称为前端（Front End），主要包括SAP GUI和报表工具商务浏览器（Business Explorer）。本章介绍安装过程和主要操作界面。

2.1　SAP BW客户端的安装

1）启动安装程序，然后单击Next按钮，如图2-1所示。

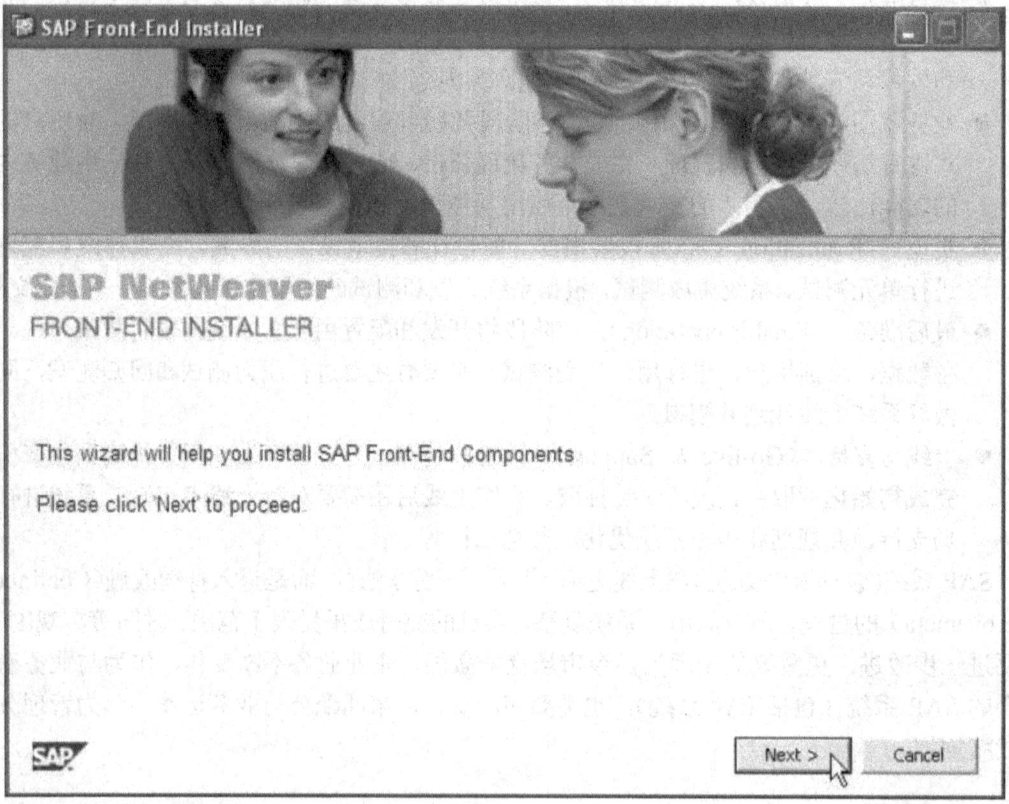

图2-1　安装向导开始界面

2）在弹出的界面中勾选SAP GUI for Windows 7.10和 Business Explorer复选框，单击Next按钮，如图2-2所示。

3）系统自动给出SAP GUI安装目录，可以单击Browse按钮对目录进行修改，也可以不修改，直接单击Next按钮，如图2-3所示。

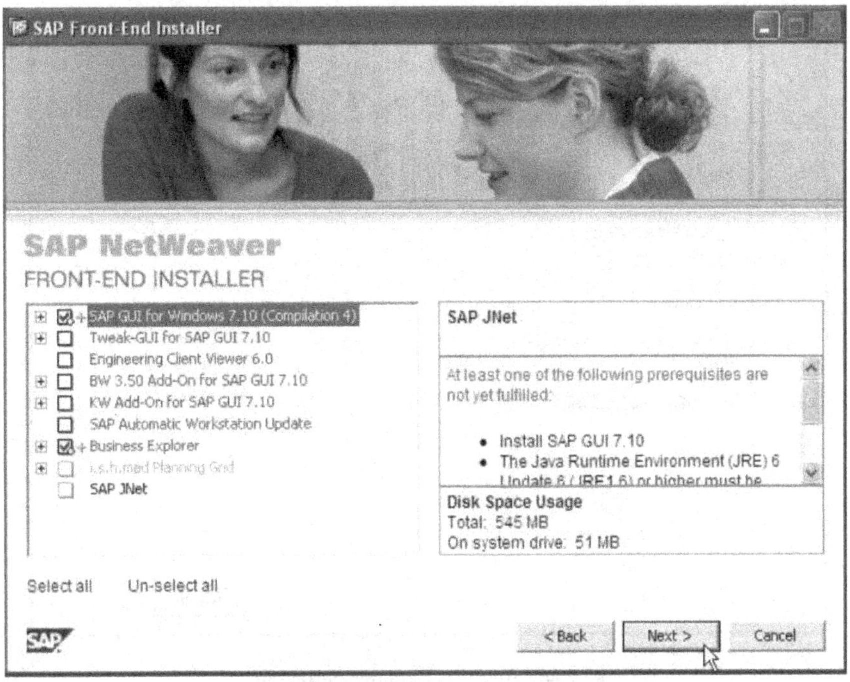

图 2-2　勾选 SAP GUI 和 Business Explorer

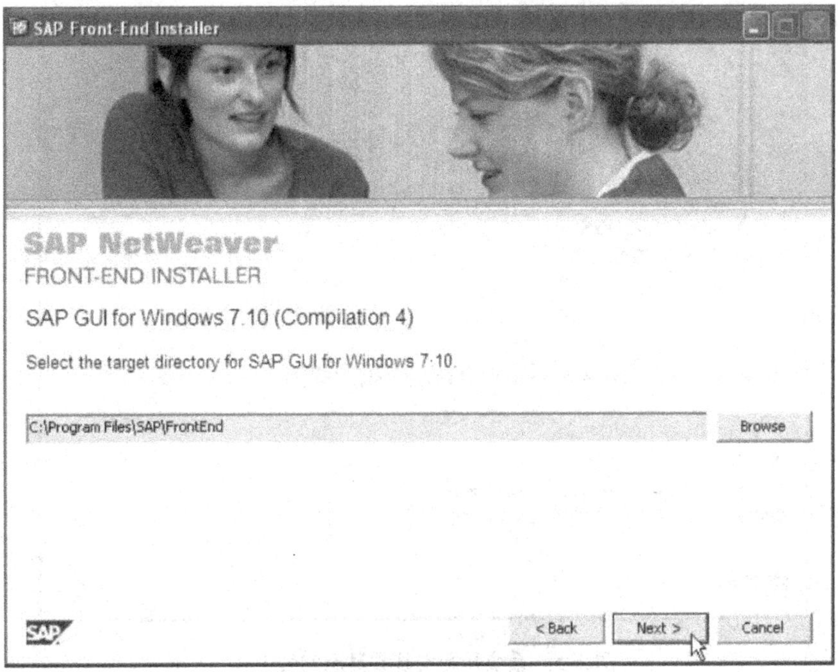

图 2-3　SAP GUI 安装目录

4）系统自动给出 Business Explorer 安装目录，可以单击 Browse 按钮对目录进行修改，也可以不修改，直接单击 Next 按钮，如图 2-4 所示。

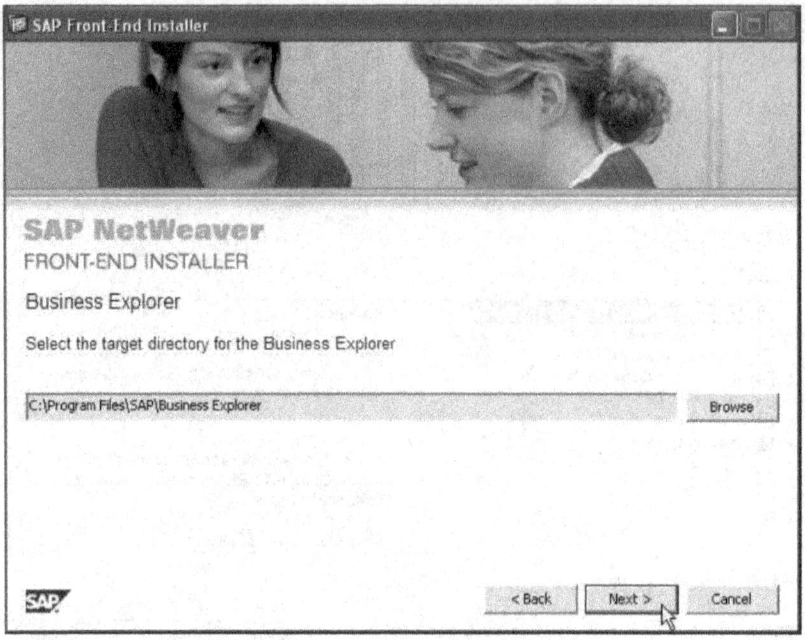

图 2-4　Business Explorer 安装目录

5）系统自动开始安装并显示安装进度，如图 2-5 所示。

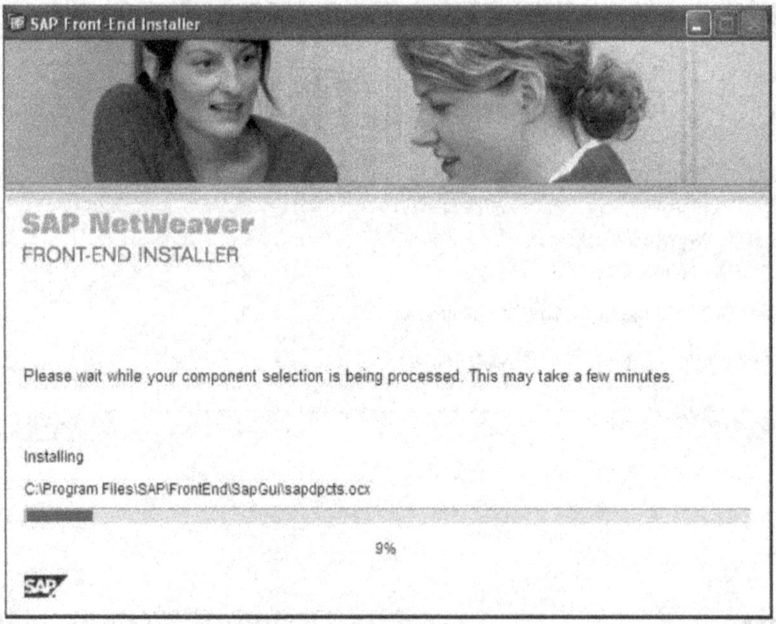

图 2-5　系统开始安装并显示安装进度

6）系统安装成功，单击 Done 按钮，如图 2-6 所示。

7）系统安装成功后，单击 Start→Programs 命令，在级联菜单中可以看到 Business Explorer 和 SAP Front End，说明都安装好了，如图 2-7 所示。

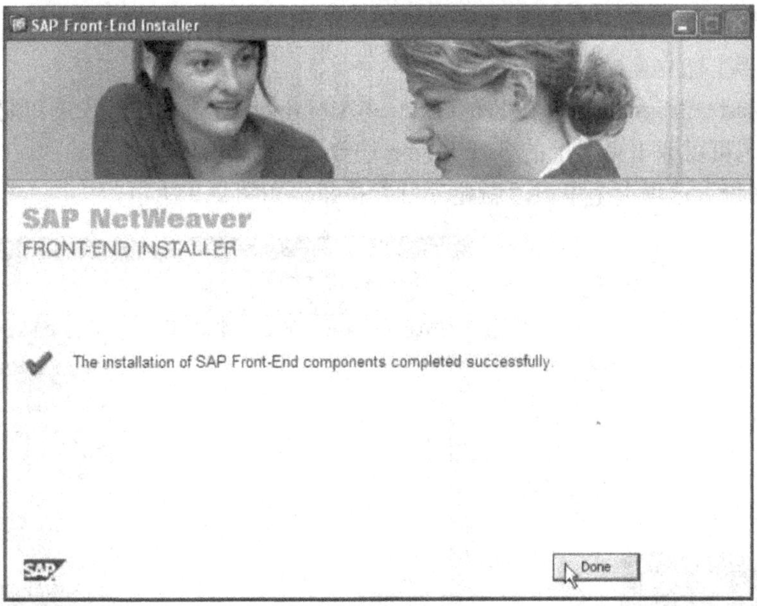

图 2-6　系统安装成功

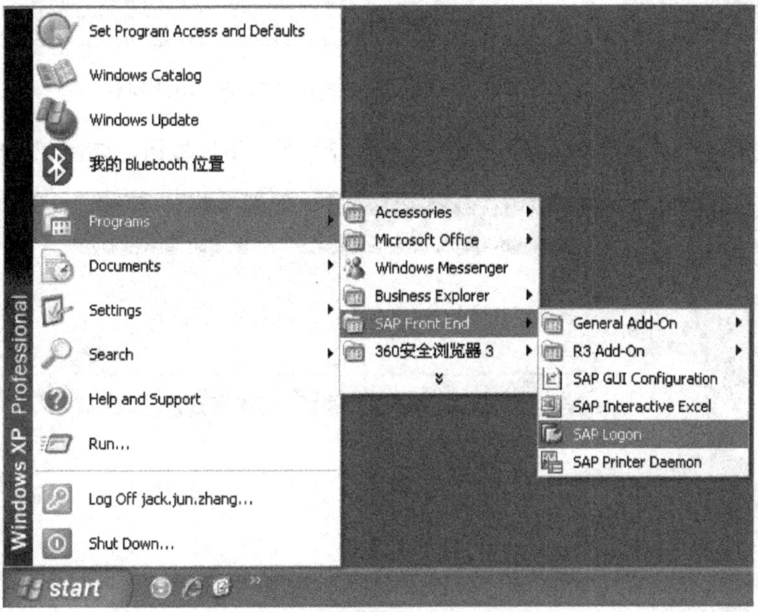

图 2-7　Start→Programs 可以看到 Business Explorer 和 SAP Logon（GUI）

2.2　BW 工作台主要操作界面

1. BW 服务器的配置

BW 服务器的配置有下列两种方法：

- 在已配置好与 BW 服务器连接的电脑中，复制 C 盘 Windows 目录下的文件 saplogon.ini，然后粘贴到本机的 C 盘 Windows 目录下。

● 手工建立和每一个 BW 服务器的连接。

下面演示手工建立连接的操作步骤：

1）单击 Start→Programs→SAP Front End→SAP Logon 启动 SAP，登录和配置客户端，如图 2-7 所示。也可以双击桌面上的 SAP Logon 快捷方式，如图 2-8 所示。

2）在“系统”选项卡中单击“新建项目”按钮，如图 2-9 所示。

图 2-8　SAP 登录图标

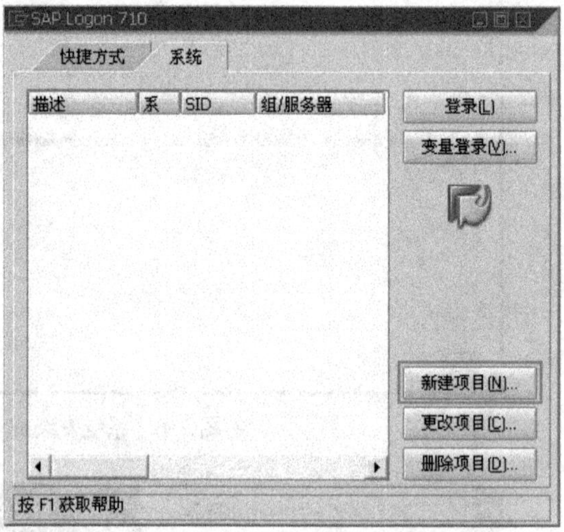

图 2-9　新建项目

3）在弹出的 “创建新系统条目”窗口中单击“下一步”按钮，如图 2-10 所示。

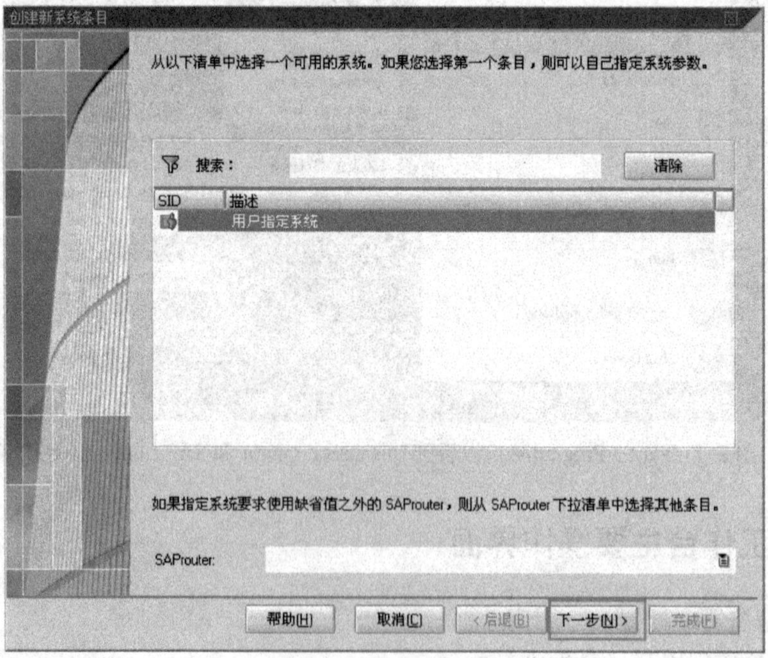

图 2-10　新建项目—下一步

4）系统切换到“连接”界面， 在“系统连接参数”中按图 2-11 所示输入参数，然后单击“完成”按钮。

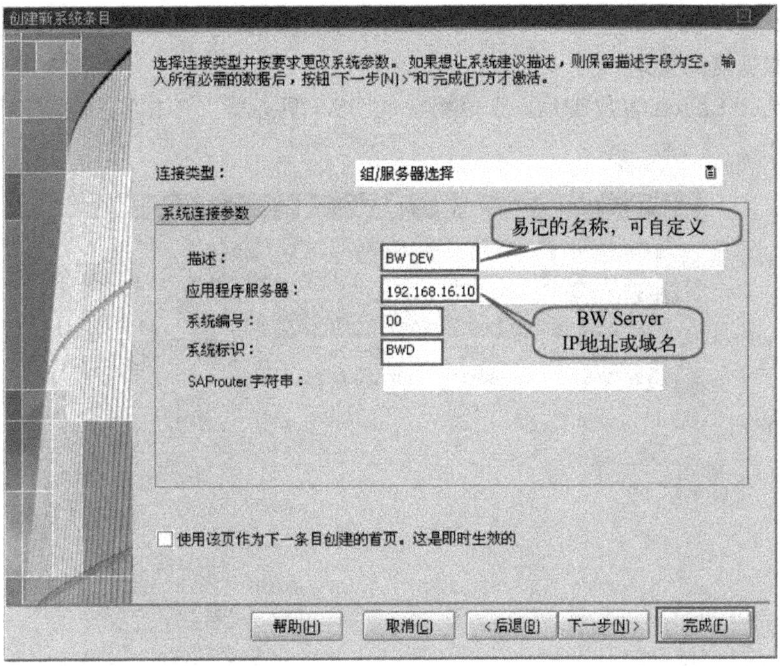

图 2-11　新建项目—输入系统连接参数

- 描述：可以自定义易记的名称。
- 应用程序服务器：可以是 BW Server 的 IP 地址或域名。
- 系统编号：输入系统编号，一般是两位。
- 系统标识：输入系统标识，一般是三位。

5）系统回到“SAP Logon”窗口，可以看到新建项目已显示，如图 2-12 所示。

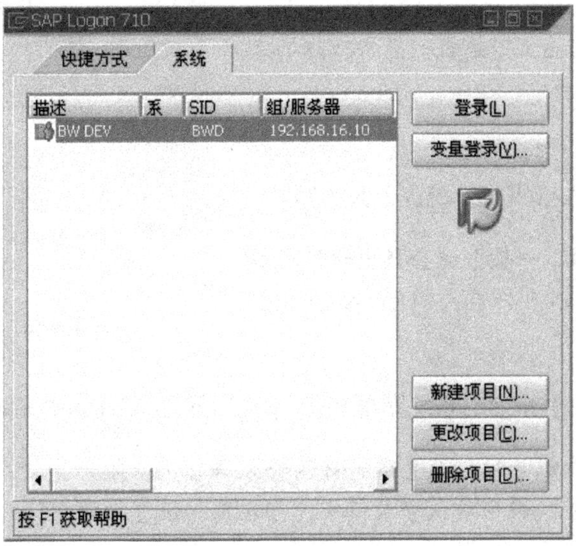

图 2-12　新建项目—完成

注意：“更改项目”按钮用于修改参数设置；“删除项目”按钮用于删除无用连接。

6）可以继续单击“新建项目”按钮，添加更多服务器，如质量保证机和生产机。

2. BW服务器的登录

1）启动SAP Logon客户端后，选中相应的BW服务器，单击“登录”按钮，如图2-13所示。

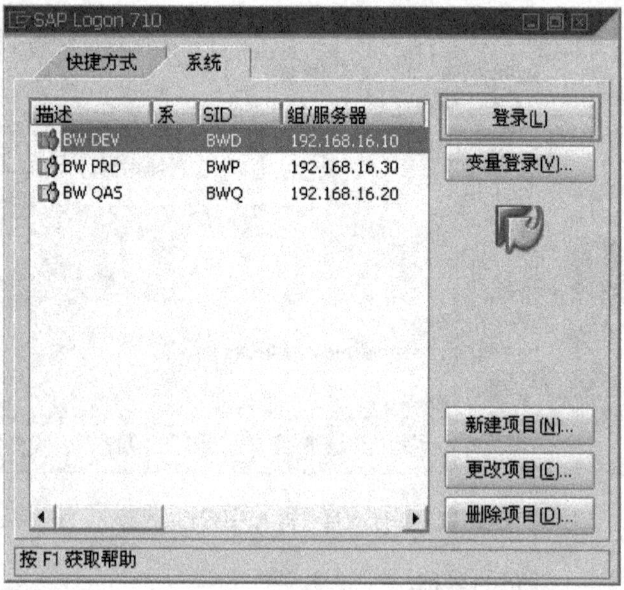

图2-13 登录

2）在登录界面中，输入如图2-14所示参数。

● Client：输入集团代码，系统会有一个默认的三位数字的集团代码，可保持或修改。

注意：SAP中的Client不是我们通常理解的客户端的意思。

● User：输入用户名。

● Password：输入密码，系统区分大小写。

注意：第一次登录，一般系统会弹出对话框提示更改密码。用户也可以直接单击“New password”按钮更改密码。

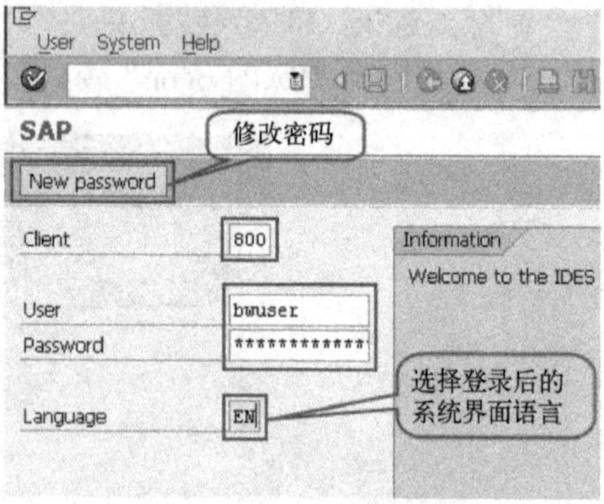

图2-14 输入登录参数

● Language：选择登录后的系统界面语言。EN为英文，ZH为中文简体，ZF为中文繁体。

注意：在建立用户账号时，设置系统默认登录语言，一般为英文，即不输入任何选项；Language为空值时，系统采用默认登录语言，可在用户设置中维护。

3）多次登录后的提示如图2-15所示。

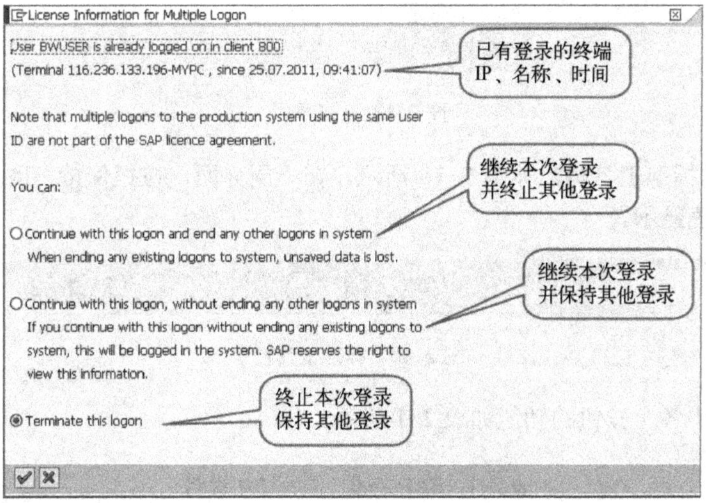

图 2-15　多次登录后的提示及选择

SAP 系统允许同一账号同时多次登录服务器。如果之前同一账号已登录，会有系统提示窗口。

- 首先，系统会提示该账号已登录的终端 IP、名称和时间。
- 系统接下来给出 3 个选项，默认是终止本次登录，可根据具体情况选择。

3. BW 登录后的初始界面

BW 系统登录后，初始界面如图 2-16 所示。

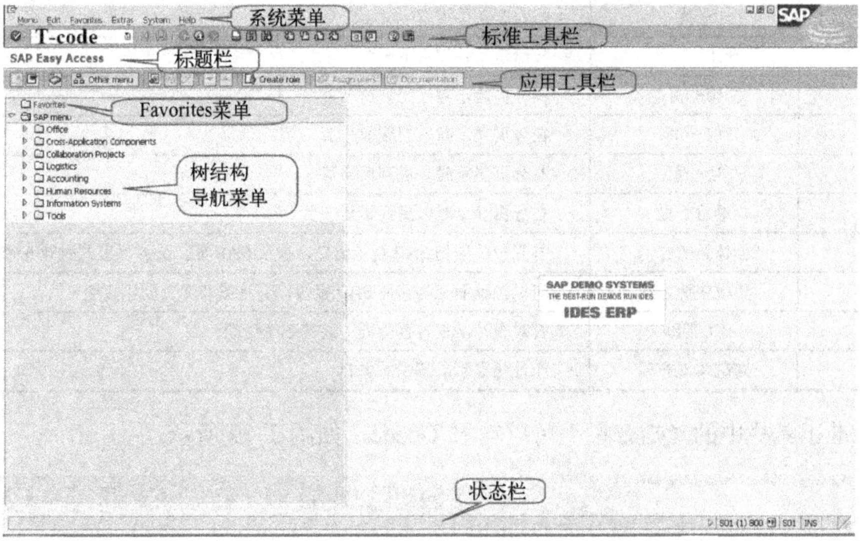

图 2-16　BW 系统登录后的初始界面

初始界面说明如下：

1）最上面一行为系统菜单栏，可以点开查看，在不同界面，会有不同的菜单项。登录后初始界面的菜单栏如图 2-17 所示。

图 2-17　菜单栏

2）第二行是标准工具栏，如图 2-18 所示。在不同界面，按钮保持一致，但在当前界面中不可用的以灰色显示。

图 2-18　标准工具栏

标准工具栏中各个按钮的功能如表 2-1 所示。

表 2-1　SAP 标准工具栏按钮说明

按　钮	名　称	功　能
	回车键	确认已输入或已选中的数据
	指令栏	输入指令（T-code）
	保存	保存已做过的工作
	返回	不保存数据，退回到前一屏幕。如果屏幕上有必填数据，必须先填写完这些数据才能退回
	退出	不保存数据，突出目前交易。回到初始屏幕或者 SAP 菜单屏幕
	取消	不保存操作，退出目前任务
	打印	打印当前屏幕数据
	查找	按给定条件搜索
	查找下一个	按给定条件搜索下一个
	第一页	在分页显示时，回到第一页
	前一页	在分页显示时，回到前一页
	后一页	在分页显示时，进到后一页
	最后一页	在分页显示时，进到最后一页
	创建新的会话	打开一个新的 SAP 会话窗口，登录 SAP 后，最多可以同时开 6 个会话窗口
	生成快捷方式	可以在桌面上为任何 SAP 报告、交易或者操作创建快捷方式
	F1 帮助	针对光标所在屏幕位置，获得系统帮助
	定制本地布局	个性化显示屏幕中的内容

3）标准工具栏中的“指令栏”可以输入 T-code，如图 2-19 所示。

图 2-19　标准工具栏

注意：

- 输入 T-code 后，按〈Enter〉键或者单击左侧对钩按钮，系统切换到相应界面。
- T-code 一般为 4 位，以字母开头，字母一般是相关命令的德文缩写，如 RSA1 或者 rsa1，系统不区分 T-code 大小写。T-code 代表一个事物处理，实质是一段程序的快捷方式。

● 只有在初始界面，才能直接输入 T-code，在其他界面，前面必须加/n 或者/o（字母 o）如在 RSA1 界面，输入/nLBWE，表示在同一个窗口将 RSA1 界面替换成 LBWE 界面；输入/oLBWE，表示保留 RSA1 界面所在窗口，同时新开一个 LBWE 界面的窗口。系统一般允许同时打开 6 个窗口，即 6 个会话（Session）。
● 有时，第二行中空白区域会消失，需要单击对钩按钮后的右向箭头，才出现空白 T-code 区域，如图 2-20 所示。

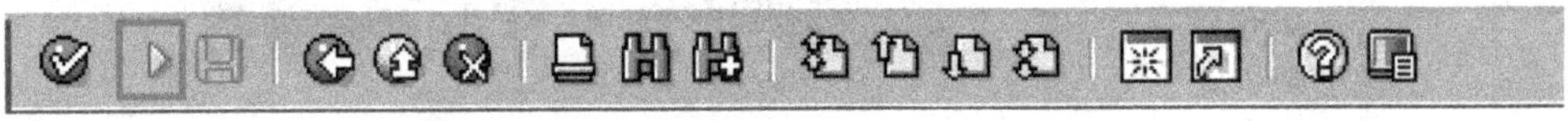

图 2-20　标准工具栏中 T-code 栏的隐藏

4）标准工具栏最右侧是“定制本地布局”按钮。

注意：

● 单击“定制本地布局”按钮，在剪贴板（Clipboard）下可以看到 SAP 界面中与 Windows 中剪切、复制、粘贴的快捷键是一样的，只是对于部分无法直接选中复制的数据，需要按〈Ctrl+Y〉组合键先选中，如图 2-21 所示。

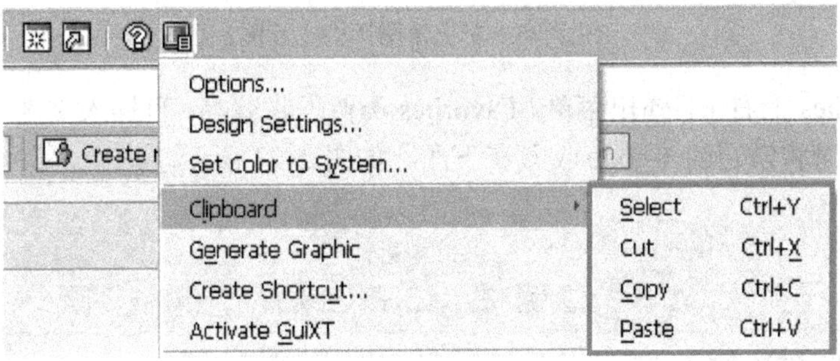

图 2-21　“定制本地布局”按钮—剪贴板选项

● 单击“定制本地布局”按钮，在弹出的菜单中选择 Options，再选择 Expert 选项卡，Controls 区域下面的两个选项可以勾选，如图 2-22 所示。最后单击 Options 窗口中的 OK 按钮。在下拉框中会显示出相关选项的 Key 值并排序，该选项的作用可结合后面的操作体会。

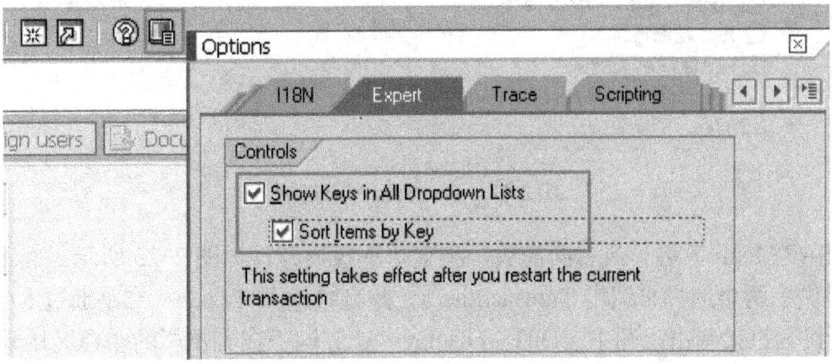

图 2-22　“定制本地布局”按钮—Options—Expert 显示选项 Key

5）在图的左上角单击 图标，弹出如图 2-23 所示的菜单。
可以单击相应选项调整窗口大小或者新建、结束会话等

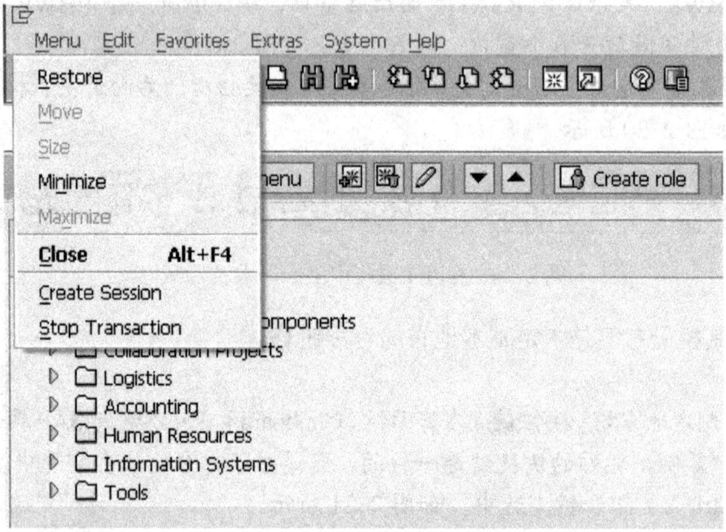

图 2-23　左上角图标相应菜单

6）在 Favorites 上右击，弹出菜单。Favorites 类似于收藏夹，可插入文件夹、T-code、URL 链接等。初学者可将常用的 T-code 收藏在下面，如图 2-24 所示。

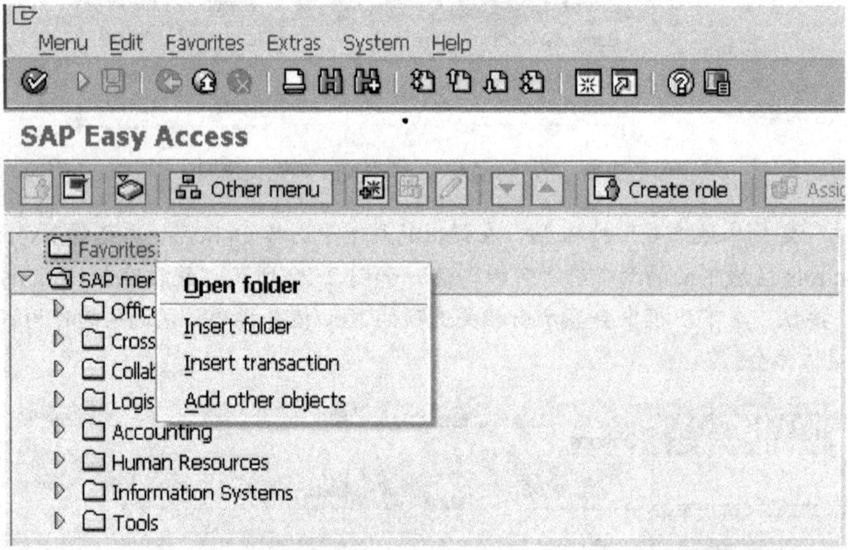

图 2-24　Favorites 相应菜单

7）在 SAP Menu 下可单击右向箭头，将菜单逐级展开，如图 2-25 所示。

SAP 提供了两个选择来调用 Transaction，一是直接输入 T-code；二是通过 SAP Menu 中的路径来查找。直接单击上图中 VD03 – Display，就等同于在菜单栏的空白区域输入 T-code：VD03，再回车。

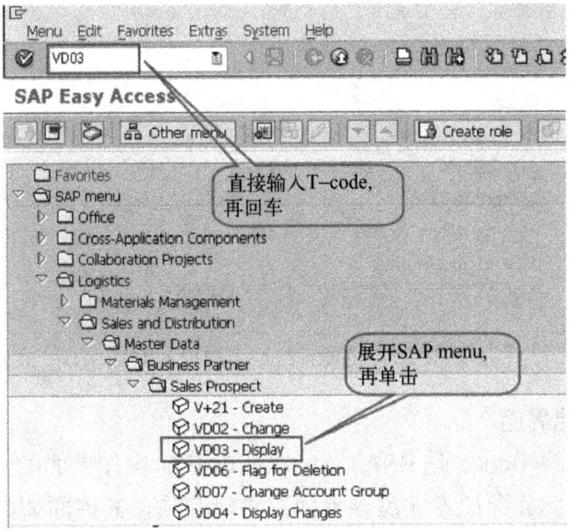

图 2–25　SAP Menu

注意：若如图 2–25 所示，展开后不能看到类似 VD03 的 T-code，那么可以在菜单 Extras 上单击，在弹出的菜单中选择 Settings，在弹出的 Settings 窗口中勾选 Display technical names，如图 2–26 所示，单击对钩按钮，就能显示 T-code。

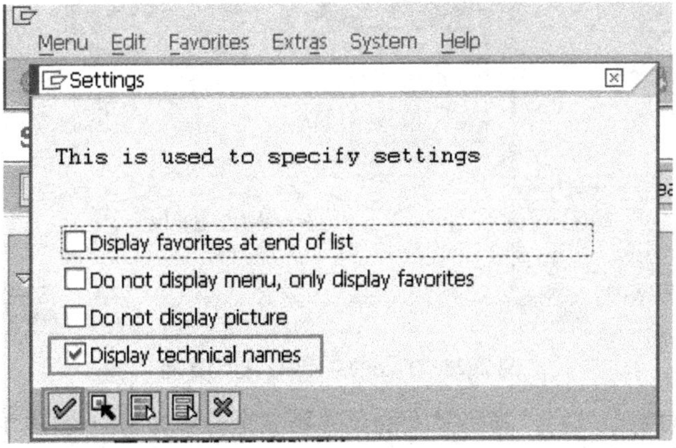

图 2–26　显示技术名称

8）在图的右上角是和 Windows 一样的窗口控制按钮，分别为最小化、恢复、关闭。

9）在图的右下角显示当前的系统信息和输入方式，如图 2–27 所示。

- 单击右向箭头按钮 S01 (2) 800，可在关联菜单中显示当前系统、集团、用户、T-code 等信息，如图 2–27 所示。目前勾选 System，所以显示 S01（1）800。可改变勾选为 User，这样可以比较不同登录用户的界面。
- INS 表示是插入（Insert）的方式，单击切换为 OVR 表示覆盖（Overwrite），这个切换在输入数据时有用，表示在当前光标位置插入新字符或者替换已有字符。单击切换与键盘上的〈Insert〉键的切换功能是一样的。

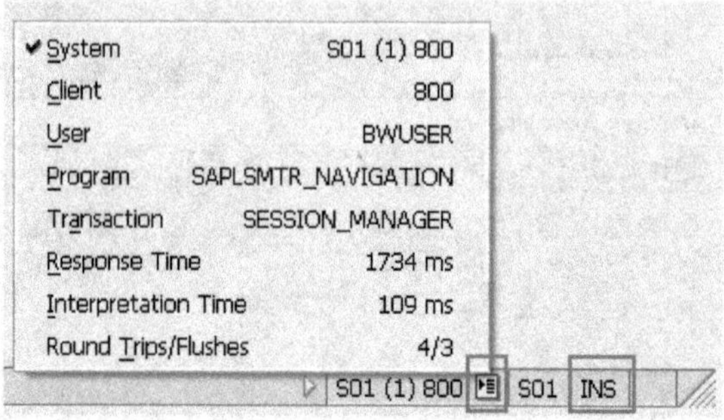

图 2-27　当前系统信息和输入方式

4．BW 工作台初始界面

BW 系统中最主要的 T-code 是 RSA1，可以调出 BW 操作界面的工作台。大部分 BW 系统内部的操作都可以在此界面或者通过该界面的跳转完成，其界面如图 2-28 所示。

图 2-28　T-code：RSA1 初始界面

在界面的最上面是菜单栏，与刚登录的菜单不完全一样，SAP 的菜单栏中的选项是随着界面而变化的，如图 2-29 所示。

图 2-29　T-code：RSA1 初始界面—菜单栏

第二行的标准工具栏与登录后的初始界面一样。

第三行的标题栏显示了当前界面的名称 Data Warehousing Workbench：Modeling。

第四行显示的主要是在当前界面的相关的 BW 系统中的各种对象，如图 2-30 所示。

图 2-30　T-code：RSA1 初始界面—BW 系统中的各种对象

再往下，系统分为两个子窗口，左侧显示了按照 BW 工作台工作内容分类的导航栏（Navigator），右侧显示了相应分类的细分内容（Tree）。如左侧选择 Modeling→InfoProvider，右侧就显示相应的 InfoProvider。左侧导航栏分类如下：

- 建模（Modeling）：BW 项目中最主要的工作区域，用于选择各种对象建模。
- 管理（Administration）：主要用于处理链，数据加载等管理。
- 传输管理（Transport Connection）：主要用于对象的收集和传输。
- 文档（Documents）：主要用于为对象链接各种文档。
- 业务内容（BI Content）：主要用于激活 Business Content 中的对象，加快建模。
- 翻译（Translation）：用于自建对象的翻译。
- 元数据仓库（Metadata Repository）：用于查看 BW 系统中所有的对象。

单击展开并单击子窗口 Tree 中的信息立方体 0CO_PA_C01，右侧又多出了两个子窗口（两栏），如图 2-31 所示。

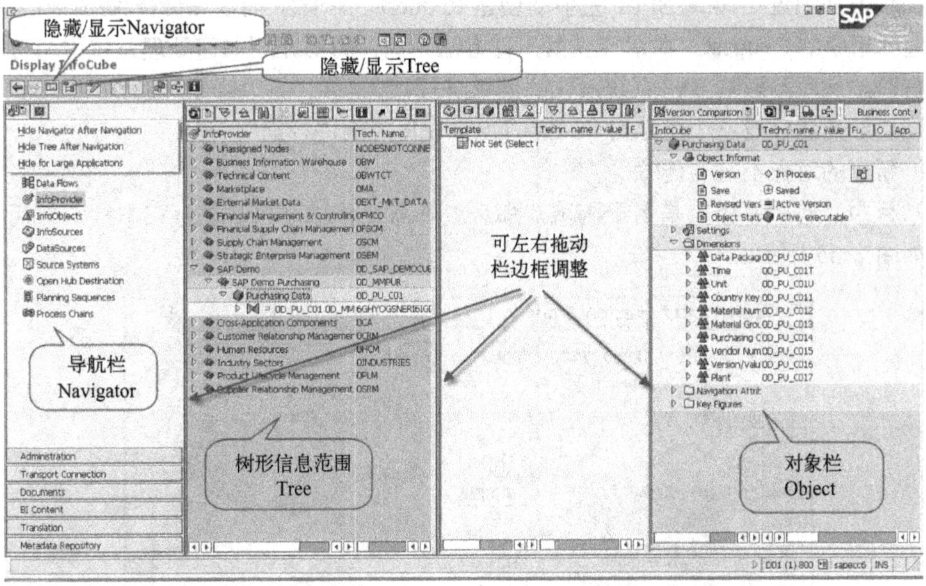

图 2-31　T-code：RSA1 界面—导航栏，树形信息范围和对象栏

单击左侧导航栏（Navigator）子窗口中的图标，弹出三个选项，如图 2-32 所示，可勾选。表示在导航后隐藏 Navigator 和 Tree 子窗口。但这个设置只对下一次导航生效。

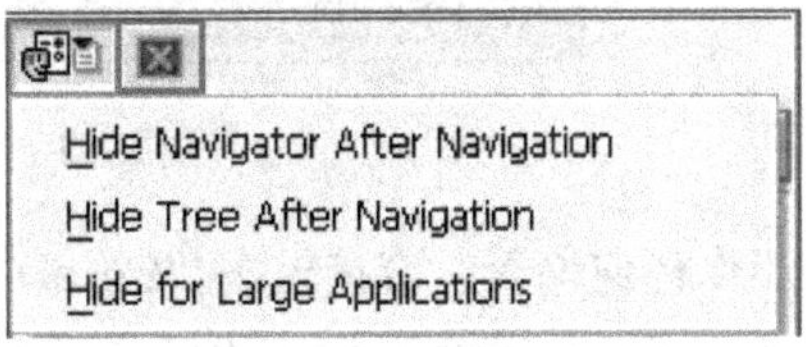

图 2-32　设置导航时是否隐藏 Navigator 和/或 Tree

可单击工具栏上的两个按钮，它们依次表示隐藏/显示 Navigator 和 Tree 子窗口。这两个按钮对当前导航生效。

可以将鼠标放在子窗口边（栏边框）上，出现左右箭头图标时，可调整各个子窗口的左右位置。

5．BW 传输窗口处理

在第 1 章的“BW 系统全景图”部分提到三系统架构的 BW 用传输机制来保证开发系统、

质量保证系统和生产系统的一致性。

传输机制类似于 Office 中的复制和粘贴，用于将新建、修改和删除的对象从开发系统向质量保证系统和生产系统传输，来保证系统的一致性。 在系统中用层级配置来管理要传输的对象：Package（开发类）、Request（请求）、Task（任务）。在开发机中选定 Package、生成，然后 Release（释放）Task 和 Request，就像复制的过程，而在测试机中运用 T-code：STMS 传输，就像粘贴的过程。在生产机中再次运用 T-code：STMS 传输，就像同样的内容，再粘贴一次。由于对象太多，一次性复制和粘贴不能完成，所以用 Request 对不同的复制、粘贴内容加以区分。

启用传输机制的前提是 BASIS 适当的配置。如果只有一台开发机，仅用于学习，也可以不启用传输机制。如果传输机制启用之后可以创建 Package，然后创建 Request 的方法有两种：

- 先新建/修改/删除对象，后生成 Request。
- 先生成 Request，再新建/修改/删除对象。

第二种方法通过 T-code: SE01 先手动创建 Request（请求），而后在新建/修改/删除 BW 对象时，选择相应的 Request。本章节以第一种方法为例，简要介绍如何处理系统中与传输相关的弹出窗口，从而不影响 BW 系统操作的继续进行。

下面以新建和修改一个信息对象 ZYCUSTMER 为例进行简单介绍。

（1）新建的对象不需要传输

在项目中，有些对象只是用于测试，那么就不需要传输，只是保存在本地。有两种处理方法，如图 2-33 所示。

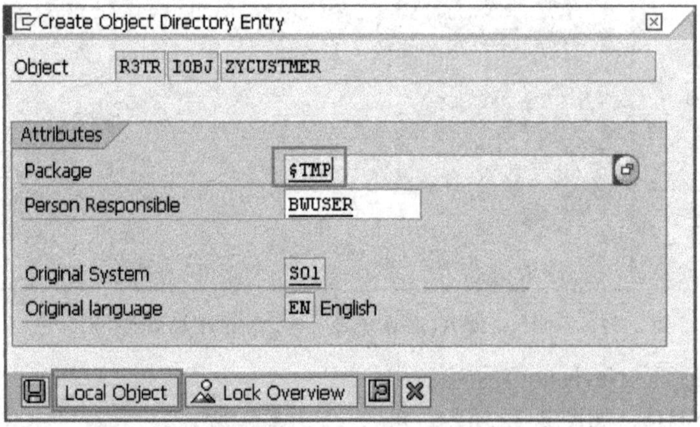

图 2-33　保存在本地，不传输

- 不作任何输入，直接单击“Local Object”按钮。
- 在 Package 后输入“$TMP”， 再单击“保存”按钮。

（2）新建的对象需要做传输

那么就一定要选择一个非“$”开头的 Package，然后再新建或选择一个 Request。本新建为 Request。

1）选择 Package ZBW。然后单击“保存”按钮。如图 2-34 所示。

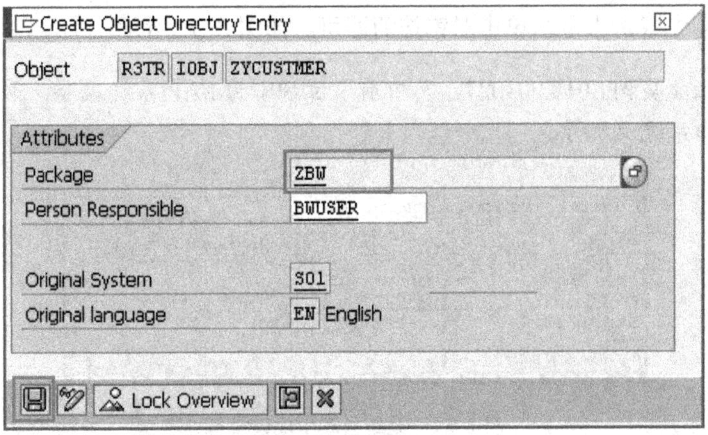

图 2-34　选择 Package

注意：如果系统没有可用的 Package，可以用 T-code:SE21 先创建一个 Package。

2）系统弹出 Request 框，单击“新建”按钮，如图 2-35 所示。

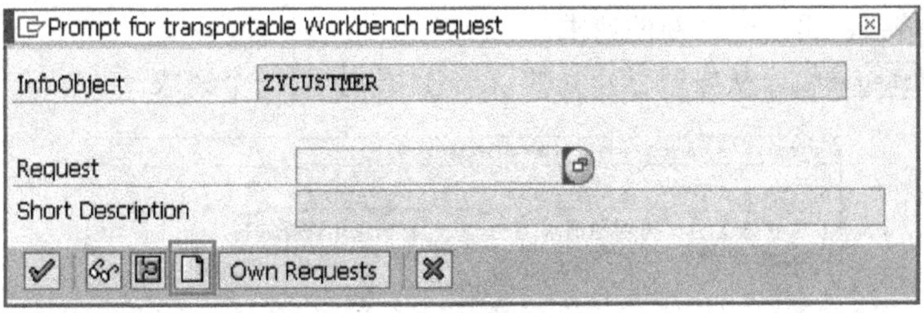

图 2-35　新建 Request

3）输入请求的描述，单击“保存”按钮，如图 2-36 所示。

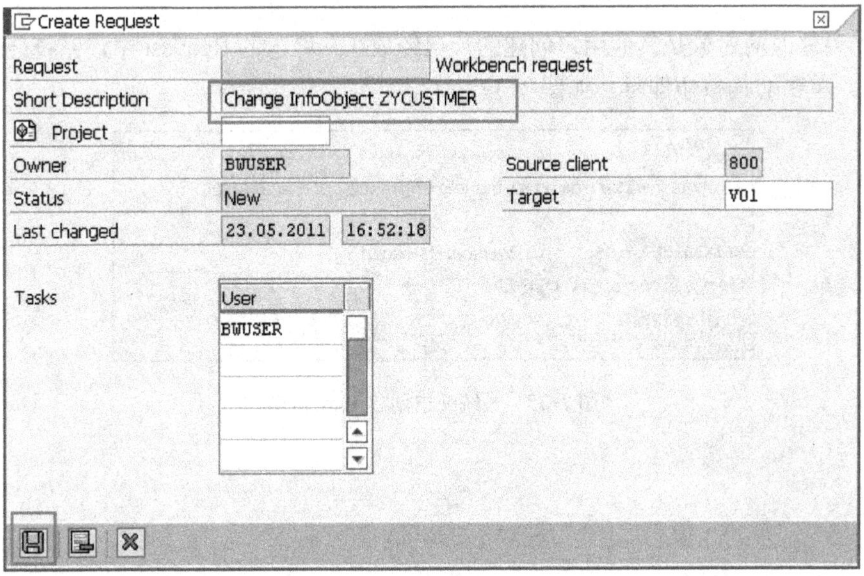

图 2-36　输入请求的描述

4）系统自动生成请求号，单击对钩按钮即可，如图 2-37 所示。

注意：Request 实例 S01K901027，其中前 3 位 S01 为 SAP 系统编号，第 4 位为字母 K，后 6 位 901027 为系统流水号。

图 2-37　系统自动生成请求号

（3）修改的对象需要做传输

1）如果用户之前创建并使用过 Request，系统直接弹出 Request 窗口，如图 2-38 所示，可做如下选择：

- 单击按钮直接确认
- 单击按钮，再建一个新的请求
- 单击 Own Requests ，从自己已建立的请求号中选择另一个请求。

图 2-38　系统直接弹出 Request 窗口

2）如果修改的对象是其他用户创建的，已经放在未释放的 Request 中，系统会弹出创建 Task 窗口，单击对钩按钮即可，如图 2-39 所示。

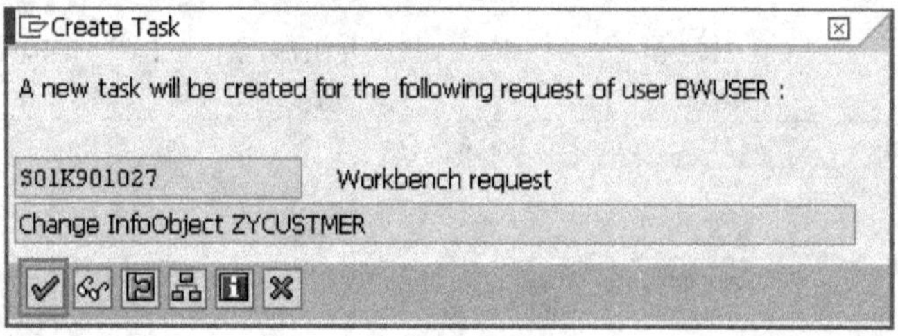

图 2-39　系统弹出创建 Task 窗口

第二篇　BW 入门篇

第 3 章　第一个模型的建立

3.1　业务场景

为了方便初学者，我们现在模拟一个简单的业务场景。

现在需要对公司的物料、产品和销售人员进行分析，在 BW 中建立模型并形成报表，其中原始数据来自文本文件（CSV 格式）。

CSV 文件可用如下方式创建，先用 Excel 创建一个常见的 XLS 类型的文件，然后将该文件另存为类型为 CSV 的文件。

业务数据文件为 Sales Statistics.csv，内容如表 3-1 所示。

表 3-1　业务数据内容

Time	Product	Customer	Sales Group	Sales	Sales Price	Currency	Sales Quantity	Unit
20100120	P-01	C-01	sg-01	S-01	100	CNY	1	PC
20100220	P-02	C-02	sg-01	S-02	100	CNY	2	PC
20100320	P-03	C-03	sg-01	S-03	100	CNY	3	PC
20100420	P-04	C-04	sg-01	S-04	100	CNY	4	PC
20100520	P-05	C-05	sg-02	S-05	100	CNY	5	PC
20100620	P-06	C-06	sg-02	S-06	100	CNY	6	PC
20100720	P-07	C-07	sg-02	S-07	100	CNY	7	PC
20100820	P-08	C-08	sg-02	S-08	100	CNY	8	PC
20100920	P-09	C-09	sg-02	S-09	100	CNY	9	PC
20100920	P-09	C-09	sg-01	S-01	100	CNY	1	PC

主数据属性文件为 Sales_Attribute.csv，内容如表 3-2 所示。

主数据文本文件为 Sales_Text.csv，内容如表 3-3 所示。

表 3-2　主数据属性内容

Sales	Sales Attribute
S-01	S-01A
S-02	S-02A
S-03	S-03A
S-04	S-04A
S-05	S-05A
S-06	S-06A
S-07	S-07A
S-08	S-08A
S-09	S-09A

表 3-3　主数据文本内容

Sales	Sales Text
S-01	S-01T
S-02	S-02T
S-03	S-03T
S-04	S-04T
S-05	S-05T
S-06	S-06T
S-07	S-07T
S-08	S-08T
S-09	S-09T

下面的需求分析和蓝图设计两节，是模拟实际项目所必需的步骤。但对于初学者来说，可以先跳过这两节，直接看 3.4 节系统实现部分并在系统中操作。看完 3.4 节之后，再回过来阅读 3.2 节和 3.3 节。

3.2 需求分析

3.1 节中业务场景主要是为初学者而设计的，和实际项目相比，已经相当简化。本节的业务需求分析也非常简单。业务需求分为三部分：

- 在 BW 系统中建立相应的模型。
- 在 BW 系统中完成数据的加载。
- 在 BEx 工具中建立查询和报表，显示数据。

本章完成第一部分，在 BW 系统中建立相应的模型；第 4 章中手动加载数据；第 6 章用处理链自动加载数据；第 5 章建立查询和报表。

在 BW 中建立相应的模型主要包括如下内容：

1）信息对象（InfoObject）：对应于表 3-1 中的字段，BW 中需要建立相应的信息对象，分为两类，一类是特性（Characteristics，对应于字段 Product，Time, Sales）；另一类是关键值（Key Figure，对应于字段 Sales Price，Sales Quantity）

2）数据源（DataSource）：需要建立三个文本类型的数据源, 包括业务数据数据源，对应于表 3-1。两个主数据的数据源 Attribute DataSource 和 Text DataSource 对应于表 3-2 和表 3-3。

3）数据存储对象（DSO）：模型用于对 Data Warehouse 层的数据存储。

4）信息立方体（InfoCube）：模型用于对 Data Mart 层的数据存储。

5）转换（Transformation）：用于连接 BW 内部的两个对象。

6）信息包（InfoPackage）：用于将源系统中的数据加载到 BW 系统中。

7）数据传输进程（DTP）：用于 BW 内部对象之间数据的加载。

3.3 蓝图设计

3.3.1 主数据模型和业务数据模型数据流设计

主数据模型数据流如图 3-1 所示，业务数据模型数据流如图 3-2 所示。

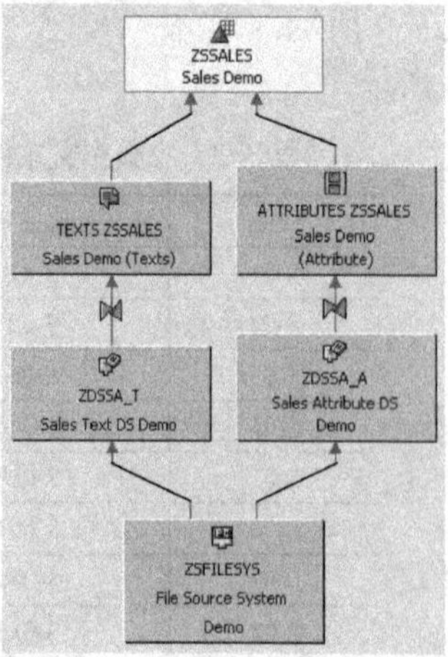

图 3-1　主数据模型数据流图

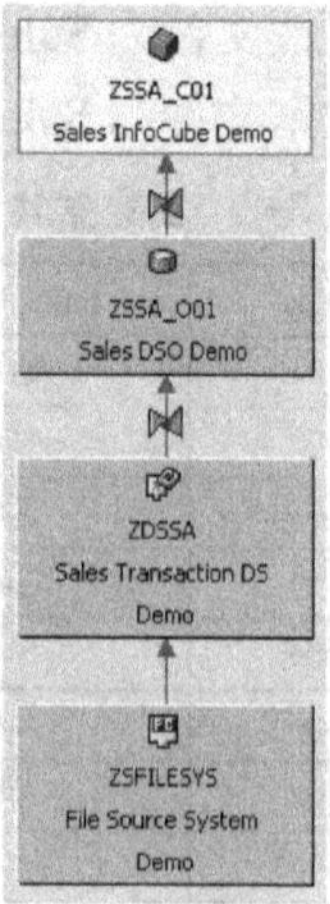

图 3-2　业务数据模型数据流

3.3.2 详细设计及操作步骤

1）创建信息区（InfoArea）。信息区是信息对象的文件夹，但里面还不能直接放信息对象，如表 3-4 所示。

表 3-4 信息区

	技术名称	描 述
信息区	ZSIA_SALES	Sales InfoArea Demo

2）创建信息对象目录（InfoObject Catalog）。信息对象目录是信息对象的文件夹，在里面可以直接放信息对象，如表 3-5 所示。

表 3-5 信息对象目录

信息对象目录类型	技术名称	描 述
特性	ZSCAT_CHAR_SALES	Sales Info. Catalog Char Demo
关键值	ZSCAT_KEY_SALES	Sales Info. Catalog KF Demo

3）创建特性（Characteristics）类别的信息对象，如表 3-6 所示。

表 3-6 信息对象-特性

特 性	类 型	描 述	数据类型	数据长度	小写打开	有主数据	属性
ZSPRODCT	主数据	Product Demo	CHAR	8	否	是	无
ZSCUSTMR	主数据	Customer Demo	CHAR	8	否	是	无
ZSSALEGP	主数据	Sales Group Demo	CHAR	8	是	是	无
ZSSALES	主数据	Sales Demo	CHAR	10	否	是	有
ZSSA_A	属性	Sales Attribute Demo	CHAR	10	否	无	无

4）创建关键值（Key Figure）类别的信息对象，如表 3-7 所示。

表 3-7 信息对象-关键值

关 键 值	类 型	描 述	单位(Unit / Currency)
ZSPRICE	Amount	Sales Price Demo	0CURRENCY
ZSQTY	Quantity	Sales Quantity Demo	0UNIT

5）创建数据存储对象（DSO），如表 3-8 所示。

表 3-8 数据存储对象

技术名称	ZSSA_O01
描述	Sales DSO Demo
主键（Key Fields）	ZSPRODCT 0CALDAY ZSSALES
非键值（Data Fields）	ZSCUSTMR ZSSALEGP ZSPRICE ZSQTY

6）创建信息立方体（InfoCube），如表 3-9 所示。

表 3-9 信息立方体

技 术 名 称	ZSSA_C01
描述	Sales InfoCube Demo
Time 维度 IO	0CALDAY
Sales 维度 IO	ZSSALES ZSSALEGP
Others 维度 IO	ZSPRODCT ZSCUSTMR
关键值（Key Figure）	ZSPRICE ZSQTY

7）将信息对象 ZSSALES 设置成信息提供者（InfoProvider）。

8）创建文件源系统（File）和应用程序组件（Application Component），它们都是数据源的文件夹，如表 3-10 所示。

表 3-10 源系统和应用组件

	技 术 名 称	描 述
源系统	ZSFILESYS	File Source System Demo
应用组件	ZSAPPCOMP	Application Component Demo

9）创建数据源（DataSource），如表 3-11 所示。

表 3-11 数据源

类 型	技术名称	描 述	建 立 方 法
业务数据	ZDSSA	Sales Transaction DS Demo	参照 InfoObject 模板
主数据属性	ZDSSA_A	Sales Attribute DS Demo	参照 InfoObject 模板
主数据文本	ZDSSA_T	Sales Text DS Demo	不参照 InfoObject 模板

10）创建主数据属性数据源下的信息包（InfoPackage）。

11）创建主数据属性数据源到主数据属性的转换（Transformation）。

12）创建主数据属性数据源到主数据属性的数据传输进程（DTP）。

13）创建主数据文本数据源下的信息包（InfoPackage）。

14）创建主数据文本数据源到主数据属性的转换（Transformation）。

15）创建主数据文本数据源到主数据属性的数据传输进程（DTP）。

16）创建业务数据数据源下的信息包（InfoPackage）。

17）创建业务数据数据源到 DSO 的转换（Transformation）。

18）创建业务数据数据源到 DSO 的数据传输进程（DTP）。

19）创建 DSO 到 InfoCube 的转换（Transformation）。

20）创建 DSO 到 InfoCube 的数据传输进程（DTP）。

3.4 第一个模型系统的实现

3.4.1 建立信息区和信息对象目录

1）进入 BW 工作台。登录 SAP BW 系统后，输入 T-code：RSA1。在 BW 中，RSA1 是最常用的 T-code，大部分操作可以在该 T-code 输入后的界面内直接完成或间接跳转完成，如图 3-3 所示。

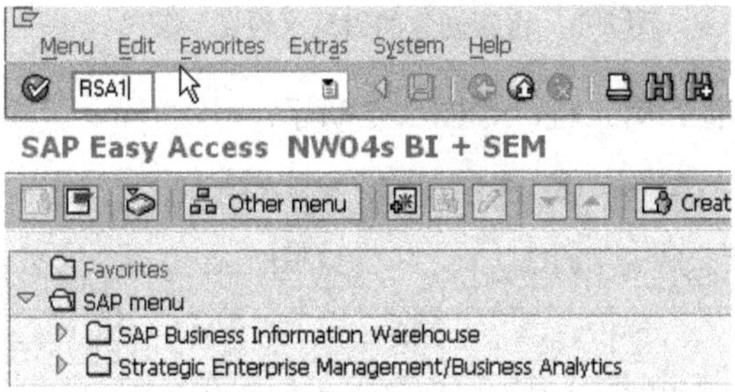

图 3-3　T-code：RSA1

2）信息区（InfoArea）和信息对象目录（InfoObject Catlog）相当于 Windows 中的文件夹。如图 3-4 所示，在 Modeling 中选定 InfoObjects，在右侧界面上右击，单击快捷菜单中的 Create InfoArea 即可创建 InfoArea。该 InfoArea 创建后也会在 Modeling →InfoProvider 界面中自动出现，如图 3-4 所示。

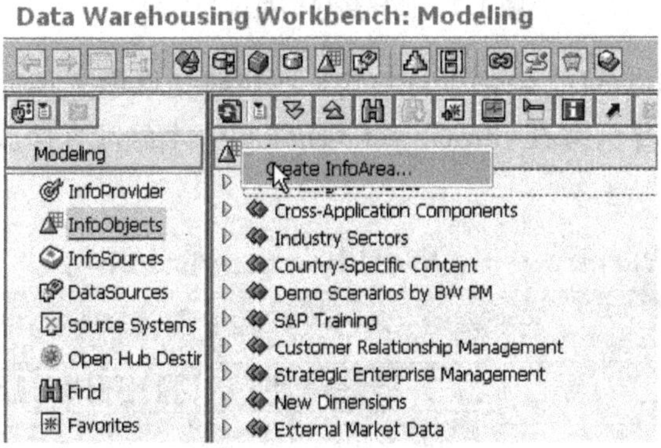

图 3-4　创建信息区

3）在弹出对话框的 InfoArea 文本框中输入技术名称和描述，然后单击绿色对钩按钮，如图 3-5 所示。

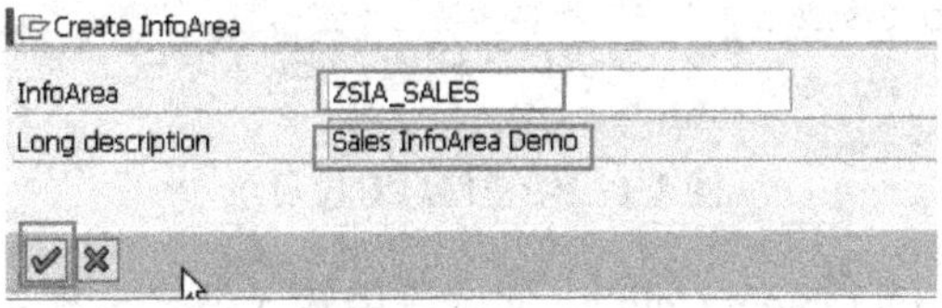

图 3-5　输入信息区技术名称和描述

4）新创建的 InfoArea 会出现在最下端，可以通过拖拽的方式调整其层级位置。在弹出的对话框中可选择是将其作为子节点还是邻节点，如图 3-6 所示。

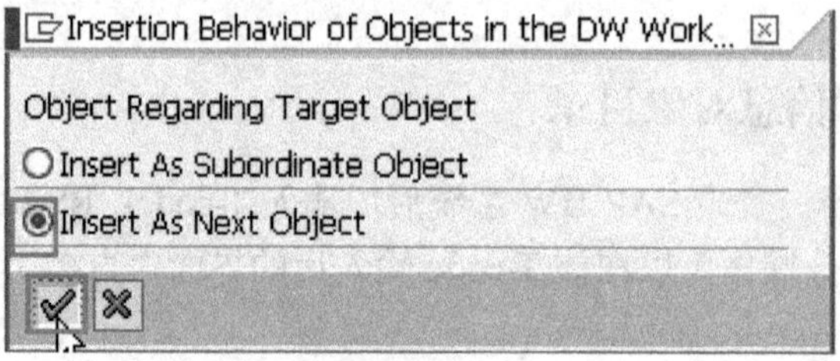

图 3-6　将新创建的信息区设置为邻节点

5）将其由最下面调整到第二位，如图 3-7 所示。

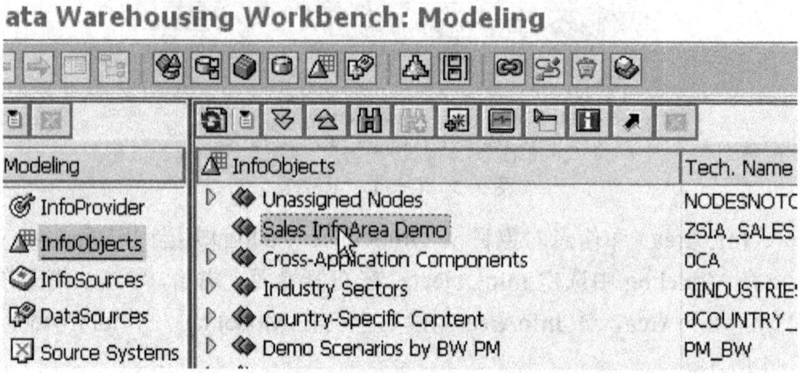

图 3-7　调整新建信息区的位置

6）在刚创建的 InfoArea 上单击鼠标右键，在快捷菜单中选择创建 InfoObject Catalog。InfoArea 可以嵌套，但是只有在 InfoObject Catalog 中才可以直接放 InfoObject，如图 3-8 所示。

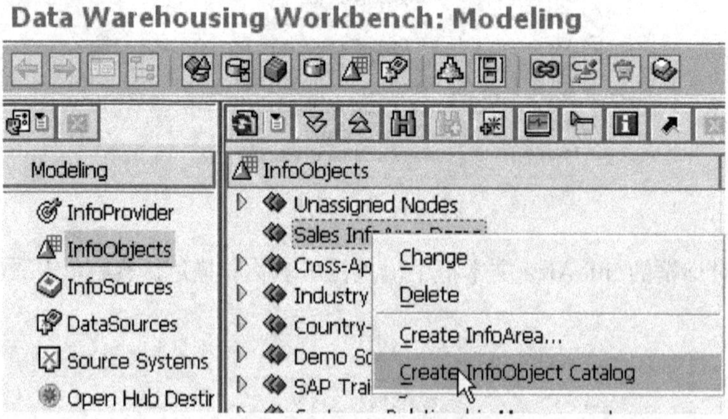

图 3-8　创建信息对象目录

7）在弹出对话框的 InfoObject Catalog 文本框中输入技术名称和描述，选择 Char 类型，单击“新建”按钮，如图 3-9 所示。

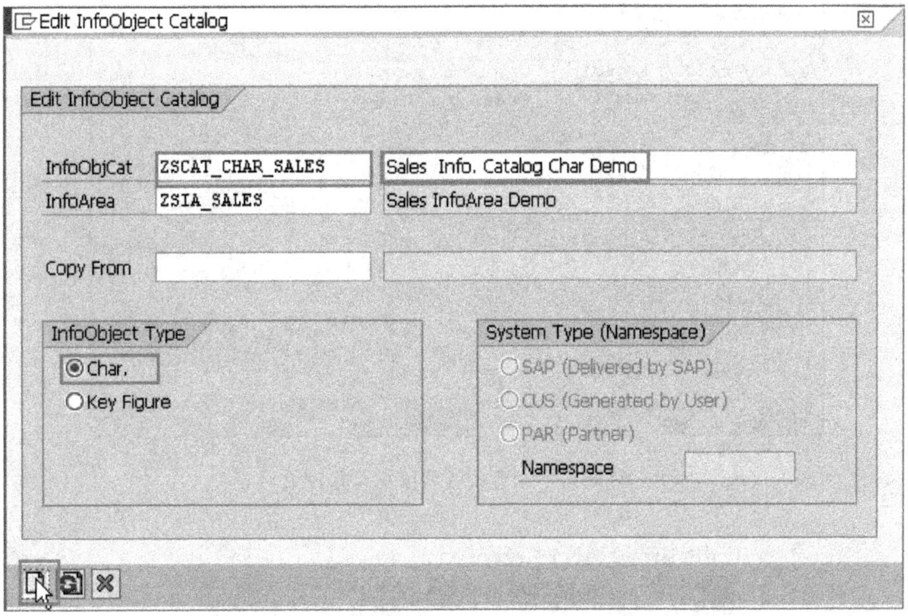

图 3-9　创建特性信息对象目录

8）单击“激活” 按钮（类似燃烧的小火柴棒），则新建的 Char 类型的 InfoObject Catalog 出现在 InfoArea 的下面，如图 3-10 所示。

注意： BW 本质上是一个数据库，在 BW 中只是将对象本身保存，激活是生成该对象对应的数据库表，可以放数据和其他对象，才能被使用。所以，在 BW 中创建对象后，一般都有激活操作。如果之前未保存，激活也就附带保存了。

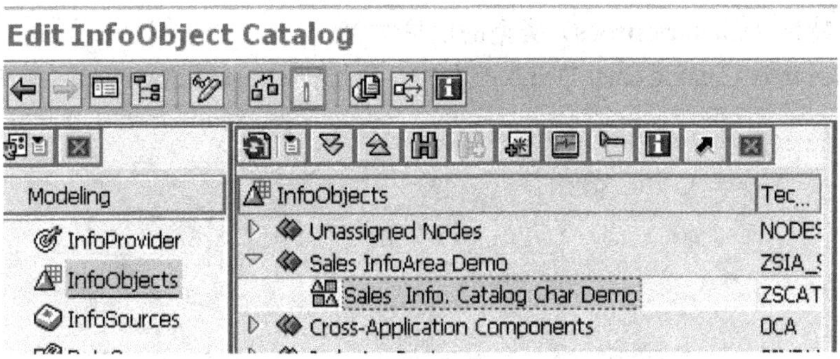

图 3-10　激活后的特性信息对象目录

9）第二次在刚创建的 InfoArea 上单击鼠标右键，选择创建 InfoObject Catalog，这次创建 Key Figure 类型，如图 3-11 所示。

10）再次单击“激活”按钮，则新建的 Key Figure 类型的 InfoObject Catalog 出现在 InfoArea 的下面，如图 3-12 所示。

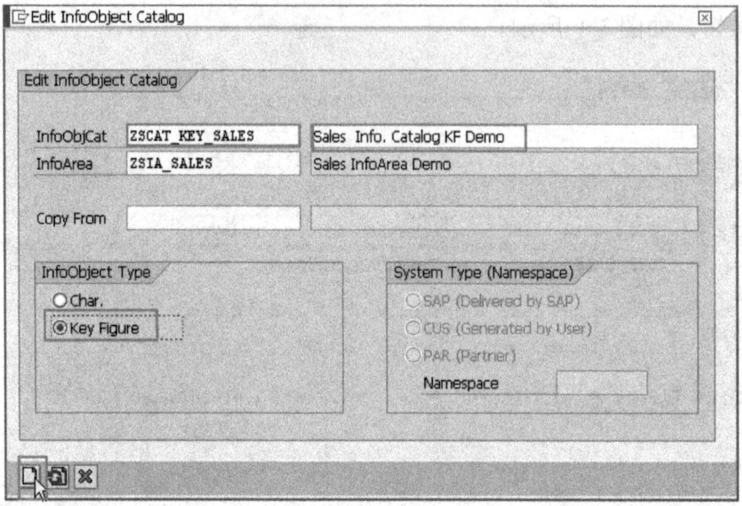

图 3-11　创建关键值信息对象目录

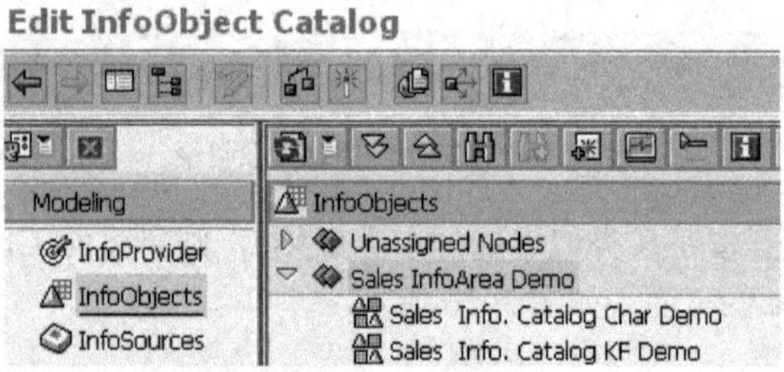

图 3-12　激活后的特性和关键值信息对象目录

3.4.2　建立信息对象（特性和关键值）

首先创建特性（Characteristics）类型的信息对象。

1）在 Sales Info. Catalog Char Demo 上右击，再选择 Create InfoObject，如图 3-13 所示。

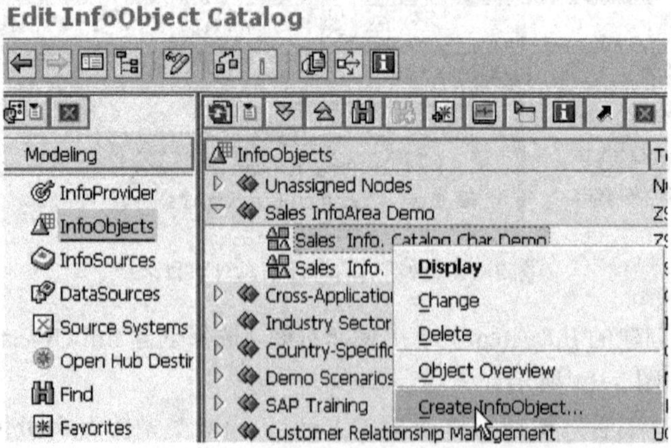

图 3-13　创建信息对象

2）在弹出的对话框中输入技术名称和描述，如图 3-14 所示。

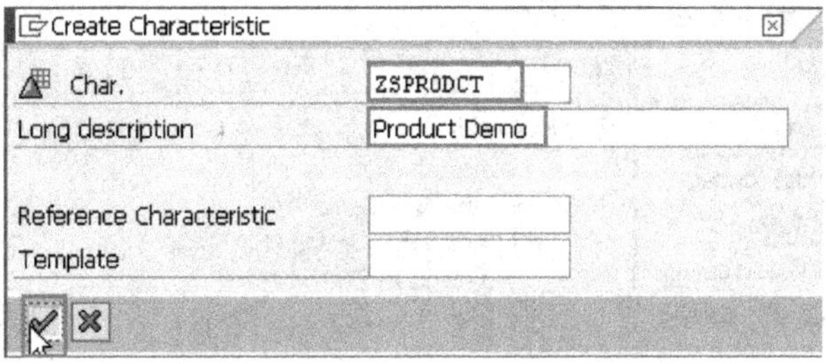

图 3-14　创建特性

3）系统切换到新界面，在右侧输入短文本描述（Short Description），选择数据类型（Data Type）为 CHAR，在数据长度（Length）后输入 8，如图 3-15 所示。

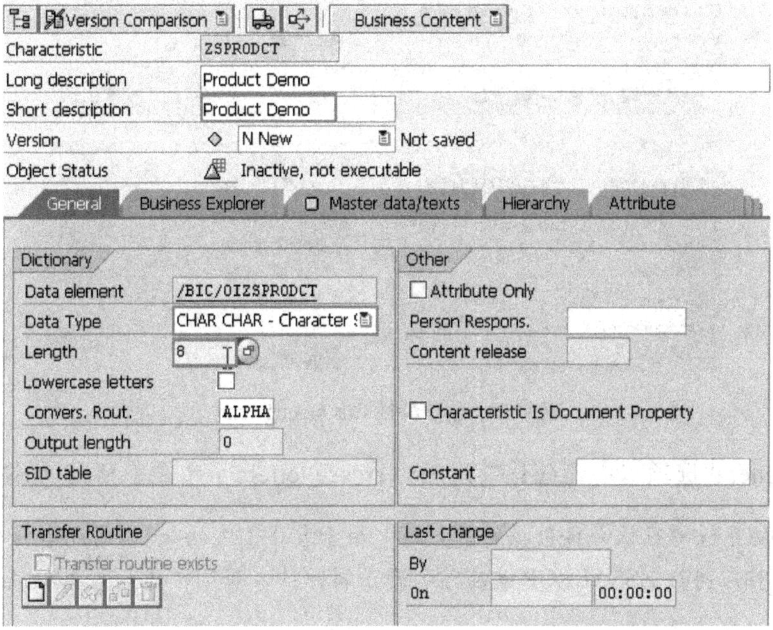

图 3-15　输入和选择特性的基本信息

4）单击“激活”按钮，特性 ZSPRODCT 的 Version 就变成 Active，则该特性就创建完成了，如图 3-16 所示。在特性信息对象目录下，会发现新创建并激活的特性，如图 3-17 所示。

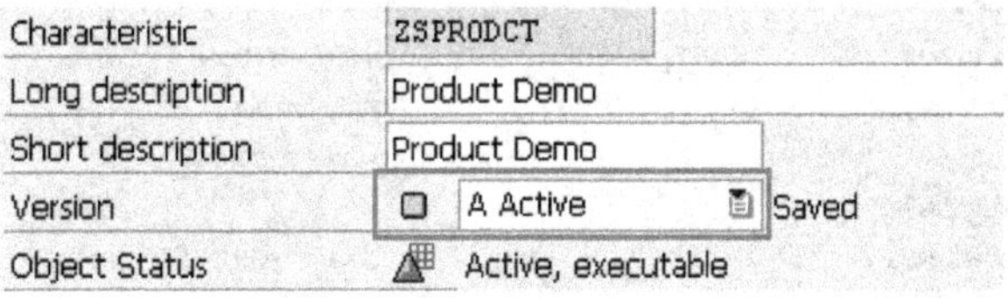

图 3-16　激活后的特性

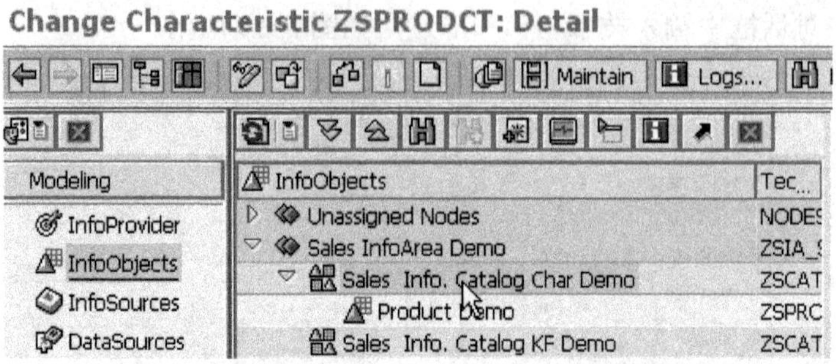

图 3-17　激活后的特性出现在特性信息对象目录下

5）重复操作，再创建 Customer Demo 并激活，如图 3-18 所示。

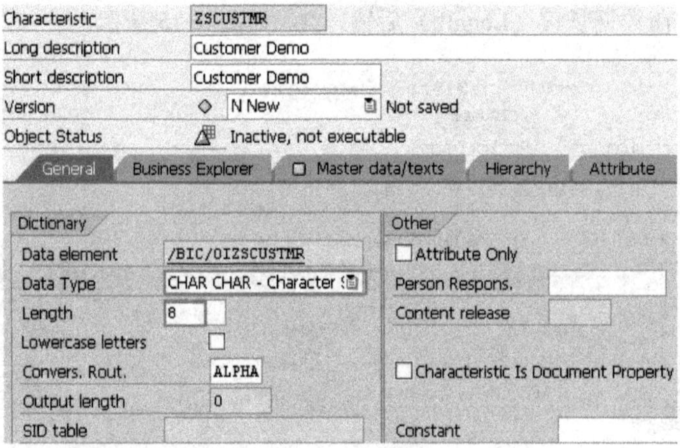

图 3-18　创建特性 Customer Demo

6）在 General 选项卡中还应该勾选 Lowercase letters（允许小写），如图 3-19 所示。

注意：BW 系统中默认允许数据都是大写。由于表 3-1 中的数据相应 Sales Group 列中数据有小写值，相应特性 ZSSALEGP 就应该打开小写开关；否则，之后数据加载时会报错。

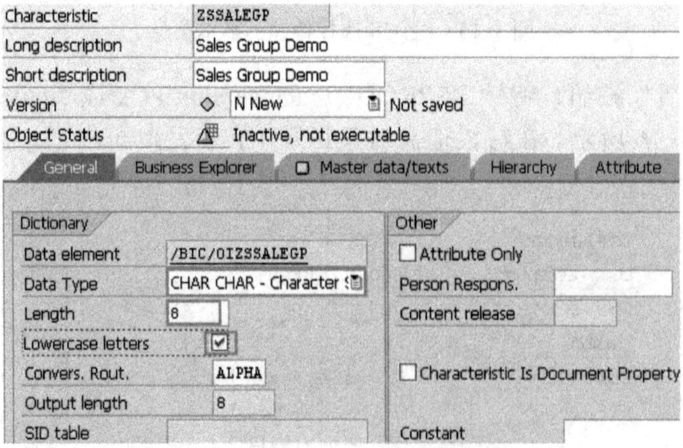

图 3-19　创建特性 Sales Group Demo

7）紧接着要激活特性 ZSSALEGP，这时会有黄色警告，可以忽略，单击对钩按钮，如图 3-20 所示。在弹出的 Activate 对话框中单击 Yes 按钮，如图 3-21 所示。

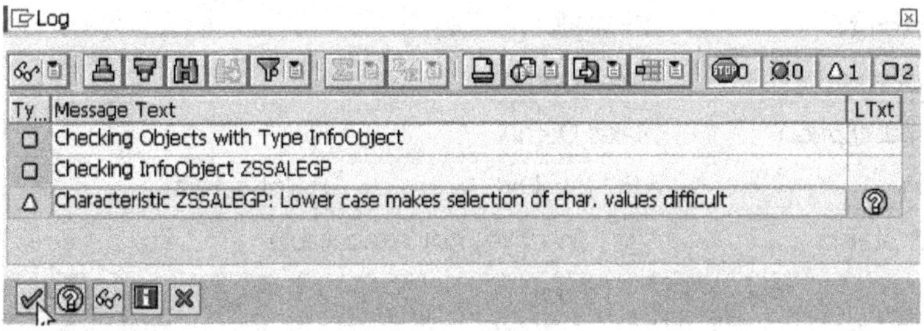

图 3-20　黄色警告

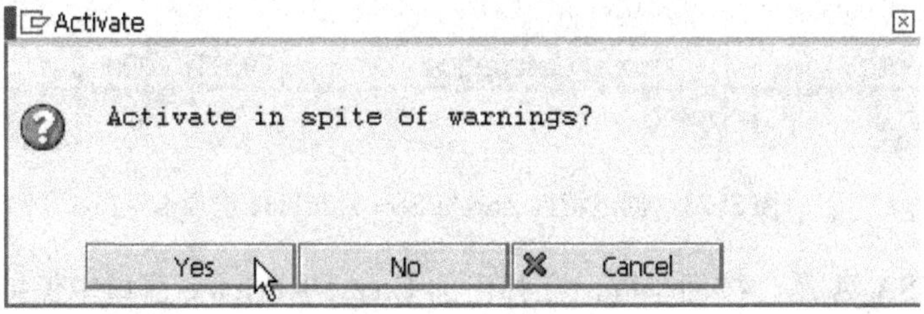

图 3-21　激活（不管警告）

注意：在 BW 系统中，会有各种各样的系统信息。其中，绿色代表一切正常；黄色代表警告；红色代表错误。一般来说，红色就表示必须将问题解决后，才能继续，而绿色和黄色可以直接继续操作。

8）创建特性 ZSSALES 包括其属性 ZSSA_A。对于特性 ZSSALES，设置 General 选项卡，如图 3-22 所示。

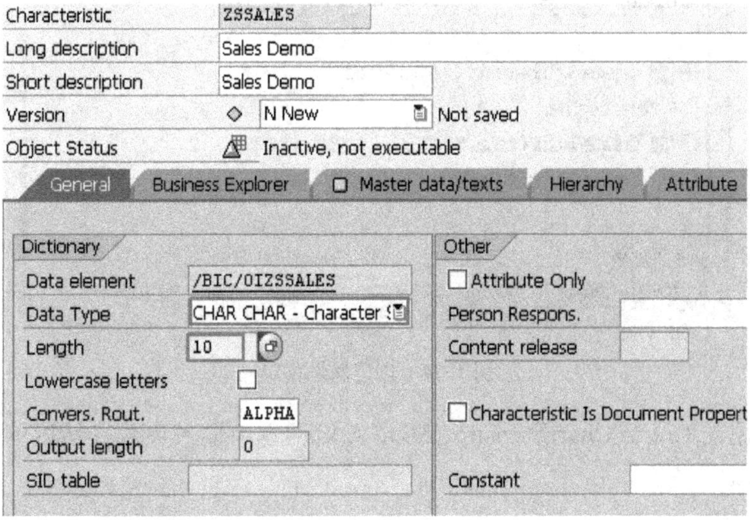

图 3-22　创建特性 ZSSALES—General 选项卡

9）在特性 ZSSALES 的 Attribute 选项卡中添加一个新的属性 ZSSA_A，可以在设置完后一起激活，如图 3-23 所示。

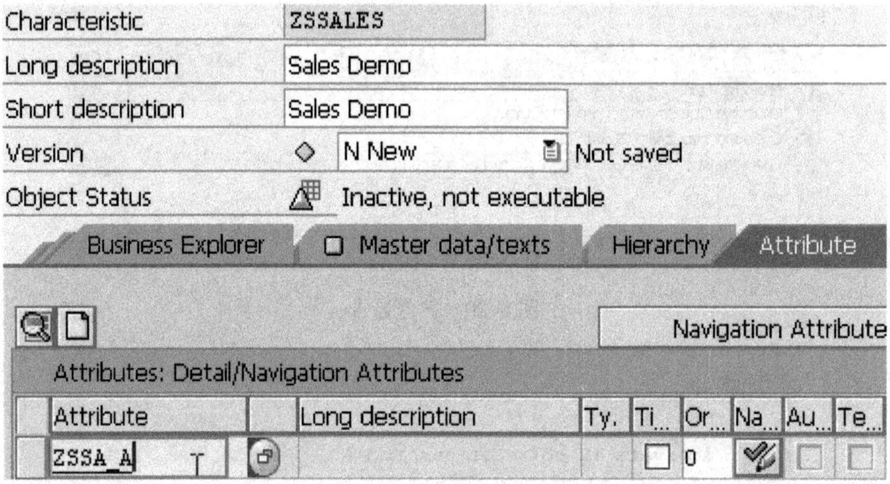

图 3-23　创建特性 ZSSALES—Attribute 选项卡

10）输入 ZSSA_A 后，按回车键，在弹出的 Create Attribute 窗口中保持默认选项，单击对钩按钮，如图 3-24 所示。

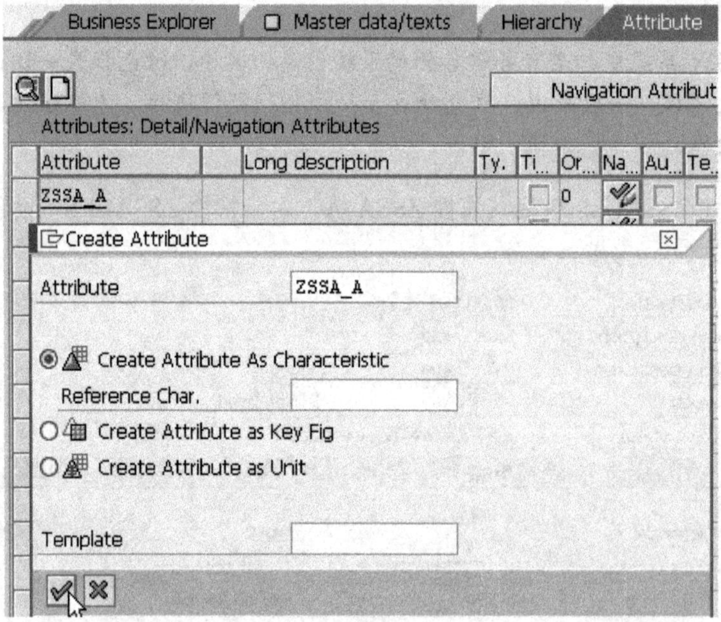

图 3-24　创建属性窗口

11）在弹出的 Create Characteristic ZSSA_A 对话框中输入参数，然后单击对钩按钮，如图 3-25 所示。

注意：Attribute Only 默认勾选，表示 ZSSA_A 只用做属性，不带主数据。

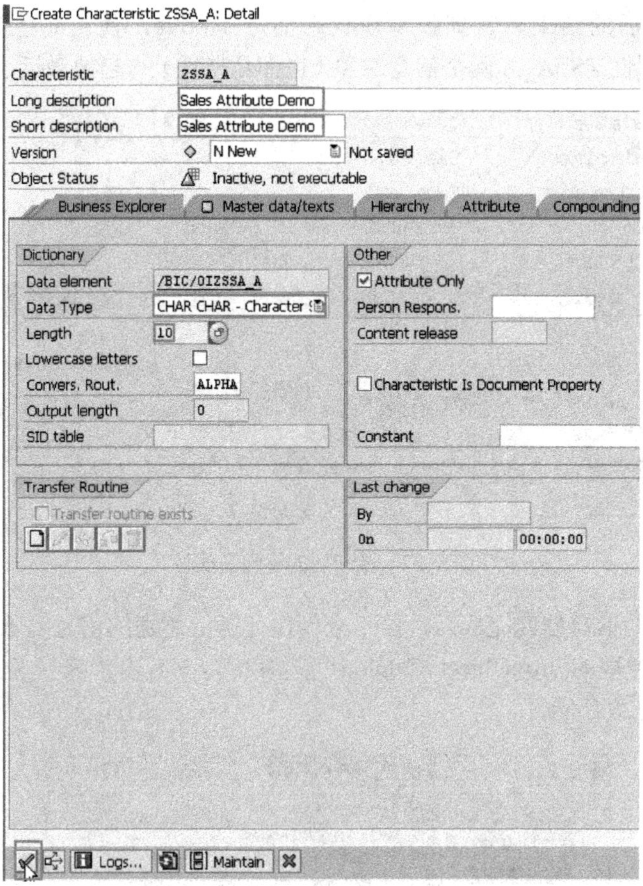

图 3-25　创建特性 ZSSA_A 对话框

12）系统回到特性 ZSSALES 创建界面，单击“激活”按钮，在弹出的新窗口中保持默认选项，将 ZSSALES 和 ZSSA_A 一起激活，单击对钩按钮，如图 3-26 所示。

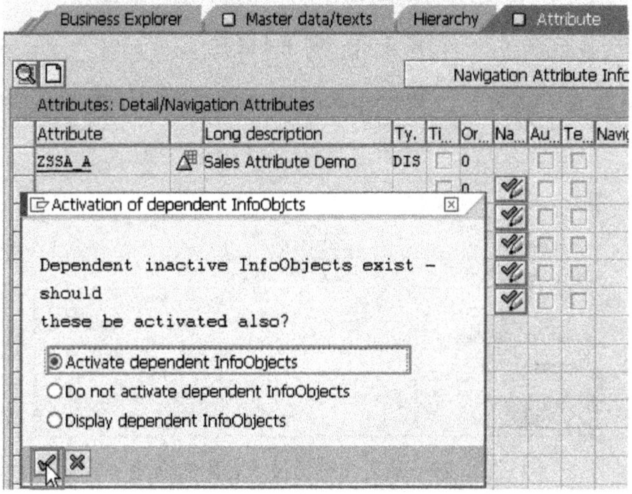

图 3-26　激活特性及属性

13）检查激活后的结果，看到版本和状态都是 Active，而且颜色为绿色。这样特性 ZSSALES 和它的属性 ZSSA_A 两个信息对象（也都是特性）一起被激活了，如图 3-27 所示。

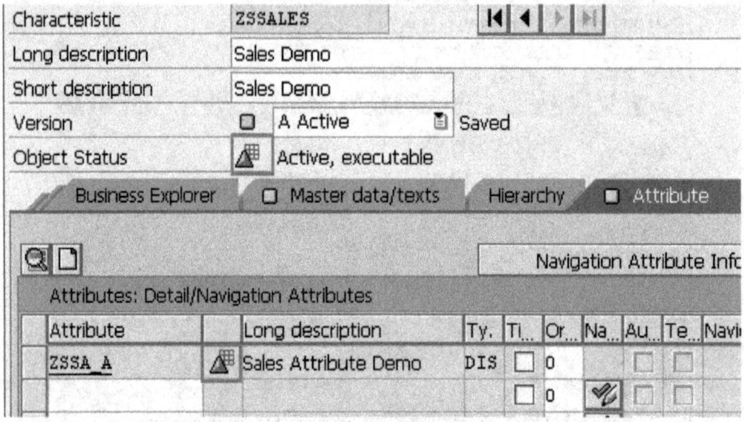

图 3-27　激活后的特性及属性

14）特性类别的信息创建完成后，接下来创建关键值类别的信息对象。首先要做的是切换到 Key Figure 类型的 InfoObject Catalog，然后在其上右击，在快捷菜单中选择 Create InfoObject，如图 3-28 所示。

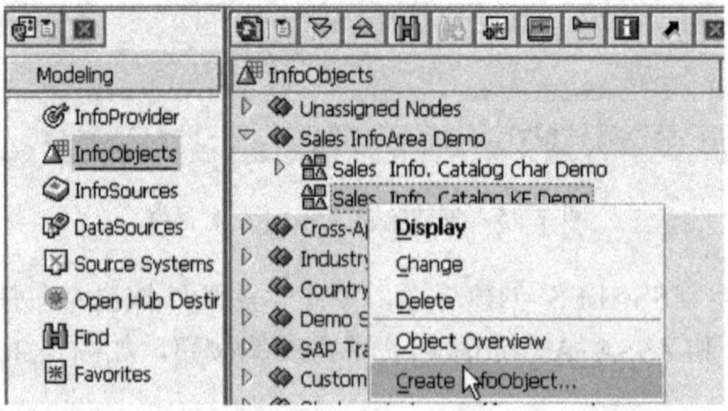

图 3-28　创建关键值

15）在弹出的对话框中输入关键值 ZSPRICE 技术名称和描述，然后单击对钩按钮，如图 3-29 所示。

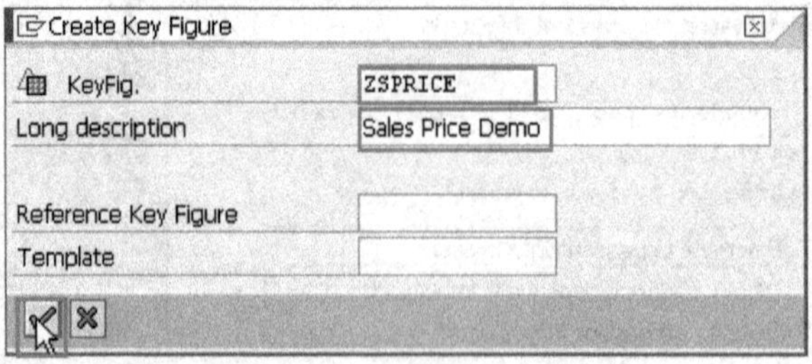

图 3-29　输入关键值技术名称和描述

16）在弹出的对话框中输入短文本描述，选择数据类型为金额（Amount），在

Unit/Currency 后输入或选择 0CURRENCY，如图 3-30 所示。

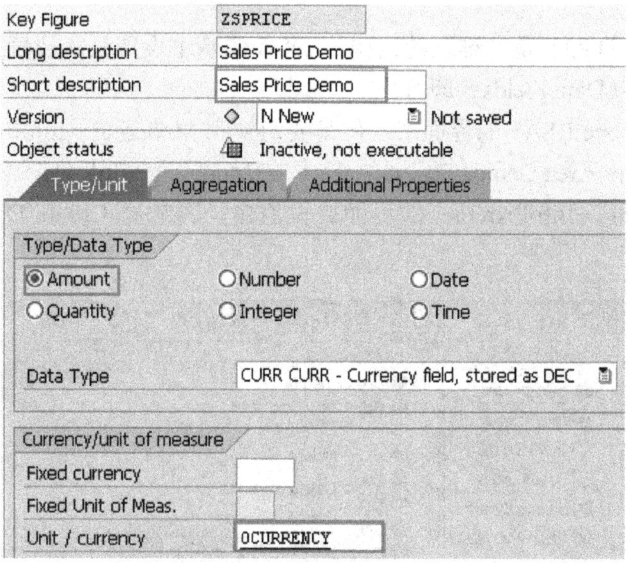

图 3-30　设置金额关键值类型和单位

注意：在 BW 中，一个金额或数量类型关键值对应于 ECC 或文本文件表中的两个字段，包括数值和单位。

17）激活后，再创建下一个关键值 ZSQTY，如图 3-31 所示。

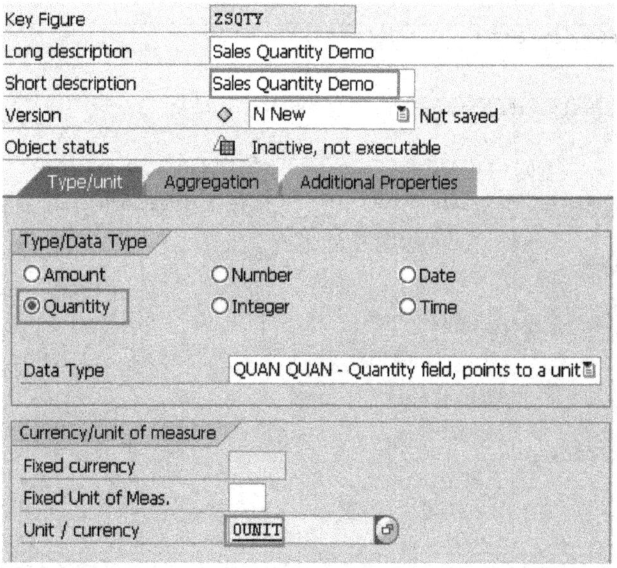

图 3-31　设置数量关键值类型和单位

18）再激活，两个关键值也创建好了。到此实现业务场景所需要的特性和关键值都创建完成了。

3.4.3 建立数据存储对象

数据存储对象（DSO）是二维表的结构， DSO 的基本设置只需要确定关键字字段（Key Fields）和数据字段（Data Fields）即可。

这时仍然在 T-code:RSA1 的界面中，但是要切换到 Modeling→InfoProvider 的界面下。

1）选择 Sales InfoArea Demo，该 InfoArea 是在 Modeling→InfoObjects 的界面下创建，也自动出现在 Modeling→InfoProvider 的界面。再右击，再选择 Create DataStore Object，如图 3-32 所示。

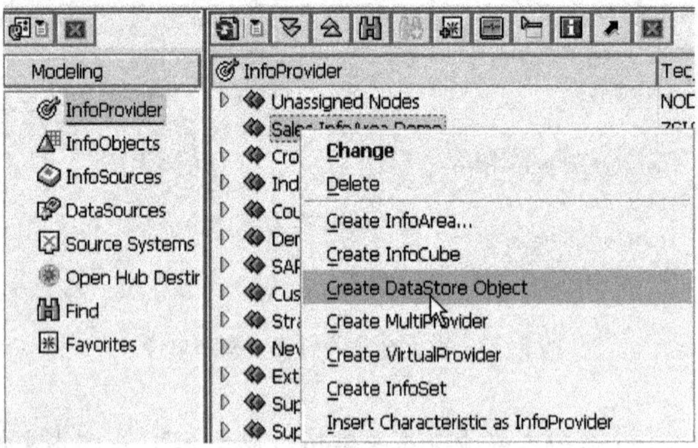

图 3-32　创建 DSO

2）在弹出的对话框中输入 DSO 的技术名称和描述，并单击“新建”按钮，如图 3-33 所示。

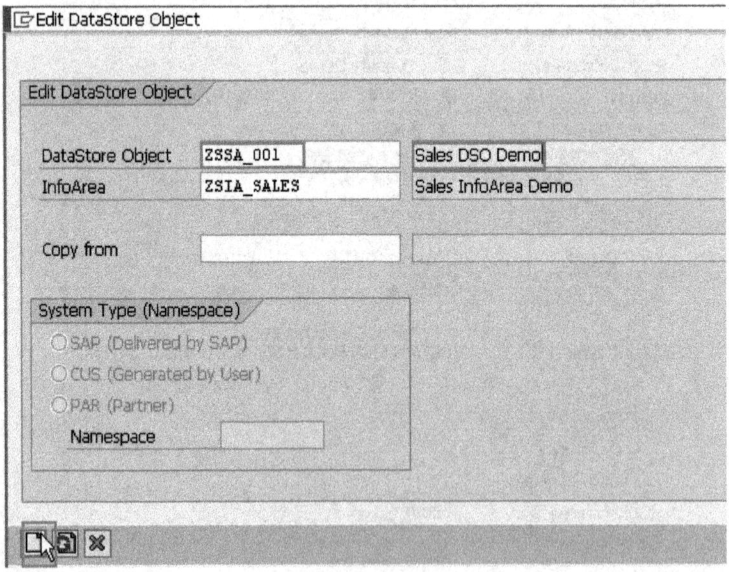

图 3-33　输入 DSO 的技术名称和描述

3）在新界面的右侧右击 Key Fields，选择 InfoObject Direct Input，如图 3-34 所示。

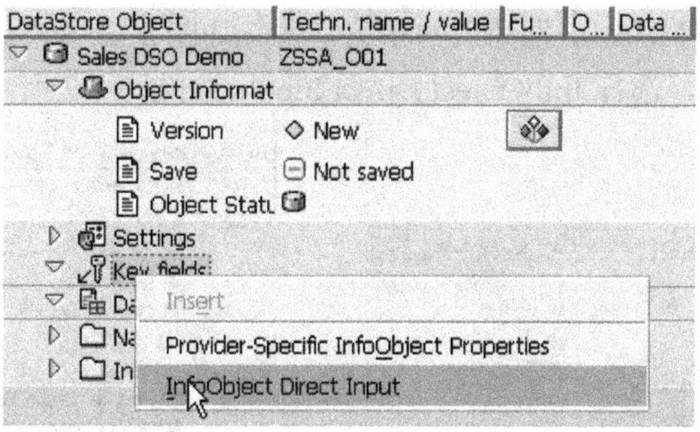

图 3-34　维护 DSO 主键

4）在弹出的对话框中输入特性的技术名称，然后单击对钩按钮，如图 3-35 所示。

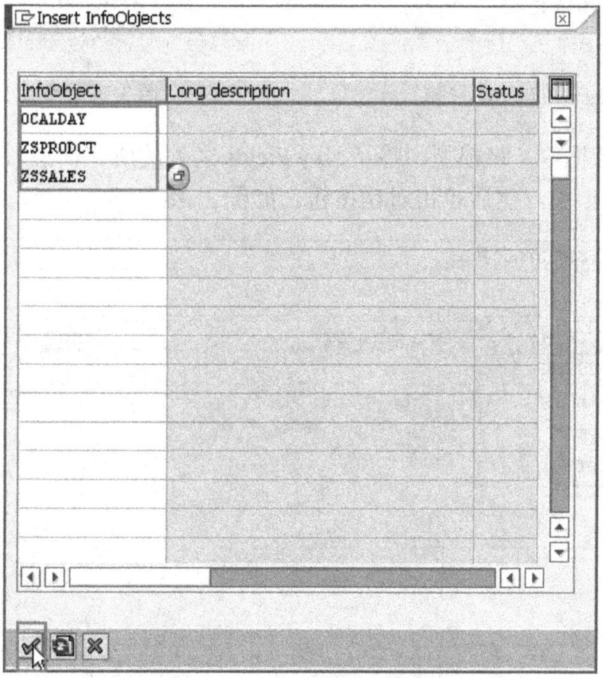

图 3-35　插入特性作 DSO 主键

注意：关键字段（Key Fields）和关键值（Key Figure）是两个不同的概念。

关键字段一般都是特性。关键字段的选择非常重要，一定要确保主键（关键字段的组合）能够满足需求。如在本例中，为了确保表 3-1 中的 10 行数据都加载到 DSO 中，选择单一的关键字段，如 0CALDAY、ZSPRODCT、ZSSALES 都是不够的，如果只是 0CALDAY 或者 ZSPRODCT 作 Key，则第 10 条覆盖第 9 条数据；如果只是 ZSSALES 作 Key，则第 10 条覆盖第 1 条数据……在本例中，实际上 0CALDAY、ZSPRODCT 或 ZSCUSTMR 三者任一个和 ZSSALES 组合作主键都可以保证 10 行数据的加载。0CALDAY、ZSPRODCT 和 ZSSALES 组合作主键更是没有问题了。

5）界面右侧的 Key Fields 出现插入的相应特性，如图 3-36 所示。

6）右击 Data Fields，选择 InfoObject Direct Input，如图 3-37 所示。

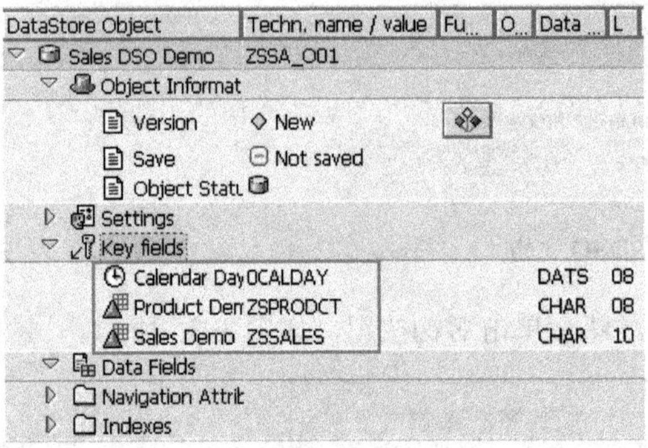

图 3-36　维护后的 DSO 主键

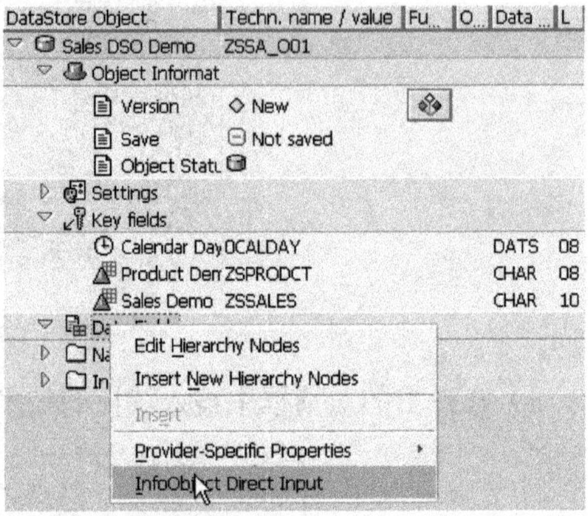

图 3-37　维护 DSO 数据字段

7）在弹出的对话框中，将模型中除了 Key Fields 之外的所有信息对象（包括特性和关键值）加入到 Data Fields 中，然后单击对钩按钮，如图 3-38 所示。

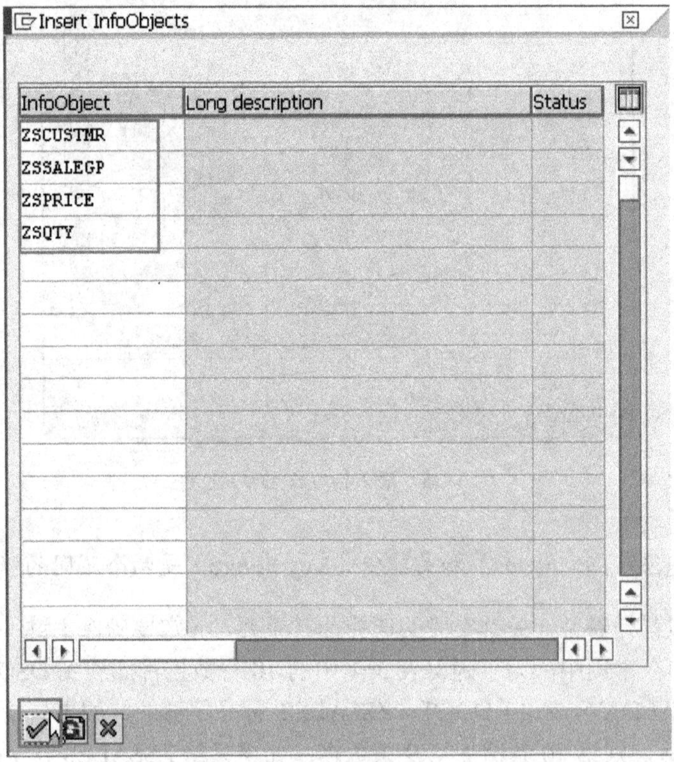

图 3-38　插入特性和关键值作 DSO 数据字段

8）可以看到插入的特性和关键值都出现在 Data Fields 中，包括关键值的单位都自动带入加入到 Data Fields 中，如图 3-39 所示。

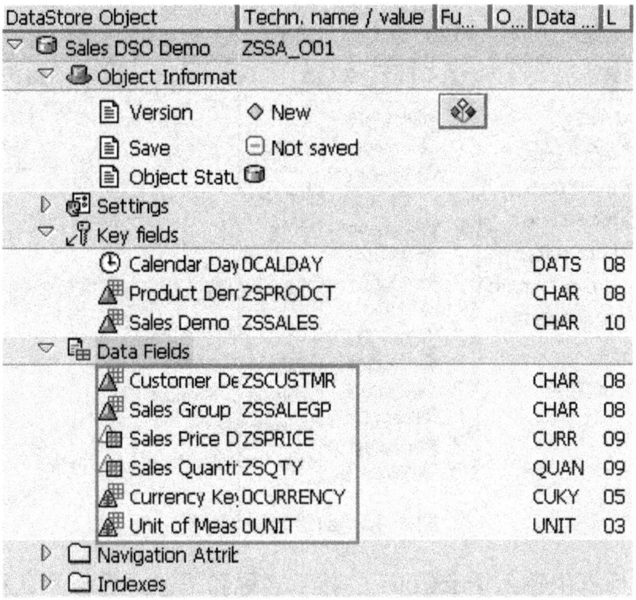

图 3-39　维护后的 DSO 数据字段

9）激活，在界面左侧和右上侧可以看到 DSO 激活后的变化：DSO 颜色由灰色变成蓝色，如图 3-40 所示。状态由 Inactive 变成 Active，如图 3-41 所示。

图 3-40　DSO 激活后颜色由灰色变成蓝色

图 3-41　DSO 激活后状态由 Inactive 变成 Active

3.4.4　建立信息立方体

信息立方体（InfoCube）是一个多维结构，维度建模是要考虑的重点，即将相应的特性如何放到合适的维度中。

1）建立 InfoCube 的第一步同建立 DSO 一样，这时仍然在 T-code:RSA1→Modeling→InfoProvider 的界面下，如图 3-42 所示。

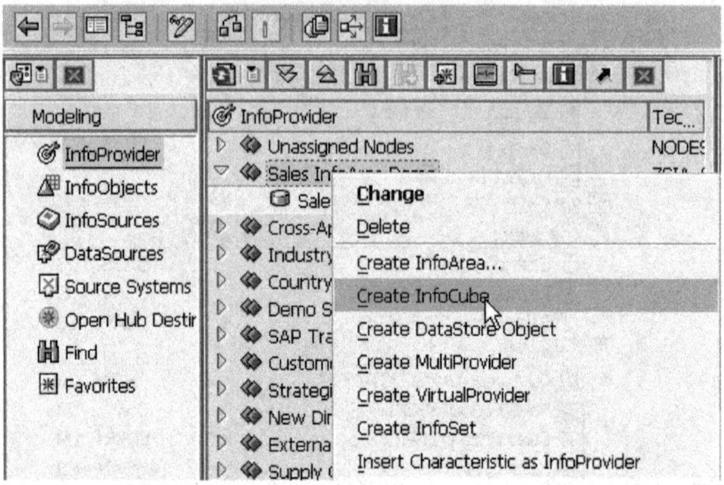

图 3-42　创建 InfoCube

2）在弹出的对话框中输入 InfoCube 的技术名称和描述，保持默认标准类型（Standard InfoCube）设置，然后单击“新建”按钮，如图 3-43 所示。

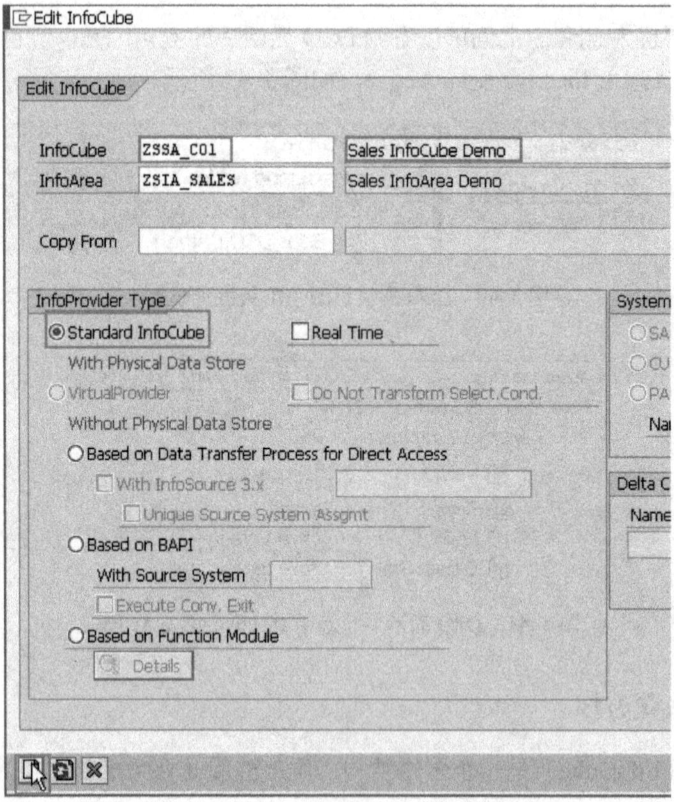

图 3-43　输入 InfoCube 的技术名称和描述

3）在新界面的右侧可以看到有系统保留的三个维度：数据包（DataPackage）、时间（Time）和单位（Unit）。另外，还有一个维度 Dimention 1 和关键值（Key Figures）。 可以先右击 Key Figures，选择 InfoObject Direct Input，如图 3-44 所示。

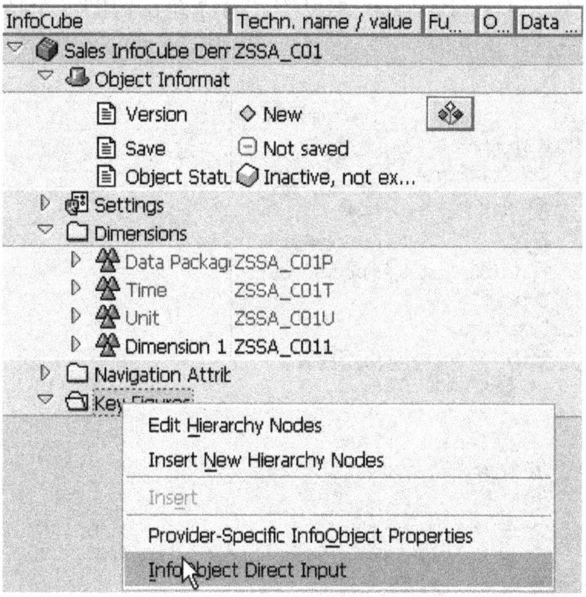

图 3-44　维护 InfoCube 的关键值字段

4）在弹出的对话框中输入关键值，再单击对钩按钮，如图 3-45 所示。

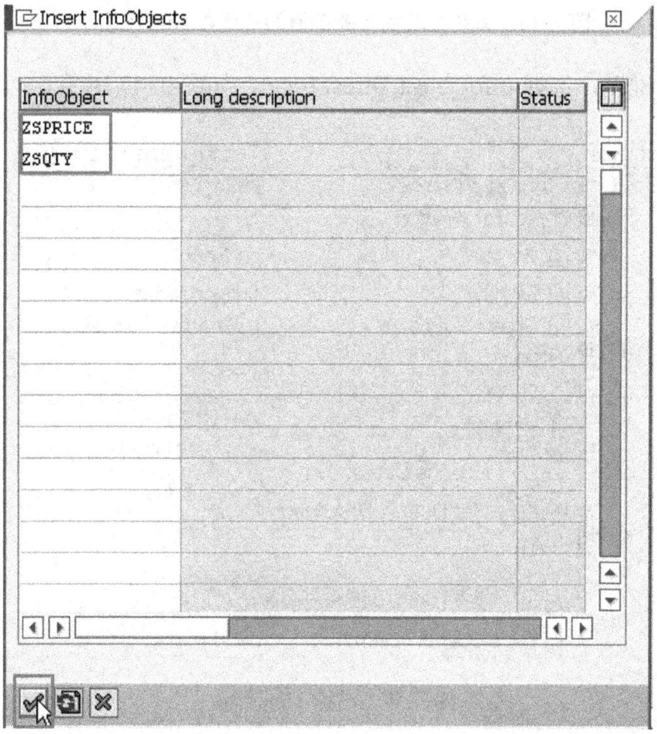

图 3-45　插入 InfoCube 关键值

5）可以看到 Key Figures 中已经有关键值了，而且系统自动在 Unit 维度中加入了相应关键值的单位。还可以看到在 Data Package 维度中也有系统保留的三个特性，Time 维度目前还是为空，如图 3-46 所示。

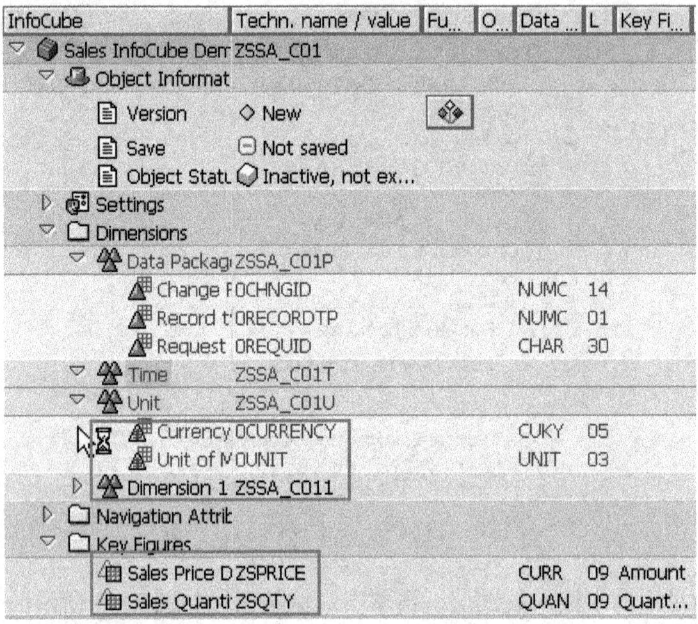

图 3-46　系统自动插入关键值的单位在 Unit 维度中

6）右击 Time 维度，选择 InfoObject Direct Input，如图 3-47 所示。

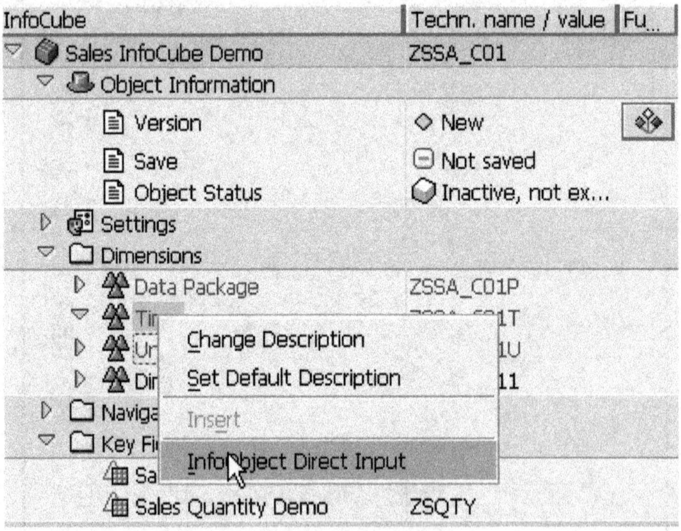

图 3-47　维护 Time 维度

7）加入 0CALDAY，然后单击对钩按钮，如图 3-48 所示。

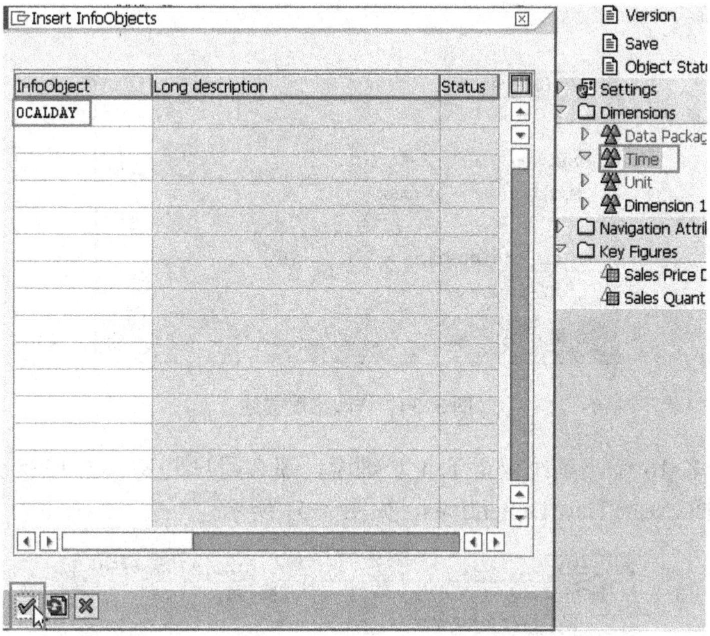

图 3-48　插入 Time 维度特性 0CALDAY

注意：在 Time 维度中，只能存放 BW 系统提供的时间特性（Time Characteristics），技术名称都是以数字 0 开头，如 0CALDAY、0CALMONTH、0CALYEAR、0FISCPER、0FISCMONTH、0FISCYEAR 等，如果是用户自建的时间类型的特性，则不能放在 Time 维度中，只能放在用户自建的维度中。

8）对于 Dimention 1，可以给一个更有业务意义的名字。右击 Dimention 1，选择 Properties，如图 3-49 所示。

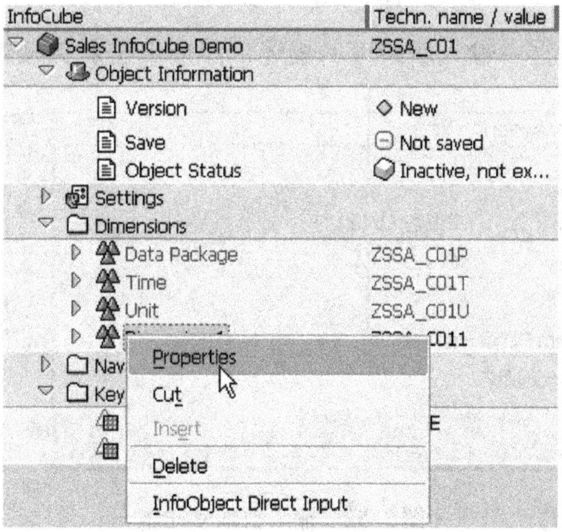

图 3-49　维度属性

9）维度描述改名为 Product，但技术名称 ZSSA_C011 不能修改，单击对钩按钮，如图

3-50 所示。

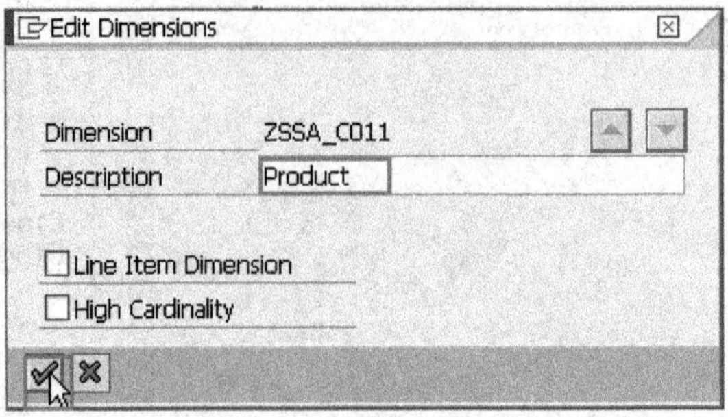

图 3-50　修改维度描述

10）维度最多 16 个，系统保留了 3 个维度，那么用户最多可建 13 个维度。可以右击 Dimentions，选择 Create New Dimentions，如图 3-51 所示。

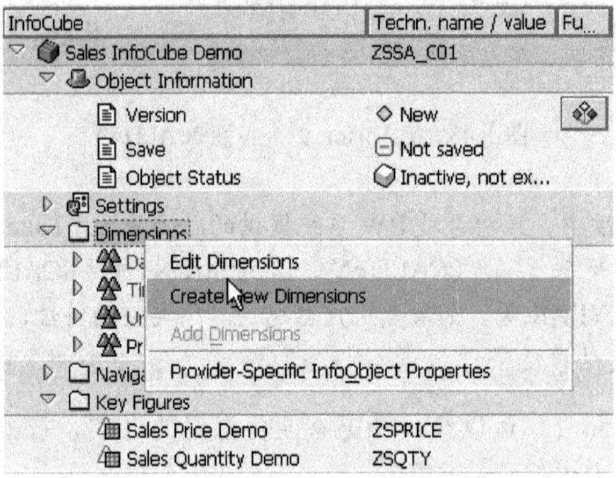

图 3-51　创建新维度

11）在弹出的新对话框中输入新维度的描述，然后单击对钩按钮，如图 3-52 所示。

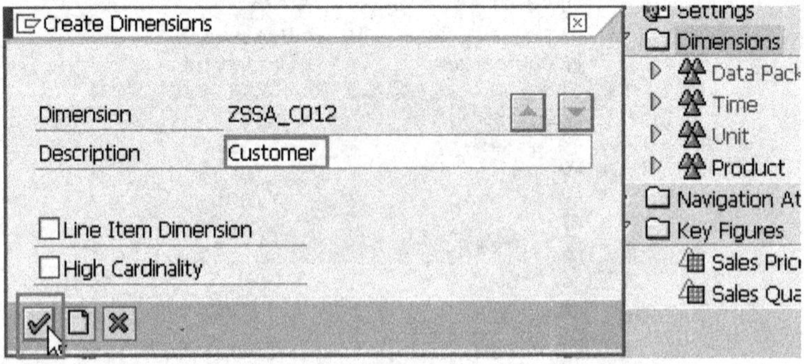

图 3-52　输入新维度描述

12）又新增了两个维度 Customer 和 Sales，如图 3-53 所示。

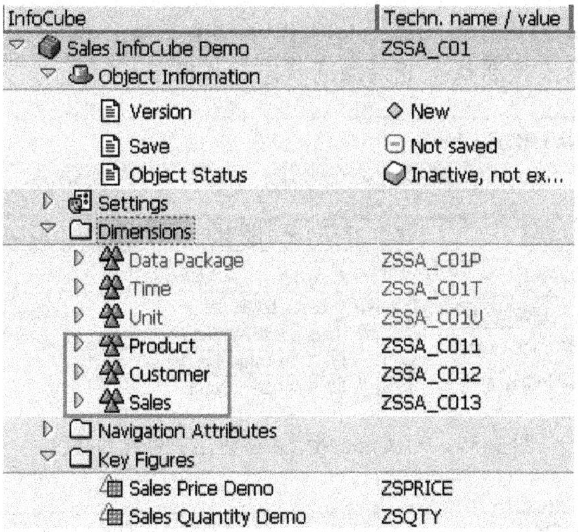

图 3-53　新增两个维度

13）右击相应维度，选择 InfoObject Direct Input，将相应的 InfoObject 加入相应的维度。

注意：在同一个维度中，要避免放入 M∶N 关系的 InfoObjects，可以放入 1∶1 或者 1∶N 关系的 InfoObjects。如产品和颜色的关系就是 M∶N，产品类型和产品关系就是 1∶N，产品和产品编号关系就是 1∶1。

14）所有的维度和 Key Figure 建好后如图 3-54 所示。

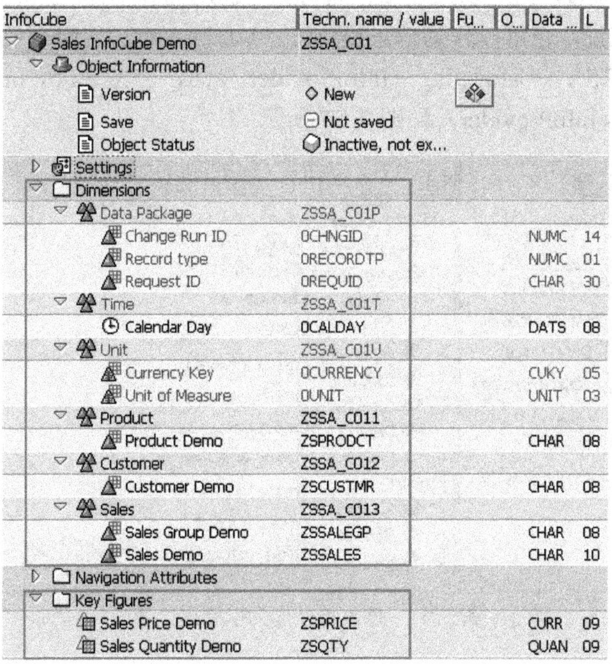

图 3-54　建好后的所有维度和 Key Figure

15）激活，在界面左侧和右上侧可以看到 InfoCube 激活后的变化：颜色由灰色变成蓝色，如图 3-55 所示。状态由未激活状态变为激活状态，如图 3-56 所示。

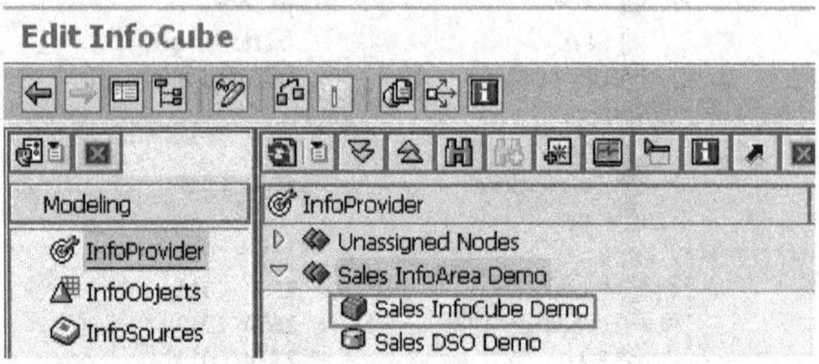

图 3-55　InfoCube 激活后颜色由灰色变为蓝色

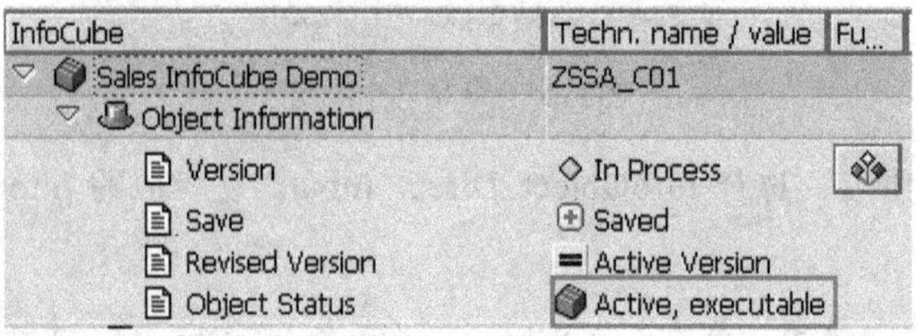

图 3-56　InfoCube 激活后状态由未激活状态变为激活状态

3.4.5　特性设置为信息提供者

特性（Characteristic）也可以像数据存储对象（DSO）和信息立方体（InfoCube）一样，用于出报表。也就是说，也可以作为信息提供者（InfoProvider），但需要先做一个设置。

1）在 T-code: RSA1→Modeling→InfoProvider 界面，右击 Sales InfoArea Demo，选择 Insert Characteristic as InfoProvider，如图 3-57 所示。

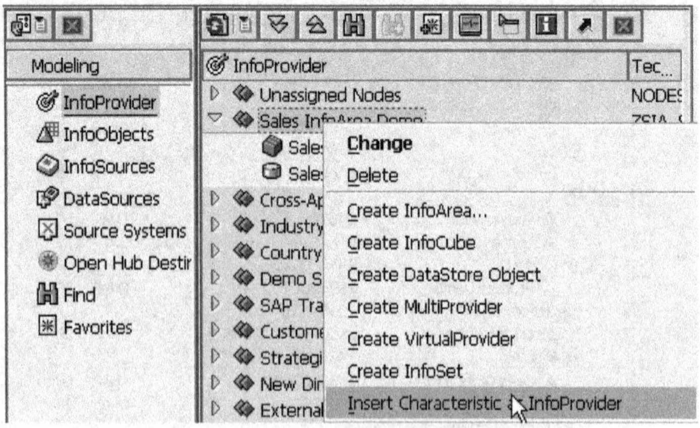

图 3-57　插入特性作为信息提供者

2）在弹出的对话框中输入如图 3-58 所示的参数，然后单击对钩按钮确定。

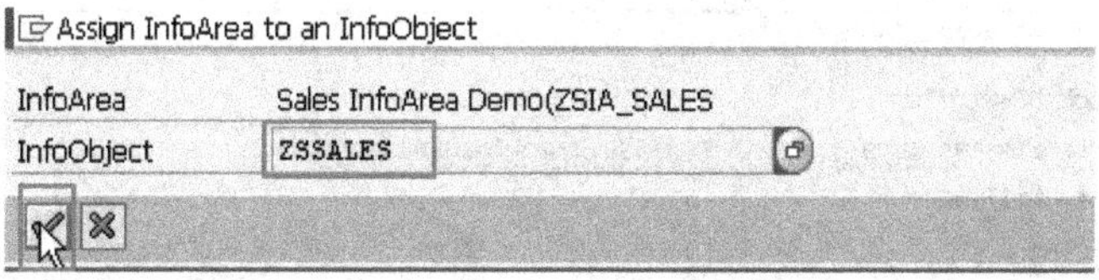

图 3-58　输入特性

3）InfoObject Sales Demo 就出现在 InfoProvider 下面了，如图 3-59 所示。

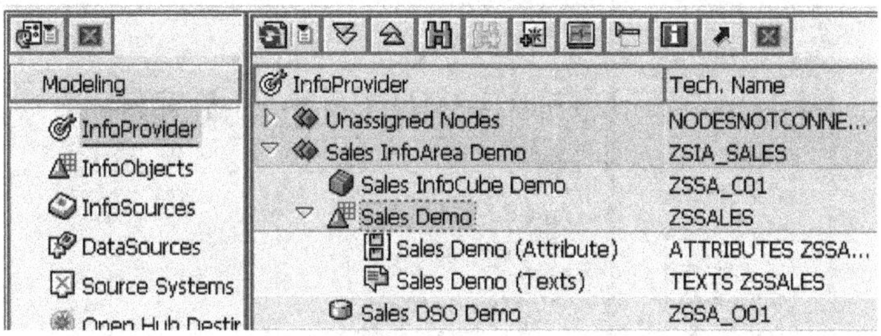

图 3-59　特性出现在信息提供者中

3.4.6　建立数据源

1．创建源系统和应用程序组件

在创建数据源（DataSource）之前，要创建源系统（Source System）和应用程序组件（Application Component），BW 可以连接多种类型的源系统，在本例中连接一个文件（File）类型的源系统，而应用程序组件类似于 Windows 中的文件夹，在 BW 中是 DataSource 的文件夹，而且可以嵌套。

1）先创建源系统 Source System，T-code: RSA1→Modeling→Source System, 在 File 上右击，选择 Create，如图 3-60 所示。

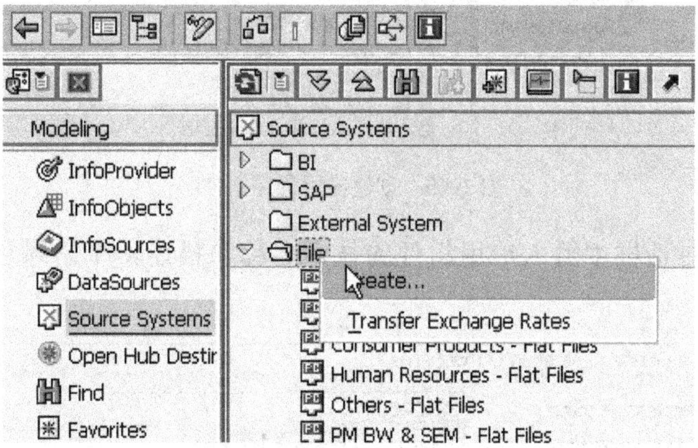

图 3-60　创建文件源系统

2）在弹出的对话框中输入文件系统的技术名称和描述，然后单击对钩按钮，如图 3-61 所示。

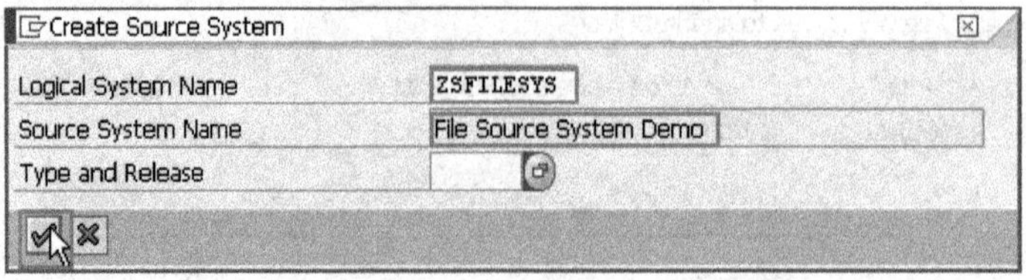

图 3-61　输入文件系统的技术名称和描述

3）系统创建完成后出现在“File”下方，如图 3-62 所示。

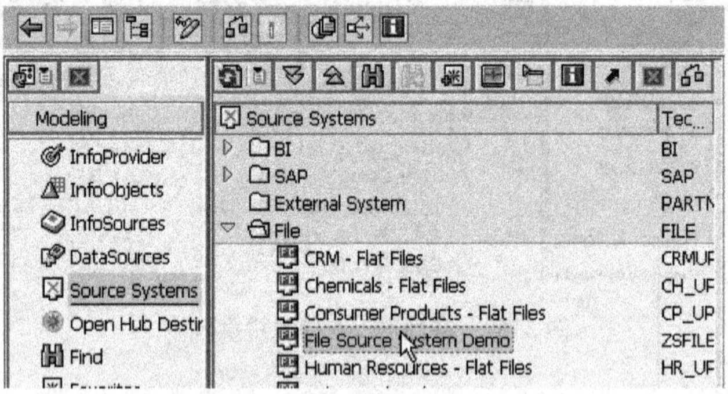

图 3-62　文件源系统创建完成后

4）双击新创建的 File Source System Demo，系统自动跳转到 Modeling→DataSources 界面，在顶部右击，选择 Create application component，如图 3-63 所示。

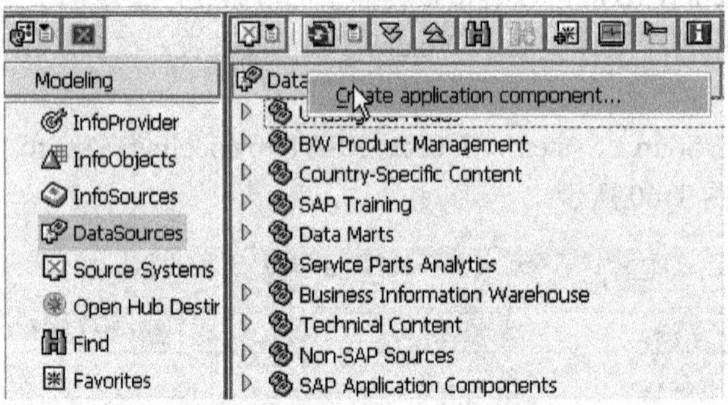

图 3-63　创建应用程序组件

5）在弹出的对话框中输入应用组件的技术名称和描述，单击绿色对钩按钮，如图 3-64 所示。

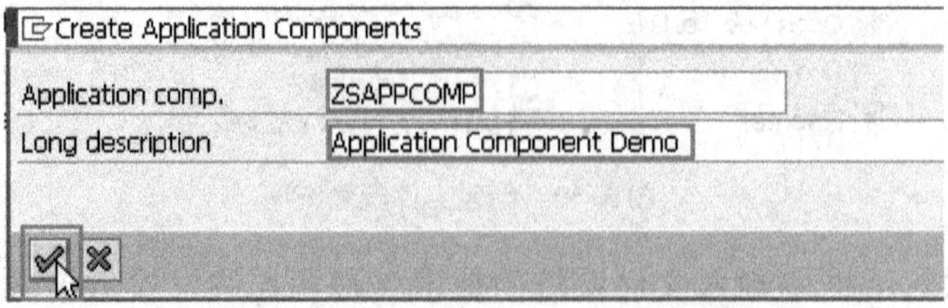

图 3-64　输入应用组件的技术名称和描述

6）新的 Application Component 也就建好了，如图 3-65 所示。

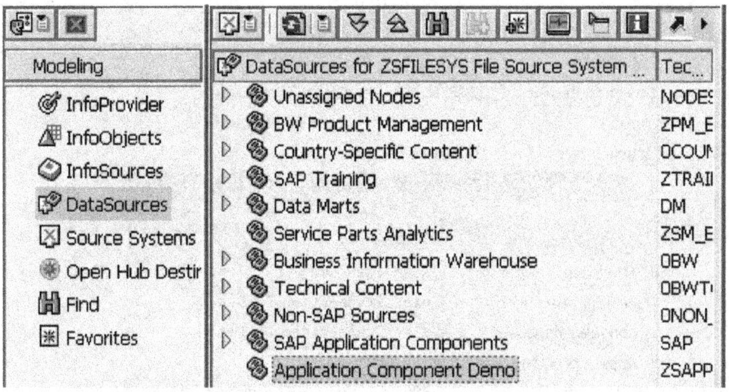

图 3-65　应用组件创建完成后

2．创建业务数据数据源

数据源（DataSource）是按照业务数据和主数据来分类的。下面开始创建业务数据数据源（Transaction DataSource）。

1）在 Application Component Demo 上右击，选择 Create DataSource，如图 3-66 所示。

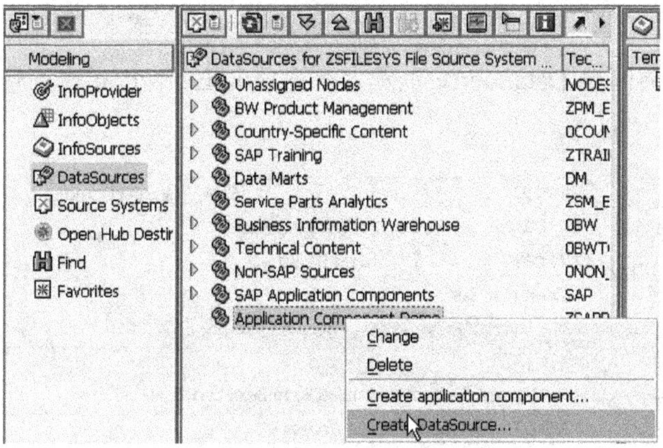

图 3-66　创建数据源

2）输入数据源的技术名称，然后选择类型 Transactionion Data，如图 3-67 所示。

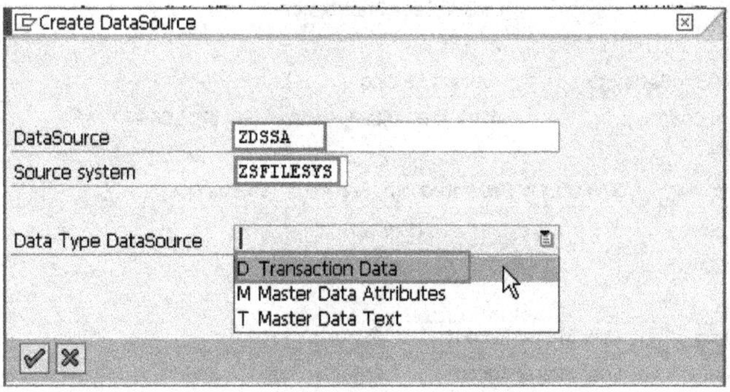

图 3-67　输入数据源的技术名称和选择类型

3）在系统右侧界面中 DataSource 的第一个选项卡 General Info.中，输入描述，如图 3-68 所示。

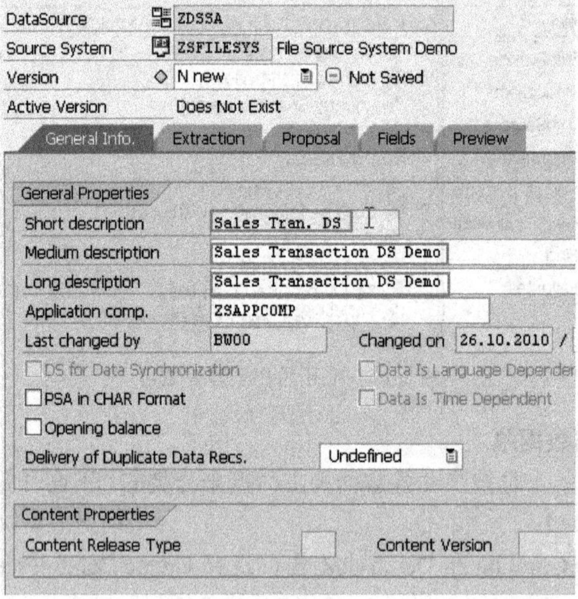

图 3-68　数据源 General 选项卡—输入描述

4）在系统右侧界面中 DataSource 的第二个选项卡 Extraction 中，输入和配置如图 3-69 所示。

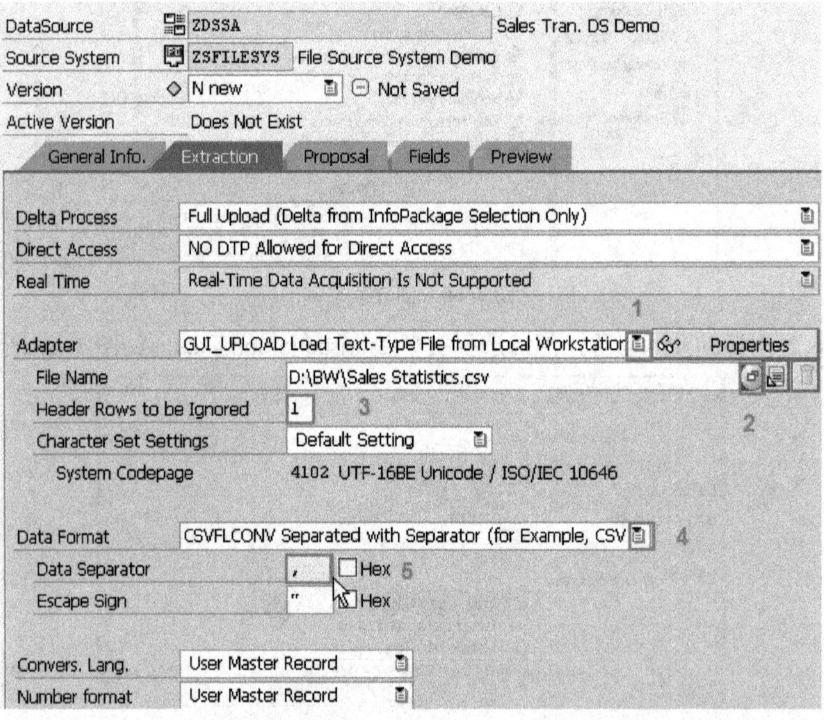

图 3-69　数据源 Extraction 选项卡—输入和配置

第 1 步：选择文本文件的位置，放在本机上，保持默认选择 From Local Workstation。

第 2 步：文件名称，可以通过点选按钮，像在 Windows 中文件导航一样找到相应的文本文件。

第 3 步：在文本文件中，要忽略从第一行开始到数据行之间的非数据行总数，本例中有一行标题行如表 3-12 所示。所以输入“1”，表示忽略一行。

表 3-12　源数据有一行标题

	A	B	C	D	E	F	G	H	I
1	Time	Product	Customer	Sales Group	Sales	Sales Price	Currency	Sales Quantity	Unit
2	20100120	P-01	C-01	Sg-01	S-01	100	CNY	1	PC
3	20100220	P-02	C-02	Sg-01	S-02	100	CNY	2	PC

第 4 步：文本文件的格式，本例是 CSV 文件。

第 5 步：数据分隔符，将系统原来的符号改为逗号（,）。

5）在系统右侧界面中 DataSource 的第三个选项卡 Proposal 中，单击 Load Example Data 按钮，弹出文件不能访问窗口，如图 3-70 所示。这是一个常见错误，通常出现在文本文件（CSV 格式）打开的情况下抽取数据时。关闭文件，再试一次就好了。正常状态如图 3-71 所示。

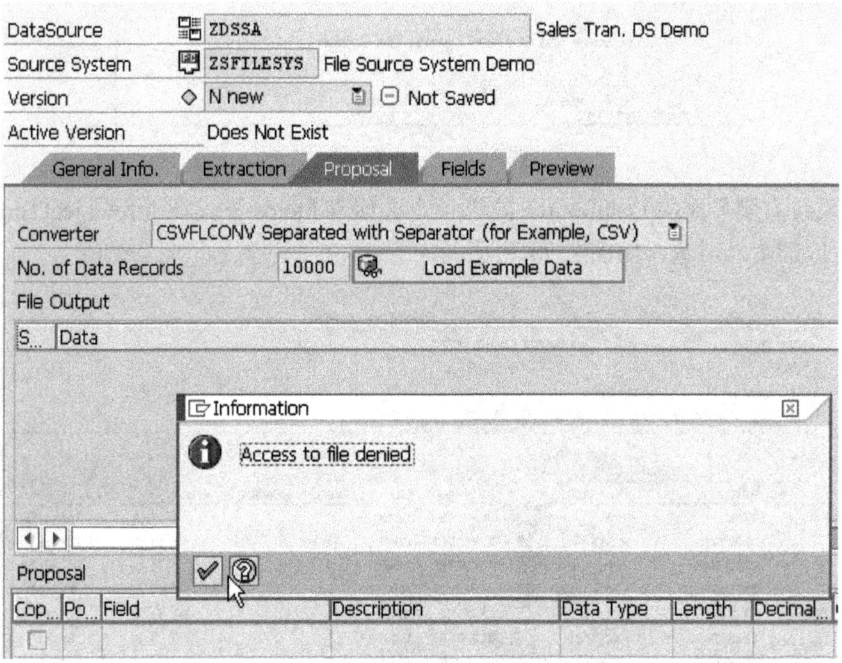

图 3-70　数据源 Proposal 选项卡—访问拒绝

6）单击系统右侧界面中 DataSource 的第 4 个选项卡 Fields，弹出如图 3-72 所示的对话框，单击 Yes 按钮。

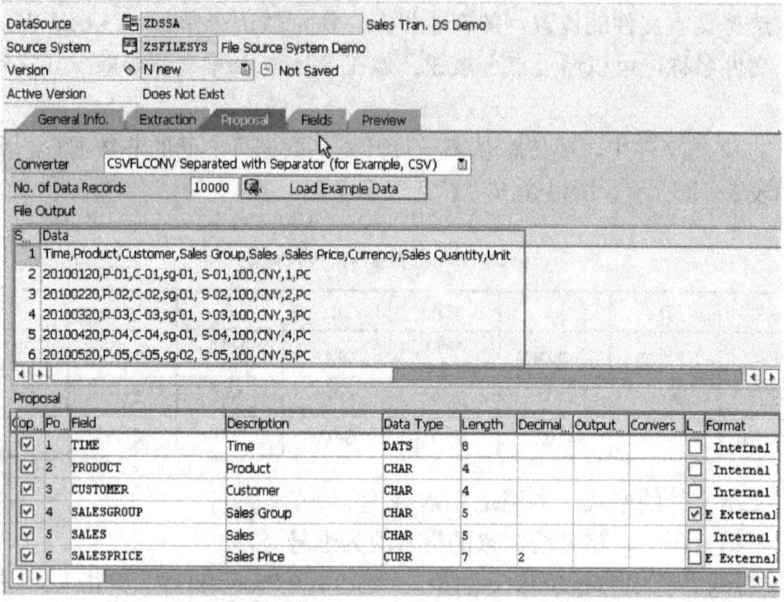

图 3-71　数据源 Proposal 选项卡—正常状态

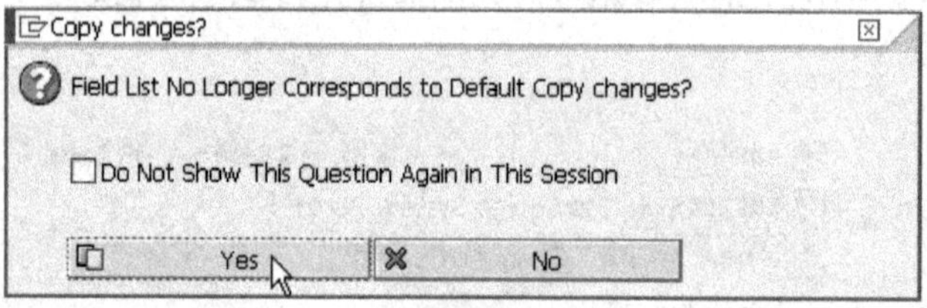

图 3-72　弹出对话框

7）在系统右侧界面中 DataSource 的第 4 个选项卡 Fields 下，在 InfoObjectTemplate 列，输入字段对应的信息对象，如图 3-73 所示。

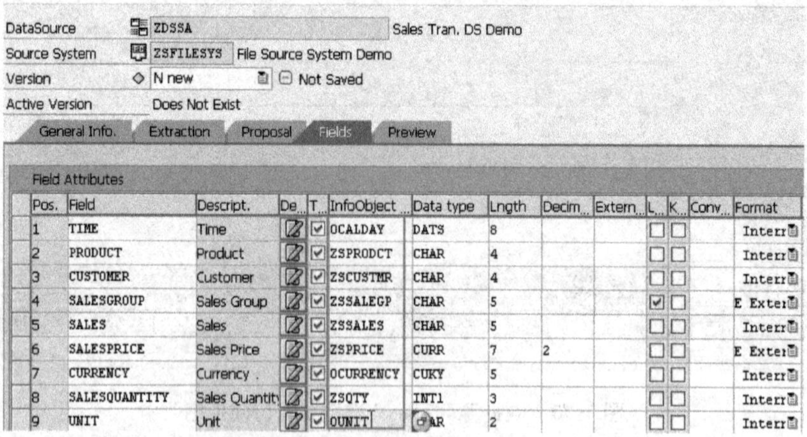

图 3-73　数据源 Fields 选项卡—输入 InfoObject 作模板

8）输入完成后按回车键，弹出对话框询问是否复制 InfoObject 的属性来定义 DataSource 中的 Field 的属性，单击 Copy 按钮。一共单击 9 次，对本例中的 9 个 Field 都采用相应 InfoObject

的属性。也可以在 Do Not Show This Question Again in This Session 前方框内打钩，就只需要单击 Copy 按钮一次，如图 3-74 所示。

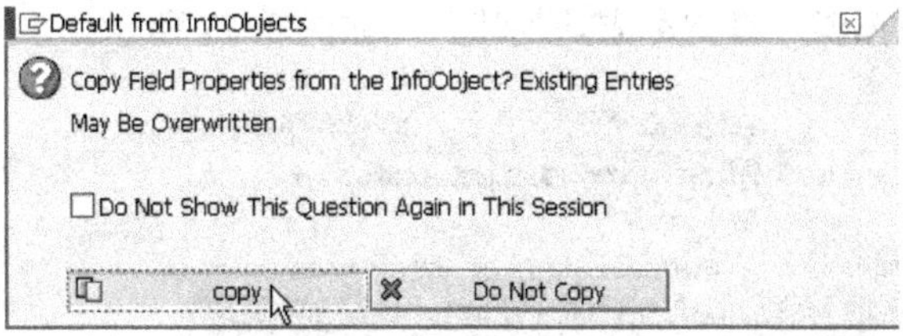

图 3-74　弹出对话框

9）单击完 Copy 按钮后，在系统右侧界面中 DataSource 的第 4 个选项卡 Fields 下，Fields、Conversion 和 Format 三列发生明显变化，如图 3-75 所示。

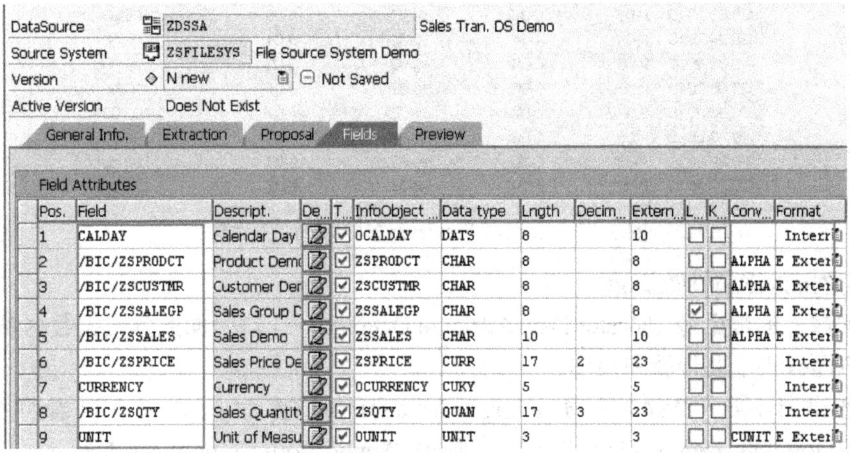

图 3-75　数据源 Fields 选项卡—字段引用 InfoObject 名称和格式等

10）激活 DataSource，遇到弹出警告窗口——黄色警告，可以忽略，单击“确定”按钮，如图 3-76 所示。

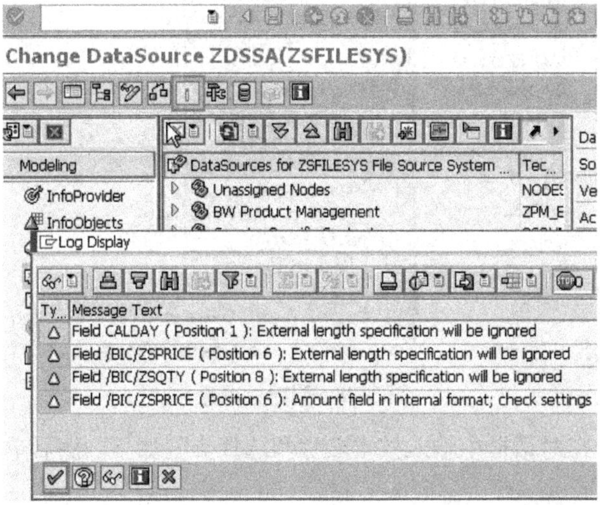

图 3-76　弹出警告窗口

11）DataSource 激活后，单击系统右侧界面中 DataSource 的第 5 个选项卡 Preview，并单击其中的 Read Preview Data 按钮，可以预览数据，可以检查一下数据内容和格式，都没有问题，就说明业务数据数据源 ZDSSA 成功创建了，如图 3-77 所示。

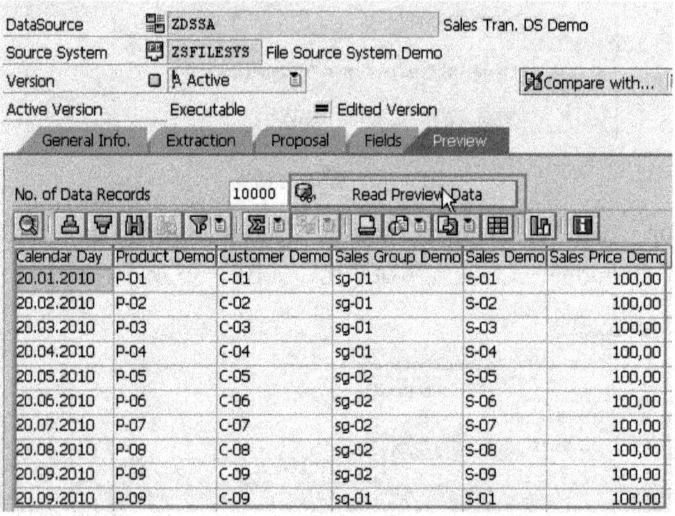

图 3-77　数据源 Preview 选项卡—预览数据

3．创建主数据属性数据源

主数据属性的数据源（Master Data Attribute DataSource）与上面业务数据数据源的创建过程类似，下面只讲主要步骤和截屏。

1）回到 T-code: RSA1→Modeling→DataSources 界面，这时可以看到先创建的 SalesTransaction DS Demo 已经出现了。右击 Application Component Demo，选择 Create DataSource，如图 3-78 所示。

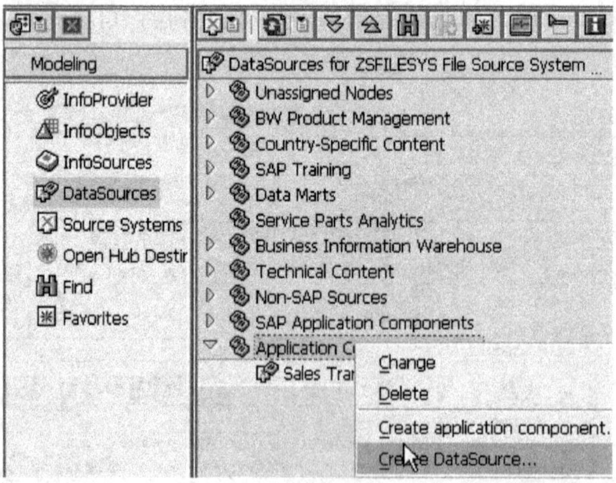

图 3-78　创建数据源

2）弹出对话框，在对话框中输入技术名称和选择类型如下，然后单击打钩按钮确定，如图 3-79 所示。

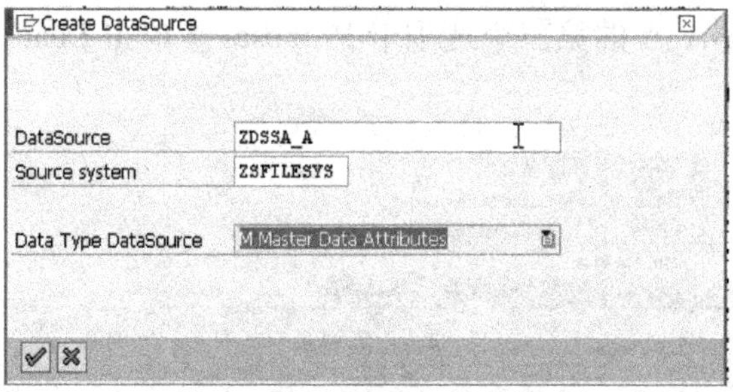

图 3-79　输入数据源技术名称和选择主数据属性类型

3）数据源 ZDSSA_A 的第一个选项卡 General Info.设置如图 3-80 所示。

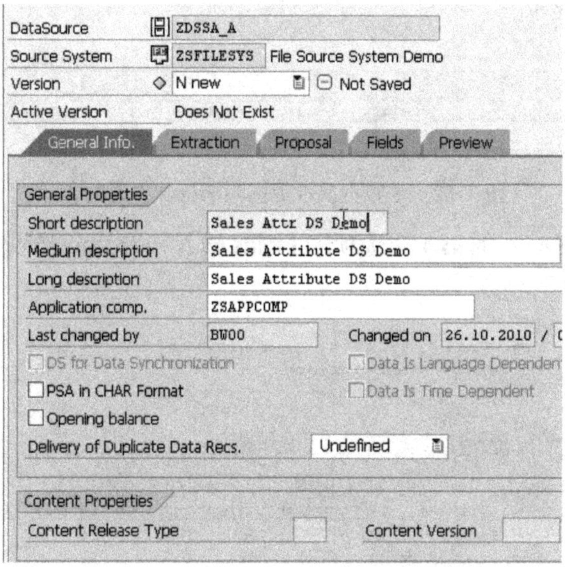

图 3-80　主数据属性数据源 General 选项卡

4）数据源 ZDSSA_A 的第二个选项卡 Extraction 设置如图 3-81 所示。

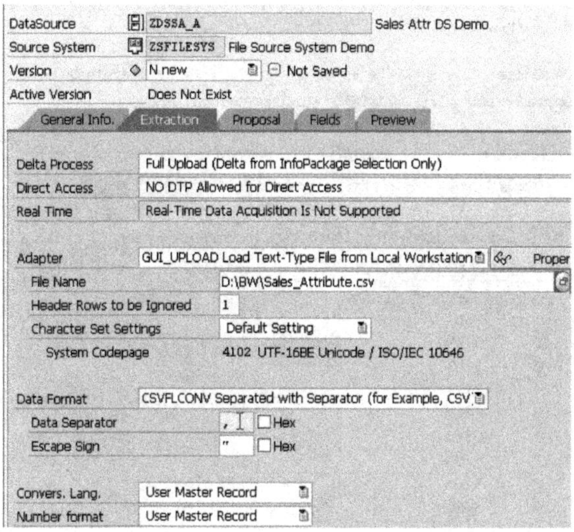

图 3-81　主数据属性数据源 Extraction 选项卡

5）在数据源 ZDSSA_A 的第三个选项卡 Proposal 下单击 Load Example Data，结果如图 3-82 所示。

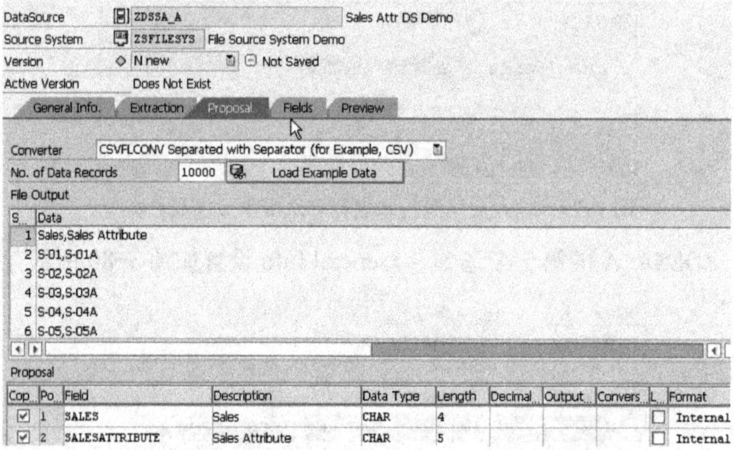

图 3-82　主数据属性数据源 Proposal 选项卡

6）在数据源 ZDSSA_A 的第 4 个选项卡 Fields 输入相应 InfoObject 模板，结果如图 3-83 所示。

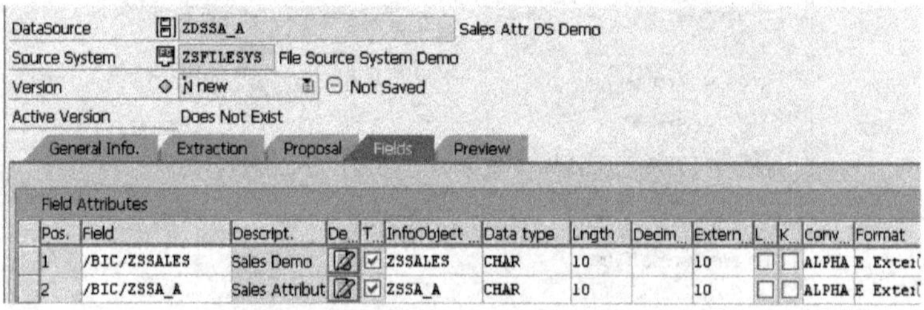

图 3-83　主数据属性数据源 Fields 选项卡

7）激活数据源 ZDSSA_A，然后在第 5 个选项卡 Preview 下单击 Read Preview Data 按钮，查看结果如图 3-84 所示。

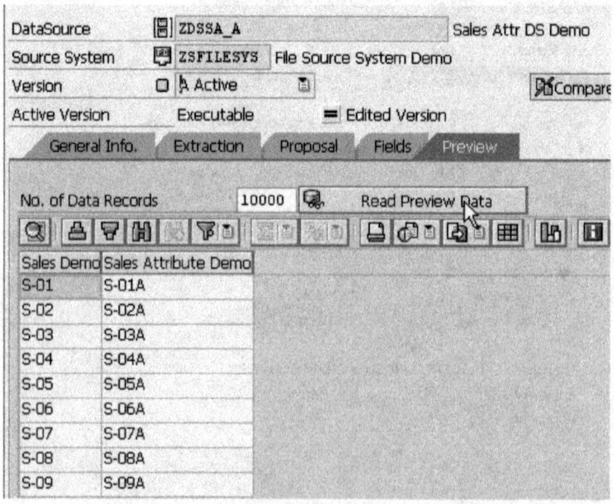

图 3-84　主数据属性数据源 Preview 选项卡

4．创建主数据文本数据源

主数据属性数据源创建好后，还要再创建一个主数据文本的数据源（Master Data Text DataSource）ZDSSA_T。其创建方法与上面业务数据数据源和主数据属性大同小异，这里只讲主要步骤和截屏。

1）回到 T-code: RSA1→Modeling→DataSources 界面，这时可以看到先创建的两个数据源 SalesTransaction DS Demo 和 Sales Attribute DS Demo 已经显示出来了。右击 Application Component Demo，选择 Create DataSource，如图 3-85 所示。

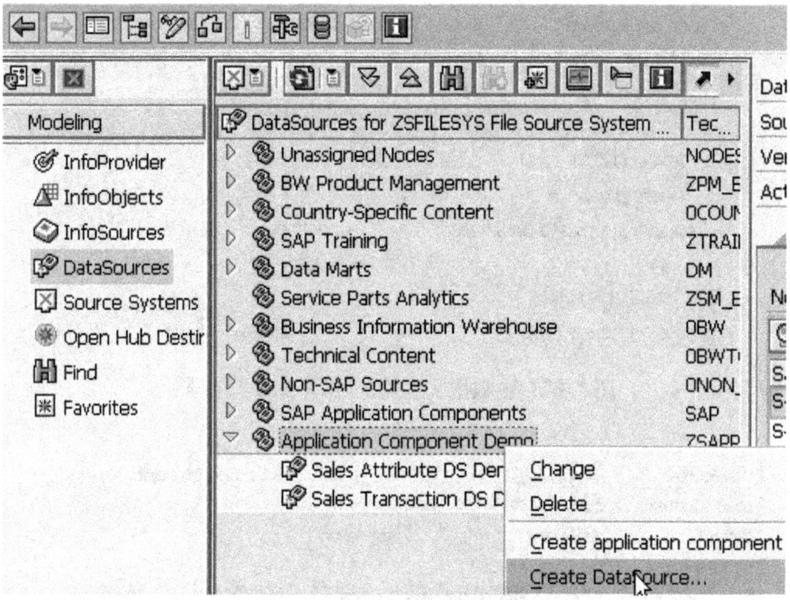

图 3-85　创建数据源

2）在弹出的对话框中输入技术名称和类型，然后单击对钩按钮确定，如图 3-86 所示。

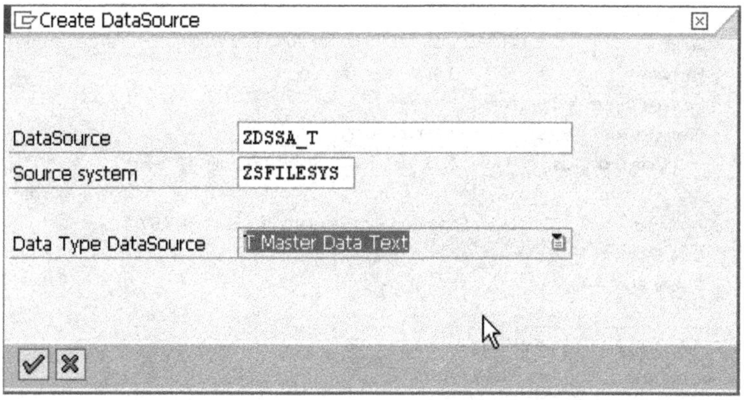

图 3-86　输入数据源技术名称和选择文本类型

3）在数据源 ZDSSA_T 的第一个选项卡 General Info.的设置，如图 3-87 所示。

4）在数据源 ZDSSA_T 的第二个选项卡 Extraction 的设置，如图 3-88 所示。

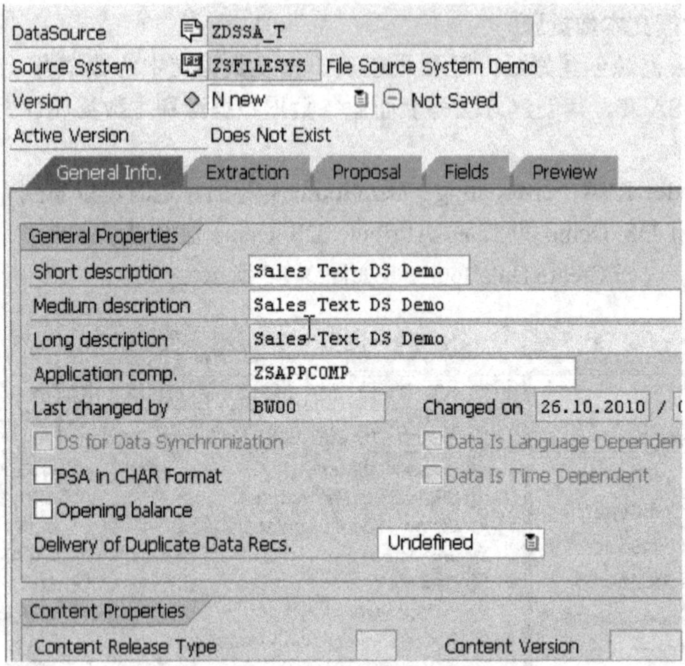

图 3-87　主数据文本数据源 General 选项卡

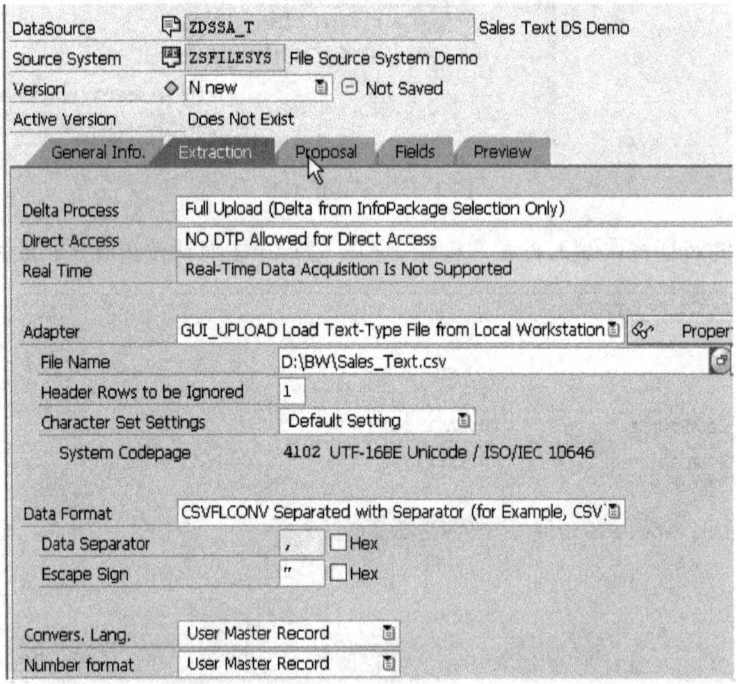

图 3-88　主数据文本数据源 Extraction 选项卡

5）在数据源 ZDSSA_T 的第三个选项卡 Proposal 下单击 Load Example Data，显示结果如图 3-89 所示。

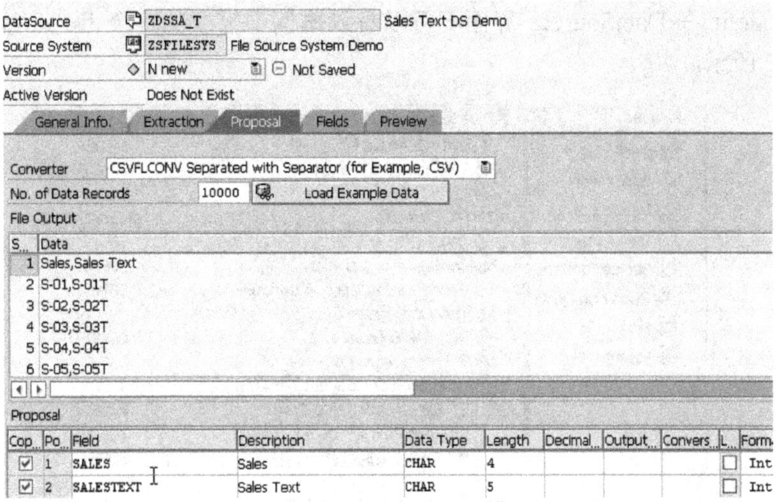

图 3-89　主数据文本数据源 Proposal 选项卡

6）在数据源 ZDSSA_A 的第 4 个选项卡 Fields 下，不做任何操作，也就是不输入相应 InfoObject 模板，该列保持空白，如图 3-90 所示。

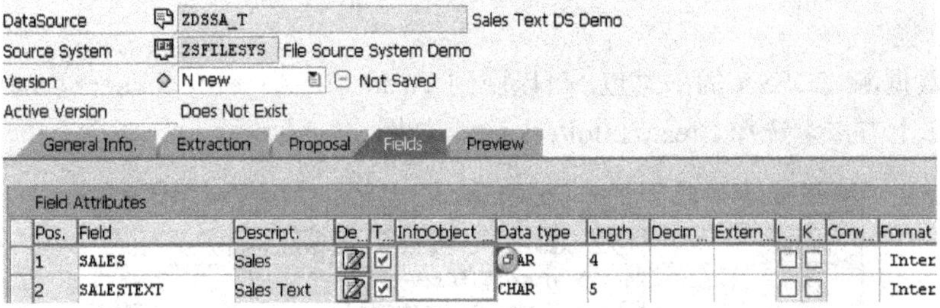

图 3-90　主数据文本数据源 Fields 选项卡

7）激活 DataSource ZDSSA_T，然后在第 5 个选项卡 Preview 下单击 Read Preview Data 按钮，查看结果如图 3-91 所示。

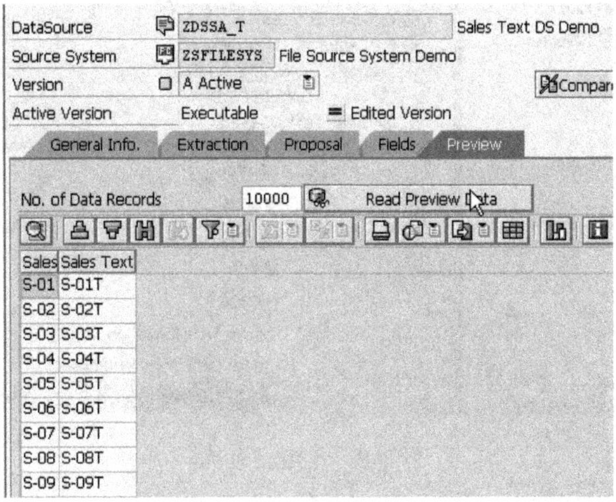

图 3-91　主数据文本数据源 Preview 选项卡

8）在 Modeling→DataSources 界面下可以看到本例中需要的三个 DataSource 都已创建好，如图 3-92 所示。

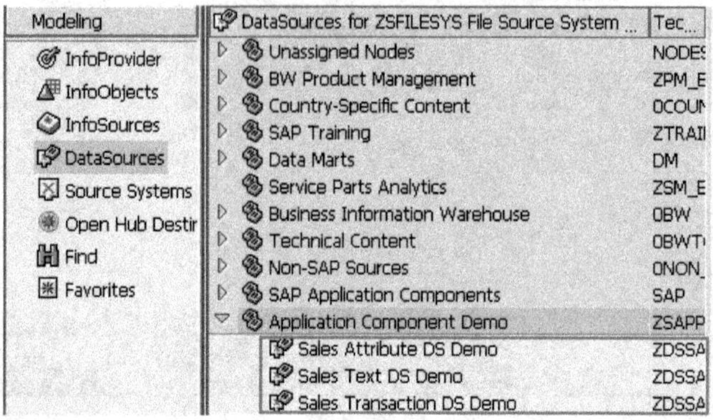

图 3-92　创建完成的三个数据源

3.4.7　建立信息包

信息包（InfoPackage）的作用是将源系统的数据加载到 BW 系统。一般是在数据源上右击，建立信息包。

1）建立数据源 ZDSSA 的信息包。可以回到 T-code: RSA1→Modeling→DataSource 界面，在 DataSource 上右击，选择 Create InfoPackage，如图 3-93 所示。

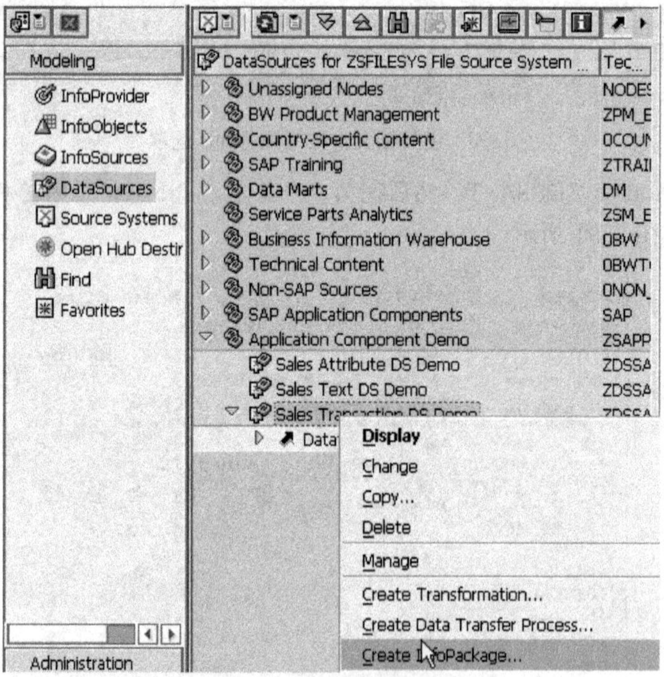

图 3-93　创建信息包

2）在弹出的对话框中输入信息包的描述，单击 Save 按钮即可，如图 3-94 所示。

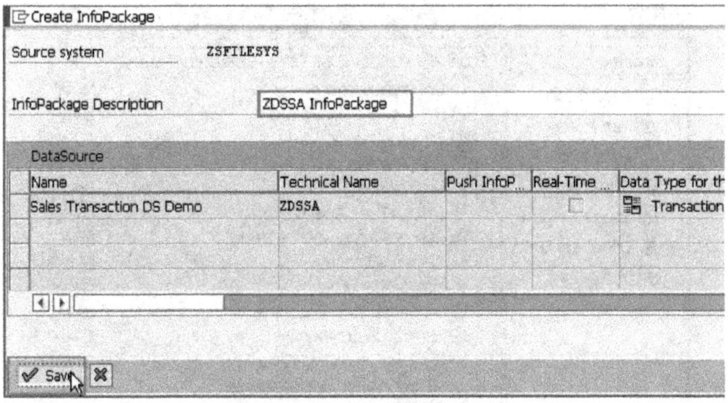

图 3-94　输入信息包描述

3）信息包只需要保存，不需要激活，如图 3-95 所示。

图 3-95　保存信息包

4）信息包保存后如图 3-96 所示。这样，一个信息包就创建好了。

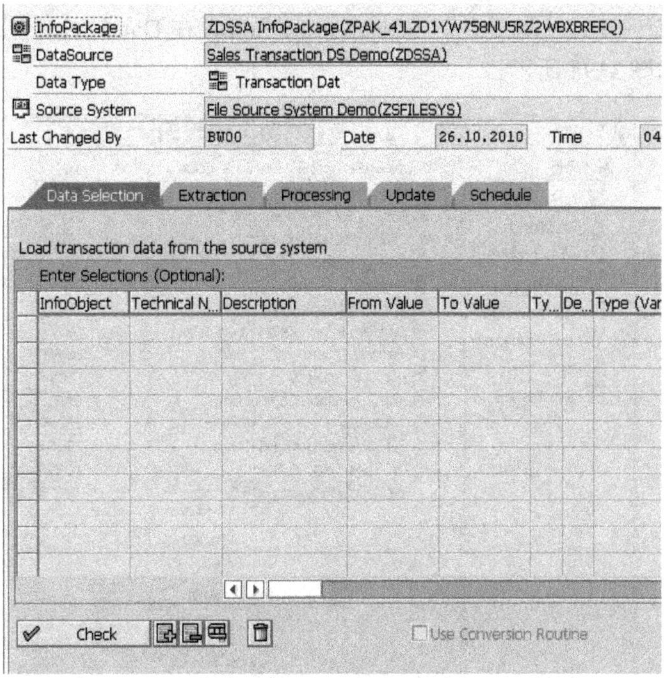

图 3-96　创建完成后的信息包

5）在同样的界面，用同样的步骤，为两个主数据数据源创建 InfoPackage，并单击“保存”按钮，如图 3-97 所示。

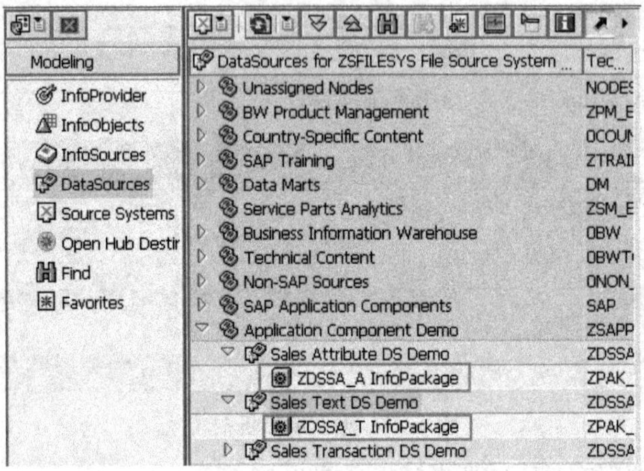

图 3-97　主数据数据源信息包

这样，三个信息包（InfoPackage）就创建完成了。

3.4.8　建立转换

转换（Transformation）主要用在 BW 系统内部，连接两个相关对象，并以建立转换规则。在建立 Transformation 之前，首先要建立好源对象（Soure）和目标对象（Target）。可以在源对象或者目标对象上右击，建立 Transformation。

1．建立业务数据数据源到数据存储对象的转换

1）回到 T-code: RSA1→Modeling→DataSource 界面，在 DataSource 上右击，选择 Create Transformation，如图 3-98 所示。

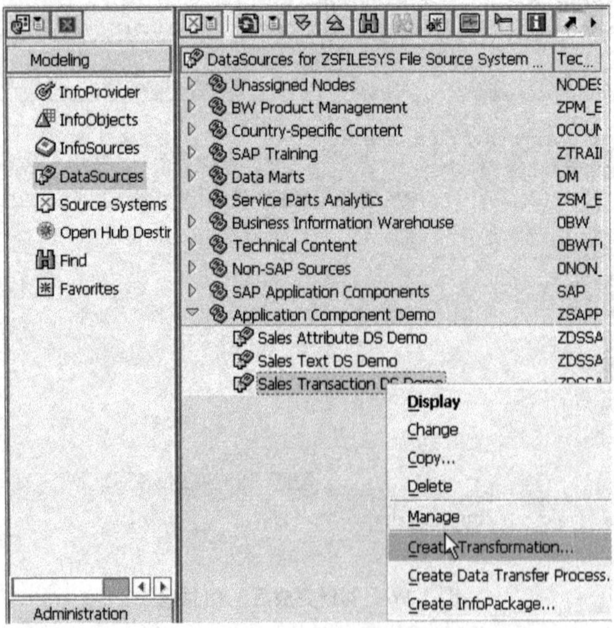

图 3-98　创建转换

2）弹出对话框如图 3-99 所示，其中 Source 部分系统已自动填好，因为这是基于数据流最底部 DataSource 创建 Transformation。

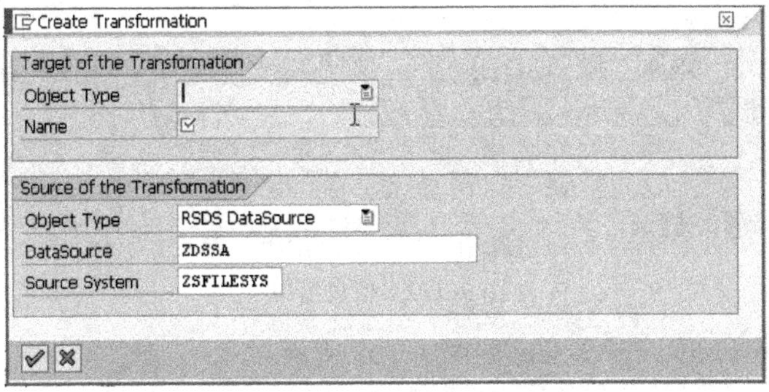

图 3-99　系统已填好转换中的 Source 部分

3）对于 Target 选择和输入如图 3-100 所示，然后单击对勾按钮确定。

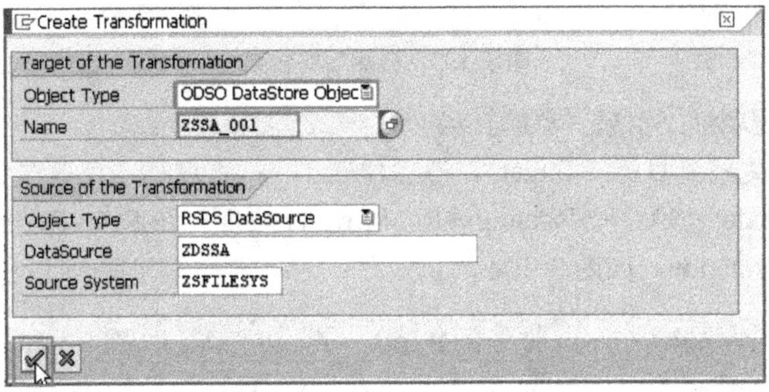

图 3-100　选择和输入转换的 Target 部分

4）界面中右侧的变化如图 3-101 所示，由于在创建数据源时，采用 InfoObject Template，所以系统已将相应的字段和信息对象自动连线。

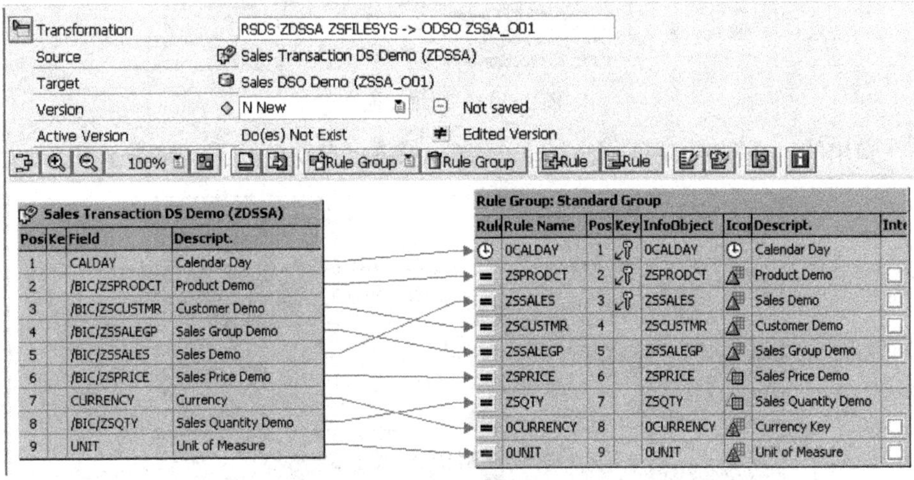

图 3-101　系统自动连接好 DataSource 中字段和 DSO 中信息对象

5）激活，弹出窗口，信息类型为绿色方框标志，表示没有任何问题。单击对钩按钮，如图 3-102 所示。

图 3-102　信息窗口

6）激活后 Transformation Version 如图 3-103 所示。

图 3-103　激活后的转换

2. 创建主数据属性到信息对象的转换

换一种方法，先找到目标（Target），然后建立。

1）切换到 T-code: RSA1→Modeling→InfoProvider 界面，在 Sales Demo Attribute 上右击，选择 Create Transformation，如图 3-104 所示。

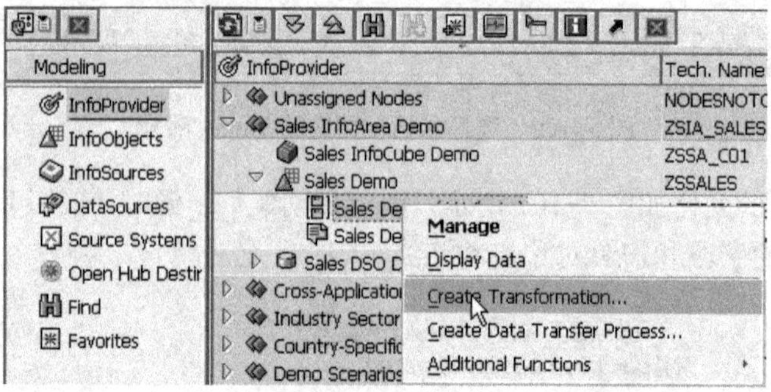

图 3-104　创建转换

2）在弹出的对话框中，可以看到 Target 部分系统已自动填好了，如图 3-105 所示。

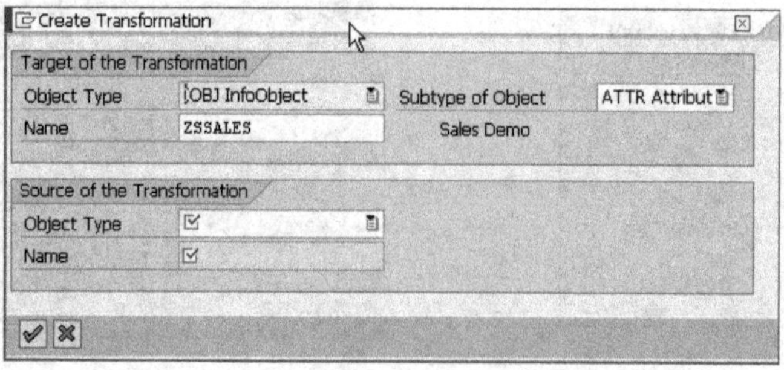

图 3-105　系统已填好转换的中的 Target 部分

3）选择和填写 Source 部分信息，然后单击对钩按钮，如图 3-106 所示。

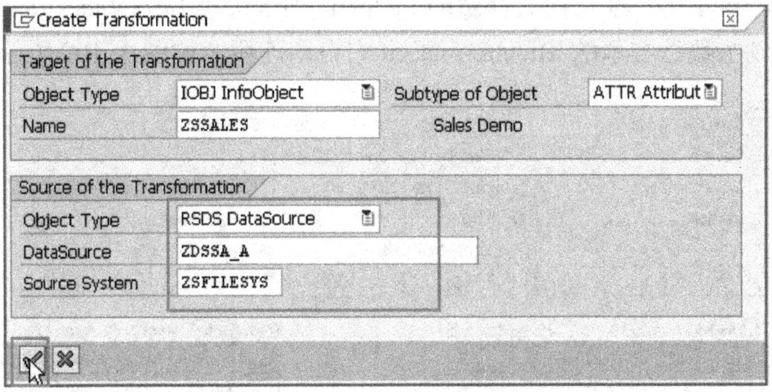

图 3-106　选择和输入转换的 Source 部分

4）然后激活，这样主数据属性的 Transformation 就创建好了，如图 3-107 所示。

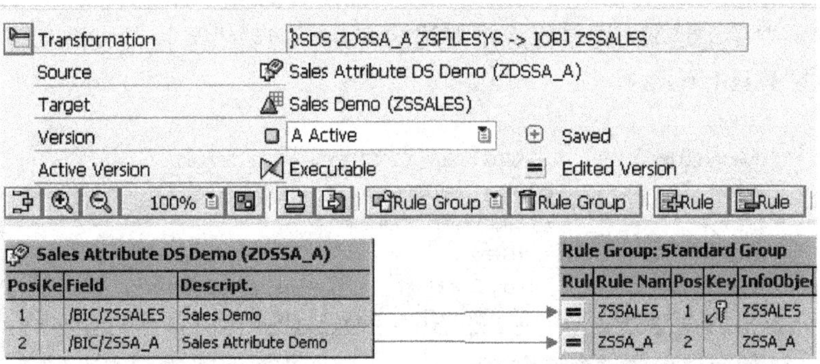

图 3-107　激活后的主数据 DataSource 到属性的转换

3. 创建主数据文本到信息对象的转换

1）切换到 T-code: RSA1→Modeling→InfoProvider 界面，在 Sales Demo Text 上右击，选择 Create Transformation，在弹出的对话框中选择和填写 Source 部分信息，再单击对钩按钮，如图 3-108 所示。

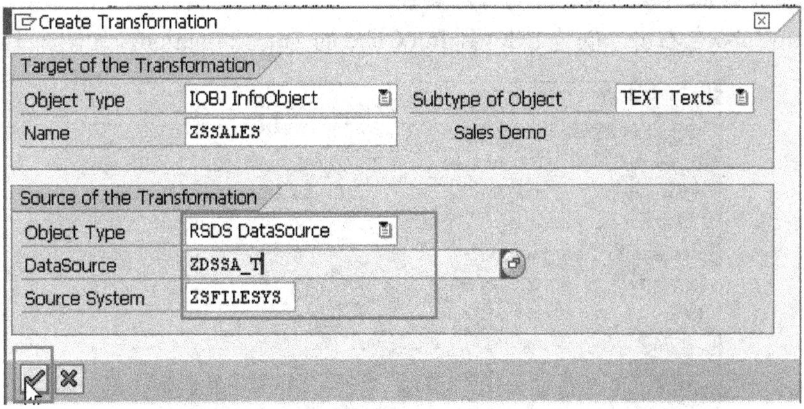

图 3-108　选择和输入转换的 Source 部分

2）与主数据属性不同的是，Transformation 并没有连线。这是因为在创建文本数据源时，与主数据属性有一点不同：没有在数据源的 Fields 选项卡选用 InfoObject Template，所以系统就不能在数据源到主数据文本的 Transformation 中自动连线，如图 3-109 所示。

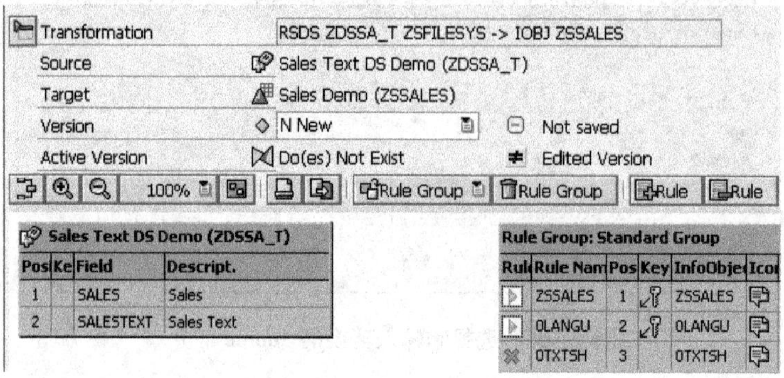

图 3-109　转换中相关对象未连线

3）现在就需要手动连线，用鼠标选中左边的 Field，拖动铅笔到右边相应的 InfoObject 就连接好了，如图 3-110 所示。

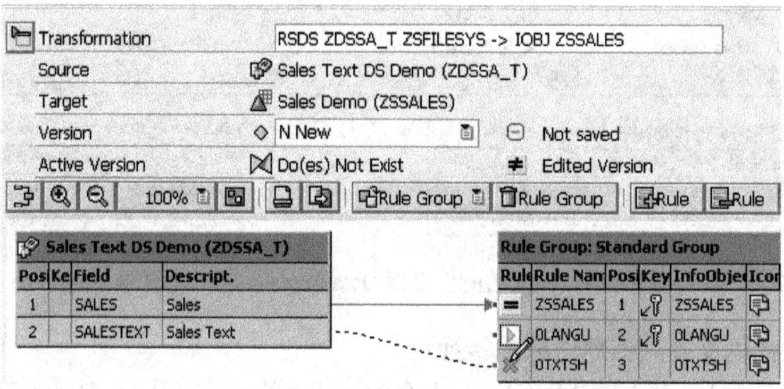

图 3-110　在转换中手动连线

4）然后激活即可。

4．创建数据存储对象到信息立方体的转换

1）在 InfoCube 上右击，创建 DSO 到 InfoCube 的 Transformation，如图 3-111 所示。

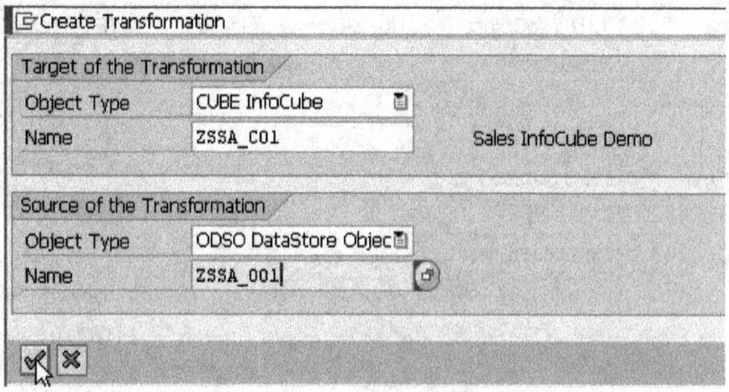

图 3-111　创建 DSO 到 InfoCube 的转换

2）激活后如图 3-112 所示。

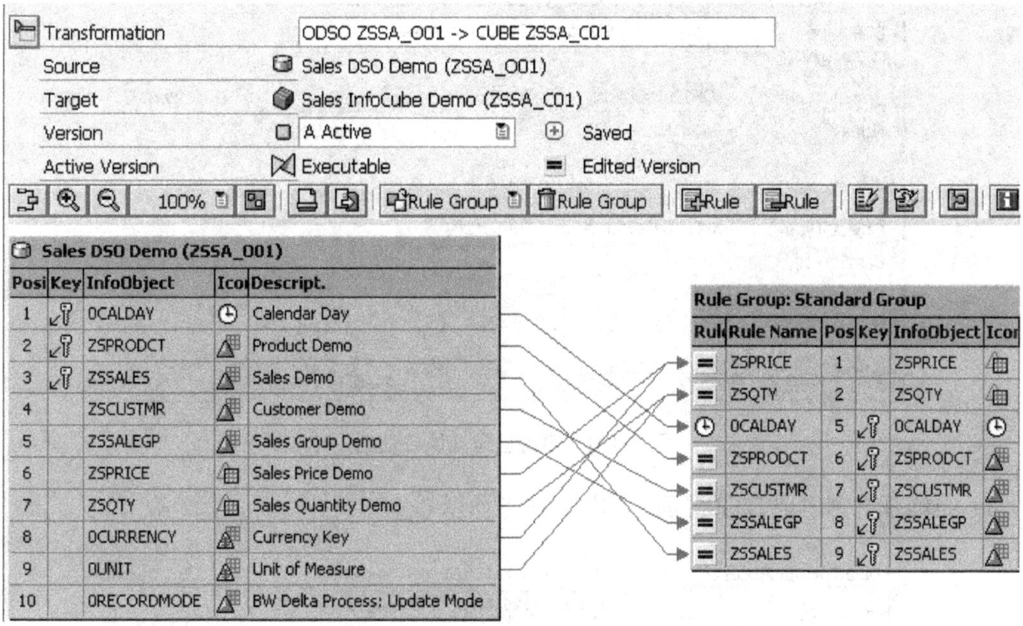

图 3-112　激活后的 DSO 到 InfoCube 的转换

3.4.9　建立数据传输进程

数据传输进程（DTP）主要用于 BW 内部数据加载，总是和转换（Transformation）成对出现。当 Transformation 激活后，则出现一个相对应的空的 DTP 文件夹。

下面以主数据属性为例，说明其建立方法。

1）在 T-code: RSA1→Modeling→InfoProvider 界面，在 Sales Demo Attribute 下方的 DTP 文件上右击，选择 Create DTP，如图 3-113 所示。

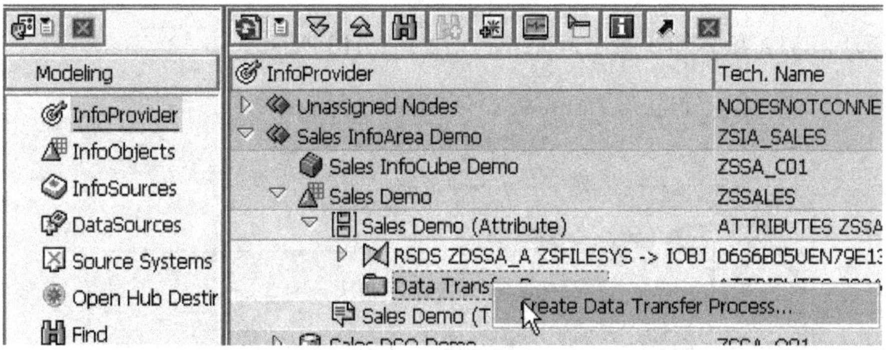

图 3-113　创建 DTP

2）在弹出的对话框中，系统已自动填好所有信息，只需要单击对钩按钮即可，如图 3-114 所示。

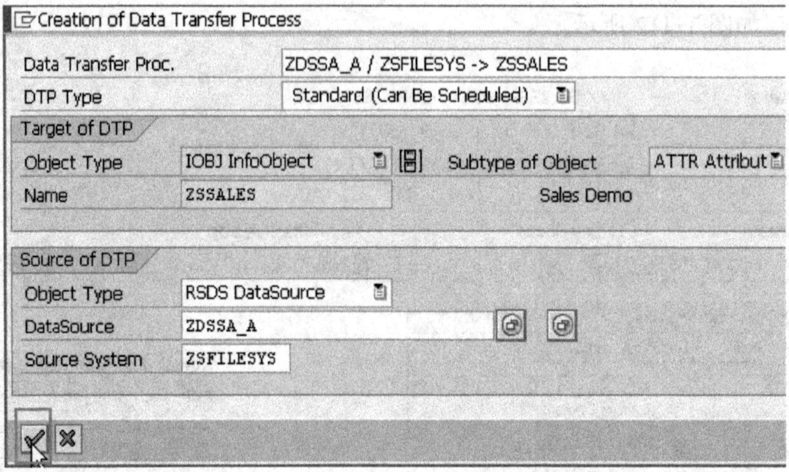

图 3-114　系统已自动填好信息

3）在屏幕右侧出现 DTP 界面，如图 3-115 所示。

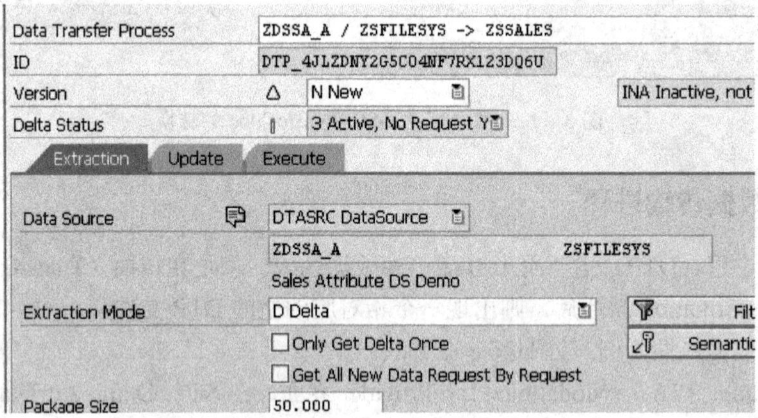

图 3-115　刚创建未激活的 DTP

4）激活，DTP 版本和状态变为 Active，如图 3-116 所示。

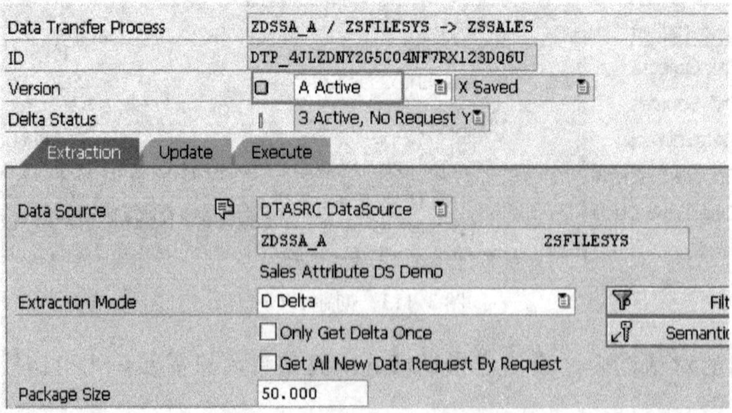

图 3-116　激活后的 DTP

由于 DTP 的创建非常简单，则本例中需要的其他 DTP 就不再赘述，只需要确保每一个转换（Transformation）必有一个配对的数据传输进程（DTP）即可。

本章中所有模型对象建完之后，展开后如图 3-117 所示。

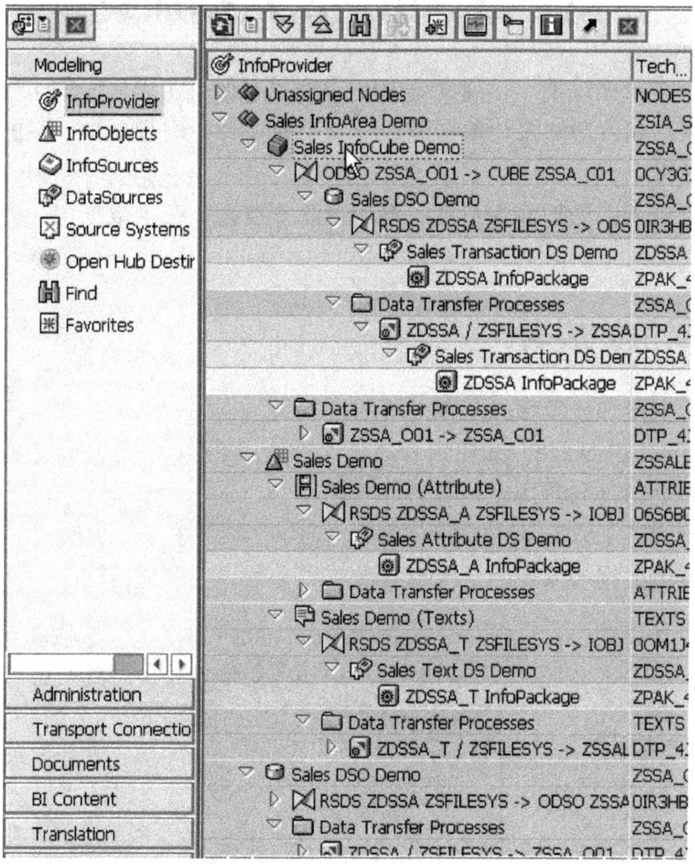

图 3-117　本章中建立的对象

第 4 章　第一次数据加载

如果 BW 是一个数据炼油厂，建立好 BW 模型就好像确定了炼制的工序和工艺流程。接下来就要将放开闸门和启动油泵让数据流经一个个的模型，进行一步一步的炼制。这个过程就是数据加载的过程。

数据加载的顺序为：先加载主数据，再加载业务数据。在主数据中，先加载属性，再加载文本，最后加载层级。

4.1　主数据属性的加载

主数据属性的主要加载步骤如图 4-1 所示。

第 1 步：运行 InfoPackage，加载到 PSA。

第 2 步：查看 PSA（只是用于检查）。

第 3 步：运行 DTP，加载到 InfoObject。

第 4 步：查看主数据（只是用于检查）。

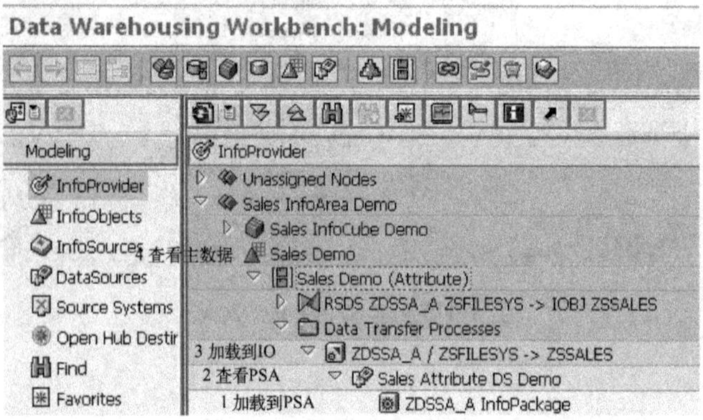

图 4-1　主数据属性的加载步骤

具体操作步骤如下：

1）第一步找到主数据属性的 InfoPackage，双击，如图 4-2 所示。

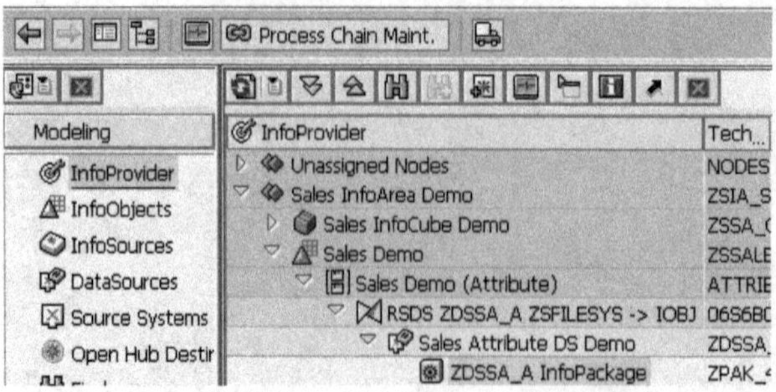

图 4-2　双击主数据属性的 InfoPackage

2）在屏幕右侧的 InfoPackage 的界面中，选择 Schedule 选项卡，单击 Start 按钮，如图 4-3 所示。

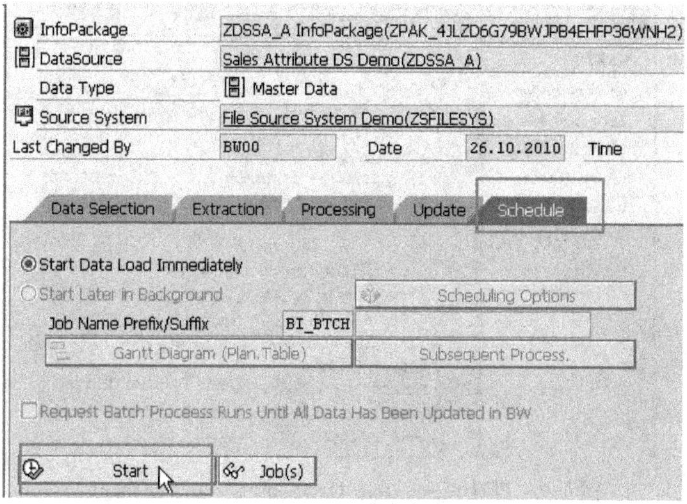

图 4-3　启动 InfoPackage

在屏幕左下方的状态栏上出现系统信息，如图 4-4 所示。

图 4-4　数据已被请求加载信息

3）单击屏幕上方像心电图一样的监控器（Monitor）按钮，如图 4-5 所示。在屏幕右侧出现加载的监控信息，如图 4-6 所示。

图 4-5　监控器

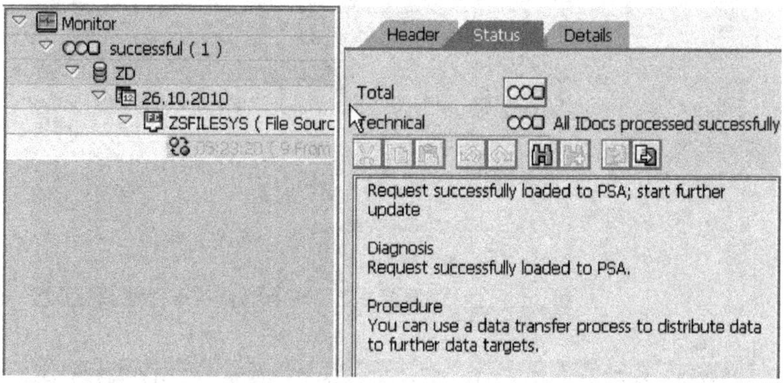

图 4-6　InfoPackage 加载监控结果

4）这时回到左侧，去查看 InfoPackage 加载到 PSA 的数据，先选中 DataSource Sales Attribute Demo，右击，选择 Manage，如图 4-7 所示。

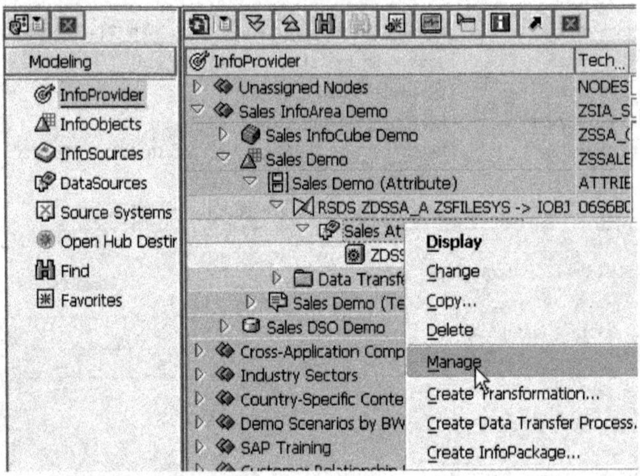

图 4-7　查看 PSA—右击 DataSource，选择 Manage

5）在弹出的对话框中选中相应的 Request （选中后背景变深），然后单击左下角的“PSA”按钮。如图 4-8 所示。

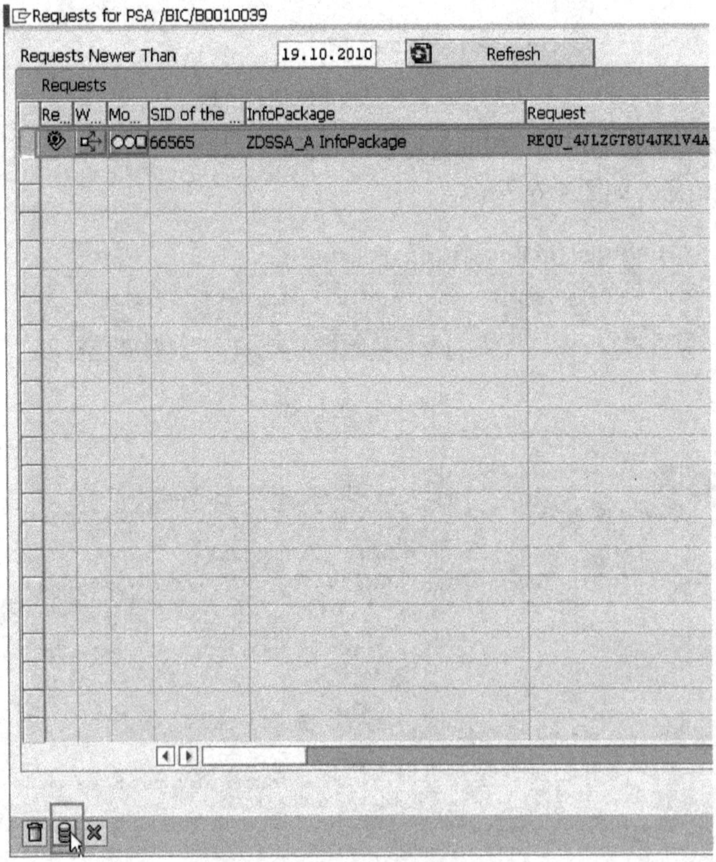

图 4-8　查看 PSA—选择请求，再单击“PSA”按钮

6）在新的弹出对话框中选中相应的 DataPackage，然后单击左下角的“对钩”按钮，如图 4-9 所示。

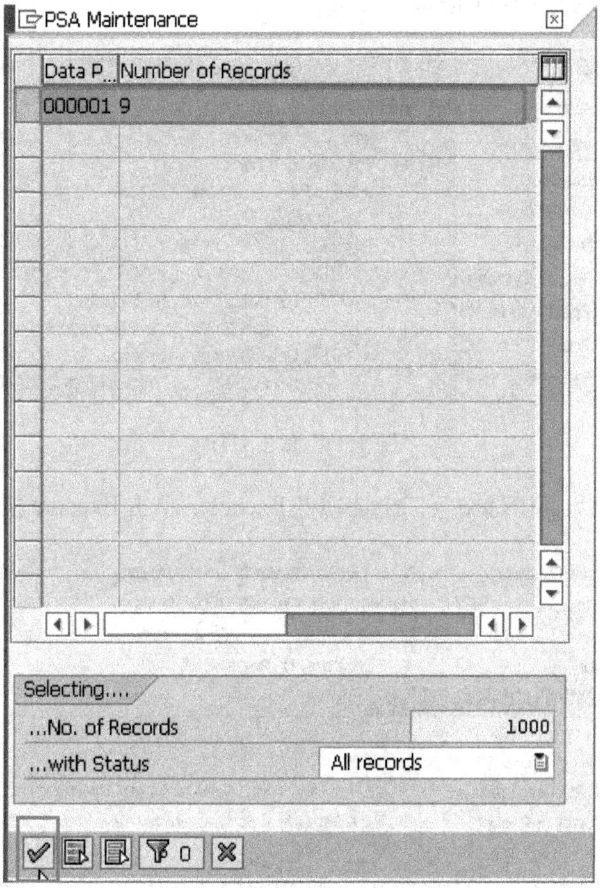

图 4-9　查看 PSA—选择数据包，再单击“对钩”按钮

7）在新的界面 PSA Maintenance 界面中可以查看所有加载到 PSA 中 Sales Attribute 主数据，这表明数据已经由文本文件进入到 BW 系统，如图 4-10 所示。

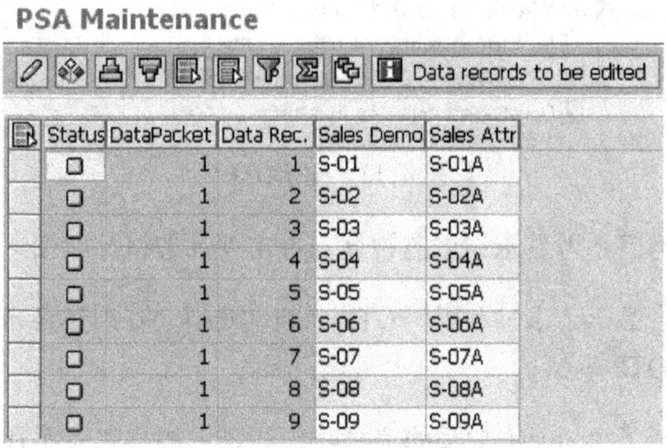

Status	DataPacket	Data Rec.	Sales Demo	Sales Attr
	1	1	S-01	S-01A
	1	2	S-02	S-02A
	1	3	S-03	S-03A
	1	4	S-04	S-04A
	1	5	S-05	S-05A
	1	6	S-06	S-06A
	1	7	S-07	S-07A
	1	8	S-08	S-08A
	1	9	S-09	S-09A

图 4-10　查看 PSA—PSA 数据

8）接下来是主数据属性数据在BW系统内部的加载。单击PSA Maintenance界面上方的回退箭头按钮回到T-code: RSA1→Modeling→InfoProvider的界面。选中相应的DTP ZDSSA_A→ZSSALE_A，双击，如图4-11所示。

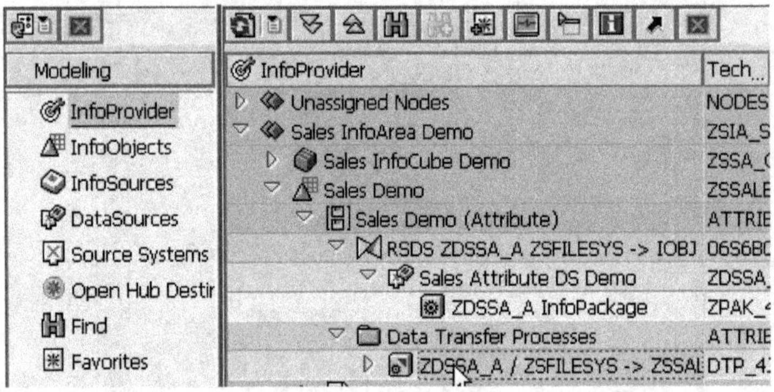

图4-11　双击DTP

9）在屏幕右侧新界面中选中第三个选项卡Execute，单击Execute按钮，如图4-12所示。

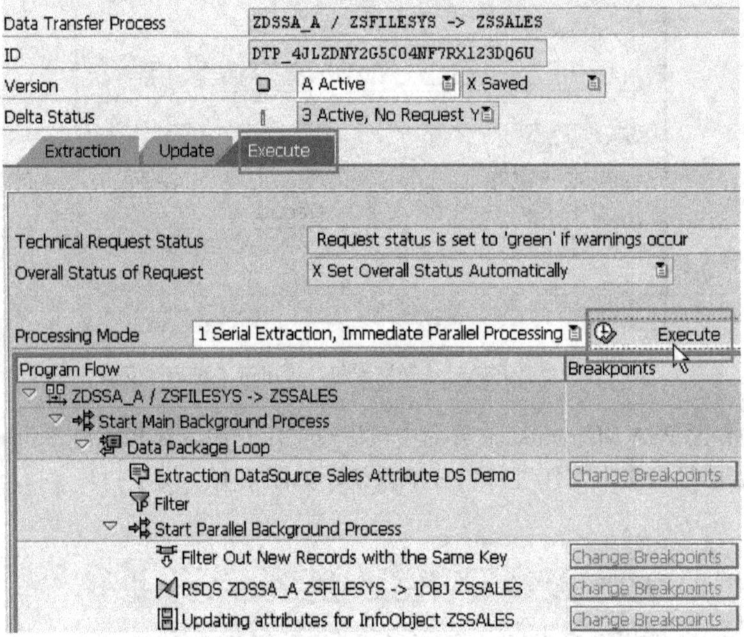

图4-12　执行DTP

10）弹出对话框询问是否显示请求监视器，单击Yes按钮，如图4-13所示。

注意：选择Yes会显示请求监视器，DTP执行；选择No则不显示请求监视器，DTP执行；选择Cancel，则DTP不执行。

11）新界面中显示了Request加载的信息，绿灯表示加载完成而且一切正常，如图4-14所示。

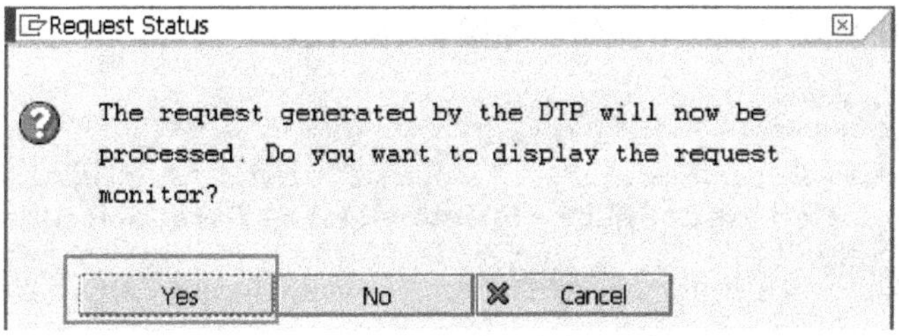

图 4-13　是否显示请求监视器

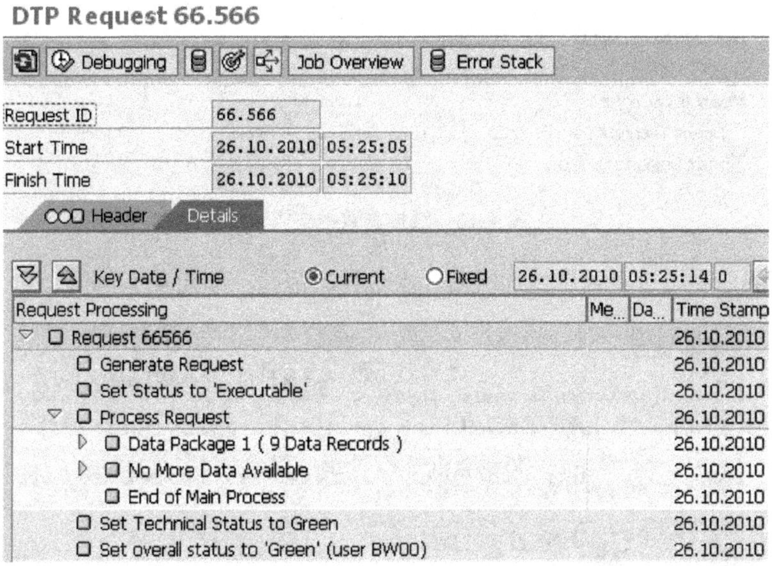

图 4-14　DTP 请求加载监控结果

12）单击 DTP Request 界面上方的回退箭头按钮回到 T-code: RSA1→Modeling→InfoProvider 的界面。右击 InfoObject ZSSALES，选择 Maitain Master Data，如图 4-15 所示。

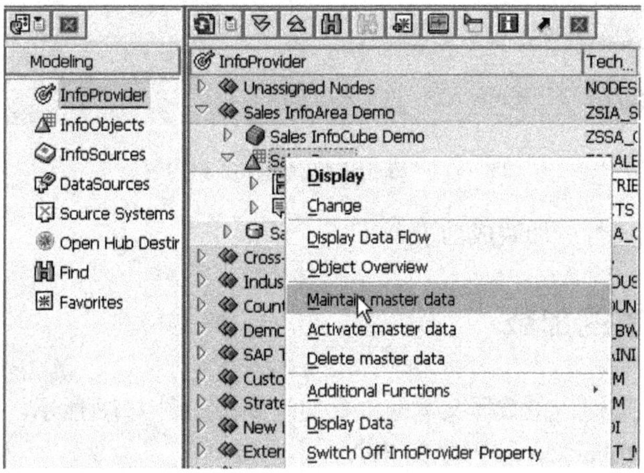

图 4-15　维护主数据

13）在新界面中单击“执行”按钮，如图 4-16 所示。

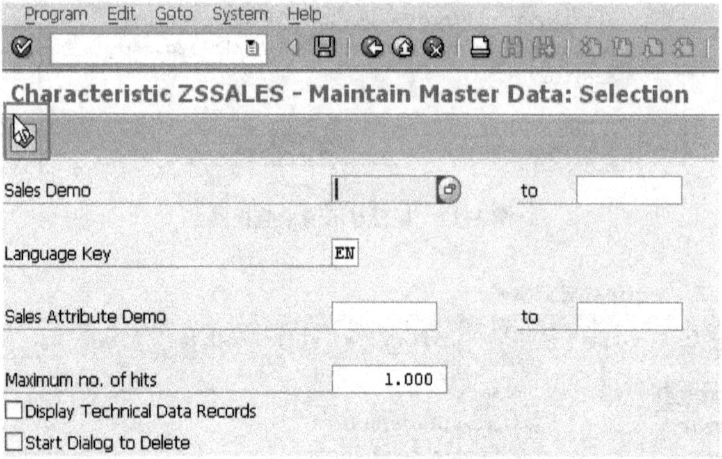

图 4-16 维护主数据—执行

14）在新界面中可以看到属性加载后，主数据的情况，如图 4-17 所示。

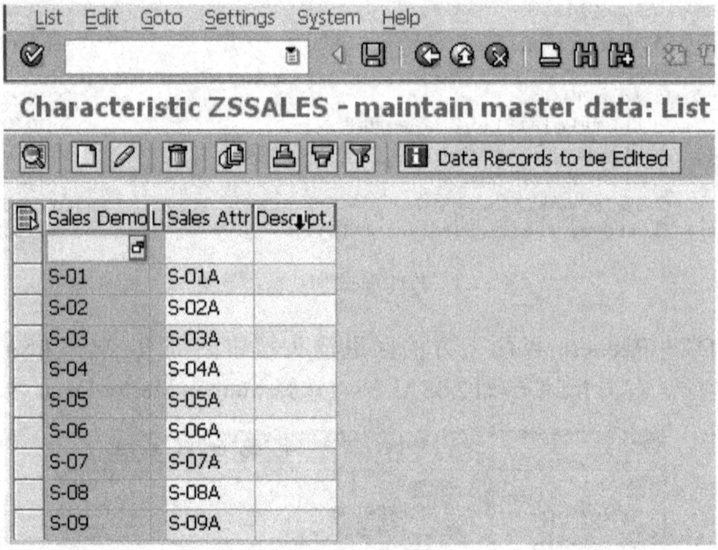

图 4-17 维护主数据—主数据内容

这样，主数据的属性就加载成功了。

4.2 主数据文本的加载

与主数据的属性类似，主数据文本的主要加载步骤如图 4-18 所示。

第 1 步：运行 InfoPackage，加载到 PSA。

第 2 步：查看 PSA（只是用于检查）。

第 3 步：运行 DTP，加载到 InfoObject。

第 4 步：查看主数据（只是用于检查）。

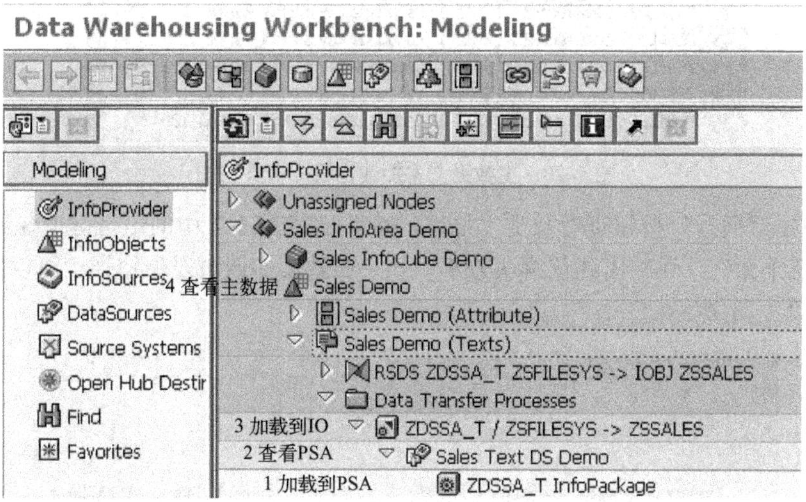

图 4-18　主数据文本的加载步骤

与主数据的属性类似，主数据文本加载过程的详细步骤不再赘述。下面给出一个主数据文本 DTP 加载错误和解决的实例。

1）执行 ZDSSA_T 到 Texts ZSSALES 的 DTP，这时有错误出现，如图 4-19 所示。

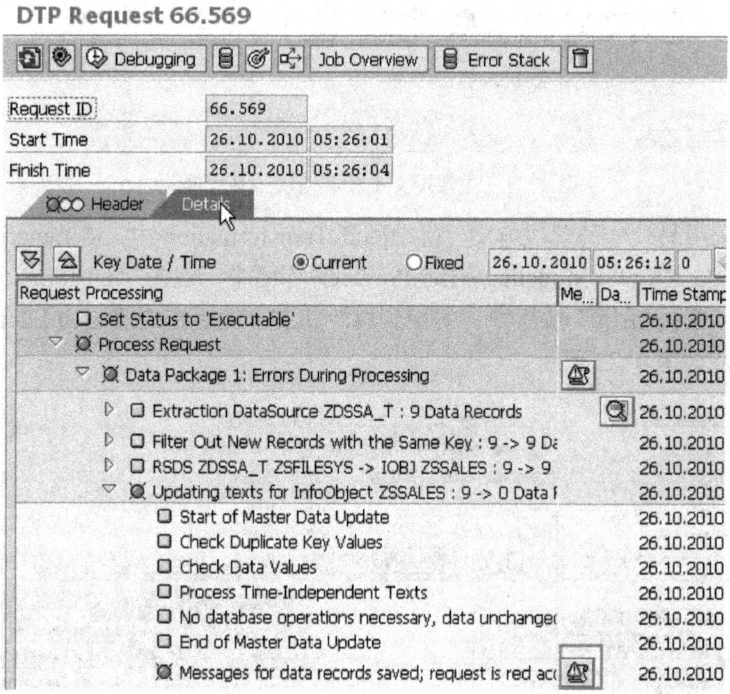

图 4-19　主数据文本加载错误

2）单击图 4-19 中圈出的按钮看明细，如图 4-20 所示。

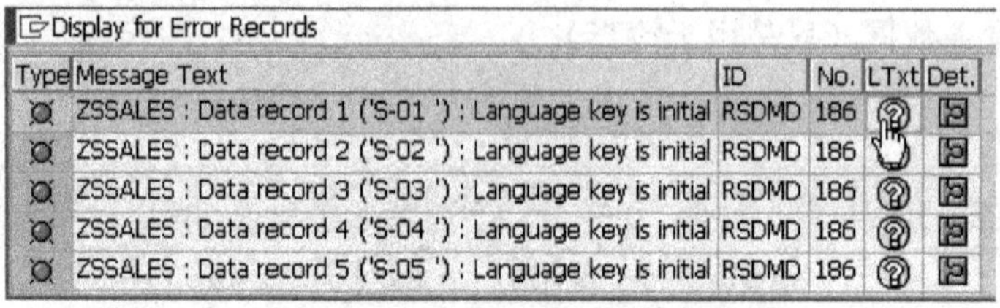

图 4-20　主数据文本加载错误—查看明细

3）再单击“问号”按钮查看长文本描述，特性 ZSSALES 中的语言键值 Language Key 为空值，系统不允许，还给出建议解决方案，如果在数据加载时发生错误，可以回到 PSA 界面维护，如图 4-21 所示。

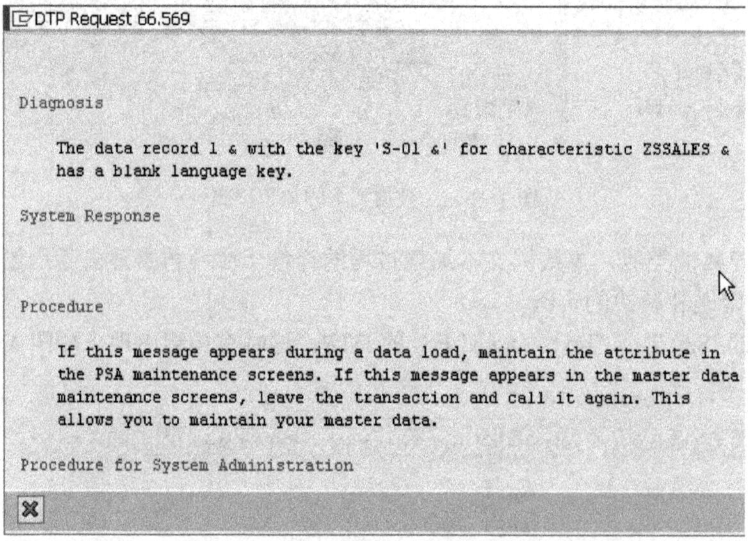

图 4-21　主数据文本加载错误—系统提示

4）本例中采用另外一种解决方案，就是回到 Transformation 中，给 Language Key 一个初始值。回到 T-code: RSA1→Modeling→InfoProvider 界面中，双击 Transformation。

5）先单击“眼镜/铅笔”按钮，切换到修改状态，然后在右侧右击 Lanaguage Key，选择 Rule Details，如图 4-22 所示。

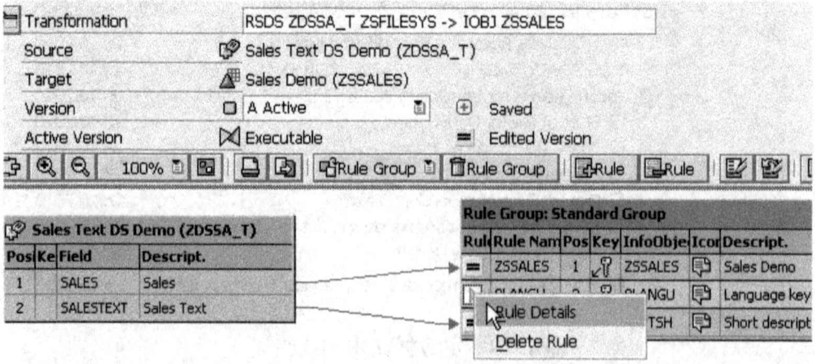

图 4-22　修改 Language Key 的转换规则

6）选择和输入如图 4-23 所示，然后单击左下角的 Transfer Values 按钮。

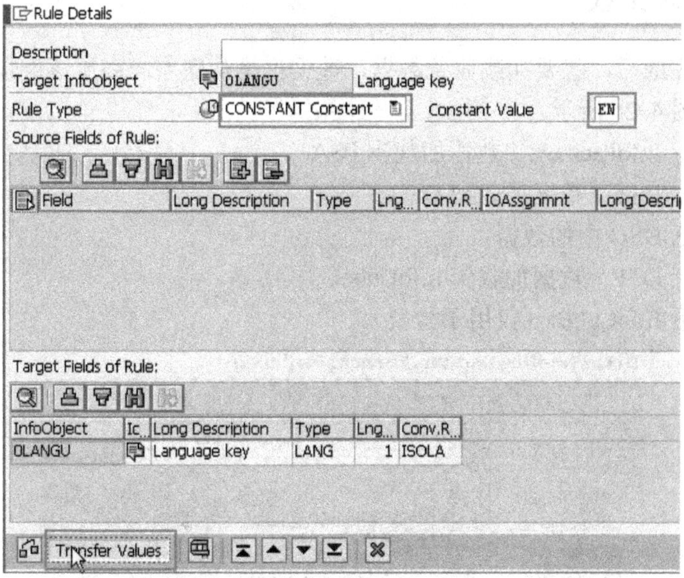

图 4-23 修改 Language Key 的转换规则—设置为常数

7）新的 Transformation 如图 4-24 所示。

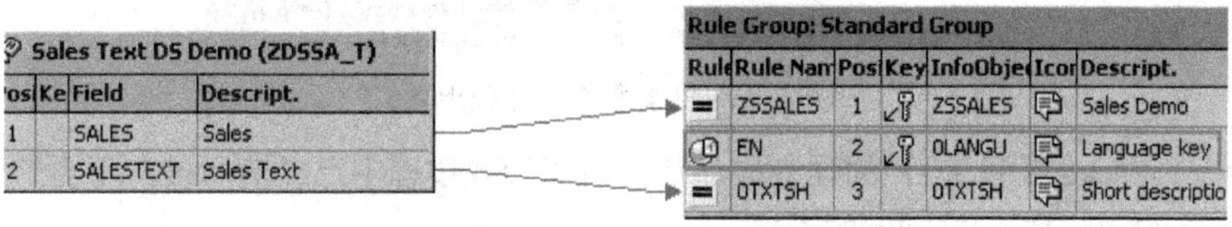

图 4-24 修改 Language Key 的转换规则—修改后

8）激活，然后再运行 DTP，加载成功。

9）回到 T-code: RSA1→Modeling→InfoProvider 界面中，右击特性 ZSSALES，选择 Maitain Master Data，这时看到主数据文本加载后，增加了 Language Key 和 Description 两列的数据，如图 4-25 所示。

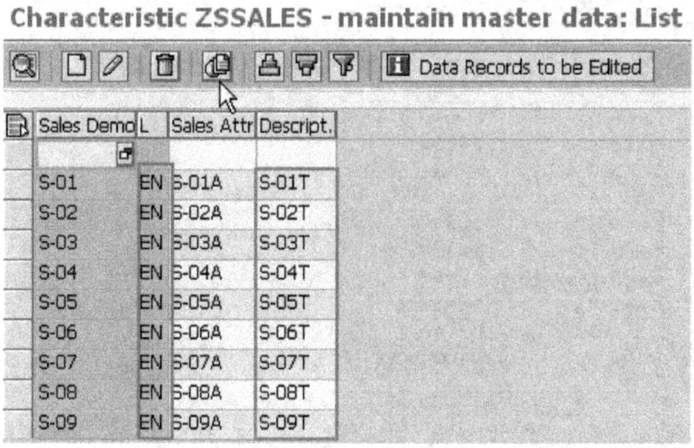

图 4-25 维护主数据—文本信息已加载

4.3 业务数据加载

主数据加载完成后，就要加载业务数据，数据也是从底层向高层逐层加载。在系统中的主要加载步骤如图 4-26 所示。

第 1 步：运行 InfoPackage，数据加载到 PSA。

第 2 步：运行 DTP，数据加载到 DSO。

第 3 步：激活 DSO 中的数据。

第 4 步：运行 DTP，数据加载到 InfoCube。

第 5 步：查看 InfoCube （仅用于检查）。

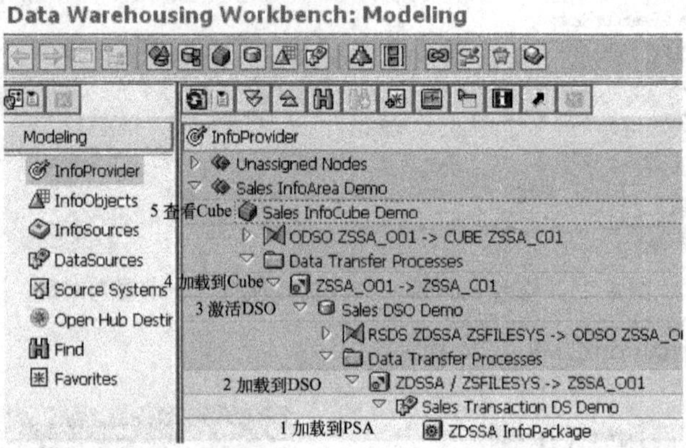

图 4-26　业务数据的加载步骤

执行 InfoPackage 和 DTP 的详细操作在主数据加载过程中已经演示过，不再赘述。本节中只讲 DSO 的激活和 InfoCube 的查看。

1. 激活 DSO 的数据

1）可以用鼠标右键单击 DSO，选择 Manage，然后在右侧界面选择 Contents 选项卡，可以看到有 New Data、Active Data 和 Change Log 三张表。当数据刚加载完，新加载的数据放在 New Data 表中，激活后，将数据写入 Active Data 和 Change Log 两张表，而 New Data 表清空，如图 4-27 所示。

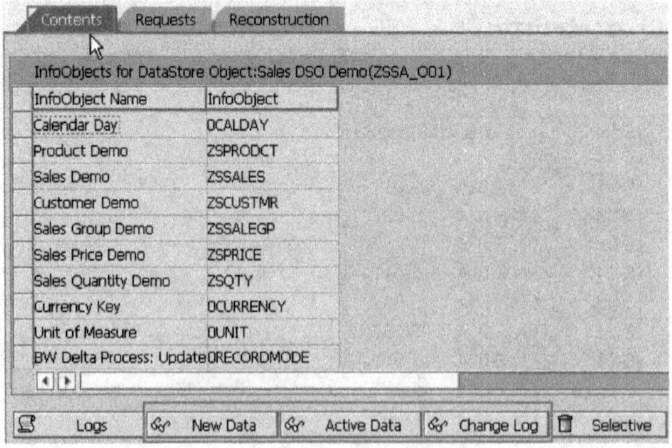

图 4-27　DSO 的三张表

2）单击第二个选项卡 Request，然后单击“激活”按钮，如图 4-28 所示。

3）在弹出的对话框中选择相应的 Request，背景变深，然后单击左下方的 Start 按钮，开始激活，可以单击 Refresh 按钮查看状态，等到对话框中的 Request 消失，则激活成功完成，如图 4-29 所示。

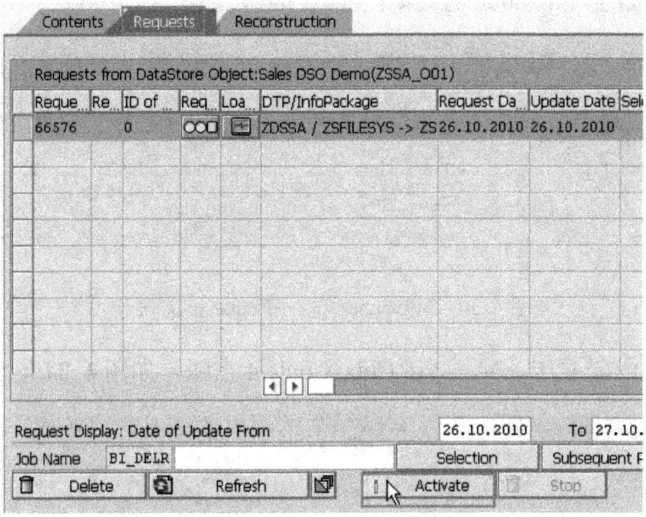

图 4-28　激活 DSO—单击“激活”按钮

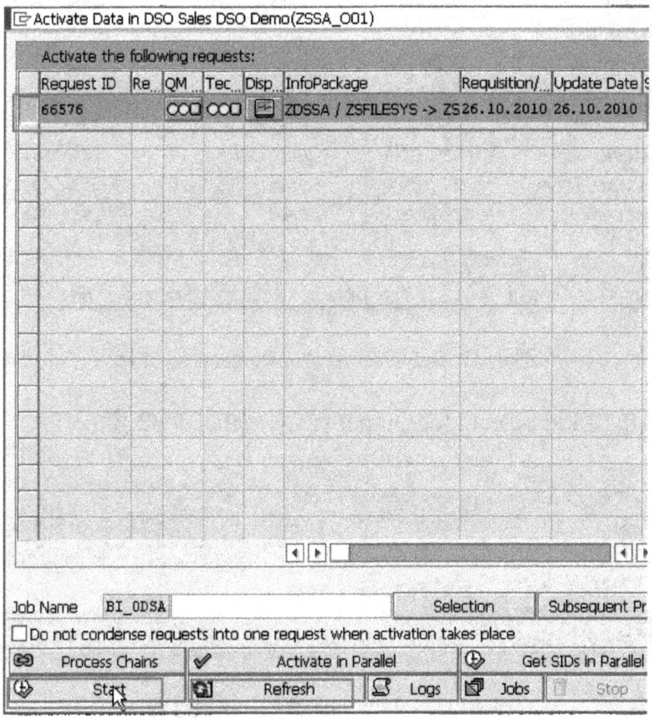

图 4-29　激活 DSO—单击 Start 按钮

4）DSO 数据激活后，才可以给 InfoCube 加载。InfoCube 数据不需要激活。

2. 查看 InfoCube 的数据

1）在 T-code: RSA1→Modeling→InfoProvider 界面中，右击 InfoCube ZSSA_C01，选择 Manage，可以看到 InfoCube 的管理界面，共 5 个选项卡。在 Request 选项卡中可以看到 Request 下面有绿灯，即 DSO 到 InfoCube 的数据已成功加载，如图 4-30 所示。

图 4-30 InfoCube 管理—Requests 选项卡

2）单击 Contents 选项卡，单击 InfoCube Content 按钮，如图 4-31 所示。

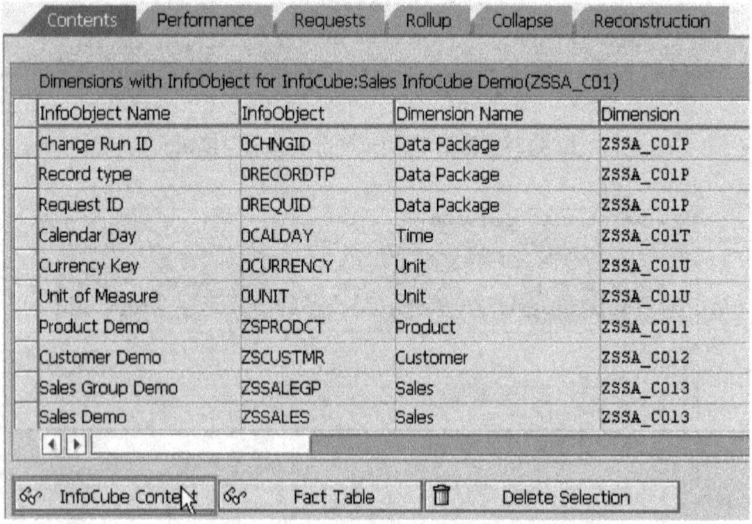

图 4-31 InfoCube 管理—Contents 选项卡

3）在新界面中单击 Fld Selectn for Output 按钮，如图 4-32 所示。

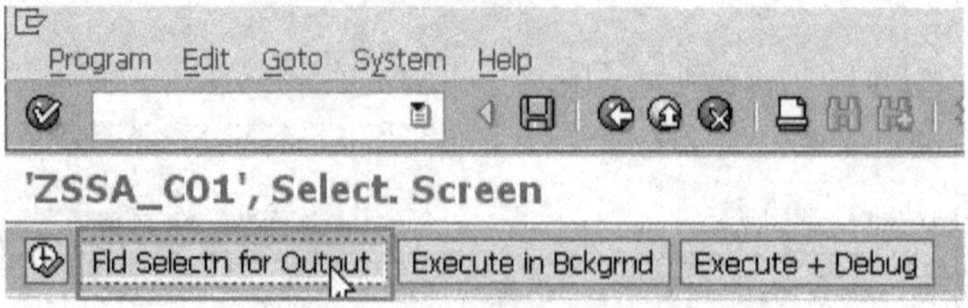

图 4-32 InfoCube 数据—字段选择

4）在新界面中单击 Select All Characteristics 按钮，再单击“执行”按钮，如图 4-33 所示。

图 4-33　InfoCube 数据—选择所有特性

5）系统退回到上一个界面，单击“执行”按钮，在新界面中可以看到 InfoCube 中的数据，如图 4-34 所示。

"ZSSA_C01", List output

ZSPRODCT	ZSCUSTMR	ZSSALEGP	ZSSALES	0CHNGID	Record type	Request ID	Calendar Day	Currency	0UNIT	ZSPRICE	ZSQTY
P-09	C-09	sg-02	S-09			DTPR_4IV90AXNYFQOI3C9G7IYFWJBQ	20.09.2010	CNY	ST	100,00	9
P-09	C-09	sg-01	S-01			DTPR_4IV90AXNYFQOI3C9G7IYFWJBQ	20.09.2010	CNY	ST	100,00	1
P-08	C-08	sg-02	S-08			DTPR_4IV90AXNYFQOI3C9G7IYFWJBQ	20.08.2010	CNY	ST	100,00	8
P-07	C-07	sg-02	S-07			DTPR_4IV90AXNYFQOI3C9G7IYFWJBQ	20.07.2010	CNY	ST	100,00	7
P-06	C-06	sg-02	S-06			DTPR_4IV90AXNYFQOI3C9G7IYFWJBQ	20.06.2010	CNY	ST	100,00	6
P-05	C-05	sg-02	S-05			DTPR_4IV90AXNYFQOI3C9G7IYFWJBQ	20.05.2010	CNY	ST	100,00	5
P-04	C-04	sg-01	S-04			DTPR_4IV90AXNYFQOI3C9G7IYFWJBQ	20.04.2010	CNY	ST	100,00	4
P-03	C-03	sg-01	S-03			DTPR_4IV90AXNYFQOI3C9G7IYFWJBQ	20.03.2010	CNY	ST	100,00	3
P-02	C-02	sg-01	S-02			DTPR_4IV90AXNYFQOI3C9G7IYFWJBQ	20.02.2010	CNY	ST	100,00	2
P-01	C-01	sg-01	S-01			DTPR_4IV90AXNYFQOI3C9G7IYFWJBQ	20.01.2010	CNY	ST	100,00	1

图 4-34　InfoCube 数据—数据内容

第 5 章　第一个报表的建立和导航

SAP 在收购 BO 之前，一直采用商务浏览器（Business Explorer，BEx）来作为主要的报表开发和浏览工具。在收购 BO 后，BEx 仍有大量用户在使用。在 BEx 中，最常用的是两个工具——BEx Query Designer 和 BEx Analyzer。其中，BEx Query Designer 用于创建查询；BEx Analyzer 用于创建报表。

安装相应的 BEx 客户端后，在 Windows 界面中单击 Start→Business Explorer，再单击相应工具启动查询设计器和分析器，如图 5-1 所示。

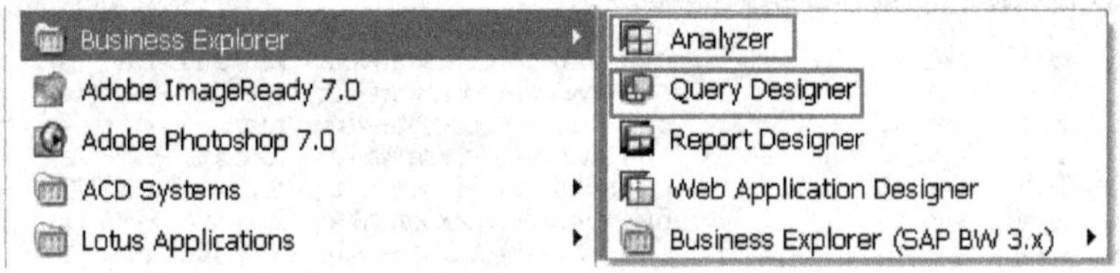

图 5-1　启动查询设计器和分析器

5.1　在查询设计器中建立查询

启动查询设计器（Query Desinger）后，系统弹出两个窗口，第一个窗口是显示 BEx 的版本等信息，然后自动关闭；第二个窗口就是初始工作界面。

1）查询设计器初始界面如图 5-2 所示。

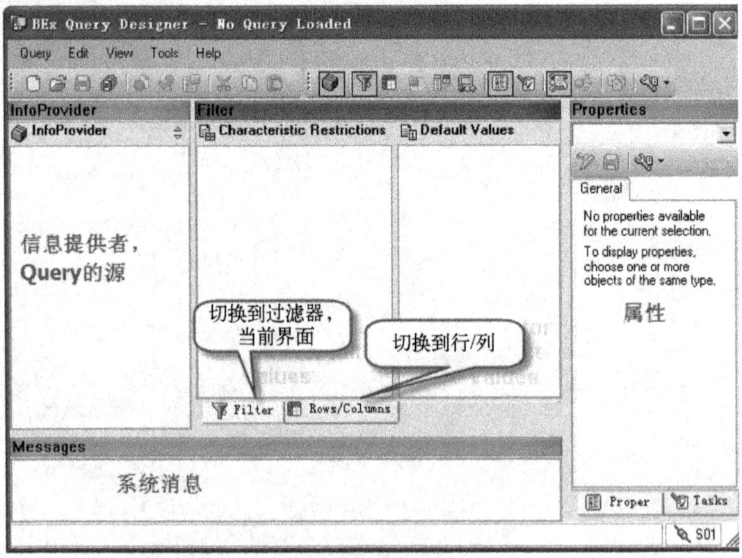

图 5-2　新建查询的初始界面

图 5-2 中除了菜单栏和工具栏之外，其他对象介绍如下：

- InfoProvider 信息提供者。在左侧区域，是 Query 的源，可以将信息提供者中的特性、属性和关键值拖放到中间的“过滤器”或者“行/列”中。
- Messages 系统消息。在下侧区域，系统会给出操作后的成功、失败或警告消息。
- Properties 属性栏。在右侧区域，当选中某个对象，如查询、特性、特性属性、关键值等时，会出现相应对象的属性。
- Filter 和 Rows/Columns。过滤器和行/列，在中间区域，可以单击两个选项卡切换，图 5-2 中界面为过滤器。过滤器中，可以用变量或默认值对特性加以限定；行/列中，用于拖放特性和关键值。

2）可以单击图 5-2 中的“新建”按钮开始新建一个查询。在弹出的窗口中单击 InfoArea，去选择相应的模型来创建查询，可以单击右上角扳手形状的按钮来选择显示描述和/或技术名称，如图 5-3 所示。

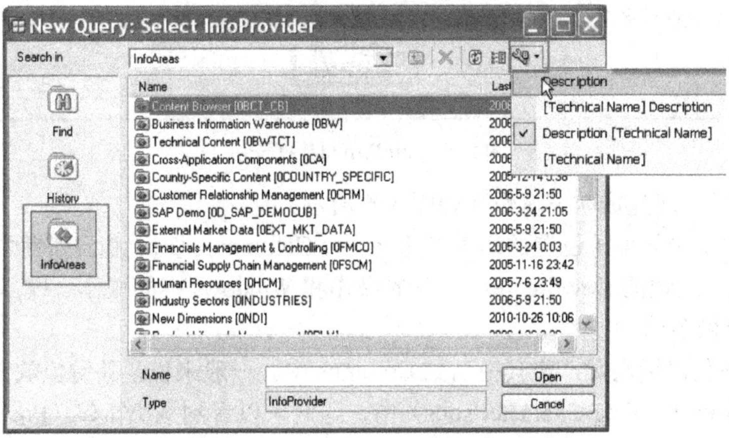

图 5-3　显示描述和/或技术名称

3）找到相应的 InfoArea，一直单击，直到找到相应的 InfoProvider，如本例中的 Sales InfoCube Demo，然后双击，或者选中 Sales InfoCube Demo，然后单击 Open 按钮，如图 5-4 所示。

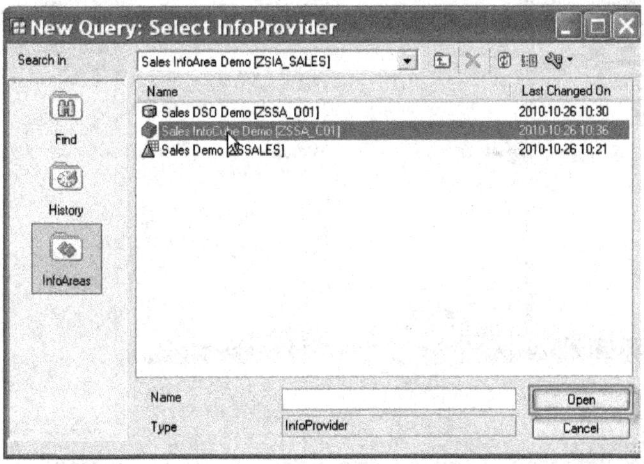

图 5-4　查找并打开 InfoCube

4）在新建查询的空白窗口的 InfoProvider 区域中出现 InfoCube，单击 Rows/Columns，切换到行/列界面。在窗口中间出现自由特性、行、列和预览 4 个区域，如图 5-5 所示。

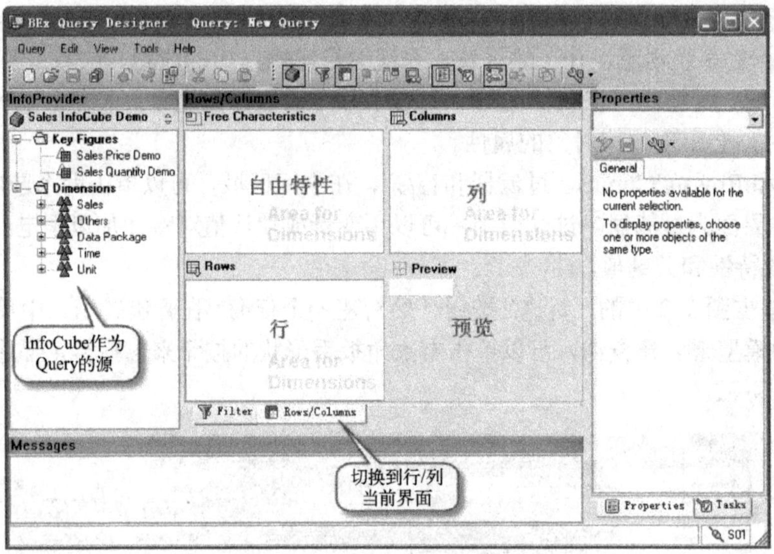

图 5-5　InfoProvider 打开后

5）现在，按顺序完成如下操作（如图 5-6 所示）。

第 1 步：单击中间偏下位置的切换按钮 Rows/Columns，切换到行/列界面。

第 2 步：选中左边的 Key Figures，这时的操作和 Windows 中的操作一样，可以按住〈Ctrl〉键或〈Shift〉键做多选。

第 3 步：按住鼠标左键，将其拖动到 Columns 中。一般来说，关键值放在列中，而特性放在行或者自由特性（Free Characteristics）中，这时可以看到预览窗口（Preview）中已经有预览图。

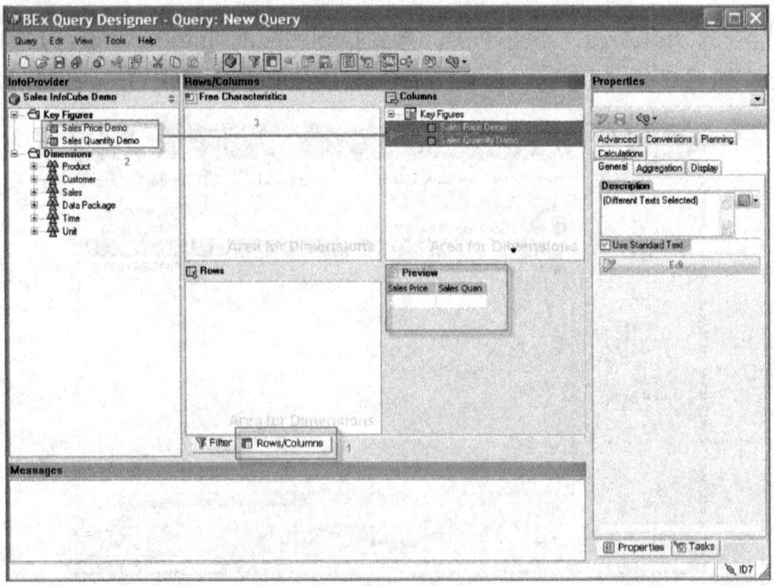

图 5-6　拖放关键值到列

6）用同样的方法将维度 Sales 展开，选中 Sales Group Demo 和 Sales Demo 两个信息对象，将其拖放到 Rows 中。这时预览窗口已加入了新选的行，如图 5-7 所示。

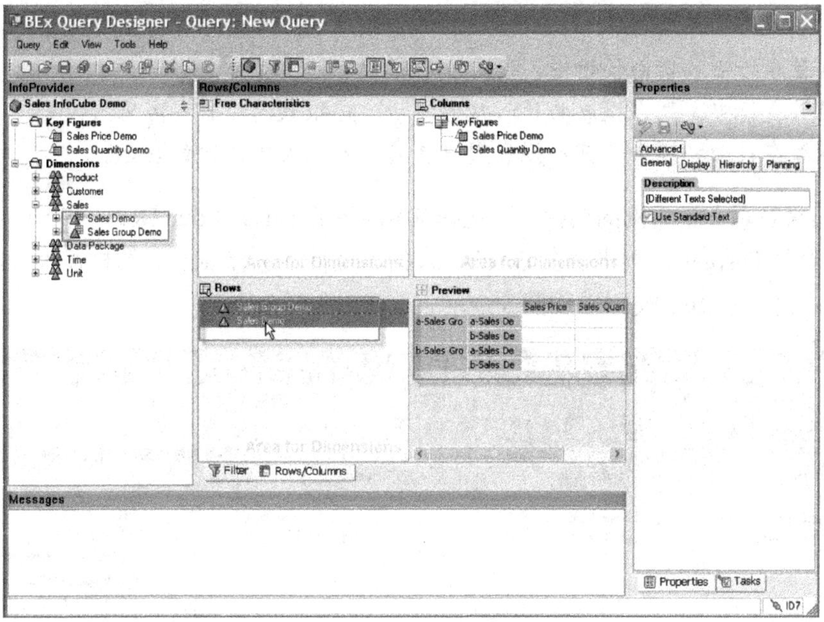

图 5-7　拖放特性到行

7）继续按前面的方法展开维度，选中 Calendar Day，Customer Demo，Product Demo，拖放到 Free Characteristics 中。这时可以看到 Preview 没有变化，如图 5-8 所示。

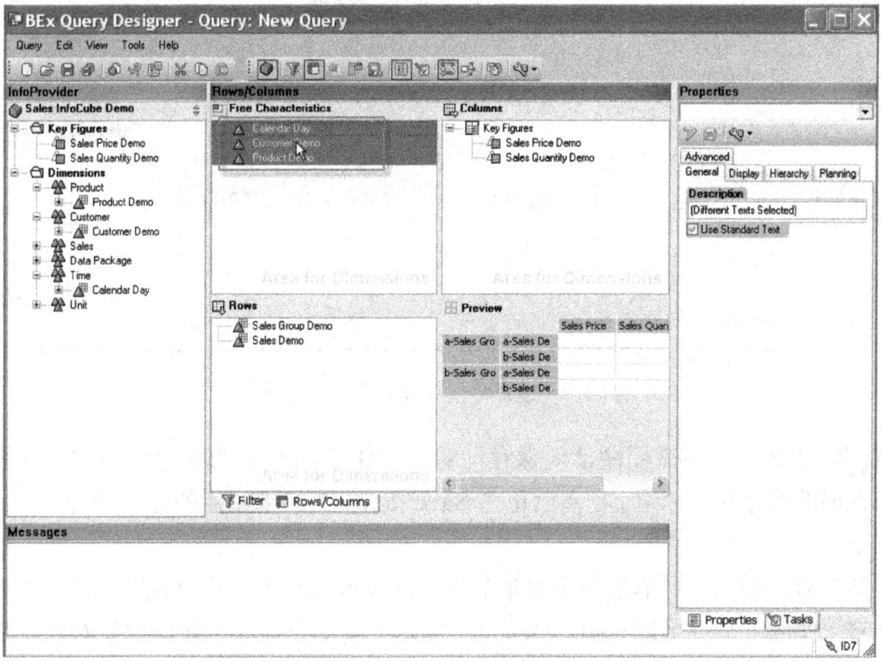

图 5-8　拖放特性到自由特性中

到此，一个简单的报表就完成了。

注意：

- 特性放在行中和自由特性中，没有本质区别。
- 特性放在行中，则在报表打开时就会显示，是报表的“首发阵容”。
- 特性放在自由特性中，需要报表用户将其拖入报表中，才能显示。

8）下面来熟悉一下右侧的属性栏。选择 Rows 下的 Sales Group Demo 和 Sales Demo，单击右侧属性栏的 Display 选项卡。在 Display as 的下拉框中选择 Key，这样在报表结果中就显示 Key，而不是显示 Text 文本，如图 5-9 所示。

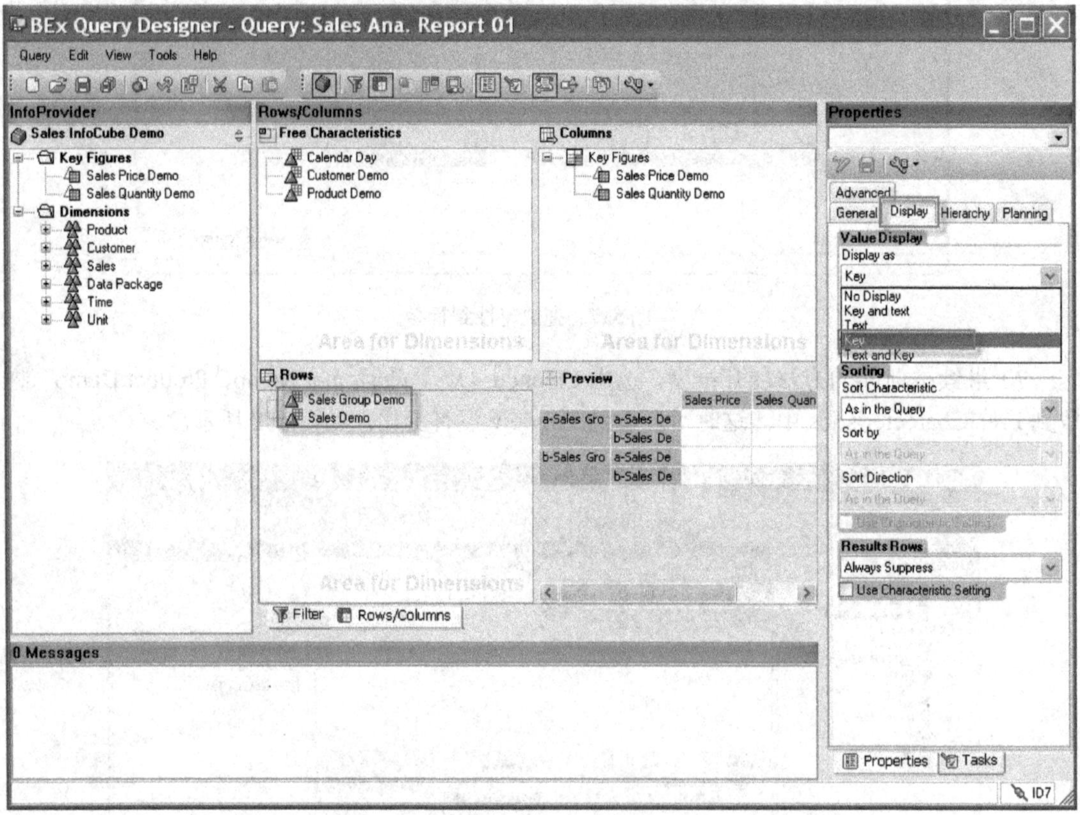

图 5-9 设置特性在报表中显示 Key

9）查询（Query）不需要激活，保存即可。单击工具栏上的保存按钮，在弹出的窗口中输入查询的描述和技术名称，然后单击 Save 按钮，就将刚创建的查询保存了，如图 5-10 所示。

10）保存后，查询设计器的左下方消息区（Messages）出现查询保存成功的消息，而在中间过滤器（Filter）界面的默认值（Default Values）自动出现 5 个相应信息对象，如图 5-11 所示。

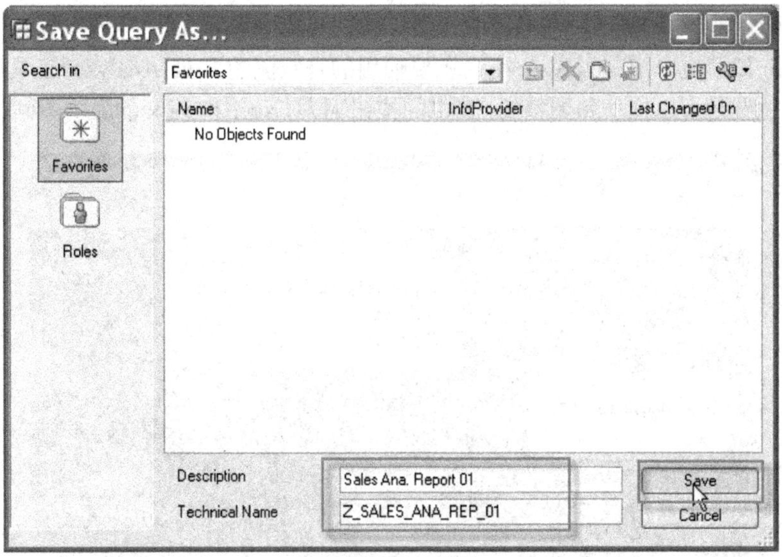

图 5-10 输入查询的技术名称和描述并保存

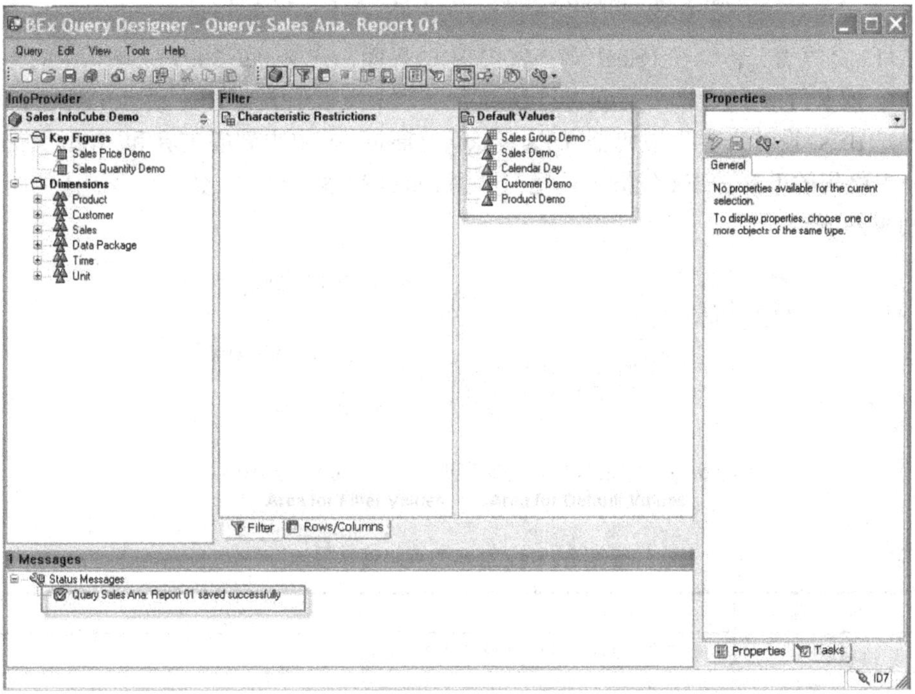

图 5-11 查询成功保存

5.2 在报表分析器中报表导航

5.2.1 打开报表

1）这时可以回到 Windows 界面，单击 Start→Business Explorer→Analyzer，启动报表分

析器 （Analyzer）。

2）如图 5-12 所示，在 Analyzer 中，主要使用的是左侧的 BEx Analyzer 工具栏。注意其在整个界面中的位置是可以拖动和调整的，其中的按钮因为 Excel 和 BEx 的版本不同，会有所不同。

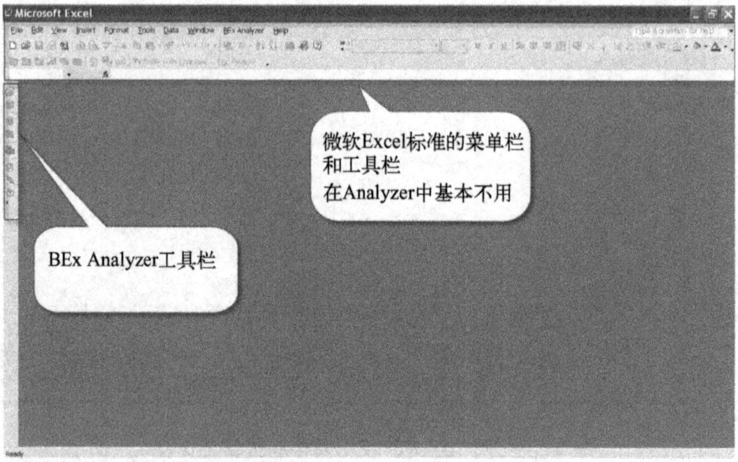

图 5-12　报表分析器初始界面（Excel 97～2003 中）

图 5-12 是报表分析器在 Excel 97～2003 中的界面，在 Excel 2007～2010 中的界面如图 5-13 所示。安装好 BEx 后，在菜单 Add-Ins（加载项）下可以看到 BEx 设计工具栏和 BEx 分析工具栏。BEx 设计工具栏中包括 BEx Query Designer 中用到的工具和 Web Application Designer 中用到的工具。BEx 分析工具栏在不同 Excel 版本中对象一致。在表 5-1 中可以看到对具体对象的解释。

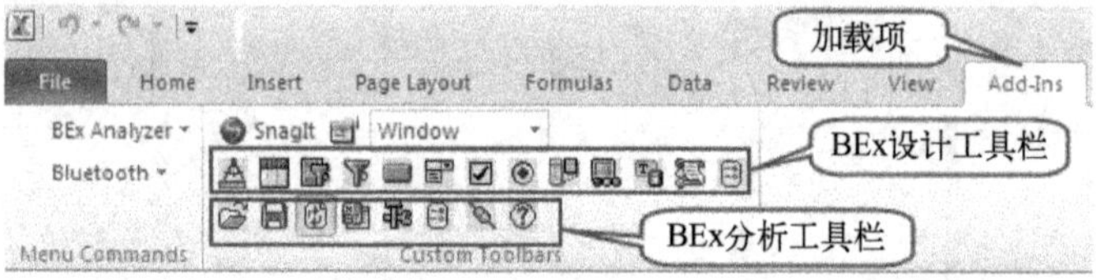

图 5-13　报表分析器初始界面（Excel 2007～2010 中）

表 5-1　BEx 分析工具栏按钮说明

按钮	名　称	功　能
	打开	打开查询（Query）和工作簿（Workbook）
	保存	保存报表
	刷新/暂停自动刷新	用于自动刷新 / 手动刷新模式的切换
	改变变量值	系统重新弹出变量选择对话框，可以输入新的变量值
	工具	主要用于切换到 BEx Query Designer 等其他 BEx 工具，如 BEx Query Designer 等
	全局设置	修改 BEx Analyzer 的全局性设置，定义在其中处理所有查询和工作簿的环境
	系统信息	用于查看系统信息，还可以在不退出 BExAnalyzer 的情况下，切换对不同 BW 系统的连接
	帮助	访问 BEx 系统帮助文件

3）单击报表分析器工具栏上的打开文件按钮，再单击 Open Query。注意千万不要选择 Excel 标准工具栏中的打开文件按钮，两者一模一样，只是位置不同，如图 5-14 所示。

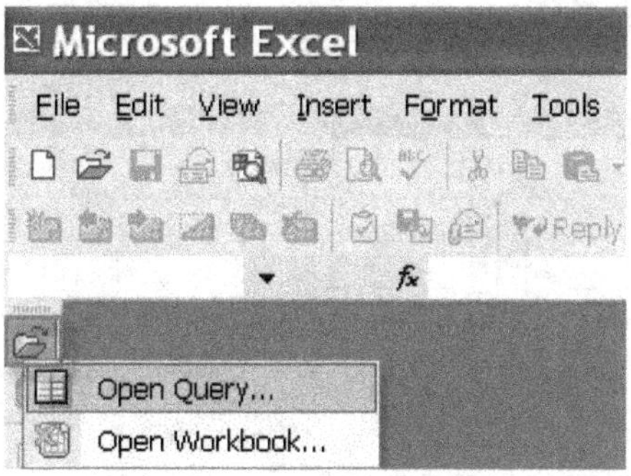

图 5-14　打开查询

4）这时会弹出 SAP 登录窗口，输入账号和密码，单击“确定”按钮。

5）在弹出窗口中，单击 InfoAreas，然后按层级展开和选择相应的 InfoArea 和 InfoProvider，直到出现查询：Sales Ana. Report 01，可以双击或者选中后单击 Open 按钮，如图 5-15 所示。

注意：也可以在 Favorites 中直接找到自己创建的 Query 并打开。

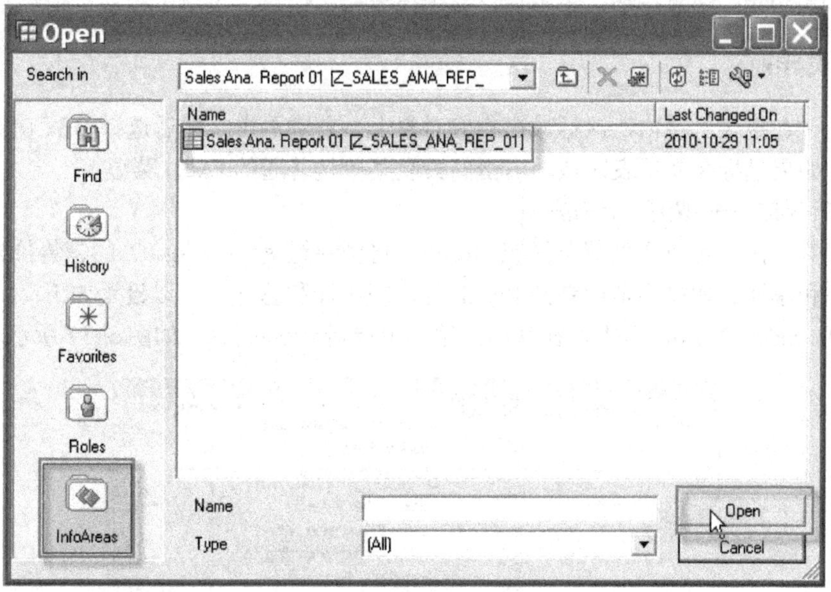

图 5-15　找到查询并打开

6）报表分析器中的报表结果如图 5-16 所示。

可以看到，按照查询中设定的行/列，报表展示相应数据。

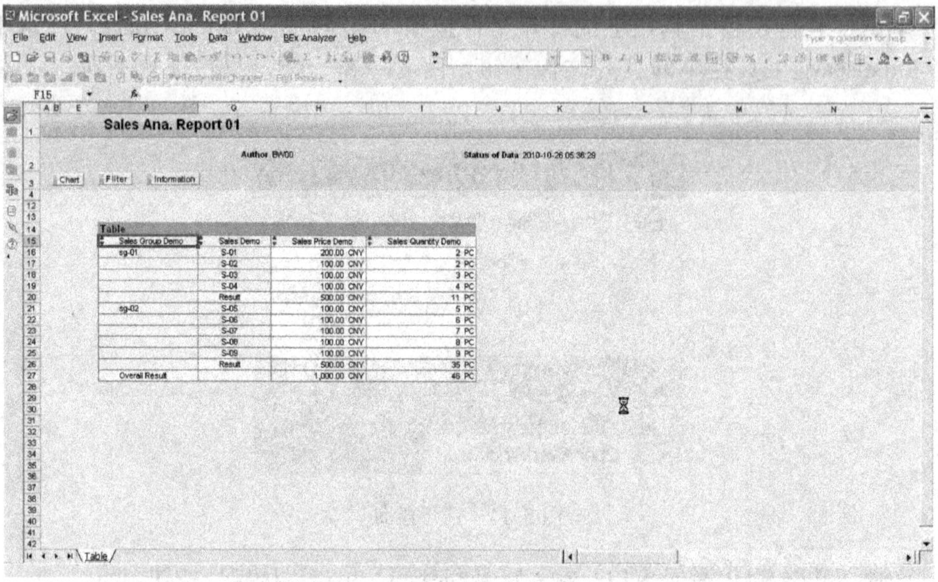

图 5-16　报表分析器中报表结果

在报表的上部，有三个按钮：

- Chart：图/表切换按钮，单击后，数据报表变成图形，再单击一次，图形变成报表。
- Filter：过滤器按钮，单击后，弹出所有行和自由特性中用到的特性，可以加入过滤条件，再单击一次，所有特性不再显示。
- Information：信息按钮，单击后，显示报表相关信息，再单击一次，信息不再显示。

5.2.2　报表导航

可以通过在报表区域内，鼠标放在相应对象上，右键单击，然后选择 BEx 快捷菜单项即可。注意，如果鼠标在非报表区域，右击的关联菜单是普通的 Excel 菜单。

1. 报表导航——取消小计和总计

在报表数据区，可以看到黄色区域 Result，将销售组 sg-01、sg-02 的销售价格和销售数量进行小计和总计。如果不希望看到 Result 行，即小计和总计，可以设置如下：

1）选中 Sales Demo，右击，在弹出的菜单中单击 Properties，如图 5-17 所示。

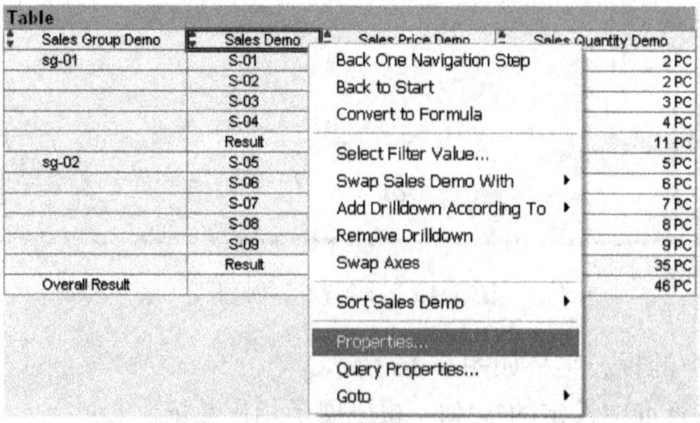

图 5-17　右击显示快捷菜单

2）在弹出的 Properties for Characteristic Sales Demo 对话框的 General 选项卡中的 Result Rows 下拉列表框中选择 Always Supress，然后单击 OK 按钮，如图 5-18 所示。

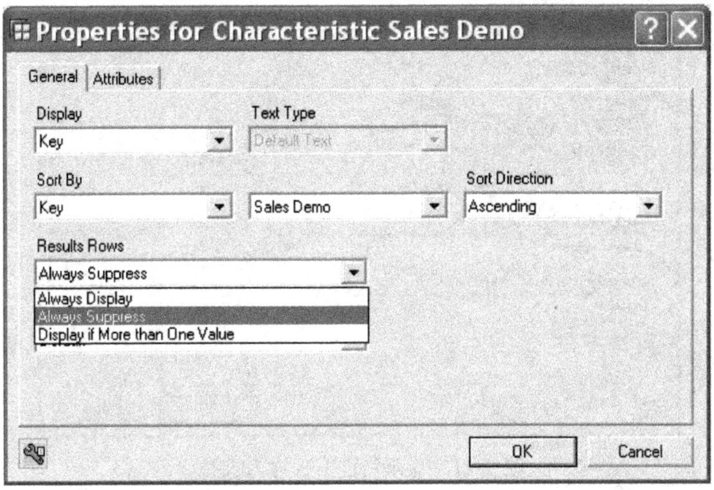

图 5-18　设置不显示小计行

3）结果是 Sales Demo 下的 Result（小计）行取消了，如图 5-19 所示。

Table

Sales Group Demo	Sales Demo	Sales Price Demo	Sales Quantity Demo
sg-01	S-01	200.00 CNY	2 PC
	S-02	100.00 CNY	2 PC
	S-03	100.00 CNY	3 PC
	S-04	100.00 CNY	4 PC
sg-02	S-05	100.00 CNY	5 PC
	S-06	100.00 CNY	6 PC
	S-07	100.00 CNY	7 PC
	S-08	100.00 CNY	8 PC
	S-09	100.00 CNY	9 PC
Overall Result		1,000.00 CNY	46 PC

图 5-19　Sales Demo 小计行取消

4）如果想要取消 Overall Result（总计）行，则选中 Sales Group Demo，与上面操作一样，在弹出的对话框中 Result Rows 下拉列表框中选择 Always Supress，然后单击 OK 按钮，结果如图 5-20 所示。

Table

Sales Group Demo	Sales Demo	Sales Price Demo	Sales Quantity Demo
sg-01	S-01	200.00 CNY	2 PC
	S-02	100.00 CNY	2 PC
	S-03	100.00 CNY	3 PC
	S-04	100.00 CNY	4 PC
sg-02	S-05	100.00 CNY	5 PC
	S-06	100.00 CNY	6 PC
	S-07	100.00 CNY	7 PC
	S-08	100.00 CNY	8 PC
	S-09	100.00 CNY	9 PC

图 5-20　Sales Group Demo 小计行取消

2．报表导航——显示特性属性和文本

1）选中 Sales Demo，右击，在弹出的菜单中选择 Properties，在弹出对话框 General 选项卡中的Display下拉列表中选择Key and Text，在Text Type下拉列表中保持默认的Default Text，如图5-21所示。

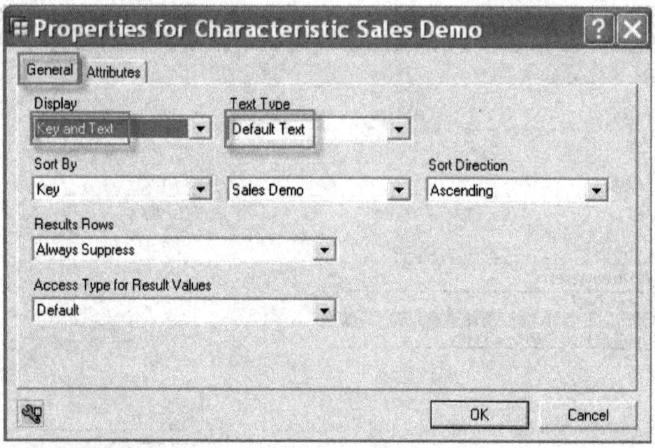

图5-21　显示特性Key值和文本

2）在Attributes选项卡的左侧Available Attributes（可用的属性）栏中选中Sales Attribute Demo，然后单击中间的右向箭头，将其移动到右侧的选中的属性栏中。单击OK按钮，如图5-22所示。

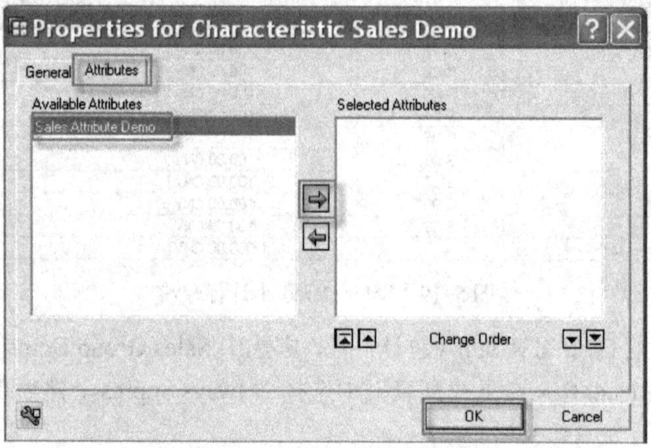

图5-22　显示特性的属性Sales Attribute Demo

3）结果是Sales Demo的Key、Text、Attribute（键值、文本和属性）都显示出来了，如图5-23所示。

Table

Sales Group Demo	Sales Demo		Sales Attribute Demo	Sales Price Demo	Sales Quantity Demo
sg-01	S-01	S-01T	S-01A	200.00 CNY	2 PC
	S-02	S-02T	S-02A	100.00 CNY	2 PC
	S-03	S-03T	S-03A	100.00 CNY	3 PC
	S-04	S-04T	S-04A	100.00 CNY	4 PC
sg-02	S-05	S-05T	S-05A	100.00 CNY	5 PC
	S-06	S-06T	S-06A	100.00 CNY	6 PC
	S-07	S-07T	S-07A	100.00 CNY	7 PC
	S-08	S-08T	S-08A	100.00 CNY	8 PC
	S-09	S-09T	S-09A	100.00 CNY	9 PC

图5-23　Salesman Demo的键值、文本和属性全部显示

3. 报表导航——下钻（Drill Down）

下钻就是在报表中加入相应特性，如在 Sales Demo 后加入 Calendar Day。

1）选中 Sales Demo，右击，选择 Add Drilldown According To→Calendar Day，如图 5-24 所示。

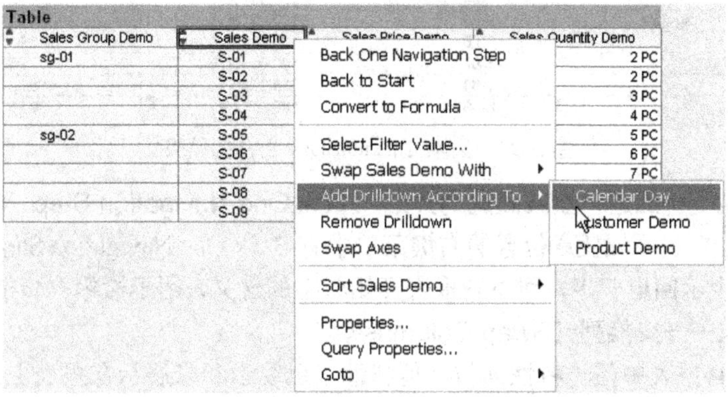

图 5-24　加入 Calendar Day 下钻

2）下钻结果如图 5-25 所示。

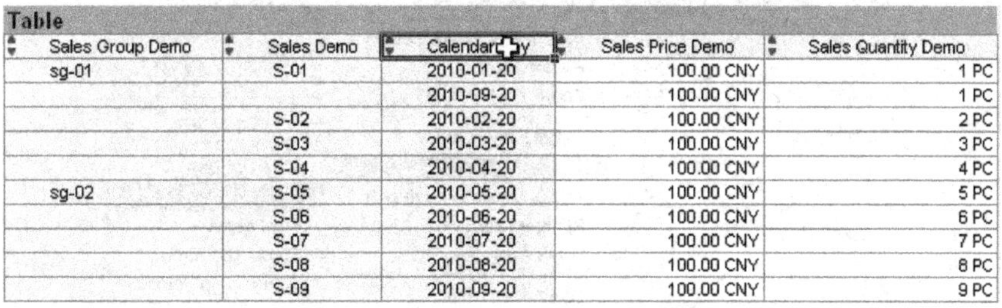

Table

Sales Group Demo	Sales Demo	Calendar Day	Sales Price Demo	Sales Quantity Demo
sg-01	S-01	2010-01-20	100.00 CNY	1 PC
		2010-09-20	100.00 CNY	1 PC
	S-02	2010-02-20	100.00 CNY	2 PC
	S-03	2010-03-20	100.00 CNY	3 PC
	S-04	2010-04-20	100.00 CNY	4 PC
sg-02	S-05	2010-05-20	100.00 CNY	5 PC
	S-06	2010-06-20	100.00 CNY	6 PC
	S-07	2010-07-20	100.00 CNY	7 PC
	S-08	2010-08-20	100.00 CNY	8 PC
	S-09	2010-09-20	100.00 CNY	9 PC

图 5-25　加入 Calendar Day 下钻的结果

4. 报表导航——上钻（Remove Drill Down）

上钻就是在报表中去除相应特性，如去除 Calendar Day。

1）选中 Calendar Day，右击，选择 Remove Drilldown，如图 5-26 所示。

也可以直接将 Calendar Day 拖出报表区。

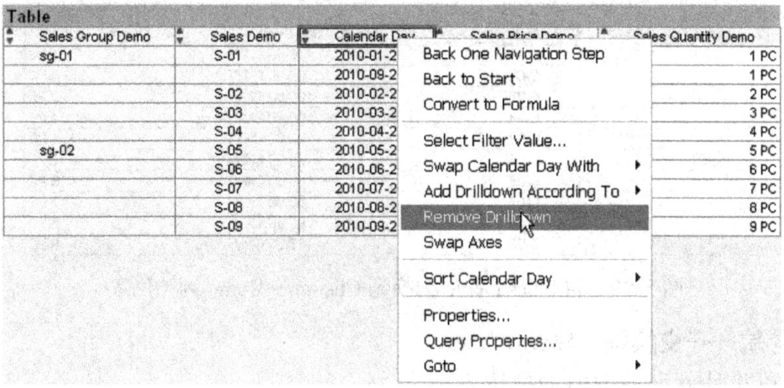

图 5-26　去除 Calendar Day 上钻

2）结果如图 5-27 所示。

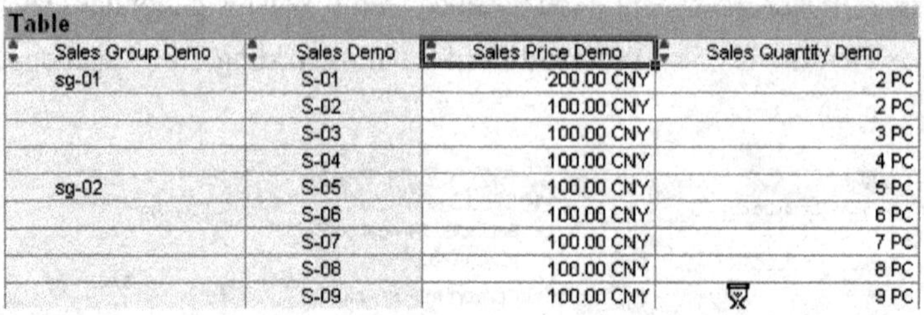

Table

Sales Group Demo	Sales Demo	Sales Price Demo	Sales Quantity Demo
sg-01	S-01	200.00 CNY	2 PC
	S-02	100.00 CNY	2 PC
	S-03	100.00 CNY	3 PC
	S-04	100.00 CNY	4 PC
sg-02	S-05	100.00 CNY	5 PC
	S-06	100.00 CNY	6 PC
	S-07	100.00 CNY	7 PC
	S-08	100.00 CNY	8 PC
	S-09	100.00 CNY	9 PC

图 5-27　去除 Calendar Day 上钻的结果

5．报表导航——回退一步或回退到开始 (Back One Navigation Step 和 Back to Start)

可以发现，在报表区域任意位置的右键菜单中有 Back One Navigation Step 和 Back to Start 两项，它们分别表示回退一步，回退到报表开始状态的含义，用于撤销一步或所有导航操作。

6．报表导航——交换列（Swap Columns）

交换列可以将报表中任一特性列与其他特性（已展示和未展示在报表上）或者关键值进行位置交换。

1）如图 5-28 所示将 Sales Demo 列换为 Customer Demo 列。

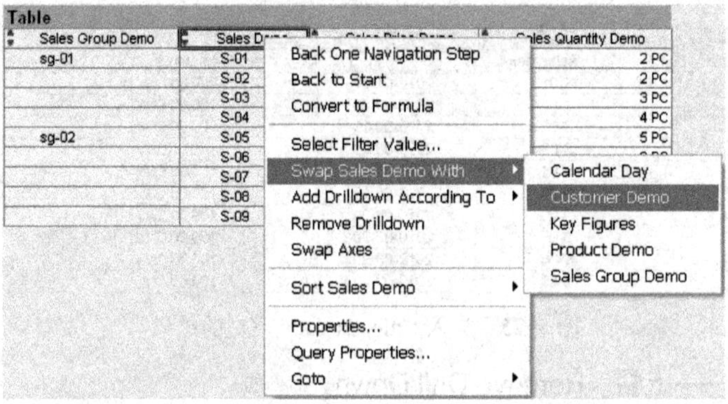

图 5-28　将 Sales Demo 列换为 Customer Demo 列

2）结果如图 5-29 所示。

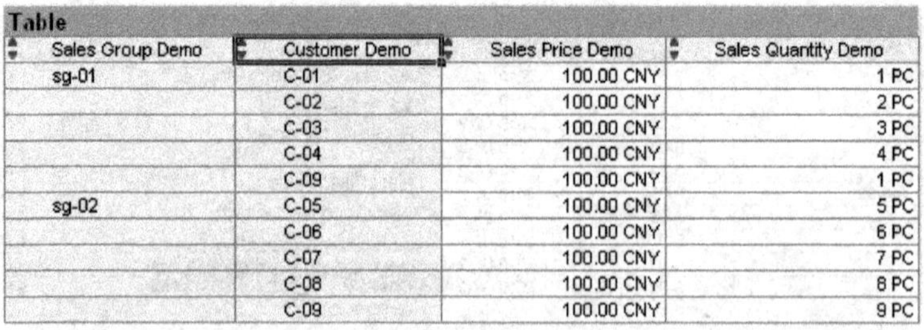

Table

Sales Group Demo	Customer Demo	Sales Price Demo	Sales Quantity Demo
sg-01	C-01	100.00 CNY	1 PC
	C-02	100.00 CNY	2 PC
	C-03	100.00 CNY	3 PC
	C-04	100.00 CNY	4 PC
	C-09	100.00 CNY	1 PC
sg-02	C-05	100.00 CNY	5 PC
	C-06	100.00 CNY	6 PC
	C-07	100.00 CNY	7 PC
	C-08	100.00 CNY	8 PC
	C-09	100.00 CNY	9 PC

图 5-29　将 Sales Demo 列换为 Customer Demo 列的结果

7．报表导航——交换轴（Swap Axes）

交换轴可以将特性和关键值的位置互换。

1）对上例回到初始（Back to Start），然后在报表区任选位置，右击，选择 Swap Axes。

这次鼠标不是放在特性列头上，而是放在特性具体值 sg-01 上，右键菜单略有不同，但是都有 Swap Axes 选项，如图 5-30 所示。

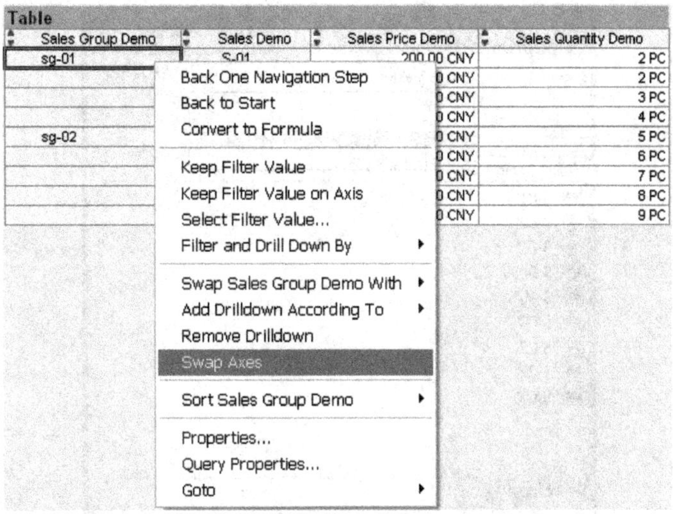

图 5-30 交换轴

2）结果如图 5-31 所示。

Table									
Sales Group Demo	sg-01				sg-02				
Sales Demo	S-01	S-02	S-03	S-04	S-05	S-06	S-07	S-08	S-09
Sales Price Demo	200.00 CNY	100.00 CNY	100.00 CNY	100.00 CNY	100.00 CNY	100.00 CNY	100.00 CNY	100.00 CNY	100.00 CNY
Sales Quantity Demo	2 PC	2 PC	3 PC	4 PC	5 PC	6 PC	7 PC	8 PC	9 PC

图 5-31 交换轴的结果

8. 报表导航——选择过滤值（Select Filter Value）

选择过滤值是只让符合选择条件的特性显示。

1）对上例回到初始（Back to Start），然后在报表区 SalesDemo 上右击，选择 Select Filter Value。这次鼠标不是放在特性列头上，而是放在特性具体值 sg-01 上，右键菜单略有不同。但是都有 Swap Axes 选项，如图 5-32 所示。

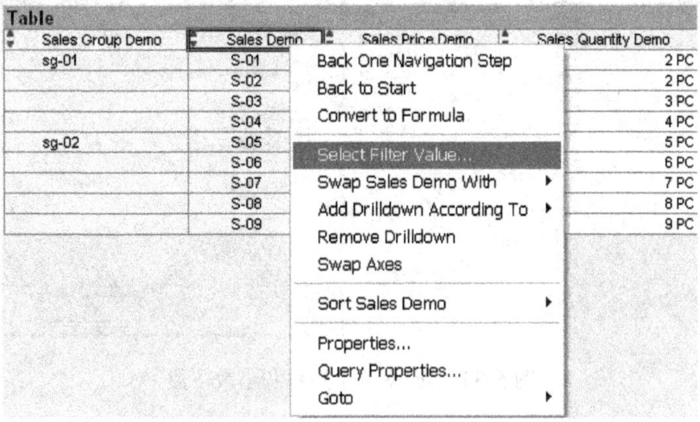

图 5-32 选择过滤值

2）在弹出窗口 Show 下拉列表框中选择 Single Values（单个值），然后双击 S-01，如图 5-33 所示。

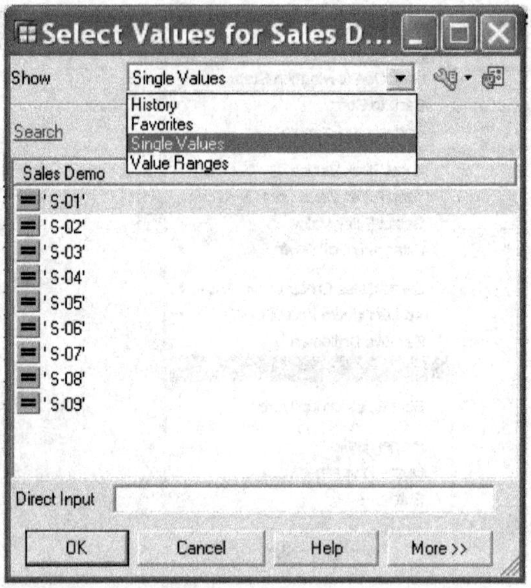

图 5-33　选择过滤值—选择单值 S-01

3）报表结果如图 5-34 所示。

Sales Group Demo	Sales Demo	Sales Price Demo	Sales Quantity Demo
sg-01	S-01	200.00 CNY	2 PC

图 5-34　选择过滤值—报表结果

9. 报表导航——关键值单位系数和小数位数设置

1）在关键值 Sales Price Demo 上右击，在弹出的对话框中选择 Scaling Factor（单位系数）为 100，Demimal Places（小数位数）为 1，然后单击 OK 按钮，如图 5-35 所示。

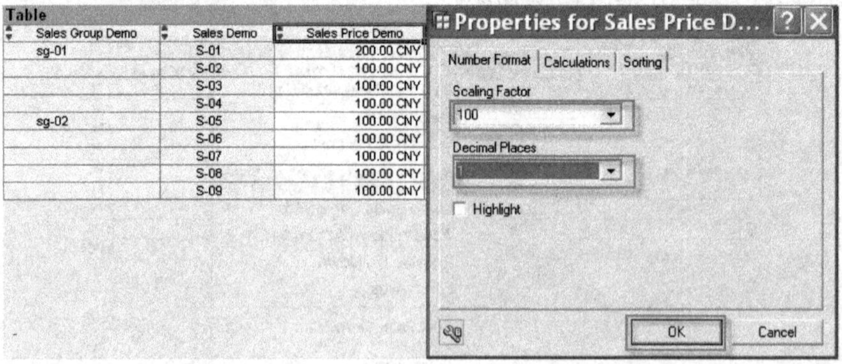

图 5-35　改变单位系数和小数位数

2）结果如图 5-36 所示。

Sales Group Demo	Sales Demo	Sales Price Demo	Sales Quantity Demo
sg-01	S-01	2.0 CNY	2 PC
	S-02	1.0 CNY	2 PC
	S-03	1.0 CNY	3 PC
	S-04	1.0 CNY	4 PC
sg-02	S-05	1.0 CNY	5 PC
	S-06	1.0 CNY	6 PC
	S-07	1.0 CNY	7 PC
	S-08	1.0 CNY	8 PC
	S-09	1.0 CNY	9 PC

图 5-36　改变单位系数和小数位数的结果

图 5-36 显示的数据与原始数据有差异，通过下面的操作可将单位系数显示出来。

3）在报表区域右击，选择 Query Properties，如图 5-37 所示。

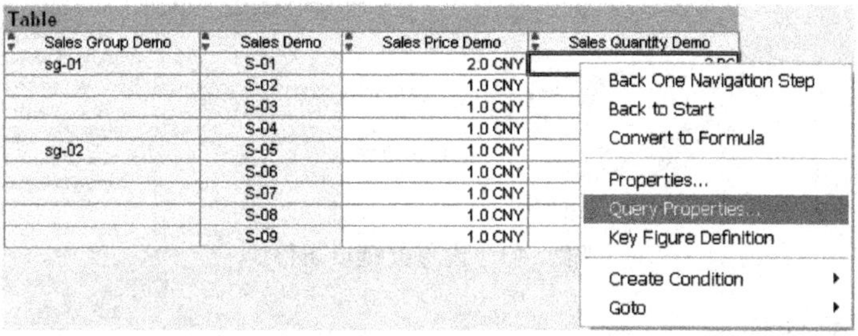

图 5-37　选择查询属性

4）在弹出的对话框中选择 Display Options（显示选项），勾选 Display Scaling Factors（显示单位系数），单击 OK 按钮，如图 5-38 所示。

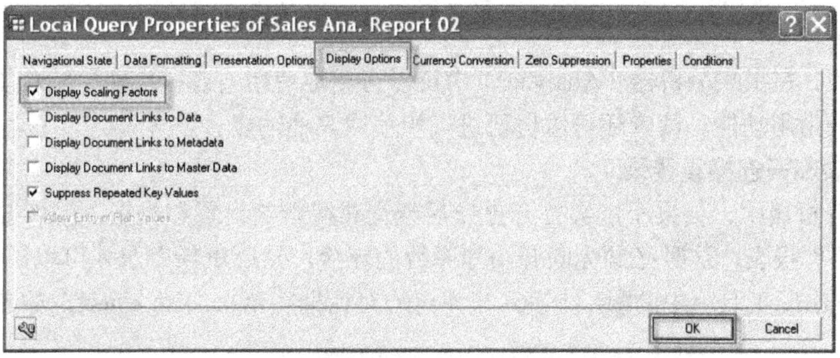

图 5-38　显示单位系数

5）结果如图 5-39 所示。

		Sales Price Demo	Sales Quantity Demo
Sales Group Demo	Sales Demo	* 100 CNY	PC
sg-01	S-01	2.0	2
	S-02	1.0	2
	S-03	1.0	3
	S-04	1.0	4
sg-02	S-05	1.0	5
	S-06	1.0	6
	S-07	1.0	7
	S-08	1.0	8
	S-09	1.0	9

图 5-39　显示单位系数的结果

10. 报表导航——关键值条件（Condition）设置

关键值条件设置可以对报表显示的记录设定条件，只显示满足条件的记录。

1）对上例回到初始（Back to Start）。然后在 Sales Quantity Demo 上右击，选择 Create Condition，再选择 Sales Quantity Demo <= 2，如图 5-40 所示。

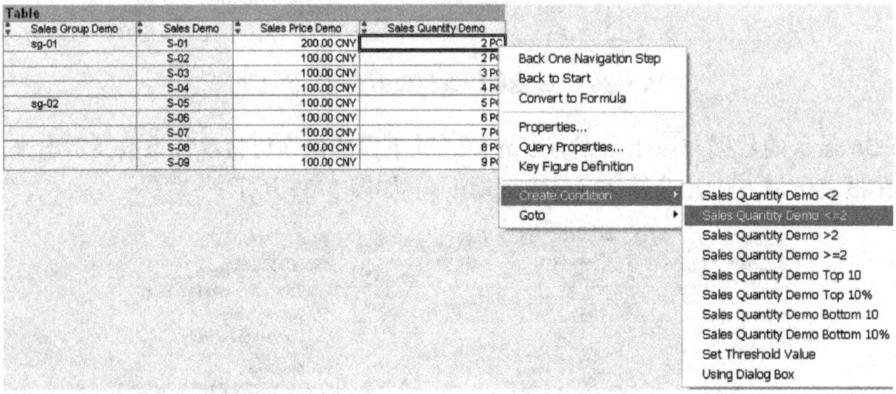

图 5-40　设置关键值条件

2）结果如图 5-41 所示。

Table

Sales Group Demo	Sales Demo	Sales Price Demo	Sales Quantity Demo
sg-01	S-01	200.00 CNY	2 PC
	S-02	100.00 CNY	2 PC

图 5-41　设置关键值条件的结果

可以发现，在报表分析器（Analyzer）中可以方便地使用右键，实现导航功能。在本节中仅列出了部分常用功能，读者还可以自己进一步使用其他功能。

11. 报表断开连接重登录

在报表分析器中，如果不能够打开更新后查询获得新的设置和数据，或者要连接到其他 BW 的系统展现报表，这时必须先断开与原系统的连接，然后重新登录才可以。

1）单击 BEx 工具栏中的 按钮，在弹出的对话框中单击 Disconnect，如图 5-42 所示。

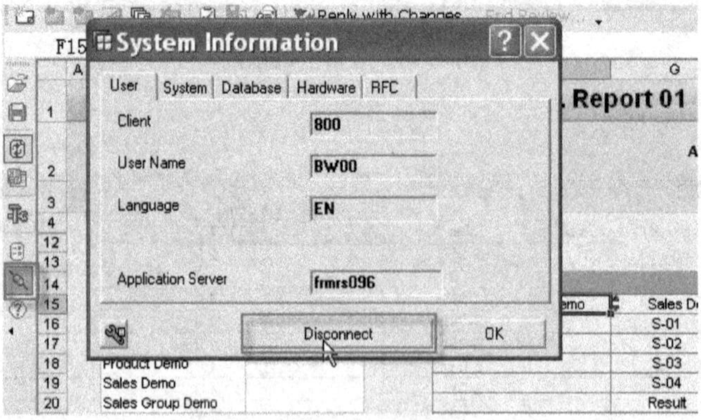

图 5-42　断开连接

2）在左侧的 System Information 窗口中单击 Connect 按钮，然后在弹出的登录界面中输入账号和密码，单击 OK 按钮确认，这时左侧的 System Information 对话框会出现相应信息，单击 OK 按钮，则系统重新连接成功，如图 5-43 所示。

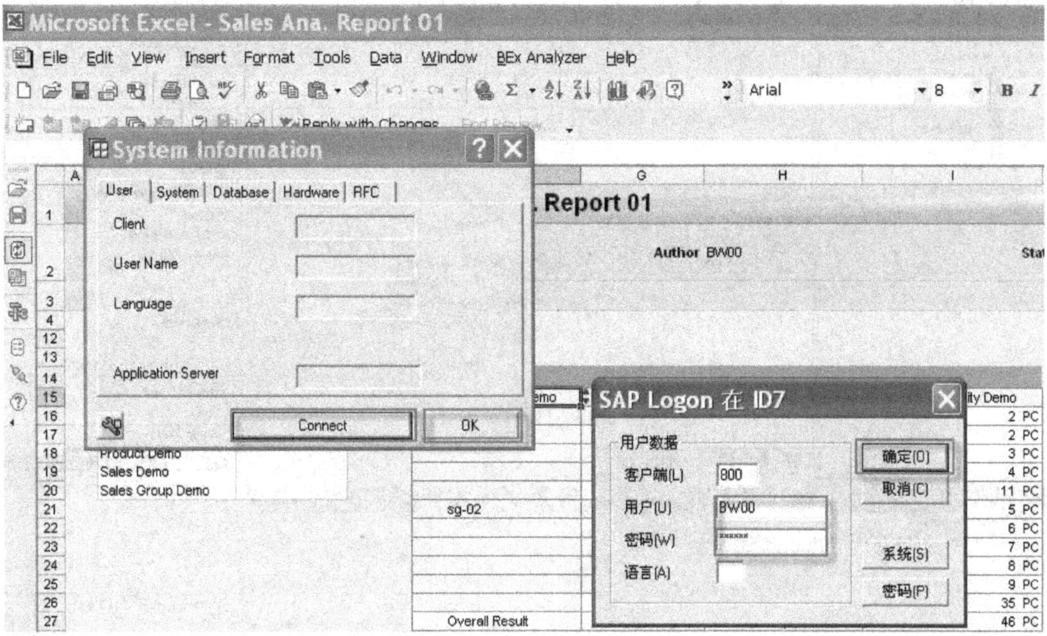

图 5-43　重新登录

5.3　查询的基础应用

5.3.1　显示设置

1．取消小计和总计

前面演示过在报表层面设置取消黄色的 Result 行。如果不希望每次在报表层面设置不看到黄色的 Result 行，即小计和总计，可以回到查询设计器进行设置。

1）在原查询 Sales Ana. Report 01 中，选择 Rows 下面的 Sales Group Demo 和 Sales Demo，然后单击右侧属性栏中的 Display 选项卡，在 Result Rows 的下拉列表框中，选中 Always Suppress（总是压制，即不显示小计和总计），最后单击“保存”按钮。在 Display 选项卡中，还可以设置是以文本还是键值方式显示，这里不再演示。如图 5-44 所示为不显示 Row 中特性的小计行。

2）还可以将 Free Characteristics 下的所有特性设置为 Always Suppress。

3）回到报表分析器界面。同第一次打开报表一样，单击报表分析器工具栏上的打开文件按钮，再单击 Open Query。然后可以在弹出窗口的 History 或者 Favorites 选项下，看到刚才打开过的查询，双击打开，如图 5-45 所示。

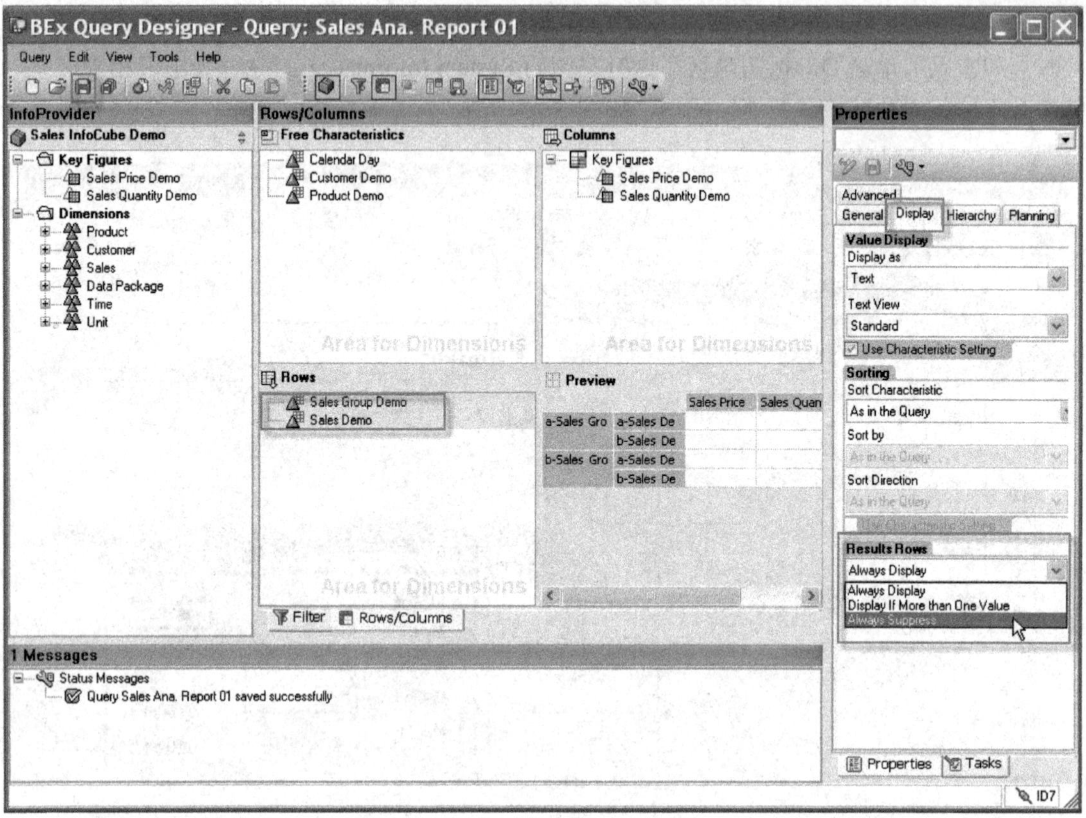

图 5-44　不显示 Rows 中特性的小计行

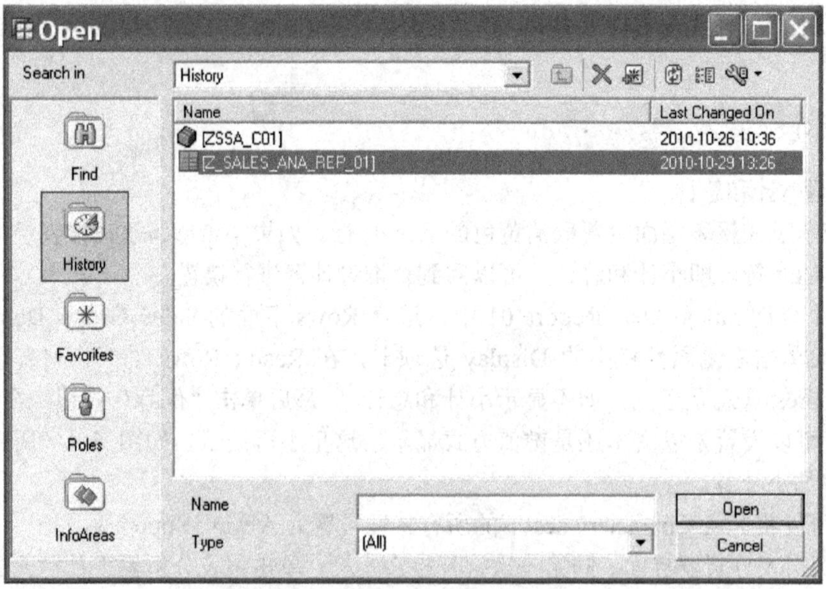

图 5-45　从 History 中打开查询

4）可以看到，报表结果中已经没有黄色的小计和总计行，如图 5-46 所示。

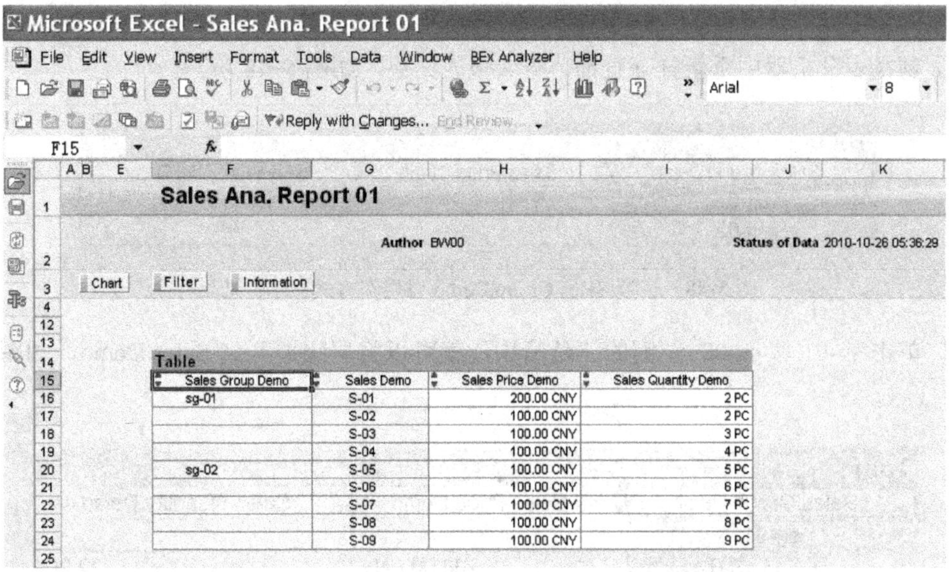

图 5-46　不显示 Rows 中特性的小计行—结果

2. 报表以层级方式显示

1）在查询设计器中，在 Rows 上右击，右侧的属性栏变成 Rows 属性。

2）勾选 Display as Hierarchy 下的 Active，在 Expand To 下拉列表中选择 Sales Group Demo，如图 5-47 所示。

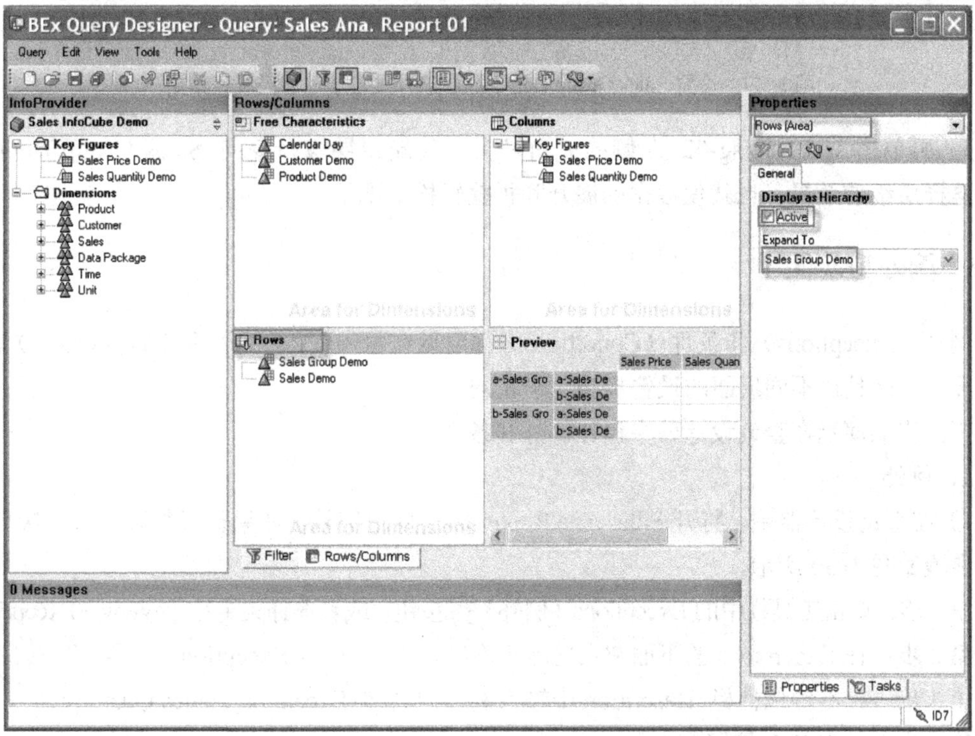

图 5-47　设置 Sales Group Demo 以层级方式显示

3）到报表分析器中重新打开查询，查看报表结果，如图 5-48 所示。

Sales Group Demo	Sales Price Demo	Sales Quantity Demo
sg-01		
sg-02		

图 5-48　设置 Sales Group Demo 以层级方式显示—结果

4）单击 sg-01 和 sg-02 左侧的三角箭头，就可以将层级展开到 Sales Demo，如图 5-49 所示。

Sales Group Demo	Sales Price Demo	Sales Quantity Demo
sg-01		
S-01	200.00 CNY	2 PC
S-02	100.00 CNY	2 PC
S-03	100.00 CNY	3 PC
S-04	100.00 CNY	4 PC
sg-02		
S-05	100.00 CNY	5 PC
S-06	100.00 CNY	6 PC
S-07	100.00 CNY	7 PC
S-08	100.00 CNY	8 PC
S-09	100.00 CNY	9 PC

图 5-49　设置 Sales Group Demo 以层级方式显示—层级展开结果

5）再单击 sg-01 和 sg-02 左侧的三角箭头，又能将层级折叠回 Sales Group Demo 级别。这样层级的效果，也就使数据的展开和折叠轻松实现了。

5.3.2　例外与条件

例外（Exceptions）和条件（Conditions）都可以在报表（Report）和查询（Query）两个层面设计，而且在不同层面的设置步骤几乎相同。

下面我们演示在查询设计器中设计例外和条件。

1．例外

1）在查询设计器中，打开 Sales Ana.Report 01，启用例外。如果已经打开，可直接启用。操作步骤如图 5-50 所示。

第 1 步：单击工具栏中的 Exceptions（例外）按钮，或者选择菜单命令 View→Exceptions。

第 2 步：在 Exceptions 的下面空白区域内右击，选择 New Exception。

第 3 步：在右侧属性栏 Descrition 中输入例外的名字 Exception : Sales Quantity。

第 4 步：单击 Edit 按钮。

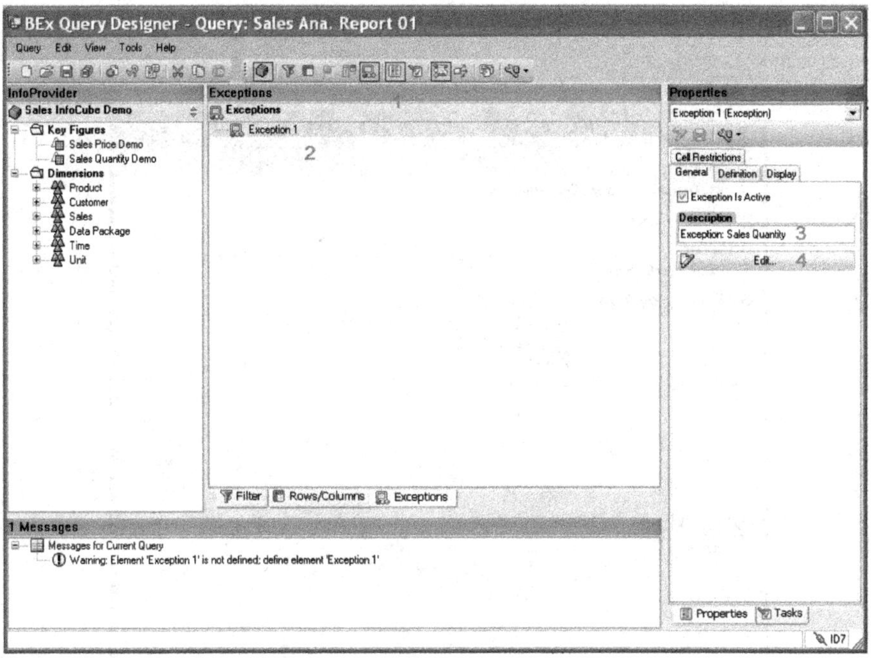

图 5-50　启用 Exception 的操作步骤

2）在弹出窗口 Change Exception 中的操作步骤如图 5-51 所示。

第 1 步：单击 New 按钮。

第 2 步：在 Alert Level 中选择 Good 1（Good1 等代表不同的颜色）。

第 3 步：在 Operator 中选择 Greater than。

第 4 步：在 Value 中输入 7。

第 5 步：单击 Transfer 按钮。

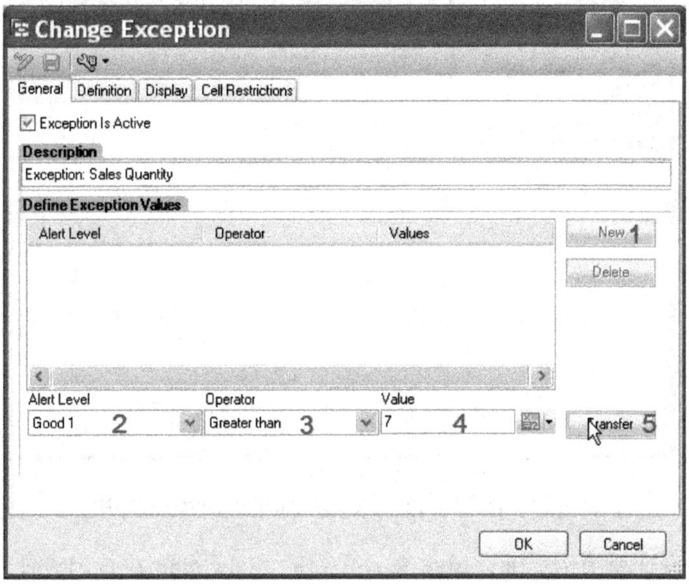

图 5-51　创建 Exception 值操作步骤

3）重复上面的操作，再加入两个例外值。配置完成后 Change Exception 窗口中的 General 选项卡，如图 5-52 所示。

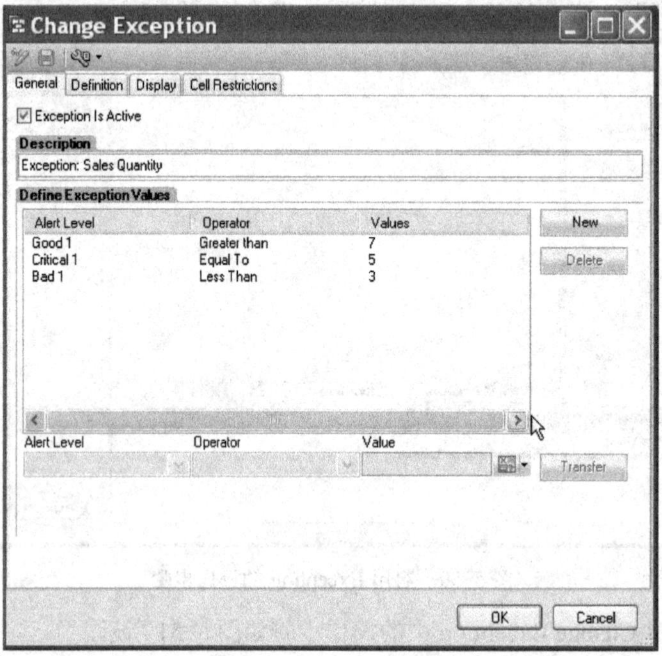

图 5-52　三个例外值

4）这时配置的 Exception 会对所有的关键值起作用，如果只想 Sales Quantity Demo 列有颜色的变化，则需要在 Definition 选项卡中进一步配置，如图 5-53 所示。

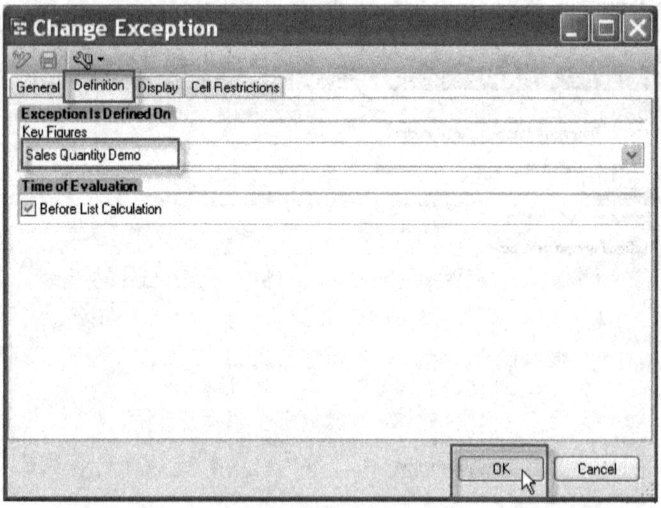

图 5-53　设置例外只对 Sales Quantity Demo 起作用

5）回到查询设计器的主界面，单击 Save 按钮，Exception 在查询设计器的设置完成了。我们马上到报表分析器中查看一下效果，注意需要再次打开报表才会使新设置生效。

6）报表结果如图 5-54 所示，Good1 数据显示为绿色背景，Critical1 显示为橙色背景，Bad1 显示为红色背景，不符合 Exception 范围的数据仍然显示，数据为默认的白色背景。

Table

Sales Group Demo	Sales Demo	Sales Price Demo	Sales Quantity Demo
sg-01	S-01	200.00 CNY	2 PC
	S-02	100.00 CNY	2 PC
	S-03	100.00 CNY	3 PC
	S-04	100.00 CNY	4 PC
sg-02	S-05	100.00 CNY	5 PC
	S-06	100.00 CNY	6 PC
	S-07	100.00 CNY	7 PC
	S-08	100.00 CNY	8 PC
	S-09	100.00 CNY	9 PC

图 5-54　设置 Exception 后报表显示结果

2．条件

1）在查询设计器中，打开 Sales Ana.Report 01，启用条件。如果 Query 已经打开，可直接启用。操作步骤如图 5-55 所示。

第 1 步：单击工具栏中 Conditions（条件）按钮或者选择菜单命令 View→Conditions。

第 2 步：在 Exceptions 的下面空白区域内右击，选择 New Condition。

第 3 步：在右侧属性栏 Descrition 中输入例外的名字 Condition: sales quantity。

第 4 步：单击 Edit 按钮。

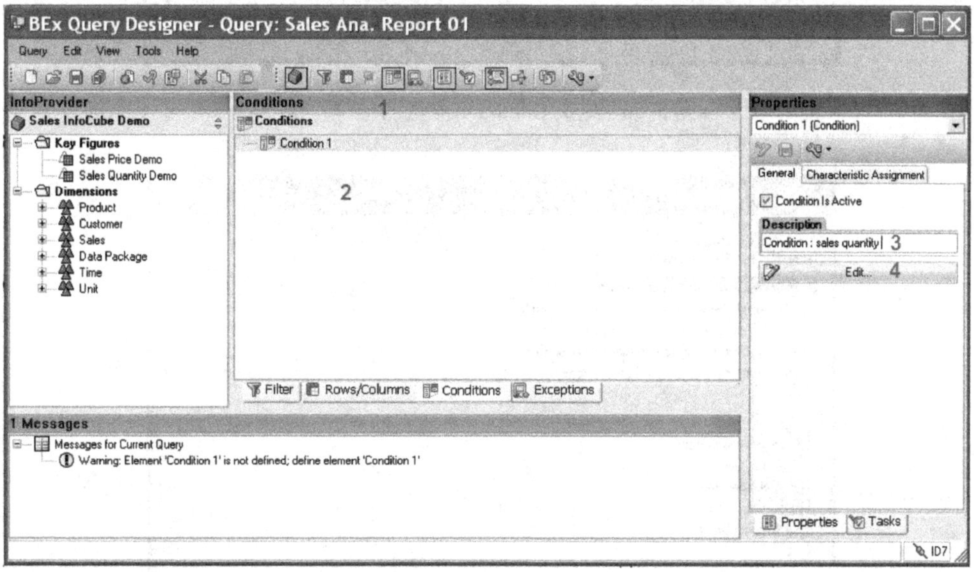

图 5-55　启用 Condition 的操作步骤

2）在弹出窗口 Change Condition 中的操作步骤如图 5-56 所示。

第 1 步：单击 New 按钮。

第 2 步：在 Key Figure 下拉列表框中选择 Sales Quantity Demo。

第 3 步：在 Operator 下拉列表框中选择 Less than。

第 4 步：在 Value 文本框中输入 5。

第 5 步：单击 Transfer 按钮。

3）如果要添加其他条件，就重复操作。本例就这一个条件，切换到 Characteristic Assignment（特性分配），选择如图 5-57 所示，即对所有特性的组合起作用。最后单击 OK 按钮。

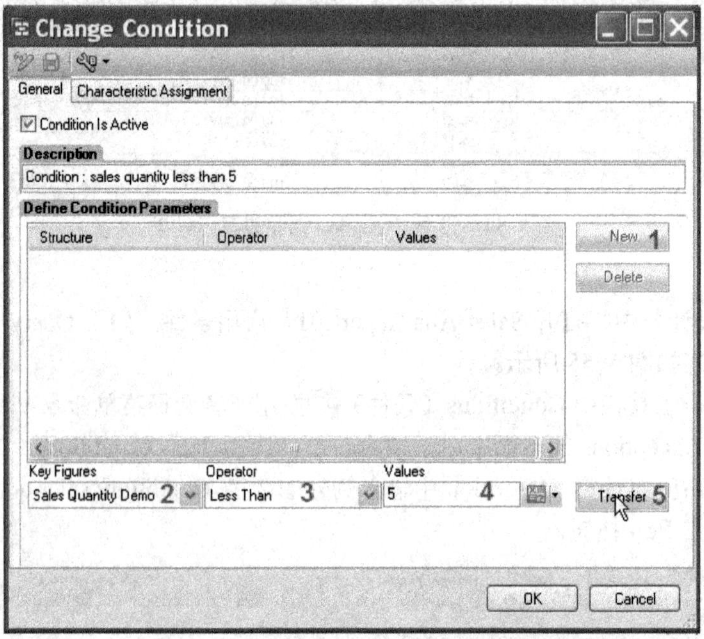

图 5-56　定义 Condition 参数的操作步骤

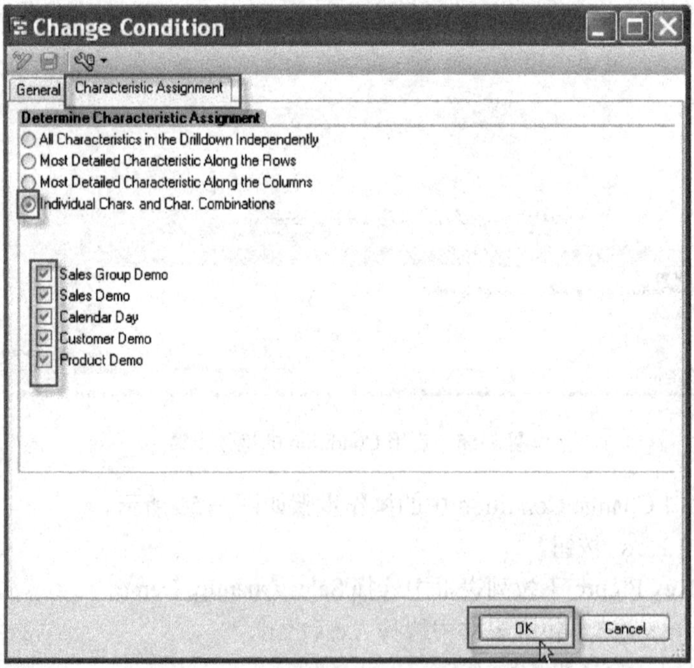

图 5-57　特性分配设置

4）回到查询设计器的主界面，单击 Save 按钮，Condition 在查询设计器的设置已完成，我们马上到报表分析器中查看一下效果。注意，需要再次打开报表，新设置才生效。

5）报表结果如图 5-58 所示，只有满足 Condition Sales Quantity Demo <= 5 的 4 条数据显示。

注意：在显示的数据中，Exception 定义的颜色也有效。也就是说，Condition 和 Exception 的作用并不互斥，而是相互叠加。这是因为 Condition 是对显示的数据进行过滤，改变显示数据的条数；而 Exception 不改变数据的条数，只是加以不同的警示颜色，使报表更漂亮。

Table

Sales Group Demo	Sales Demo	Sales Price Demo	Sales Quantity Demo
sg-01	S-01	200.00 CNY	2 PC
	S-02	100.00 CNY	2 PC
	S-03	100.00 CNY	3 PC
	S-04	100.00 CNY	4 PC

图 5-58　设置 Condition 后报表的显示结果

回到查询设计器的主界面，在 Conditions 窗口，选定刚创建的条件，右击，选择 Remove，将其删除，而保留 Exception。

5.3.3　变量

变量（Variable）极大地增强了报表的灵活性。变量有 5 种类型和 5 种处理类型，如图 5-59 所示。变量类型是指变量用来替代什么；而处理类型是指变量如何起作用。

处理类型：	变量类型： 特性值变量	层次结构节点变量	文本变量	公式变量	层次结构变量
手动输入/缺省值	X	X	X	X	X
置换路径	(X)*		X	X	
客户出口	X	X	X	X	X
SAP 出口	X	X	X	X	X
授权	X	X			

* 仅与置换路径'查询结果'相结合

图 5-59　变量类型和处理类型

1．特性值变量通过手动输入/默认值处理（Characteristic Value Variable 由 Manual Input / Default Value 处理）

（1）在查询设计器界面，开始创建特性变量的步骤如图 5-60 所示。

第 1 步：选择中间的 Filter 窗口。

第 2 步：在左侧 InfoProvider 栏中，选定特性 Sales Demo，然后拖放到 Filter 窗口中。

第 3 步：在 Characteristic Restrictions 子窗口中，右击 Sales Demo，选择 Restrict（限制）。

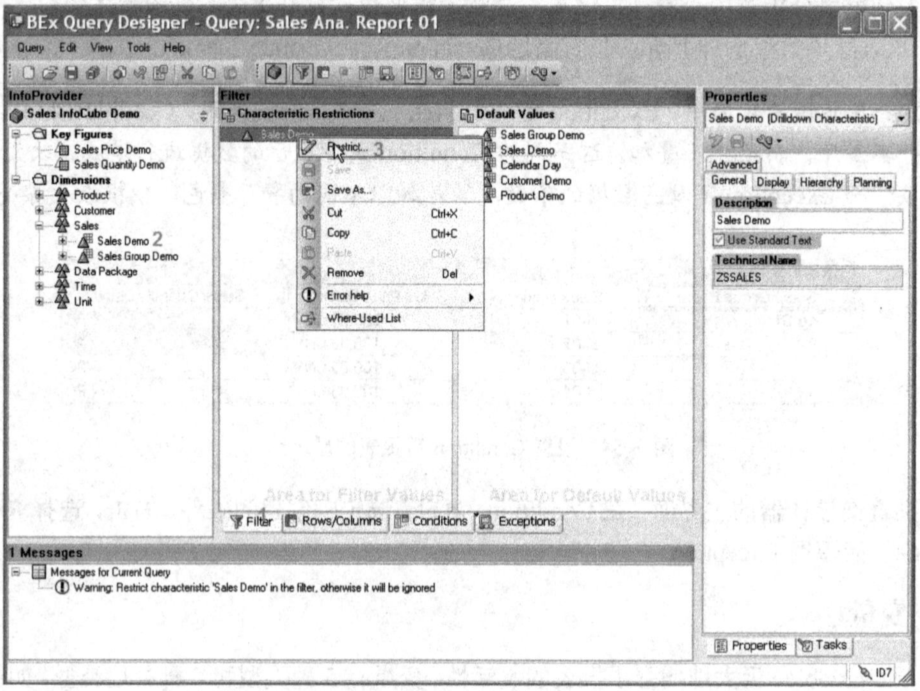

图 5-60　开始创建特性变量的步骤

（2）在弹出的 Select Values for Sales Demo 窗口中，在 Show 下拉列表框中选择 Variables，单击 Type 后的“新建”按钮，如图 5-61 所示。

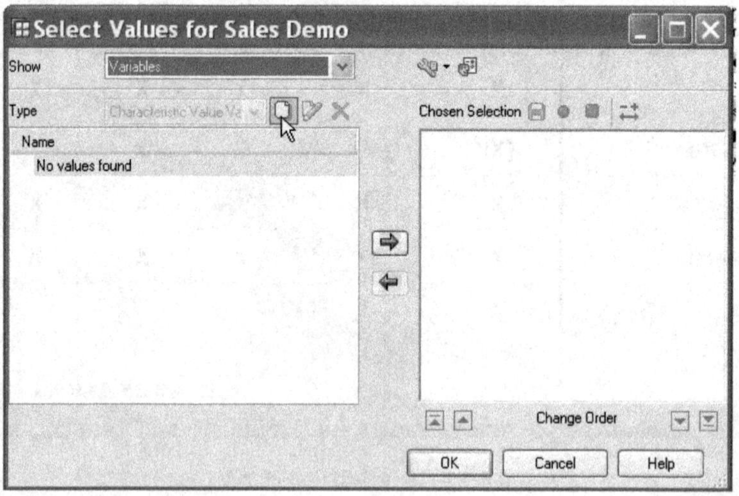

图 5-61　新建特性变量

（3）在弹出窗口 Change Variable 中的 General 选项卡下，在 Description 文本框中输入 Sales，在 TechnicalName 文本框中输入 ZSVM_SALES，下面的 Processing By（处理类型）和 Reference Characteristic（参考特性）保持为默认设置，如图 5-62 所示。

（4）在第三个选项卡 Details （详细内容）中，按图 5-63 所示进行设置。

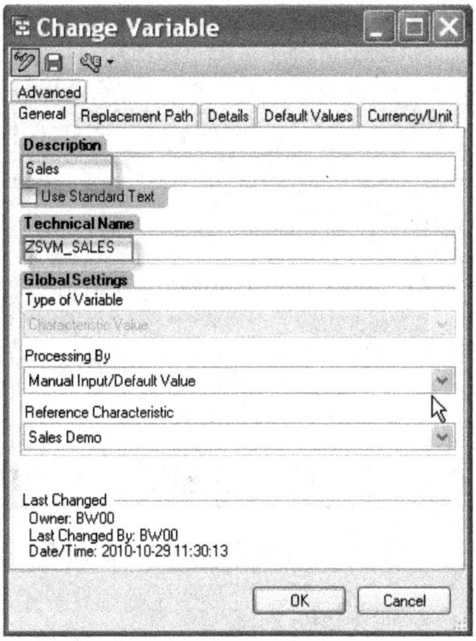

图 5-62　创建变量—General 选项卡

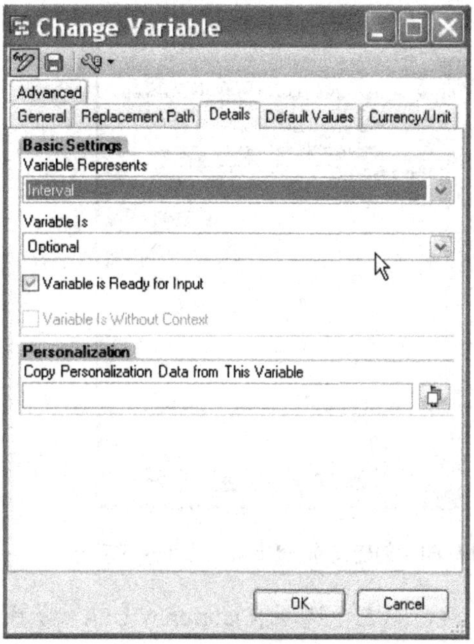

图 5-63　创建变量—Details 选项卡

注意：可以跳过 Replacement Path（替换路径）选项卡，因为 Manual Input / Default Value 不需要 Replacement Path。

- Variable Represents（变量代表）。选择 Interval （区间）这样变量就代表一个范围，有 From 和 To。
- Variable Is （变量是）。保持默认值 Optional（可选的）。这样变量在报表运行之前，可输入或者不输入，不输入变量，就不做限定，取所有值；如果选择 Mandatory（必须的），则不输入变量，报表无法执行。
- Variable is Ready for Input（变量可以输入）。保持默认勾选，在报表运行前，会弹出一个对话框，让用户选择和输入变量值。

（5）在第 4 个选项卡 Default Values（默认值）中，单击 Change Default Value 按钮，如图 5-64 所示。这个选项卡用于给变量选择条件设定默认值，是可选设置。本例中简单设置一下。

（6）在弹出的 Select Value for Sales Demo 窗口中，按图 5-65 所示进行设置。

第 1 步：在 Show（显示）下拉列表框中选择 Value Ranges（值范围），这是要与前面 Details 选项卡 Variable Represents（变量代表）：Interval（区间）一致。

第 2 步：下面的下拉列表框中自动出现 Between。

第 3 步：可以选择下拉箭头选择值，但是由于这是第一次创建，所以出现空值，单击下拉箭头，后面的双方框按钮，在新的弹出框中选择 Single Values，再选择 S-01，单击 OK 按钮。

第 4 步：操作同第 3 步，但是选择 S-09。

第 5 步：单击 OK 按钮。

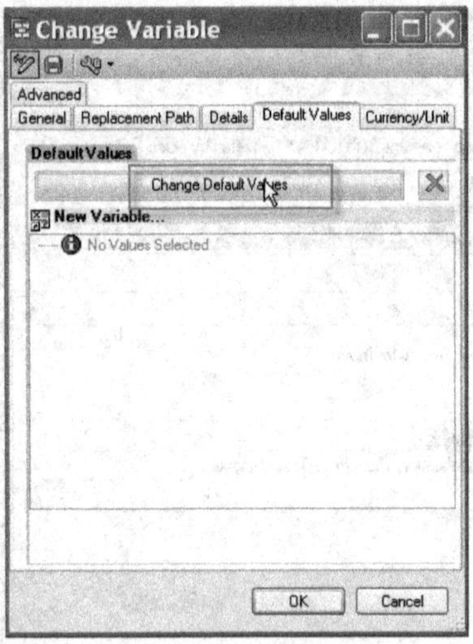

图 5-64　创建变量—Default Values 选项卡

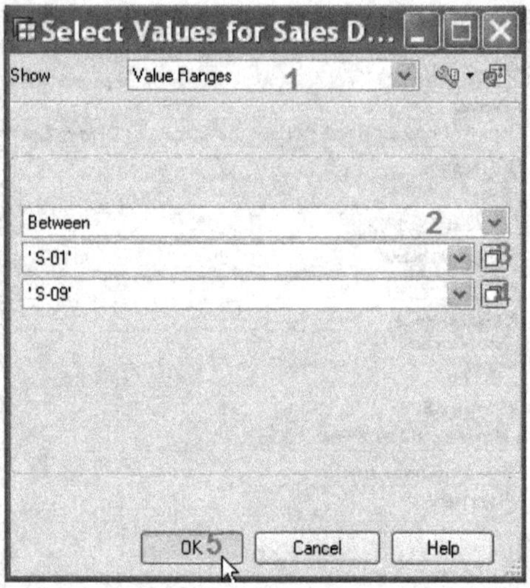

图 5-65　设置 Default Values—区间值

注：第 5 个选项卡 Currency/Unit（货币/单位），本例用不到。

到此为止，在 Change Variable 弹出窗口中，对于通过手动输入/默认值处理的特性变量 Sales（ZSVM_SALES）就已经配置完成了，单击 Change Variable 弹出窗口上方的“保存”按钮和下方的 OK 按钮。

（7）回到 Select Values for Sales Demo 窗口。

如果该窗口没出现，可以通过如下方式调出：

- 在查询设计器界面，选择中间的 Filter 窗口。
- 在左侧 InfoProvider 栏中，选中特性 Sales Demo，然后拖放到 Filter 窗口的 Characteristic Restrictions 子窗口中。
- 右击 Sales Demo，选择 Restrict（限制）。

（8）选中变量 Sales，单击右向箭头，再单击 OK 按钮，如图 5-66 所示。

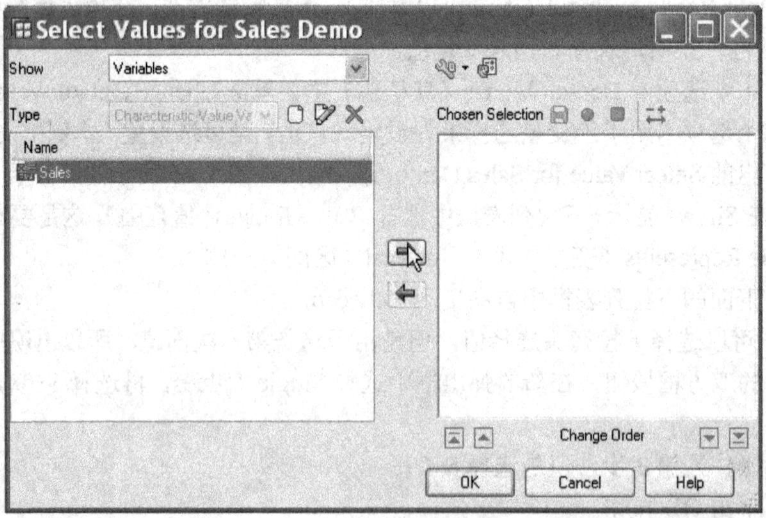

图 5-66　用变量限制特性

（9）这样，变量 Sales 就出现在查询设计器界面 Filter 窗口的 Characteristic Restriction 子窗口特性 Sales Demo 下，如图 5-67 所示。

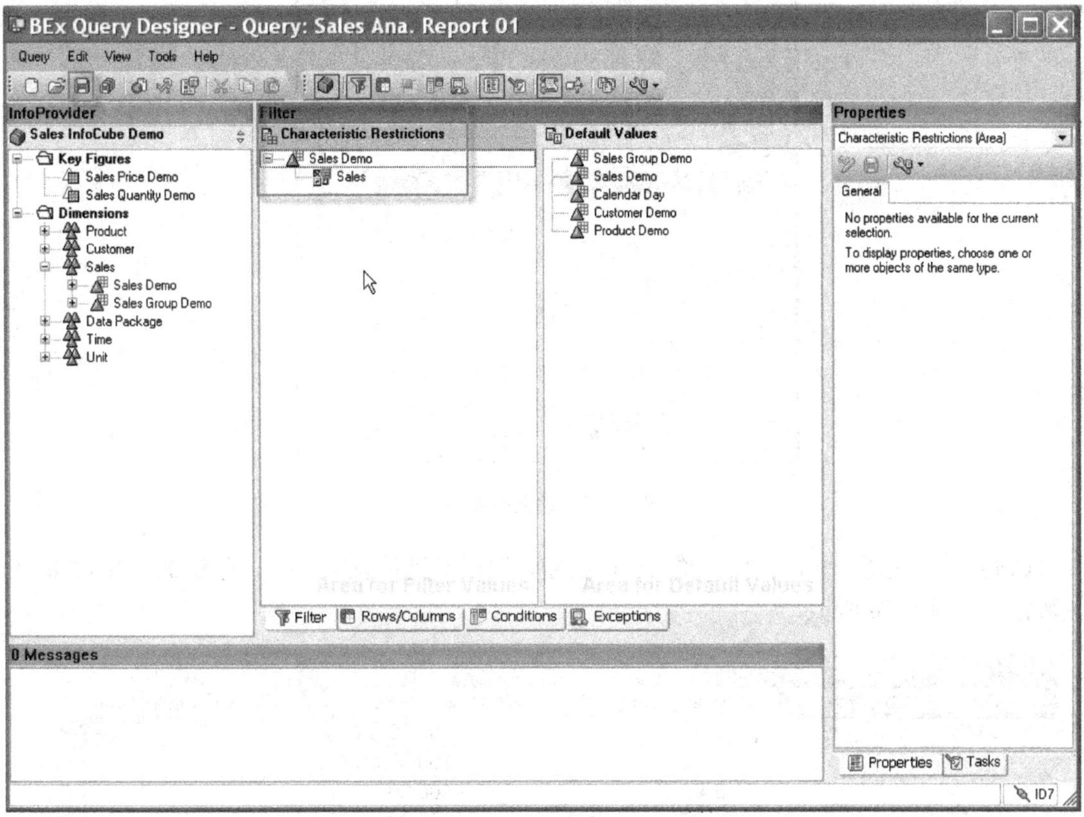

图 5-67　用变量限制特性—结果

（10）单击查询设计器界面中的“保存”按钮，这个变量限制特性的配置也完成了。

（11）我们马上到报表分析器中查看一下效果。注意，需要再次打开查询，新设置才生效。

（12）报表结果出来之前，弹出 Select Values for Variables 窗口，如图 5-68 所示。里面有默认值“S-01 – S-09”，还可以修改。

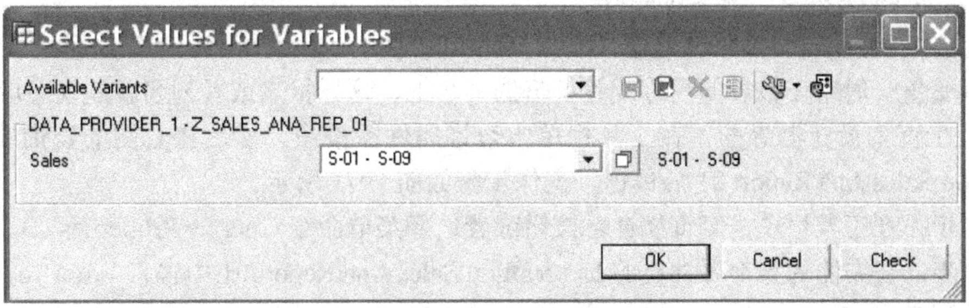

图 5-68　弹出窗口用来输入变量值

（13）可以直接在文本框中修改为“S-02 – S-08”，也可以单击文本框后的双方框按钮，再做选择，如图 5-69 所示。

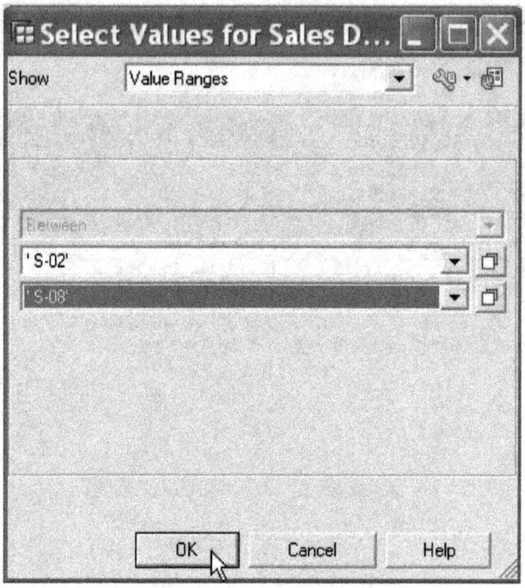

图 5-69　输入变量值

（14）分别在两个弹出窗口中单击 OK 按钮，可以看到报表结果中只有 S-02 – S-08 的相关数据，如图 5-70 所示。

Table

Sales Group Demo	Sales Demo	Sales Price Demo	Sales Quantity Demo
sg-01	S-02	100.00 CNY	2 PC
	S-03	100.00 CNY	3 PC
	S-04	100.00 CNY	4 PC
sg-02	S-05	100.00 CNY	5 PC
	S-06	100.00 CNY	6 PC
	S-07	100.00 CNY	7 PC
	S-08	100.00 CNY	8 PC

图 5-70　输入特性变量值后的报表结果

这样，特性值变量通过手动输入/默认值处理 （Characteristic Value Variable 由 Manual Input/ Default Value 处理）就演示完成了。

2．文本变量通过替换路径处理（Text Variable 由 Replacement Path 处理）

文本变量一般用在报表的名称或关键值的列名上，这样报表或者列名就能动态取值。

（1）在查询设计器界面，在工具栏单击查询属性按钮，然后在右侧的查询属性栏中 Description Sales Ana.Report 01 后单击，操作步骤如图 5-71 所示。

第 1 步：在工具栏单击查询属性按钮或者选择菜单命令 Query→Properties。

第 2 步：在右侧的查询属性栏的 Description Sales Ana.Report 01 中输入 From To，然后将光标移动到 From 后。

第 3 步：单击变量右侧的下拉箭头。

第 4 步：在下拉菜单中选择 New Varialbe。

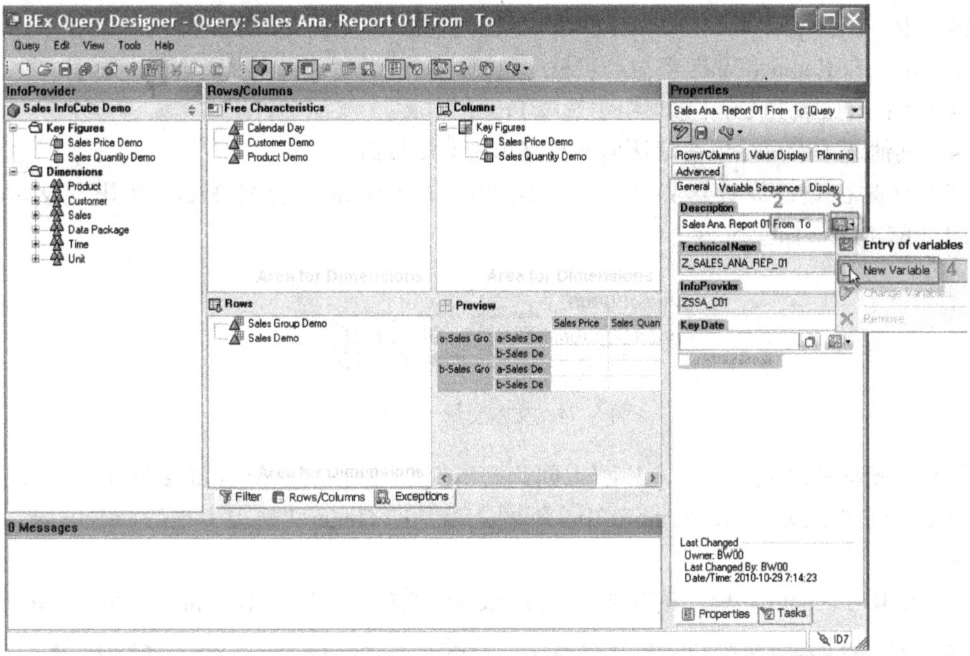

图 5-71　开始创建文本变量的步骤

（2）在弹出的 Change Variable 窗口中的 General 选项卡下，操作步骤如图 5-72 所示。

第 1 步：在 Description 文本框中输入 SalesVariable From。

第 2 步：在 TechnicalName 文本框中输入 ZSVT_FROM。

第 3 步：在 Processing By（处理类型）下拉列表框中选择 Replacement Path（替换路径）。

第 4 步：在 Reference Characteristic（参考特性）下拉列表框中选择 Sales Demo。

（3）在弹出的 Change Variable 窗口中的 Replacement Path 选项卡下，操作步骤如图 5-73 所示。

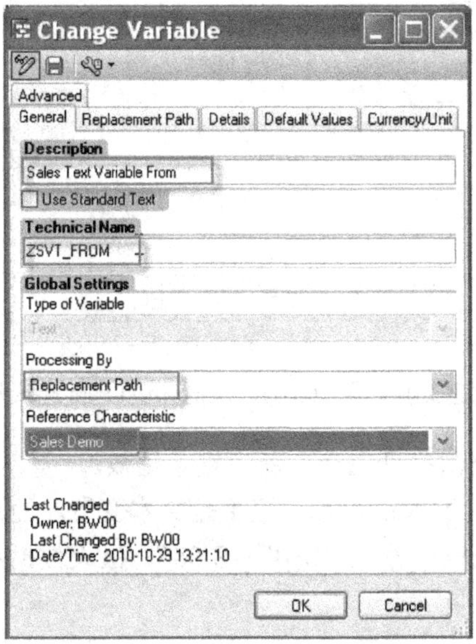

图 5-72　创建文本变量（From）—General 选项卡

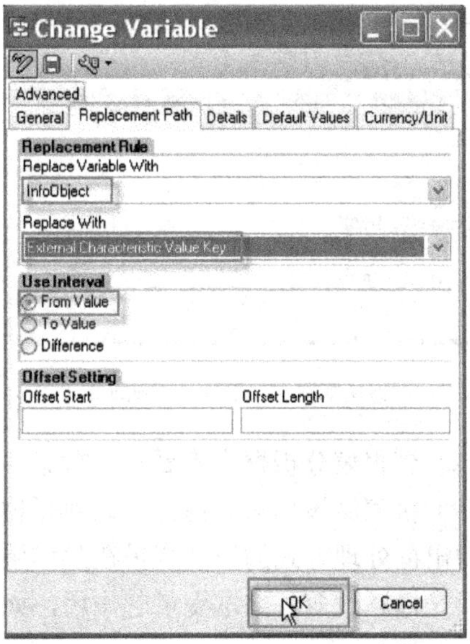

图 5-73　创建文本变量（From）—Replacement Path 选项卡

第 1 步：在 Replacement Variable With 下拉列表框中选择 InfoObject。

第 2 步：在 Replace With 下拉列表框中选择 External Characteristic Value Key。

第 3 步：在 Use Interval 选项组中选择 From Value。

（4）其他选项卡可以保留默认值，直接单击 OK 按钮。

（5）这时在查询设计器界面，查询属性栏 Description 会在 From 后出现文本变量 &ZSVT_FROM&，如图 5-74 所示。

图 5-74　文本变量（From）

（6）将光标移动到 To 后，和刚才创建文本变量 Sales Text Variable From 一样，再创建一个文本变量 Sales Text Variable To。不同之处是在 General 选项卡下的命名不同，如图 5-75 所示。

（7）在 Replacement Path 选项卡的 Use Interval 选项组中选择 To Value，如图 5-76 所示。

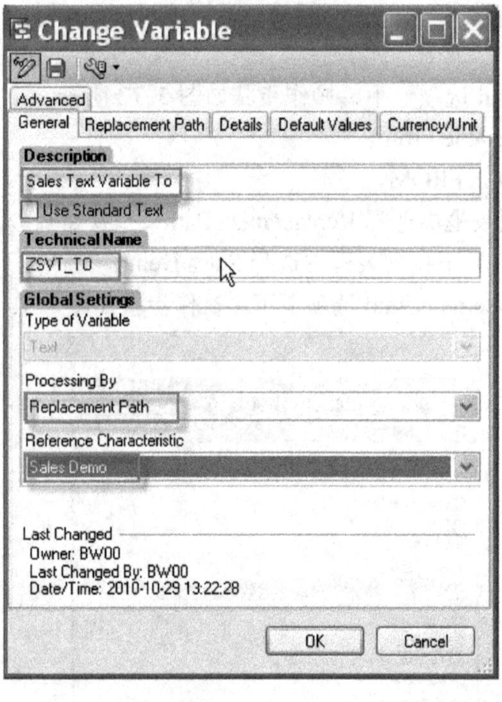

图 5-75　创建文本变量（To）—General 选项卡

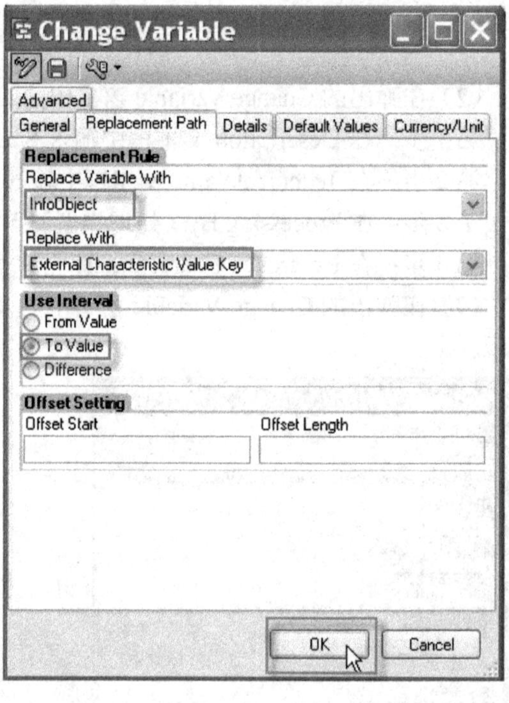

图 5-76　创建文本变量（To）—Replacement Path 选项卡

（8）到报表分析器中查看一下效果。注意，需要再次打开报表，新设置才生效。

（9）报表结果出来之前，弹出对话框 Select Values for Variables，这不是文本变量，而是通过弹出框处理方式的属性变量在起作用。在变量弹出框中输入“S-02 – S-08”，报表数据不变，只是标题改变，文本变量起作用，如图 5-77 所示。

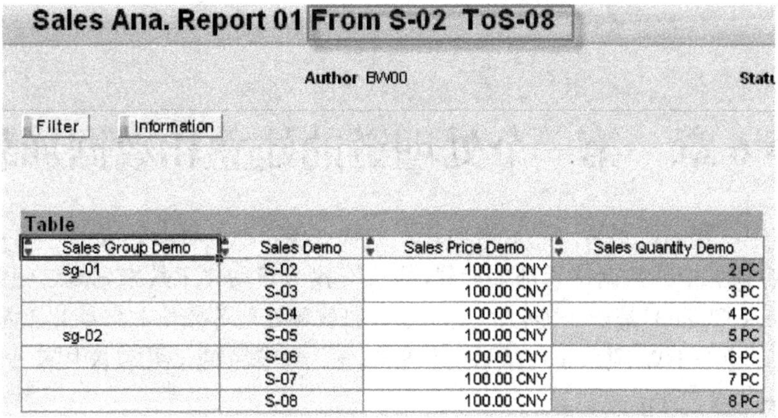

图 5-77　文本变量使用后的报表结果

这样，文本变量通过替换路径处理（Text Variable 由 Replacement Path 处理）就演示完成了。

我们可以看到，通过变量的使用，报表会变得更灵活。

第 6 章　第一个处理链的建立和数据加载

在第 4 章中，我们讲到第一次数据加载，加载过程完全是手动完成的。在 BW 运行与维护过程中，多组模型中的数据每天都要加载，那么有没有自动化工具来完成这些数据加载呢？处理链（Process Chain）是一个能自动完成数据加载和处理等操作的自动化工具，在 BW 运维中广泛采用，也是 BW 项目不可或缺的重要部分。本节简单介绍本书中第一个模型的业务数据加载的 Process Chain。

6.1　第一个处理链的建立

6.1.1　删除模型中的数据

处理链能自动完成数据的加载，我们为前面建立的第一个模型建立处理链。因为之前的模型已经手动加载数据，所以需要删除模型中的数据。

删除数据一般可以按请求（Request）来删除，需要从顶层模型往下删；也可以完全删除，在模型中就没有删除的顺序。本例采用完全删除，但是按照从顶层模型往下的顺序删除数据。

1．删除信息立方体 Sales InfoCube Demo （ZSSA_C01）中的数据

1）T-code: RSA1→Modeling→InfoProvider 找到 InfoCube。

2）右键单击 InfoCube ZSSA_C01，选择 Delete Data，在弹出的对话框中单击 Yes 按钮，如图 6-1 所示。

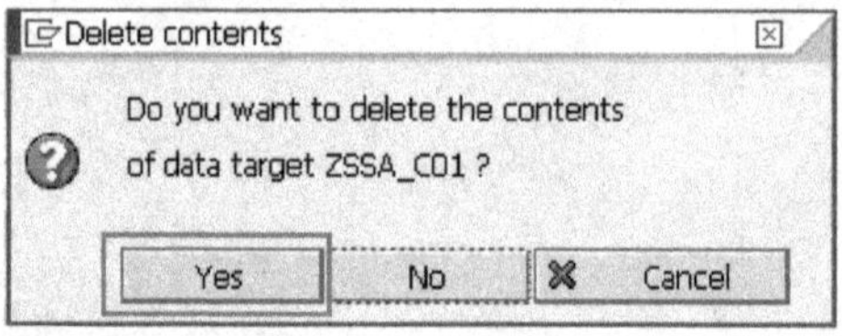

图 6-1　删除 InfoCube 数据内容的确认对话框

3）在弹出的对话框中单击 No 按钮，如图 6-2 所示。

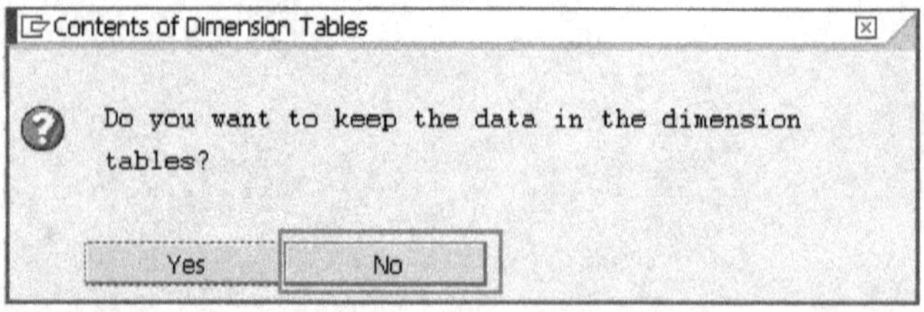

图 6-2　保留维度数据的确认对话框

4）接下来会得到删除 log 信息，发现 InfoCube 和其维度表中的数据被清空。单击对钩按钮，如图 6-3 所示。

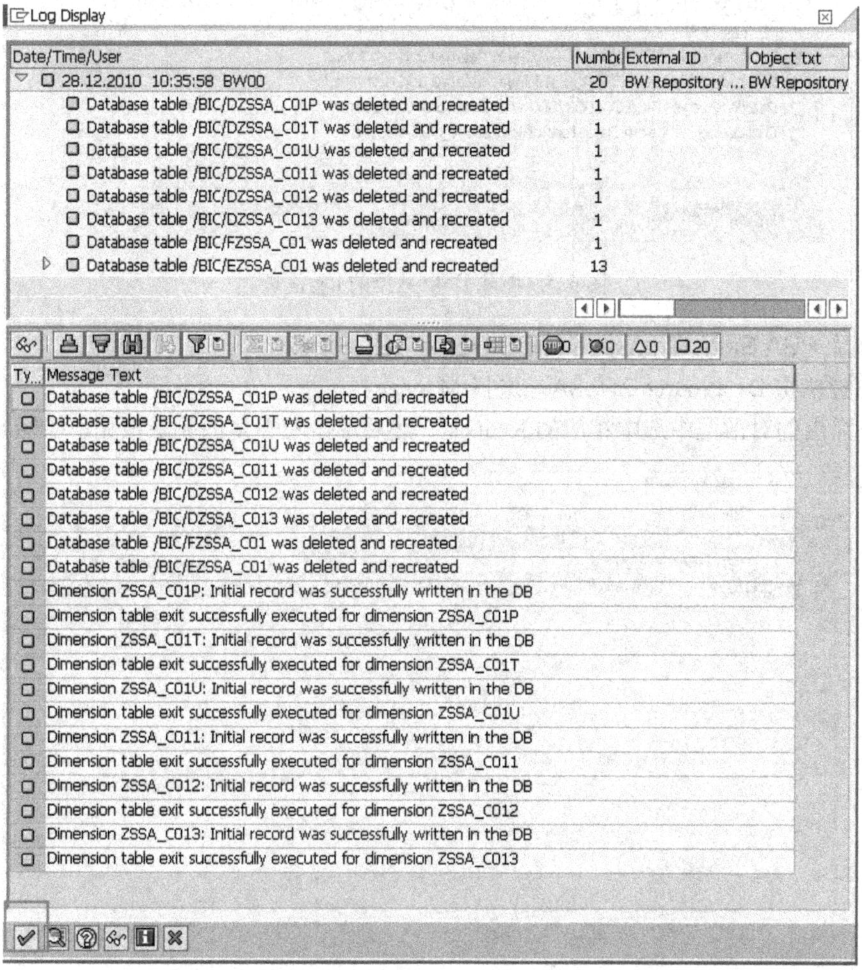

图 6-3　删除 InfoCube 的 log 信息

2．删除 DSO Sales DSO Demo（ZSSA_O01）中的数据

1）右键单击 DSO ZSSA_O01，选择 Delete Data。

2）在弹出的对话框中单击 Yes 按钮，如图 6-4 所示。

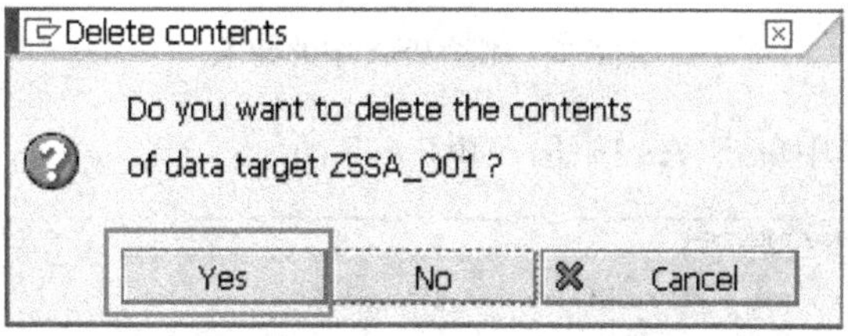

图 6-4　删除 DSO 数据的确认对话框

3）接下来会得到删除 log 信息，单击对勾按钮，这样 DSO 中三张表中的数据就被清空，如图 6-5 所示。

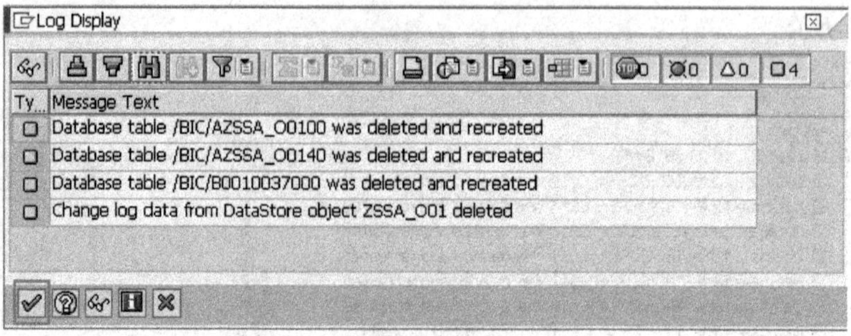

图 6-5　删除 DSO 数据的 log 信息

3．删除 PSA Sales Transaction DS Demo（ZDSSA）

1）右键单击 DataSource ZDSSA，选择 Manage。

2）在弹出的对话框中选中相应的 Request，然后单击左下角的删除按钮，如图 6-6 所示。

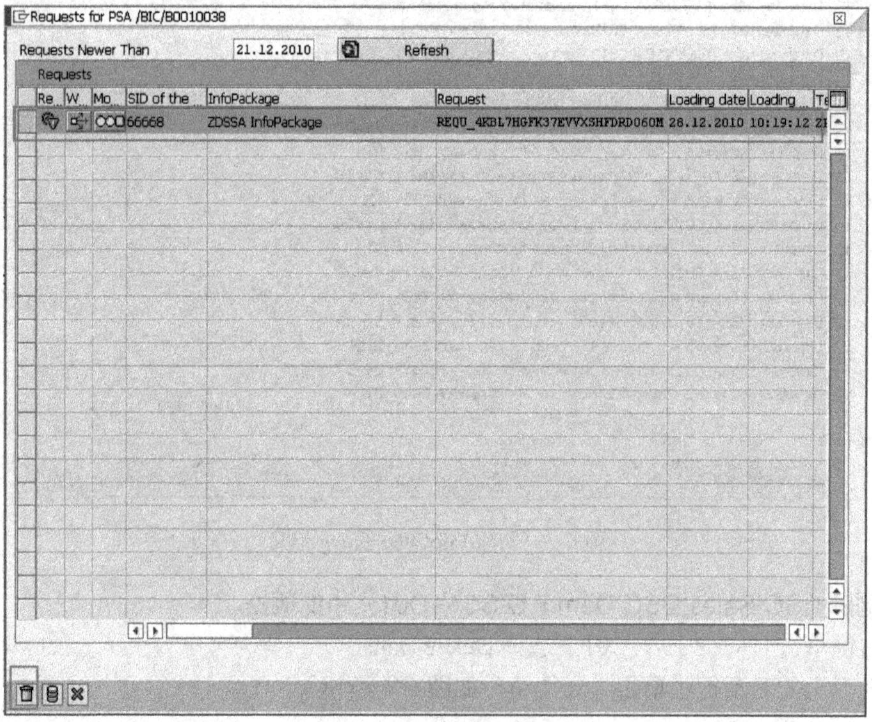

图 6-6　删除 PSA 中的请求

3）在弹出的对话框中单击 Yes 按钮，如图 6-7 所示。

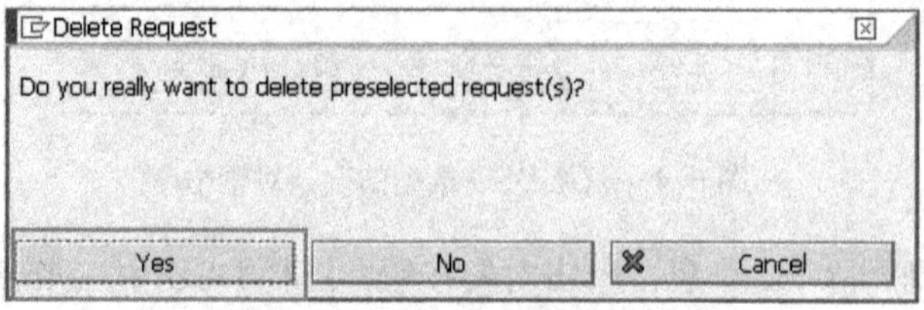

图 6-7　删除 PSA 的确认对话框

4）在 RSA1 的界面最下方的状态栏中显示如图 6-8 所示的信息。

图 6-8　删除 PSA 后的状态栏信息

6.1.2　创建处理链

1．创建处理链（Process Chain）和开始进程（Start Process）

1）输入 T-code: RSPC 后的初始界面如图 6-9 所示，单击“新建”按钮。

注意： *在 BW 7.3 版本中，可以输入 T-code: RSPC 后进入。另外，处理链已经在 T-code: RSA1→Modeling 界面下，也可以在该界面中直接单击进入。*

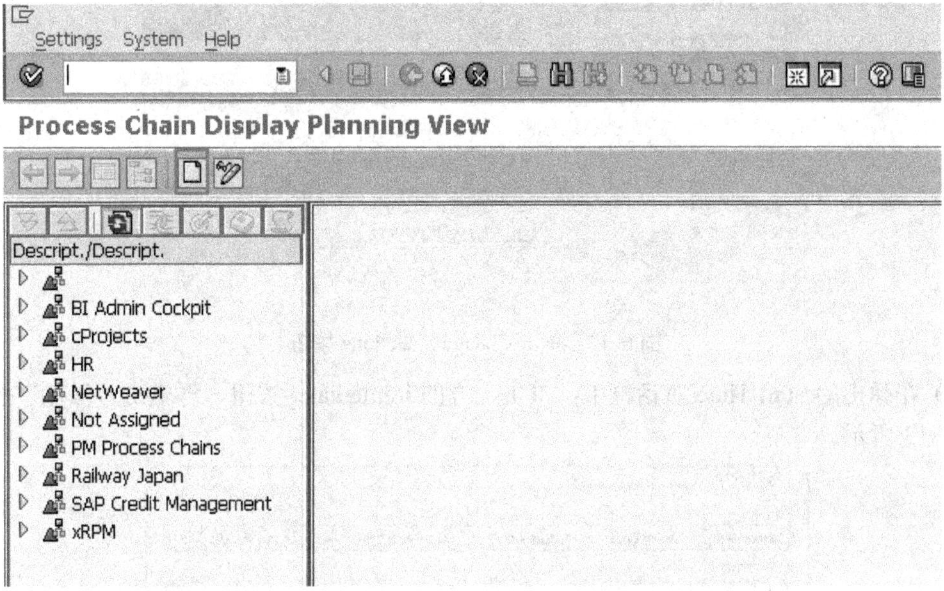

图 6-9　T-code: RSPC 界面

2）在弹出的对话框中输入新建的 Process Chain 的技术名称和描述，然后单击对钩按钮，如图 6-10 所示。

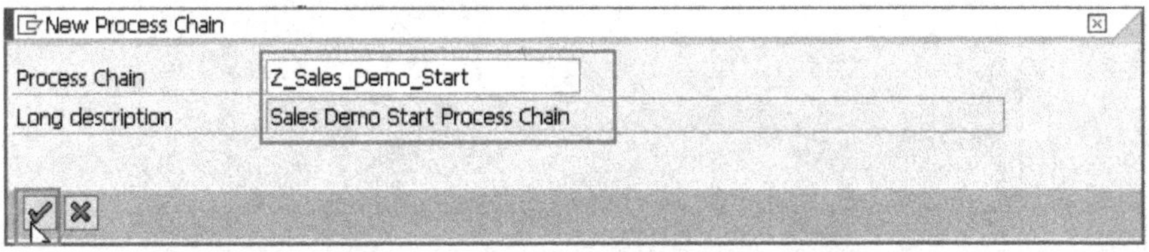

图 6-10　输入 Process Chain 的技术名称和描述

3）接下来会弹出 Insert Start Process 对话框，单击“新建”按钮，在弹出的 Start Process 对话框中输入 Process Variants 的技术名称和描述，单击对钩按钮，如图 6-11 所示。

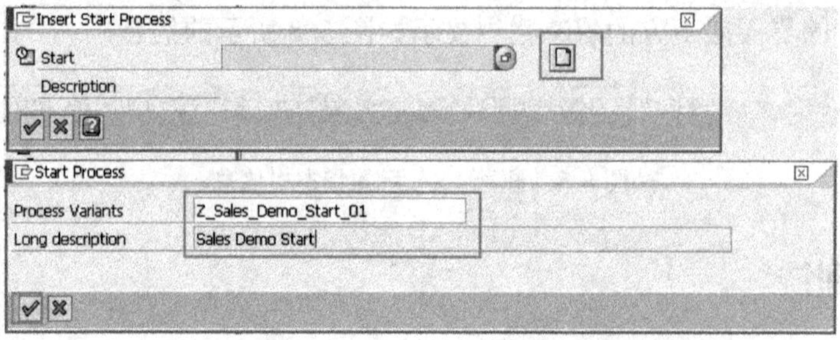

图 6-11　输入 Start Process 的技术名称和描述

4）接下来需要设置 Satart Process 即 Process Chain 的调度时间。在项目中，一般设定一个时间，如 21:00，每天自动运行。本例设定为立即执行。在新界面 Maintain Start Process 中单击 Change Selections 按钮，如图 6-12 所示。

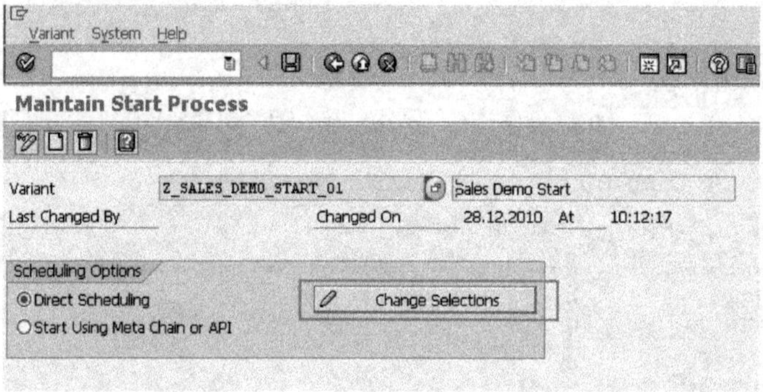

图 6-12　单击 Change Selections 按钮

5）在弹出的 Start Time 对话框中，单击上方的 Immediate 按钮，再单击“保存”按钮，如图 6-13 所示。

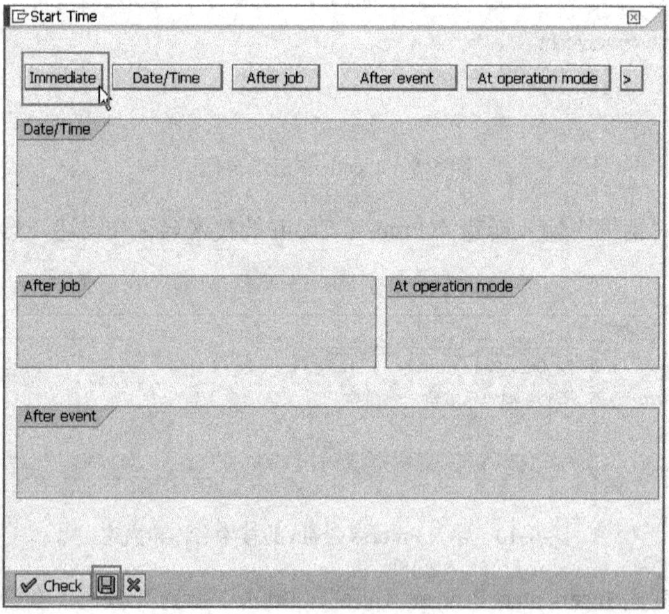

图 6-13　设置为立即执行

6）回到 Maintain Start Process 界面中，可以单击“回退”按钮，在弹出的 Quit 对话框中单击 Save 按钮，如图 6-14 所示。

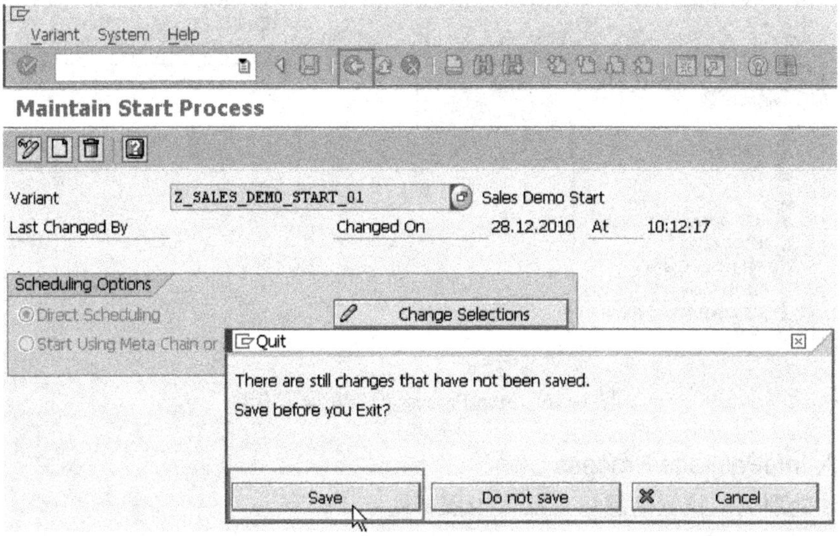

图 6-14　退出并保存

7）回到 Process Chain Display Planning View 界面中，在弹出的 Insert Start Process 对话框中，单击对钩按钮，如图 6-15 所示。

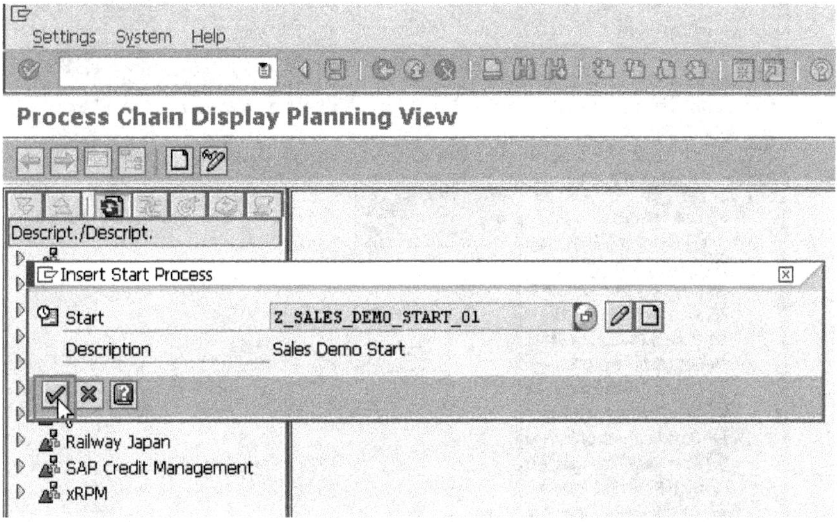

图 6-15　Start Process 创建完成

8）进入新界面 Process Chain Maintenance， Start Process 已经出现在屏幕右侧，如图 6-16 所示。

创建完 Start Process 之后，就要按照第一个模型业务数据加载的顺序添加相应的 Process，这些都可以在本界面中通过拖拽的方式完成。

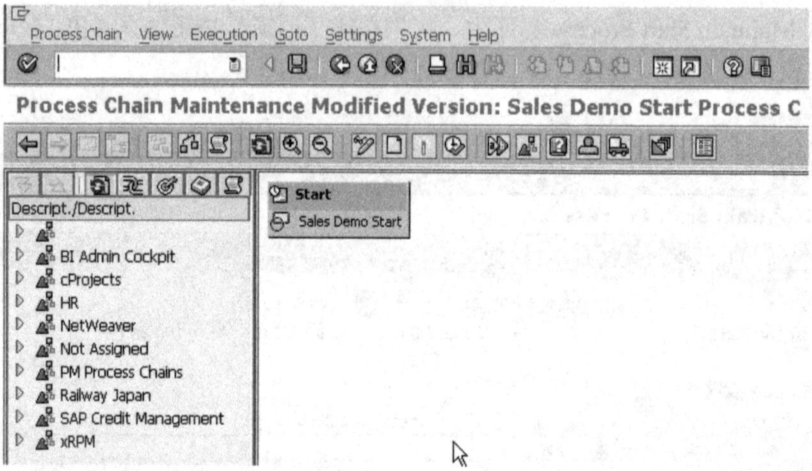

图 6-16 Start Process 出现在屏幕右侧

2. 插入 InfoPackage Process

1）拖放处理类型执行信息包，操作步骤如图 6-17 所示。

第 1 步：单击左上侧 Process Type 按钮。

第 2 步：将 Load Process and Post-Process 展开。

第 3 步：选中左侧的 Execute InfoPackage。

第 4 步：将左侧的 Execute InfoPackage 拖放到右侧。

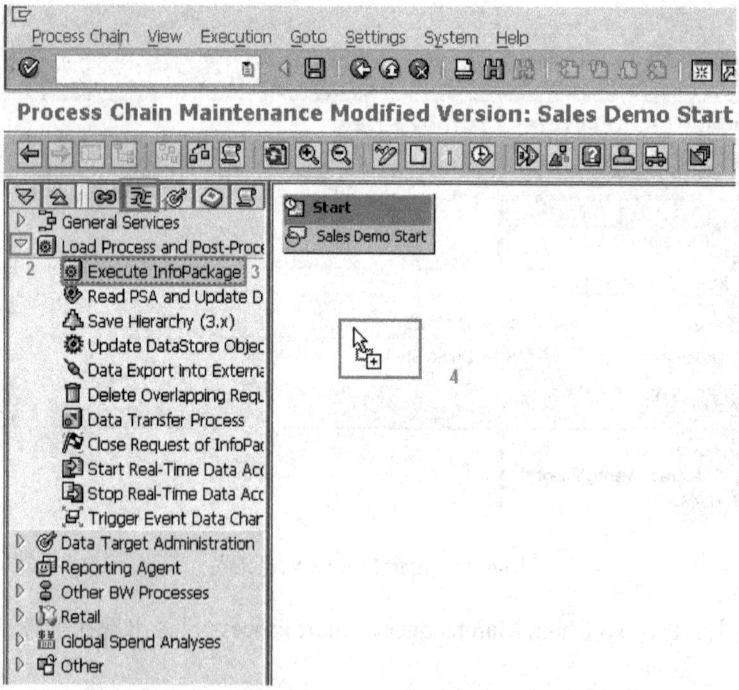

图 6-17 插入 Process—执行 InfoPackage

2）在弹出的 Insert Execute InfoPackage 对话框中，按〈F4〉键选择帮助，如图 6-18 所示。

图 6-18　插入 Process—执行信息包

3）在弹出的 Insert Execute InfoPackage 对话框中，单击 Search 按钮，如图 6-19 所示。

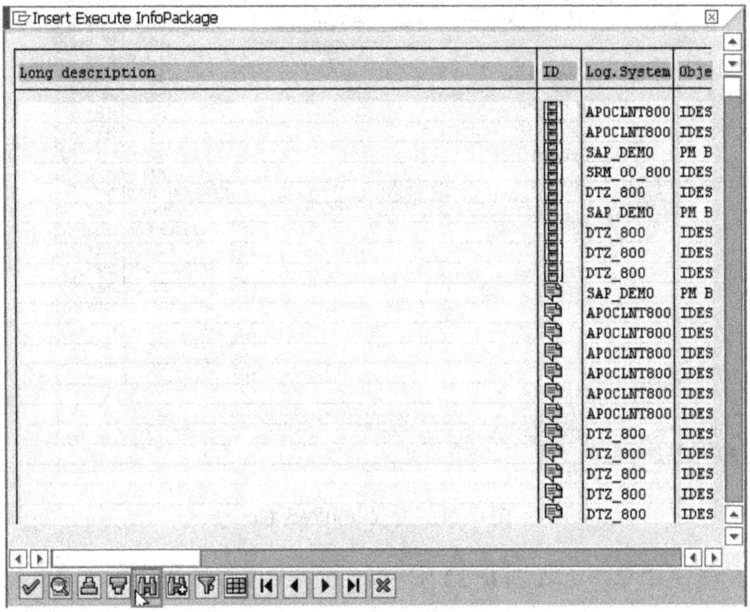

图 6-19　查找 InfoPackage

4）回到 T-code：RSA1 界面，复制相应的 InfoPackage 的 Technical Name，如图 6-20 所示。

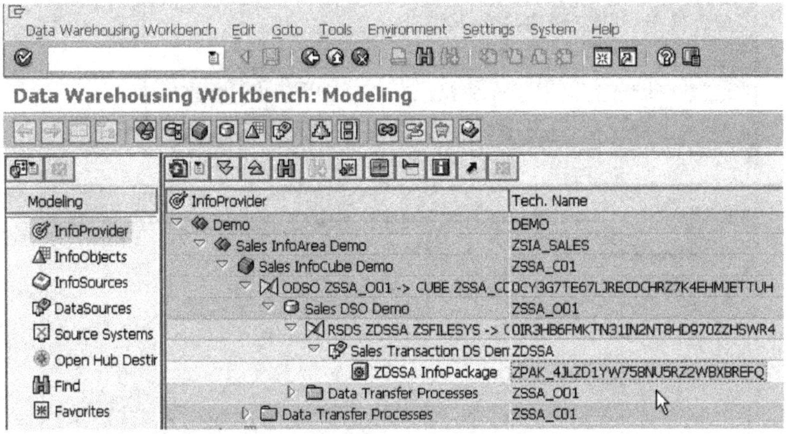

图 6-20　复制 InfoPackage 的技术名称

5）再回到 T-code：RSPC 界面，在弹出的 Find 对话框中，粘贴 InfoPackage 的技术名称，单击“查找”按钮，如图 6-21 所示。

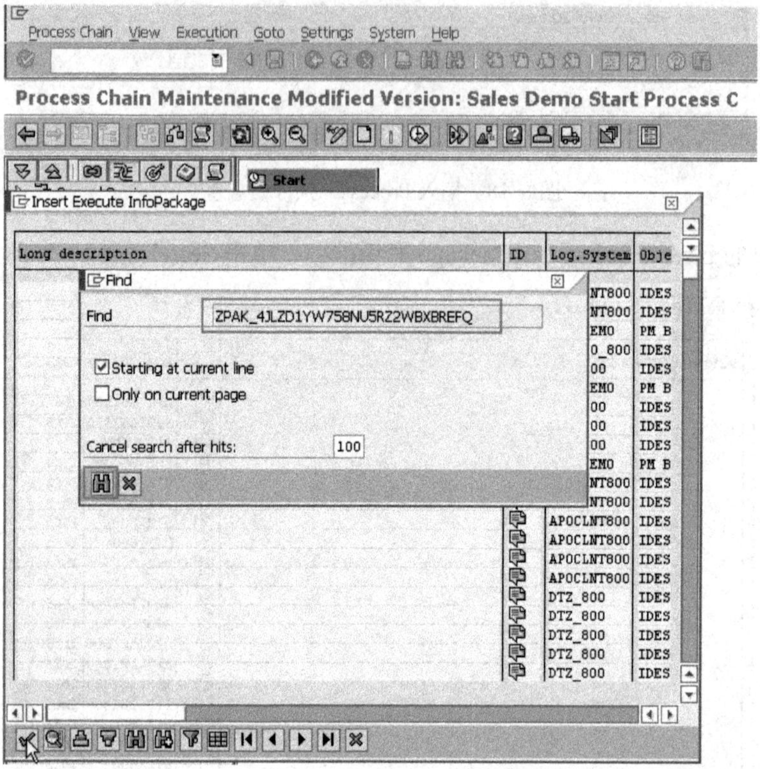

图 6-21　查找 InfoPackage

6）在找到的结果中单击，如图 6-22 所示。

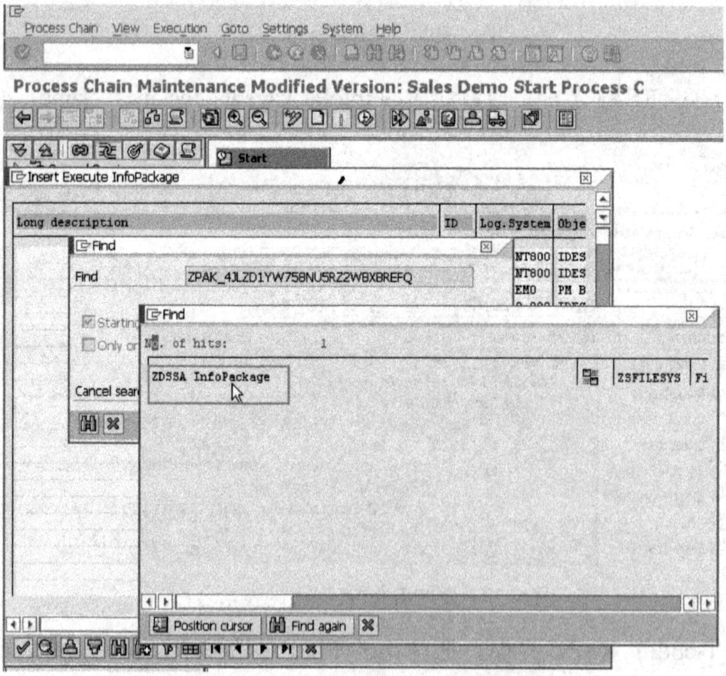

图 6-22　在 Find 对话框中单击找到的结果

7）在弹出的 Insert Execute InfoPackage 对话框中，单击光标所在的 InfoPackage，再单击左下侧的对钩按钮，如图 6-23 所示。

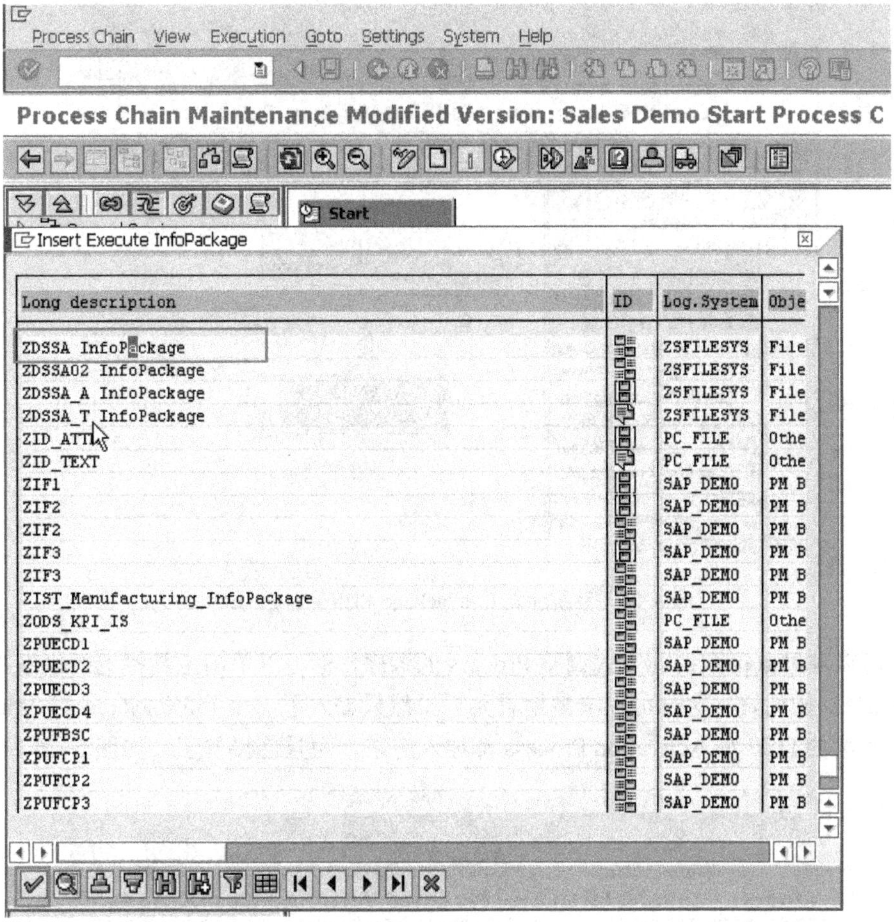

图 6-23　在 Insert Execute InfoPackage 对话框中单击找到的结果

8）在弹出的 Insert Execute InfoPackage 对话框中，单击对钩按钮，如图 6-24 所示。

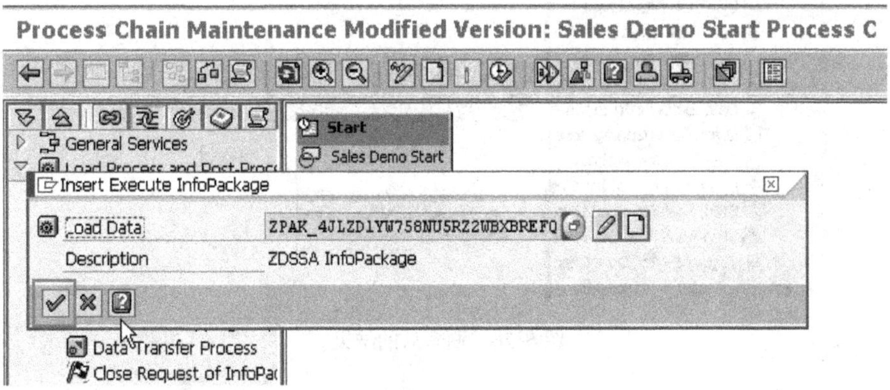

图 6-24　系统回到初始 Insert Execute InfoPackage 对话框

9）在 Process Chain Maintenance 界面，可以看到 InfoPackage Process 已经加入到了右侧，但还有其他相关的 Process 也加入进来，如图 6-25 所示。

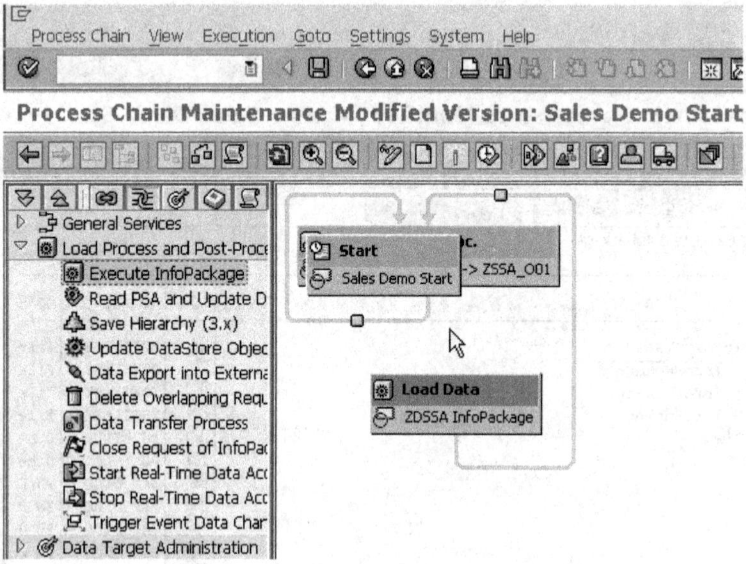

图 6-25　系统加入 InfoPackage 和相关的 Process

10）可以通过鼠标拖拽的方式调整 Process 的顺序，也可以单击工具栏上的刷新按钮，将所有的 Process 排列好。这时可以清楚地看到，虽然只加入了一个 InfoPackage 的 Process，但是系统将后续的 DTP 和 Activation Process 都加入进来，而且连接好了，如图 6-26 所示。

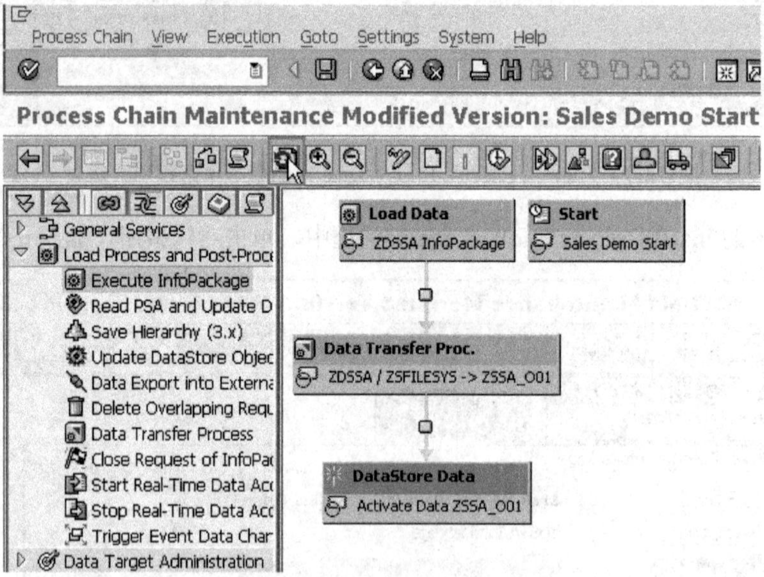

图 6-26　刷新后的结果

11）为了更多地演示 Process Chain 的创建过程，可以右键单击相应的 DTP 和 Activation Process，选择 Remove Process，将其删除，然后再手动新建，如图 6-27 所示。

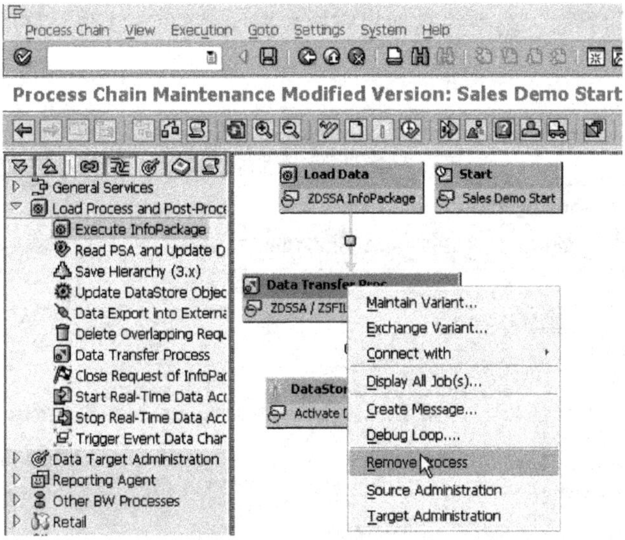

图 6-27　删除 Process

3. 插入 DTP Process 从 PSA 到 DSO

1）和插入 InfoPackage 一样，在 Process Chain Maintenance 界面左侧选中 Process Type 下的 Data Transfer Process，然后拖放到右侧，如图 6-28 所示。

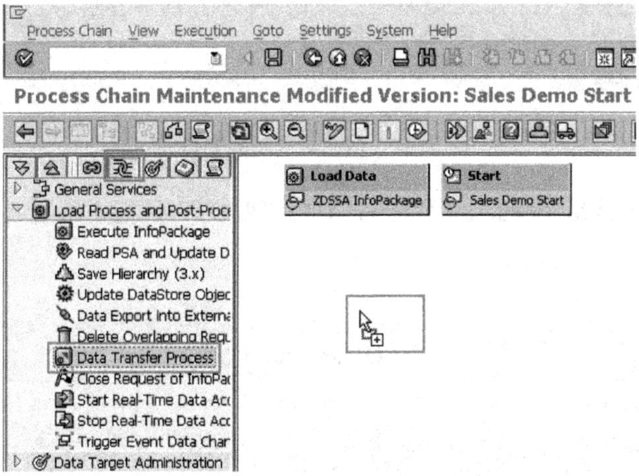

图 6-28　插入 DTP Process

2）在弹出的 Insert Data Transfer Process 对话框中，有两种插入 DTP 的方法。

- 可以按〈F4〉键打开帮助，如图 6-29 所示。像插入 InfoPackage Process 一样，查找并选择 DTP Process。
- 可以直接复制相应 DTP Process 的技术名称。本例接下来将采用这种方法。

图 6-29　插入 DTP Process 对话框

3）回到 RSA1 的界面，选中并复制相应的数据加载到 DSO 的 DTP 的 Technical Name，如图 6-30 所示。

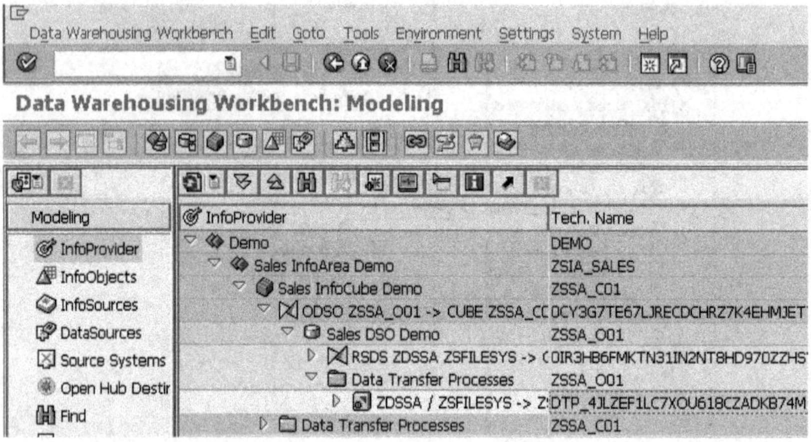

图 6-30　T-code：RSA1 界面找到 DTP 技术名称

4）在 Insert DTP 的窗口中，粘贴刚复制的 DTP，单击对钩按钮，如图 6-31 所示。

图 6-31　粘贴刚复制的 DTP

5）在 Process Chain Maintenance 界面右侧会出现 DTP 和相关激活 DSO 的 Process，如图 6-32 所示。

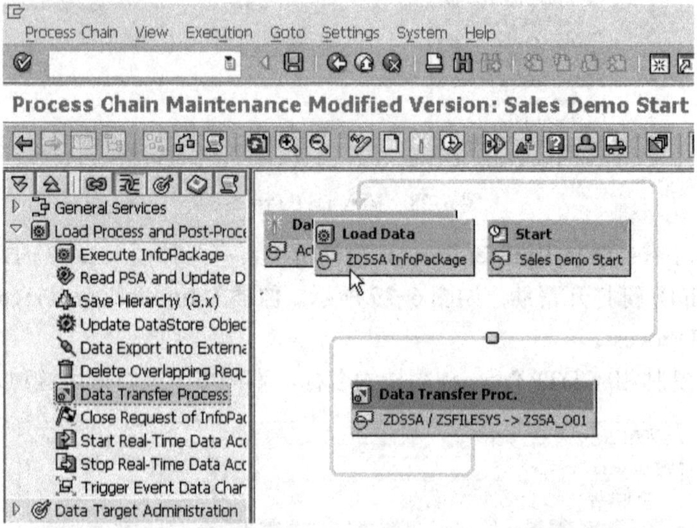

图 6-32　系统加入 DTP 和相关的 Process

6）将其拖拽调整位置，右键单击 Activation Process，选择 Remove process，将其删除。

4．插入激活 DSO Process

1）在 Process Chain Maintenance 界面左侧选择 Process Type→Data Target Administration→Activate DataStore Object，然后将其拖放到右侧，如图 6-33 所示。

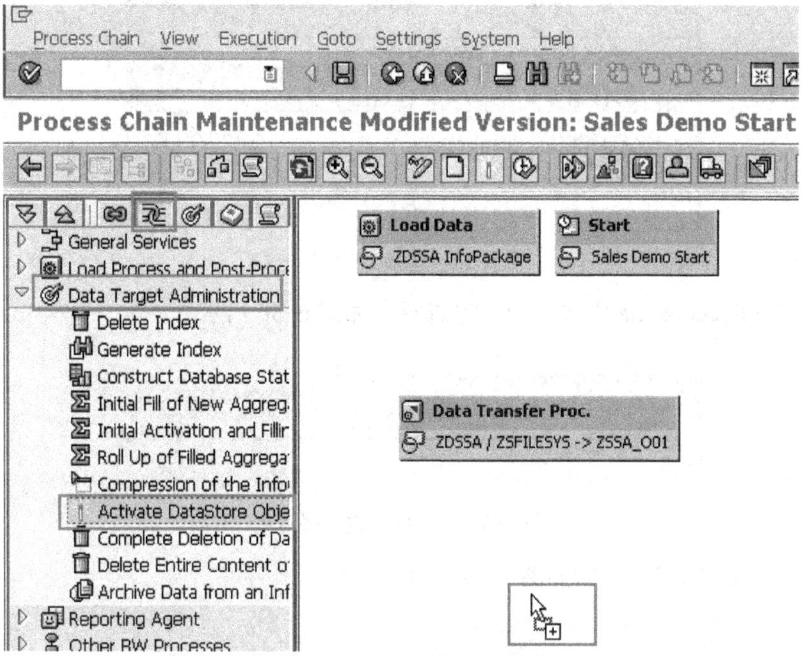

图 6-33　插入激活 DSO Process

2）在弹出的 Insert Activate DataStore Object Data 对话框中，单击“新建”按钮，接下来，在弹出的 Activate DataStore Object Data 对话框中，输入 Process Variant 的技术名称和描述，然后单击对钩按钮，如图 6-34 所示。

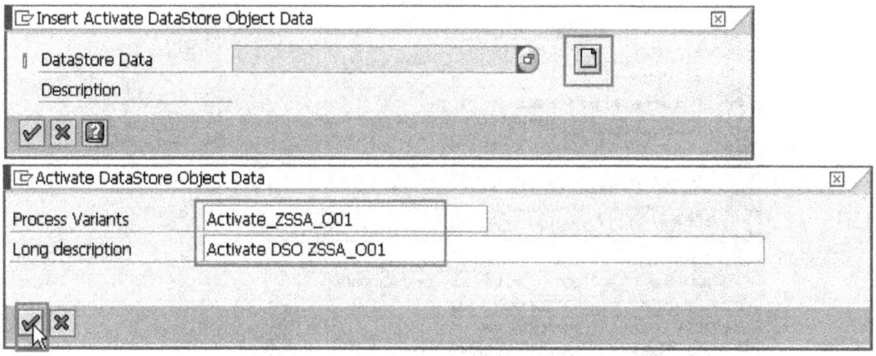

图 6-34　输入激活 DSO 处理变式的技术名称和描述

3）在 Process Maintenance：Activate DataStore Object Data 界面中，按照提示，先按〈F4〉键，在 Object Type 中选择 DataStore Object，如图 6-35 所示。

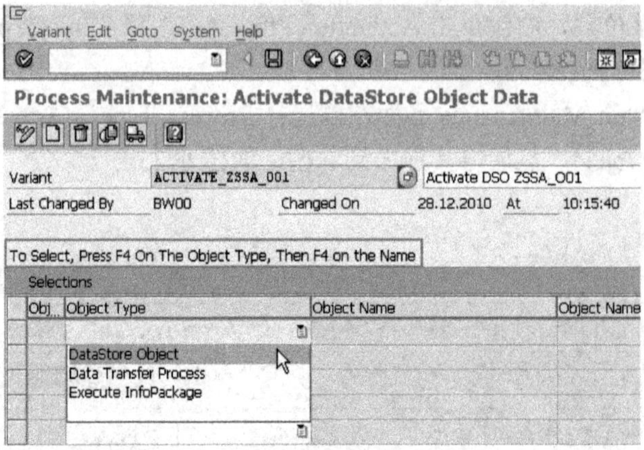

图 6-35　选择 DSO 类型

4）然后在 Object Name 中按〈F4〉键选择，如图 6-36 所示。

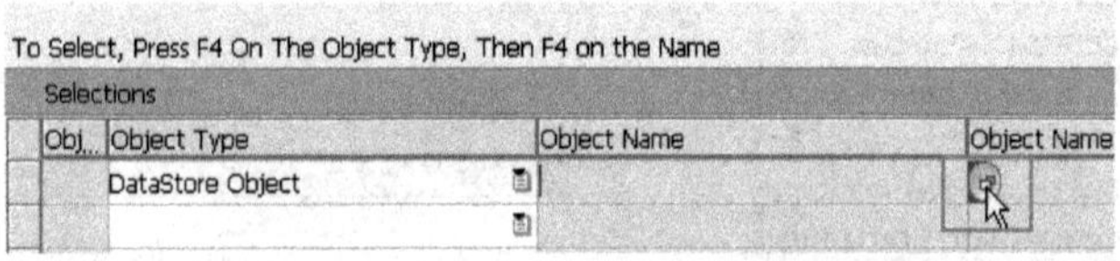

图 6-36　按〈F4〉键选择对象

5）查找相应的 DSO，步骤如图 6-37 所示。

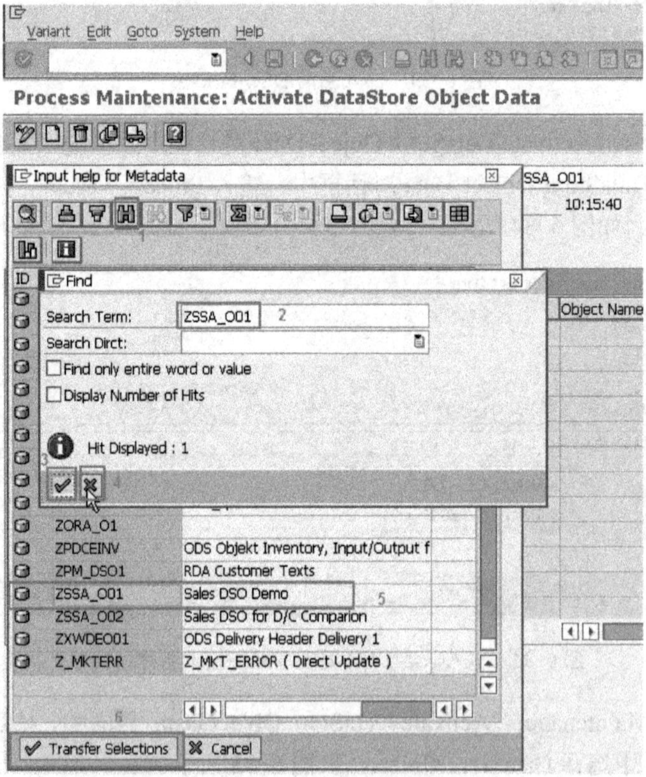

图 6-37　查找 DSO 的步骤

第 1 步：在弹出的 Input help for Metadata 对话框中，单击“查找”按钮。

第 2 步：在弹出的 Find 对话框中输入 DSO ZSSA_O01。

第 3 步：单击对钩按钮，在 Input help for Metadata 对话框中，相应的 DSO 会以橙黄色背景显示。

第 4 步：单击叉按钮，关闭 Find 窗口。

第 5 步：选中橙黄色背景显示的 DSO。

第 6 步：单击 Transfer Selections 按钮。

6）系统回到 Process Maintenance：Activate DataStore Object Data 界面， DSO 已被选好，然后单击工具栏中的“保存”按钮，如图 6-38 所示。

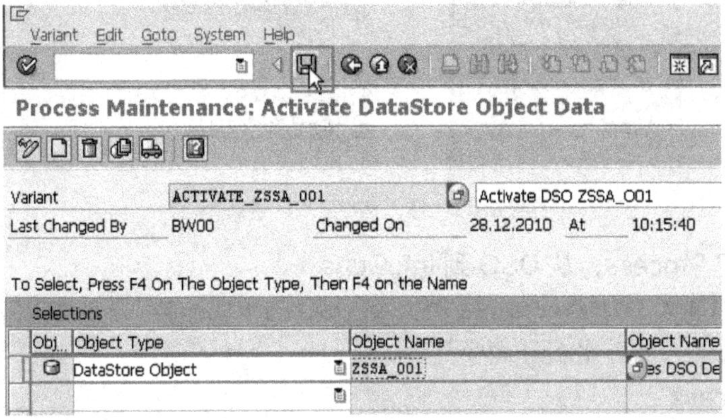

图 6-38　保存

7）系统回到 Process Chain Maintenance 界面，在 Insert Activate DataStore Object Data 中，单击对钩按钮，如图 6-39 所示。

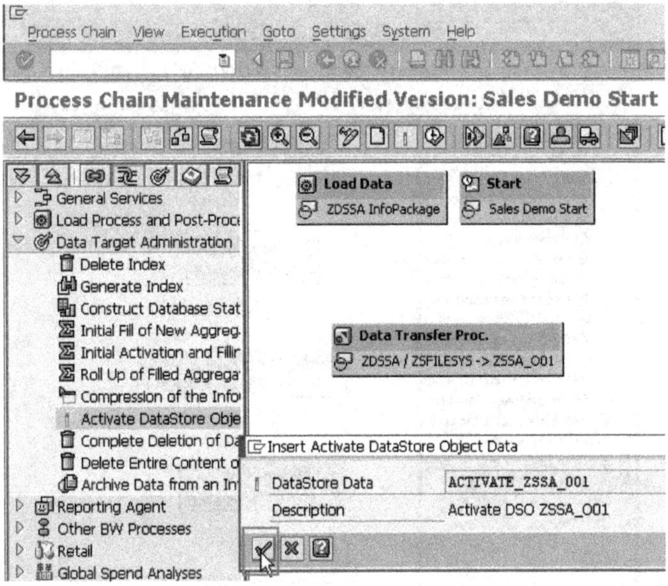

图 6-39　插入激活 DSO 进程

8）可以看到，Activate DSO 的 Process 已经加入到右侧了，如图 6-40 所示。

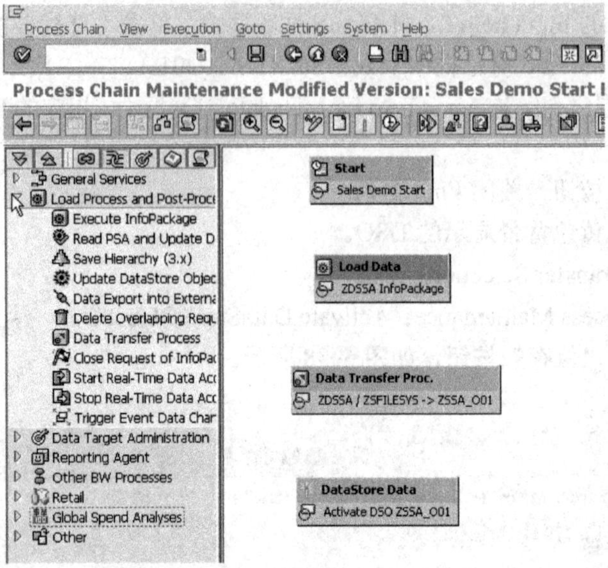

图 6-40　插入激活 DSO 进程后

5．插入 DTP Process，从 DSO 到 InfoCube

这一步操作和插入 DTP Process，从 PSA 到 DSO 的步骤一样，只是在 RSA1 中复制的 DTP 的 Technical Name 不一样，此处不再赘述。

6．连接 Process

连接的步骤仍然是在 Process Chain Maintenance 的界面中。

1）首先连接 Start Process 和 InfoPackage Process，选中 Start Process，然后向下拖动鼠标，出现虚线，然后直到虚线连接到 InfoPackage Process，如图 6-41 所示。

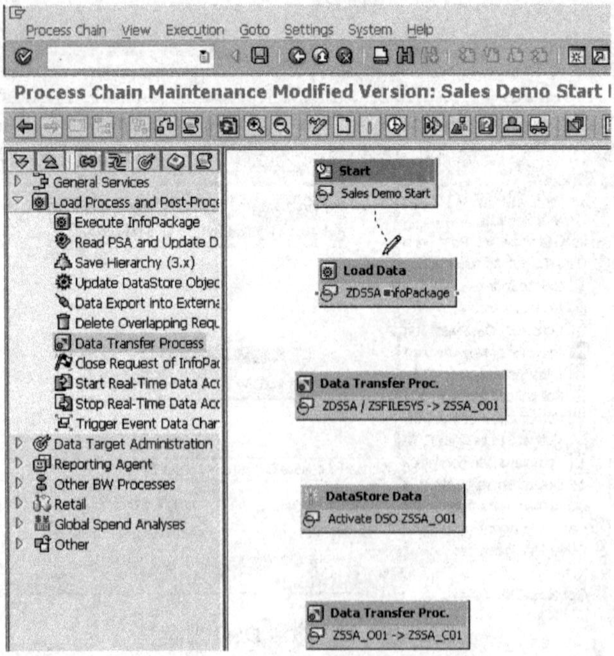

图 6-41　连接 Start Process 和 InfoPackage Process

2）连接的结果是一条实心的黑线将 Start Process 和 InfoPackage Process 连接好了，如图 6-42 所示。

3）接下来按数据加载的顺序，连接 InfoPackage Process 和 DTP Process (PSA→DSO)，像上一步一样连线，连接后，弹出“Action for ...”对话框，默认 Successful，直接单击对钩按钮，如图 6-43 所示。

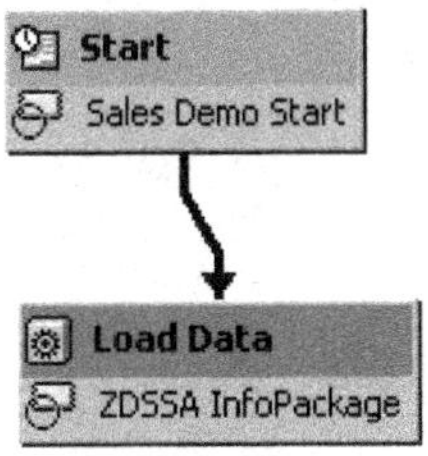

图 6-42　连接 Start Process 和 InfoPackage Process 后

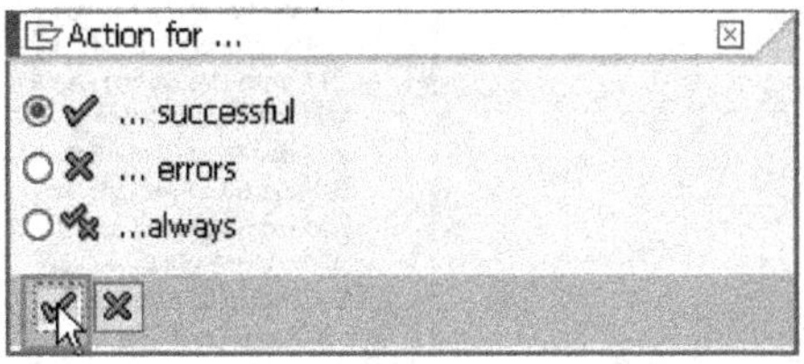

图 6-43　上一个 Process 成功后执行下一个 Process

注意：这个对话框是定义两个相连接的 Process 的逻辑关系，上一步成功（successful）或失败（errors）或不管成败(always)，下一步才能执行。

4）结果如图 6-44 所示。一条绿色的实线连接 InfoPackage Process 和 DTP Process (PSA →DSO)。

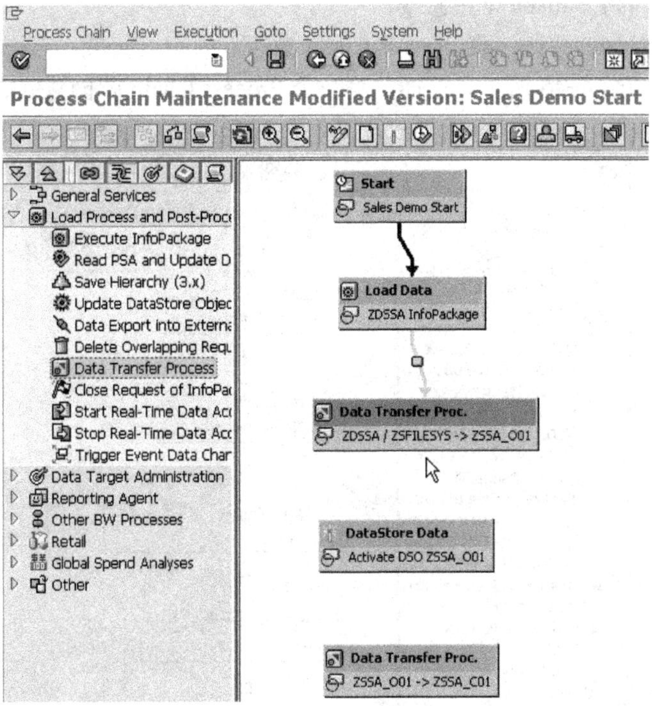

图 6-44　InfoPackage 和 DTP process 连接后

5）像连接 InfoPackage Process 和 DTP Process (PSA→DSO)一样操作，将如下的 Process 都按数据加载顺序连接好。单击“刷新”按钮后，结果如图 6-45 所示。

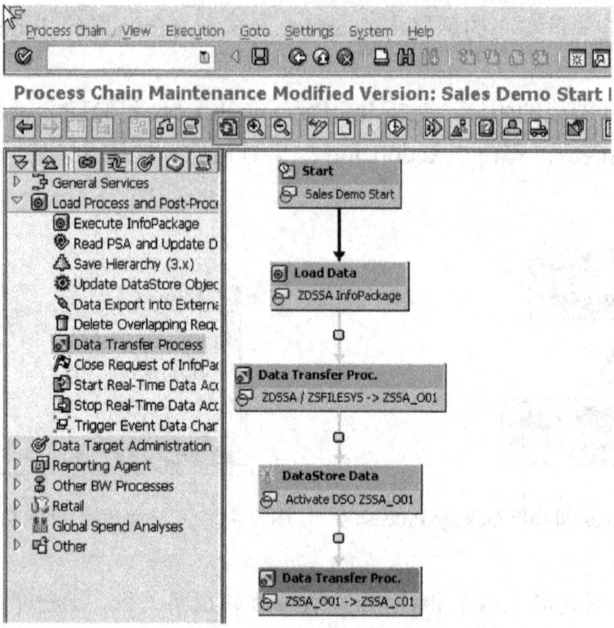

图 6-45 所有 Process 连接好

7．检查和激活处理链

1）单击 Check View 按钮，对插入的 Process 进行检查，全部都是绿色对钩，表示检查通过了；否则，回到 Plan View 中修改。

2）单击 Activate 按钮，将 Process Chain 激活。

检查和激活后如图 6-46 所示。这样，第一个 Process Chain 就创建完成了。

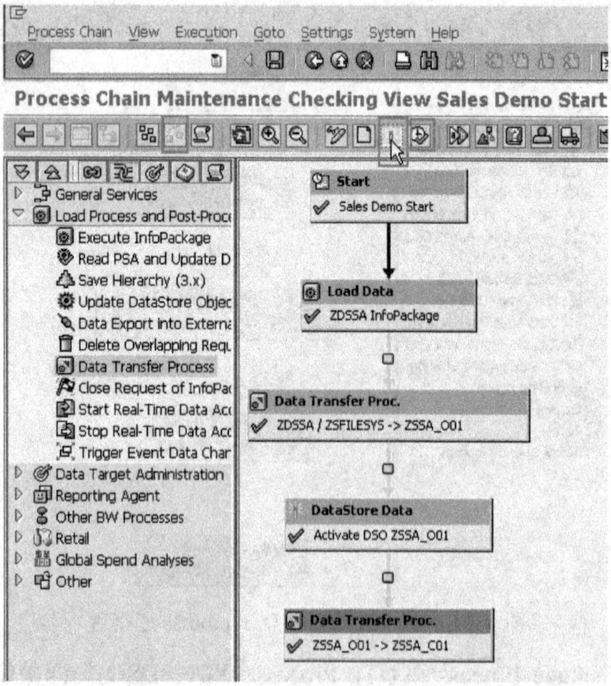

图 6-46 检查和激活处理链

6.2 第一次处理链的运行

6.2.1 运行处理链

运行处理链，就可以自动完成数据的加载，还是在 T-code：RSPC 的界面。

1）找到处理链，单击 Schedule 按钮，运行 Process Chain。

2）系统弹出 Assign Priority 对话框，保持选中默认的 Standard Priority C，单击对钩按钮。如图 6-47 所示。

3）单击 Log View 按钮，检查运行情况。

4）系统弹出 Date Selection 对话框，保持选中默认的 Today，单击对钩按钮，如图 6-48 所示。

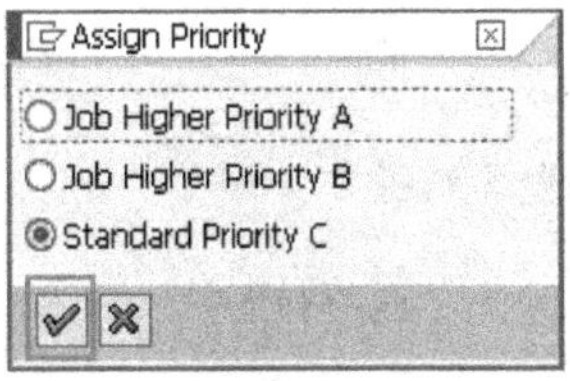

图 6-47　保持默认标准优先级

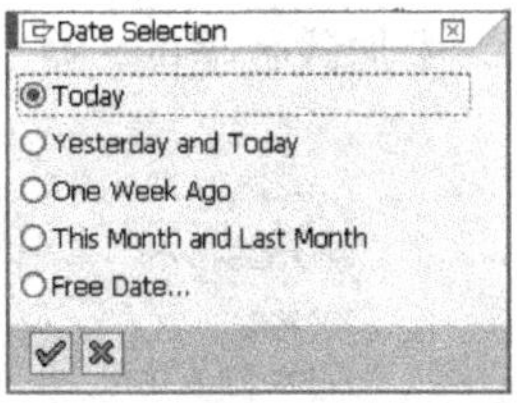

图 6-48　保持默认选项 Today,查看当日日志

6.2.2 调试处理链

1）运行结果如下，InfoPackage 执行结果为红色，右键单击 Process，选中 Displaying Messages，如图 6-49 所示。

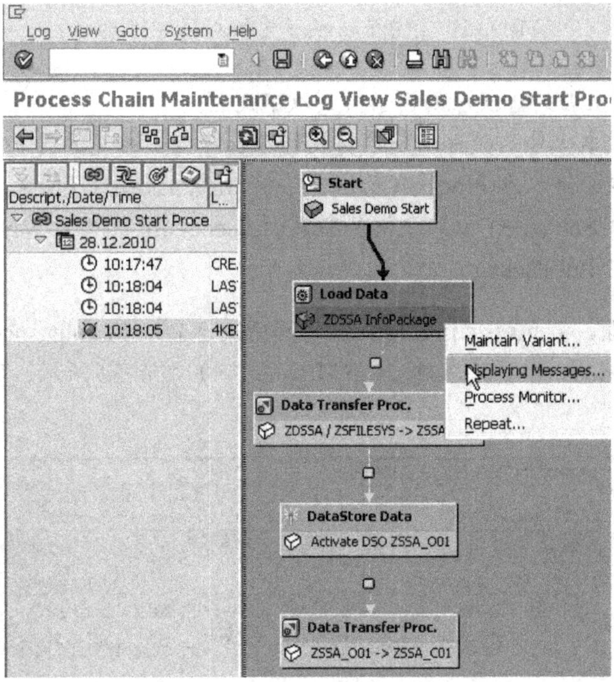

图 6-49　出错 Process—显示系统信息

2）在弹出的Logs for ZDSSA InfoPackage对话框中，系统提示错误原因是从本地加载文本文件对于Process Chain这样的后台进程是不允许的，如图6-50所示。

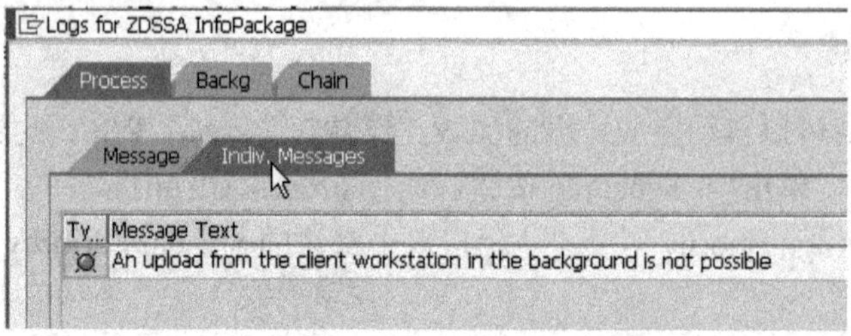

图6-50　出错Process—系统提示错误原因

3）回到T-code：RSA1界面，可以查看相应DataSource的设置是从本地（Local Workstation）中加载数据的，如图6-51所示。

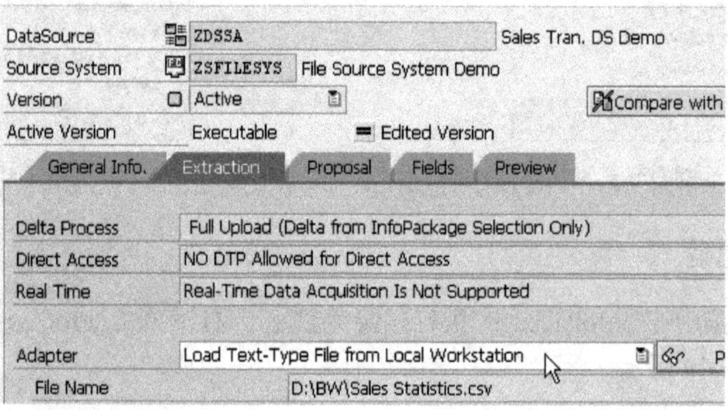

图6-51　出错Process—文本文件放在本地

注意：我们通过上面的错误原因提示得到以下几点：

- 在项目中，文本文件的数据源一定要放到Server上，才能运行Process Chain加载。
- 针对这个错误，可以在Process Chain中去除InfoPackage Process，或者将InfoPackage和DTP（DataSource→DSO）之间的联系由Successful改为Always或者Errors。同时，还要手动运行InfoPackage。

4）在RSA1界面，手动运行InfoPackage，然后进行PSA Maintenance，可以看到Process Chain加载出错的Request和手动加载成功的Request，如图6-52所示。可以将加载出错的红色请求选中删除。

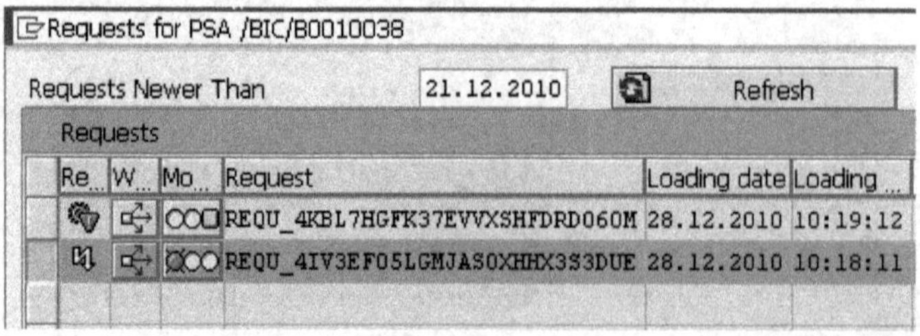

图6-52　两个PSA 请求

5）回到 Process Chain Maintenance 界面，右击 InfoPackage 和 DTP 之间的 Link，选择 Remove Link，如图 6-53 所示。

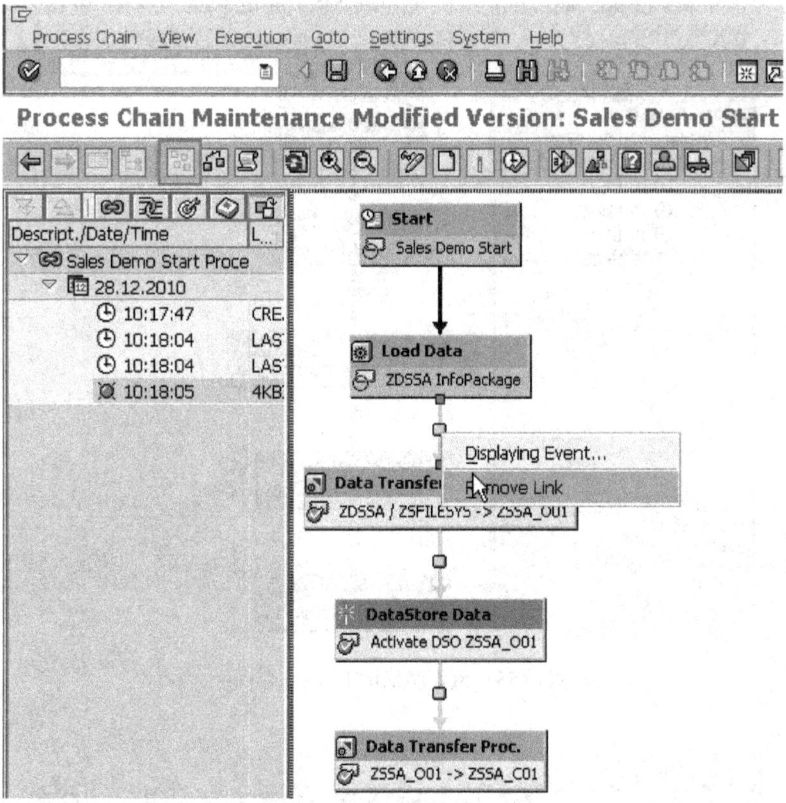

图 6-53　去除连接

6）然后重新在 InfoPackage 和 DTP 之间连线，在弹出的“Action for…对话框”中，选择 always，并单击对钩按钮。这样，不论 InfoPackage 执行是否成功，都会接着执行 DTP，如图 6-54 所示。

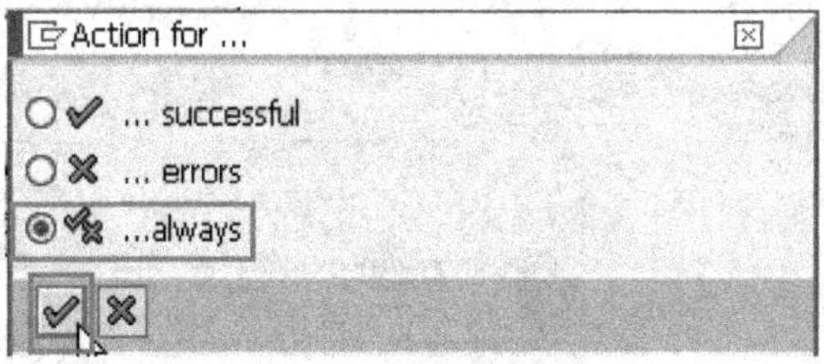

图 6-54　选择 always 连接关系

7）改变后的界面如下，InfoPackage 和 DTP 之间连线上按钮由绿色的小方块变成了红绿小球。接下来重复上面的操作，检查、激活、运行、查看 Log，如图 6-55 所示。

8）然后可以不断单击 Refresh 按钮或者直接输入 T-code：RSPC，找到 Process Chain 查看 Log，如图 6-56 所示。

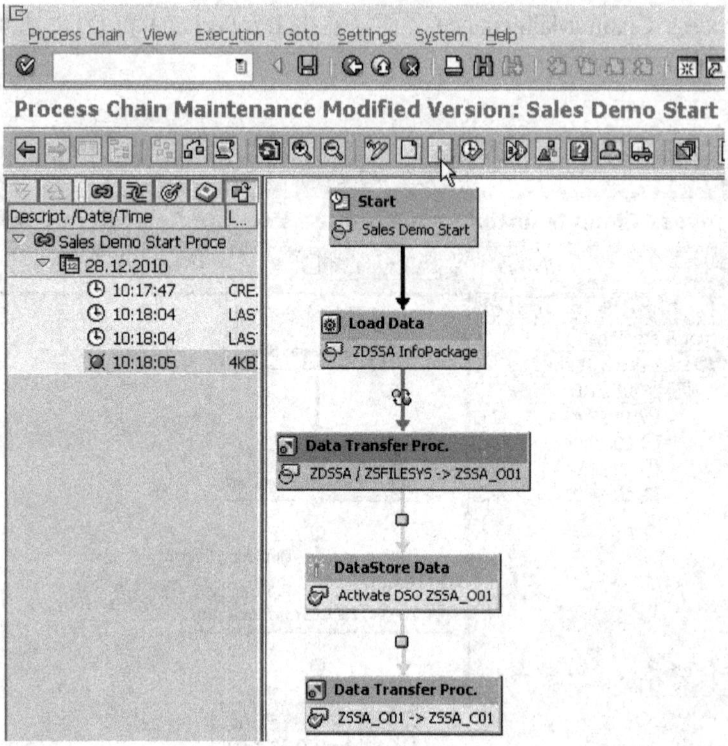

图 6-55　重新激活的 Process Chain

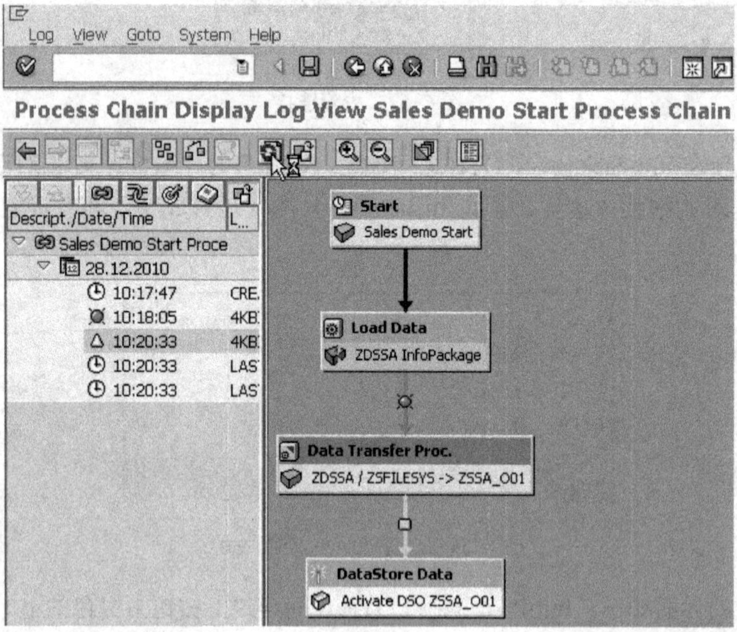

图 6-56　Process Chain 执行 Log

- 绿色表示执行顺利通过。
- 红色表示执行出错。

● 黄色表示正在执行中或者执行过程有警告。

9）当最后一步 DTP 加载到 InfoCube 变绿后，到 T-code：RSA1 界面检查一下 DSO 加载，激活和 InfoCube 加载的情况，与手动操作结果完全一样。

6.3 处理链其他知识点

1．Process Chain 由后台用户执行

我们可以检查一下 DTP 的加载的用户，是执行 Process Chain 对应的后台用户 BI_RFC，如图 6-57 所示。

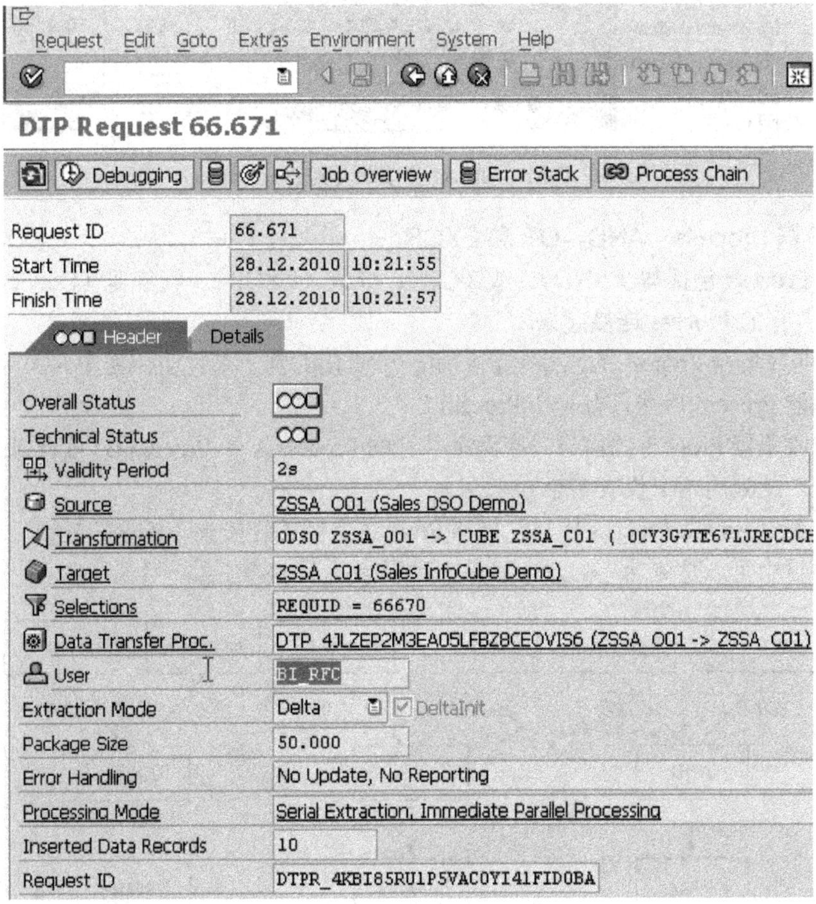

图 6-57 Process Chain 对应的后台用户 BI_RFC

2．T-code：RSA1 界面跳转到 Process Chain 界面

可以从 T-code：RSA1 界面跳转到 Process Chain 界面。在 T-code：RSA1 界面，当选中已经加入到 Process Chain 中的 DTP 或者其他对象时，界面中多出 Process Chain Maintenance 按钮，可以通过单击该按钮跳转到 T-code：RSPC 中相应的 Process Chain 界面，如图 6-58 所示。

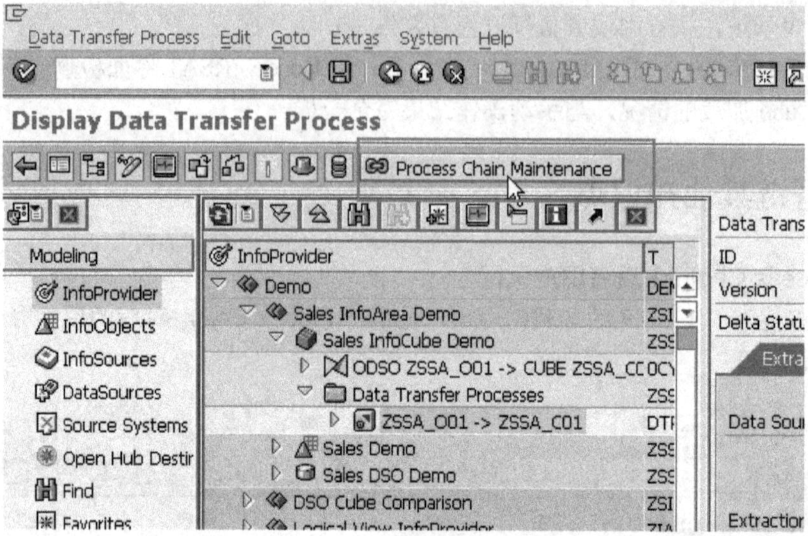

图 6-58　在 T-code：RSA1 界面跳转到 Process Chain 界面

3．收集器 Process：AND、OR 和 EXOR

收集器 Process 包括与（AND）、或（OR）、异或（EXOR）。收集器（Collector）Process 可以把多个并行的 Process 连接起来。

为了说明收集器 Process 的用途，我们用一个简化的例子来说明，如图 6-59 所示。

- 收集器 Process 后继只有一个 Process C。
- 假定收集器 Process 的前导只有两个并行的 Process A 和 Process B（实际项目中可以有多个，此处用两个代表多个）。
- 假定 Process A、Process B 与收集器 Process 之间的连接关系都是成功（请注意，在实际项目中可以是成功、失败，总是三种联接关系中的任意一种）。

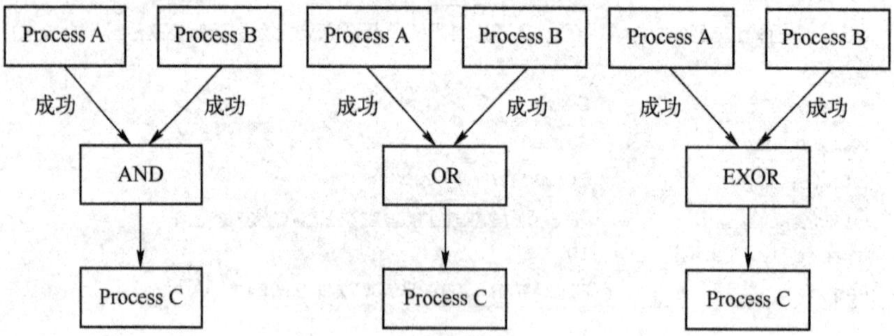

图 6-59　收集器 Process 例子

那么我们来看一下与、或、异或的连接结果：

- 与（AND）。所有前面并行的 Process 都满足条件时，后继 Process 才能执行。
- 或（OR）。只要有一个前面并行的 Process 满足条件，后继 Process 就能执行。当前面并行的多个 Process 满足条件时，后继 Process 将执行多遍。
- 异或（EXOR）。和或（OR）的相同点是：只要有一个前面并行的 Process 满足条件，后继 Process 就能执行。和或（OR）的不同点是：当前面并行的 Process 多个满足条件时，后继 Process 仅执行一遍。

在图 6-59 假定的情况下，各种组合的运行结果如表 6-1 所示。

注意：

- 图 6-59 中的“成功”是设计处理链时定义两个相连接的 Process 的逻辑关系。上一步成功之后，才能运行后续 Process。
- 表 6-1 中的“成功”和“失败”是处理链执行后 Process 运行的结果。

表 6-1　各种组合的运行结果

Process A	Process B	Process C（与）	Process C（或）	Process C（异或）
成功	成功	执行 1 次	执行 2 次	执行 1 次
成功	失败	不执行	执行 1 次	执行 1 次
失败	成功	不执行	执行 1 次	执行 1 次
失败	失败	不执行	不执行	不执行

第三篇　BW 实战篇

第 7 章　业 务 内 容

SAP BW 基于最佳业务实践，提供一系列完整的基于角色和任务的预配置信息模型，这就是业务内容（Business Content 或 BI Content）。其中包罗万象，包括从 ECC 源系统中的 DataSource 到 BW 中的各种对象。图 7-1 中只列出了业务内容中的部分对象类型，但内容已相当丰富：11000 多个信息对象（特性和关键值）、800 多个角色和 3200 多个查询等。业务内容还包括不同行业的特色内容，如石油行业的交易管理、消费品行业的促销管理等。企业在实施过程中参考 BW 的预配置业务内容，可以大大缩短实施时间，降低实施风险。

图 7-1　业务内容中丰富的对象（部分类型）

业务内容预配置在 BW 的安装软件之中，客户可以根据自身的需要，选取部分甚至全部内容，激活之后免费直接使用。利用业务内容，在项目前期可以用做原型（Prototype），做演示和确定需求，在项目开发阶段可以用做建模的组成部分和参考，在项目测试阶段又可以用做数据比对和测试等。所以业务内容的使用非常广泛。

在前面章节“第一个模型”中，直接使用 0CALDAY，该特性就是业务内容对象被激活后，直接使用的一个例子。

7.1　查看业务内容

1．业务内容中对象的版本

业务内容中对象的技术名称，大多都是以数字“0”开头（但也有其他开头的，如 LO 数据源以数字“2”开头）。在使用业务内容对象之前，需要安装（即激活），将其由 D 版本转变为 A 版本。业务内容中每一个对象，都具有三个版本：

- D 版本（Delivery Version，交付版本）。系统刚安装好时，自带的业务内容都是 D 版本。
- A 版本（Active Version，活动版本）。D 版本激活后变为 A 版本，只有 A 版本可以用来存储数据。
- M 版本（Modified Version，修改版本）。当已激活的业务内容的对象被修改，保存但是未激活时，就是 M 版本。M 版本只是一种过渡状态，激活后就变成新的 A 版本，并覆盖原来的 A 版本。

2．查看业务内容

可以通过 SAP 的 Help 网站等查看业务内容，但一般通过元数据仓库（MetaData Repository）查看业务内容。

1）T-code：RSA1→Metadata Repository，在界面中间部分单击 Business Content（业务内容）下面的 Local objects(T90CLNT090)，如图 7-2 所示。

注意：Business Content 内包含的对象全是 D 版本，而 Activated objects 内包含的对象全是 A 版本。

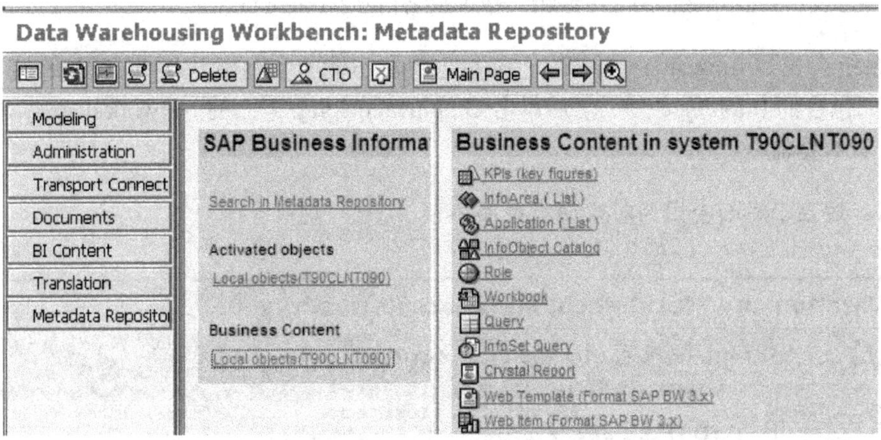

图 7-2　元数据仓库中的业务内容

2）移动界面中右侧的滑块，在界面右侧找到 InfoCube 双击，就会展示业务内容中所有的 InfoCube，如图 7-3 所示。

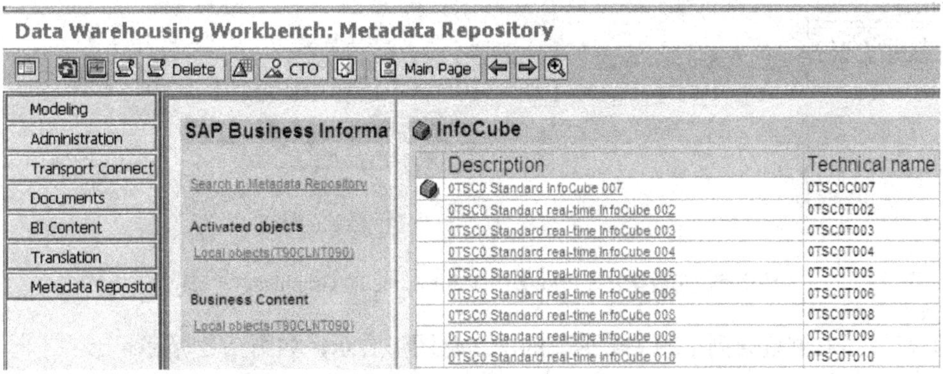

图 7-3　元数据仓库中业务内容的 InfoCube 列表

3）在界面右侧，按下组合键〈Ctrl+F〉，在弹出的 Find 对话框中输入“0TSC0T001”，单击 Next 按钮，如图 7-4 所示。

图 7-4　在元数据仓库的业务内容中查找 InfoCube

4）系统会找到 InfoCube “0TSC0T001”，界面右侧就会列出 0TSC0T001 的属性和相关的信息，如包含的 InfoObject 等。然后单击 Graphical display 下面的 Network display of the data flow 来查看数据流，如图 7-5 所示。

注意：该显示界面会因为对象的类型而不同。

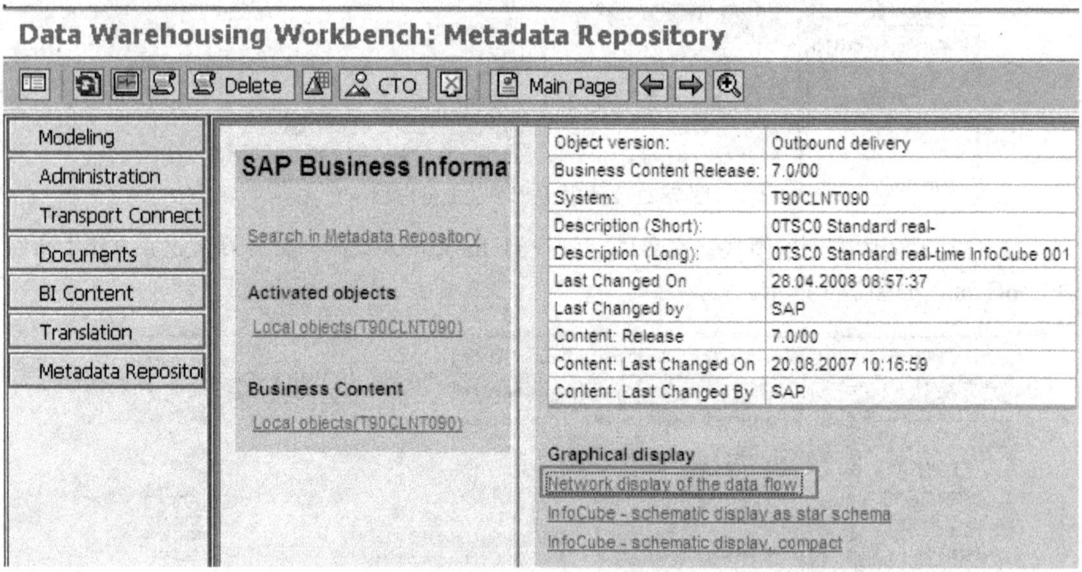

图 7-5　元数据仓库中业务内容 InfoCube 的 Graphical Display

5）在界面右侧就会列出相关数据流的网络化图形展示，如图 7-6 所示。

注意：可以通过单击相关联的对象跳转，在本例中可单击 Query 跳转到其属性界面。

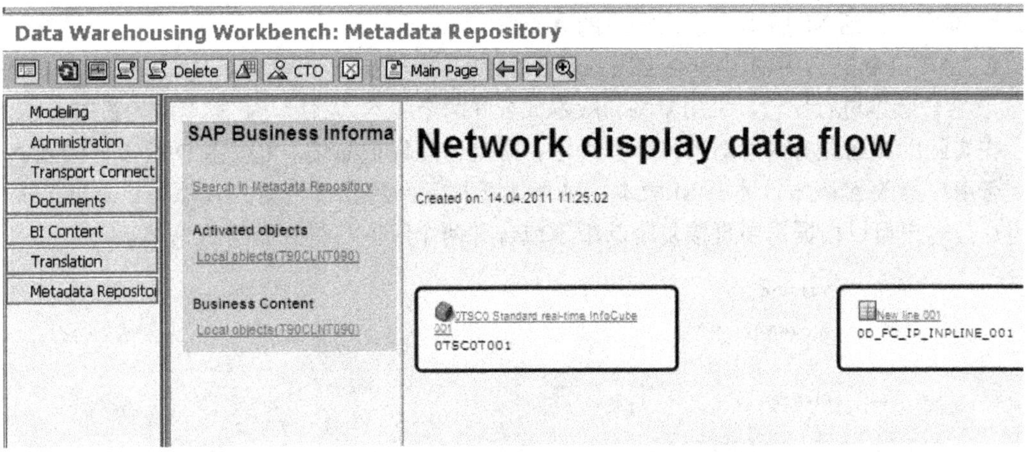

图 7-6　元数据仓库中业务内容 InfoCube 的数据流的网络展示

6）我们来看一个更复杂的例子，InfoCube 0IC_C03 相关数据流的网络化图形展示如图 7-7 所示。

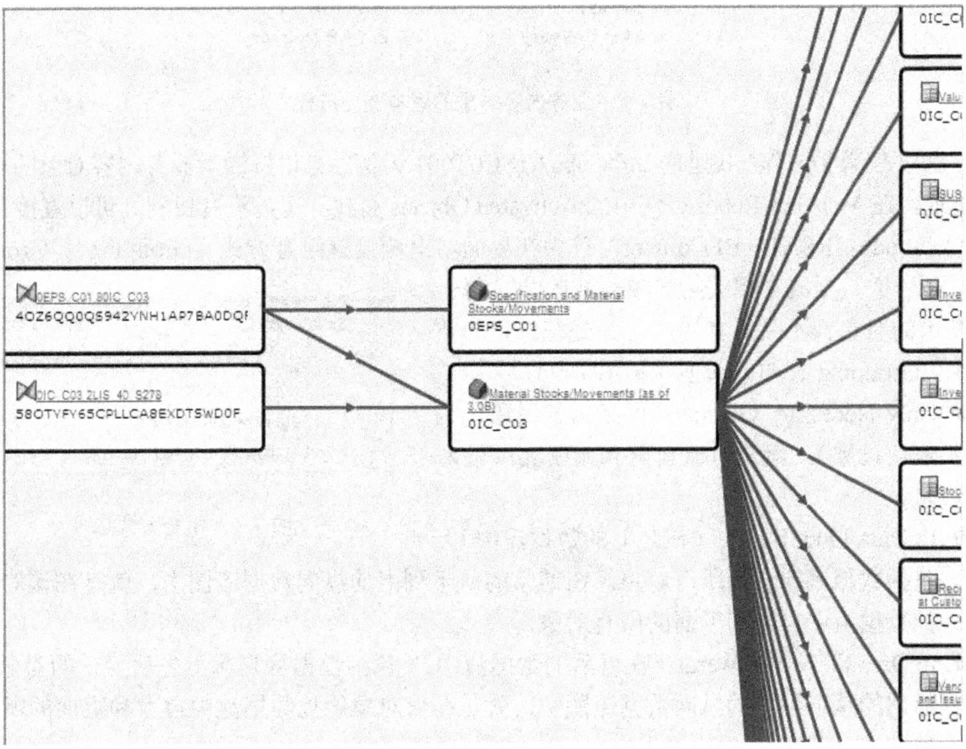

图 7-7　元数据仓库中业务内容 InfoCube 的数据流的网络展示（0IC_C03 部分数据流）

7.2　激活业务内容

业务内容中的对象版本变化的过程如图 7-8 所示（按图中的黑箭头指示看图）。

● SAP 在 D 版本中交付 BI Content 对象；后续更改保存在 M 版本中；用户评审和批

准后，激活 M 版本，成为客户的 A 版本。

- SAP 在新的 D 版本中交付 BI Content 对象进行升级。客户可将新 BI Content 与其激活客户版本进行比较，采用复制新版本或合并两个版本。然后，此版本成为新的 A 版本。

在实际的激活业务内容对象操作过程中，比上述流程更简化，可以由 D 版本直接到 A 版本；若用户修改 A 版本，才有 M 版本。M 版本再次激活后，就是新的 A 版本。新的 D 版本交付后，客户可以根据需要直接复制新版本或合并两个版本，得到新的 A 版本。

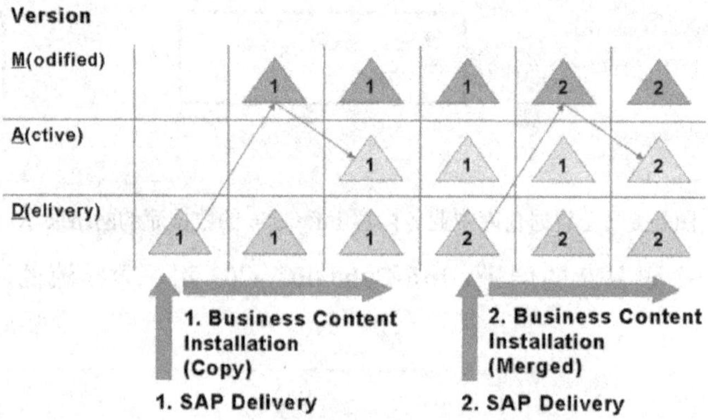

图 7-8　业务内容对象的版本变化过程

下面以激活上一节查找过的 InfoCube 0TSC0T001 为例，来讲解激活业务内容对象的步骤。激活之前，在 Metadata Repository 中的 Activated Objects 查找一下，没有找到，可以直接激活。

1）T-code：RSA1→BI Content，首先在界面右上侧设置组合方式（Grouping）。Grouping 定义了是否把数据流中相关的对象一起收集。每一个 BW 中的对象都不是孤立的，它都处在一定的数据流中。Grouping 有如下选项（见图 7-9）：

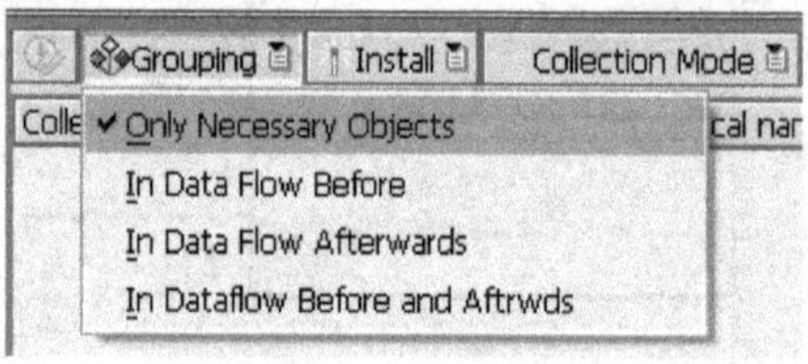

图 7-9　组合方式选项

- Only Necessary Objects（仅必需的对象，为默认设置）：就是对象自身和紧密相关的对象。
- In Data Flow Before（在之前的数据流中）：包括数据流向它的所有对象。在通常的从下到上的纵向数据流图中，就是在该对象所处数据流中自身和下面的所有对象。
- In Data Flow Afterwards（在以后的数据流中）：包括数据从它流出之后经过的对象。在通常的从下到上的纵向数据流图中，就是在该对象所处数据流中自身和上面的所有对象。
- In Data Flow Before and Afterwards（在之前和之后的数据流中）：包括了该对象自身和相关数据流中的所有对象。在项目中，一般保持默认选项 Only Necessary Objects，若选择 In Data Flow Before and Afterwards 选项，则可能会收集到很多对象，激活所需要的时间会很长，所以很少用。

2）在界面右上侧设置 Collection Mode，保持默认选项 Collect Automatically，如图 7-10 所示。

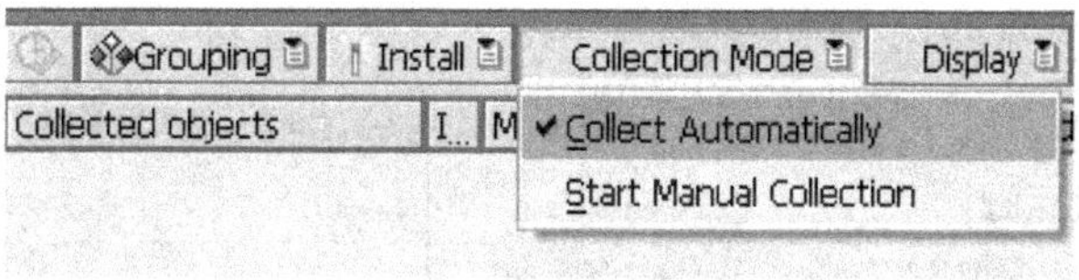

图 7-10　收集方式选项

注意：Collection Mode 定义了收集方式，有如下选项。

- Collect Automatically：是自动收集，系统按照 Grouping 设置方式自动收集对象。这时 Grouping 左侧的按钮变灰，不起作用。
- Start Manual Collection：是手动收集，系统不管 Grouping 方式，只收集对象本身，只有单击紧邻 Grouping 左侧的按钮，才按照 Grouping 方式收集相关对象。

3）在界面左侧单击 Object Types，在界面中间展开 InfoCube，并双击下面的 Select Objects，在弹出的 Input help for Metadata 对话框中单击望远镜形状的“查找”按钮，在弹出的 Find 对话框中输入“0TSC0T001”，单击对钩按钮，如图 7-11 所示。

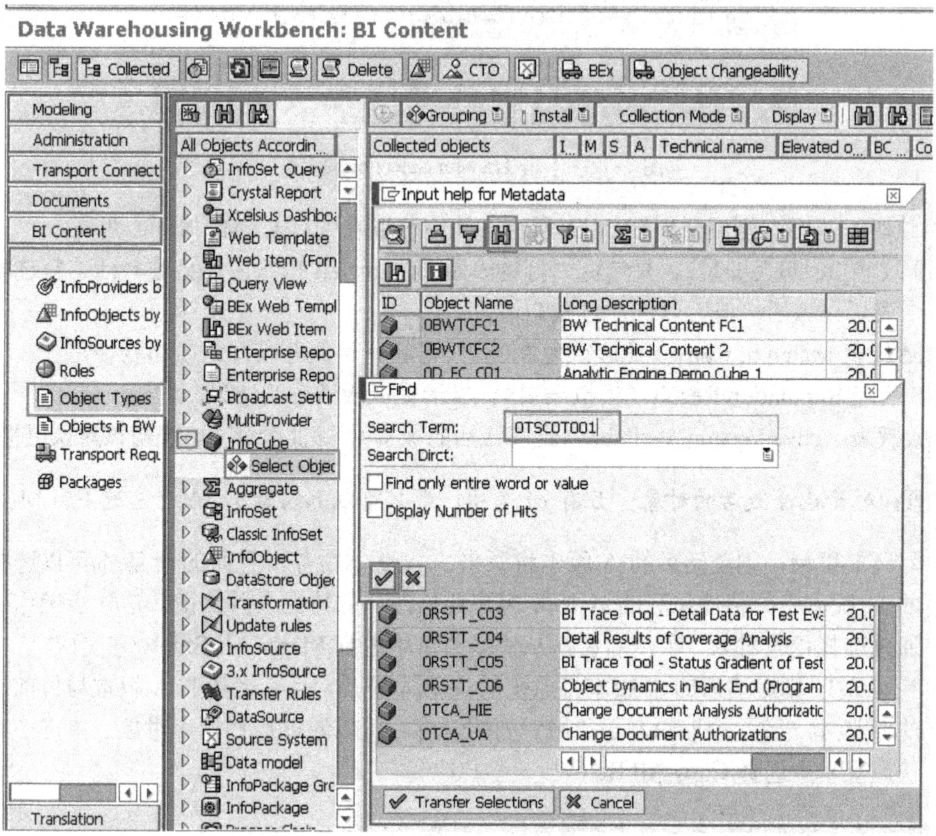

图 7-11　通过查找方式收集 InfoCube

4）系统找到后，在弹出的 Input help for Metadata 对话框中单击“0TSC0T001” 选中，然后单击 Transfer Selections 按钮，如图 7-12 所示。

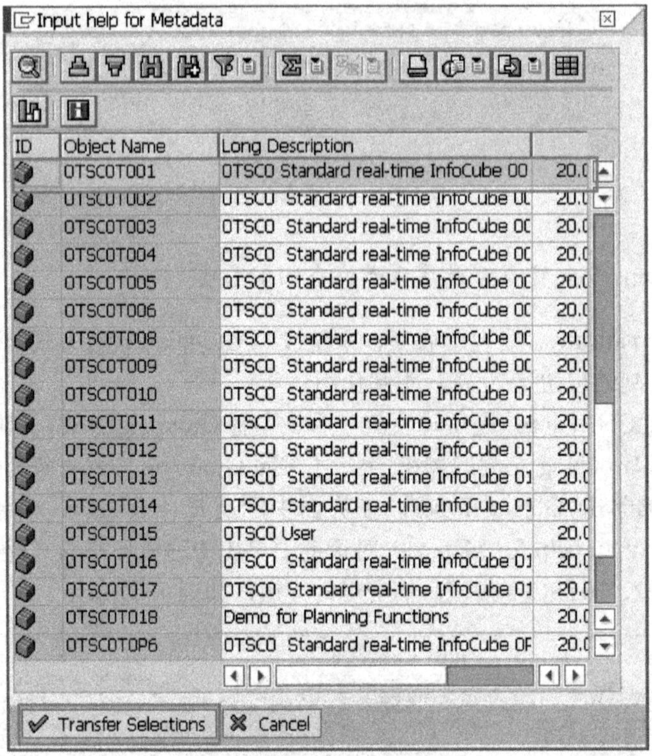

图 7-12　单击 Transfer Selections 按钮

5）这时，界面右侧展开如图 7-13 所示，其中可以看到有 I、M、S、A 四列。

- I 代表 Install（安装）。复选框中打钩表示单击 Install 按钮后，会被激活。复选框中空白表示已激活，但可以选择再次激活。
- M 代表 Match or Copy（比较或复制）。只有部分对象可以有此项功能。
- S 代表 Simulation Result（模拟结果）。显示模拟激活后的结果。
- A 代表 Active Version Available（已有激活的版本）。下面绿灯亮，表明该对象已被激活。

注意：对于已经激活的对象，且有 M 选项，那么可以只勾选 I，或者勾选 I 和 M。

- 勾选 I 和 M，则激活后的 A 版本将原来的 A 版本覆盖，且新的 A 版本可以选择将新的 D 版本中的特性和旧的 A 版本客户化修改后的特性合并保留。这一步操作也可以通过选择相应对象，单击右键，从快捷菜单中选择 Merge All Below 来完成。
- 只勾选 I，则激活后的 A 版本将原来的 A 版本覆盖，且希望新的 A 版本与目前系统中的 D 版本一致。要取消对于“M”列的勾选，可以通过选择相应对象，单击右键，从快捷菜单中选择 Copy All Below。

注意：复选框可以表示一个文件夹或一个对象。

- 复选框表示一个文件夹，将其勾选，则表示将此文件夹的所有对象勾选；反之亦然。
- 如果复选框表示一个对象，将其勾选，表示勾选该对象本身，不影响同一文件夹下的其他对象；反之亦然。

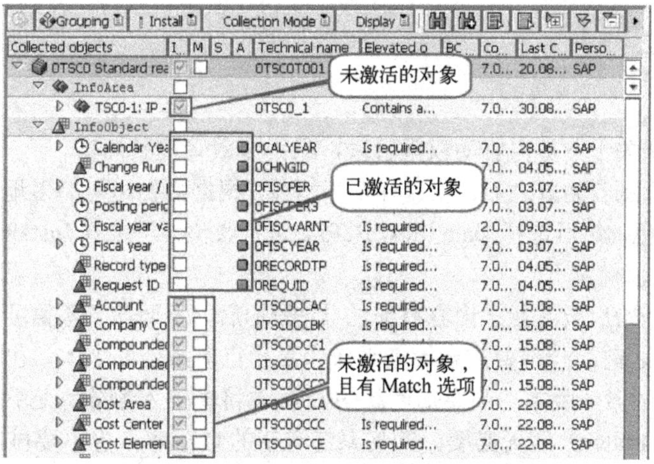

图 7-13　InfoCube 默认安装选项和相关对象状态

6）直接单击 Install 右侧的向下箭头，在下拉菜单中选择 Install，如图 7-14 所示，系统就开始激活 D 版本。

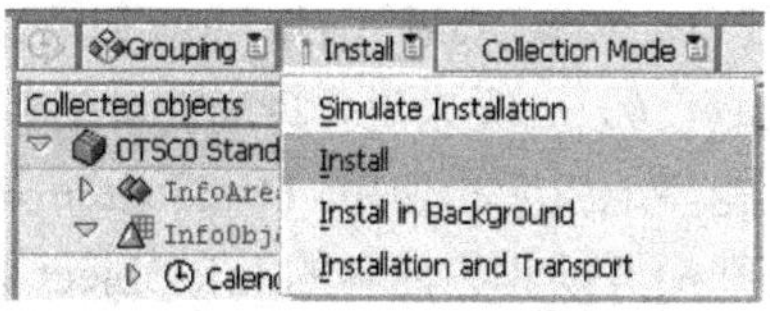

图 7-14　Install（安装）

注意：在本例中系统激活的是默认的 Only Necessary Objects，在 Install 之前仍然可以再次修改 Grouping 方式来收集相关对象。如果 Collection Mode 的设置是 Start Manual Collection 手动收集，要使修改后的 Grouping 方式生效，还需要单击紧邻 Grouping 左侧的按钮。

7）激活后的结果如图 7-15 表示。

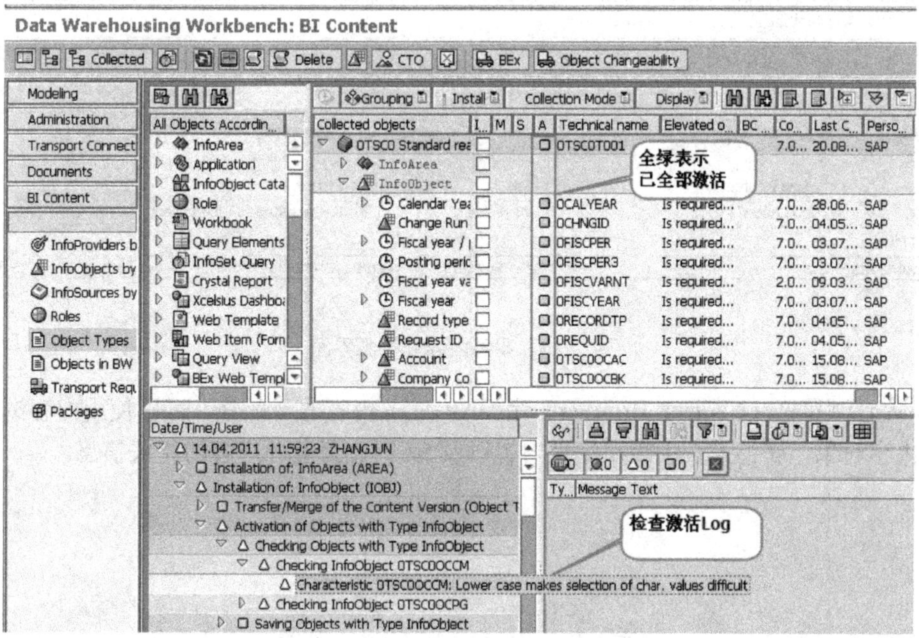

图 7-15　激活后的结果

7.3 注意事项

1）一定要注意关于业务内容的权限管理，只为少数管理员拥有。

2）在 BW 系统刚安装好之后，项目开发开始前，根据需要尽可能多地激活业务内容中的对象。可以找到角色，然后选择 Data Flow Before 进行收集，再选择 Installation in Background 的方式进行激活。

3）项目开发开始后或者业务内容有新的 D 版本后，不要激活不需要的内容。在激活某一对象的业务内容之前，一定要注意检查系统中是否已有激活的版本，已激活的版本是否已增强。若有已增强的激活版本，则要知道新的 D 版本将覆盖 A 版本，增强会丢失。如果要保留增强，则要选择 Match；若无必要，即使系统有新的 D 版本，也不要再次激活。

4）在激活与源系统相关的对象时，要选择源系统。

5）Grouping 方式一般选择 Only Necessary Objects，根据需要选择 Data Flow Before、Data Flow After 或者 Data Flow Before and After，这样会让激活的对象很多。

6）一般来说，DataSource 和 InfoObject 是业务内容中实用价值最高的两类对象。应尽可能多地激活和使用。DataSource 是要激活后直接使用的，而 InfoObject 激活后，如果修改较多，则最好以业务内容的 InfoObject 为模板，新复制一个 InfoObject，然后再修改。

7）BW 内容分析器用于详细分析业务内容对象，检查之前在这些对象中出现的错误和不一致问题的程序。通过 T-code：RSBICA 启动业务内容分析器（BI Content Analyzer），如图 7-16 所示。可以从各种不同视图观察此类检查的结果，从而确定存在的任何问题。

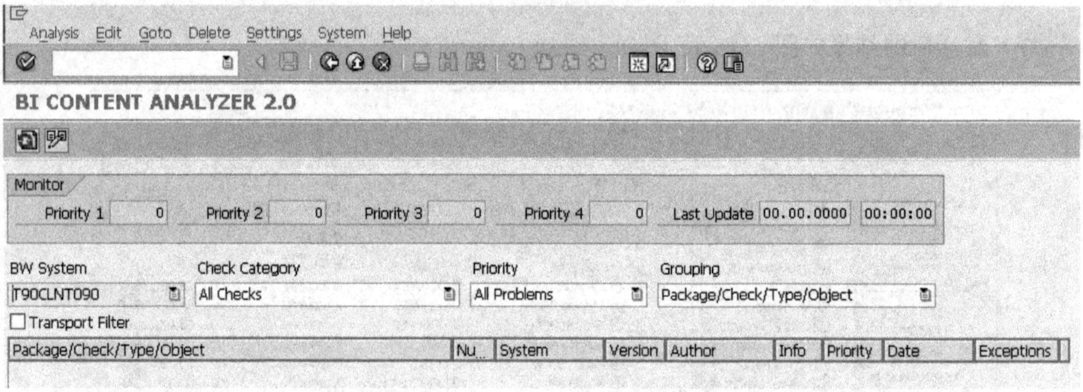

图 7-16 业务内容分析器界面

8）内容浏览器（Content Browser）是 SAP 业务内容的一部分，可以使用内容浏览器分析业务内容对象，获得系统中客户定义内容以及 SAP 交付业务内容的相关信息。

第 8 章　数据存储对象与信息立方体

数据存储对象（DSO）和信息立方体（InfoCube）是 BW 中最常用的两类信息提供者（InfoProvider）。一般来说，用于出具报表的模型采用 InfoCube，而在其数据流下层用于数据处理的模型采用 DSO。除此之外，DSO 也可以用来出具明细型报表。那么从技术层面来看，DSO 和 InfoCube 有哪些分类和特点？如果数据由 PSA 加载到 DSO 和由 PSA 加载到 InfoCube，数据结果会有何不同？这就是本单元要解决的问题。

8.1　DSO 概述和数据激活

DSO 的结构是二维平面表，主要包括两部分：主键（Key Fields）和数据字段（Data Fields）。DSO 中的数据粒度和数据记录数目都是由主键决定的。

DSO 有以下三类：

- 标准 DSO（Standard DSO）。
- 写优化 DSO（Write-Optimized DSO）。
- 直接更新 DSO（Direct Update DSO）。

标准 DSO 有三张表：新数据表（New Data，也称 Activation Queue），有效数据表（Active Data），变化日志表（Change Log）。标准 DSO 在数据加载后还需要激活；而后两类 DSO 都只有一张表，即有效数据表，在数据加载后不需要激活。

写优化 DSO 主要用做快速获取大量数据，或者用做保存所有数据的 EDW 层。

直接更新 DSO 主要是和分析程序设计器（Analysis Process Designer，APD）配合使用。

在项目中，一般都是使用标准 DSO。本书中若不做特别说明，所用到的 DSO 都是标准 DSO。

在数据加载到 DSO 时，先加载到新数据表。激活后，将新数据表中的数据同时更新到有效数据表和变化日志表，同时清空新数据表。

如图 8-1 所示，第一个请求（REQU1）加载到 DSO 时，先进入新数据表。激活后，数据更新到有效数据表和变化日志表，同时清空新数据表。

第二个请求（REQU2）加载到 DSO 时，还是先进入新数据表。激活后，数据更新到有效数据表和变化日志表，同时清空新数据表。但要注意，由于两次加载的都是 Doc.4711，所以在有效数据表中，关键值采用覆盖方式，30 将 10 直接覆盖。但是，在变化日志表中，它完整地记录系统数据的变化过程，数据一共有三条：新镜像（New Image）10、前镜像（Before Image）-10、后镜像（After Image）30。在 BW 中，它们的含义分别如下：

- 新镜像 New Image：数据第一次加载的记录。
- 前镜像 Before Image：数据加载时，在一次请求中反冲上次加载的关键值（Key Figure）产生的记录。
- 后镜像 After Image：数据加载时，在一次请求中最终的记录。前后镜像在同一次请求中是成对出现的，不会单独出现。

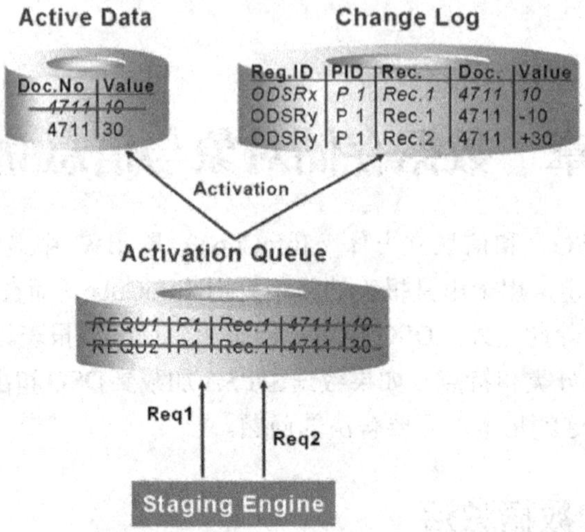

图 8-1 标准 DSO 的三张表和变化机制

8.2 InfoCube 和扩展星形结构

InfoCube 是多维扩展星形结构（Extended Star Schema），是 BW 中最主要的用于报表的模型，它通过关联（Join）多张二维平面表实现多维结构。

InfoCube 分为三类：

- 基本信息立方体（Basic InfoCube）。
- 实时信息立方体（Real-Time InfoCube）。
- 虚拟信息立方体（VirtualProvider）。

这三种类型的 InfoCube 的后台表的结构都是一样的。实时 InfoCube 主要用在集成计划（Integrated Planning）中，除了能加载实际数据，还可以在报表中将计划数据写入到 InfoCube 中。虚拟 InfoCube 主要是用于数据的直接获取（Direct Access）来做数据比对，本书有专题叙述。

在项目中，一般都是使用基本 InfoCube。本书中不做特别说明，所用到的 InfoCube 的都是基本 InfoCube。

多维分析的数学模型有星形结构、雪花结构、双星结构等。目前，市场上常见的商务智能产品都是基于星形结构的。BW 在标准星形结构上做了一些扩展，称做扩展的星形结构，如图 8-2 所示。中心是事实表（Fact Table），在事实表周围是维度表（Dimension Table），主数据表（Master Data Table）不在 InfoCube 中，它们通过 SID 表和维度表关联。所谓对星形结构的扩展就是增加 SID 表，它们将主数据从维度表中解放出来，对于建模和数据读取性能带来了很多好处。

任意一张表，所有字段可以划分为主键（Key Fields）和数据字段（Data Fields）。

- 事实表（图中译为数据表）中主键是所有的维度 ID，数据字段是关键值。
- 维度表中主键是单一维度 ID，数据字段是维度表中对应所有特性的 SID。
- SID 表中主键是主数据 ID，数据字段是相应的 SID。

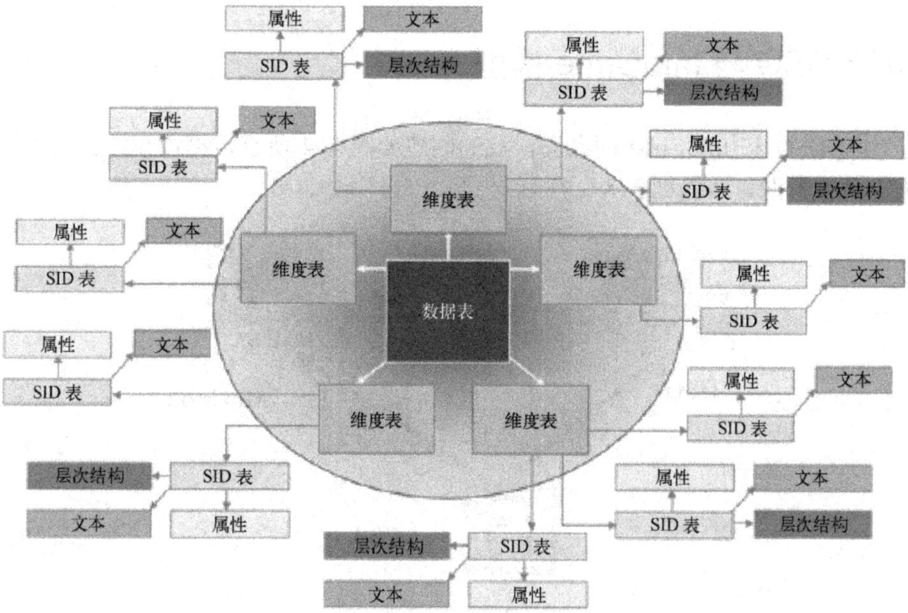

图 8-2　扩展的星形结构—连接主数据表到 InfoCube

● 主数据表（属性、文本和层级表）中主键是主数据 ID，数据字段是特性（属性表中也可以包含部分关键值作为数据字段）。

中心事实表与维度表通过维度 ID 相关联，维度表和 SID 表通过 SID 相关联，SID 表和主数据表通过主数据 ID 相关联。这样通过 Join 的关联关系，就将多张表关联到一起，形成了一个扩展的星形结构，从而用二维表实现多维的 InfoCube 模型，如图 8-3 所示。

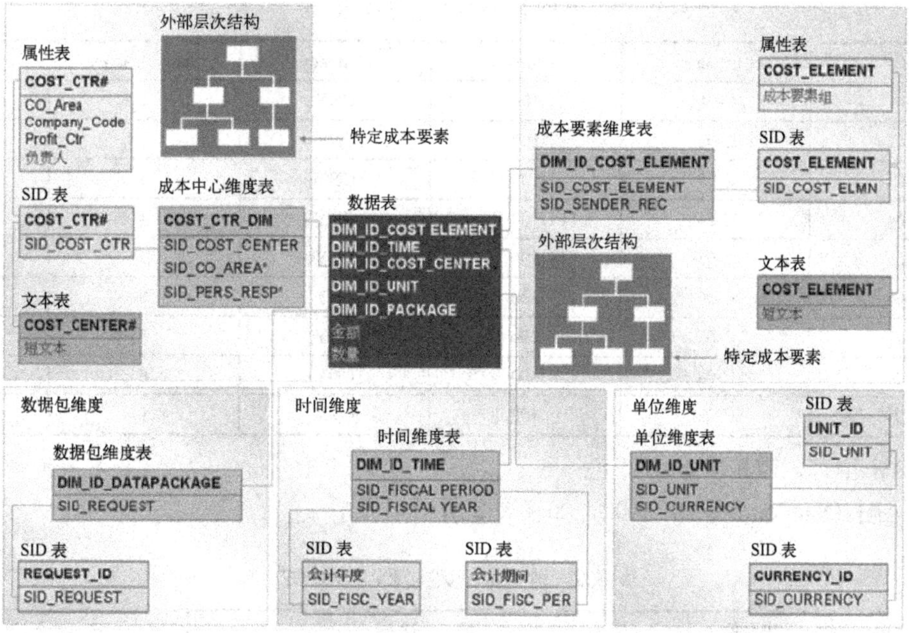

图 8-3　扩展的星形结构—相关表的主键和数据字段

8.3 创建 DSO 与 InfoCube 模型

为了比较 DSO 和 InfoCube 的异同，我们创建如图 8-4 所示数据流模型。其中的数据源采用平面文件数据源，数据如表 8-1 所示。

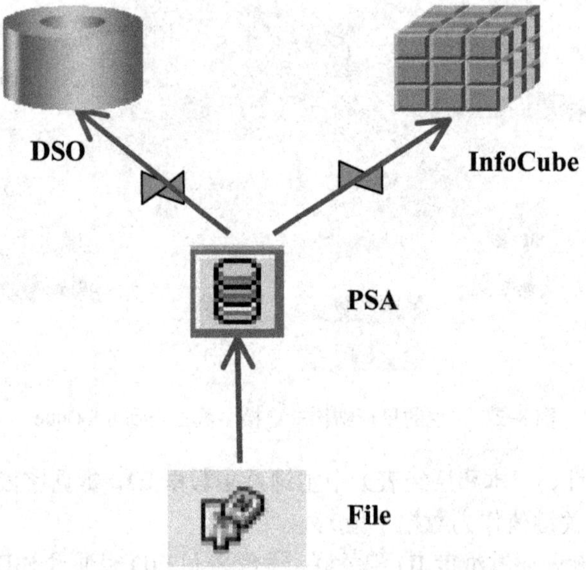

图 8-4　DSO 与 InfoCube 模型的数据流图

表 8-1　平面文件数据源

Sales	Customer	Sales Price	Currency	Sales Quantity	Unit
S-01	C-01	100	CNY	1	PC
S-02	C-02	100	CNY	2	PC
S-03	C-03	100	CNY	3	PC
S-04	C-04	100	CNY	4	PC
S-05	C-05	100	CNY	5	PC
S-06	C-06	100	CNY	6	PC
S-07	C-07	100	CNY	7	PC
S-08	C-08	100	CNY	8	PC
S-09	C-09	100	CNY	9	PC

在 BW 中，创建相应对象如下：

1）创建 DataSource ZDSSA02，如表 8-2 所示。

表 8-2　业务数据数据源 ZDSSA02

类　型	技术名称	描　述	建 立 方 法
业务数据	ZDSSA02	Sales Transaction DS for D/C Comparison	参照 InfoObject 模板

2）创建 DSO ZSSA_O02，如表 8-3 所示。

表 8-3　DSO ZSSA_O02

技术名称	ZSSA_O02
描述	Sales DSO for D/C Comparison
主键（Key Fields）	ZSSALES
非键值（Data Fields）	ZSCUSTMR　ZSPRICE　ZSQTY　ZSQTY_S (copy of ZSQTY)

3）创建 InfoCube ZSSA_C02，如表 8-4 所示。

表 8-4　InfoCube ZSSA_C02

技术名称	ZSSA_C02
描述	Sales Cube for D/C Comparison
Sales 维度 IO	ZSSALES　(维度中唯一 InfoObject，勾选 line item dimension)
Customer 维度 IO	ZSCUSTMR　(维度中唯一 InfoObject，勾选 line item dimension)
关键值（Key Figure）	ZSPRICE　ZSQTY

4）创建 DataSource ZDSSA02 之下的 InfoPackage。

5）创建从 DataSource 到 InfoCube 的 Transformation 及 DTP。

可以查看一下，InfoCube 中的 Key Figure ZSQTY 的更新方式默认为 Summation（加总），如图 8-5 所示。

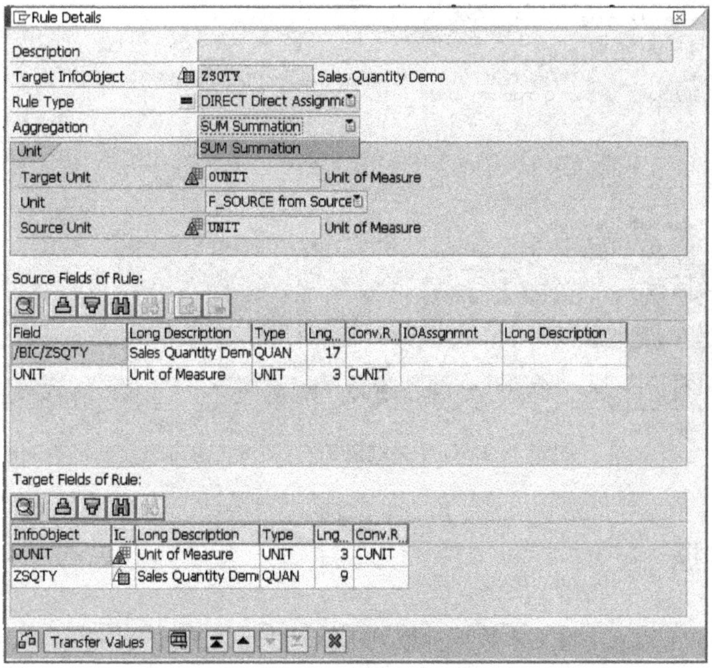

图 8-5　InfoCube 中关键值 ZSQTY 汇总方式

6）创建从 DataSource 到 DSO 的 Transformation 及 DTP。

Transformation 中，DataSource 中的 Sales Quantity 字段同时连接 DSO 中的两个 Key Figure：ZSQTY 和 ZSQTY_S，如图 8-6 所示。

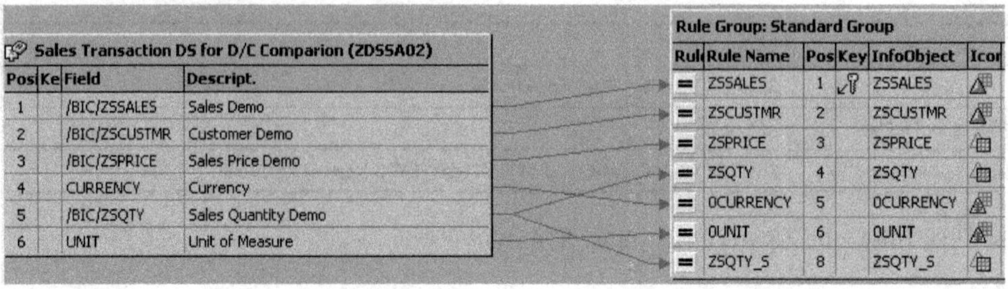

图 8-6　DataSource 到 DSO 的 Transformation

7）确定 Key Figure 的更新方式。右击 Transformation 中的关键值 ZSQTY_S，在关联菜单中选择 Rule Details，然后在弹出 Rule Details 对话框中将 Aggregation 更改默认 Overwrite 为 Summation，如图 8-7 所示。

注意：图 8-6 中的 ZSQTY 的更新方式保持系统默认选项 Overwrite（覆盖），而 ZSQTY_S 的更新方式由默认的 Overwrite（覆盖）改为 Summation（加总）。

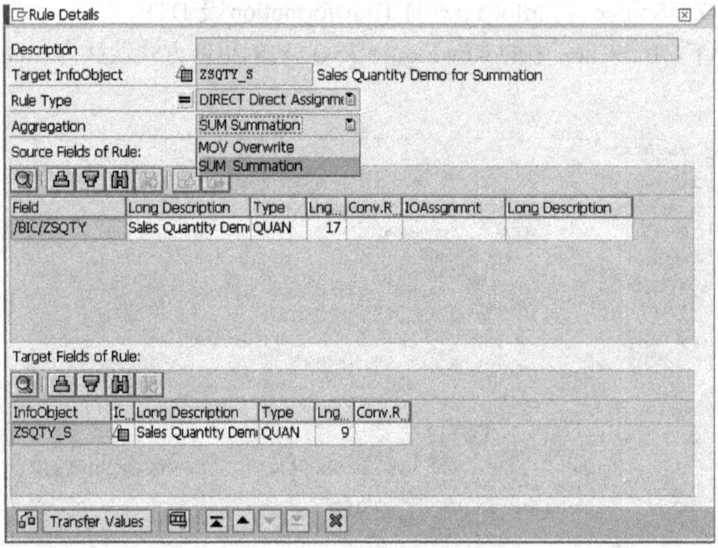

图 8-7　DSO 中关键值 ZSQTY_S 汇总方式

8.4　加载数据

1）执行 InfoPackage，将文本数据抽取到 DSO 和 InfoCube 公用的 PSA 中，其中数据如图 8-8 所示。

2）执行 DTP，将数据由 PSA 加载到 DSO 中，DTP 的监控结果如图 8-9 所示。

3）DSO 的 New Data 表中数据如图 8-10 所示。

Status	DataPacket	Data Rec.	Sales Demo	Customer D	Sales Pric	Currency	Sales Quan	Unit of Me
□	1	1	S-01	C-01	100,00	CNY	1	ST
□	1	2	S-02	C-02	100,00	CNY	2	ST
□	1	3	S-03	C-03	100,00	CNY	3	ST
□	1	4	S-04	C-04	100,00	CNY	4	ST
□	1	5	S-05	C-05	100,00	CNY	5	ST
□	1	6	S-06	C-06	100,00	CNY	6	ST
□	1	7	S-07	C-07	100,00	CNY	7	ST
□	1	8	S-08	C-08	100,00	CNY	8	ST
□	1	9	S-09	C-09	100,00	CNY	9	ST

图 8-8　PSA 中的数据

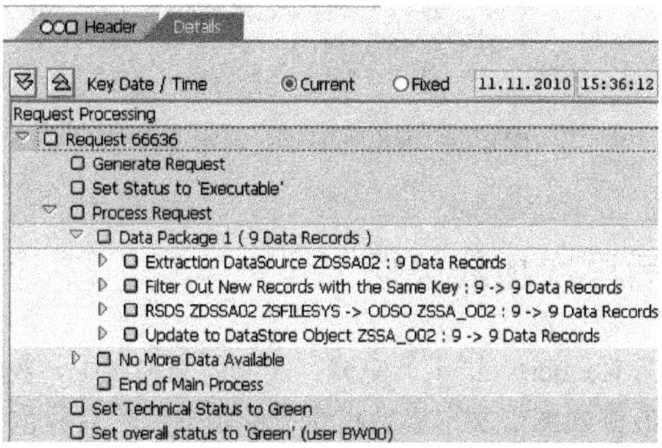

图 8-9　PSA 到 DSO 的 DTP 监控结果

Table: /BIC/AZSSA_00240
Displayed Fields: 11 of 11 Fixed Columns: 3 List Width 0250

SID	DATAPAKID	RECORD	/BIC/ZSSALES	/BIC/ZSCUSTMR	/BIC/ZSPRICE	/BIC/ZSQTY	CURRENCY	UNIT	RECORDMODE	/BIC/ZSQTY_S
66.636	000001	1	S-01	C-01	100,00	1,000	CNY	ST		1,000
66.636	000001	2	S-02	C-02	100,00	2,000	CNY	ST		2,000
66.636	000001	3	S-03	C-03	100,00	3,000	CNY	ST		3,000
66.636	000001	4	S-04	C-04	100,00	4,000	CNY	ST		4,000
66.636	000001	5	S-05	C-05	100,00	5,000	CNY	ST		5,000
66.636	000001	6	S-06	C-06	100,00	6,000	CNY	ST		6,000
66.636	000001	7	S-07	C-07	100,00	7,000	CNY	ST		7,000
66.636	000001	8	S-08	C-08	100,00	8,000	CNY	ST		8,000
66.636	000001	9	S-09	C-09	100,00	9,000	CNY	ST		9,000

图 8-10　New Data 表中数据

4）执行 DTP，将数据由 PSA 加载到 InfoCube 中，DTP 的监控结果如图 8-11 所示。

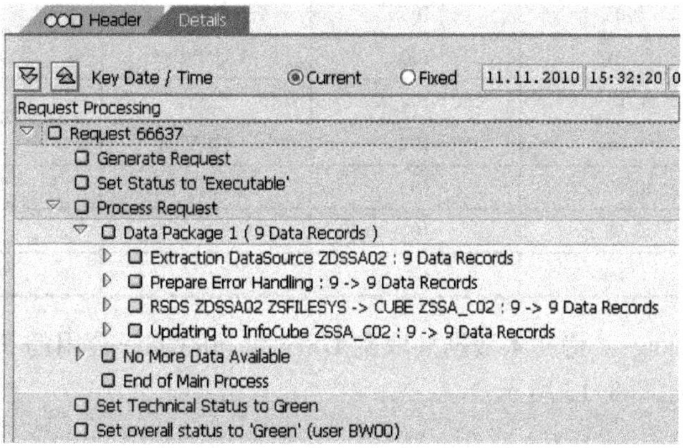

图 8-11　PSA 到 InfoCube 的 DTP 监控结果

5）InfoCube 中的数据内容（InfoCube Content）如图 8-12 所示。

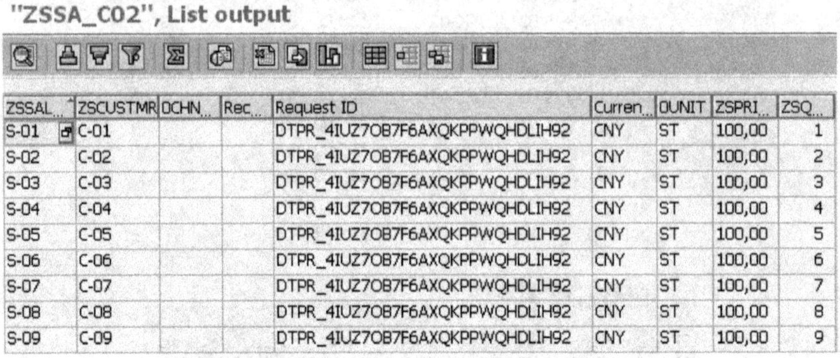
"ZSSA_C02", List output

ZSSAL..	ZSCUSTMR	0CHN..	Rec...	Request ID	Curren..	0UNIT	ZSPRI..	ZSQ...
S-01	C-01			DTPR_4IUZ7OB7F6AXQKPPWQHDLIH92	CNY	ST	100,00	1
S-02	C-02			DTPR_4IUZ7OB7F6AXQKPPWQHDLIH92	CNY	ST	100,00	2
S-03	C-03			DTPR_4IUZ7OB7F6AXQKPPWQHDLIH92	CNY	ST	100,00	3
S-04	C-04			DTPR_4IUZ7OB7F6AXQKPPWQHDLIH92	CNY	ST	100,00	4
S-05	C-05			DTPR_4IUZ7OB7F6AXQKPPWQHDLIH92	CNY	ST	100,00	5
S-06	C-06			DTPR_4IUZ7OB7F6AXQKPPWQHDLIH92	CNY	ST	100,00	6
S-07	C-07			DTPR_4IUZ7OB7F6AXQKPPWQHDLIH92	CNY	ST	100,00	7
S-08	C-08			DTPR_4IUZ7OB7F6AXQKPPWQHDLIH92	CNY	ST	100,00	8
S-09	C-09			DTPR_4IUZ7OB7F6AXQKPPWQHDLIH92	CNY	ST	100,00	9

图 8-12　InfoCube 中的数据内容

8.5　修改源数据后再次加载数据

一次加载，通过一条 Request（请求）完成。在前面的加载中，我们模拟了一个最简单的场景。接下来，我们修改源数据，制造出数据重复的场景，然后再次加载上去。注意不仅要观察在第二次加载中单一请求中重复数据的系统处理结果，而且还要观察第一次和第二次加载中跨请求中重复数据的系统处理结果。

1）修改源数据，重复一条 S-01 的记录，其他不变，如表 8-5 所示。那么在即将进行的第二次加载中，S-01 是两条记录。由于第一次加载中，S-01 到 S-09 都已经加载到模型中，所以第二次加载，所有记录都是重复加载。

表 8-5　修改后的平面文件数据源

Sales	Customer	Sales Price	Currency	Sales Quantity	Unit
S-01	C-01	100	CNY	1	PC
S-01	C-01	100	CNY	1	PC
S-02	C-02	100	CNY	2	PC
S-03	C-03	100	CNY	3	PC
S-04	C-04	100	CNY	4	PC
S-05	C-05	100	CNY	5	PC
S-06	C-06	100	CNY	6	PC
S-07	C-07	100	CNY	7	PC
S-08	C-08	100	CNY	8	PC
S-09	C-09	100	CNY	9	PC

2）执行 InfoPackage，将文本数据抽取到 DSO 和 InfoCube 公用的 PSA 中，其中新数据包含有 10 条数据，如图 8-13 所示。

注意：两个数据包一共有 10+9 = 19 条数据。

3）执行 DTP，将数据由 PSA 加载到 DSO 中。DTP 的监控结果如图 8-14 所示。

Status	DataPacket	Data Rec.	Sales Demo	Customer D	Sales Pric	Currency	Sales Quan	Unit of Me
☐	1	1	S-01	C-01	100,00	CNY	1	ST
☐	1	2	S-01	C-01	100,00	CNY	1	ST
☐	1	3	S-02	C-02	100,00	CNY	2	ST
☐	1	4	S-03	C-03	100,00	CNY	3	ST
☐	1	5	S-04	C-04	100,00	CNY	4	ST
☐	1	6	S-05	C-05	100,00	CNY	5	ST
☐	1	7	S-06	C-06	100,00	CNY	6	ST
☐	1	8	S-07	C-07	100,00	CNY	7	ST
☐	1	9	S-08	C-08	100,00	CNY	8	ST
☐	1	10	S-09	C-09	100,00	CNY	9	ST

图 8-13　PSA 中第二次加载的数据内容

注意：由于 ZSSALES 是主键，则两条 S-01 的记录变成一条，总共 10 条记录变成 9 条。

图 8-14　从 PSA 到 DSO 第二次加载的 DTP 监控结果

4）DSO 的 New Data 中数据共有 18 条，如图 8-15 所示。

Table: /BIC/AZSSA_00240
Displayed Fields: 11 of 11 Fixed Columns: 3 List Width 0250

	SID	DATAPAKID	RECORD	/BIC/ZSSALES	/BIC/ZSCUSTMR	/BIC/ZSPRICE	/BIC/ZSQTY	CURRENCY	UNIT	RECORDMODE	/BIC/ZSQTY_S
☐	66.639	000001	1	S-01	C-01	100,00	1,000	CNY	ST		2,000
☐	66.636	000001	1	S-01	C-01	100,00	1,000	CNY	ST		1,000
☐	66.639	000001	2	S-02	C-02	100,00	2,000	CNY	ST		2,000
☐	66.636	000001	2	S-02	C-02	100,00	2,000	CNY	ST		2,000
☐	66.639	000001	3	S-03	C-03	100,00	3,000	CNY	ST		3,000
☐	66.636	000001	3	S-03	C-03	100,00	3,000	CNY	ST		3,000
☐	66.639	000001	4	S-04	C-04	100,00	4,000	CNY	ST		4,000
☐	66.636	000001	4	S-04	C-04	100,00	4,000	CNY	ST		4,000
☐	66.639	000001	5	S-05	C-05	100,00	5,000	CNY	ST		5,000
☐	66.636	000001	5	S-05	C-05	100,00	5,000	CNY	ST		5,000
☐	66.636	000001	6	S-06	C-06	100,00	6,000	CNY	ST		6,000
☐	66.639	000001	6	S-06	C-06	100,00	6,000	CNY	ST		6,000
☐	66.636	000001	7	S-07	C-07	100,00	7,000	CNY	ST		7,000
☐	66.639	000001	7	S-07	C-07	100,00	7,000	CNY	ST		7,000
☐	66.636	000001	8	S-08	C-08	100,00	8,000	CNY	ST		8,000
☐	66.639	000001	8	S-08	C-08	100,00	8,000	CNY	ST		8,000
☐	66.636	000001	9	S-09	C-09	100,00	9,000	CNY	ST		9,000
☐	66.639	000001	9	S-09	C-09	100,00	9,000	CNY	ST		9,000

图 8-15　从 PSA 到 DSO 两次加载后的 New Data 中数据

注意：观察一下图 8-15 中销售人员 S-01 的记录中 Key Figure 的值。如表 8-6 所示。

表 8-6 销售人员 S-01 的 Key Figure 值（New Data 表）

Key Figure	计 算 方 式	第一个 Request	第二个 Request
ZSQTY	Overwrite	1（只有一条记录）	1 （两条记录，第二条 1 覆盖第一条 1）
ZSQTY_S	Summation	1（只有一条记录）	2 （两条记录，1+1）

5）激活 New Data 中的两个 Request，Active Data 表中数据如图 8-16 所示。New Data 中的 18 条记录变成 Active Data 中的 9 条记录，因为 New Data 中的技术属性作为主键 Request(SID)、DataPackage、Record, 而 Active Data 中只有语义主键 ZSSALES。

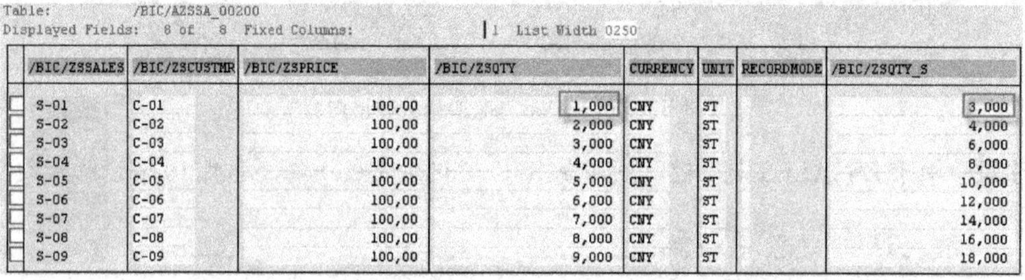
Table: /BIC/AZSSA_00200
Displayed Fields: 8 of 8 Fixed Columns: | 1 List Width 0250

/BIC/ZSSALES	/BIC/ZSCUSTMR	/BIC/ZSPRICE	/BIC/ZSQTY	CURRENCY	UNIT	RECORDMODE	/BIC/ZSQTY_S
S-01	C-01	100,00	1,000	CNY	ST		3,000
S-02	C-02	100,00	2,000	CNY	ST		4,000
S-03	C-03	100,00	3,000	CNY	ST		6,000
S-04	C-04	100,00	4,000	CNY	ST		8,000
S-05	C-05	100,00	5,000	CNY	ST		10,000
S-06	C-06	100,00	6,000	CNY	ST		12,000
S-07	C-07	100,00	7,000	CNY	ST		14,000
S-08	C-08	100,00	8,000	CNY	ST		16,000
S-09	C-09	100,00	9,000	CNY	ST		18,000

图 8-16 DSO 两次加载再激活后的 Active Data 中数据

注意：再观察一下图 8-16 中销售人员 S-01 的记录中 Key Figure 的值。如表 8-7 所示。

表 8-7 销售人员 S-01 的 Key Figure 值（Active Data 表）

Key Figure	计算方式	第一个 Request	第二个 Request	Active Data
ZSQTY	Overwrite	1	1	1 （两次请求，第二次 1 覆盖第一次 1）
ZSQTY_S	Summation	1	2	3 （两次请求，1+2）

6）执行 DTP，将数据由 PSA 加载到 InfoCube 中，DTP 监控结果如图 8-17 所示。

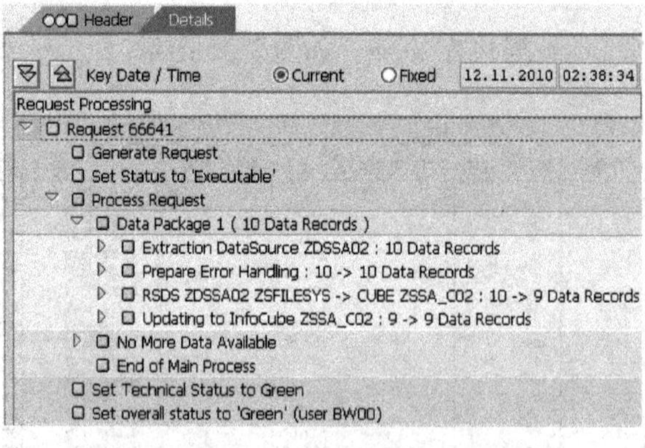

图 8-17 PSA 到 InfoCube 的第二次 DTP 监控结果

7）InfoCube 中 InfoCube Content 的内容如图 8-18 所示。

注意：可以看到，对于 S-01，两条 Request 的记录都加载上来了，并且我们看到由于 InfoCube 的 Key Figure 的计算方式是加总，所以在第二条 Request 中，值为 1+1=2。

"ZSSA_C02", List output

ZSSAL...	ZSCUSTMR	0CHNGID	Record ty...	Request ID	Curren...	0UNIT	ZSPRI...	ZSQ...
S-01	C-01			DTPR_4IUZ7OB7F6AXQKPPWQHDLIH92	CNY	ST	100,00	1
	C-01			DTPR_4JST4YIIR15B64H6SML3IO5P2	CNY	ST	200,00	2
S-02	C-02			DTPR_4IUZ7OB7F6AXQKPPWQHDLIH92	CNY	ST	100,00	2
	C-02			DTPR_4JST4YIIR15B64H6SML3IO5P2	CNY	ST	100,00	2
S-03	C-03			DTPR_4IUZ7OB7F6AXQKPPWQHDLIH92	CNY	ST	100,00	3
	C-03			DTPR_4JST4YIIR15B64H6SML3IO5P2	CNY	ST	100,00	3
S-04	C-04			DTPR_4IUZ7OB7F6AXQKPPWQHDLIH92	CNY	ST	100,00	4
	C-04			DTPR_4JST4YIIR15B64H6SML3IO5P2	CNY	ST	100,00	4
S-05	C-05			DTPR_4IUZ7OB7F6AXQKPPWQHDLIH92	CNY	ST	100,00	5
	C-05			DTPR_4JST4YIIR15B64H6SML3IO5P2	CNY	ST	100,00	5
S-06	C-06			DTPR_4IUZ7OB7F6AXQKPPWQHDLIH92	CNY	ST	100,00	6
	C-06			DTPR_4JST4YIIR15B64H6SML3IO5P2	CNY	ST	100,00	6
S-07	C-07			DTPR_4IUZ7OB7F6AXQKPPWQHDLIH92	CNY	ST	100,00	7
	C-07			DTPR_4JST4YIIR15B64H6SML3IO5P2	CNY	ST	100,00	7
S-08	C-08			DTPR_4IUZ7OB7F6AXQKPPWQHDLIH92	CNY	ST	100,00	8
	C-08			DTPR_4JST4YIIR15B64H6SML3IO5P2	CNY	ST	100,00	8
S-09	C-09			DTPR_4IUZ7OB7F6AXQKPPWQHDLIH92	CNY	ST	100,00	9
	C-09			DTPR_4JST4YIIR15B64H6SML3IO5P2	CNY	ST	100,00	9

图 8-18　两次加载后 InfoCube 的数据内容

8.6　DSO 与 InfoCube 的比较

基于本章中所建模型和数据加载后在 DSO 和 InfoCube 中系统处理的结果，我们可以看到 PSA 直接连接 DSO 或 InfoCube，数据会发生不同的变化。

变化的关键是主键（Key Fields）和关键值（Key Figure）的设置。主键就是所有关键字段的组合，在 DSO 中，主键是 Key Fields 中所有特性的组合；而在 InfoCube 中，主键是所有特性的组合。在关键值的设置方面，DSO 默认是覆盖（Overwrite），但可改为汇总（Summation）；而 InfoCube 只能汇总。

从某种角度来看，InfoCube 可以被看做是一类特殊的 DSO：所有的特性都是主键，关键值都采用汇总方式。

所以我们可以看到，在同一个请求和不同请求中，数据条数和 Key Figure 的取值有如下变化：

1）同一个请求中，加载的数据条数由主键决定，相同主键的数据多条会变一条。

2）同一个请求中，DSO 中主键相同的数据，关键值覆盖时取最后一条记录的值。

3）同一个请求中，DSO 中主键相同的数据，关键值汇总时取所有记录的汇总值。

4）同一个请求中，InfoCube 中所有特性相同（等于主键相同）的数据关键值取所有记录的汇总值。

5）不同请求中，加载的数据条数由主键决定。DSO 中相同主键的数据多条会变一条，InfoCube 由于还有技术属性主键，所以对于相同语义主键的记录，数据还是会加载上来，从语义主键的角度查看，数据条数翻倍。

6）不同请求中，DSO 中主键相同的数据，关键值覆盖时取最新请求中最后一条记录的值。

7）不同请求中，DSO 中主键相同的数据，关键值汇总时取两个请求中所有记录的汇总值。

8）不同请求中，InfoCube 中特性相同（等于主键相同）的数据，关键值按请求存放，当去掉请求号查看时取两个请求中所有记录的汇总值。

读者可以基于本单元中的模型，将源数据作相应修改，再加载到模型中，查看结果，可以加深对 DSO 与 InfoCube 的理解。

第9章　多信息提供者和信息集

在 BW 中，所有的信息提供者（InfoProvider）可以分为两类：有物理存储类和逻辑视图类。前者包括信息立方体（InfoCube）、数据存储对象（DSO）、信息对象（InfoObject）；后者包括多信息提供者（MultiProvider）、信息集（InfoSet）、虚拟立方体（VirtualProvider）和汇总级别（Aggregation Level）。

逻辑视图类的 InfoProvider 本身并不包含数据，其数据来自于底层的 InfoProvider。其中，VirtualProvider 是一种虚拟的 InfoCube，主要用于实时数据抽取和比较，本书中另有专题介绍。而 Aggregation Level 是基于实时信息立方体或多信息提供者而建立的视图，将相应底层模型的信息对象减少，从而可以汇总数据，主要用在 IP（Integrated Planning，集成计划）中。

MultiProivder 在 BW 系统中，号称"万能胶"，它有如下特点：

- 可以将除了 MultiProvider 类型之外的所有 InfoProvider 连接起来。
- 连接方式为 Union。
- MultiProvider 的结构和 InfoCube 一样，分为维度和关键值。它的关键值和维度中的特性只能来自于所连接下层对象中的关键值和特性。
- 报表在查询 MultiProvider 时，同时并行查询 MultiProvidr 连接的对象，提升报表的访问性能。
- 在模型最上层放置 MultiProvider，可以避免模型的改动或增加而引起的报表名称的调整。

基于上述特点，在项目中应尽可能多地使用 MultiProvidr。

InfoSet 的特点如下：

- 只能连接 InfoCube、DSO 和 InfoObject 这三种由物理数据存储的 InfoProvider。
- 连接方式为 Join。
- InfoSet 可以有 Inner Join（内连接）、Left Outer Join（左连接）和 Temporal Join（时间相关数据的临时连接）。

由于 InfoSet 的 Join 导致报表中相关数据量以乘积倍增，读取性能变差。所以除非必要，一般不建议使用 InfoSet。

9.1　多信息提供者的创建

1．业务场景

下面通过一个场景来演示 MultiProvider 的创建过程和 Union 的数据结果。有计划销售数据表 9-1 所示，实际销售数据如表 9-2 所示。

表 9-1　计划销售数据表

Sales	Month	Plan Sales Amount	Currency
S-1	201010	1100	EUR
S-1	201011	1200	EUR
S-2	201010	1200	EUR
S-3	201010	1300	EUR
S-4	201010	1400	EUR
S-5	201010	1500	EUR
S-6	201010	1600	EUR
S-7	201010	1700	EUR
S-8	201010	1800	EUR
S-9	201010	1900	EUR
S-10	201010	2000	EUR

表 9-2　实际销售数据表

Sales	Month	Actual Sales Amount	Currency
S-1	201010	100	EUR
S-1	201011	111	EUR
S-2	201010	200	EUR
S-3	201010	300	EUR
S-4	201010	400	EUR
S-5	201010	500	EUR
S-6	201010	600	EUR
S-7	201010	700	EUR
S-8	201010	800	EUR
S-9	201010	900	EUR

2. MultiProvider 创建过程

MultiProvider 可以连接除了它本身之外的所有 InfoProvider。数据的连接类型是 Union。操作步骤如下：

1）创建两个 DataSource，如图 9-1 和图 9-2 所示。

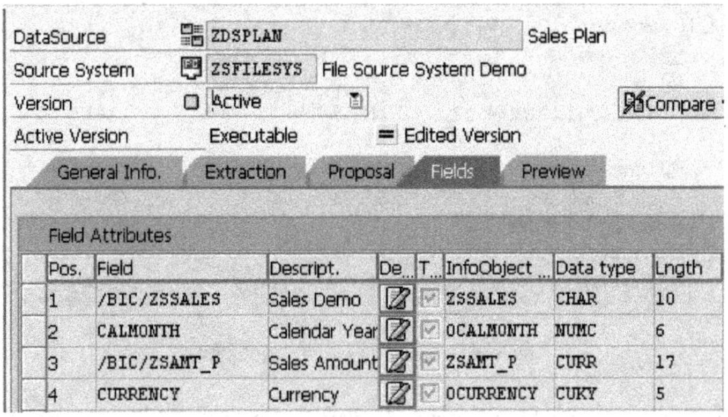

图 9-1　计划销售数据 DataSource

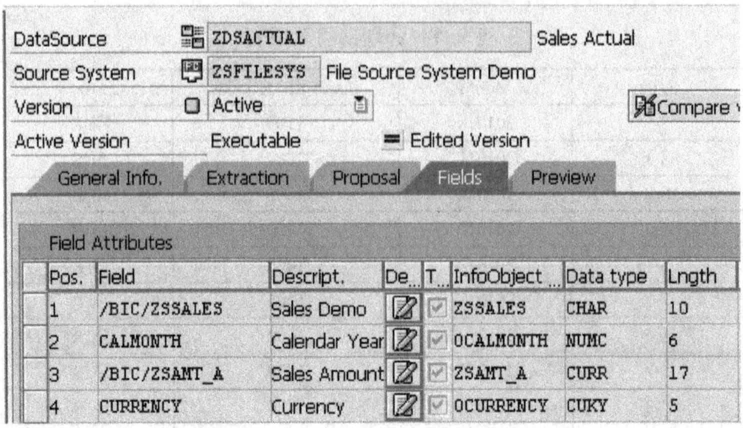

图 9-2 实际销售数据 DataSource

2）创建两个 InfoCube，它们结构一样，只是 Key Figure 一个是 Plan 值，如图 9-3 所示，一个是 Actual 值，如图 9-4 所示。

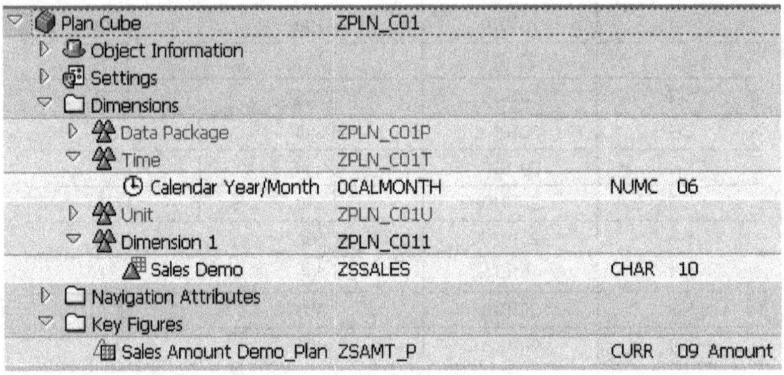

图 9-3 计划销售数据 InfoCube

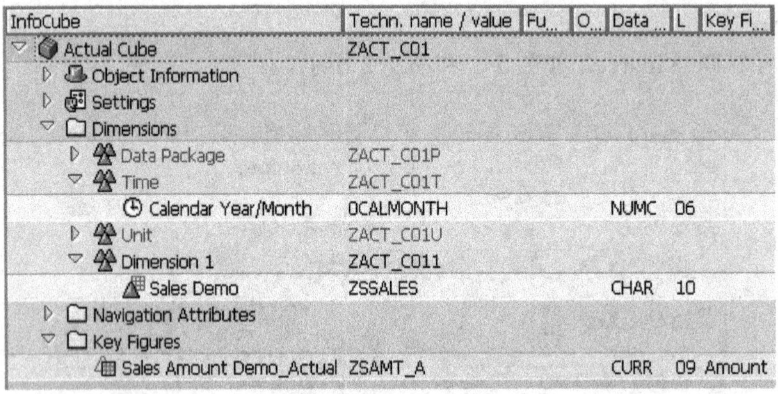

图 9-4 实际销售数据 InfoCube

3）创建 InfoPackage，创建 DataSource 和 InfoCube 之间的 Transformation 和 DTP，其中 Transformation 如图 9-5 和图 9-6 所示。

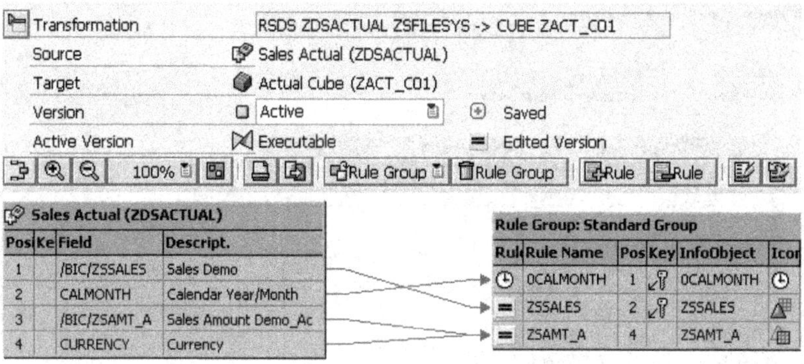

图 9-5　计划销售数据 Transformation

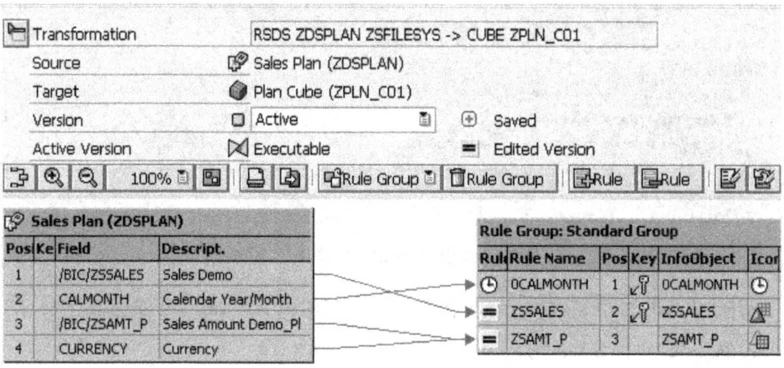

图 9-6　实际销售数据 Transformation

4）在相应的 InfoArea 上右击，在快捷菜单中单击创建 MultiProvider，如图 9-7 所示。

5）在弹出的对话框中输入 MultiProvider 的技术名称和描述，如图 9-8 所示。

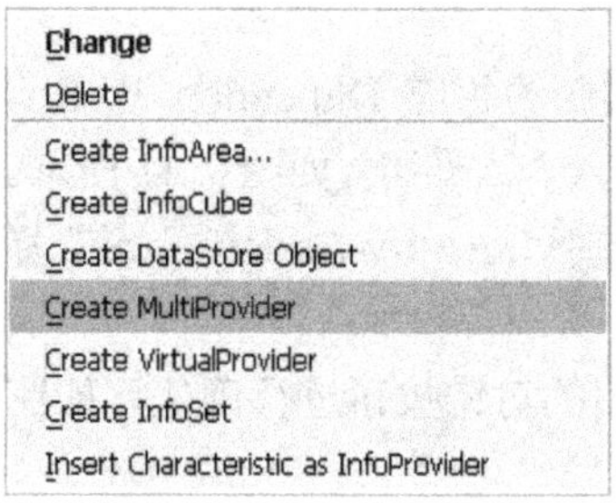

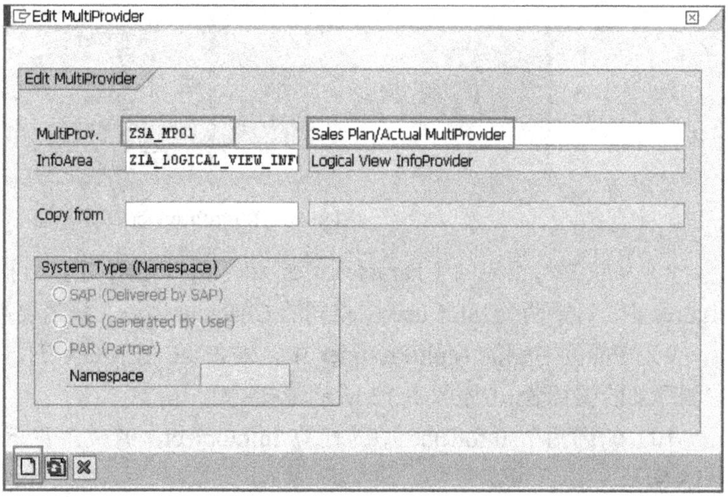

图 9-7　选择创建 MultiProvider

图 9-8　新建 MultiProvider 的技术名称和描述

6）在弹出对话框的 InfoCubes 选项卡中勾选 ZPLN_C01 和 ZACT_C01，如图 9-9 所示。

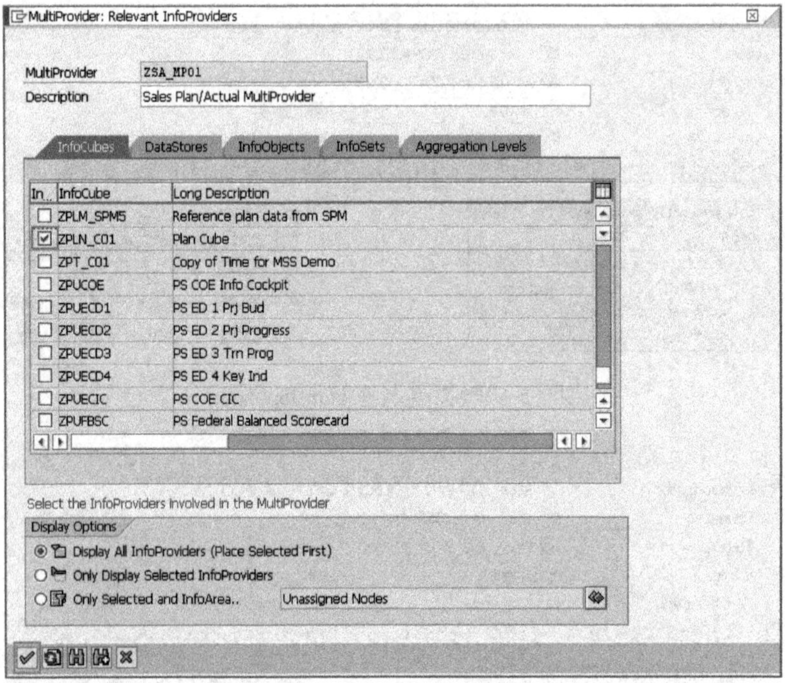

图 9-9 勾选 MultiProvider 的成员

7）可获得如图 9-10 所示的界面。左侧列出了 MultiProvider 的数据来源：两个 InfoCube，右侧出现了和 InfoCube 一样的结构。

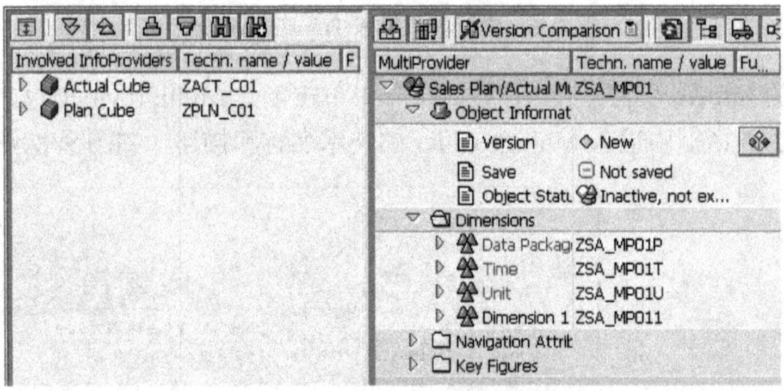

图 9-10 MultiProvider 初始界面

8）从左侧将相应的 Characteristics 和 Key Figure 拖入到右侧的相应 Dimention 和 Key Figures 中。对于两个 InfoCube 中相同的 Characteristics，只需要拖入一次即可，如图 9-11 所示。

9）在界面右侧的 MultiProvider 中，右击 0CALMONTH，选择 Identify(Assign)，或选择右侧顶部的图标，如图 9-12 所示。

10）勾选两个 InfoCube 中的相应 InfoObject，并单击左下角的对钩按钮进行确认，如图 9-13 所示。

11）同理，对于 ZSSALES，同样勾选两个 Cube 中的相应 InfoObject，并确认，如图 9-14 所示。

12）对于 Key Figure，右击，选择 Select(Assign)（见图 9-15），或选择右侧顶部图标。

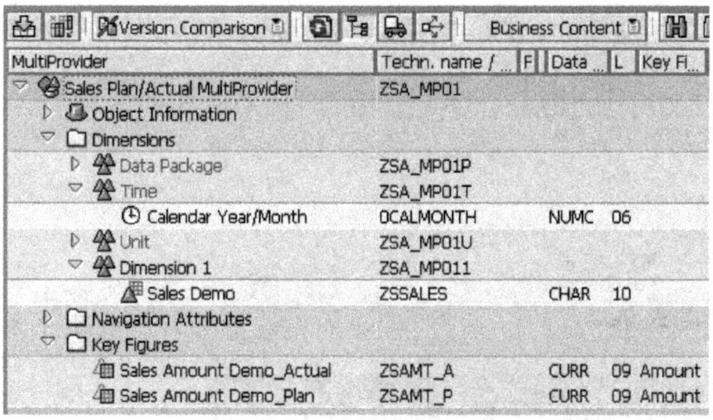

图 9-11　添加特性和关键值到 MultiProvider

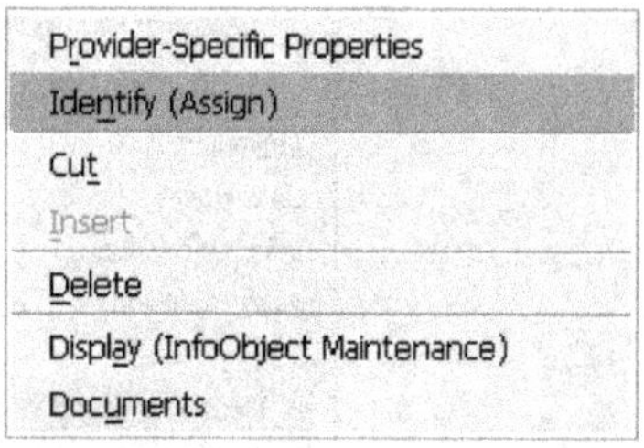

图 9-12　选择 Identify

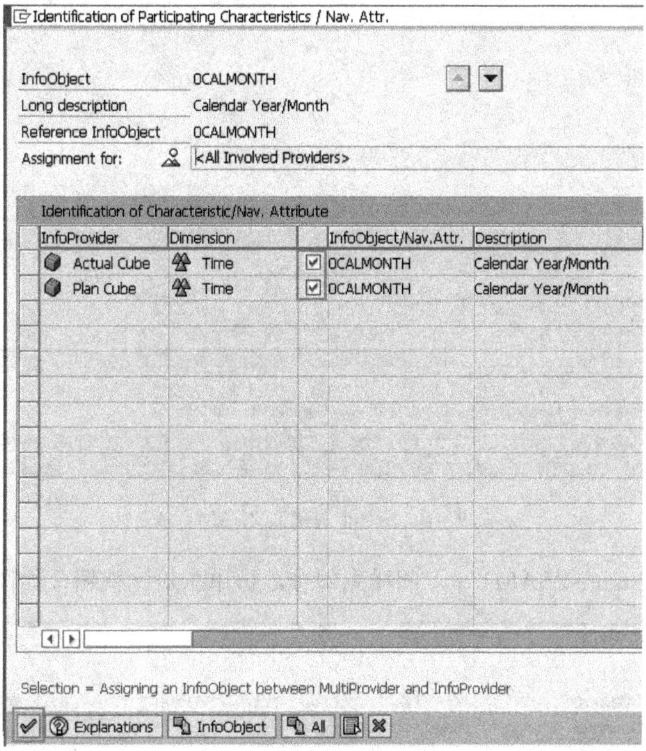

图 9-13　Identify 时间特性 0CALMONTH

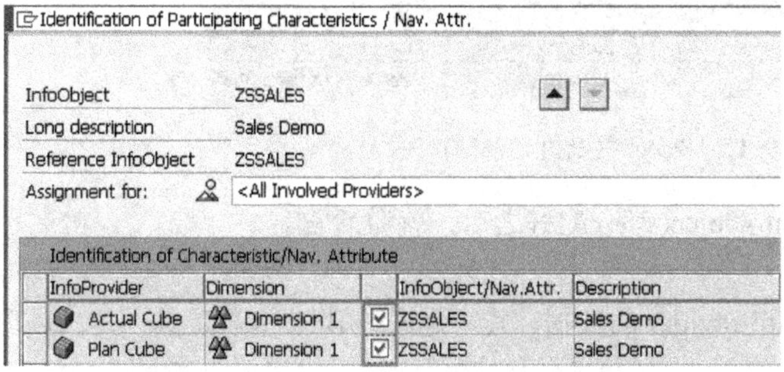

图 9-14　Identify 特性 ZSSALES

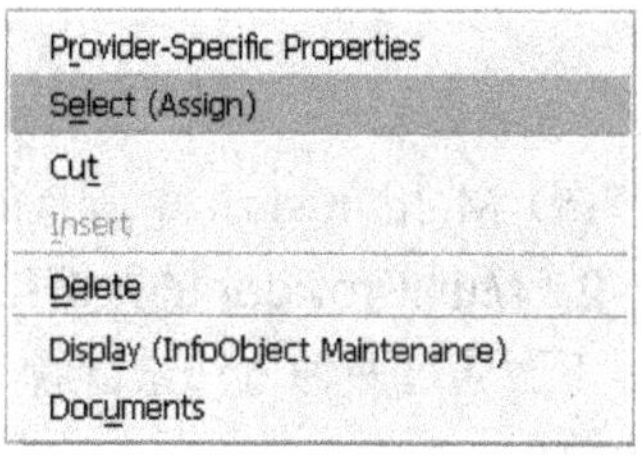

图 9-15　选择 Select

13）对于 Key Figure ZSAMT_A，勾选相应 InfoCube 中的 Key Figure，然后单击左下角的对钩按钮确认，如图 9-16 所示。

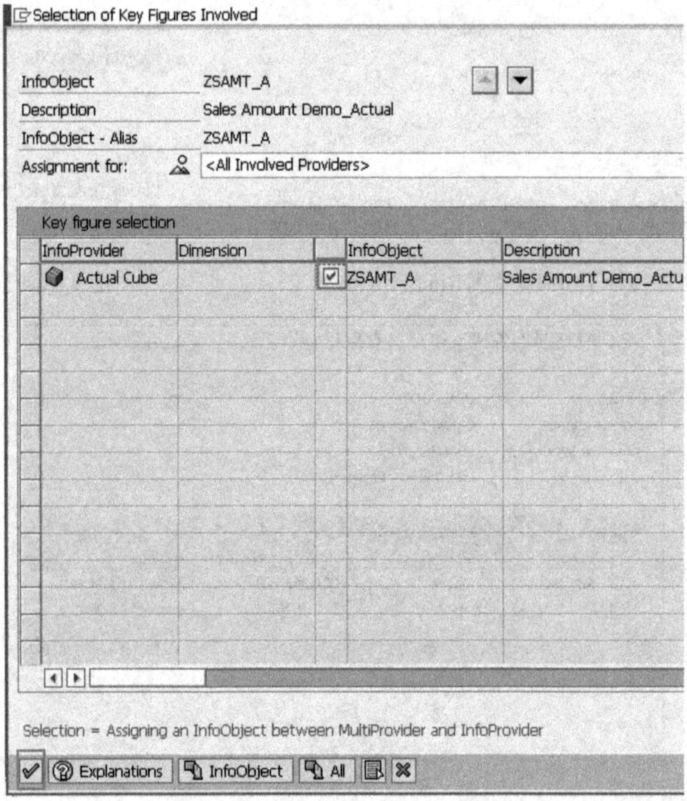

图 9-16　Select 关键值 ZSAMT_A

14）对于 Key Figure ZSAMT_P，同样先勾选，再单击对钩按钮，如图 9-17 所示。

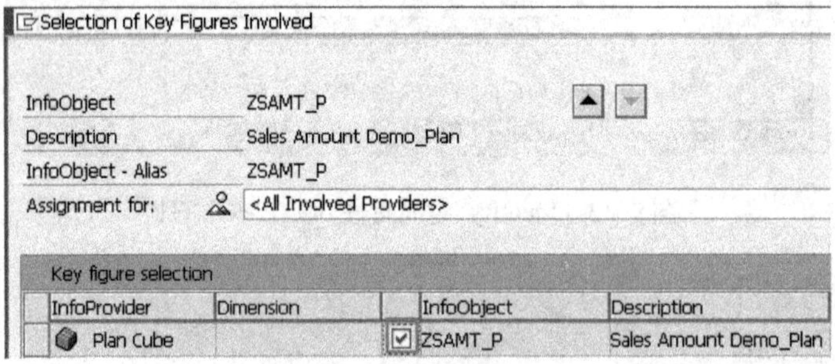

图 9-17　Select 关键值 ZSAMT_P

15）MultiProvider 中所有的 InfoObject 都分配好之后，就激活它。

2．MultiProvider 的数据结果

下面通过两种方法来查看 MultiProvider 的数据。其一是通过 BEx 报表工具；其二是直接显示数据。

1）在 Query Designer 上新建查询，选择相应的 MultiProvider，如图 9-18 所示。

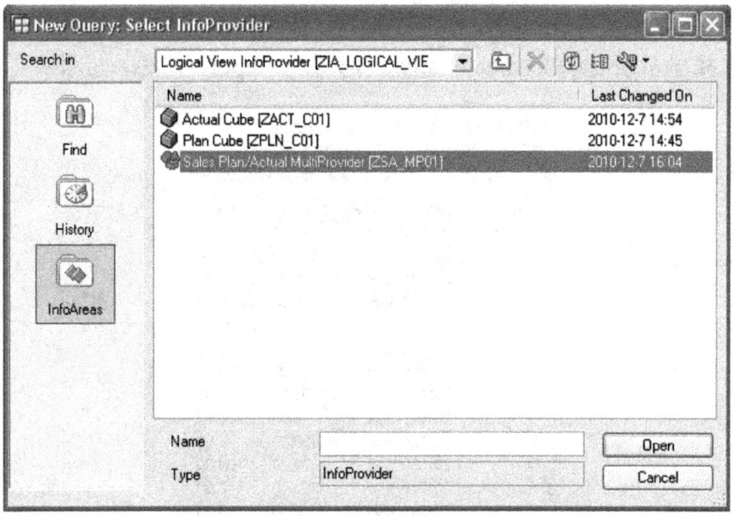

图 9-18　新建查询时选择 MultiProvider

2）Query 中，行列包含的 InfoObject 选择如图 9-19 所示。

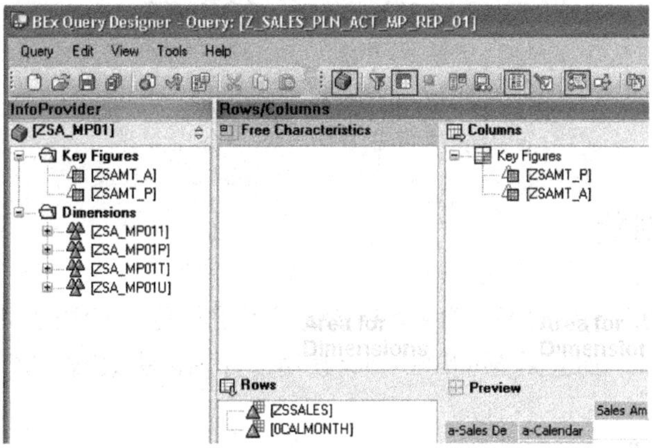

图 9-19　新建查询时的行列

3）在 Analyzer 中打开相应的 Query，其结果如图 9-20 所示。我们看到两个 InfoCube 数据 Union 的结果，其中 S-10 只有 Plan 值，没有 Actual 值，所以 Actual 值为空。

Table

Sales Demo	Calendar Year/Month	Sales Amount Demo_Plan	Sales Amount Demo_Actual
S-1	10.2010	1,100.00 EUR	100.00 EUR
	11.2010	1,200.00 EUR	111.00 EUR
S-10	10.2010	2,000.00 EUR	
S-2	10.2010	1,200.00 EUR	200.00 EUR
S-3	10.2010	1,300.00 EUR	300.00 EUR
S-4	10.2010	1,400.00 EUR	400.00 EUR
S-5	10.2010	1,500.00 EUR	500.00 EUR
S-6	10.2010	1,600.00 EUR	600.00 EUR
S-7	10.2010	1,700.00 EUR	700.00 EUR
S-8	10.2010	1,800.00 EUR	800.00 EUR
S-9	10.2010	1,900.00 EUR	900.00 EUR

图 9-20　Analyzer 中的 MultiProvider 报表结果

4）也可以不建 Query 和 Report，直接在 BW 系统找到相应的 MultiProvider，右击选择 Display Data，选择显示所有的 Characteristics，结果与 Report 一致，如图 9-21 所示。

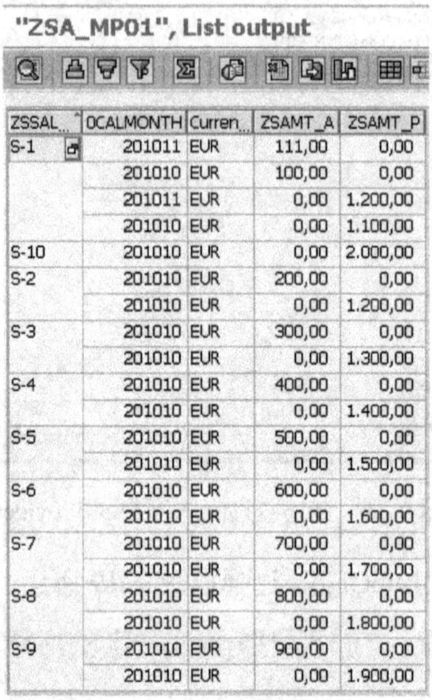
"ZSA_MP01", List output

ZSSAL...	0CALMONTH	Curren...	ZSAMT_A	ZSAMT_P
S-1	201011	EUR	111,00	0,00
	201010	EUR	100,00	0,00
	201011	EUR	0,00	1.200,00
	201010	EUR	0,00	1.100,00
S-10	201010	EUR	0,00	2.000,00
S-2	201010	EUR	200,00	0,00
	201010	EUR	0,00	1.200,00
S-3	201010	EUR	300,00	0,00
	201010	EUR	0,00	1.300,00
S-4	201010	EUR	400,00	0,00
	201010	EUR	0,00	1.400,00
S-5	201010	EUR	500,00	0,00
	201010	EUR	0,00	1.500,00
S-6	201010	EUR	600,00	0,00
	201010	EUR	0,00	1.600,00
S-7	201010	EUR	700,00	0,00
	201010	EUR	0,00	1.700,00
S-8	201010	EUR	800,00	0,00
	201010	EUR	0,00	1.800,00
S-9	201010	EUR	900,00	0,00
	201010	EUR	0,00	1.900,00

图 9-21　MultiProvider 直接 Display Data

9.2　信息集的创建

在实际项目中，InfoSet 一般连接两个 DSO。但为了与前一节中的 MultiProvider 对比，本例中连接两个 InfoCube，而且是 MultiProvider 使用的计划销售数据 ZACT_C01 和实际销售数据 ZACT_C01。

1. InfoSet 的创建过程

1）在相应 InfoArea 上右击，选择 Create InfoSet，如图 9-22 所示。

2）在弹出的对话框中保持默认选项，网状视图显示模式，单击对钩按钮，如图 9-23 所示。

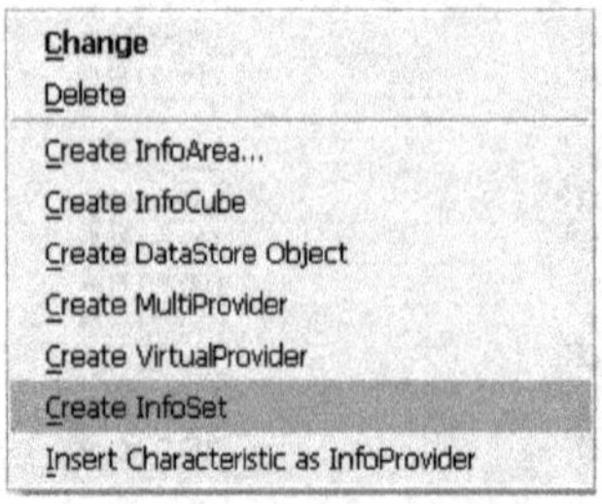

图 9-22　选择创建 InfoSet

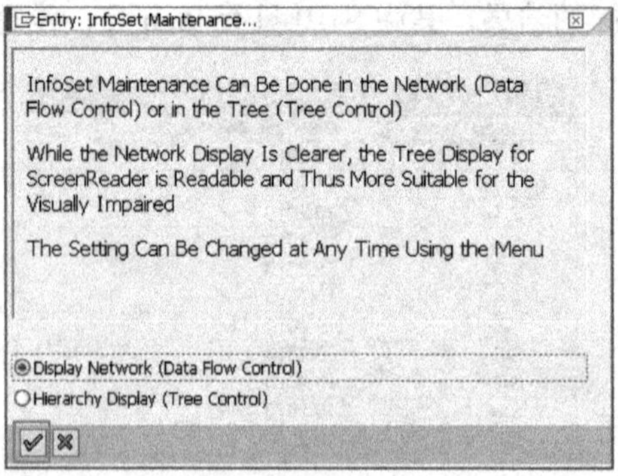

图 9-23　确认网状视图显示模式

3）在弹出的对话框中输入 InfoSet 的技术名称和描述，并选择 InfoSet 连接的开始对象，如图 9-24 所示。这是和 MultiProvider 的创建时不一样的地方，InfoSet 的连接方式有多种，本例中采用内连接。

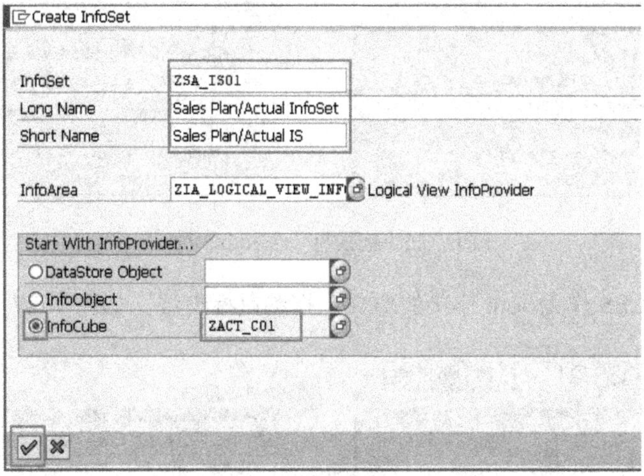

图 9-24　InfoSet 的技术名称、描述和开始对象

4）可看到 InfoSet 的创建界面如图 9-25 所示。

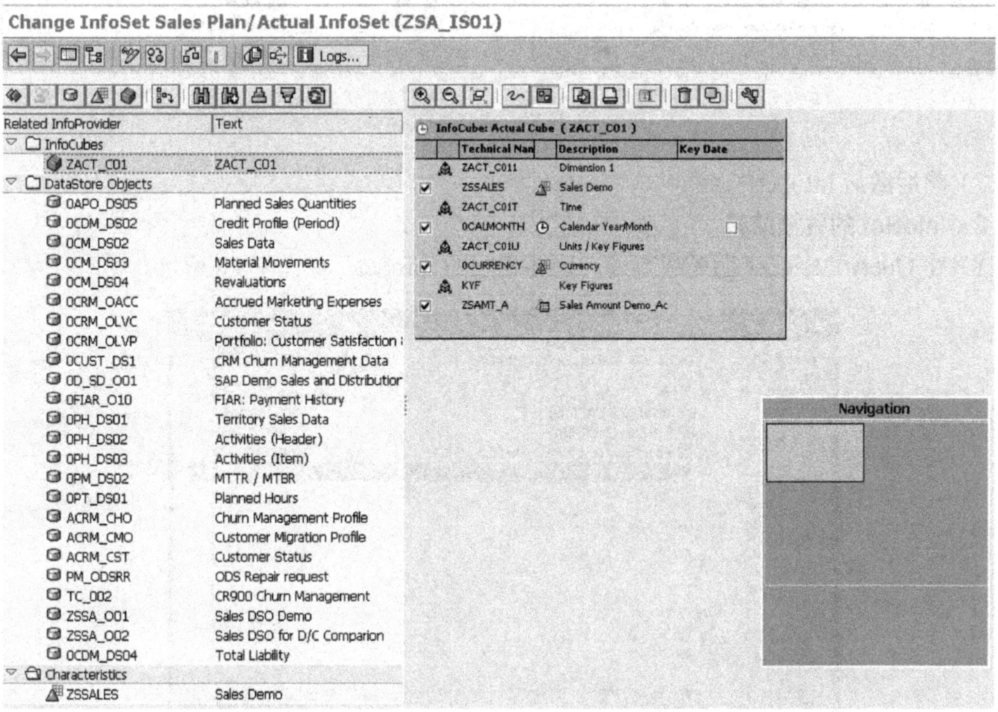

图 9-25　InfoSet 创建的主界面

5）单击左侧的查找图标，输入另一个 InfoCube 的名称 ZPLN_C01，在左侧界面找到后，拖拽到右侧界面中，如图 9-26 所示。

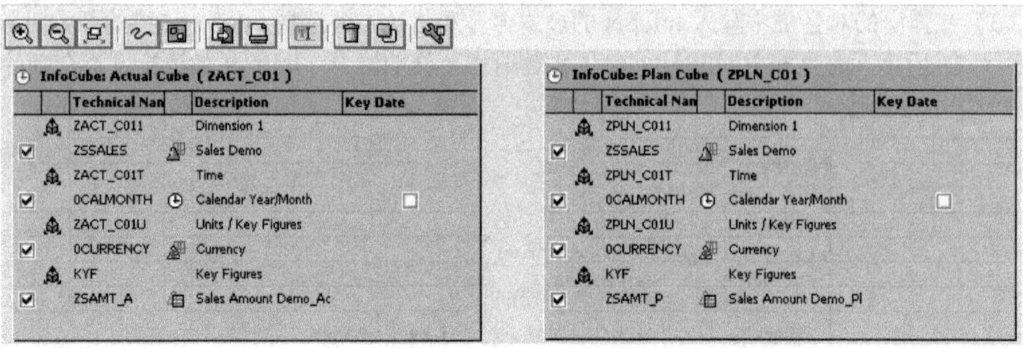

图 9-26　拖拽另一个 InfoCube

6）选中 ZSSALES 作为 Join 连接的对象，拖动鼠标连线，如图 9-27 所示。

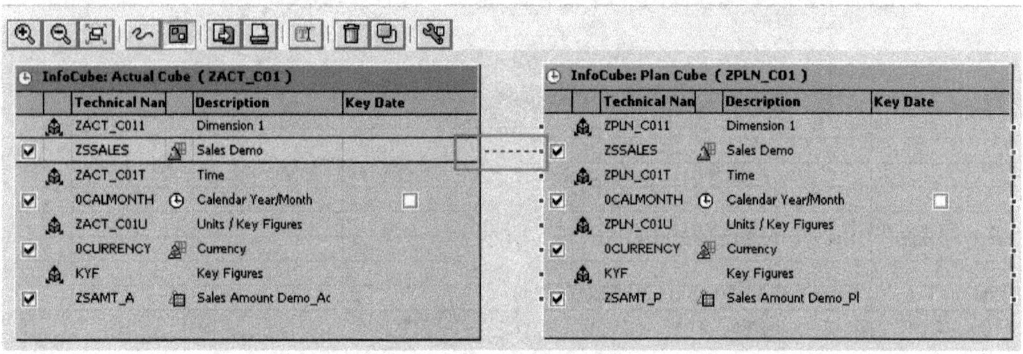

图 9-27　建立连接

7）然后激活 InfoSet。

2. InfoSet 的数据结果

1）在 Query Designer 上新建查询，选择相应的 InfoSet，如图 9-28 所示。

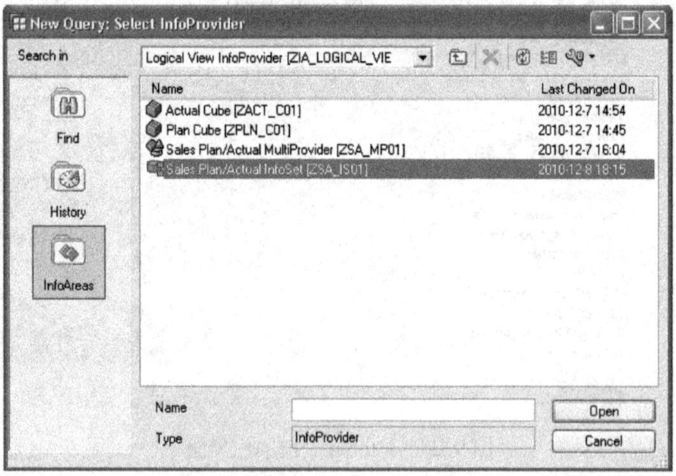

图 9-28　新建查询时选择 InfoSet

2）在 Query Designer 中 InfoProvider 的一侧，InfoObject 显示的技术名称已经由系统自动改变为“ZSA_IS01__F1”等，如图 9-27 左侧所示，不再轻易了解到其实际含义。所以最好用描述加上技术名称的显示方式，如图 9-29 右侧所示。

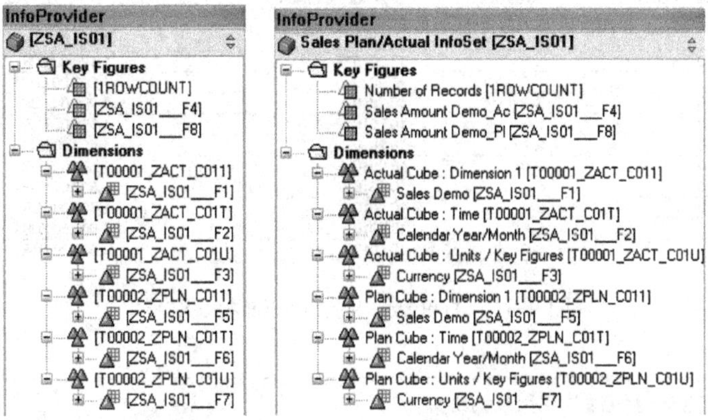

图 9-29　InfoSet 中信息对象的技术名称已改变

3）按图 9-30 配置 Rows / Columns。

注意：将 InfoSet 中用到的两个 InfoCube 中的 Sales Demo 和 Calendar Year 都拖拽到 Rows 中。

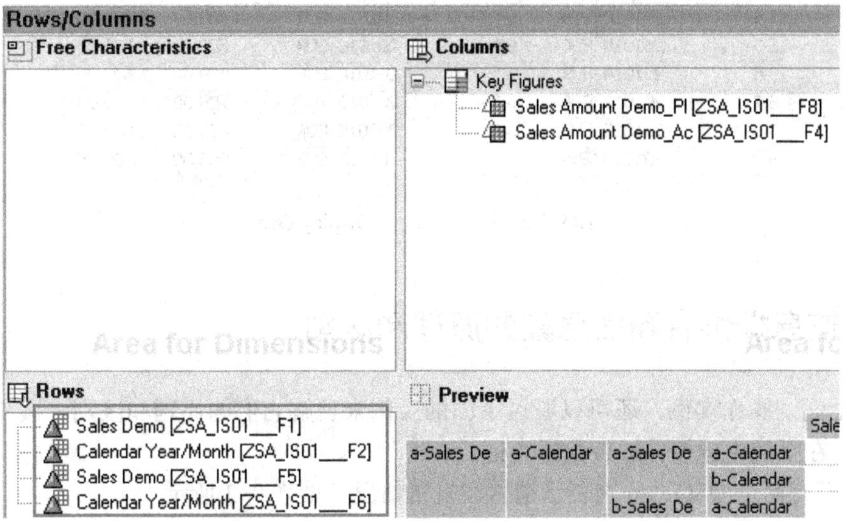

图 9-30　InfoSet 中的行和列

4）在 Analyser 中的结果如图 9-31 所示：对于 S-1 的记录，由于原来的两个 InfoCube 中各有两条记录，则 InfoSet 的结果集就是 2×2＝4 条记录

5）也可以不建 Query 和 Report，直接在 BW 系统中找到相应的 InfoSet，右击选择 Display Data，选择显示所有的 Characteristics，结果与 Report 一致，如图 9-32 所示。

另外，我们看到在 Planning Cube 中存在的 S-10 记录，在 InfoSet 中不存在。这是因为我们使用的是内连接，如果是左连接（前提是 InfoSet 的连接右侧不能是 InfoCube），则可以显示 S-10。

Table

Sales Demo	Calendar Year/Month	Sales Demo	Calendar Year/Month	Sales Amount Demo_Pl	Sales Amount Demo_Ac
S-1	10.2010	S-1	10.2010	1,100.00 EUR	100.00 EUR
			11.2010	1,200.00 EUR	100.00 EUR
	11.2010	S-1	10.2010	1,100.00 EUR	111.00 EUR
			11.2010	1,200.00 EUR	111.00 EUR
S-2	10.2010	S-2	10.2010	1,200.00 EUR	200.00 EUR
S-3	10.2010	S-3	10.2010	1,300.00 EUR	300.00 EUR
S-4	10.2010	S-4	10.2010	1,400.00 EUR	400.00 EUR
S-5	10.2010	S-5	10.2010	1,500.00 EUR	500.00 EUR
S-6	10.2010	S-6	10.2010	1,600.00 EUR	600.00 EUR
S-7	10.2010	S-7	10.2010	1,700.00 EUR	700.00 EUR
S-8	10.2010	S-8	10.2010	1,800.00 EUR	800.00 EUR
S-9	10.2010	S-9	10.2010	1,900.00 EUR	900.00 EUR

图 9-31　Analyzer 中的 InfoSet 报表结果

"ZSA_IS01", List output

...01__F1	...01__F2	Currency	...01__F5	...01__F6	Currency	...01__F4	...01__F8
S-1	201010	EUR	S-1	201010	EUR	100,00	1.100,00
S-1	201010	EUR	S-1	201011	EUR	100,00	1.200,00
S-1	201011	EUR	S-1	201010	EUR	111,00	1.100,00
S-1	201011	EUR	S-1	201011	EUR	111,00	1.200,00
S-2	201010	EUR	S-2	201010	EUR	200,00	1.200,00
S-3	201010	EUR	S-3	201010	EUR	300,00	1.300,00
S-4	201010	EUR	S-4	201010	EUR	400,00	1.400,00
S-5	201010	EUR	S-5	201010	EUR	500,00	1.500,00
S-6	201010	EUR	S-6	201010	EUR	600,00	1.600,00
S-7	201010	EUR	S-7	201010	EUR	700,00	1.700,00
S-8	201010	EUR	S-8	201010	EUR	800,00	1.800,00
S-9	201010	EUR	S-9	201010	EUR	900,00	1.900,00

图 9-32　InfoSet 直接 Display Data

9.3　多信息提供者和信息集的原理和区别

除了上面的操作实例，还可以通过下面的实例来理解它们的原理和区别，读者可以参考本节内容，在系统中建模并加载数据验证。

1）下面有两个 DSO，分别表示销售和发货情况，如表 9-3 所示。

表 9-3　销售和发货的原始数据

月　份	销售人员	销售数量
201004	Bob	10
201004	Mary	15
201005	Bob	20
201005	Mary	25
201006	Mary	30

月　份	交货人员	交货数量
201004	Don	1
201004	Simon	2
201005	Richard	3
201005	Mark	4

2）用 MultiProvider 连接两个 DSO，Union 的结果如表 9-4 所示。

表 9-4 MultiProvider Union 的结果

月　　份	销售人员	交货人员	销售数量	交货数据
201004	Bob	#	10	0
201004	Mary	#	15	0
201004	#	Don	0	1
201004	#	Simon	0	2
201005	Bob	#	20	0
201005	Mary	#	25	0
201005	#	Richard	0	3
201005	#	Mark	0	4
201006	Mary	#	30	0

3）用 InfoSet 连接两个 DSO，通过月份连接，Inner Join 的结果如表 9-5 所示。

表 9-5 InfoSet Inner Join 的结果

月　　份	销售人员	交货人员	销售数量	交货数据
201004	Bob	Don	10	1
201004	Bob	Simon	10	2
201004	Mary	Don	15	1
201004	Mary	Simon	15	2
201005	Bob	Richard	20	3
201005	Bob	Mark	20	4
201005	Mary	Richard	25	3
201005	Mary	Mark	25	4

4）用 InfoSet 连接两个 DSO，通过月份连接，Left Outer Join 的结果如表 9-6 所示。

表 9-6 InfoSet Left Outer Join 的结果

月　　份	销售人员	交货人员	销售数量	交货数据
201004	Bob	Don	10	1
201004	Bob	Simon	10	2
201004	Mary	Don	15	1
201004	Mary	Simon	15	2
201005	Bob	Richard	20	3
201005	Bob	Mark	20	4
201005	Mary	Richard	25	3
201005	Mary	Mark	25	4
201006	Mary	#	30	5

MultiProvider 和 InfoSet 是比较常用的两种逻辑视图类 InfoProvider，初学者往往混淆或

者误用，所以除了会操作，还要掌握好它们的原理和区别，这样在项目中就可以得心应手。

- 两者关键的区别是数据的连接方式，MultiProvider 是 Union，而 InfoSet 是 Join。
- MultiProvider 连接的下层对象中，具有同一个特性的记录分别有 M 条和 N 条，那么 MultiProvider 就最少有 Max(M,N)条记录，即 M 和 N 中的最大值，最多有 M+N 条记录。
- InfoSet 设定连接的特性后，如果在连接的下层对象中，具有同一个特性的记录分别有 M 条和 N 条，那么 InfoSet 就有 M×N 条记录
- MultiProvider 是 InfoCube 的结构，所有的 Characteristics 都是主键，它是用这个结构去下层对象里提取数据，再在报表中展现数据。当下层对象记录缺少相应的特性时，就显示“#”，即初始值。

在实际项目应用中，我们首先要根据业务需求来考虑使用 MultiProvider 或 InfoSet，一定要确保获得有实际业务意义的结果集，其次还要考虑性能问题。

第 10 章　虚拟立方体

虚拟立方体（Virtual Provider）是一类信息立方体（InfoCube），里面没有实际的数据存储，但可以直接读取数据。

虚拟立方体的数据流（Data Flow）如图 10-1 所示。

我们可以看到，与一般的数据流相比，虚拟立方体是特殊的 InfoCube，需要直接访问 DataSource 和 DTP，不需要 InfoPackage。

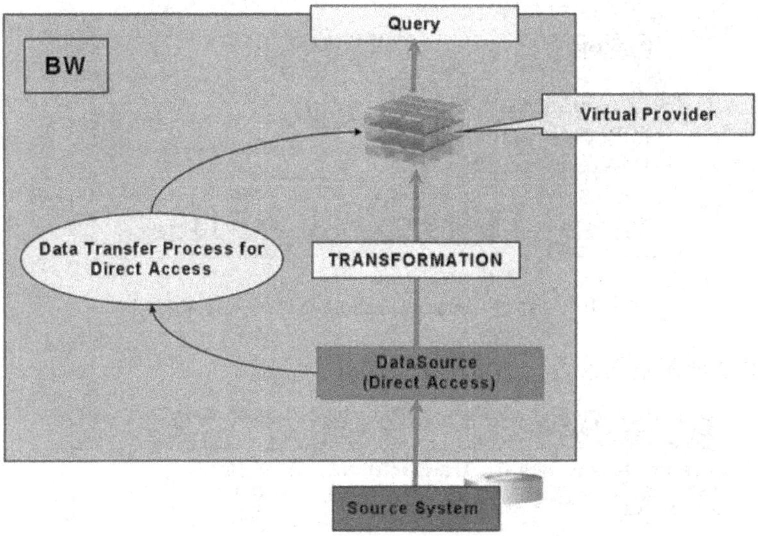

图 10-1　虚拟立方体的数据流

虚拟立方体可以基于以下三种方式创建：

- 基于直接访问的 DTP。
- 基于 BAPI。
- 基于 Function Module。

注意：在 BW 项目中，由于虚拟立方体会冲击 ECC 系统的性能，所以一般不常用。

如果出现下列情况，需使用虚拟提供者：

- 需要从 SAP 源系统获取最新数据。
- 仅偶尔访问少量数据。
- 仅少数用户同时使用数据库查询。

如果存在以下情况，请勿使用虚拟提供者。

- 查询的第一个导航步骤中需要大量数据，而源系统中不存在合适的合计。
- 大量用户同时使用查询。

● 经常访问相同数据。

在后续小节将会演示基于直接访问的 DTP 方式的创建步骤和展示数据的步骤。

10.1 虚拟立方体的创建

1. 创建 Generic DataSource ZSFLIGHT

1）在 ECC 系统中，T-code：RSO2，在 Transaction Data 后输入“ZSFLIGHT”，单击 Create 按钮，如图 10-2 所示。

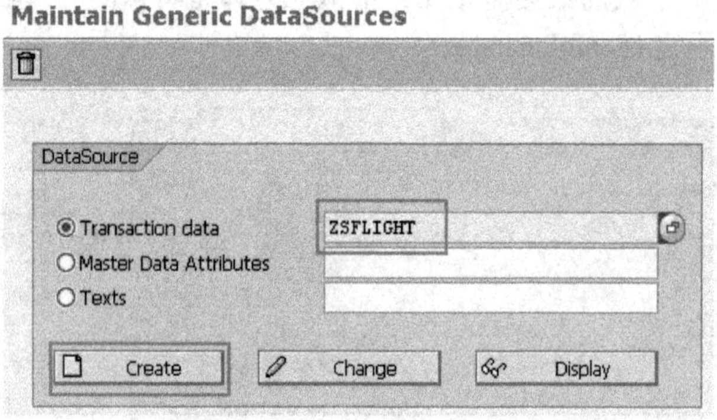

图 10-2 新建 Generic DataSource 时输入技术名称

2）按图 10-3 所示输入参数，然后单击“保存”按钮

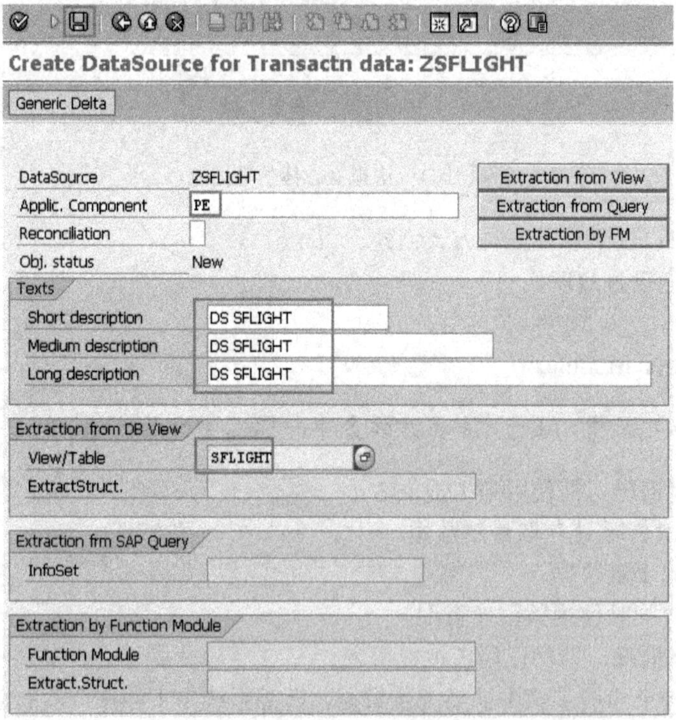

图 10-3 Generic DataSource 的应用程序组件、描述和数据库表

3）可以得到新界面，再单击“保存”按钮，如图 10-4 所示。注意，其 Direct Access 的选项为“1”，表示支持 Direct Access，如图 10-5 所示。

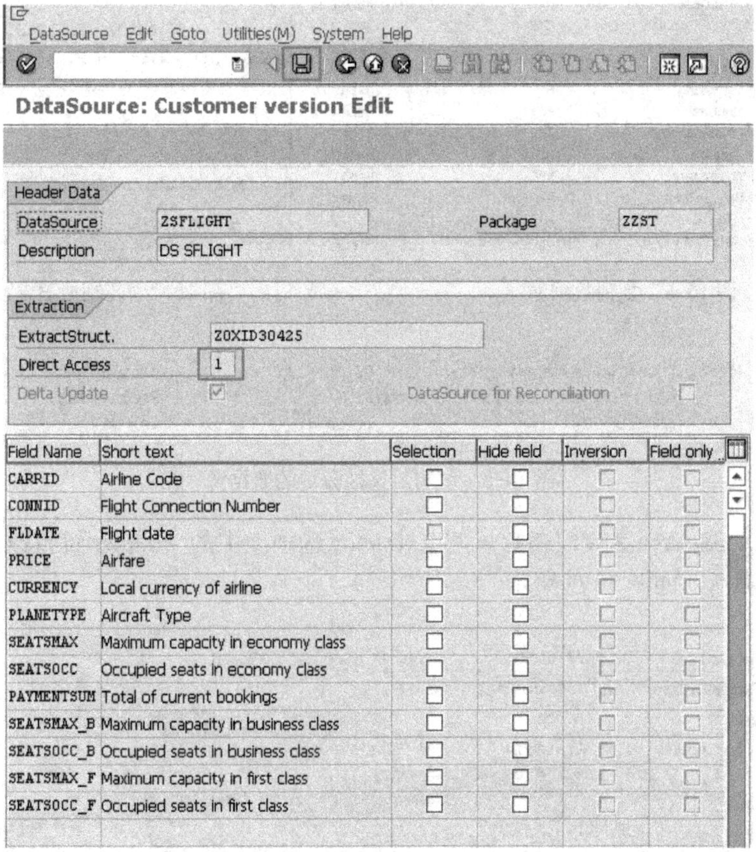

图 10-4　DataSource 设置选择、隐藏等界面

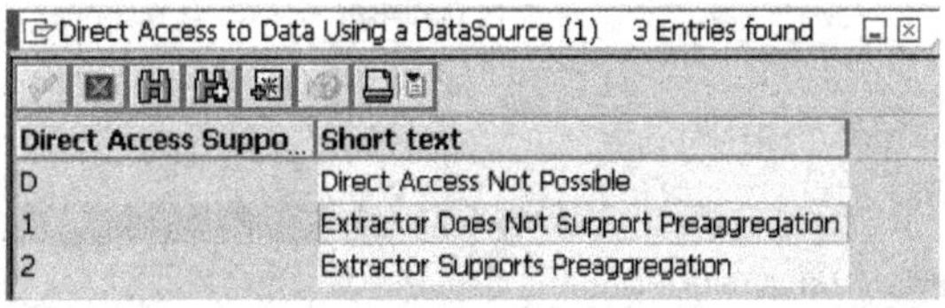

图 10-5　DataSource 的 Direct Access 选项

4）然后回到 BW 系统，复制数据源。T-code：RSA1 找到相应的 Application Component，右击，选择 Replicate MetaData，如图 10-6 所示。

5）在弹出的对话框中保持默认设置，复制成 BW7.x（非 BW3.x）数据源，单击对钩按钮，如图 10-7 所示。

6）在 BW 系统中找到新建的 DataSource ZSFLIGHT，然后双击 DataSource，在新界面中单击眼睛/铅笔按钮切换到修改模式，再单击激活按钮。DataSource 激活后如图 10-8 所示。

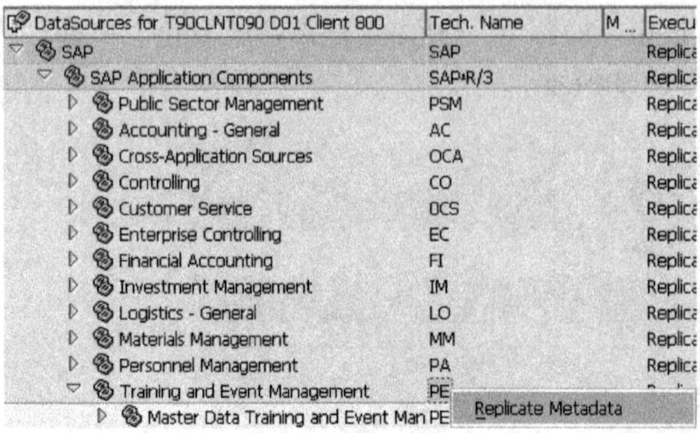

图 10-6　复制数据源

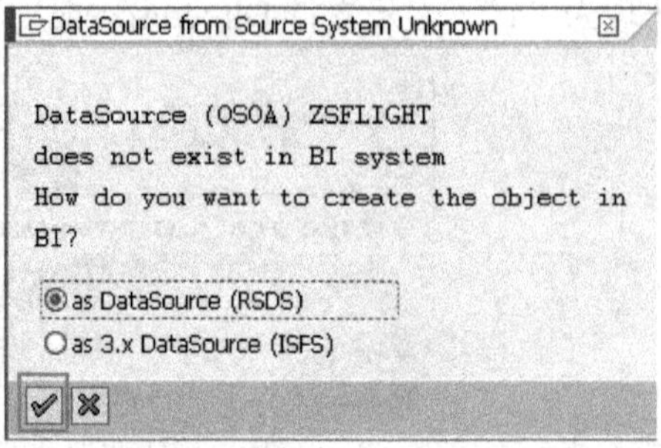

图 10-7　复制成 BW7.x 数据源

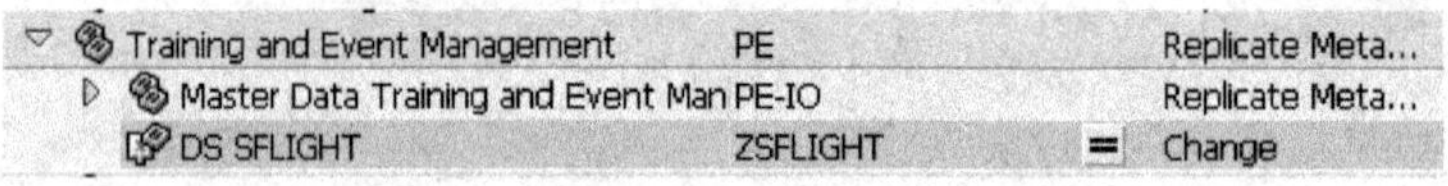

图 10-8　复制后又被激活的数据源

7）双击 DataSource ZSFLIGHT，将 Extractor 选项卡中的 Adapter 设置改为同步提取方式，然后再次激活，如图 10-9 所示。

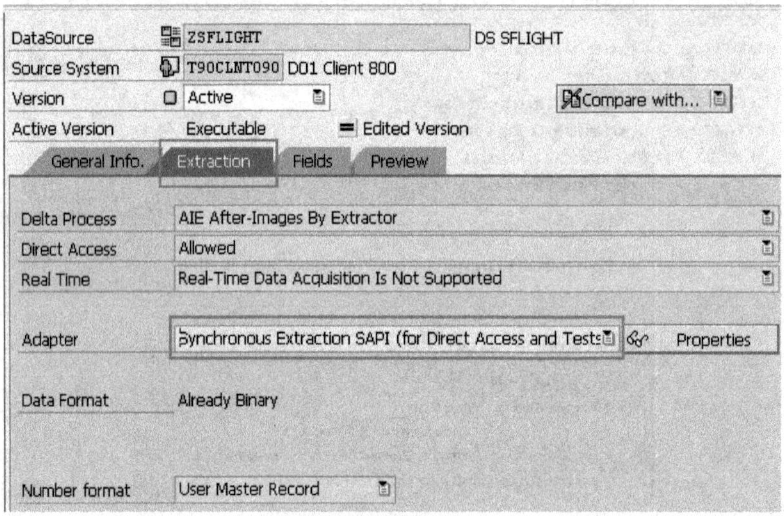

图 10-9　更改 Adapter，支持 Direct Access

2．在 BW 系统中创建相应的模型

1）先在 ECC 系统中用 T-code：SE11 查一下相应的表 SFLIGHT，如图 10-10 所示。

2）新建信息对象。

可以看到在图 10-10 中，除 MANDT 外，还有 3 个主键 CARRID、CONNID、FLDATE，再选择一个数量型的字段 SEATSMAX，我们需要与这 4 个字段对应的 4 个信息对象。除了系统业务内容中的 0CALDAY 之外，还需要新建两个特性 ZCARRID 和 ZCONNID，新建一个关键值 ZSMAX，如表 10-1 所示。

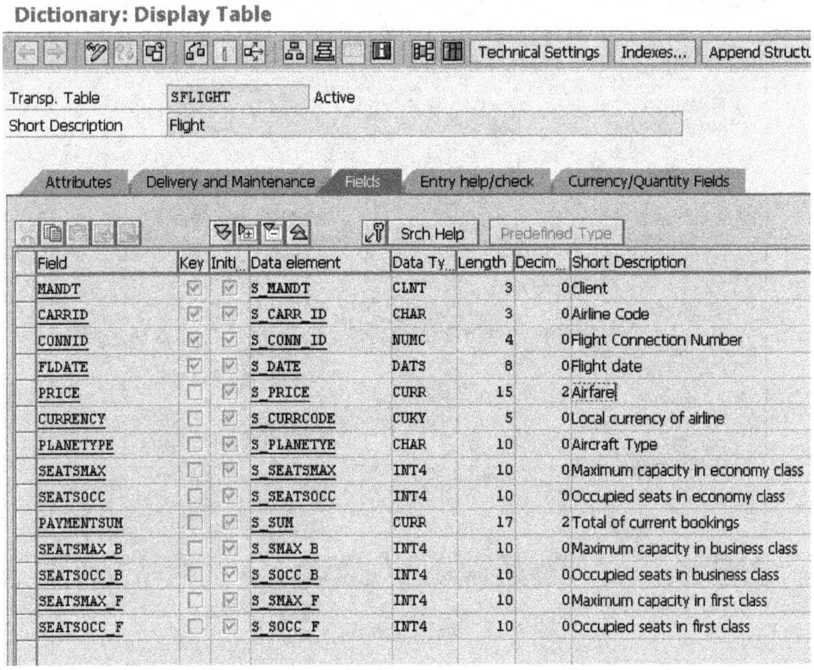

图 10-10 ECC 透明表 SFLIGHT

表 10-1 新建信息对象

Field	InfoObject	Type	Data Type	Length
CARRID	ZCARRID	Char	CHAR	3
CONNID	ZCONNID	Char	CHAR	4
FLDATE	0CALDAY	Char	DATS	8
SEATSMAX	ZSTMAX	Key Figure	INT4	N/A

3）新建虚拟立方体。选择相应的 InfoArea，右击，选择 Create VirtualProvider，如图 10-11 所示。

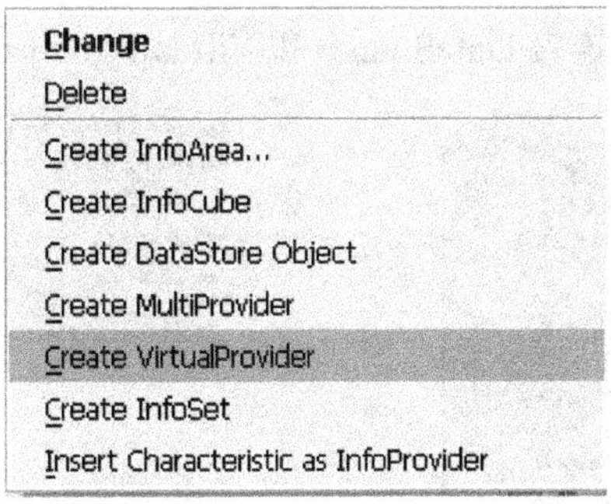

图 10-11 新建虚拟立方体选项

4）创建 VirtualProvider ZFLT_VP01。输入技术名称和描述，选择 InfoCube 的类型为 Based on Data Transfer Process for Direct Access，如图 10-12 所示。

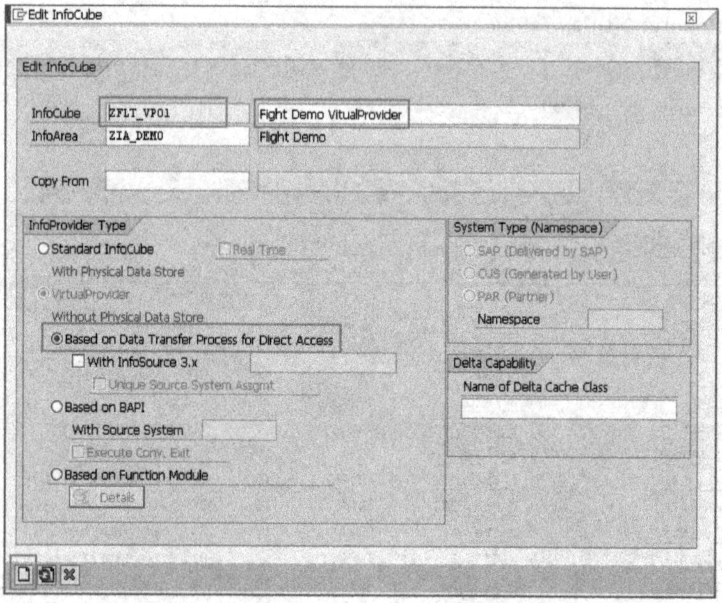

图 10-12　虚拟立方体创建界面

5）其中 Dimension 和 Key Figures 中的 InfoObject 如图 10-13 所示。

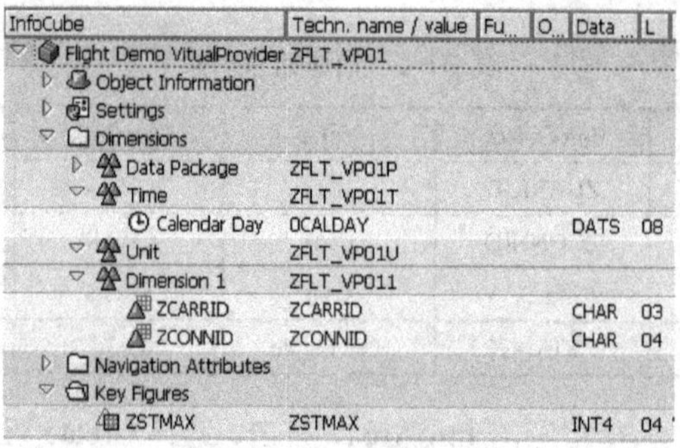

图 10-13　虚拟立方体中的维度和关键值

6）创建 Transformation，连接 DataSource 和 VirtualProvider，如图 10-14 所示。

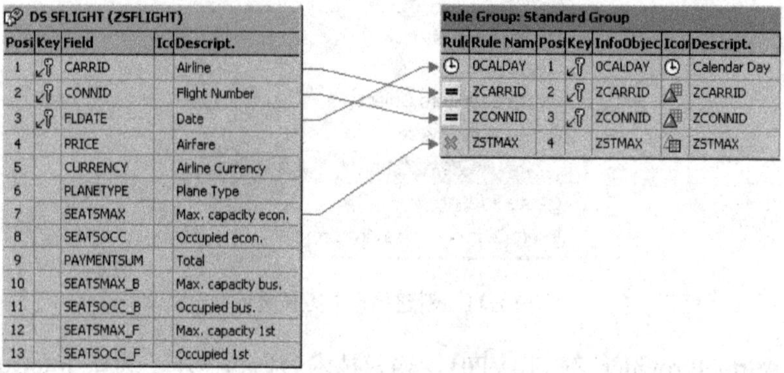

图 10-14　数据源到虚拟立方体的转换

7）创建 DTP，其类型已经自动设为 DTP for Direct Access，如图 10-15 所示。

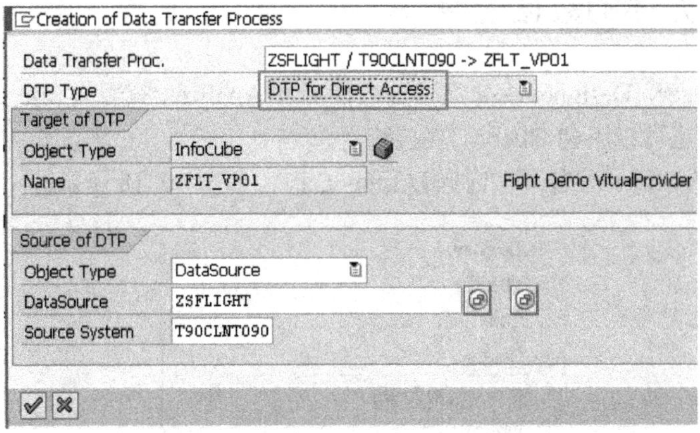

图 10-15　数据源到虚拟立方体的 DTP

8）激活 DTP，在 Extraction 选项卡的 Adapter 中已自动设为同步方式，如图 10-16 所示。

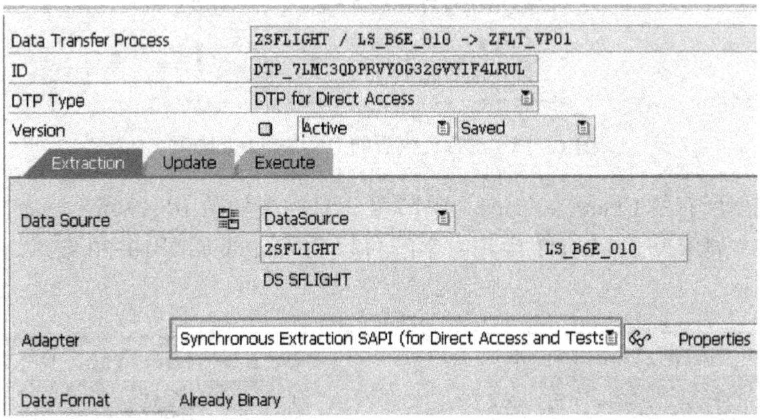

图 10-16　数据源到虚拟立方体的 DTP 的 Extraction 选项卡

9）DTP 的 Execute 选项卡中的 Processing Mode 已经自动设为 Direct Access，如图 10-17 所示。

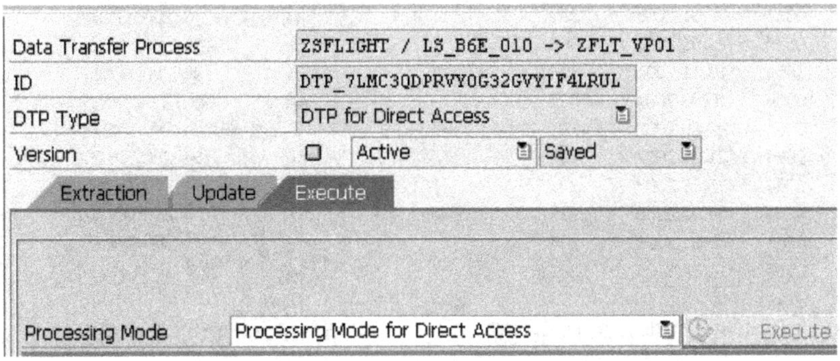

图 10-17　数据源到虚拟立方体的 DTP 的 Execute 选项卡

10.2 虚拟立方体的数据查看

可以通过在 Query Designer 中建立查询，然后在 Analyzer 查看报表结果的方式来查看虚拟立方体的数据，也可以不建 Query，直接查看。

1）在 VirtualProvider 上右击，选择 Display Data，如图 10-18 所示。

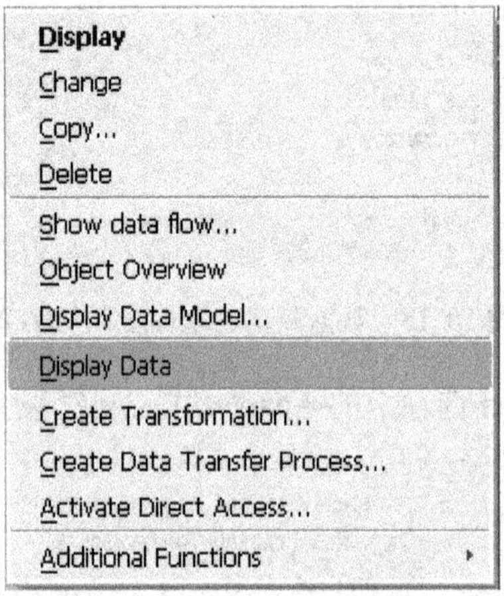

图 10-18 虚拟提供者的 Display Data 选项

2）选择展示所有的 Characteristics，前 15 条记录结果如图 10-19 所示。而在 ECC 系统中用 T-code：SE11 展示表 SFLIGHT 中相应字段的前 15 条记录如图 10-20 所示。可以看到，两者完全一致。

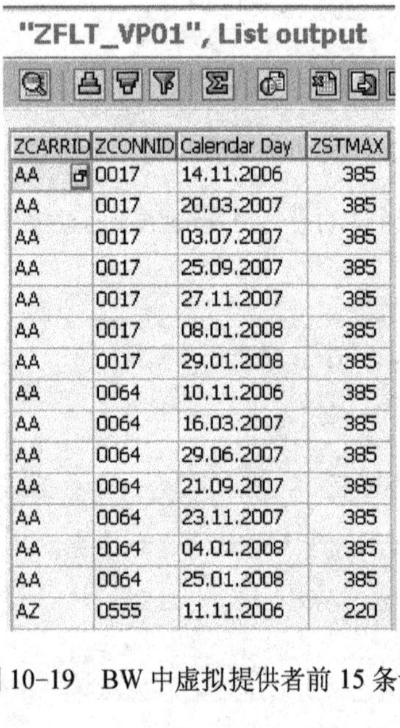

ZCARRID	ZCONNID	Calendar Day	ZSTMAX
AA	0017	14.11.2006	385
AA	0017	20.03.2007	385
AA	0017	03.07.2007	385
AA	0017	25.09.2007	385
AA	0017	27.11.2007	385
AA	0017	08.01.2008	385
AA	0017	29.01.2008	385
AA	0064	10.11.2006	385
AA	0064	16.03.2007	385
AA	0064	29.06.2007	385
AA	0064	21.09.2007	385
AA	0064	23.11.2007	385
AA	0064	04.01.2008	385
AA	0064	25.01.2008	385
AZ	0555	11.11.2006	220

图 10-19 BW 中虚拟提供者前 15 条记录

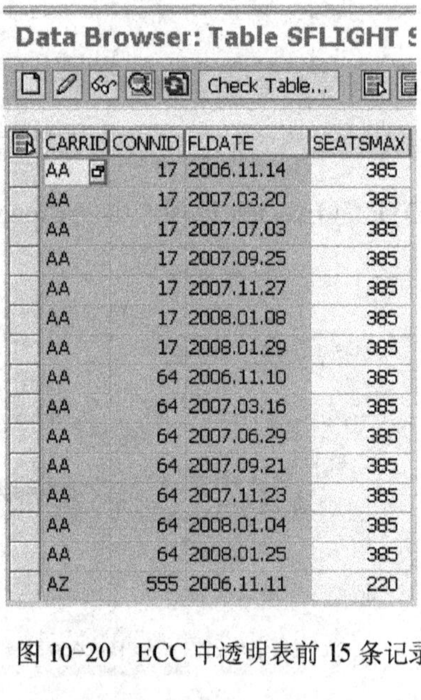

CARRID	CONNID	FLDATE	SEATSMAX
AA	17	2006.11.14	385
AA	17	2007.03.20	385
AA	17	2007.07.03	385
AA	17	2007.09.25	385
AA	17	2007.11.27	385
AA	17	2008.01.08	385
AA	17	2008.01.29	385
AA	64	2006.11.10	385
AA	64	2007.03.16	385
AA	64	2007.06.29	385
AA	64	2007.09.21	385
AA	64	2007.11.23	385
AA	64	2008.01.04	385
AA	64	2008.01.25	385
AZ	555	2006.11.11	220

图 10-20 ECC 中透明表前 15 条记录

3）在 ECC 系统中修改第一条记录。先在 ECC 系统中找到表 SFLIGHT 的第一条记录，选中后单击“铅笔”按钮切换到修改模式，如图 10-21 所示。

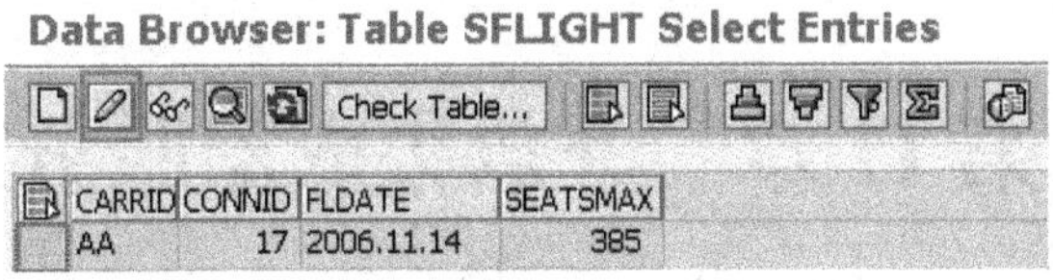

图 10-21　找到记录并切换到修改模式

4）将 SEATSMAX 由 385 改为 888，如图 10-22 所示。

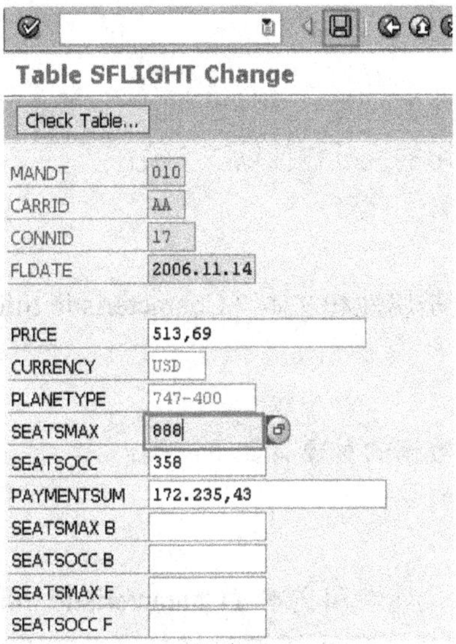

图 10-22　更改 SEATSMAX

5）保存后结果如图 10-23 所示，之后在 BW 系统中，找到 VirtualProvider，然后再次 Display Data，结果如图 10-24 所示。可以看到，两者完全一致，ECC 系统中数据的改变已迅速反映到 VirtualProvider 中。

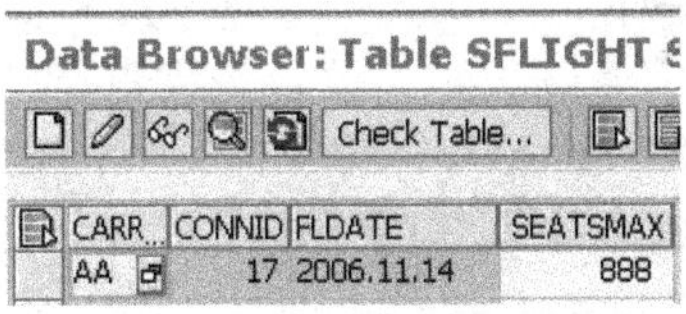

图 10-23　ECC 中透明表前 15 条记录

图 10-24　BW 中虚拟提供者前 15 条记录

第 11 章　开放集成器服务

开放集成器服务（Open Hub Service）提供了从 BW 系统向其他 SAP 和 Non-SAP 系统发送数据的功能。

开放集成器服务支持以下三种对象为开放集成器目标（Open Hub Destination）的发布：

- 数据库表（Database Table）。
- CSV 文件（File）。
- 第三方工具（Third-Party Tool）。

开放集成器目标建立时可用的模板包括以下 5 类：

- 信息立方体（InfoCube）。
- 数据存储对象（DSO）。
- 特性类信息对象，主要是属性和文本（Characteristic InfoObject，Attributes /Texts）。
- 数据源（DataSource）。
- 信息源（InfoSource）。

而能发布的对象，即提供数据的对象有如下三类：

- 信息立方体（InfoCube）。
- 数据存储对象（DSO）。
- 特性类信息对象，主要是属性和文本（Characteristic InfoObject，Attributes /Texts）。

提供数据的对象和目标对象之间可以通过转换（Transformation）将 BW 系统内的源（Source）与开放集成器目标（Open Hub Destination）连接起来，然后用 DTP 进行数据传输。开放集成器服务的架构如图 11-1 所示。

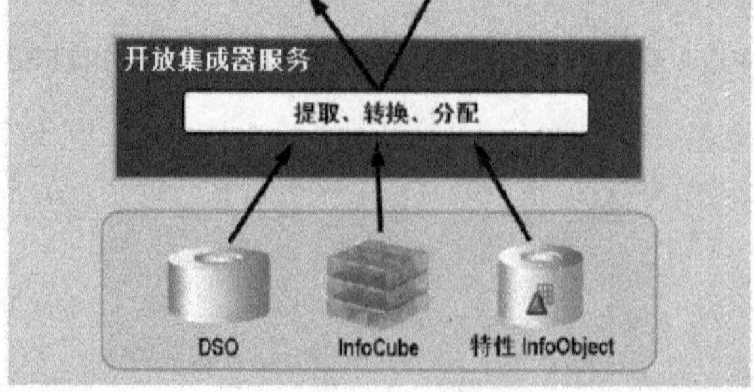

图 11-1　开放集成器服务

11.1 数据库表为目标对象

操作步骤如下：

1）创建 Open Hub Destination。T-code：RSA1→Modeling→Open Hub Destination，新建一个信息区 ZIA_OHD。在新建的信息区 ZIA_OHD 上右击，在弹出的菜单中选择 Create Open Hub Destination，如图 11-2 所示。

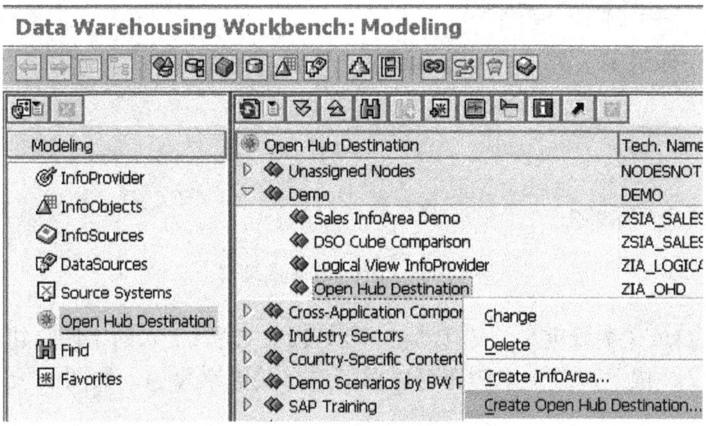

图 11-2　新建开放集成器目标

2）在弹出的 Create Open Hub Destination 对话框中，输入 Open Hub Destination 的技术名称和描述，并在 Template（参考模板）区域选择 InfoCube：ZSSA_C01，再单击对钩按钮，如图 11-3 所示。

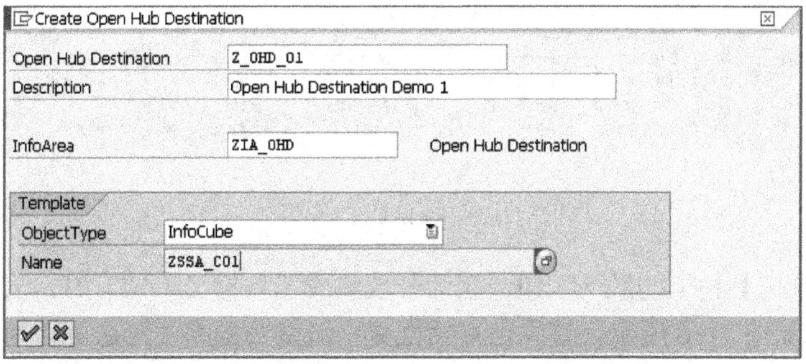

图 11-3　输入开放集成器目标的技术名称和描述

3）在开发集成器目标设置上，有 Destination（目标）和 Field Def.（字段定义）两个选项卡。在 Destination（目标）选项卡中选择目标类型数据库表后，系统自动生成数据库表名，下面有多个选项，如图 11-4 所示选择。

- Delete Data from Table（清空数据表）。在本例中勾选，即在每次将 InfoCube 中数据加载到开放数据集成器 Z_OHD_01 之前，将数据库表/BIC/OHZ_OHD_01 中的数据清空，即不保留历史数据。如果不勾选，则系统插入时，主键相同的记录会报错。

● Technical Key（技术主键）。选择后系统在数据库表中添加 3 个技术字段 OHREQUID，DATAPAKID 和 RECORD，即数据加载时的请求，数据包和记录编号，将每一条记录通过这些技术关键值标识为唯一记录。

● Semantic Key（语义主键）。选择后可以在字段定义选项卡自定义关键字段组合。在本例中选择。

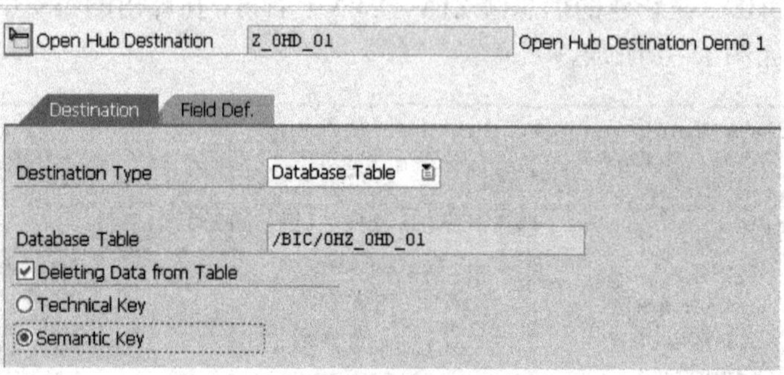

图 11-4　Destination 选项卡

4）在 Field Def.（字段定义）选项卡中可以看到由模板带入的字段。可以增加或删除字段，修改字段定义、描述，对于本例还可以重新选择关键字段等，如图 11-5 所示。

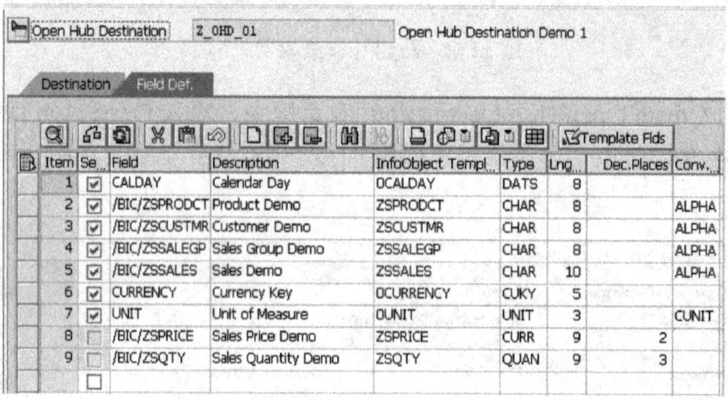

Item	Se..	Field	Description	InfoObject Templ..	Type	Lng..	Dec.Places	Conv..
1	☑	CALDAY	Calendar Day	0CALDAY	DATS	8		
2	☑	/BIC/ZSPRODCT	Product Demo	ZSPRODCT	CHAR	8		ALPHA
3	☑	/BIC/ZSCUSTMR	Customer Demo	ZSCUSTMR	CHAR	8		ALPHA
4	☑	/BIC/ZSSALEGP	Sales Group Demo	ZSSALEGP	CHAR	8		ALPHA
5	☑	/BIC/ZSSALES	Sales Demo	ZSSALES	CHAR	10		ALPHA
6	☑	CURRENCY	Currency Key	0CURRENCY	CUKY	5		
7	☑	UNIT	Unit of Measure	0UNIT	UNIT	3		CUNIT
8	☐	/BIC/ZSPRICE	Sales Price Demo	ZSPRICE	CURR	9	2	
9	☐	/BIC/ZSQTY	Sales Quantity Demo	ZSQTY	QUAN	9	3	
	☐							

图 11-5　Field Def. 选项卡

5）单击标准工具栏上的激活按钮，激活开放集成器目标 Z_OHD_01。若有弹出对话框，单击 Yes 按钮，如图 11-6 所示。该弹出对话框提示清空数据库表，这是因为在第 3）步操作中，勾选了 Deleting Data from Table，如图 11-4 所示。

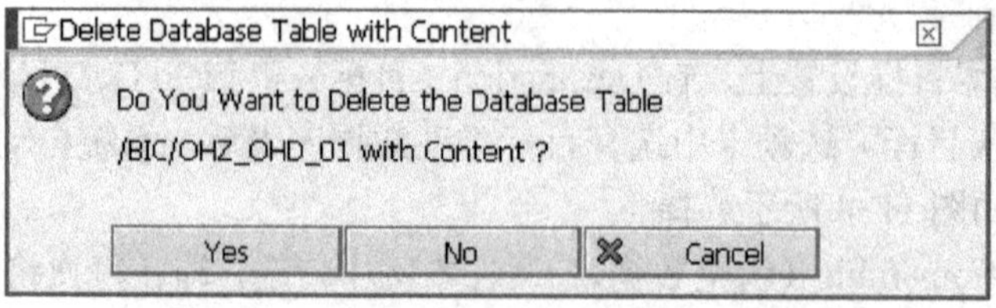

图 11-6　提示信息—清空数据库表

6）创建 Transformation。在 Z_OHD_01 上右击，选择 Create Transformation，如图 11-7 所示。

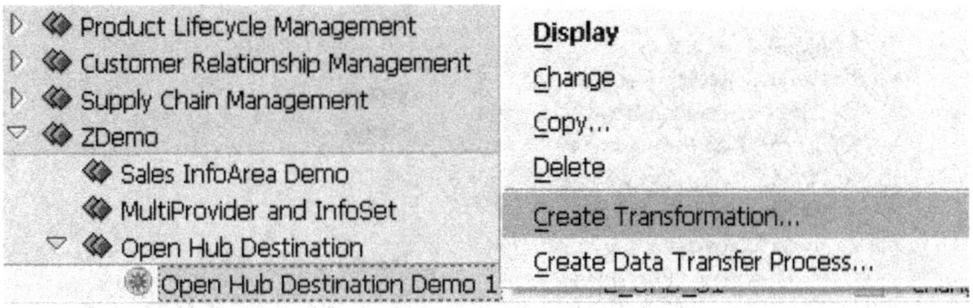

图 11-7　Create Transformation 选项

7）在弹出的对话框中 Source 部分选择 InfoCube 和 ZSSA_C01，单击对钩按钮，如图 11-8 所示。

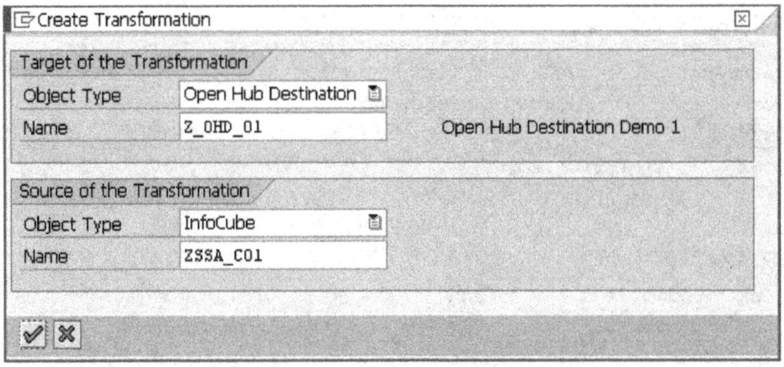

图 11-8　设置 Transformation 的 Source

8）因为 Z_OHD_01 采用模板 ZSSA_C01 创建，系统自动生成 Transformation，可以再修改，本例直接激活，如图 11-9 所示。

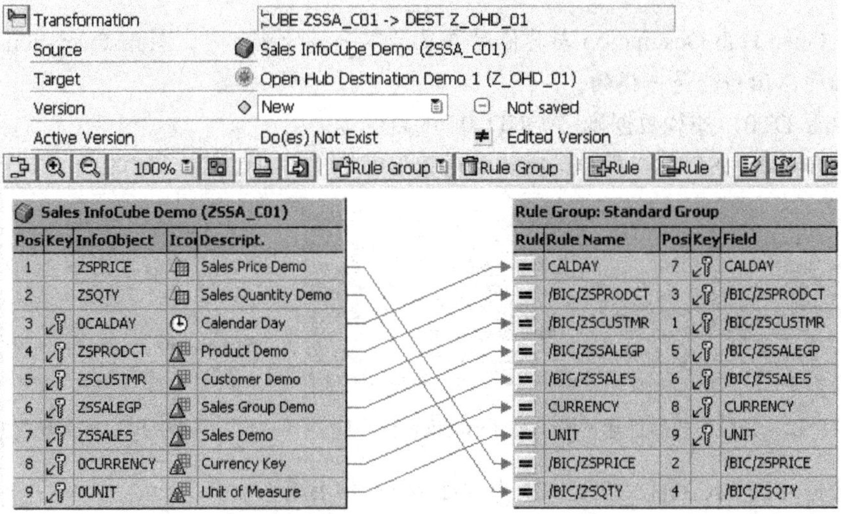

图 11-9　Transformation

9）创建 DTP。需要右击 Open Hub Destination，选择 Create DTP，如图 11-10 所示。

注意：与其他对象不一样，建完 Transformation 后，下面没有一个 DTP 的文件夹。

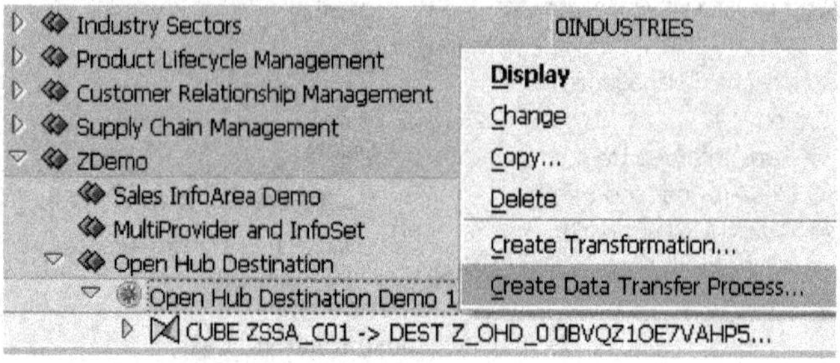

图 11-10　选择 Create DTP 选项

10）在弹出的 Create DTP 对话框中，单击对钩按钮，再激活，如图 11-11 所示。

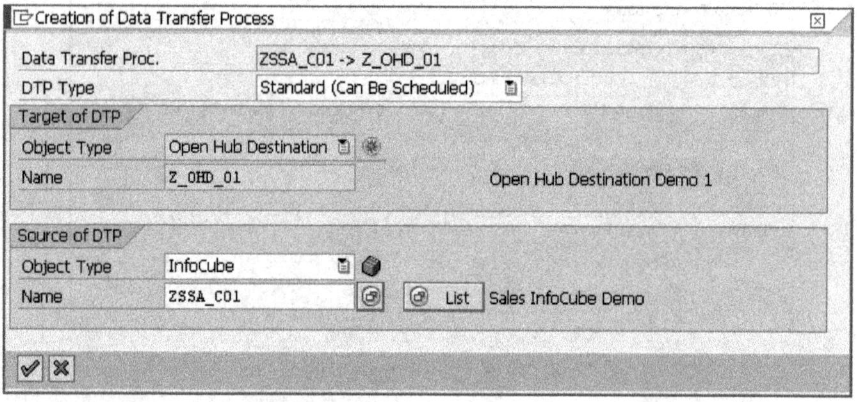

图 11-11　DTP 的创建对话框

11）Open Hub Destination 的 Transformation 和 DTP 建好后如图 11-12 所示。

注意：Open Hub Destination 与其他对象显示不一样的地方是，Transformation 和 DTP 的上下顺序相反，但功能是一样的。

12）执行 DTP，加载数据到 Z_OHD_01 的目的地。

13）用 T-code：SE11 查看 Database table：/BIC/OHZ_OHD_01，如图 11-13 所示。

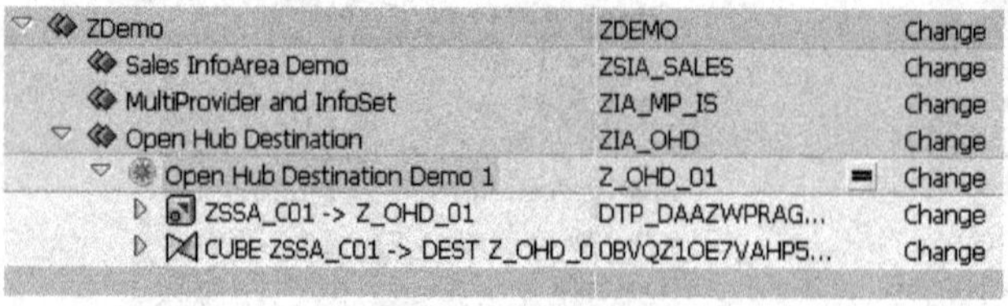

图 11-12　开放集成器目标下的 Transformation 和 DTP

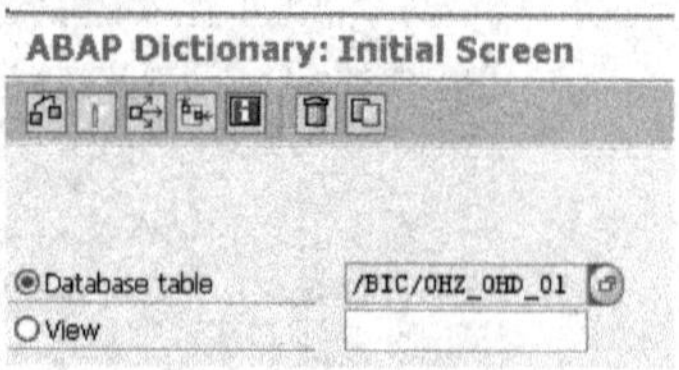

图 11-13　查看数据库表

14）数据库表/BIC/OHZ_OHD_01 内容如图 11-14 所示。

这样，原来信息立方体的数据就通过开放集成器服务导入到数据库表。

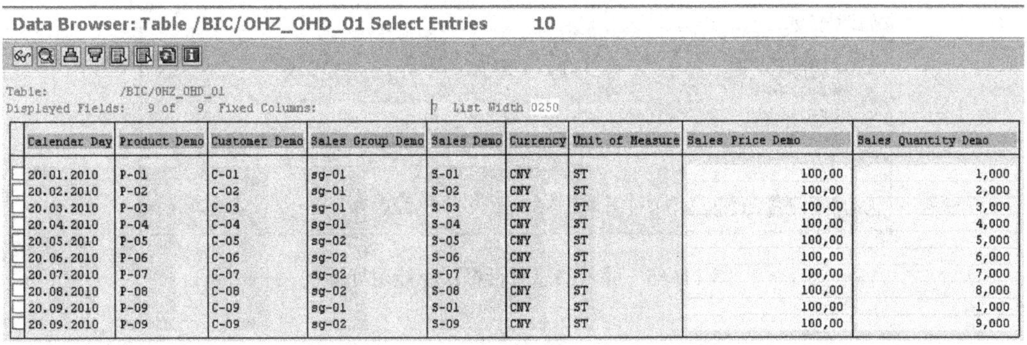

Data Browser: Table /BIC/OHZ_OHD_01 Select Entries 10

Table: /BIC/OHZ_OHD_01
Displayed Fields: 9 of 9 Fixed Columns: List Width 0250

Calendar Day	Product Demo	Customer Demo	Sales Group Demo	Sales Demo	Currency	Unit of Measure	Sales Price Demo	Sales Quantity Demo
20.01.2010	P-01	C-01	sg-01	S-01	CNY	ST	100,00	1,000
20.02.2010	P-02	C-02	sg-01	S-02	CNY	ST	100,00	2,000
20.03.2010	P-03	C-03	sg-01	S-03	CNY	ST	100,00	3,000
20.04.2010	P-04	C-04	sg-01	S-04	CNY	ST	100,00	4,000
20.05.2010	P-05	C-05	sg-02	S-05	CNY	ST	100,00	5,000
20.06.2010	P-06	C-06	sg-02	S-06	CNY	ST	100,00	6,000
20.07.2010	P-07	C-07	sg-02	S-07	CNY	ST	100,00	7,000
20.08.2010	P-08	C-08	sg-02	S-08	CNY	ST	100,00	8,000
20.09.2010	P-09	C-09	sg-01	S-01	CNY	ST	100,00	1,000
20.09.2010	P-09	C-09	sg-02	S-09	CNY	ST	100,00	9,000

图 11-14　数据库表/BIC/OHZ_OHD_01 内容

11.2　CSV 文件为目标对象

操作步骤如下。

1）在 Open Hub Destination：Z_OHD_01 上右击，在上、下文菜单中选择 Change。

2）在 Destination 选项卡中，将 Destination Type 改为 File，如图 11-15 所示。

- 系统默认是本地文件，即 BW 系统所在 Application Server 未勾选。
- File Name（文件名）系统默认不可更改。
- Directory（文件目录）用户可改。
- Separator（分隔符）默认为“;”，用户可改。

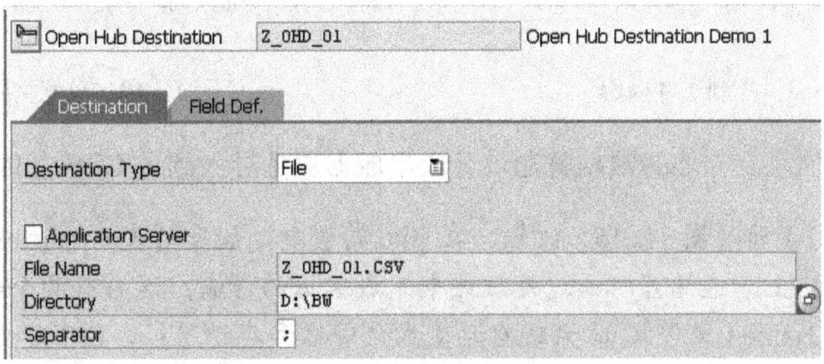

图 11-15　Destination Type 改为 File

3）在 Field Def.选项卡中可以看到由模板带入的字段，可以增加或删除字段，修改字段定义、描述，对于本例还可以重新选择关键字段等。

4）激活 Z_OHD_01，系统弹出信息对话框，提示不能用在 Process Chain 中，这与本书第一个处理链的数据加载报错原因一样，因为本地不能为处理链使用的 BW 后台用户识别。单击对钩按钮，如图 11-16 所示。

5）再次执行 DTP，加载数据。

6）在目标文件的文件目录下可看到两个文件，如图 11-17 所示。其中，Z_OHD_01.CSV 为数据文件；而 S_Z_OHD_01.CSV 为控制文件。

7）控制文件内容如图 11-18 所示。

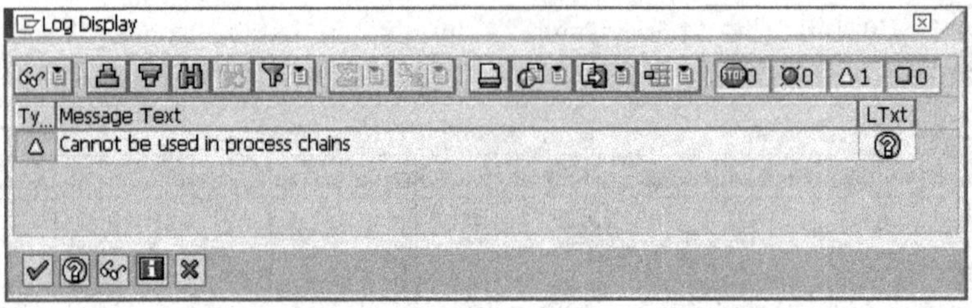

图 11-16　提示信息对话框：不能用处理链

图 11-17　目标文件目录下的数据文件和控制文件

8）数据文件内容如图 11-19 所示。

	A	B	C	D	E	F	G
1	DTP:DTP_IAB09PMRCYAYTSHMD2UHWFZJD						
2	TimeStamp;		0				
3	D:\BW\Z_OHD_01.CSV						
4							
5							
6	COLUMN;FIELDNAME;KEY;TYPE;LENGTH;OUTPUTLEN;DECIMALS						
7	1;CALDAY;X;DATS;000008;000000;000000						
8	2;/BIC/ZSPRODCT;X;CHAR;000008;000000;000000						
9	3;/BIC/ZSCUSTMR;X;CHAR;000008;000000;000000						
10	4;/BIC/ZSSALEGP;X;CHAR;000008;000000;000000						
11	5;/BIC/ZSSALES;X;CHAR;000010;000000;000000						
12	6;CURRENCY;X;CUKY;000005;000000;000000						
13	7;UNIT;X;UNIT;000003;000000;000000						
14	8;/BIC/ZSPRICE;;CURR;000009;000000;000002						
15	9;/BIC/ZSQTY;;QUAN;000009;000000;000003						
16							

图 11-18　控制文件内容

	A	B	C	D	E	F
1	20100120;P-01;C-01;sg-01;S-01;CNY;ST;100.00 ;1.000					
2	20100220;P-02;C-02;sg-01;S-02;CNY;ST;100.00 ;2.000					
3	20100320;P-03;C-03;sg-01;S-03;CNY;ST;100.00 ;3.000					
4	20100420;P-04;C-04;sg-01;S-04;CNY;ST;100.00 ;4.000					
5	20100520;P-05;C-05;sg-02;S-05;CNY;ST;100.00 ;5.000					
6	20100620;P-06;C-06;sg-02;S-06;CNY;ST;100.00 ;6.000					
7	20100720;P-07;C-07;sg-02;S-07;CNY;ST;100.00 ;7.000					
8	20100820;P-08;C-08;sg-02;S-08;CNY;ST;100.00 ;8.000					
9	20100920;P-09;C-09;sg-01;S-01;CNY;ST;100.00 ;1.000					
10	20100920;P-09;C-09;sg-02;S-09;CNY;ST;100.00 ;9.000					
11						

图 11-19　数据文件内容

这样，原来信息立方体的数据就通过开放集成器服务导入到了 CSV 文件。

注意：与第 2）步（图 11-15）比较，在 File 类型中，如果勾选 Application Server，可以将文件放到 Server 上，这样可以通过处理链来完成数据的传输。这时有两个选择:

● 选择 File Name（文件名），系统自动生成文件名和存储路径，且不可更改，如图 11-20 所示。

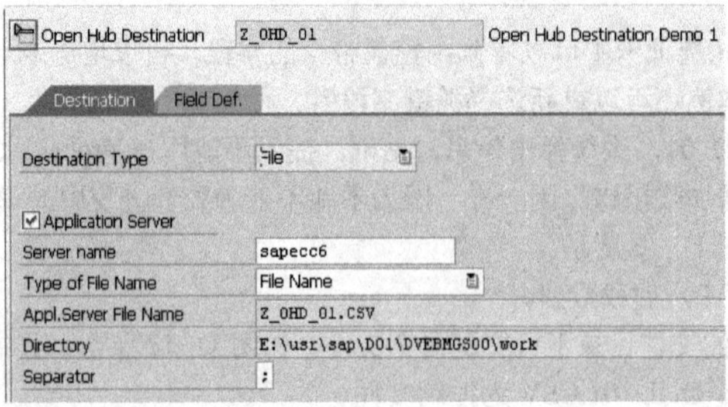

图 11-20　文件名

● 选择 Logical File Name （逻辑文件名），可以选择系统中的逻辑文件名，也可以自定义新的逻辑文件名，如图 11-21 所示。

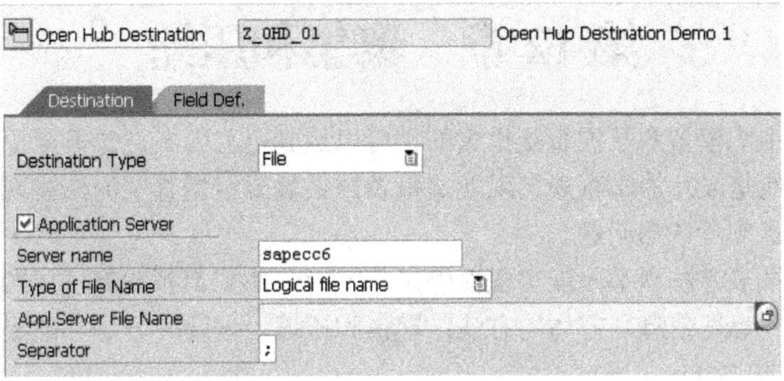

图 11-21　逻辑文件名

11.3　第三方工具为目标对象

第三方工具为目标对象的方式与数据库表为目标对象的方式都需要用到 BW Server 上的数据库表来存储数据，但这种方式只是暂存，然后再抽取到第三方系统中。

1）在 Open Hub Destination：Z_OHD_01 上右击，在上、下文菜单中选择 Change。

2）在 Destination 选项卡中将 Destination Type 改为 Third-Party Tool，如图 11-22 所示。

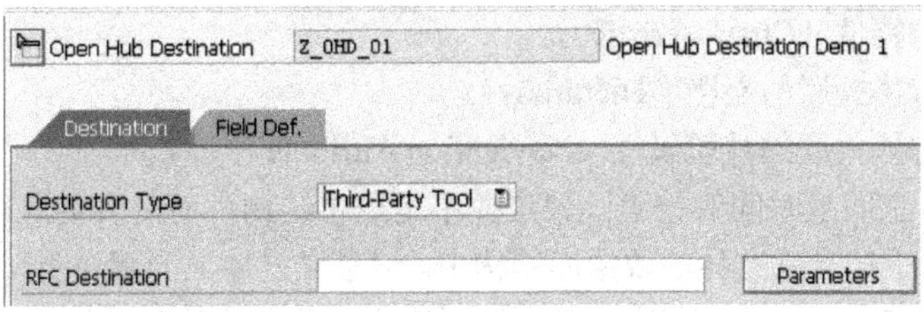

图 11-22　目标类型改为第三方工具

3）Third-Party Tool 这是 SAP BW 为第三方工具提供的 API，第三方工具通过调用这些接口将数据从 BW 的数据库抽取到其他系统中，如 TeraData。单击 Parameters 按钮，系统会切换到可用的 RFC Destination 中。

4）执行 DTP 数据传输时，在本例中数据流经的顺序是 InfoCube →BW Database Table→第三方系统。

通过上述步骤，原来信息立方体的数据就通过开放集成器服务导入到了第三方工具。

第 12 章　聚集和压缩

在实际项目中，模型的数据量是很大的，可以达到上百万条记录乃至更多。这样大数据量的模型访问性能是很差的，直观表现就是报表结果展现很慢甚至无法展现。所以，性能调优是 BW 项目中必须考虑的问题。

在项目中有很多方法和手段能实现性能调优。BW 中出具报表最主要的模型是信息立方体。下面介绍两种管理信息立方体的方法：聚集和压缩。这两种方法都能提升报表的访问性能。

12.1　聚集的基本理论和操作

1. 聚集的基本理论

因为在一个信息立方体上可以出很多报表，并不是所有特性都在这些报表中使用，尤其是常用的报表用到的特性可能更少。因此可以在原信息立方体的基础上，新建聚集（Aggregates），采用较少的特性，使得数据粒度变粗，数据量变小。当聚集满足报表需求时，报表直接访问聚集而不是原来大数据量的信息立方体，从而提高报表性能。

在信息立方体上，可以通过选择信息立方体中的特定对象来构成聚集，例如：

- 维度表中的特性（Characteristic）。
- 与信息立方体关联的层级（Hierarchy）。
- 与信息立方体关联的导航属性（Navigation Attribute）。

聚集是一种以空间换时间的技术。聚集并不是逻辑结构，而是有物理存储的。聚集以冗余方式存储在类似于信息立方体的数据库结构中。信息立方体上的聚集类似于数据库表索引，尽管在技术上有非常大的差异，但它们都可以无需用户干预而提高系统性能。在 BW 所有的信息提供者中，不能为 DSO 或 VirtualProvider 等其他对象，只能为信息立方体创建聚集。

聚集的思想如图 12-1 所示，通过选择部分特性 （还可以包括导航属性和层级），就由原来的信息立方体衍生出了一个关键值不变，但是特性减少，也就是数据粒度变粗的信息立方体，即 Aggregates。

2. 聚集的创建

下面开始系统演示：

1）在需要建立聚集的信息立方体 ZSSA_C01 上右击，在弹出菜单中选择 Maintain Aggregates，如图 12-2 所示。

2）进入新界面，并弹出 Proposals for Aggregates 对话框。可以选择系统自动建议或者完全自己新建来创建聚集。本例中选择自己新建（Create by Yourself），如图 12-3 所示。

3）可以看到，在 Maintenance for Aggregate 对话框左侧列出了信息立方体 ZSSA_C01 的所有维度，展开后可以看到所有的特性，但是没有看到关键值，如图 12-4 所示。

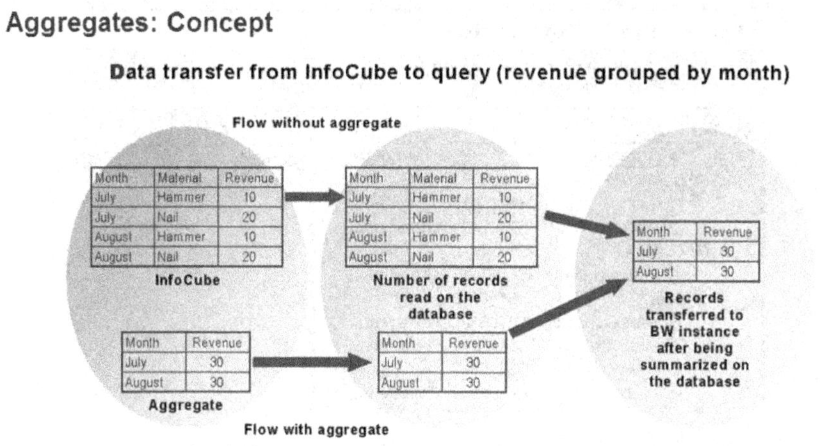

图 12-1　聚集的思想

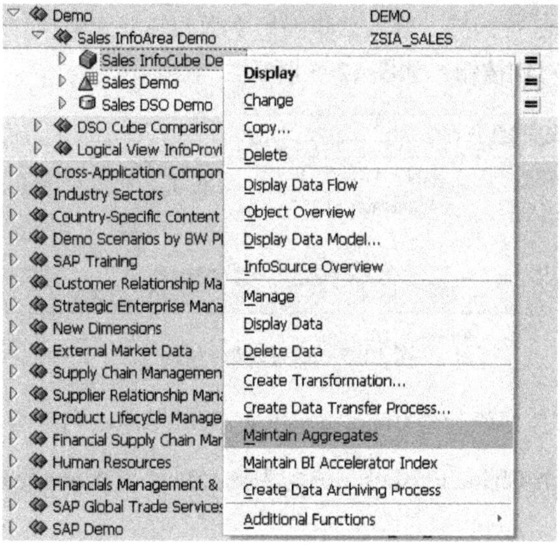

图 12-2　Maintain Aggregates 选项

注意：在聚集中的关键值与信息立方体中的关键值是完全一样的，不需要选择；但可以从信息立方体中选择部分特性到聚集，以改变数据的粒度。

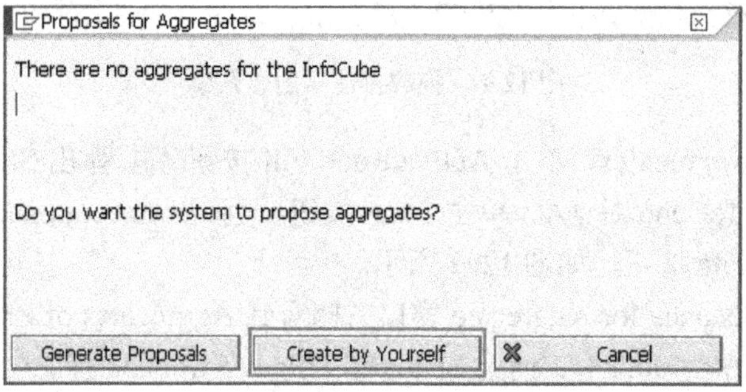

图 12-3　是否采用系统建议方式创建聚集选择对话框

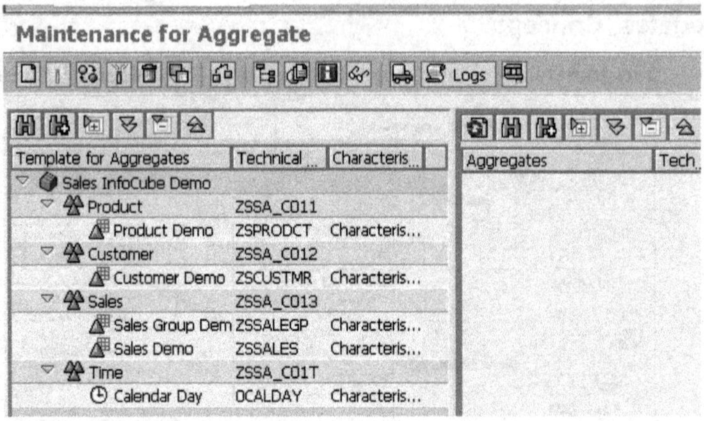

图 12-4　Maintenance for Aggregate 窗口

4）可以直接将左边需要的特性拖放到右边，当拖放第一个特性时，会弹出 Enter Description for Aggregate 对话框，输入聚集的短文本和长文本描述，聚集的技术名称将由系统自动生成，然后单击对钩按钮，如图 12-5 所示。

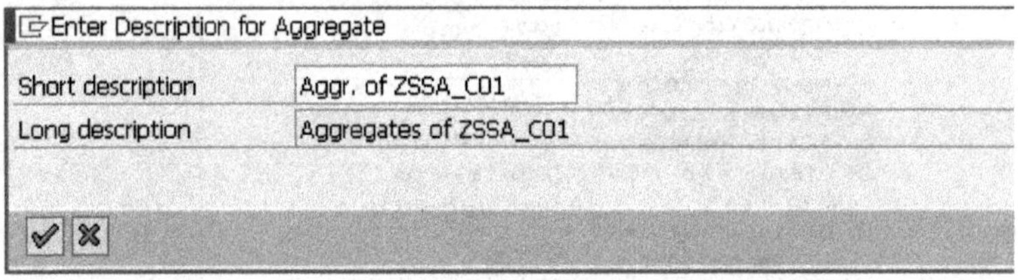

图 12-5　输入聚集的描述

5）从左侧信息立方体拖放一个 Characteristics：Sales Demo 到右侧，如图 12-6 所示。

注意：*如果拖放多个 Characteristics，一定要拖放到右侧 Aggregates 区域；否则，系统会新建另一个 Aggregates。*

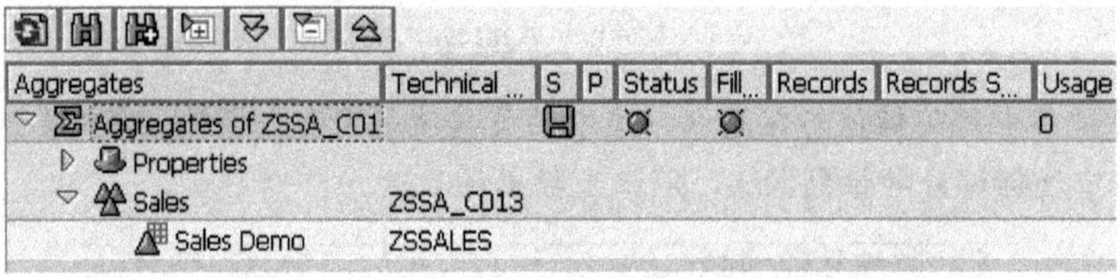

图 12-6　拖放特性，创建聚集

6）选中上面的 Aggregates，单击 Activate and Fill 按钮，弹出 Subsequently Aggregate the Aggregates of an InfoCube 对话框，单击 Start 按钮，又弹出 Execution time of the aggregation 对话框，单击 Immediate 按钮，如图 12-7 所示。

7）可以在 Maintenance for Aggregate 窗口右侧看到 Aggregates of ZSSA_C01 已经有了系统自动生成的技术名称“100024”，而且 Status 和 Filled / Switched 标志位都是绿灯。这样，一个聚集就建立完成了，而且相应的数据也加载到了其中，如图 12-8 所示。

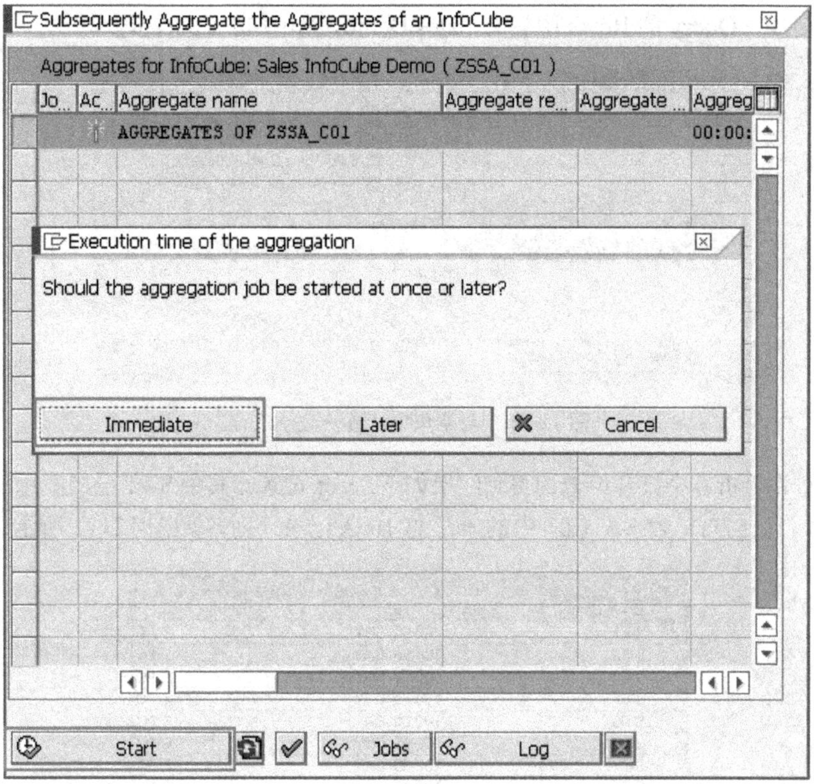

图 12-7　立刻开始执行聚集操作

注意：图中的 Records、Records Summarized、Usage 列都是通过手动移动位置到 Filled 列后的。

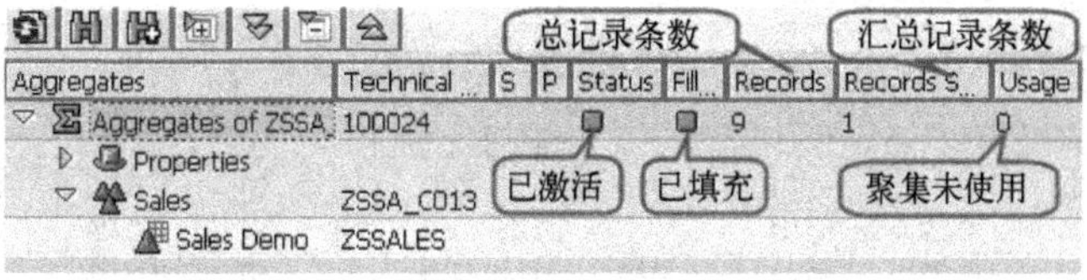

图 12-8　激活并填充数据后的聚集

8）可以回到信息立方体的管理界面，在 Requests 选项卡下，可以看到 Rollup 状态栏打上了绿钩，表明聚集数据填充已成功，如图 12-9 所示。

图 12-9　Requests 选项卡中的聚集状态

9）基于信息立方体 ZZSA_C01 新建查询（在查询设计器中，找不到相应的聚集）。为了验证聚集的使用，Query 的 Rows 中只有 Sales Demo，如图 12-10 所示。

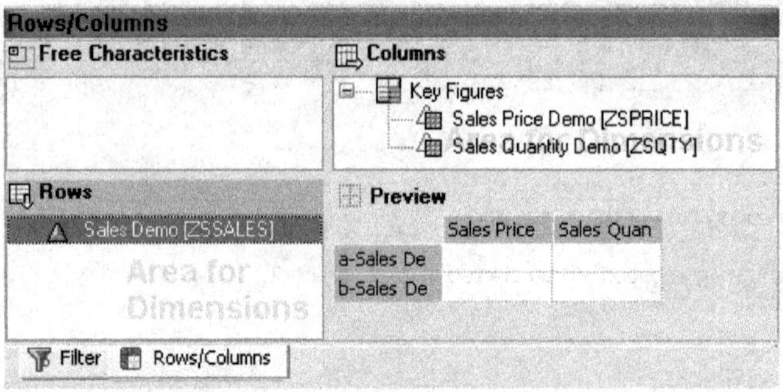

图 12-10　与聚集中特性一致的查询

10）在查询分析器中打开该查询得到结果如下：9 条记录，其中 S-01 已经汇总，如图 12-11 所示。可与信息立方体 ZSSA_C01 中的未汇总 10 条记录比对，如图 12-12 所示。

Table

Sales Demo	Sales Price Demo	Sales Quantity Demo
S-01	200.00 CNY	2 PC
S-02	100.00 CNY	2 PC
S-03	100.00 CNY	3 PC
S-04	100.00 CNY	4 PC
S-05	100.00 CNY	5 PC
S-06	100.00 CNY	6 PC
S-07	100.00 CNY	7 PC
S-08	100.00 CNY	8 PC
S-09	100.00 CNY	9 PC

图 12-11　报表结果

"ZSSA_C01", List output

ZSPROD...	ZSCUSTMR	ZSSALEGP	ZSSAL...	Calendar Day	Curren...	OUNIT	ZSPRI...	ZSQ...
P-01	C-01	sg-01	S-01	20.01.2010	CNY	ST	100,00	1
P-09	C-09	sg-01		20.09.2010	CNY	ST	100,00	1
P-02	C-02	sg-01	S-02	20.02.2010	CNY	ST	100,00	2
P-03	C-03	sg-01	S-03	20.03.2010	CNY	ST	100,00	3
P-04	C-04	sg-01	S-04	20.04.2010	CNY	ST	100,00	4
P-05	C-05	sg-02	S-05	20.05.2010	CNY	ST	100,00	5
P-06	C-06	sg-02	S-06	20.06.2010	CNY	ST	100,00	6
P-07	C-07	sg-02	S-07	20.07.2010	CNY	ST	100,00	7
P-08	C-08	sg-02	S-08	20.08.2010	CNY	ST	100,00	8
P-09	C-09	sg-02	S-09	20.09.2010	CNY	ST	100,00	9

图 12-12　信息立方体中 ZSSA_C01 中记录

11）再回到 BW 中查看聚集状态。单击“刷新”按钮，发现 Usage 标志位由 0 变成 1，报表直接访问 Aggregates100024，聚集被使用 1 次，如图 12-13 所示。

12）还可以通过信息立方体的管理界面中的 Rollup 选项卡直接进入创建聚集和填充/累加界面，如图 12-14 所示。填充是向聚集第一次加载数据，累加是将信息立方体中的新数据加载到聚集中。

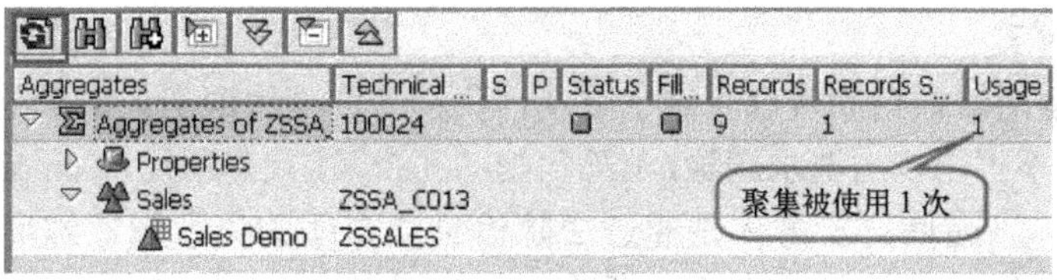

图 12-13　聚集被使用

图中部分对象说明如下。

- Selection：可单击该按钮选择聚集填充/累加开始时间。
- Request ID：后面有系统默认的要填充/累加的最大请求标识，即将信息立方体中所有未聚集的请求直至该请求全部填充/累加到聚集中。
- Compress After Rollup：聚集填充/累加后对聚集压缩，默认选中。
- Aggregates：可通过单击该按钮进入创建聚集界面，和图 12-3 一致。
- Execute：可单击该按钮选择开始聚集填充/累加操作。

图 12-14　Rollup 选项卡

到此，聚集的基本操作就演示结束了。

12.2　压缩的基本理论和操作

1. 压缩的基本理论

在信息立方体中，对于每一次加载，都有一个技术属性——请求（Request）加以编号和区别。请求标识即请求号由系统自动生成，并默认放置在信息立方体的信息包维度（Data Package Dimension）中。

请求使数据加载的管理非常方便。可以通过请求查看每一次加载的详细内容，如果某一次加载出错或者相应数据有错，那么可以选定该请求将其删除。

但是请求也造成了数据的冗余，大大降低了报表的访问性能。例如一条销售订单在创建时，订货数量为 1，第二天修改为 2，第三天再改为 3，数据每天加载，三次修改全部抽取到 BW 系统。信息立方体是从 DSO 的 Change Log 表中抽取数据，那么信息立方体中关于该销售订单共有三条请求，分别各包含一条该销售订单的记录，共有三条记录：订货量分别为 1，增量 1=2–1，增量 1=3–2。基于信息立方体的报表需要将这 3 条记录全部读出，汇总成一条记录显示订单数量为3。

由于请求的使用给数据的管理带来了方便，我们需要使用请求。请求的使用又给数据带来了冗余，可以将不再用到的请求删除，消除数据的冗余，这就是压缩（Compress 或 Collapse）。

从技术上讲，压缩信息立方体是通过去除信息立方体的技术属性维度来减少数据量。压缩将所有的或比较旧的加载请求号设置为零，然后其他维度代码相同的数据记录集合到一起，多条数据变成一条。信息立方体有 F 表和 E 表两张事实表，压缩前，数据放在 F 表，E 表为空。压缩信息立方体时，将数据记录写入信息立方体的 E 表并从 F 表删除已压缩的请求。如果上例中的三条请求被压缩，则 3 条记录变成 1 条记录，保存在 E 表中。报表时，直接从 E 表中读取这一条记录，这样大大提升了报表性能。在下一节中，将这个例子在系统中实现。

图 12-15 给出了另一个简化的例子，可以帮助理解压缩的基本理论。

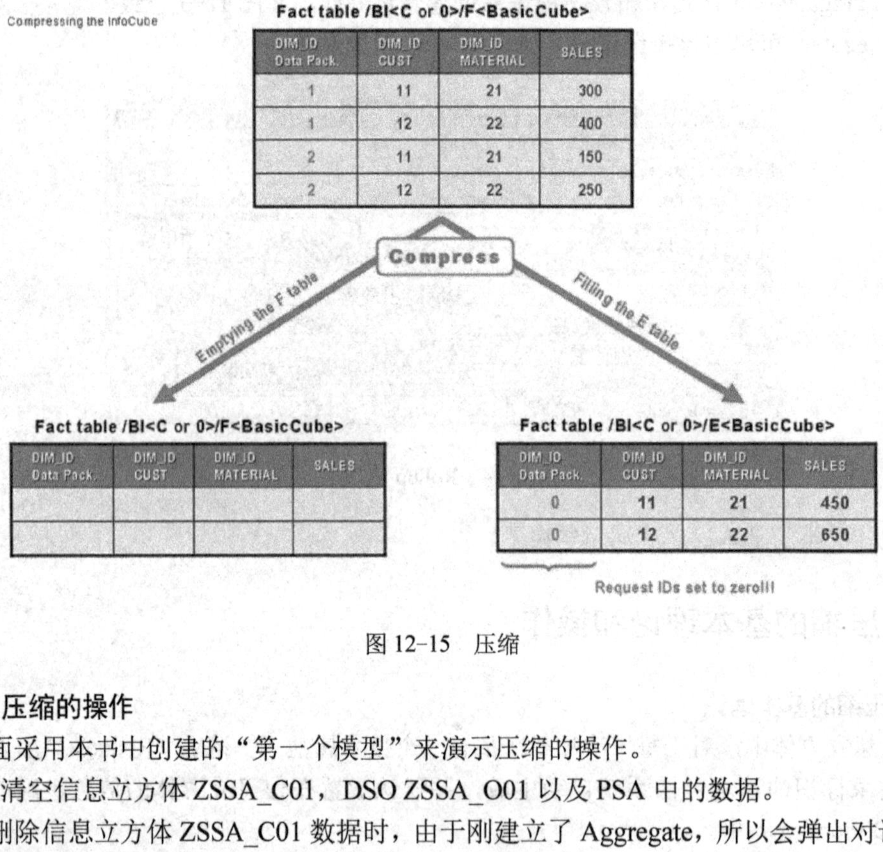

图 12-15　压缩

2．压缩的操作

下面采用本书中创建的“第一个模型”来演示压缩的操作。

1）清空信息立方体 ZSSA_C01，DSO ZSSA_O01 以及 PSA 中的数据。

在删除信息立方体 ZSSA_C01 数据时，由于刚建立了 Aggregate，所以会弹出对话框询问是否删除相关聚集，如图 12-16 所示。

2）删除 log，如图 12-17 所示。

3）可以通过 T-code：SE11 查询聚集，可以看到聚集中的数据也被删除，如图 12-18 所示。

4）修改文本数据源，将表 12-1 中的数据按顺序分三次加载到模型中，每一次只加载一条记录，需要完成整个数据流的加载（抽取到 PSA，加载到 DSO，激活 DSO，加载到信息立方体）再做下一次加载。在 PSA、DSO（Active Data 表）和信息立方体中都有三条请求。

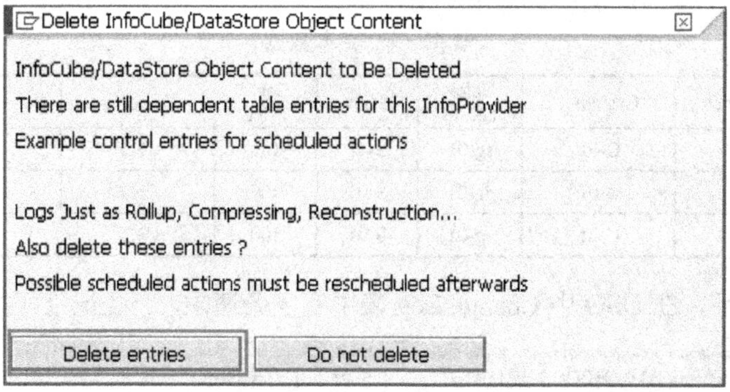

图 12-16　询问是否删除相关聚集等相关记录

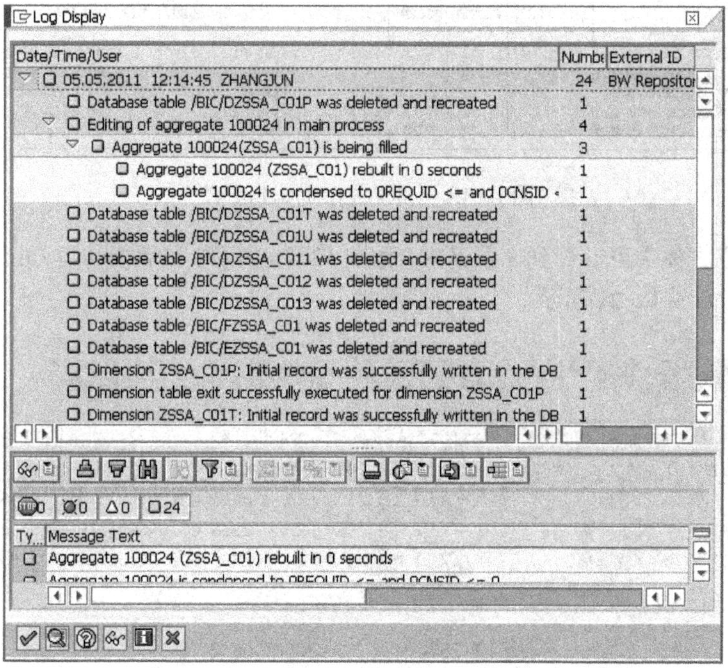

图 12-17　删除信息立方体数据而且删除聚集数据

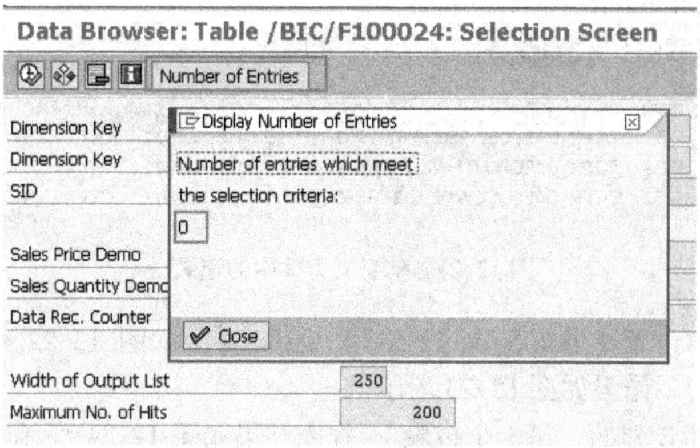

图 12-18　聚集数据已清空

表 12-1　文本数据

Time	Product	Customer	Sales Group	Sales	Sales Price	Currency	Sales Quantity	Unit
20110101	P-01	C-01	sg-01	S-01	100	CNY	1	PC
20110101	P-01	C-01	sg-01	S-01	100	CNY	2	PC
20110101	P-01	C-01	sg-01	S-01	100	CNY	3	PC

5）加载完成后，在 DSO 中 Change Log 表中有 3 条请求，5 条记录，如图 12-19 所示。

Data Browser: Table /BIC/B0003771000:　　5 of　　5 Hits

REQUEST	DATAPAKID	PARTNO	RECORD	/BIC/ZSSALES	/BIC/ZSSALEGP	/BIC/ZSPRICE	/BIC/ZSQTY	RECORDMODE
0DSR_DAEC02BQH1IXUSJ0AGH3NHOWU	1	1	1	S-01	sg-01	100,00	1,000	N
0DSR_DAEC0JW76WY2TQIGNGXVZ0W66	1	1	2	S-01	sg-01	100,00	2,000	
0DSR_DAEC0JW76WY2TQIGNGXVZ0W66	1	1	1	S-01	sg-01	100,00-	1,000-	X
0DSR_DAEC0UKPQ7X6B8LS21PV0JE1Q	1	1	2	S-01	sg-01	100,00	3,000	
0DSR_DAEC0UKPQ7X6B8LS21PV0JE1Q	1	1	1	S-01	sg-01	100,00-	2,000-	X

图 12-19　DSO 中 Change Log 表

6）在信息立方体中可以看到 3 条请求，如图 12-20 所示。在数据内容（InfoCube Content）中有 3 条记录，如图 12-21 所示。

Contents | Performance | Requests | Rollup | Collapse | Reconstruction

InfoCube requests for InfoCube:Sales InfoCube Demo(ZSSA_C01)

Request ID	Re...	Co...	Co...	Da...	Ro...	Req...	Loa...	DTP/InfoPackage	Request Da...	Update Date
5454								ZSSA_O01 -> ZSSA_C01	05.05.2011	05.05.2011
5450								ZSSA_O01 -> ZSSA_C01	05.05.2011	05.05.2011
5446								ZSSA_O01 -> ZSSA_C01	05.05.2011	05.05.2011

图 12-20　信息立方体中的请求

"ZSSA_C01", List output

ZSSAL...	ZSS...	ZSC...	ZSPR...	Request ID	Calendar Day	Currency	0UNIT	ZSPRICE	ZSQTY
sg-01	S-01	C-01	P-01	DTPR_DAEC08L7ZS336WMV9A1NV844E	01.01.2011	CNY	ST	100,00	1
sg-01	S-01	C-01	P-01	DTPR_DAEC0KUTNWKQG7XXD40YH04WU	01.01.2011	CNY	ST	0,00	1
sg-01	S-01	C-01	P-01	DTPR_DAEC0VGWMZ2Z0F2R89DQZDTJY	01.01.2011	CNY	ST	0,00	1

图 12-21　信息立方体中的记录

7）T-code：SE11，查找事实表/BIC/FZSSA_C01，结果如图 12-22 所示。同理，查找事实表/BIC/EZSSA_C01，结果如图 12-23 所示。

8）运行前面章节创建的“第一个报表”。报表结果如图 12-24 所示，将信息立方体中的 3 条记录汇总成一条记录显示。

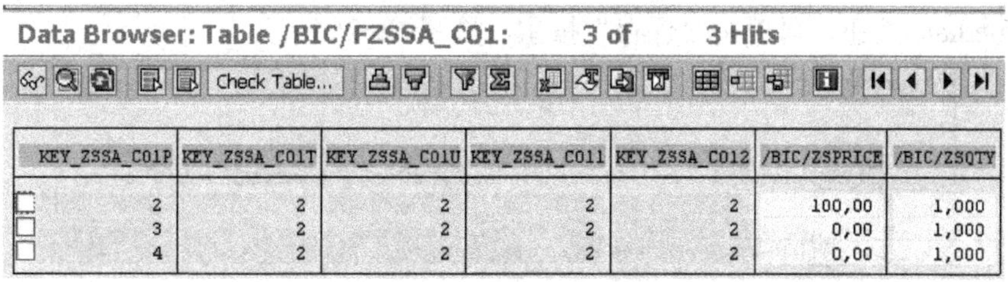

Data Browser: Table /BIC/FZSSA_C01: 3 of 3 Hits

KEY_ZSSA_C01P	KEY_ZSSA_C01T	KEY_ZSSA_C01U	KEY_ZSSA_C011	KEY_ZSSA_C012	/BIC/ZSPRICE	/BIC/ZSQTY
2	2	2	2	2	100,00	1,000
3	2	2	2	2	0,00	1,000
4	2	2	2	2	0,00	1,000

图 12-22　压缩前事实表/BIC/FZSSA_C01 中的数据

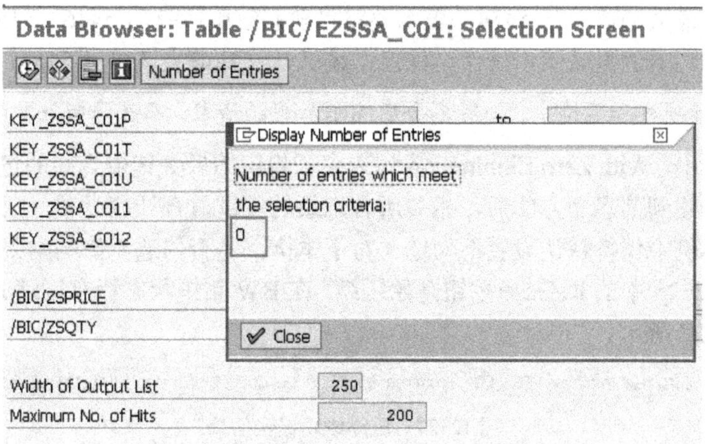

图 12-23　压缩前事实表/BIC/EZSSA_C01 为空

Table

Sales Group Demo	Sales Demo	Sales Price Demo	Sales Quantity Demo
sg-01	S-01	100.00 CNY	3 PC

图 12-24　报表结果

9）确认数据没有错误后，开始压缩，右击信息立方体 ZSSA_C01，选择 Manage，选中压缩 Collapse 选项卡，如图 12-25 所示。

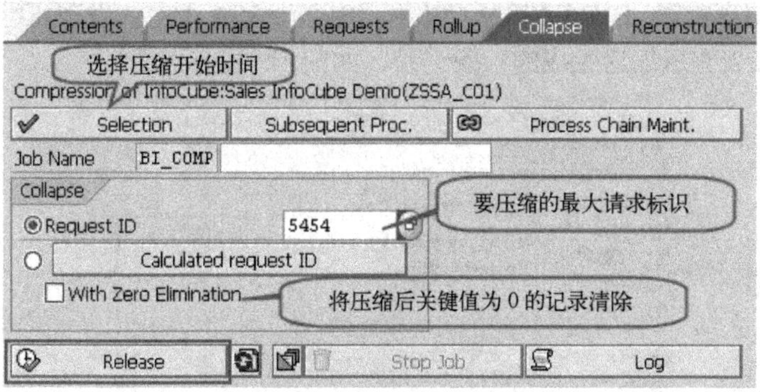

图 12-25　Collapse 选项卡

● 单击图 12-25 中的 Selection 按钮，弹出 Start Time 对话框。选择压缩开始时间，单击

Immediate 按钮，再单击“保存”按钮，如图 12-26 所示。

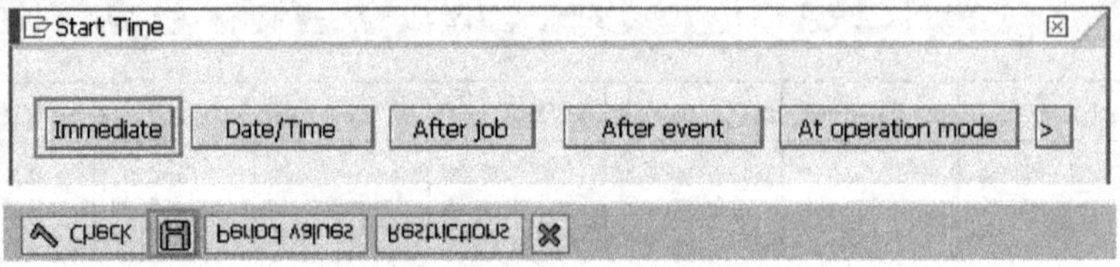

图 12-26　选择压缩开始时间

- 图 12-25 中，Request ID 后面的请求号表示要压缩的最大请求号，系统默认选择是当前系统中最大的请求号 5454，表示要将目前系统中所有的 5446、5450、5454 三条请求都压缩。本例只是演示操作，保留系统默认选择最大请求号 5454。

注意：在实际项目和运维中，一般不会压缩刚加载的请求，而是保留一定的安全时间区间。

- 图 12-25 中，With Zero Elimination 勾选表示将压缩后关键值为 0 的记录清除，例如删除记录加载到信息立方体后，相关所有记录的关键值合计应为 0，则所有记录都会被清除，本例中保持默认设置不勾选（对于本例，是否勾选不影响结果）。
- 单击图 12-25 中的 Release 按钮开始压缩，在 BW 系统状态栏有压缩成功的提示信息，如图 12-27 所示。

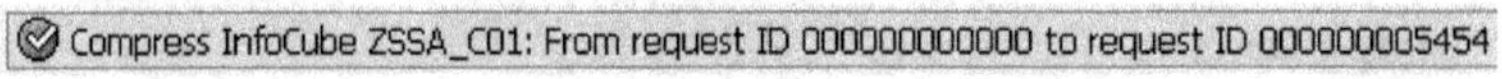

图 12-27　压缩成功提示信息

返回到信息立方体的 Requests 选项卡，可以看到信息立方体压缩状态已有绿色对钩，如图 12-28 所示，说明压缩成功。

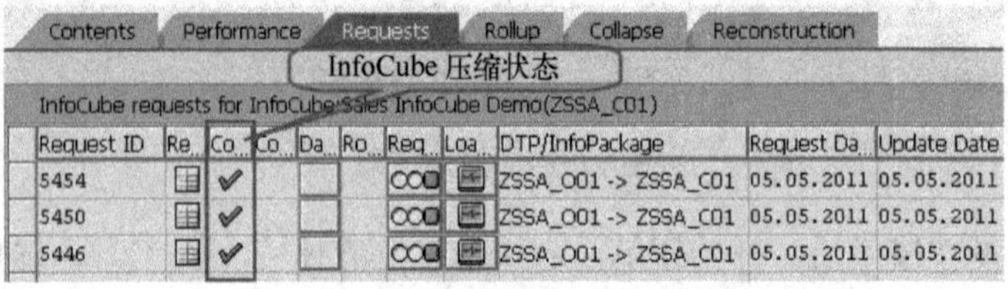

图 12-28　Requests 选项卡中的压缩状态

10）再次查询事实表 /BIC/FZSSA_C01 和 /BIC/FZSSA_C01，发现压缩后 F 表为空，如图 12-29 所示。E 表有压缩后生成的一条记录，如图 12-30 所示。

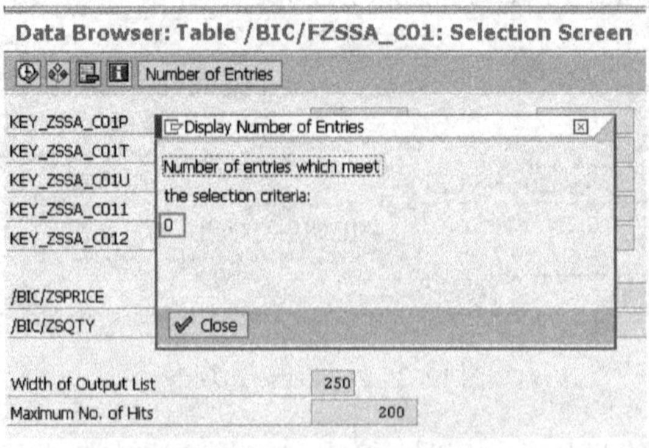

图 12-29　压缩后事实表/BIC/FZSSA_C01 为空

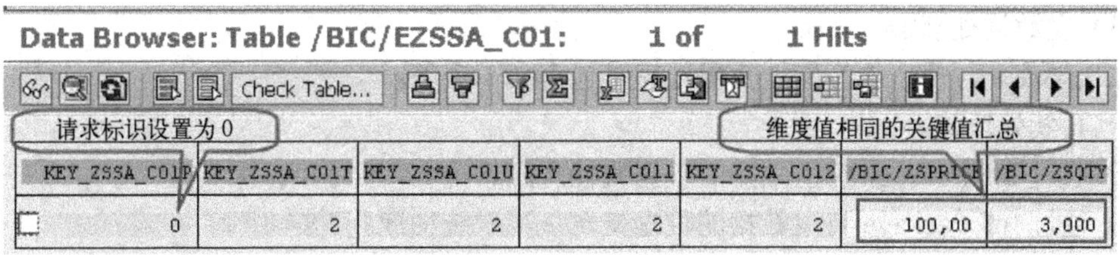

图 12-30　压缩后事实表/BIC/EZSSA_C01 中的数据

到此，压缩的基本操作就演示结束了。

12.3　聚集和压缩的其他知识点

1．通过处理链实现聚集和压缩

在前两节中，演示了聚集的创建、第一次数据填充的过程和压缩的操作过程。那么在日常的 BW 运维中，可以通过处理链来执行上述过程。

（1）处理类型：数据目标管理

在处理链界面中，Process Types→Data Target　Administration 下，可以看到两个与聚集相关的 Process（见图 12-31）：

- 聚集第一次填充（Initial Fill of New Aggregates）。
- 聚集累加（Roll Up of Filled Aggregates/BIA Indexes）。

还可以看到一个与压缩相关的 Process：压缩信息立方体（Compression of the 信息立方体）。

（2）处理类型：其他 BW 处理流程

在处理链界面中，Process Types→Other BW Process 下，可以看到两个与聚集相关的 Process（见图 12-32）：

- 属性更改（Attribute Change Run）
- 调整时间相关的聚集（Adjustment of Time-Dependent Aggregates）

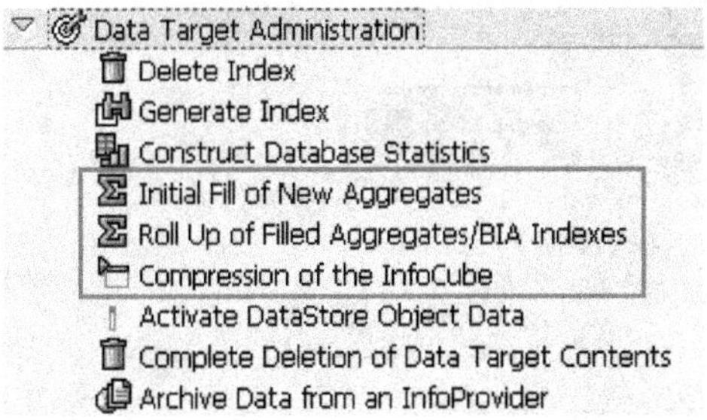

图 12-31　处理类型：数据目标管理

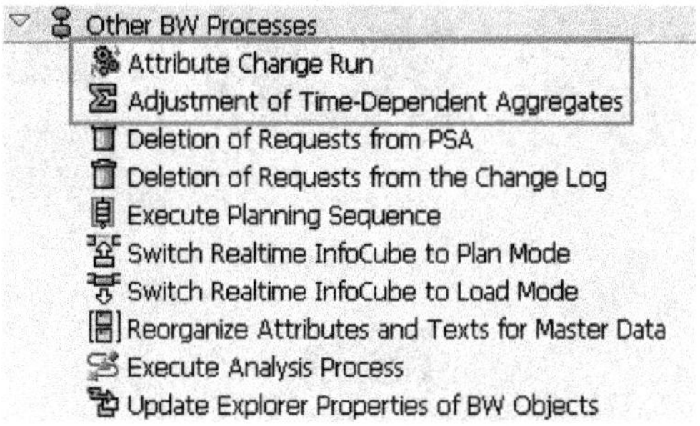

图 12-32　处理类型：其他 BW 处理流程

注意：如果聚集中用到导航属性和层级，那么在聚集填充或累加后，一定要运行“属性更改”，以保证信息立方体和聚集中导航属性和层级的一致性（除此之外，“属性更改”还用于激活改变后的主数据和层级）。如果集合中使用了时间相关的导航属性和/或时间相关的层次结构，那么在流程链中必须包括另外一个流程类型“调整时间相关的聚集”。

（3）主数据处理链

加入聚集后，一个典型的主数据处理链包含如下流程：

1）开始处理链。

2）通过 InfoPackage 将主数据的数据属性从源系统加载到 PSA 中。

3）通过 InfoPackage 将主数据的数据文本从源系统加载到 PSA 中。

4）通过 InfoPackage 将主数据的数据层级从源系统加载到 PSA 中。

5）通过 DTP 将主数据的数据属性从 PSA 加载到 InfoObject 中。

6）通过 DTP 将主数据的数据文本从 PSA 加载到 InfoObject 中。

7）通过 DTP 将主数据的数据层级从 PSA 加载到 InfoObject 中。

8）属性更改（Attribute Change Run）。

9）调整时间相关的聚集（Adjustment of Time-Dependent Aggregates）。

（4）典型业务数据处理链

加入聚集和压缩后，一个典型的业务数据处理链包含如下流程：

1）开始处理链。

2）通过 InfoPackage 将数据从源系统加载到 PSA 中。

3）通过 DTP 将数据从 PSA 加载到 DSO 中。

4）激活 DSO 中的数据。

5）删除信息立方体的索引。

6）通过 DTP 将数据从 DSO 加载到信息立方体中。

7）重建信息立方体的索引。

8）创建数据库统计。

9）将数据累加到 Aggregation 中（Rollup）。

10）压缩 3 个月以前的信息立方体中的数据（Compress）。

11）用信息发布（Information Broadcasting）方式将预计算的报表发布。

典型业务数据处理链的主要步骤如图 12-33 所示。

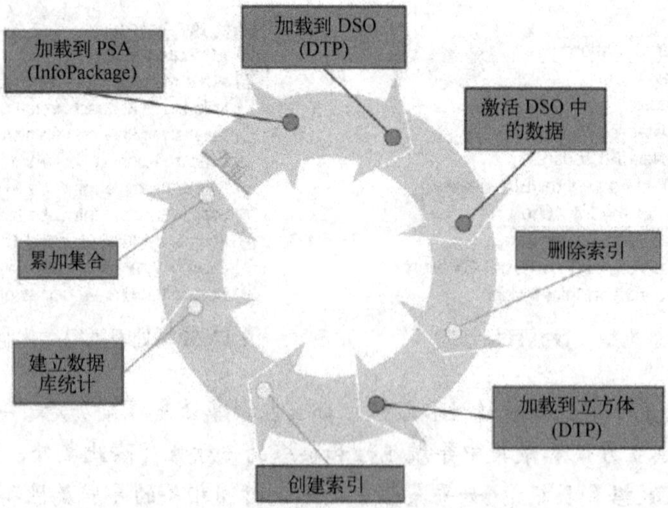

图 12-33　典型业务数据处理链的主要步骤

2．聚集和压缩与信息立方体管理

本章主要演示了两个常用的信息立方体管理和性能管理的手段：聚集和压缩。

聚集是以空间换时间。在生成聚集后，系统会根据相应维度生成一个相对信息立方体事实表数据量比较小的表。当查询访问信息立方体时，系统会先判断聚集中维度是否满足条件，如果满足则直接访问聚集而不用再次访问信息立方体，提升查询速度。

压缩信息立方体是用较小的 E 事实表代替 F 事实表 可以节省磁盘空间。但是，请求标识在压缩流程中被删除。因为压缩流程一旦完成，将不能删除任何错误的请求，所以在开始压缩之前，确保信息立方体数据的正确性至关重要。

在信息立方体的管理界面，除了聚集（Rollup）和压缩（Collapse）选项卡，还有 3 个选项卡：Contents（内容）、Performance（性能）、Reconstruction（重建）。

- 内容选项卡用于显示信息立方体中的数据。
- 性能选项卡用于索引和统计数据的维护。
- 请求选项卡主要用于基于请求的管理，如查看状态和删除数据。
- 重建选项卡用于 BW3.x 且 PSA 直接连接信息立方体，在信息立方体中删除请求后，如果 PSA 中还有相应请求，还可以恢复。在 BW7.x 中，该选项卡已无用。

3．聚集和压缩与性能调优

BW 是一个数据仓库系统，大量的数据抽取和访问必然带来性能问题，其中包括报表读取性能和数据加载性能。性能问题与模型设计和运维管理密切相关，所以性能调优是 BW 项目和运维中都要考虑的重要方面。

性能调优有许多的工具和方法，下面仅列出部分常用工具和方法，使用中可以根据实际情况来选用。读者可以参阅相关书籍做进一步学习和研究。

1）提升报表读取性能的部分工具和方法如下，它们之间的比较如图 12-34 所示。

- 预计算的预制报表（Precalculated Canned Reports），即信息广播，在后台运行通用查询/Web/工作簿，并将以更新数据的报表发送给用户。
- 查询缓存（Query Cache），通过提前运行查询来缓存查询结果，之后报表结果直接来自缓存而不是数据库，来提高类似查询的响应速度。
- BW 加速器（BW Accelerator），一套结合 SAP TREX 搜索引擎软件技术和 Intel 硬件技术的解决方案。BWA 对信息立方体中的信息编制索引，创建一个高度压缩的结构，只要用户请求数据，就会将其加载到内存中，然后在内存中处理查询，再提交结果。
- 聚集（Aggregates），对信息立方体数据的汇总（或子集），具有实际物理存储。用更多磁盘空间换取较少查询时间。
- 数据库（Database），从数据库层面进行性能调优。

无疑，在上述方案中，BW Accelerator 是技术上的最佳方案。但由于其价格昂贵，所以综合考虑，在项目中应用最多的是聚集。

2）提升数据加载性能的部分工具和方法如下。

- 索引（Index）：索引利于查询，但是不利于加载。所以数据加载到信息立方体前去索引（Index），加载后建索引。

- 并行加载（Parallel）：在 DTP 中选择并行加载。除此之外，还可以调整数据包的大小（Package Size）。

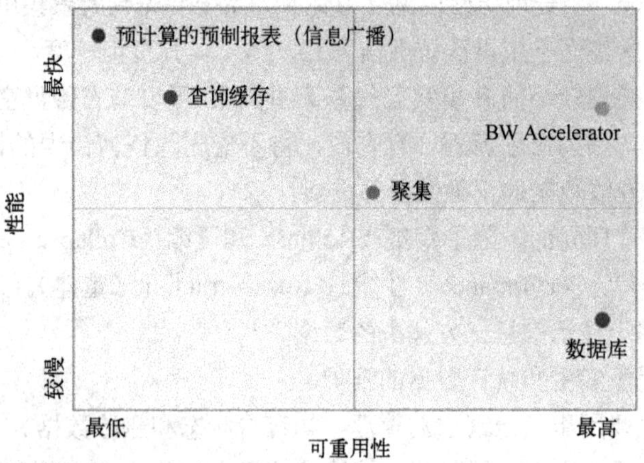

图 12-34　提升报表查询性能的部分方法比较

第 13 章　信息对象建模

SAP ECC 把数据分为主数据和业务数据，BW 沿用了这一划分。在 BW 中业务数据反映的是业务交易发生时的真实情景，较少涉及组织架构、产品分类等变动带来的影响。

主数据是相对于业务数据而言变化不是那么频繁的数据，如组织架构、产品分类等数据，包括客户、工厂、销售组织、成本中心、利润中心、产品等。但主数据也不是一成不变的，在 BW 中，主数据的变动是通过信息对象建模的方法来实现的。

在 BW 中，主数据在 BW 中主要是指包含属性（Attribute）、文本（Text）和层级（Hierarchy）三部分的特性（Characteristics）。特性的建模选项有多种类型，如图 13-1 所示。

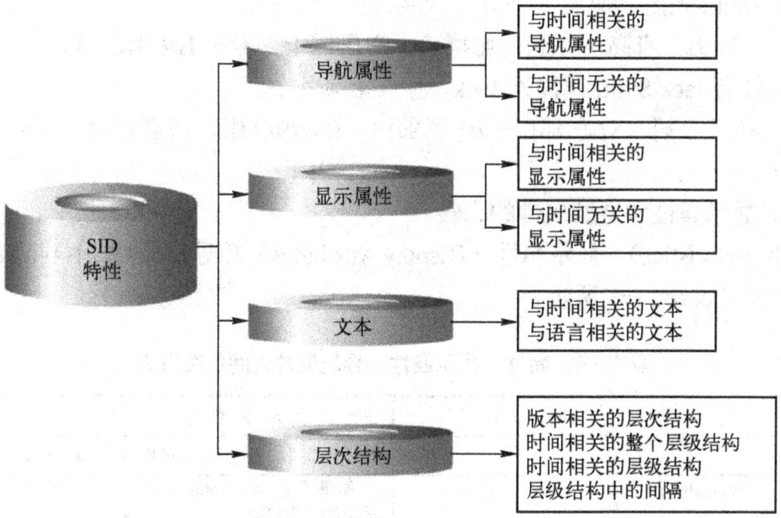

图 13-1　特性的建模选项

信息对象建模是 BW 建模中要考虑的一个重要方面。首先要清楚业务需求，然后再考虑模型设计。主数据也有变化，只是没有业务数据变化频繁，这就是 BW 扩展星形结构所实现的缓慢变化维。在信息对象建模时要注意下面几点。

1. 特性的创建方法

在新建特性时，有三种建法：

- 完全新建：就是不参考、不复制任何已有的特性，白手起家，创建一个全新的特性。
- 参考特性（Reference Characteristics）：一般是通过参考业务内容中的特性创建。这种方式创建的特性不生成自己的数据表，而是类似于指针，指向被参考的特性的数据表。所以新建特性的大部分内容，如 Attributes、Compounding 等选项卡都不能更改。

● 模板（Template）：一般是以业务内容中的特性为模板，用复制的方式创建。这种方式创建的特性具有自己的数据库表，所以新特性的所有内容都可改。

在项目中，对于时间和单位等特性，一般用参考特性的方法创建；对于复杂的特性，如物料、客户、工厂等，一般用模板的方法创建，然后再进一步修改。

2．特性中属性、文本和层级的联系和区别

三者联系如下：

● 属性、文本、层级是属于特性主数据的三个部分。
● 只要特性拥有三者之一（在 BW 系统中的特性创建或维护界面勾选 With Master Data、With Text、With Hierarchy），即使属性、文本、层级中没有数据，也仍然是一个带主数据的特性。
● 如果特性的属性、文本、层级三者都没有，特性就是一个显示属性（在 BW 系统中勾选 Attribute Only）

下面通过一个例子来了解三者的区别。

对于 Jack Smith 先生，他的

● 属性：性别男，身高 180cm，血型 A，学历博士，专长 BW/BO 等。
● 文本：姓名 Jack Smith，简称 Jack，中文名斯杰克。
● 层级：ABC 公司—SAP 部门—BI 子部门—BW/BO 组，或者祖父—父亲—Jack Smith—儿子。

3．特性、显示属性和导航属性的比较

特性（Characteristics）、显示属性（Display Attributes）和导航属性（Navigation Attributes 之间的联系和区别如表 13-1 所示。

表 13-1　特性、显示属性、导航属性之间的关系表

	特　性	显示属性	导航属性
是否特性	是	不一定，也可以是关键值	是
是否能直接放入 InfoCube 的维度中	是	如果不是 Attributes Only 类型的，也可以	否
是否能在报表中独立出现	是	否，依附于包含它的特性	是，在报表中可以像特性一样导航
是否能在报表中导航	是	否	是
实现业务场景	历史真实场景（放入维度）		当前为准和时间相关等场景

4．业务场景和分析需求

各种不同的信息对象建模就是通过信息对象的不同用法实现的，这样就可以满足各种不同业务场景。下面我们以销售团队组织架构和销售业务历史记录表为背景来说明信息对象建模的方法，如表 13-2 所示。

● 右侧为业务数据，表示销售人员业务历史记录。
● 左侧为主数据，表示某公司销售团队的组织架构。
● 该公司销售团队从 2011 年 1 月起发生两个变动：销售人员 BBB 从销售团队 G1 调配到 G2、销售人员 EEE 新加入公司，分配在销售团队 G2。

表 13-2 销售团队组织架构和销售业务历史记录表

2011 年 12 月前某公司销售团队组织架构

销 售 人 员	销 售 团 队
AAA	G1
BBB	G2
CCC	G2
DDD	G2
EEE	G2

2011 年 1 月起某公司销售团队组织架构

销 售 人 员	销 售 团 队
W	G1
BBB	G1
CCC	G2
DDD	G2

销售业务历史记录

销 售 人 员	销 售 月 度	业 绩
AAA	201012	100
BBB	201012	100
CCC	201012	100
DDD	201012	100
AAA	201101	100
BBB	201101	100
CCC	201101	100
DDD	201101	100
EEE	201101	100

从报表分析的角度看，对于销售团队的业绩可以有多种分析需求：

（1）历史真实（AS-WAS）

按照业绩实际发生时的组织架构进行统计。如 BBB 在 201012 就计入 G1，而在 201101 就计入 G2。

（2）当前为准（AS-IS）

按照报表查询时的组织架构进行统计。尽管 BBB 在 201012 属于 G1，但是按照查询时的日期，仍然计入 G2。

（3）时间相关（TIME-DEPENDENT）

按照用户报表查询时所选择日期的组织架构进行统计。在报表查询时，如果用户输入的日期早于 201101，那么所有数据按照之前的组织架构统计，即 BBB 在 201101 也计入 G1，EEE 无主数据，不计入 G1 或 G2。如果用户输入的日期等于或晚于 201101，那么所有数据按照之后的组织架构统计，即 BBB 在 201012 也计入 G2。

（4）可比架构（COMPARABLE）

只统计在一定期间内组织架构未发生变化，有可比性的数据。由于只有 AAA、CCC 和 DDD 的组织架构未发生变化，所以只显示这三个销售员的情况。

在下节将分别演示在 BW 系统中这 4 种场景的实现步骤。

13.1 历史真实场景

1．操作要点

1）建立模型：

- 特性 Sales Group 是特性 Sales Person 的显示属性。
- Sales Group 和 Sales Person 都放入 InfoCube 的维度中。

● 在 DataSource 到 InfoCube 的 Transformation 中，Sales Group 通过读主数据（Read Master Data）的方式转换。

2）分两次维护 Sales Person 主数据，与此对应，分两次加载相应业务数据。

3）主数据新建或新增记录后，保存即可；但是修改某条记录后，必须激活。

2. 操作步骤

（1）在 BW 中，创建模型

1）创建特性 ZIO_SALES、ZIO_SG 和关键值 ZKF_REV。其中 ZIO_SALES 和 ZIO_SG 的 Master data/Texts 选项卡的 With Master Data 选项都保持默认勾选状态，而且 ZIO_SG 是 ZIO_SALES 的 Display Attributes，如图 13-2 所示。

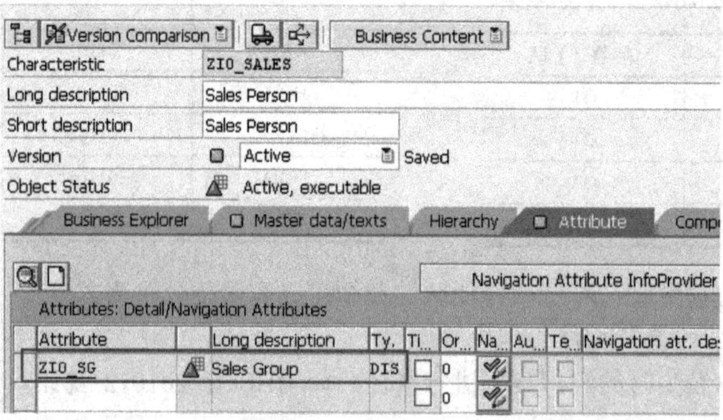

图 13-2 特性 ZIO_SALES 和显示属性 ZIO_SG

2）创建 DataSource ZDS_REV，见表 13-3。

表 13-3 数据源 ZDS_REV

类 型	技 术 名 称	描 述	建 立 方 法
业务数据	ZDS_REV	Sales Transaction DataSource for Tracking History	参考 InfoObject 模板

注意： 对于月份选择 0CALMONTH 后，一定要将 Format 选择为 Internal，因为“201012”采用的是数据库内部存储格式，如图 13-3 所示。

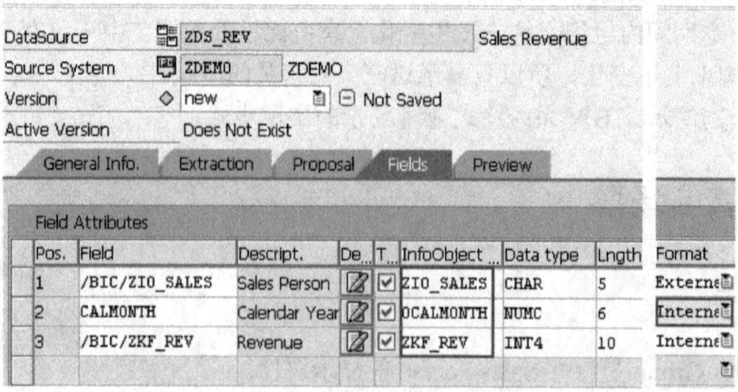

图 13-3 数据源 ZDS_REV 的 Fields 选项卡—参考信息对象模板创建

预览结果如图 13-4 所示。

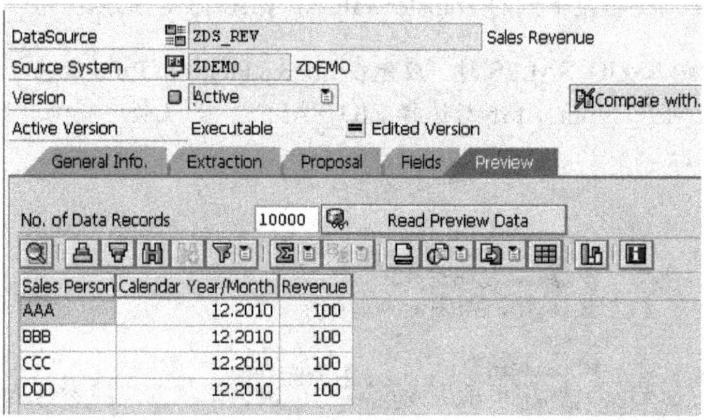

图 13-4　数据源 ZDS_REV 的 Preview 结果

3）创建 InfoCube ZIC_REV，按照表 13-4 新建，结果如图 13-5 所示。

表 13-4　信息立方体 ZIC_REV

技术名称	ZIC_REV
描述	Sales Cube for Tracking History
Time 维度特性	0CALMONTH
Sales 维度特性	ZIO_SALES ZIO_SG
关键值（Key Figure）	ZKF_REV

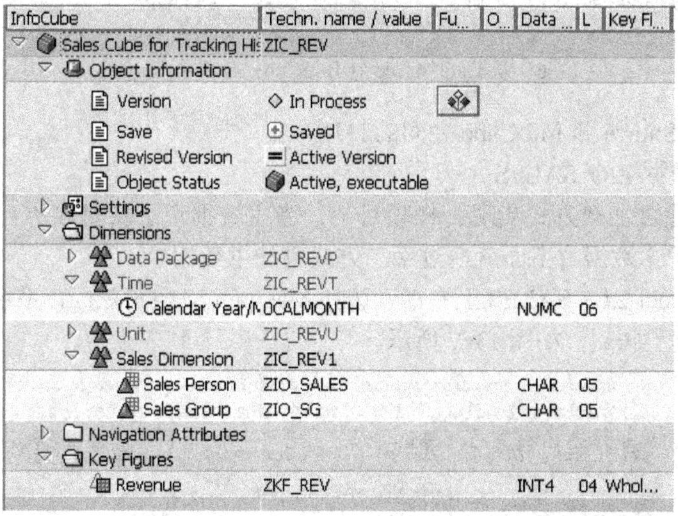

图 13-5　InfoCube ZIC_REV

4）创建 DataSource 的 InfoPackage。

5）创建从 DataSource 到 InfoCube 之间的 Transformation。

连接/BIC/ZIO_SALES 和 ZIO_SG，再右击 ZIO_SG 前的等号，在弹出的 Rule Details 窗

口中，将 Rule Type 改为 Read Master Data，并且在两处输入 ZIO_SALES 来指定源 InfoObject，再单击 Rule Details 对话框左下侧的 Transfer Values，如图 13-6 所示。

注意：在两处输入 ZIO_SALES 时，应先在 Source Fields of Rule 下确定 IO Assignment 为 ZIO_SALES，然后再在 From Attrb 后选择 ZIO_SALES。如果顺序颠倒后系统会报错，但重新按顺序输入即可。

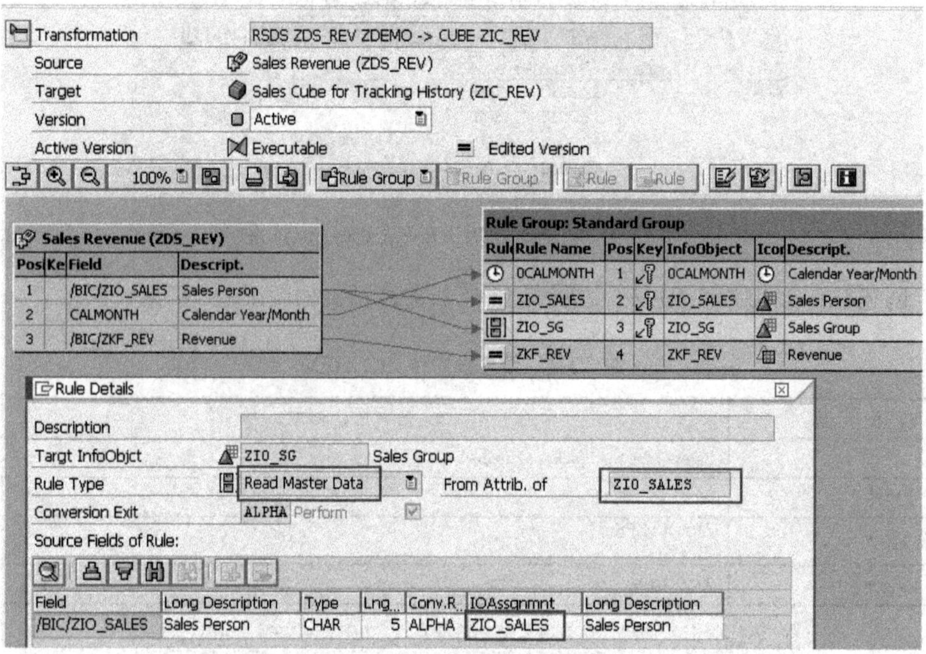

图 13-6　从 DataSource 到 InfoCube 的 Transformation

6）创建 DataSource 和 InfoCube 之间的 DTP。

（2）维护主数据 ZIO_SALES

主数据可以通过加载方式实现。在项目中，当主数据记录数量较小，变化较少时，也可以直接手工维护主数据。下面就通过手工方式维护主数据。

1）在 InfoObject ZIO_SALES 上右击，选择 Maintain Master Data，系统进入维护主数据界面，单击"新建"按钮，如图 13-7 所示。

图 13-7　新建 ZIO_SALES 主数据

2）在弹出的对话框中输入主数据，如图 13-8 所示。

3）继续单击"新建"按钮，输入完成后如图 13-9 所示。

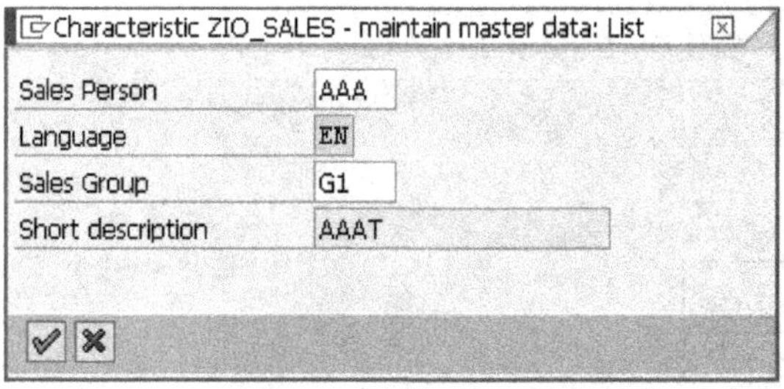

图 13-8　输入主数据

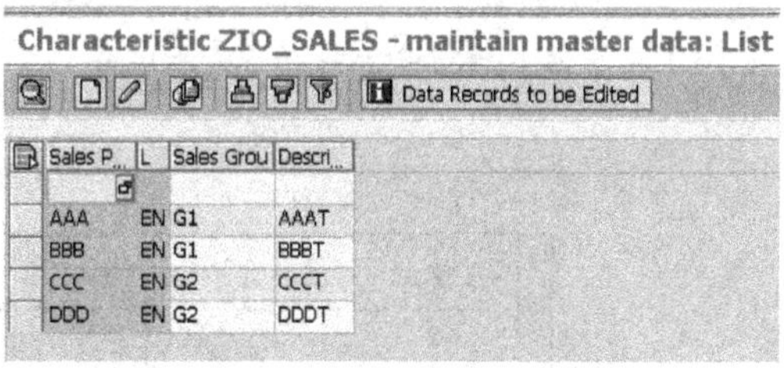

图 13-9　主数据输入完成

4）单击标准工具栏上的保存按钮，保存后退出。

（3）业务数据分两部分加载——第一部分加载

对于业务数据，按月份分为两部分。先只抽取 201012 月份的业务数据到 PSA，再加载到 InfoCube。

（4）修改主数据 ZIO_SALES

1）在 InfoObject ZIO_SALES 上右击，选择 Maintain Master Data 系统进入维护主数据界面

2）选中 BBB 行数据，再单击铅笔修改按钮，在弹出窗口中将 Sales Group 由 G1 改成 G2，如图 13-10 所示。

3）再单击“新建”按钮，增加 EEE 记录，更改和新增后结果如图 13-11 所示。

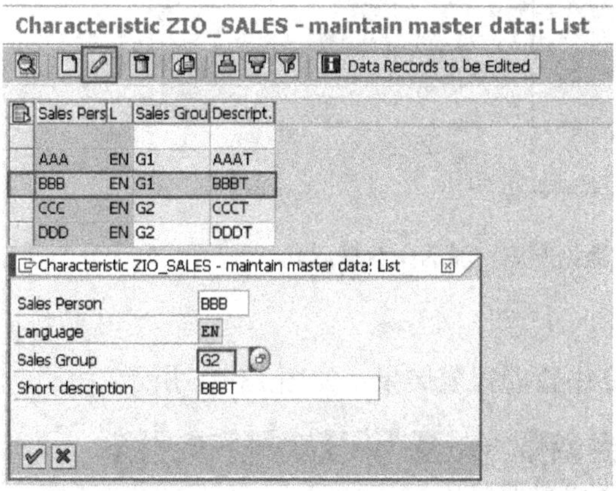

图 13-10　修改主数据

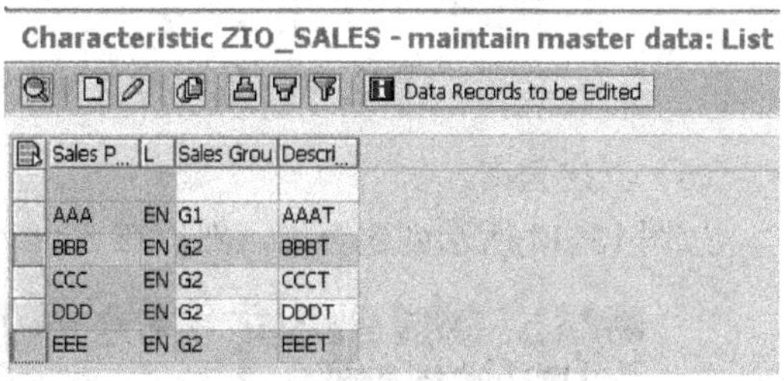

图 13-11　主数据修改后

4）单击对钩按钮和标准工具栏上的保存按钮，然后检查主数据 P 表“/BIC/ZIO_SALES”，发现对于 BBB，有两条记录，Active Version 仍然是 G1，如图 13-12 所示。

5）在 InfoObject ZIO_SALES 上右击，选择 Activate Master Data，激活主数据是在维护主数据后必做的操作；否则，主数据的修改不会反映到模型数据和报表中。

6）再次检查主数据 P 表/BIC/PZIO_SALES，BBB 的记录已更新，如图 13-13 所示。

（5）业务数据分两部分加载——第二部分加载

抽取 201101 月份的业务数据到 PSA，再加载到 InfoCube。这样，在 PSA 和 InfoCube 中都各有两条 Requests，分别是 201012 和 201101 月份的数据。

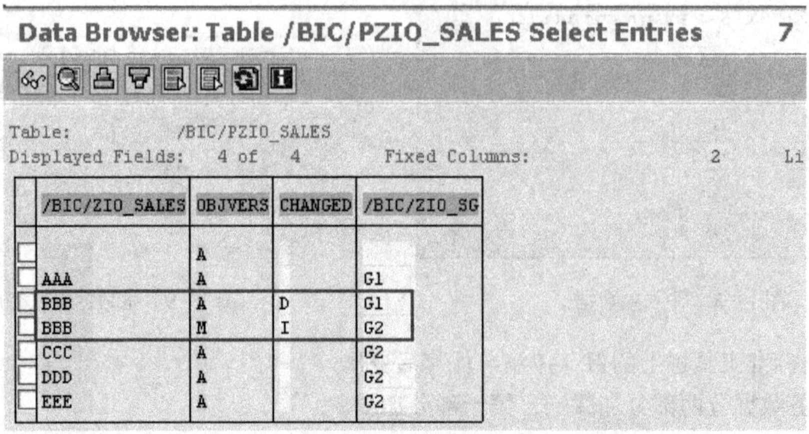

图 13-12　特性 ZIO_SALES 主数据 P 表

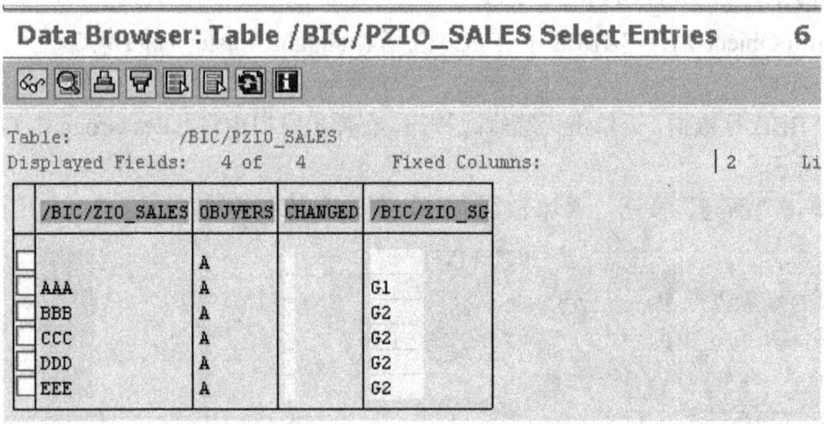

图 13-13　特性 ZIO_SALES 主数据 P 表（激活主数据后）

（6）创建查询

按图 13-14 所示创建查询。然后在 Analyzer 中查看报表结果，如图 13-15 所示。

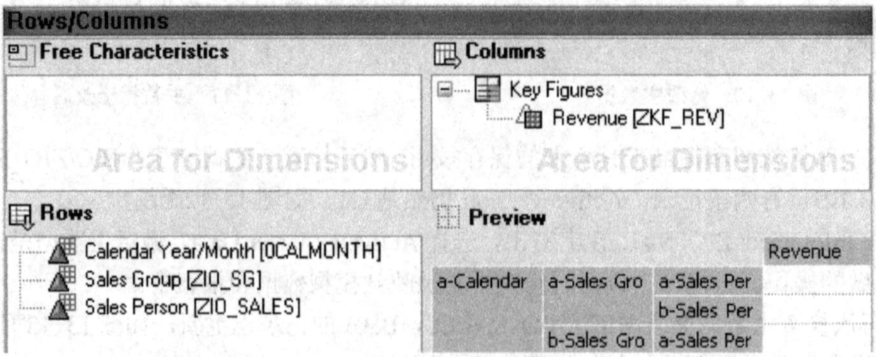

图 13-14　历史真实场景的查询

到此，我们就实现了第一种场景——历史真实。

Calendar Year/Month	Sales Group	Sales Person	Revenue
12.2010	G1	AAA	100
		BBB	100
		Result	200
	G2	CCC	100
		DDD	100
		Result	200
01.2011	G1	AAA	100
		Result	100
	G2	EEE	100
		BBB	100
		CCC	100
		DDD	100
		Result	400

图 13-15　历史真实场景的报表结果

13.2　当前为准场景

- 特性 Sales Person 中的属性 Sales Group 由显示属性改为导航属性。
- InfoCube 中的数据不必删除，InfoCube 维度中的特性 Sales Group 不用删除，InfoCube 中的导航属性 Sales Group 开关打开（勾选即可）
- Query Designer 中的 Sales Group 由特性（ZIO_SG）换为导航属性（ZIO_SALES_ZIO_SG）。

操作步骤：

（1）将特性中的显示属性改为导航属性

将 ZIO_SALES 的属性 ZIO_SG 由 Display Attributes 改为 Navigation Attributes，如图 13-16 所示。

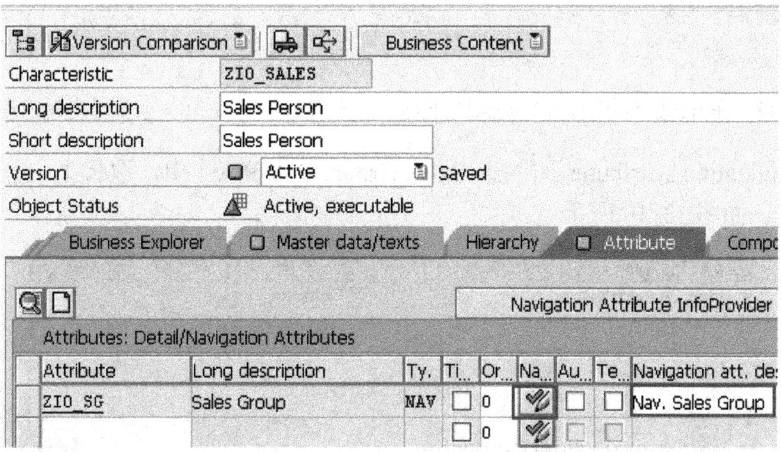

图 13-16　将 ZIO_SG 由显示属性改为导航属性

1）在特性 ZIO_SALES 的 Attribute 选项卡下，单击 ZIO_SG 按钮，将其改为 Navigation Attributes。

2）在其右侧的导航属性描述和短文本描述中输入 Nav. Sales Group。

3）再激活特性 ZIO_SALES。

（2）在 InfoCube 中将导航属性开关打开

修改 InfoCube ZIC_REV，展开 Navigation Attributes，将其后的空格打钩，激活 InfoCube，如图 13-17 所示。

注意：

- 不需要删除 InfoCube 的数据。
- 不需要删除模型中 Sales Dimension 中的特性 Sales Group。
- 修改 InfoCube 后，发现其相关的 Transformation 和 DTP 变为灰色，不需要再激活。

（3）在 Query Designer 中新建查询

在 InfoCube ZIC_REV 上新建查询，也可以直接修改上个查询。

1）在 InfoProvider 栏的 Sales Dimension 下出现导航属性 Nav. Sales Group，如图 13-18 所示。

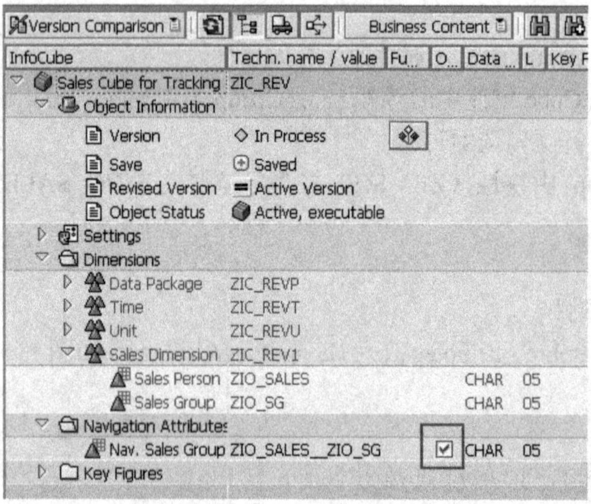

图 13-17　在 InfoCube 中打开导航属性开关

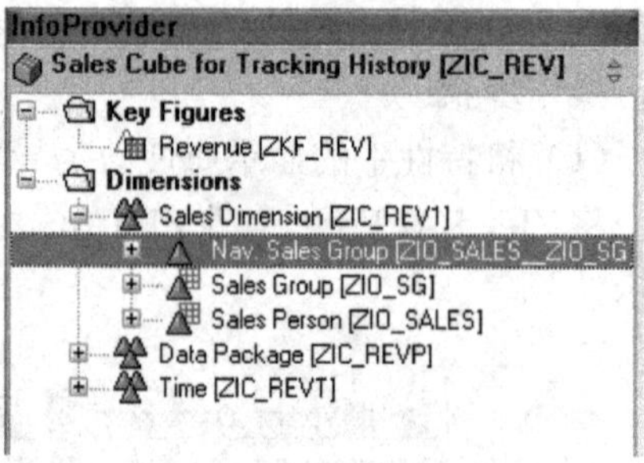

图 13-18　查询时自动出现导航属性

2）将 Navigation Attributes 的 Nav. Sales Group 放入 Rows 中，取代上一查询特性 Sales Group 的位置，如图 13-19 所示。

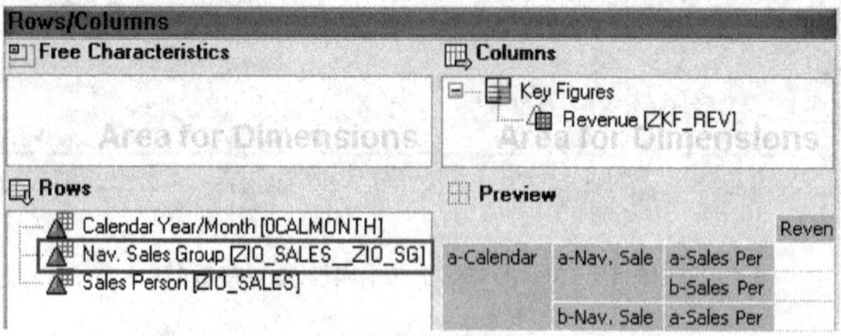

图 13-19　当前为准场景的查询

（4）在 Analyzer 中查看结果

我们看到，BBB 虽然在 201012 实际上属于 G1，但由于使用 Navigation Attributes，从最新的主数据表中读取数据，因此被分类到 G2，如图 13-20 所示。

Table

Calendar Year/Month	Nav. Sales Group	Sales Person	Revenue
12.2010	G1	AAA	100
		Result	100
	G2	BBB	100
		CCC	100
		DDD	100
		Result	300
01.2011	G1	AAA	100
		Result	100
	G2	BBB	100
		CCC	100
		DDD	100
		EEE	100
		Result	400

图 13-20　当前为准场景的报表结果

到此，我们就实现了第二种场景——当前为准。

13.3　时间相关场景

1. 操作要点

- 特性 Sales Person 中的导航属性 Sales Group 改为时间相关（勾选 Time-Dependent 即可）。
- 维护主数据 Sales Person 的不同时间区间。
- Query Designer 中设置 Key Date，空白初始值表明取报表展现日，再将时间改为前一时间区间内的任何一天，观察报表 Sales Group 的取值变化情况。

2. 操作步骤

（1）将特性 ZIO_SALES 的导航属性 ZIO_SG 改为时间相关

1）在特性 ZIO_SALES 的 Attribute 选项卡中，勾选导航属性 ZIO_SG Time-Dependent 列下的复选框，如图 13-21 所示。

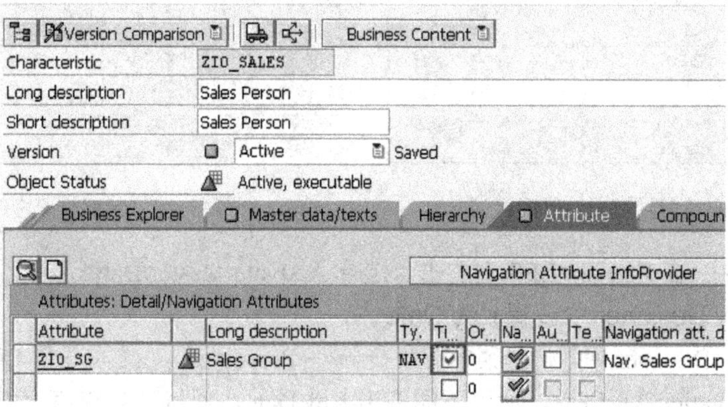

图 13-21　将导航属性改为时间相关

2）激活特性 ZIO_SALES。

（2）维护主数据 ZIO_SALES

1）在特性 ZIO_SALES 上右击，选择 Maintain Master Data，会发现多出了两列：Valid to 和 Valid from，如图 13-22 所示。

2）选中“BBB”行，再单击 按钮，将 Valid from 改为 20110101，单击对钩按钮，如图 13-23 所示。

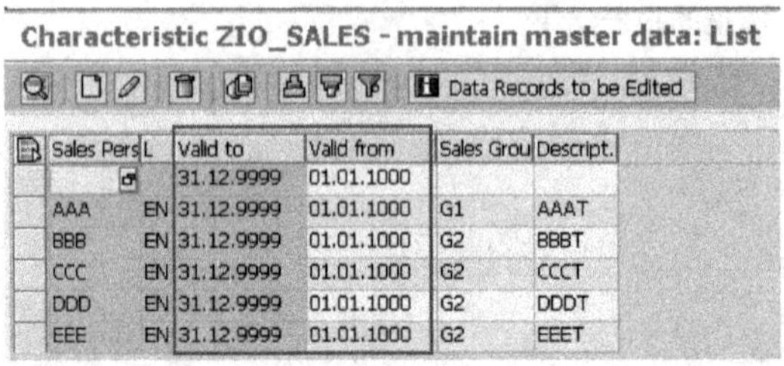

图 13-22 时间相关导航属性多出起止时间列

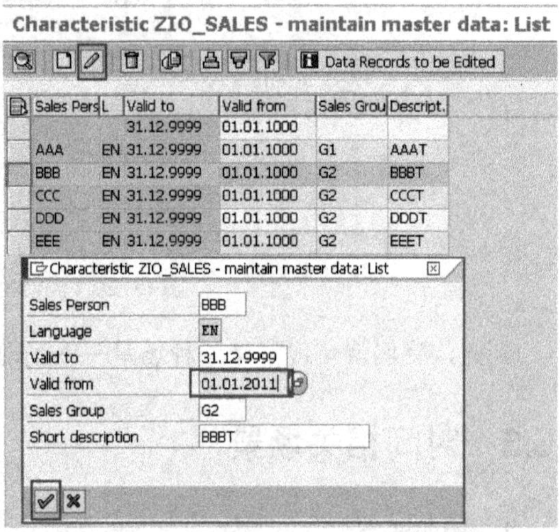

图 13-23 修改导航属性时间区间

3）再单击“新建”按钮，补充一条记录，如图 13-24 所示。

4）用同样的方法，将“EEE”行记录修改为 20110101～99991231，再补充一条新记录：10000101～20101231，其 Sales Group 取值为空值。整个修改和新建保存后结果如图 13-25 所示。

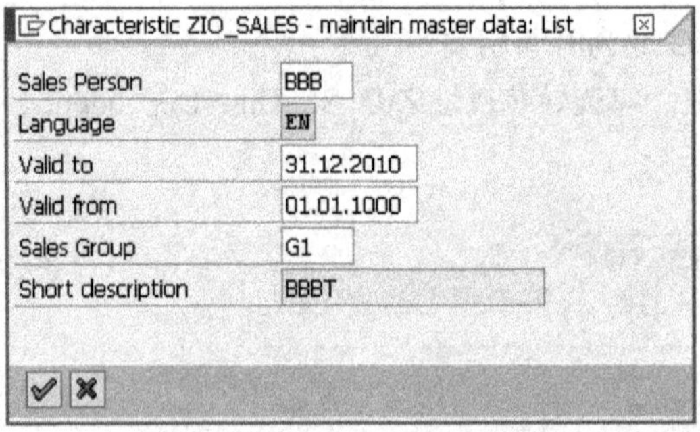

图 13-24 新增导航属性时间区间

图 13-25 导航属性修改完成后

5）激活特性。在 ZIO_SALES 上右击，选择 Activate Master Data。

3. 在 Query Designer 中设置 Key Date

1）在 Query Designer 中，选择菜单命令 Query→Properties，在右侧出现 Query 的 Properties 框，由于有 Navigation Attribute，所以下面多出 Key Date，保持默认空值，如图 13-26 所示。

2）Rows/Columns 和当前为准的场景保持一致，如图 13-27 所示。

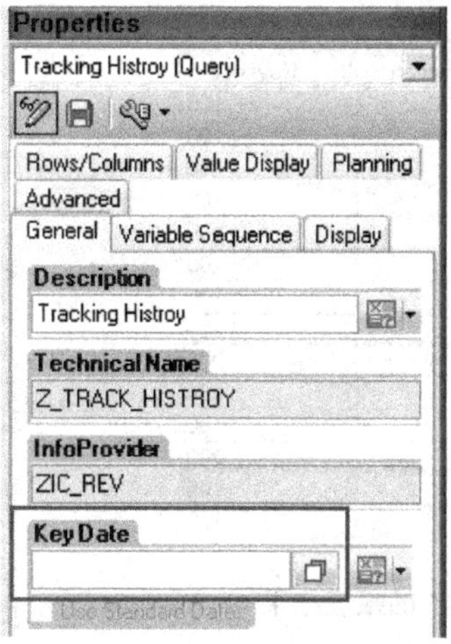

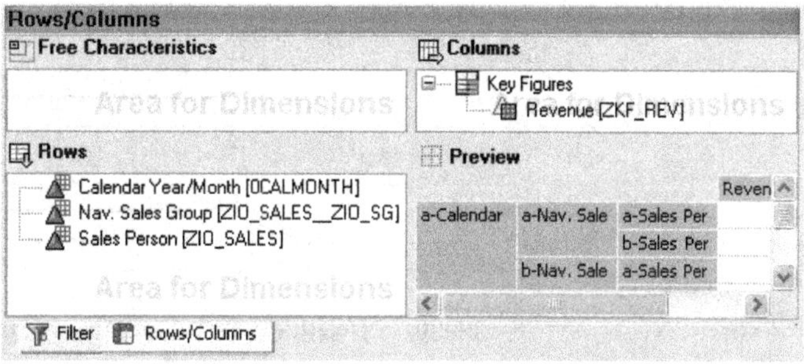

图 13-26 设置 Key Date，保持默认空值　　　　图 13-27 时间相关场景中查询的 Rows/Columns

4．在 Analyzer 中查看结果

结果如同"当前为准"场景，这说明 Key Date 的默认空值时，所有主数据取最新值，即 20110101～99991231 区间，如 BBB 对应 Sales Group 取值为 G2，如图 13-28 所示。

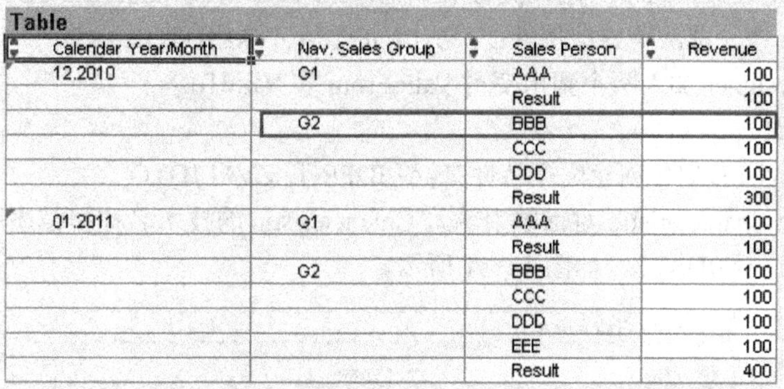

Table

Calendar Year/Month	Nav. Sales Group	Sales Person	Revenue
12.2010	G1	AAA	100
		Result	100
	G2	BBB	100
		CCC	100
		DDD	100
		Result	300
01.2011	G1	AAA	100
		Result	100
	G2	BBB	100
		CCC	100
		DDD	100
		EEE	100
		Result	400

图 13-28 时间相关场景中 Key Date 为当前日期的报表结果

5．在 Query Designer 中，重新设置 Key Date

将 Key Date 设置为 20091015，如图 13-29 所示。20091015 属于主数据 BBB 变化前 10000101～20101231 之间，然后保存 Query。

图 13-29 设置 Key Date，改为 20091015

6．在 Analyzer 中查看结果

按照 Key Date 的新设置，将 201101 后的主数据也划归为 10000101～20101231 的区间。如 BBB 对应 Sales Group 取值为 G1，而 EEE 对应取值为空值，如图 13-30 所示。

到此，我们就实现了第三种场景——时间相关。

Table

	Nav. Sales Group	Sales Person	Revenue
12.2010	G1	AAA	100
		BBB	100
		Result	200
	G2	CCC	100
		DDD	100
		Result	200
01.2011	G1	AAA	100
		BBB	100
		Result	200
	G2	CCC	100
		DDD	100
		Result	200
	#	EEE	100
		Result	100

图 13-30　时间相关场景中 Key Date 为 20091015 的报表结果

13.4　可比架构场景

1．操作要点

- 参考 0DATE 创建 ZVALIDFR 和 ZVALIDTO。
- 主数据 sales 加入两个时间相关导航属性：ZVALIDFR 和 ZVALIDTO。
- InfoCube 中勾选两个导航属性：ZVALIDFR 和 ZVALIDTO。
- Query Designer 加入两个弹出变量 ValidFrom 和 ValidTo。

2．操作步骤

（1）参考特性 0DATE 创建两个特性 ZVALIDFR 和 ZVALIDTO

1）在 Create Characteristic 对话框中输入 Characteristic 的技术名称和描述后，在 Reference Characteristic 后选择 0DATE，如图 13-31 所示。

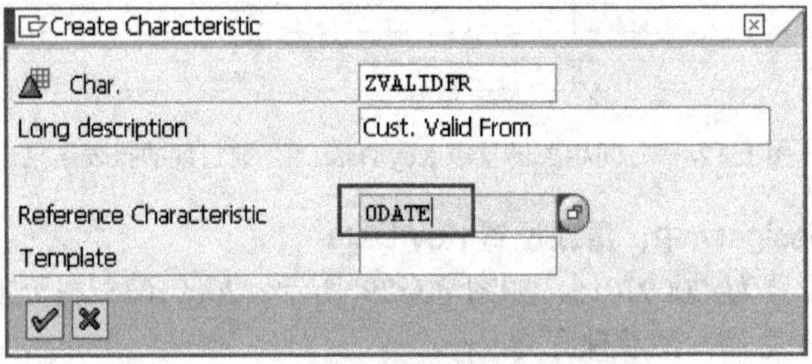

图 13-31　参考 0DATE 创建新特性 ZVALIDFR

2）在系统新界面中短文本描述输入后，即可激活。可以看到与单独创建的特性相比，多出了 Reference char. 0DATE，而且在 SID table 中， ZVALIDFR 仍然使用 0DATE 的 SID 表 /BI0/SDATE，如图 13-32 所示。

3）同理创建 ZVALIDTO，如图 13-33 所示。

（2）新建两个时间相关导航属性

在 Characteristics ZIO_SALES 的 Attributes 选项卡下加入新建的 ZVALIDFR 和 ZVALIDTO，并将其设置为导航属性，勾选时间相关，并输入导航属性描述，如图 13-34 所示。

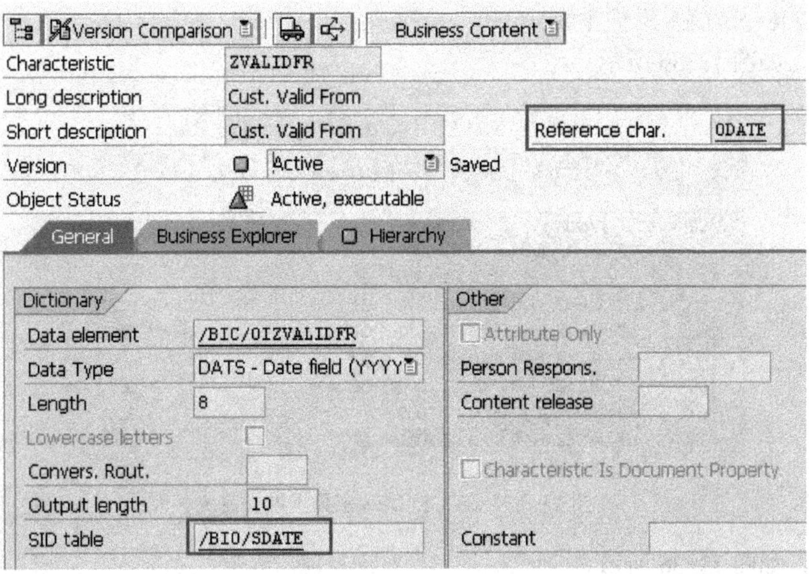

图 13-32　参考 0DATE 创建的 ZVALIDFR 的特点

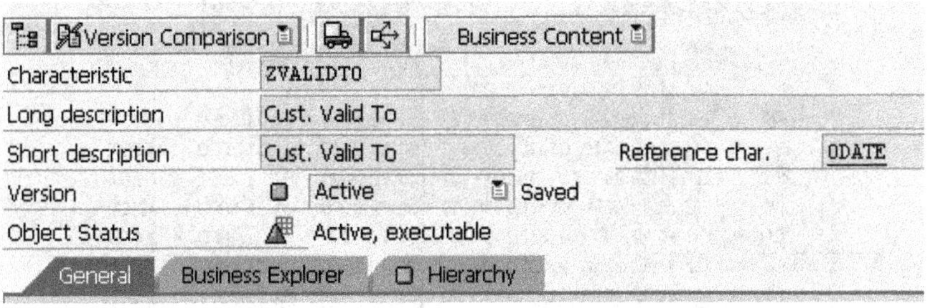

图 13-33　参考 0DATE 创建的 ZVALIDTO 的特点

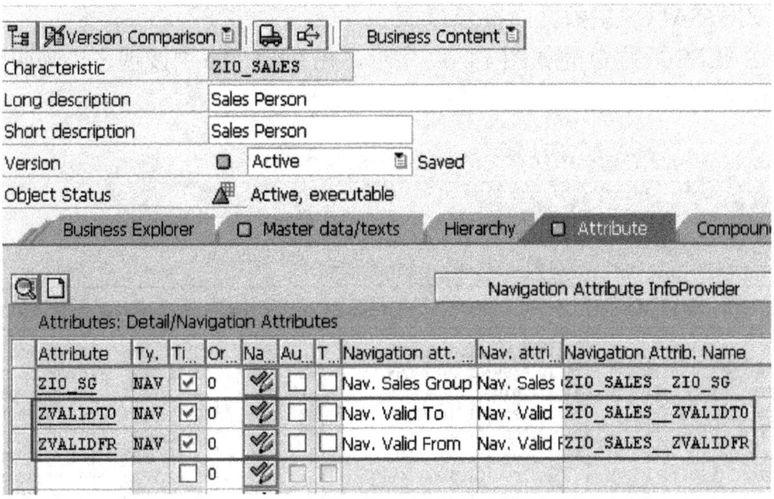

图 13-34　为 ZIO_SALES 加入时间相关导航属性 ZVALIDFR 和 ZVALIDTO

（3）对 ZIO_SALES 维护主数据

维护前，如图 13-35 所示。

Characteristic ZIO_SALES - maintain master data: List

Data Records to be Edited

Sales Pers	L	Valid to	Valid from	Sales Grou	Cust. Vali	Cust. Vali	Descript.
		31.12.9999	01.01.1000				
AAA	EN	31.12.9999	01.01.1000	G1			AAAT
BBB	EN	31.12.2010	01.01.1000	G1			BBBT
BBB	EN	31.12.9999	01.01.2011	G2			BBBT
CCC	EN	31.12.9999	01.01.1000	G2			CCCT
DDD	EN	31.12.9999	01.01.1000	G2			DDDT
EEE	EN	31.12.2010	01.01.1000				EEET
EEE	EN	31.12.9999	01.01.2011	G2			EEET

图 13-35　ZIO_SALES 主数据维护前

维护后，如图 13-36 所示。

Characteristic ZIO_SALES - maintain master data: List

Data Records to be Edited

Sales Pers	L	Valid to	Valid from	Sal...	Cust. Valid To	Cust. Valid From	Descr...
		31.12.9999	01.01.1000				
AAA	EN	31.12.9999	01.01.1000	G1	31.12.9999	01.01.1000	AAAT
BBB	EN	31.12.2010	01.01.1000	G1	31.12.2010	01.01.1000	BBBT
BBB	EN	31.12.9999	01.01.2011	G2	31.12.9999	01.01.2011	BBBT
CCC	EN	31.12.9999	01.01.1000	G2	31.12.9999	01.01.1000	CCCT
DDD	EN	31.12.9999	01.01.1000	G2	31.12.9999	01.01.1000	DDDT
EEE	EN	31.12.2010	01.01.1000		31.12.2010	01.01.1000	EEET
EEE	EN	31.12.9999	01.01.2011	G2	31.12.9999	01.01.2011	EEET

图 13-36　ZIO_SALES 主数据维护后

（4）激活 ZIO_SALES 主数据，检查 Q 表

激活 ZIO_SALES 后的 Q 表如图 13-37 所示。在 InfoCube 中发现多出来两个导航属性，勾选，如图 13-38 所示。

Data Browser: Table /BIC/QZIO_SALES Select Entries　　8

Table:　　/BIC/QZIO_SALES

Displayed Fields:　8 of　8　　Fixed Columns:　　3　　List Width 0250

/BIC/ZIO_SALES	OBJVERS	DATETO	DATEFROM	CHANGED	/BIC/ZIO_SG	/BIC/ZVALIDTO	/BIC/ZVALIDFR
	A	31.12.9999	01.01.1000			00.00.0000	00.00.0000
AAA	A	31.12.9999	01.01.1000		G1	31.12.9999	01.01.1000
BBB	A	31.12.2010	01.01.1000		G1	31.12.2010	01.01.1000
BBB	A	31.12.9999	01.01.2011		G2	31.12.9999	01.01.2011
CCC	A	31.12.9999	01.01.1000		G2	31.12.9999	01.01.1000
DDD	A	31.12.9999	01.01.1000		G2	31.12.9999	01.01.1000
EEE	A	31.12.2010	01.01.1000			31.12.2010	01.01.1000
EEE	A	31.12.9999	01.01.2011		G2	31.12.9999	01.01.2011

图 13-37　ZIO_SALES 激活后的 Q 表

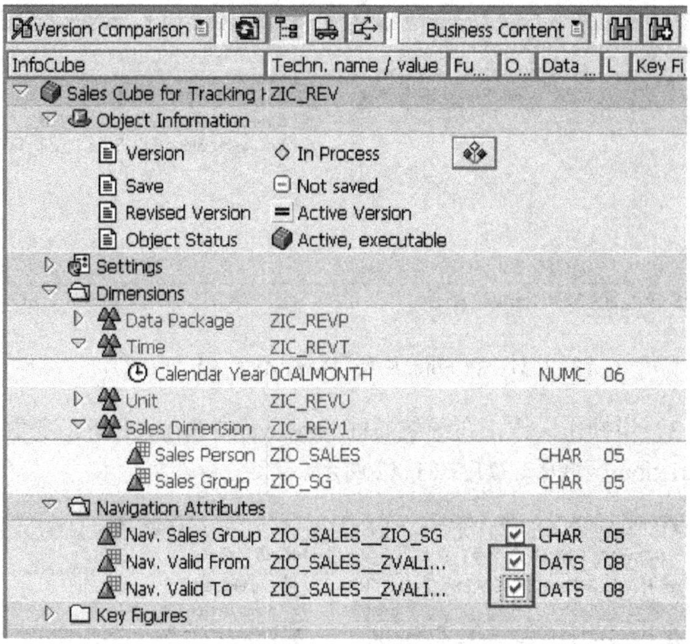

图 13-38　打开 InfoCube 中导航属性开关

（5）在 Query Designer 中新建查询

在 InfoCube ZIC_REV 中新建查询，也可直接修改上一个查询。

1）在 InfoProvider 栏的 Sales Dimension 下出现 Navigation Attributes 的 Nav. Valid From 和 Nav. Valid To，如图 13-39 所示。

2）在导航属性 Nav. Valid To 下新建特性值变量，如图 13-40 所示。

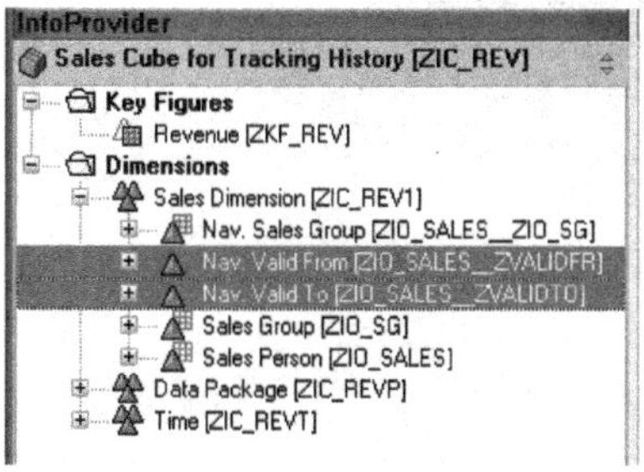

图 13-39　在查询中发现新的导航属性

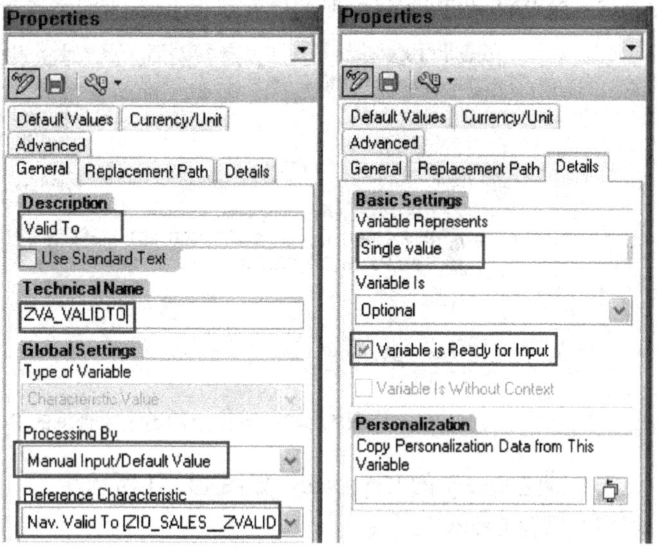

图 13-40　对于 ZVALIDTO 建特性值变量，手工输入方式处理

3）将变量拖放到 Filter→Characteristic Restriction 区域中，如图 13-41 所示。

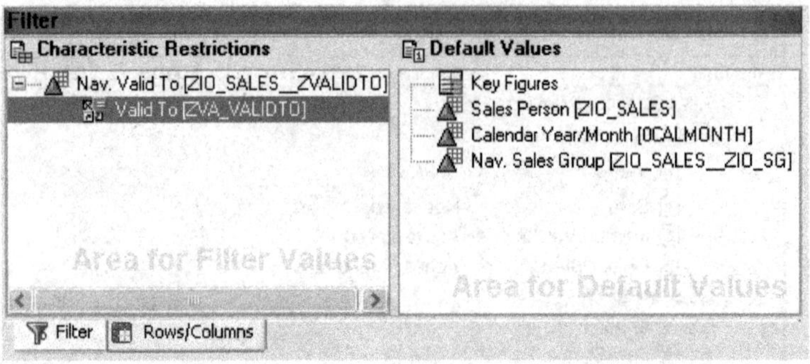

图 13-41　在 Filter 中使用变量 ZVA_ZVALIDTO

4）与第 2），3）步操作一样，在导航属性 Nav. Valid From 下新建变量并拖放到 Filter→Characteristic Restriction 区域中，如图 13-42 所示。

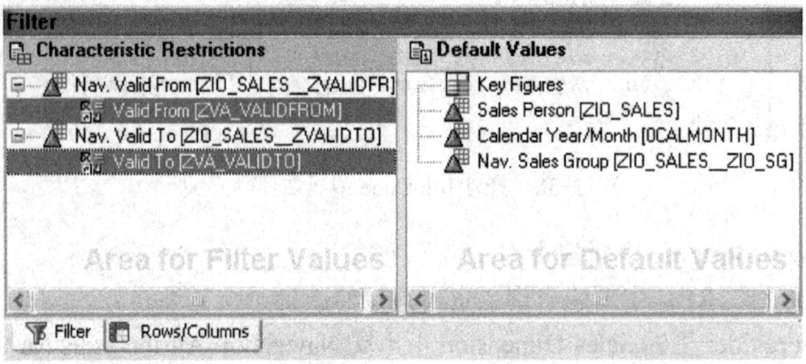

图 13-42　建新变量 ZVA_VALIDFROM 并使用

5）Rows/Columns 与当前为准和时间相关的场景保持一致，如图 13-43 所示。

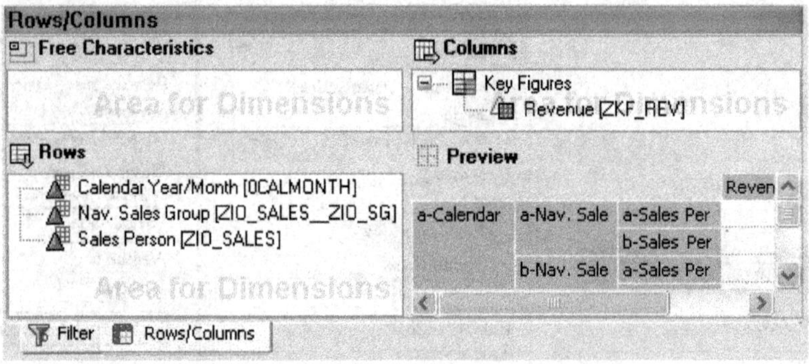

图 13-43　可比架构场景中查询的 Rows/Columns

6）清空 Query 的 Key Date，如图 13-44 所示。

7）保存 Query。

（6）在 Analyzer 中查看结果

1）在弹出的界面的 Valid From 下拉列表框中输入或者选择 1000-01-01，在 Valid To 下拉列表框中输入或选择 9999-12-31，如图 13-45 所示。

图 13-44　可比架构场景中查询的 Key Date

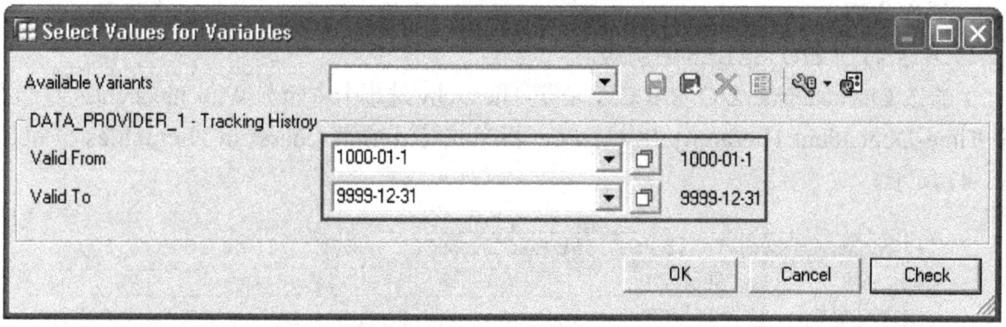

图 13-45　可比架构场景中报表中输入时间区间

2）我们看到只有在输入时间间隔内没有发生主数据变化的 AAA、CCC、DDD 显示，如图 13-46 所示。

Table

Calendar Year/Month	Nav. Sales Group	Sales Person	Revenue
12.2010	G1	AAA	100
		Result	100
	G2	CCC	100
		DDD	100
		Result	200
01.2011	G1	AAA	100
		Result	100
	G2	CCC	100
		DDD	100
		Result	200

图 13-46　可比架构场景中报表结果

到此，我们就实现了第 4 种场景——可比架构。

13.5　层级替代导航属性的应用

在上述 4 种业务场景的后 3 种都用到了导航属性（Navigation Attributes）。其实，也可以应用层级（Hierarchy）代替导航属性来实现。如图 13-1 所示，层级下面有多种类型：

- 版本相关层级（Version-Dependent Hierarchy）。
- 时间无关层级（Time-Independent Hierarchy）。
- 时间相关层级（Time-Dependent Hierarchy）。
- 时间相关层级结构（Time-Dependent Hierarchy Structure）。
- 层级结构中间隔（Intervals Permitted in Hierarchy）。

下面我们用“时间相关层级结构”来替代“时间相关导航属性”，实现第三种场景——时间相关。

1．操作要点

- 特性 Sales Person 中维护时间相关层级结构。
- Query Designer 中启用特性 Sales Person 层级。

2．操作步骤

（1）维护特性 ZIO_SALES 的层级

1）修改 Characteristic ZIO_SALES，在其 Hierarchy 选项卡中勾选 With hierarchies 复选框，选中 Time-Dependent Hierarchy Structure，再单击 External Chars. in Hierachies 按钮，如图 13-47 所示。

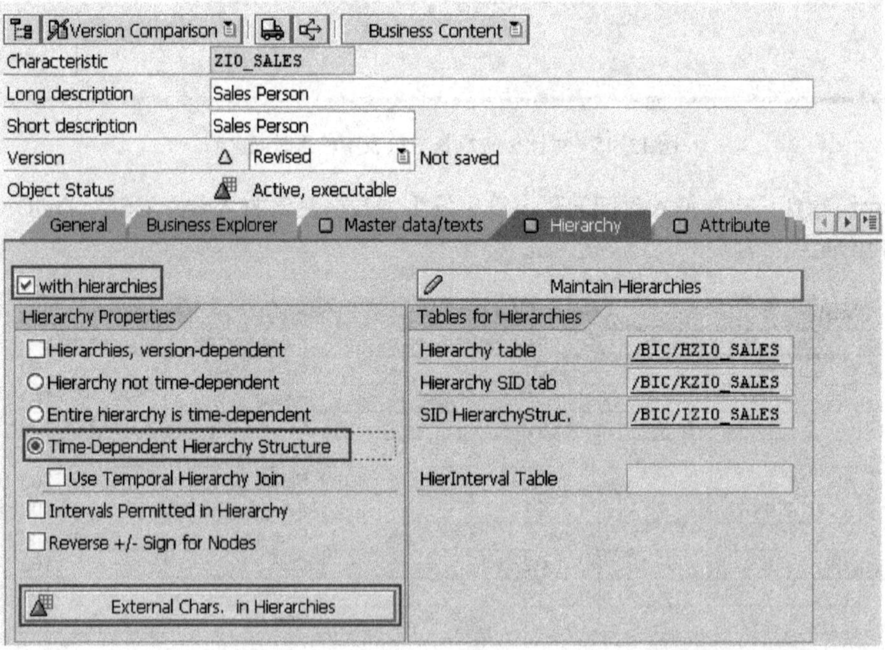

图 13-47　维护特性 ZIO_SALES 层级

2）在弹出的 External Characteristics in Hierarchies 对话框中单击“查找”按钮，在弹出的

Find 对话框的 Search Term 文本框中输入 ZIO_SG，再单击对钩按钮，如图 13-48 所示。

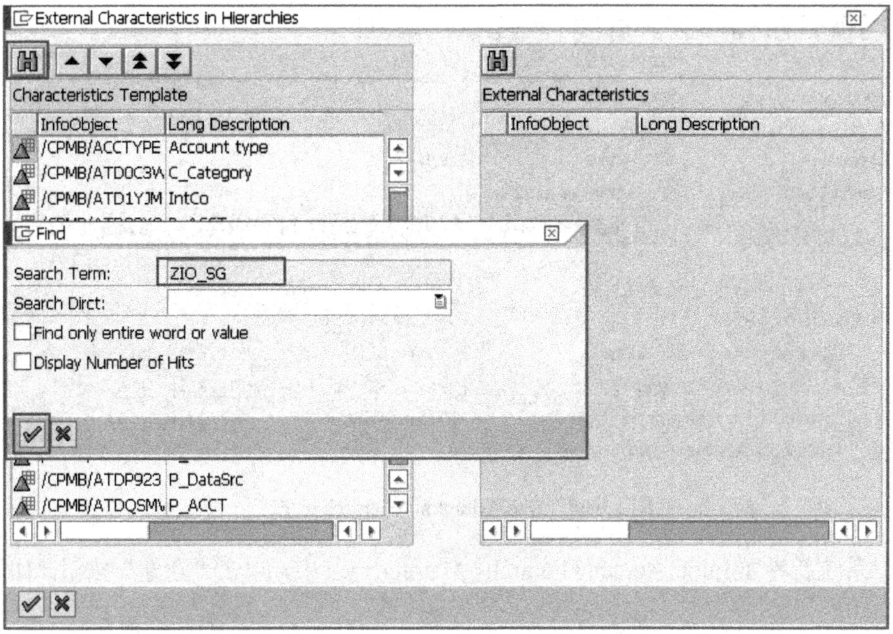

图 13-48　查找 ZIO_SALES 层级中的外部特性 ZIO_SG

3）在左侧找到后，选中，再单击右向箭头，将其移动到右侧，单击对钩按钮，如图 13-49 所示。

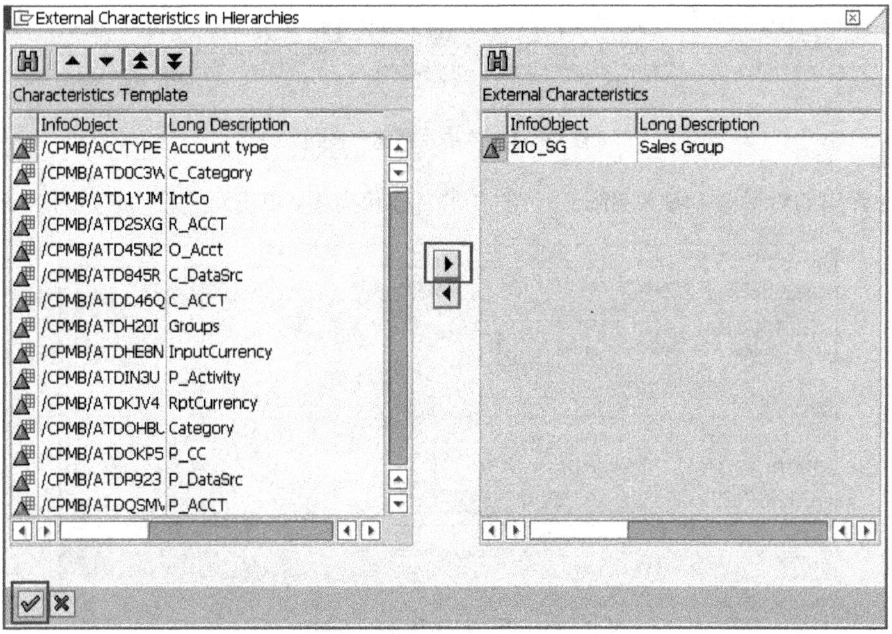

图 13-49　选定 ZIO_SALES 层级中的外部特性 ZIO_SG

4）系统返回到 Characteristic ZIO_SALES 界面，激活 ZIO_SALES。

5）单击 Hierarchy 选项卡中的 Maintain Hierarchies 按钮，如图 13-50 所示。

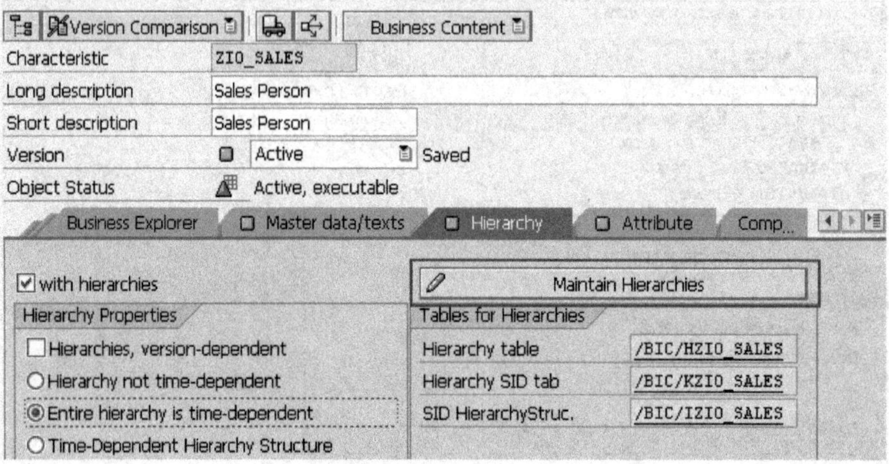

图 13-50　单击 Maintain Hierarchies 按钮

6）在系统新界面 Initial Screen Hierarchy Maintenance 中，单击“新建”按钮，如图 13-51 所示。

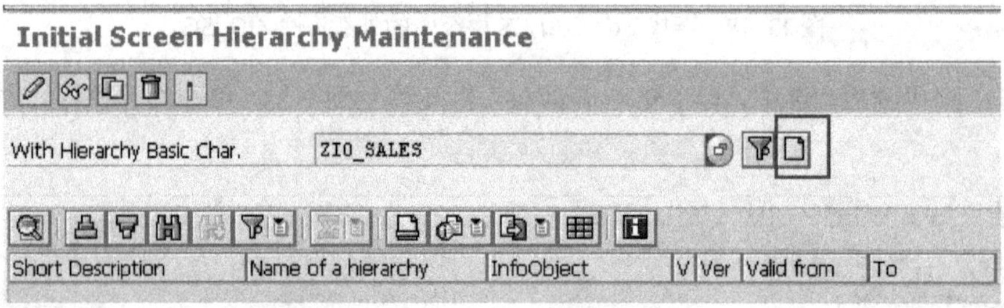

图 13-51　单击“新建”按钮

7）在弹出的对话框中输入 Hierachy 的技术名称和描述，单击对钩按钮，如图 13-52 所示。

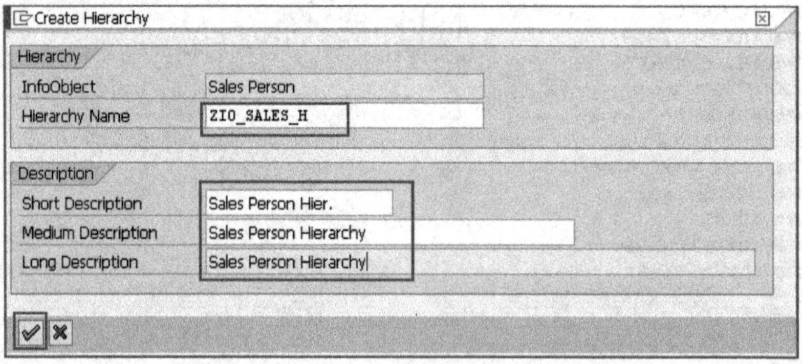

图 13-52　输入层级技术名称和描述

8）在系统新界面中单击 Characteristic Nodes 按钮，在弹出的对话框中单击输入帮助选择或直接输入 ZIO_SG，单击对钩按钮，如图 13-53 所示。

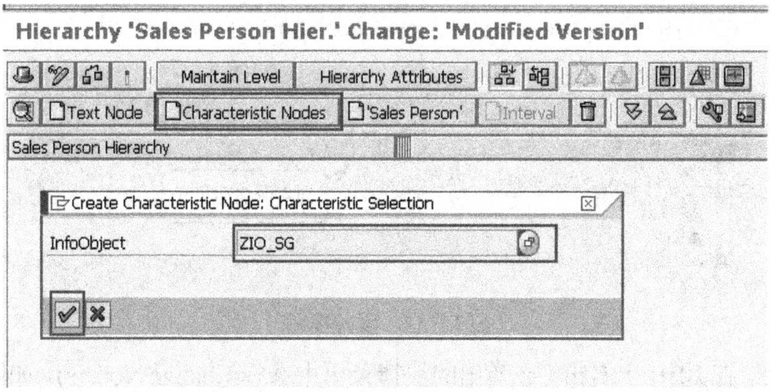

图 13-53　插入外部特性节点 ZIO_SG

9）在弹出的对话框中勾选所有的主数据，并单击对钩按钮，如图 13-54 所示。

10）右击 G1，在弹出的快捷菜单中选择‘Sales Person’Insert，如图 13-55 所示。

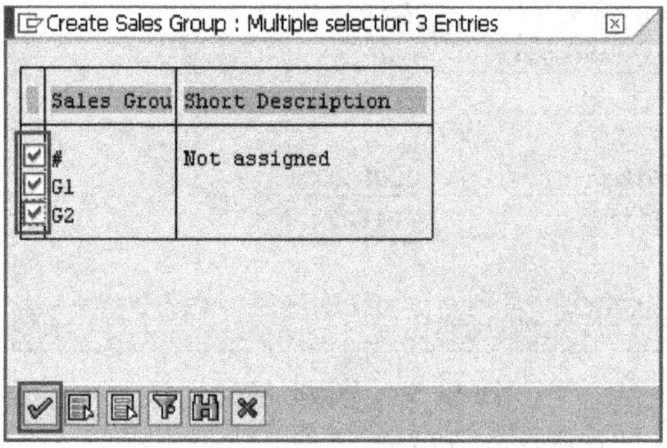

图 13-54　勾选外部特性 ZIO_SG 主数据

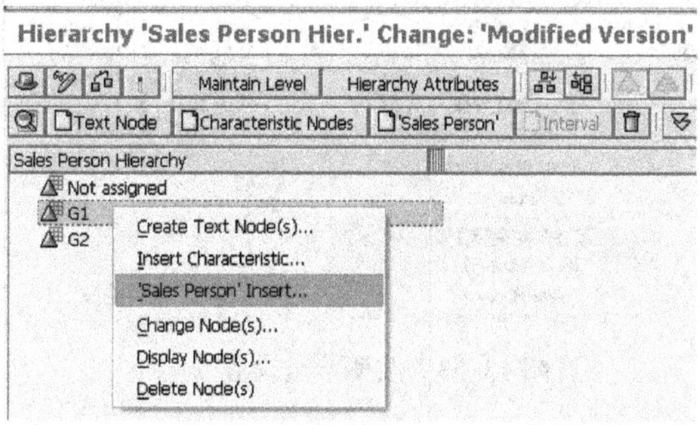

图 13-55　在 G1 节点下插入 Sales Person（ZIO_SALES）

11）在弹出的对话框中勾选 AAA 和 BBB，并单击对钩按钮，如图 13-56 所示。

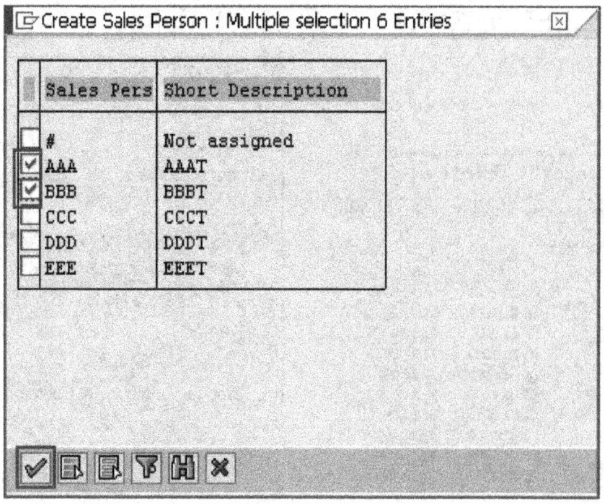

图 13-56　勾选 ZIO_SALES 中的值

12）插入节点后的结果如图 13-57 所示，选中图示区域，向右侧拖动展开。

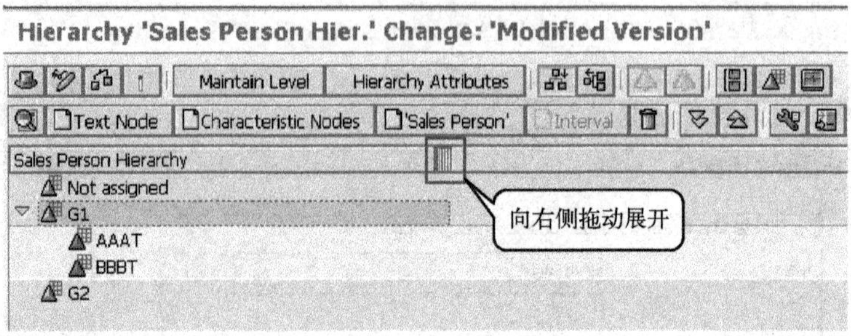

图 13-57　展开视图

13）展开后，在 BBB 上右击，在弹出的快捷菜单中选择 Change Node(s)，如图 13-58 所示。

14）在弹出的对话框中修改 Valid to 日期为“31.12.2010”，单击对钩按钮，如图 13-59 所示。

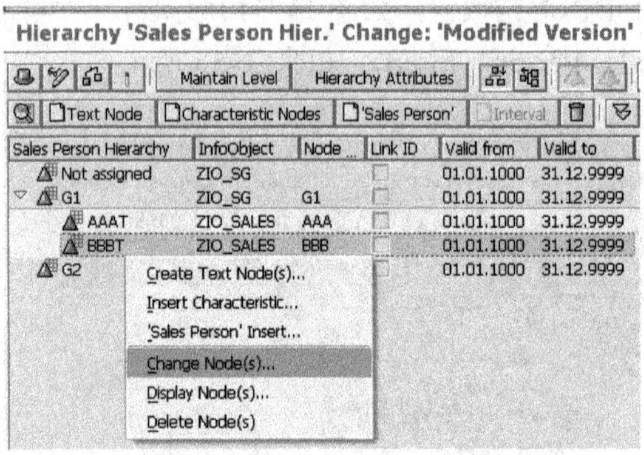

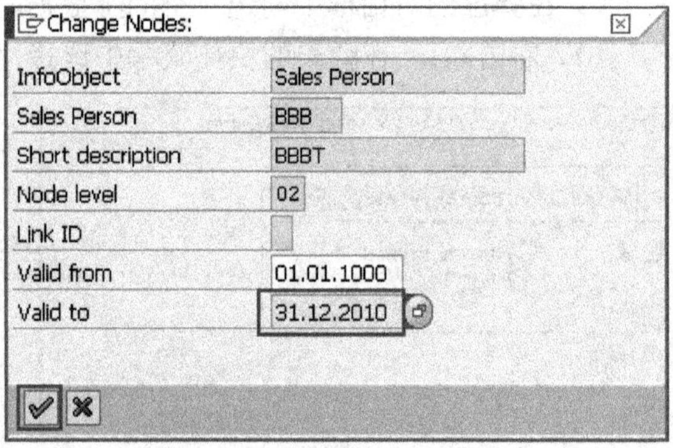

图 13-58　改变节点设置　　　　图 13-59　修改时间区间

15）同理，在 G2 下插入 CCC、DDD 和 EEE，并修改其时间区间；在“#”下插入 EEE 并修改其时间区间，如图 13-60 所示。

注意： 在其过程中，会有弹出对话框询问 BBB 节点重复的处理方法，选择 Copy Duplicate Node；用同样的方法处理 EEE 节点重复，如图 13-61 所示。

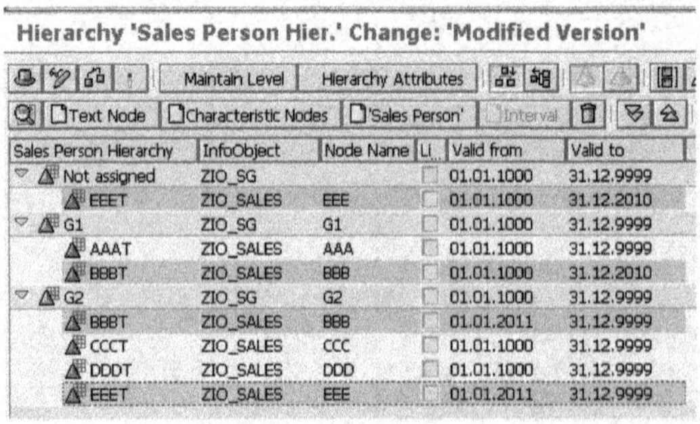

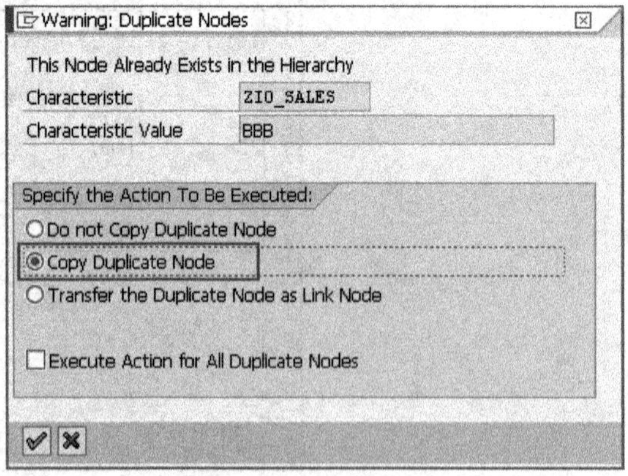

图 13-60　修改其他节点　　　　图 13-61　选择复制重复节点

16）激活新创建的 Hierarchy，Z_IO_SALES_H，回退，可看到激活后的层级如图 13-62 所示。

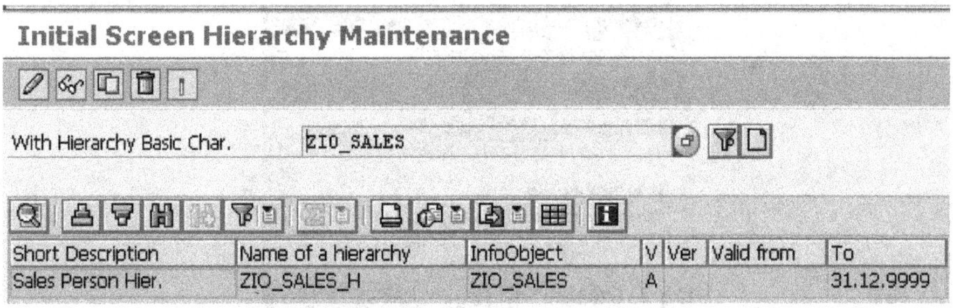

图 13-62 激活后的层级

（2）模型修改完成后，查看报表结果

1）在 Query Designer 中，修改 Query。Rows/Columns 选项卡的对象如图 13-63 所示；Filter 选项卡的对象如图 13-64 所示。

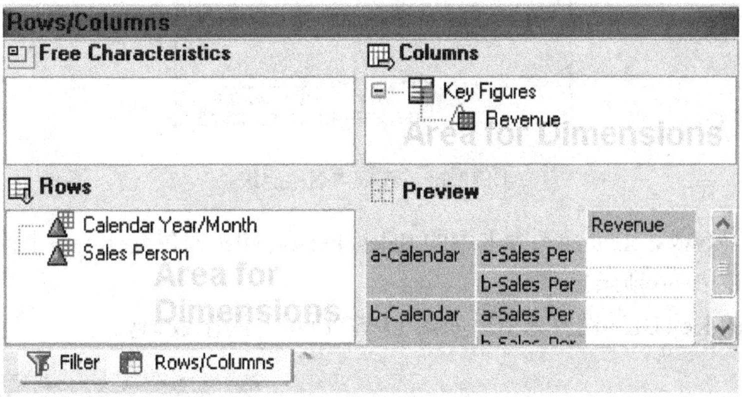

图 13-63 查询中的 Rows/Columns 选项卡

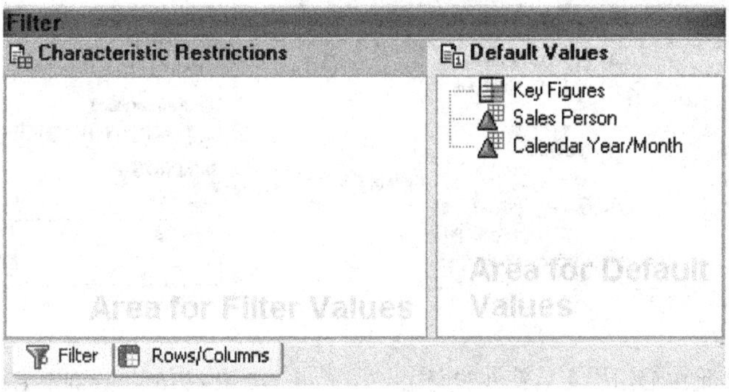

图 13-64 查询中的 Filter 选项卡

2）在 Rows/Columns 选项卡中，选中 Sales Person，设置属性，如图 13-65 所示。

- 选择属性框下的 Hierarchy 选项卡。
- 单击 Selected Hierarchy 区域下右侧的“选择”按钮。
- 在弹出的 Select Hierarchy 对话框中单击下拉箭头选择 Sales Person Hierarchy，单击 OK 按钮。

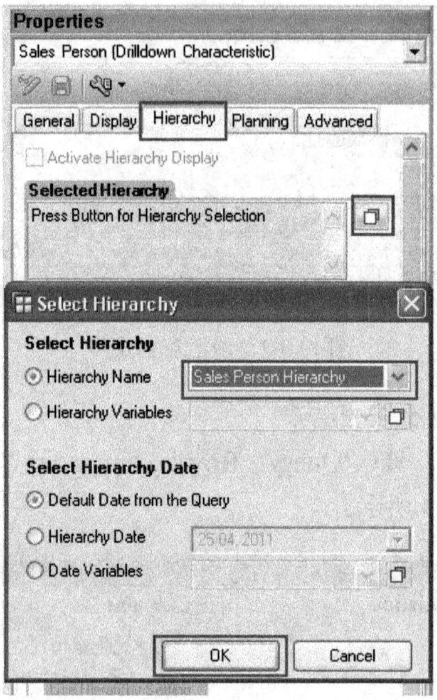

图 13-65　查询中启用层级

3）这时在 Rows/Columns 选项卡中的 Sales Person 图标发生变化，右上侧加入小树样的层级图标，如图 13-66 所示。

4）Query 的 Key Date 设置为空，如图 13-67 所示，保存 Query。

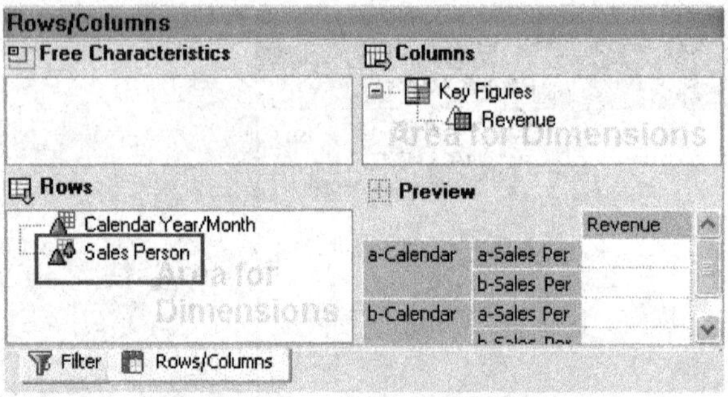

图 13-66　查询中启用层级后特性的变化

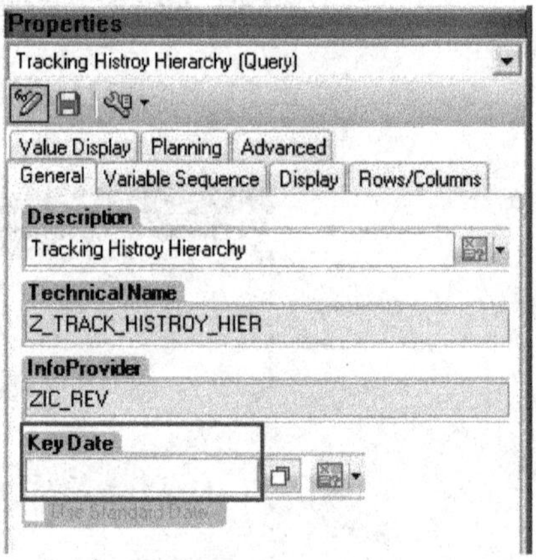

图 13-67　查询中 Key Date 保持默认空值

5）在 Analyzer 中打开 Query，报表结果如图 13-68 所示。

6）在 Query 中改变 Key Date，Key Date 设置为 20091015，保存 Query。

7）在 Analyzer 中再次打开 Query，结果如图 13-69 所示。

8）可以看到，用 Time-Dependent Hierarchy 可以完全替代 Time-Dependent Navigation Attributes，实现时间相关的场景。只是在应用 Hierachy 时，在报表中的层级节点（非叶节点）自动出现层级展开（右向箭头按钮），可单击鼠标将它们轻易展开和折叠，如图 13-70 所示。

Calendar Year/Month	Sales Person	Revenue
12.2010	G1	100
	AAA	100
	G2	300
	BBB	100
	CCC	100
	DDD	100
01.2011	G1	100
	AAA	100
	G2	400
	BBB	100
	CCC	100
	DDD	100
	EEE	100

图 13-68　Key Date 为默认空值报表结果

Calendar Year/Month	Sales Person	Revenue
12.2010	G1	200
	AAA	100
	BBB	100
	G2	200
	CCC	100
	DDD	100
01.2011	#	100
	EEE	100
	G1	200
	AAA	100
	BBB	100
	G2	200
	CCC	100
	DDD	100

图 13-69　Key Date 为 20091015 报表结果

Calendar Year/Month	Sales Person	Revenue
12.2010	G1	200
	G2	200
01.2011	G1	200
	G2	200
	Not Assigned Sales Person (s)	100

图 13-70　报表中层级按钮

注意：当不用层级时，选中 Rows，在属性框中的 Display as Hierarchy 下勾选 Active 选项时，也可以将没有应用 Hierarchy 的特性用层级的方式展现报表。因为在报表中，Characteristic 的从左到右的顺序默认是一种层级关系，如图 13-71 所示。

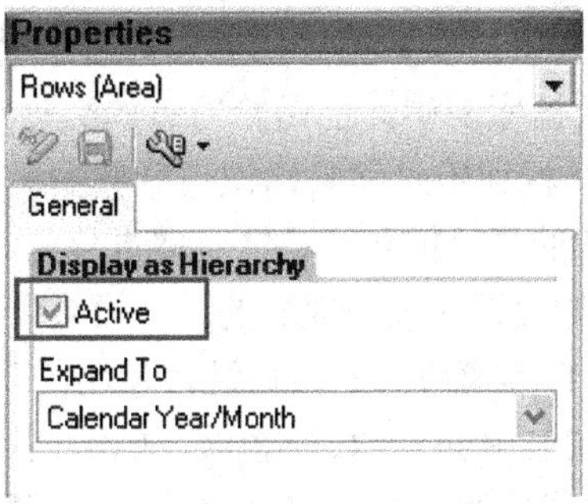

图 13-71　没有层级的查询也可以用层级方式展现报表

到此，我们就用层级替代导航属性实现了第三种场景——时间相关。

第 14 章　LO 抽取

BW 和 ECC 是紧密集成的，BW 中的数据要和 ECC 保持同步。BW 模型建好后，每天都要从 ECC 中抽取数据到 BW 系统中，这样报表数据才能及时更新。那么数据是如何抽取的呢？

（1）完全抽取和增量抽取

抽取方式有两种：完全抽取（Full）和增量抽取（Delta）。完全抽取是将可用的数据全部抽取，已抽取过的数据会重复抽取，这种抽取公式只适用于数据量较小的情况；而增量抽取是只抽取上次抽完后增删过的数据，已抽取过的数据不会再次抽取，这种抽取公式适合于大数据量的情况。增量抽取的难点在于完整准确地捕获和加载增量数据。

（2）初始化抽取和增量抽取

增量抽取方式又分为初始化抽取和增量抽取。一般来说，ECC 系统先上线，那么 BW 上线之前的 ECC 的历史数据从 ECC 的透明表中获取，这就是初始化（Initialization，简称 Initial）。而对于 BW 上线之后 ECC 中的增量数据，就需要用到增量抽取。第二次的增量是基于初始化和第一次的增量来抽取的，依此类推，以保证 BW 和 ECC 中数据的同步。

（3）推和拉

要想完整准确地将增量数据抽取到 BW 中，可采用两种不同的方式：推（Push）和拉（Pull）。推的方式是利用一些专为 BW 抽取设置的表，来存放增量数据。ECC 系统产生增量数据后，一方面写入 ECC 自身使用的数据库表，另一方面将相关数据推送到这些专为 BW 抽取设置的表中，之后 BW 从该表中抽取数据。拉的方式对于增量数据没有专门的表存放，仍然是存放在 ECC 自身使用的数据库表中，但是给所有的数据加上 TimeStamp（时间戳），并记录每次抽取完成的时间，这样就利用时间来标识增量数据。BW 抽取是直接从 ECC 数据库表中“拉”出增量数据。要注意的是，推和拉是针对增量数据而言的，对于初始化抽取或者完全抽取，数据都是从 ECC 自身的数据库表中提取的。一般来说，对于物流（Logistics，缩写为 LO，包括 ECC 中 SD，MM，PP 等模块）的数据源，使用的是推（Push）的方式；对于财务（Financials，缩写为 FI，包括 ECC 中 FI，CO 等模块）的数据源，使用的是拉（Pull）的方式。

由于 FI 数据源采用拉的方式抽取，在 ECC 中激活数据源然后复制到 BW 中，在 BW 就可以直接新建初始化和增量抽取的信息包，从而轻松完成数据抽取的过程。而 LO 数据源采用推的方式抽取，除了和 FI 数据源同样的操作之外，在 ECC 中还需要做一些其他的配置和操作。对于初学者而言，LO 抽取比较复杂。下面通过 ECC 和 BW 系统中的操作步骤演示。

14.1　LO 抽取过程

LO 抽取是采用推的方式，将增量数据捕获到 ECC 中，专为 BW 配置的表或者队列中，然后再用 InfoPackage 抽取到 BW 中。

我们选取数据源销售订单行项目 2LIS_11_VAITM，以目前项目中常用的队列增量的更新方式为例，来解释 LO 抽取的过程，如图 14-1 所示。

1）图 14-1 中下方的方框表示 ECC 系统，上方方框表示 BW 系统。

2）在图 14-1 中下方的方框中的阴影部分包括销售订单和对应后台表 VBAK /VBAP，为 ECC 系统中不考虑 BW 抽取，ECC 销售订单业务处理的部分。这一部分 ECC 系统安装好后，就可以使用。

3）在图 14-1 中下方的方框中的非阴影部分包括设置表（Setup Table）、抽取队列（Extraction Queue）和增量队列（Delta Queue），都是 ECC 系统中专为 BW 抽取设置的部分。ECC 系统安装好之后，要激活数据源并可用于数据抽取后才能使用。

4）在图 14-1 中下方的方框中的右侧数据流中，数据由数据库表 VBAK/VBAP 进入设置表，再用 InfoPackage 抽取到 BW 系统的 PSA 中，这就是初始化（Initial）抽取或者完全（Full）抽取的流程。

5）在图中方框中的左半支数据流中，数据由抽取队列进入增量队列，再用 InfoPackage 抽取到 BW 系统的 PSA 中，这就是增量（Delta）抽取流程。

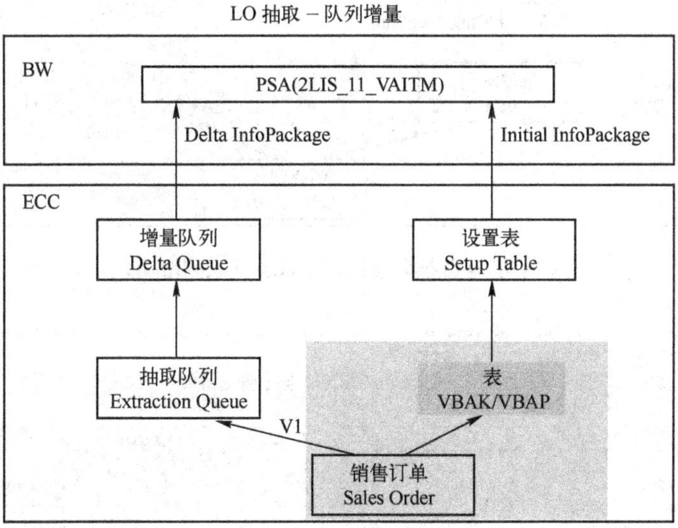

图 14-1　LO 抽取过程（队列增量）

14.2　LO 抽取系统操作

有了上述基础知识后，我们详细介绍一下队列增量方式的 LO 抽取操作，如图 14-2 所示。详细操作步骤所用到的 T-code 都已标明。

1. 准备工作

为了能够完成 LO 抽取中初始化和增量抽取，需要确保如下几点：

（1）ECC 系统中：数据源 2LIS_11_VAITM 可用于数据抽取

要求数据源已激活，增量数据更新（Update）是活动状态，本例中还要求更新模式（Update Mode）为队列增量（Queued Delta），如图 14-3 所示。操作如下：

1）T-code：LBWE，展开即可查看。

2）不一致情况的处理如下：

- 如果不能看到数据源 2LIS_11_VAITM，则需要在 T-code：RSA5 中激活数据源（Transfer DataSource）。
- 如果 Update 列或者 Update Mode 列的选项与图不一致，可以分别单击前面的铅笔按钮修改。

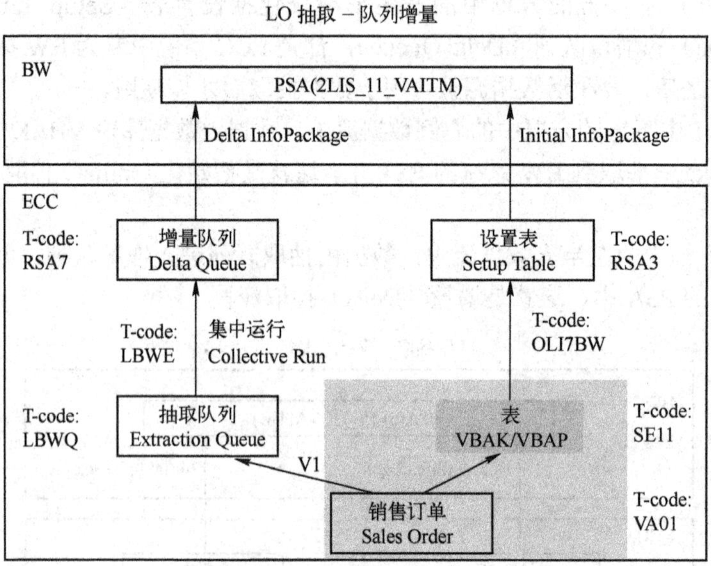

图 14-2　LO 抽取过程及 T-code（队列增量）

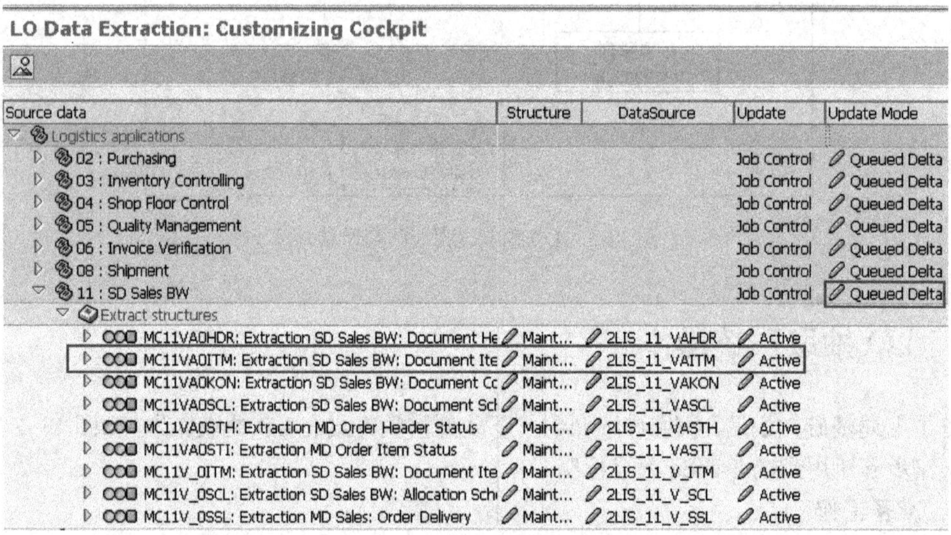

图 14-3　LO 抽取工作台

注意：T-code：RSA5 激活数据源是将 2LIS_11_VAITM 由业务内容 D 版本变为 A 版本；T-code：LBWE 界面下 Update 列下的状态 Active 表明 2LIS_11_VAITM 可用于数据抽取。

（2）BW 系统中：数据源 2LIS_11_VAITM 已复制并激活

如图 14-4 所示，操作如下：

1）在 BW 系统中，T-code：RSA1 找到对应的 ECC 源系统，双击，系统跳转到对应的 DataSources 界面，展开 SAP→SAP Application Components→SD，下面应该能看到数据源 2LIS_11_VAITM，表明已复制到 BW，而且其后有“=”，表明在 BW 系统中已激活。

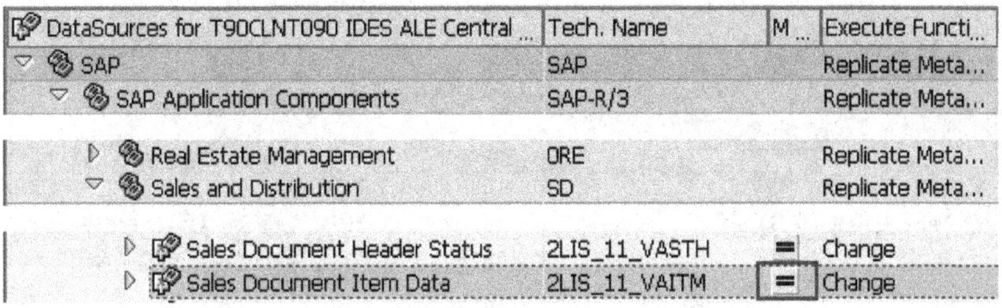

图 14-4　数据源已复制到 BW 中且激活

2）不一致情况的处理如下：

- 如果不能看到数据源 2LIS_11_VAITM，则需要在复制数据源（Replicate MetaData），如图 14-5 所示。
- 如果数据源 2LIS_11_VAITM 后不是“=”，则需要激活数据源。在图 14-5 界面中找到复制好的数据源 2LIS_11_VAITM 并双击，系统跳转到新界面，在修改模式下单击“激活”按钮。

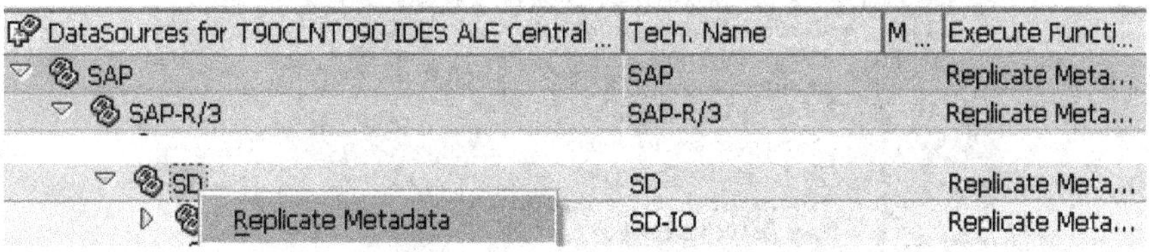

图 14-5　复制数据源

（3）BW 系统中：数据源 2LIS_11_VAITM 没有初始化抽取标识

这主要是针对该数据源已经用 InfoPackage 做过初始化抽取的情况，如果未做过抽取，则不用检查。操作如下：

1）在 T-code：RSA1→DataSources 界面，找到 2LIS_11_VAITM，双击其下的任意 InfoPackage，然后在菜单上单击 Scheduler→Initialization Options for Source System，如图 14-6 所示。

2）在弹出的对话框中如果有记录，则表示已做 Initial，则需要删除它，如图 14-7 所示。

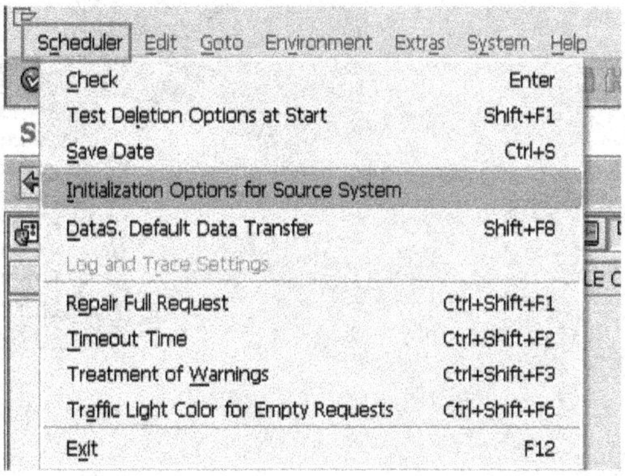

图 14-6　源系统初始化选项

2. 初始化抽取

初始化抽取（Initial），也就是图 14-2 中的右半支数据流。数据由 ECC 的透明表先抽取到 Setup 表，再抽取到 BW 中。

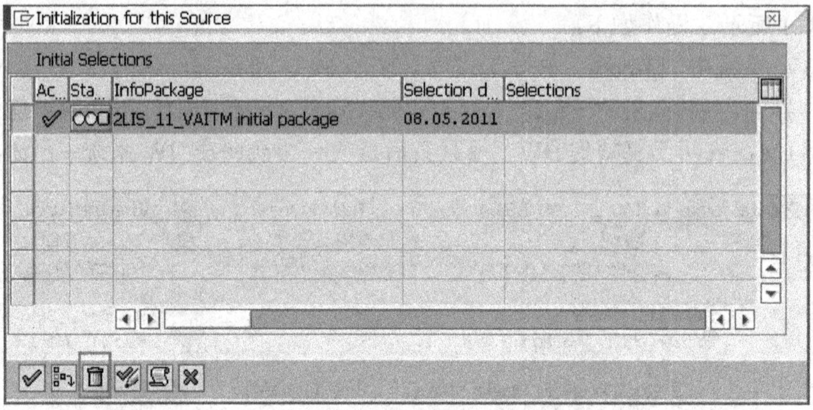

图 14-7　删除源系统初始化标记

在 ECC 中，大部分数据抽取和数据源操作可在 T-code：SBIW 界面展开后跳转。图 14-8 中列出了在本章节演示要用到的其他 T-code 对应的路径。

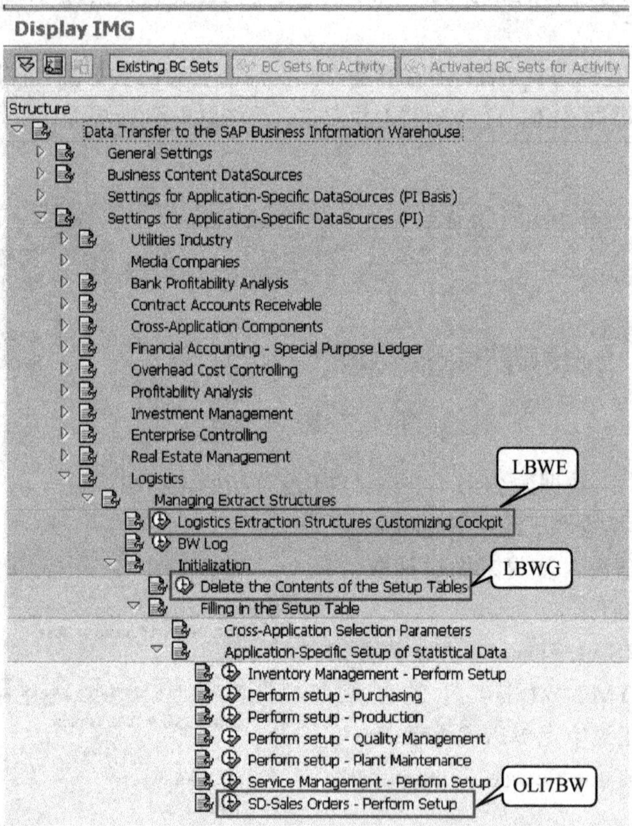

图 14-8　T-code：SBIW 界面

（1）清空 Setup Table

在使用 Setup Table 之前，要先删除数据，否则数据可能重复。此过程类似于存放货物进仓库之前要先打扫仓库。

1）T-code：LBWG，在 Application 后输入 11，然后单击“执行”按钮即可，如图 14-9 所示。

2）在弹出的 Confirmation Prompt 对话框中，单击 Yes 按钮，如图 14-10 所示。

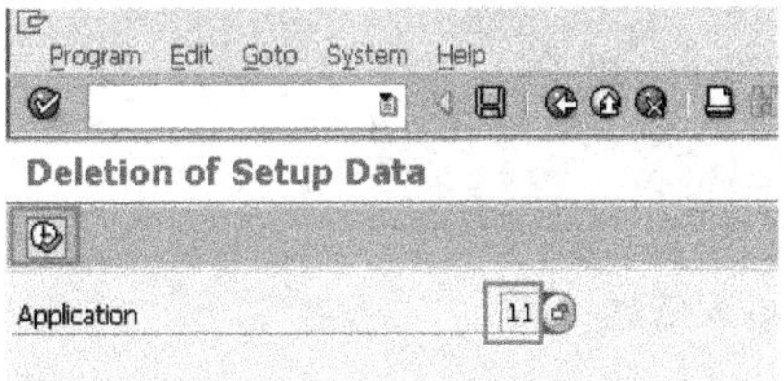

图 14-9　清空销售订单类 Setup 表

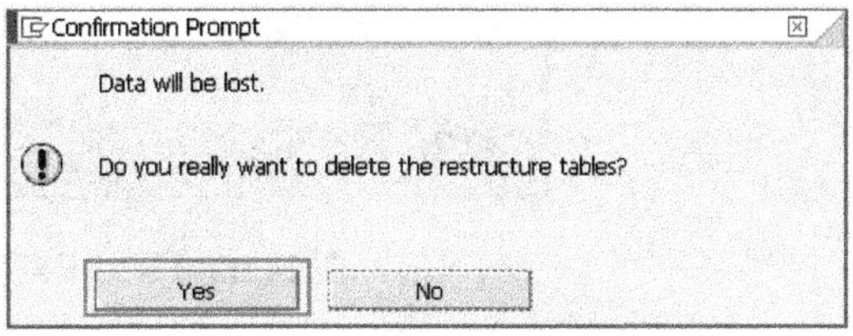

图 14-10　确认删除对话框

3）在 Deletion of Setup Data 窗口左下侧状态栏中，显示表示清空成功信息，如图 14-11 所示。

图 14-11　Setup 表成功删除信息

（2）Initial，填充 Setup Table 并查看数据

1）T-code：OLI7BW，在上述界面中，在 Name of run 中输入 Initial，另外要更改时间 Termination Time，然后单击“执行”按钮，如图 14-12 所示。

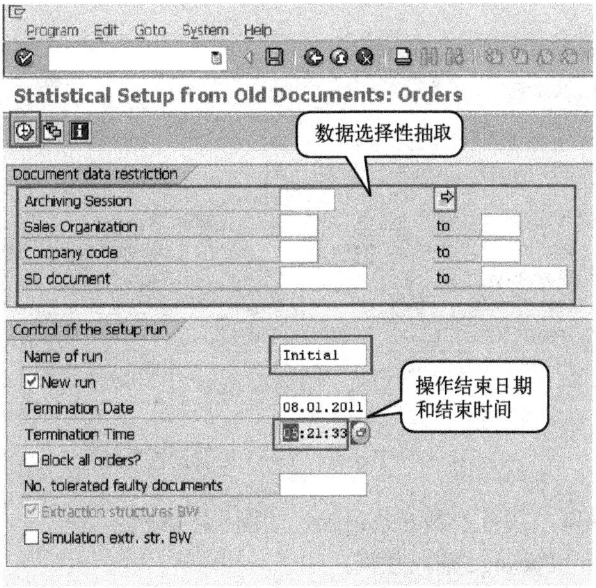

图 14-12　Setup 表填充设置界面

注意：

- Document Data Restriction 是用于对数据进行过滤，以实现选择性抽取，本例中不适用。
- Name of run 是本次运行的名称，可以输入任意名称。
- Termination Date 和 Termination Time，是指在 ECC 中将数据从透明表复制到 Setup 表的结束日期和时间，一般系统会将当时的系统日期和时间填上，所以需要将结束时间修改为未来时间，一般测试改为一小时以后，但是项目上线时，要根据实际的数据量确定时间。

2）在弹出的对话框中单击对钩按钮，如图 14-13 所示。

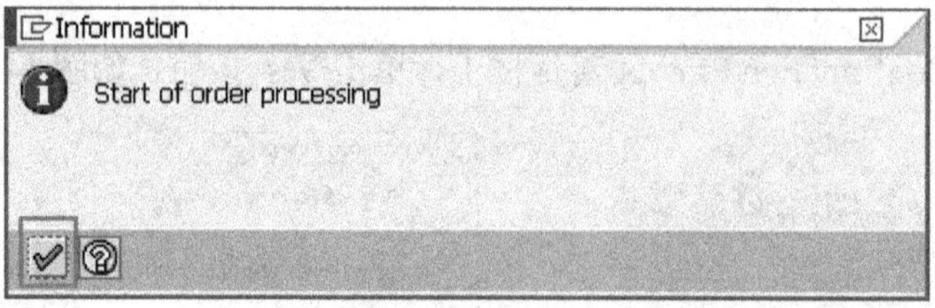

图 14-13　开始填充 Order Setup 表信息

3）用 T-code：RSA3 查看 Setup Table 中的数据。

在 DataSource 中输入 2LIS_11_VAITM，在 Data Records/Calls 和 Display Extr. Calls 中修改参数，再单击界面左下侧的 Extraction 按钮，如图 14-14 所示。

注意：显示的提取调用（Display Extr. Calls）表示要显示的提取调用数量；数据记录/调用（Data Records/Calls）表示每一次调用中的数据记录数量。两者的乘积就是显示出来的数据记录的总数量。当这两个参数的设置小于实际数据的数量时，就只能部分显示。所以要想查询 Setup 表中的实际数据数量，就要将相应参数调大一些。

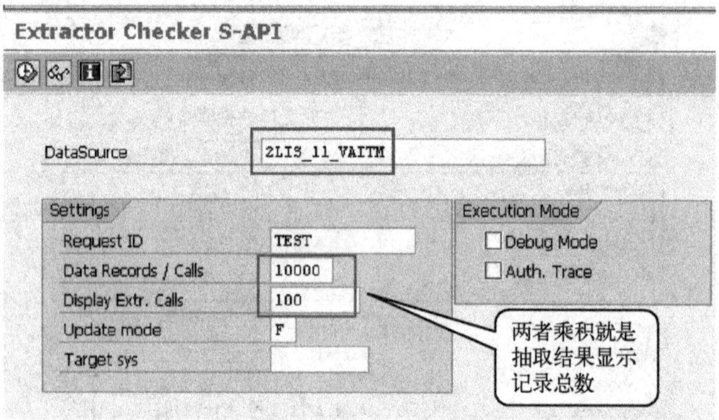

图 14-14　T-code：RSA3 抽取设置界面

4）数据被模拟抽取，共有 14536 条记录，如图 14-15 所示。

（3）创建 Initial InfoPackage 抽取数据

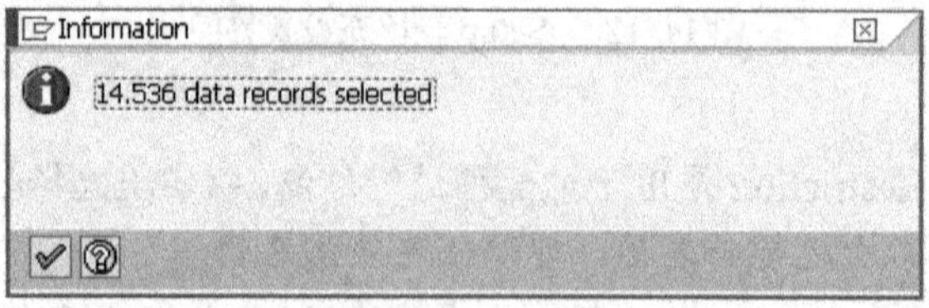

图 14-15　数据抽取记录数信息

在 BW 系统中 DataSource 2LIS_11_VAITM 下，创建 Initial InfoPackage，抽取 Initial 数据。

1）T-code：RSA1→Modeling→DataSources，在界面右侧找到 2LIS_11_VAITM，右击，选择 Create InfoPackage，在弹出的 Create InfoPackage 对话框中输入描述，单击“保存”按钮，如图 14-16 所示。

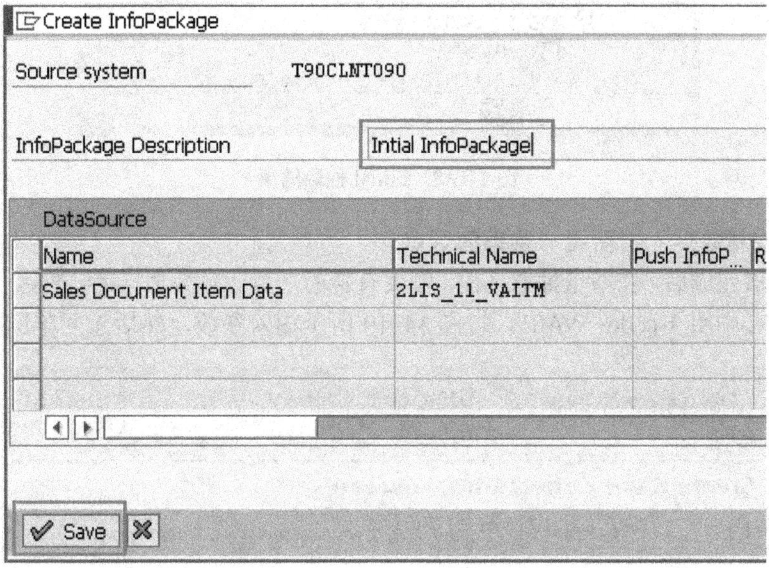

图 14-16　新建 InfoPackage

2）InfoPackage 中的 Update 选项卡设置如图 14-17 所示。

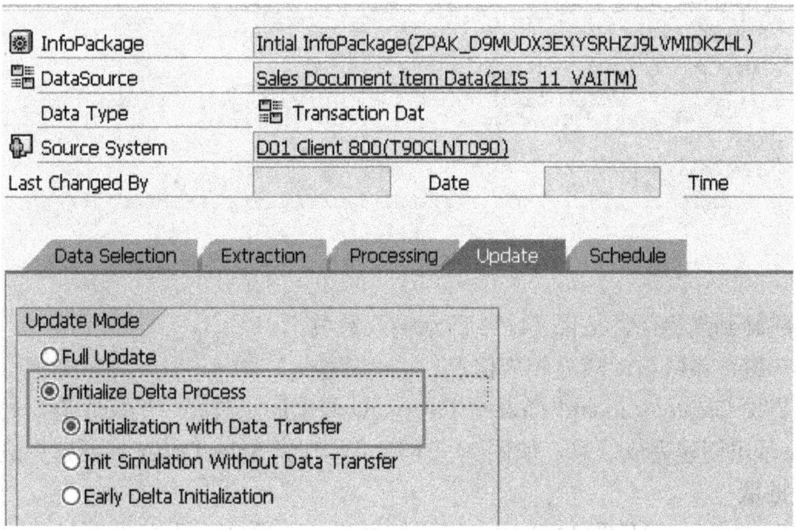

图 14-17　设置成 Initial InfoPackage

3）在 Schedule 选项卡中单击 Start 按钮抽取。

4）单击 Monitor 按钮查看，抽取成功，也是 14536 条记录，如图 14-18 所示。

到此，初始化抽取就完成了。

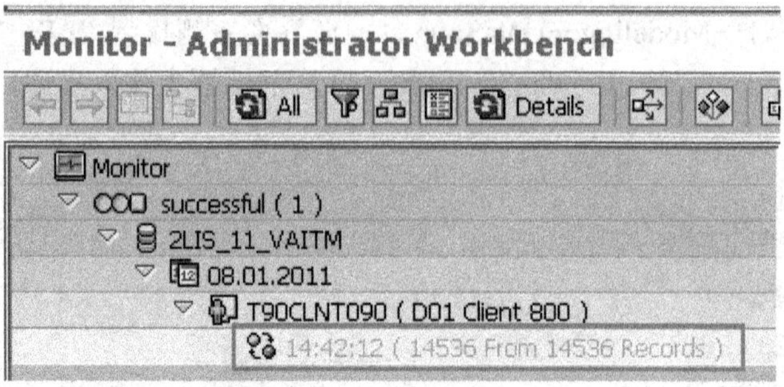

图 14-18　Initial 抽取结果

3. 生成增量数据——新建一条销售订单

初始化抽取完成后，在增量抽取之前，需要有新的增量业务数据，我们新建一条销售订单。

1）在 ECC 中用 T-code：VA01，按图 14-19 所示输入参数，然后按回车键。

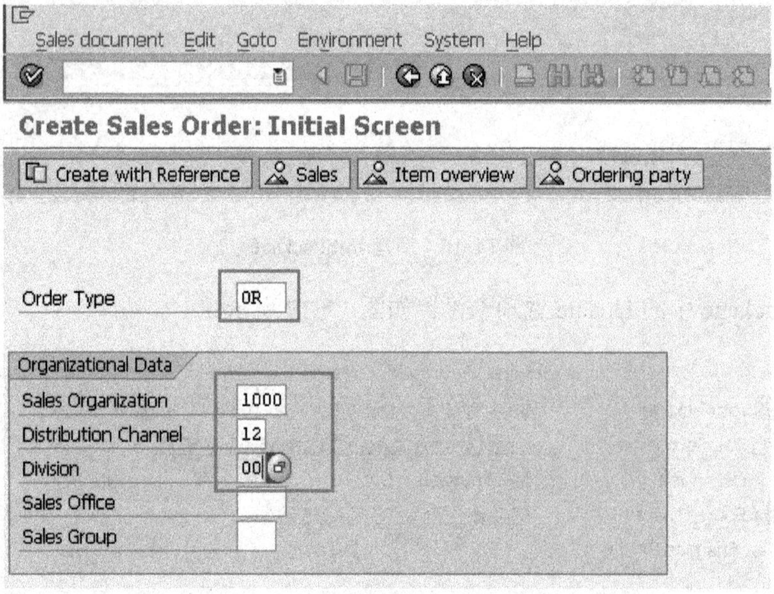

图 14-19　T-code：VA01 新建销售订单初始界面输入

2）系统跳转到新界面，按图 14-20 所示输入参数。

3）按回车键，系统自动填充相应信息。

4）单击界面 Create Standard Order：Overview 最上面工具栏中的“保存”按钮，在最下面状态栏上显示出创建完成信息，如图 14-21 所示，则新 Sales Order 就创建完成了。

4. 增量抽取

增量抽取（Delta）就是图 14-1 中左半支数据流，数据自动进入 Extraction Queue，然后再通过运行一个 Job，进入 Delta Queue，最后用 Delta InfoPackage 抽取到 BW 系统中。

（1）查看抽取队列（Extraction Queue）

用 T-code：LBWQ 查看在 Extraction Queue 中的 Sales Order，可以看到，有一条记录已经自动实时写入 Extraction Queue，如图 14-22 所示。

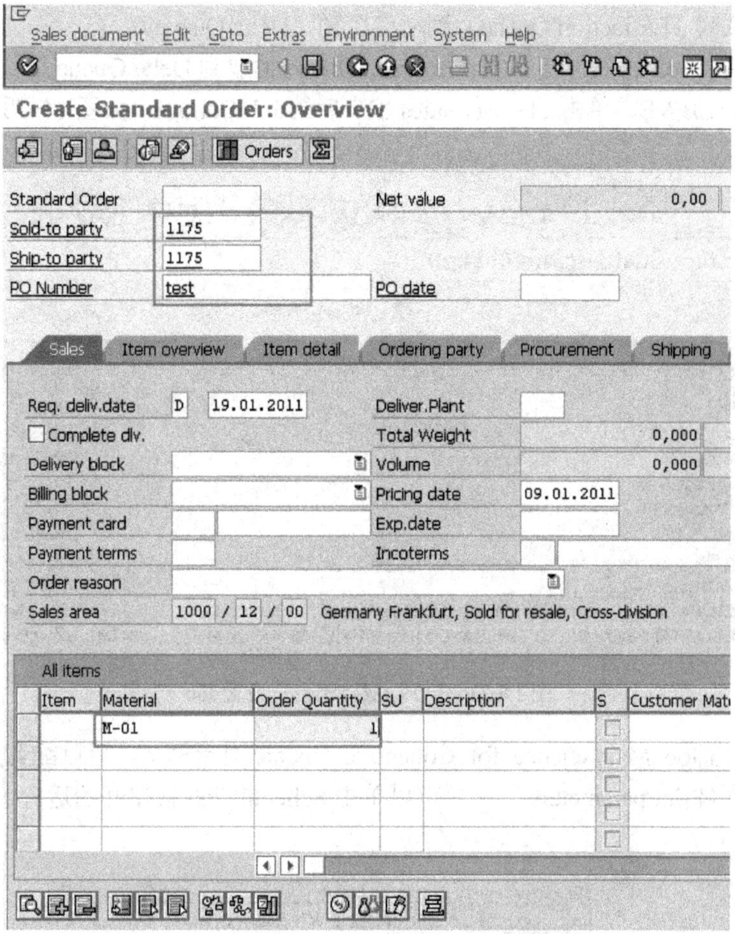

图 14-20　新建销售订单输入

图 14-21　销售订单创建完成信息

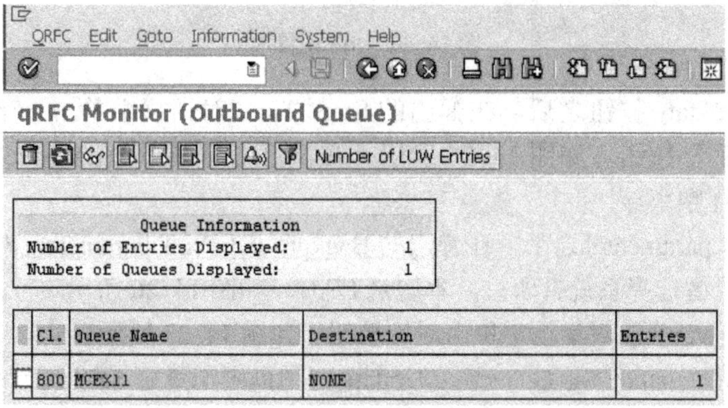

图 14-22　抽取队列中的数据

（2）抽取队列（Extraction Queue）到增量队列（Delta Queue）

通过运行后台 Job 将销售订单由 Extraction Queue 抽取到 Delta Queue。

1）T-code：LBWE，单击 11：SD Sales BW 后的 Job Control，如图 14-23 所示。

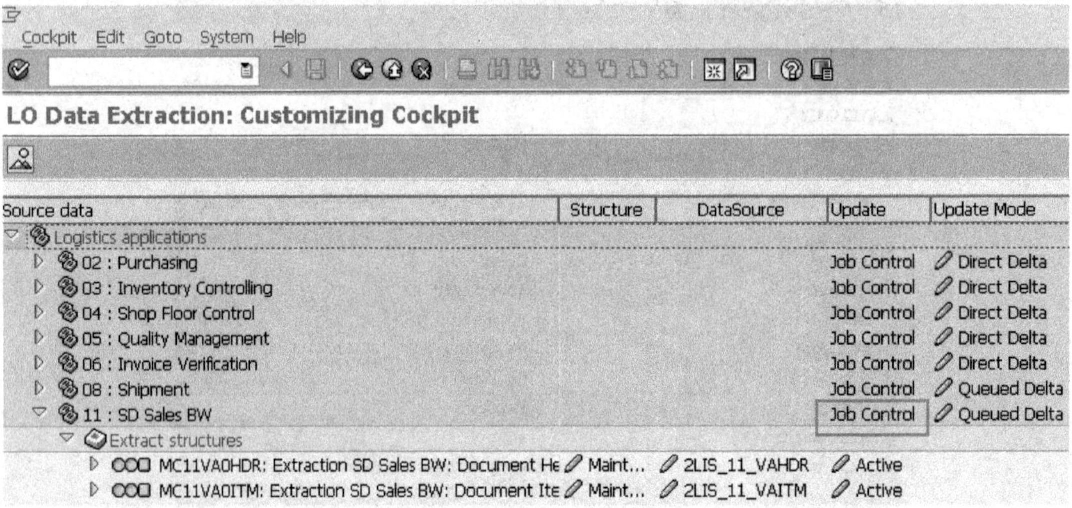

图 14-23　LO 抽取控制台—设置 Job

2）系统弹出 Job Maintenance for Collective Update 对话框中，可以配置开始时间（Sart date）、打印参数（Print parameters），然后可以单击 Schedule job 按钮开始运行 Job，如图 14-24 所示。

图 14-24　Job 设置项

3）单击 Start date 按钮之后，在弹出的 Start Time 对话框中单击 Immediate 按钮，并单击下方的“保存”按钮，如图 14-25 所示。在项目中可选择 Date/Time 按钮，设置相应的开始时间的运行频率。

4）单击 Print parameters 之后，在弹出的 Background Print Parameters 对话框中的 Output Device 后按〈F4〉键选择系统打印机，本例是 LP01，如图 14-26 所示。

5）在弹出的 Warning 对话框中单击对钩按钮，如图 14-27 所示

6）在 Job Maintenance for Collective Update 对话框中配置好 Sart date 和 Print parameters 后，两个按钮后都显示为绿灯。单击 Schedule job 按钮，在对话框最下方的状态栏中会有提示信息 New job scheduled，如图 14-28 所示。

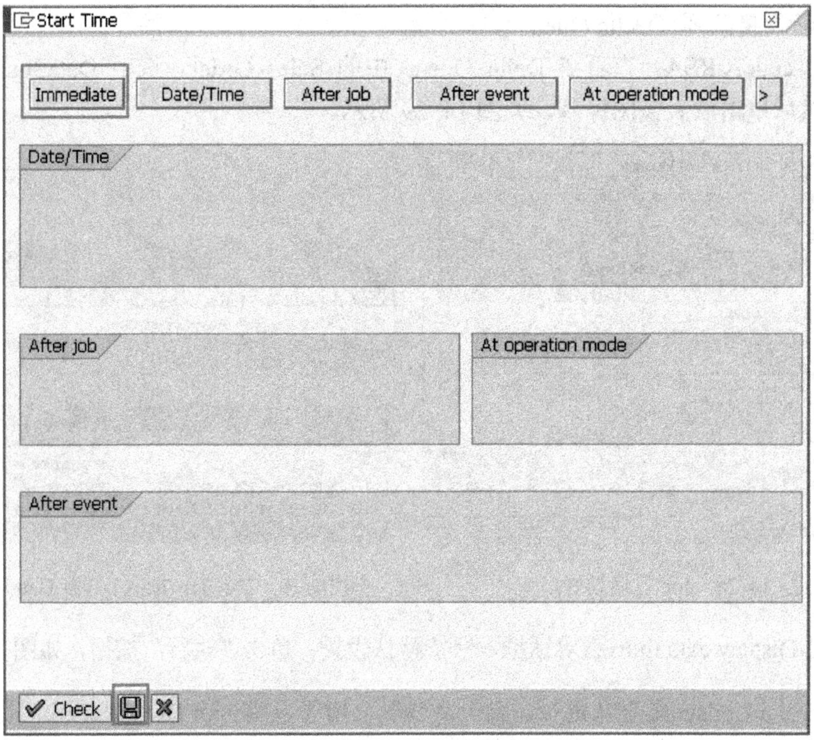

图 14-25　设置 Job 运行开始时间—立即开始

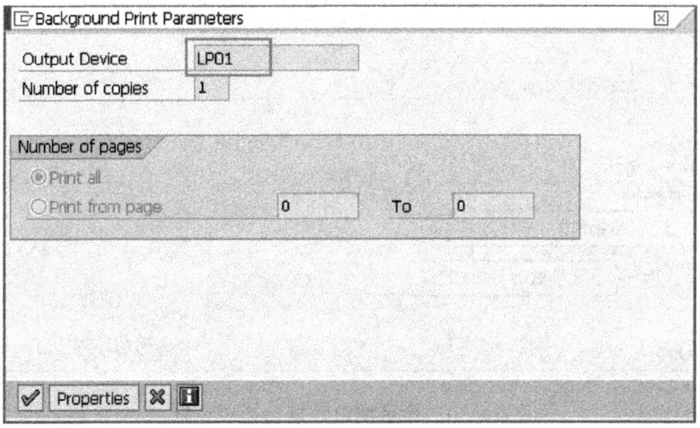

图 14-26　设置 Job 项中打印机

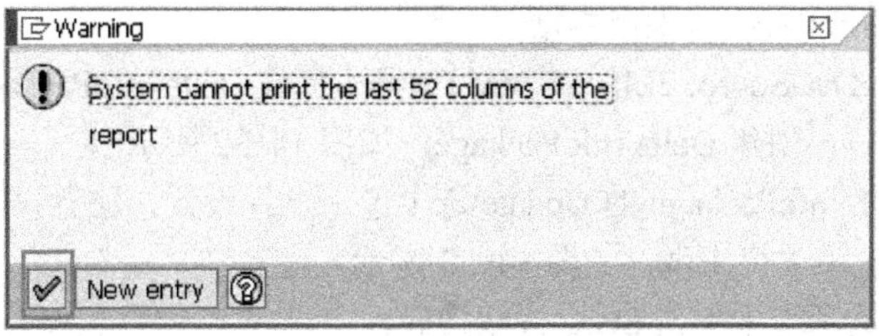

图 14-27　忽略黄色警告

（3）查看增量队列（Delta Queue）

1）用 T-code：RSA7 查看在 Delta Queue 中的 Sales Order。选中 DataSource 2LIS_11_VAITM，然后单击放大镜图标，如图 14-29 所示。

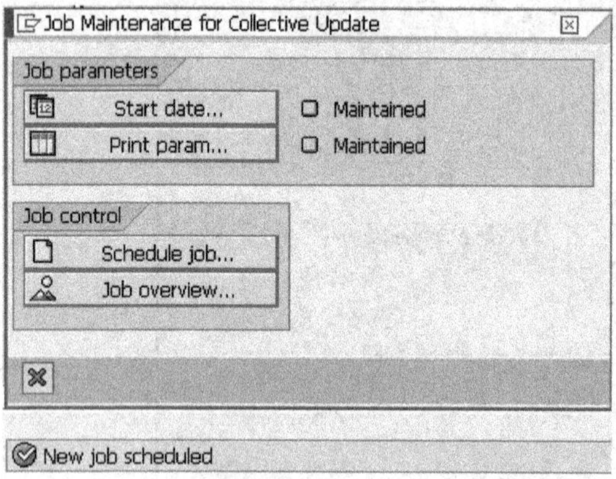

图 14-28　Job 已规划好

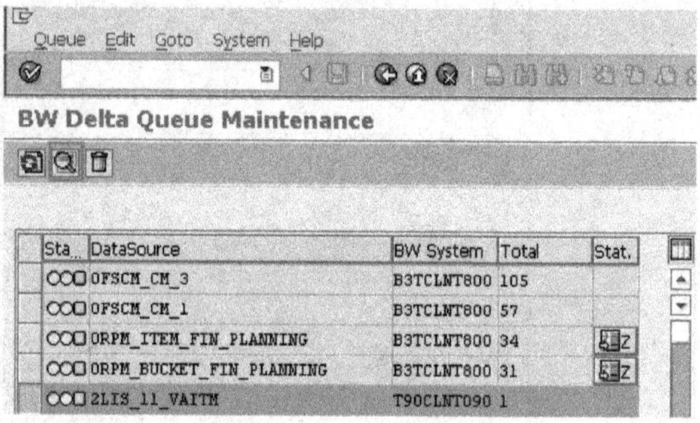

图 14-29　T-code：RSA7 查看 Delta Queue 界面

2）弹出 Display data Entries 对话框，保持默认设置，单击“执行”按钮，如图 14-30 所示。

注意： Delta Update 是默认选项，表示待抽取的增量数据，而 Delta Repetition 表示上次抽取的增量数据。所以 Delta Queue 中有本次待抽取和上次已抽取的两份数据。

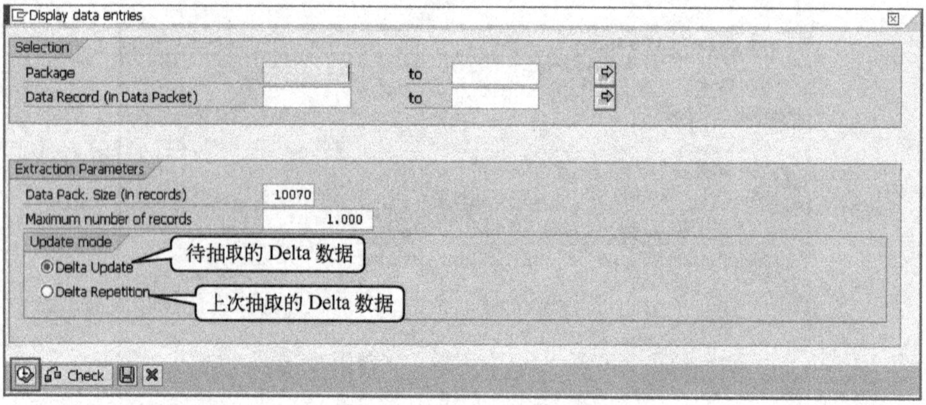

图 14-30　显示增量数据设置对话框

3）Sales Order12061 已经进入 Delta Queue 了，如图 14-31 所示。

（4）创建 Delta InfoPackage 抽取数据

在 BW 系统中的 DataSource 2LIS_11_VAITM 下，创建 Delta InfoPackage，抽取 Delta 数据。

1）T-code：RSA1，创建 Delta InfoPackage，如图 14-32 所示。

2）按图 14-33 在 InfoPackage 的 Update 选项卡中进行设置，注意只有在做完 Initial 抽取之后，Delta Update 选项才会出现，如图 14-33 所示。

3）在 Schedule 选项卡中单击 Start 按钮抽取。

4）单击 Monitor 按钮查看，抽取成功，是一条记录，如图 14-34 所示。

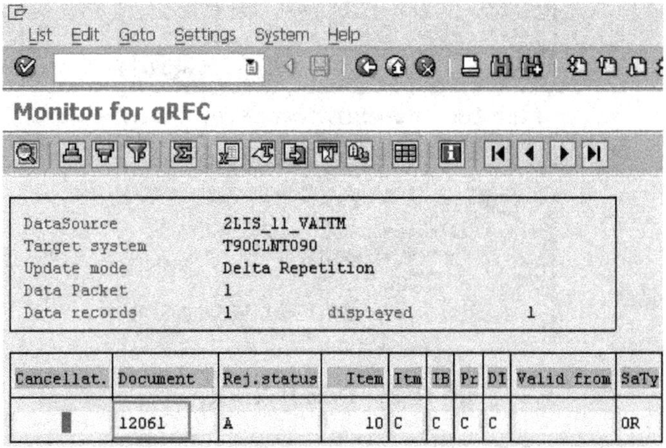

图 14-31 增量数据（新建的销售订单）

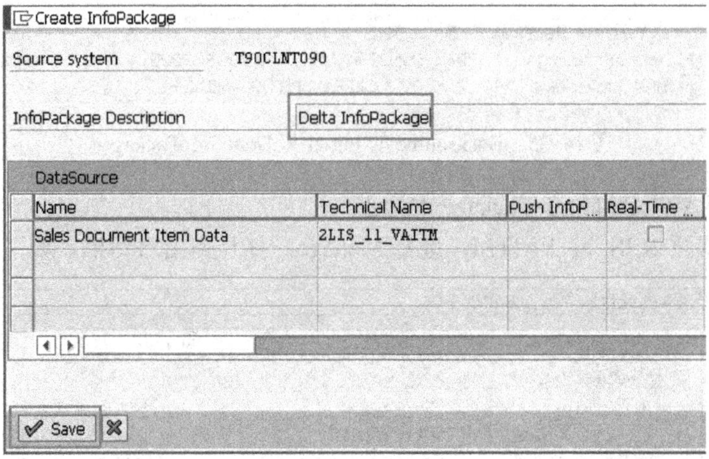

图 14-32 新建 InfoPackage

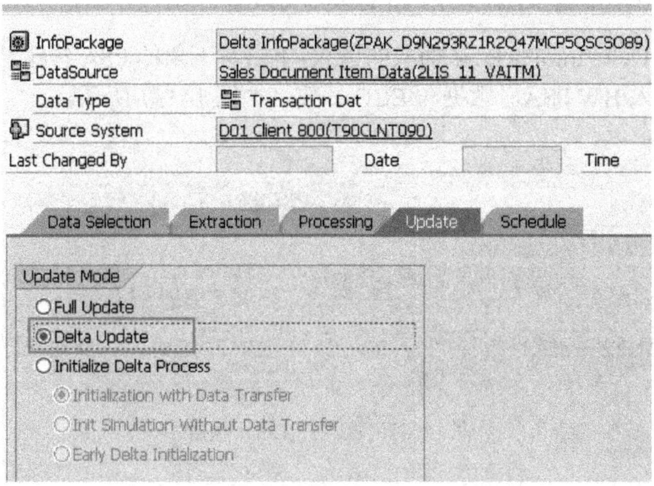

图 14-33 设置成 Delta InfoPackage

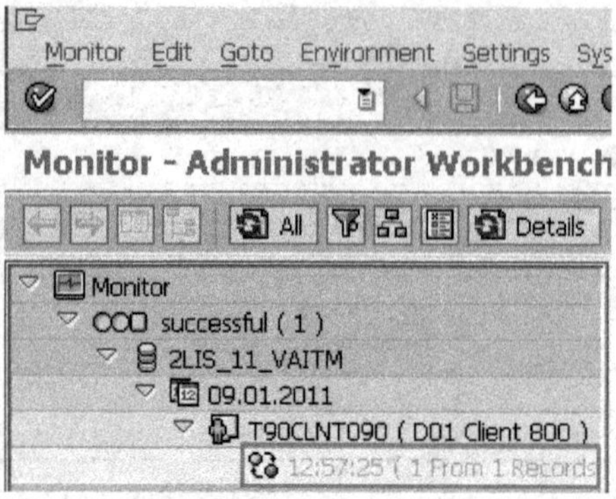

图 14-34　Delta 抽取结果

5）回到 RSA1 界面，可以看到在 DataSource 下面有 Initial 和 Delta 两个 InfoPackage，如图 14-35 所示。

图 14-35　DataSource 的 Initial 和 Delta InfoPackage

（5）查看 PSA 中 Delta InfoPackage 的数据

1）右击数据源 2LIS_11_VAITM，选择 Manage，打开弹出对话框，如图 14-36 所示。

图 14-36　PSA 中的请求

2）选择其中的 Delta InfoPackage 抽取的请求，单击左下角的 PSA 按钮，可以看到，Sales Order12061 已经进入 BW PSA，数据与 ECC 一致，如图 14-37 所示。

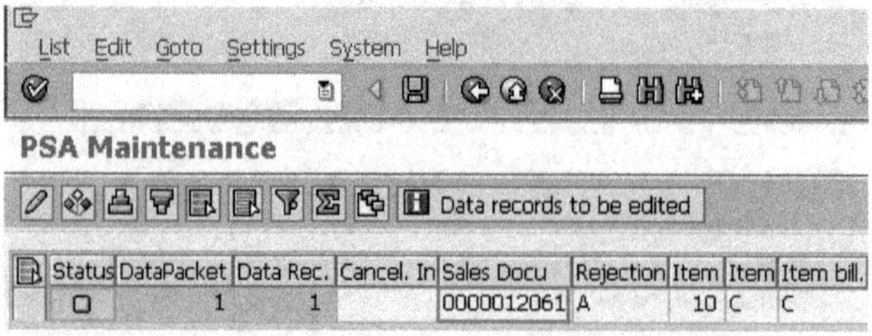

图 14-37　PSA 中 Delta 数据

这样，Delta 的数据就加载完成了。到此，我们就演示了 LO Extraction 抽取的初始化和增量抽取的全过程。

14.3 LO 抽取更新方式和 V1/V2/V3

在本章的前面介绍了数据抽取的不同方式，然后重点演示了 LO 抽取的详细步骤。需要注意的是，在 ECC 中的 Setup Table 除了用做 Initial 之外，还可以用做 Full Repair，用来重新抽取发生错误的历史数据。

下面总结一下 LO 抽取所涉及的几个重要的问题。

1. LO 抽取的更新方式

LO 抽取有三种更新方式（Update Mode）：

- 队列增量（Queued Delta）。
- 直接增量（Direct Delta）。
- 未排序的 V3 更新（Unserialized V3 Update）。

LO 数据源的三种更新方式中，数据抽取的初始化部分都是一样的，所不同的只有增量抽取部分。

（1）更新模式的设置

对于 LO 抽取，除了演示的更新模式（Update Mode）、队列增量（Queued Delta）之外，还有直接增量（Direct Delta）和未排序的 V3 更新（Unserialized V3 Update）。更新模式的设置可以通过 T-code：LBWE，单击相应数据源大类，如 11：SD Sales BW 后 Update Mode（本例是 Queued Delta）前的铅笔图标，在弹出的界面中可重新设置 Update mode，如图 14-38 所示。

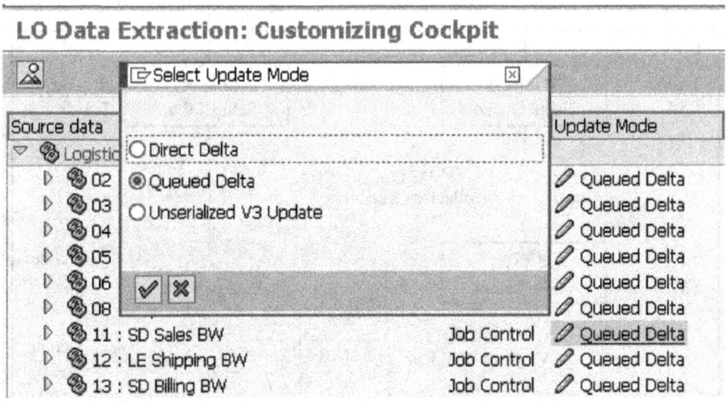

图 14-38 T-code：LBWE 界面设置 Update Mode

（2）直接增量的数据流

Direct Dleta 与演示过的 Queued Delta 相比，没有 Extraction Queue，Delta 数据直接进入 Delta Queue，这样数据抽取的过程更简单了，整个抽取过程及 T-code 如图 14-39 所示。

（3）未排序的 V3 更新的数据流

Unserialized V3 Update 与演示过的 Queued Delta 相比，是用 Update Table 代替 Extraction Queue，而且数据进入 Update Tale，需要 V3 集中运行的 Job。这样，一方面数据抽取的过程要复杂一些，更重要的是增量数据无序地保存在 Update Table 中，所以数据源上面无法直接接关键值覆盖的 DSO。整个抽取过程及 T-code 如图 14-40 所示。

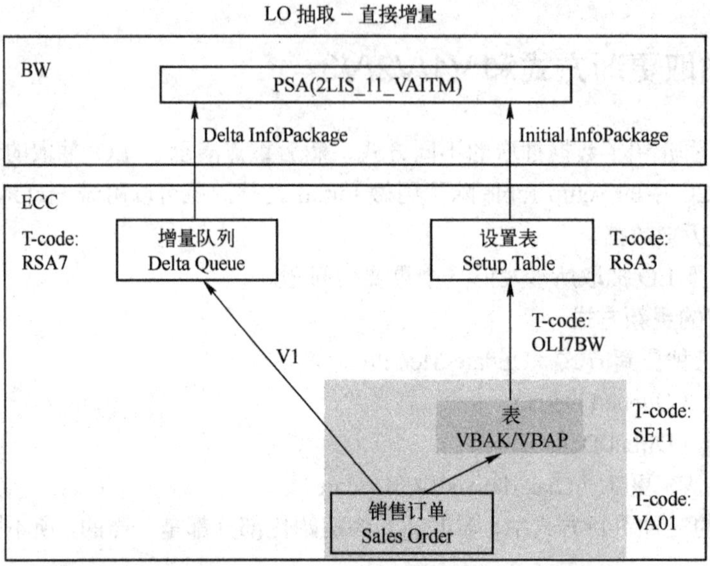

图 14-39 LO 抽取过程及 T-code（直接增量）

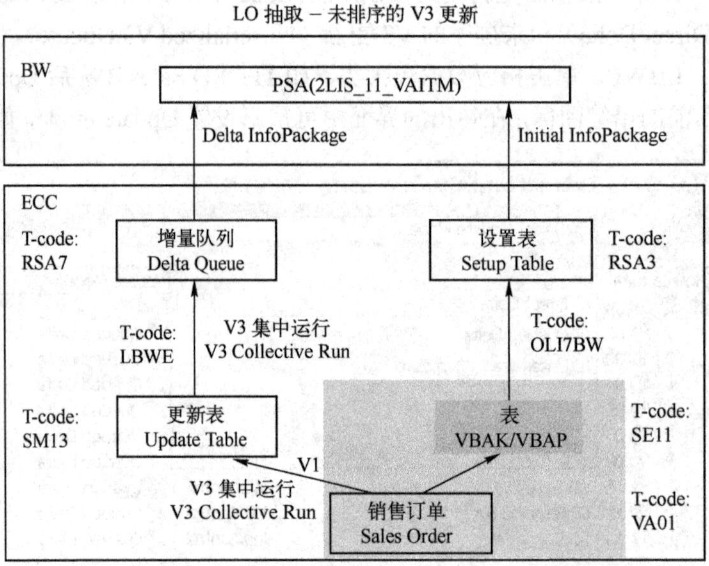

图 14-40 LO 抽取过程及 T-code（未排序的 V3 更新）

2. V1、V2 和 V3

V1、V2 和 V3 是在应用程序服务器上执行更新 LUW（Logic Unit of Work）的三种不同方式。

- V1 同步更新（Synchronous update）。
- V2 异步更新（Asynchronous update）。
- V3 批处理异步更新（Batch asynchronous update）。

V1 的方式主要用于更新数据库表，实时处理。V2/V3 更新方式是非实时的，和 V1 更新方式分开处理，V3 更新方式主要为 BW 数据抽取服务的。如果把这三个更新放在一起作为一个 LUW 来处理，就会严重影响系统性能。

以创建销售订单为例，当单击“保存”按钮时，数据以 V1 方式实时存入 ECC 中的 VBAK、VBAP 等透明表；稍候几秒，数据以 V2 方式实时存入系统统计数据收集表，如 LIS 的表中；在 LO 抽取时，当数据从 Update Table 或者 Extraction Queue 进入 Delta Queue 时，就是 V3 方式。

注意：现在 LIS 抽取已被 LO Cockpit 抽取方式所取代，而 LO Cockpit 抽取方式就是本章演示的 LO 抽取。

3. V1、V2、V3 和三种更新方式的联系

很多初学者认为，直接增量就是 V1，队列增量就是 V2，未排序的 V3 更新就是 V3。这是一种常见的误解，是将 LO 抽取过程中的增量更新方式和应用服务器上执行更新 LUW 的方式混淆了。

增量更新是一个多步骤过程，在每一步中，数据更新采用 V1、V2 和 V3 中的一种方式。下面以一条新增的销售订单为例来说明，如图 14-41 所示。

- 更新模式为直接增量时，销售订单以 V1 的方式直接进入增量队列。
- 更新模式为队列增量时，销售订单以 V1 的方式直接进入 Extraction Queue，再以 V3 的方式进入增量队列。
- 更新模式为未排序的 V3 更新时，销售订单以 V3 的方式进入更新表，再以 V3 的方式进入增量队列。

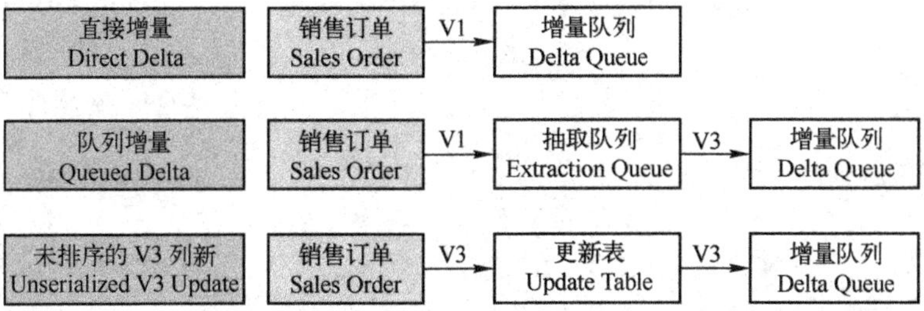

图 14-41　V1、V2、V3 与 LO 抽取更新方式关系

第 15 章　标准数据源增强

BW 中业务内容（Business Content 或者 BI Content）最有价值的部分是数据源（DataSource），为了和其他类别数据源相区分，将其称为 BI Content 数据源或者标准数据源，简称数据源。标准数据源包含抽取结构（Extraction Structure）、抽取程序（Extractor）、增量处理（Delta Process）等，以快速构建模型和抽取数据。标准数据源中抽取结构的字段能够满足大部分的业务需求，但是当业务需求的少数字段在标准数据源中没有时，可以考虑增强标准数据源。

本章主要讲述标准数据源增强。注意对于新增字段需求，除了对标准数据源增强，还可以通过一般数据源（Generic DataSource）来获取需要的新增字段。然后在 BW 系统中的模型层面，将原来的数据源对应的模型和一般数据源对应的模型拼接，用于拼接模型的一般是 DSO。

选择标准数据源增强或者建立一般数据源，考虑的角度是多方面的：原有模型的复杂度，数据量的大小，如何实现 Delta，是否需要增强字段的历史数据，对于 LO 数据源增强还要考虑 ECC Setup 的问题。

增强标准数据源的步骤如图 15-1 所示。

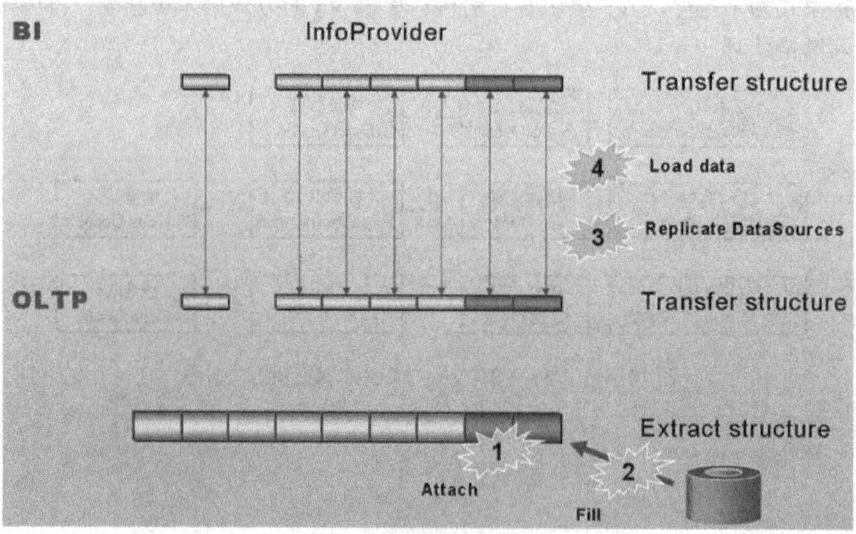

图 15-1　增强标准数据源的步骤

1. 添加字段（Attach）

在 ECC 中标准数据源的 Extraction Structure 上附加字段。

2. 填充数据（Fill）

在 ECC 中编写将附加字段的数据抽取到 BW 的程序。

3. 复制数据源（Replicate DataSource）

在 BW 中复制增强后的标准数据源，然后激活。

4．加载数据（Load Data）

将数据抽取到 BW 中，然后进一步加载到 InfoProvider 中。

标准数据源增强后还需要在 BW 中复制数据源。该操作不需要删除 PSA 中原有的数据。但之后的数据按照增强后的结构抽取，形成新的 PSA。

复制数据源和加载数据的操作是所有标准数据源增强中必需的步骤，但不是标准数据源增强独有的步骤。在其他章节已有演示，而且数据源可以通过 T-code：RSA3 直接检查，因此这两步操作在本章就不演示了。

一般来说，项目中增强的标准数据源包括主数据数据源和业务数据数据源，在 ECC 业务数据数据源中，又主要分为物流（LO）数据源和财务（FI）数据源等。

下面以增强 LO 数据源 2LIS_12_VCITM 为例来说明，LO 数据源增强与其他数据源增强相比，既有特殊点，又有共同点。在第 15.1 节中，将说明和演示 LO 数据源增强的特殊点，在后续小节中，说明和演示数据源增强的共同点。

15.1　LO 标准数据源增强特殊点

LO 标准数据源与其他标准数据源在增强之前，有两个特殊点：一是要求增强前应清空增量数据；二是检查抽取结构（Extract Structure），能否通过释放标准字段的方式来扩展数据源。如果可以释放字段，就不需要添加字段和填充数据，直接复制数据源并抽取数据即可。

下面以在 DataSource 2LIS_12_VCITM 加入表 LIPS 中 PROCTR（Profit Center）为例，演示清空增量数据和通过释放标准字段的方式来扩展 LO 标准数据源。

1．操作要点

1）清空相应数据源的 Delta 数据。

- 清空 Extraction Queue / Update Table（用 Job）。
- 清空 Delta Queue（用 InfoPackage）。

2）检查 Extraction Structure，通过释放标准字段的方式来扩展 LO 标准数据源。

3）抽取数据验证。

2．主要操作步骤

1）根据 LO 数据源的更新模式（Update Mode），用 T-code：LBWQ 检查 Extraction Queue，如图 15-2 所示；或者用 T-code：SM13 检查 Update Table，如图 15-3 所示。否则运行 Job 将 Extraction Queue 或者 Update Table 清空。

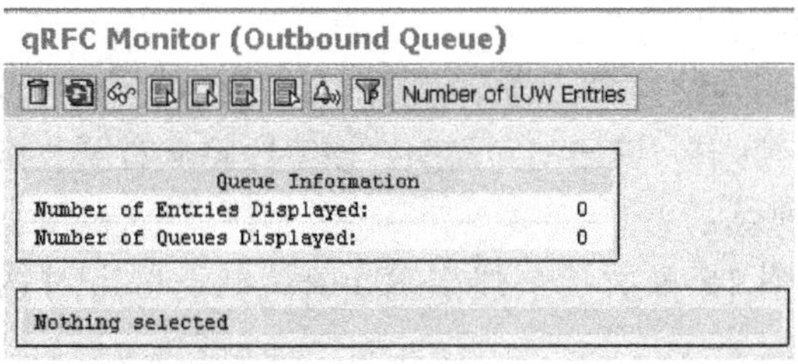

图 15-2　Extraction Queue 为空

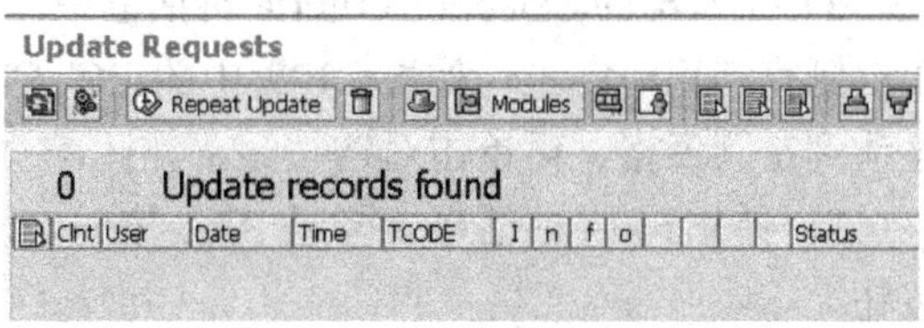

图 15-3　Update Table 为空

注意：图示中所有为空，可以只要求要增强的数据源对应增量数据为空即可。

2）T-code：RSA7 检查 Delta Queue 是否已清空，如图 15-4 所示。若不为空，则用 InfoPackage 清空 Delta Queue。

注意：如果在此界面不能发现 2LIS_12_VCITM，则说明该 DataSource 还没有产生 Delta Queue，可直接进行下一步 Extract Structure 维护。

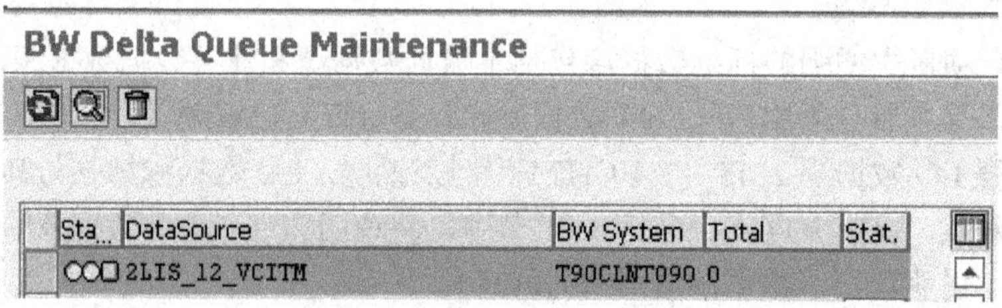

图 15-4　2LIS_12_VCITM 的 Delta Queue 中已清空

3）T-code：LBWE 灭活 DataSource 的 Update 状态，在 2LIS_12_VCITM 行中对应 Update 列的 Active 前的铅笔图标上单击，将 DataSource 的 Update 状态灭活，如图 15-5 所示。

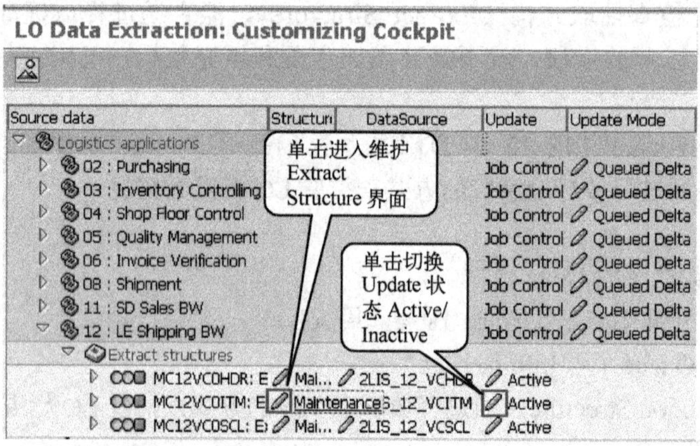

图 15-5　切换 Update 状态和维护抽取结构

4）在 2LIS_12_VCITM 行中对应 Structure 列的 Maintenance 前的铅笔图标上单击，进入 Extraction Structure 维护界面，如图 15-5 所示。

5）弹出对话框，提示整个操作期间 ECC 不应增加数据，之前还应清空 V3 Update 和 Delta Queue 等，单击对钩按钮，如图 15-6 所示。

6）在弹出的 Selection criteria 对话框中，左侧为结构中已选定字段，而右侧为备选字段。在右侧找到相应字段，如表 LIPS 中的 PCTCR，选中，单击左向箭头，该字段将从右侧表格移动到左侧表格，再单击对钩按钮，如图 15-7 所示。

7）弹出确认对话框，单击 Yes 按钮，如图 15-8 所示。弹出 Request 框，单击对钩按钮。

注意：这时对于 Request 的相应 Package 不能是$TMP。

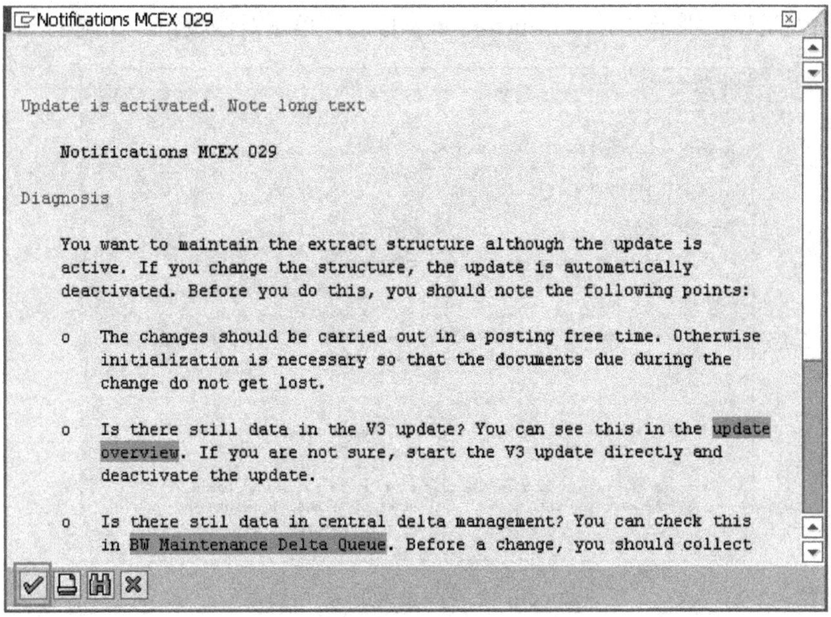
Notifications MCEX 029
Update is activated. Note long text
Notifications MCEX 029
Diagnosis
You want to maintain the extract structure although the update is active. If you change the structure, the update is automatically deactivated. Before you do this, you should note the following points:
o The changes should be carried out in a posting free time. Otherwise initialization is necessary so that the documents due during the change do not get lost.
o Is there still data in the V3 update? You can see this in the update overview. If you are not sure, start the V3 update directly and deactivate the update.
o Is there stil data in central delta management? You can check this in BW Maintenance Delta Queue. Before a change, you should collect

图 15-6　维护抽取结构提示信息

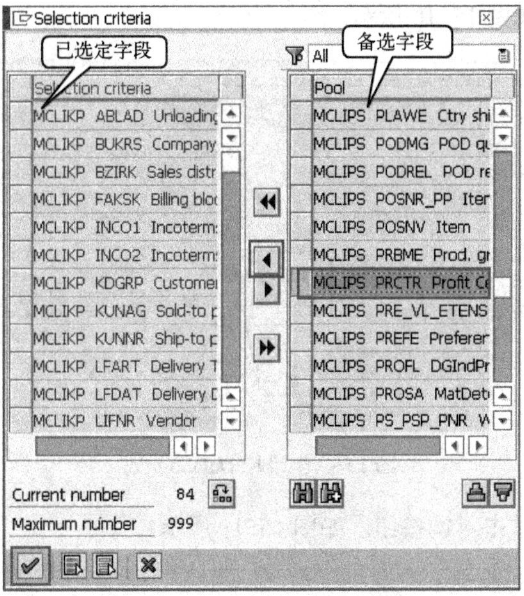
Selection criteria
已选定字段
备选字段
All
Selection criteria
Pool
Current number 84
Maximum number 999

图 15-7　释放抽取结构标准字段

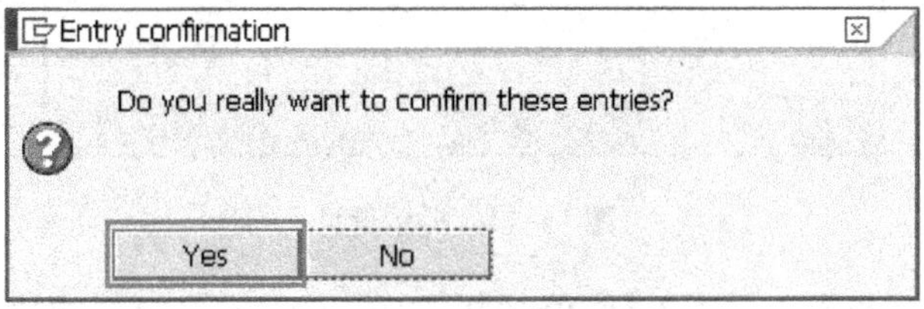
Entry confirmation
Do you really want to confirm these entries?
Yes
No

图 15-8　确认对话框

8）弹出对话框，提示 Extract Structure 维护成功，单击对钩按钮，如图 15-9 所示。

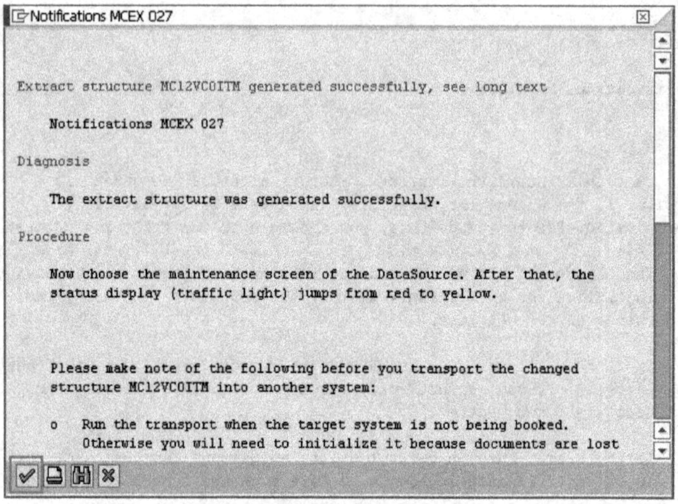

图 15-9　抽取结构维护成功信息

9）系统回到 T-code：LBWE 界面，在 2LIS_12_VCITM 前的铅笔图标上单击，进入 DataSource 维护界面，如图 15-10 所示。

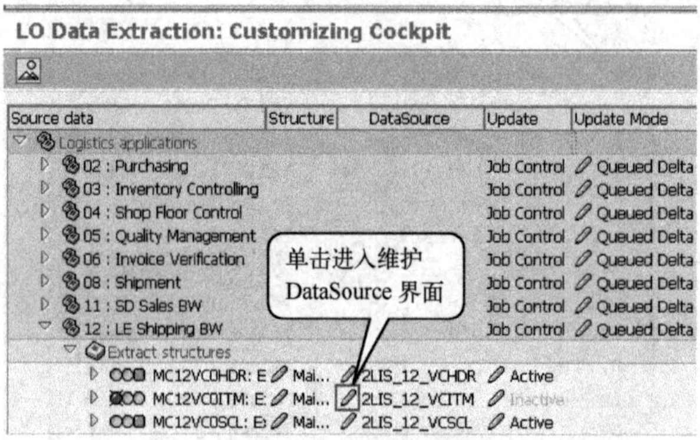

图 15-10　维护 DataSource

10）弹出对话框，单击对钩按钮，如图 15-11 所示。

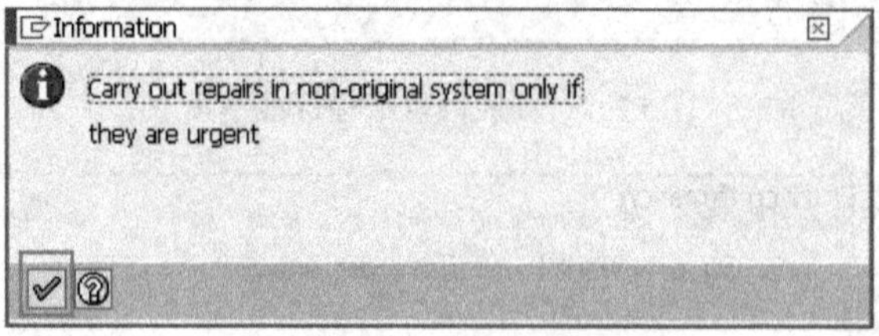

图 15-11　提示信息

11）系统切换到新界面，可以看到 PRCTR 字段。但是默认是隐藏字段（Hide field）和仅在客户退出中已知的字段（Only Known in Customer Exit）。将两个勾选取消。再单击标准工具栏上的“保存”按钮，如图 15-12 所示。

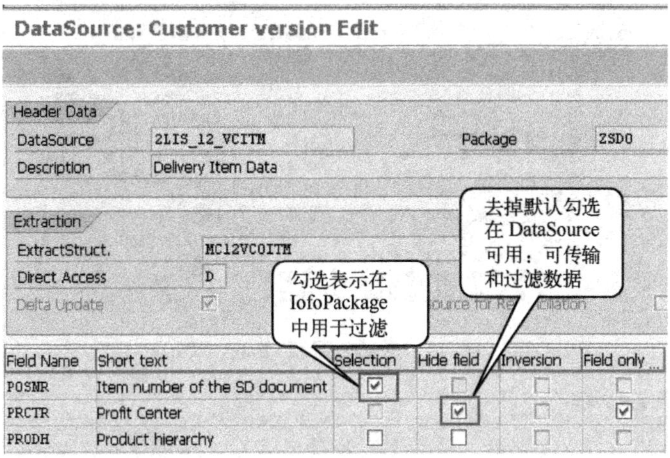

图 15-12　取消 DataSource 新增字段的默认设置

注意：

- 选择（Selection）：表示是否要通过该字段过滤，勾选后在 InfoPackage 的 Data Selection 选项卡和 T-code：RSA3 的抽取界面都可以看到该字段，然后可以输入或选择数据实现过滤性抽取。
- 隐藏字段（Hide field）：表示数据源复制到 BW 后，该字段是否可见和是否能进行数据传输。勾选表示不可见，数据不传输。
- 反转（Inversion）：冲销过账的情况下会将此字段反置（即乘以−1）。为此，抽取程序必须支持增量记录传输流程，其中会同样识别此冲销。具体来说，主要是指以 ABR 方式为 Delta Process 的 LO 标准数据源，对于 Before Image 和 Reverse Image，关键值取原值的负值。如果勾选仅在客户退出中已知的字段（Field only known in Customer Exit），则此字段不会反置。反转（Inversion）勾选后在数据源后续处理时不能激活或取消激活反置。
- 仅在客户退出中已知的字段（Field only known in Customer Exit）。表示未传递至字段清单和选择表中的抽取程序（Extractor）。如果一个字段在运行时不需要传递到抽取程序，应勾选此项；如果字段将传递到抽取程序，则应取消选择此项。该选项一般情况下不起作用，可忽略其设置。

12）系统回到 T-code:LBWE 界面，激活 DataSource，在 2LIS_12_VCITM 行中对应 Update 列的 Inactive 前的铅笔图标上单击，将 DataSource 激活，如图 15-13 所示。

13）弹出对话框，提示 Extract Structure 的抽取已激活，单击对钩按钮，如图 15-14 所示。

14）T-code：OLI8BW，填充 Delivery Setup 表，如图 15-15 所示。

15）T-code：RSA3，检查 DataSource 2LIS_12_VCITM 数据抽取情况。在 DataSource 后输入 2LIS_12_VCITM，然后单击 Extraction 按钮，再单击新出现的 Display List 按钮，如图 15-16 所示。

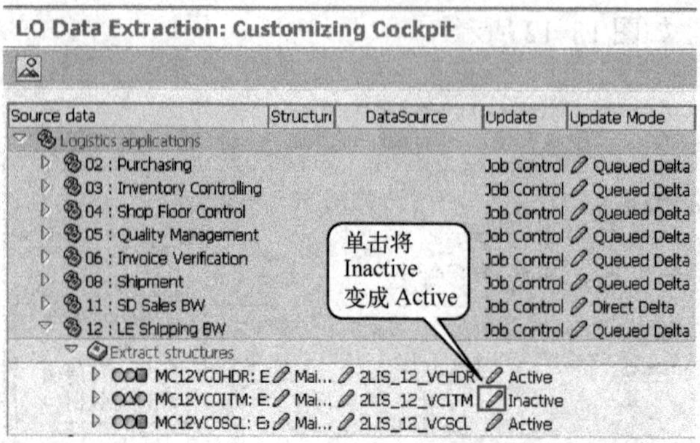

图 15-13　激活数据源 Update 状态

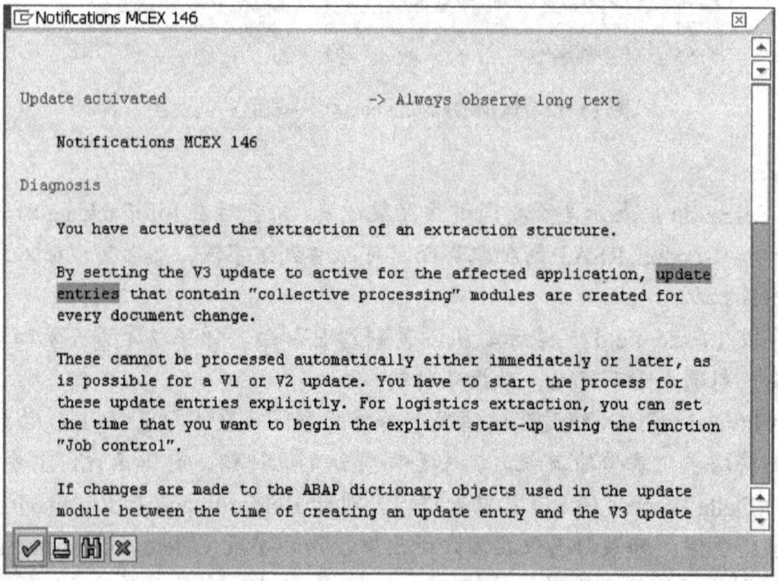

图 15-14　抽取结构的抽取已激活信息

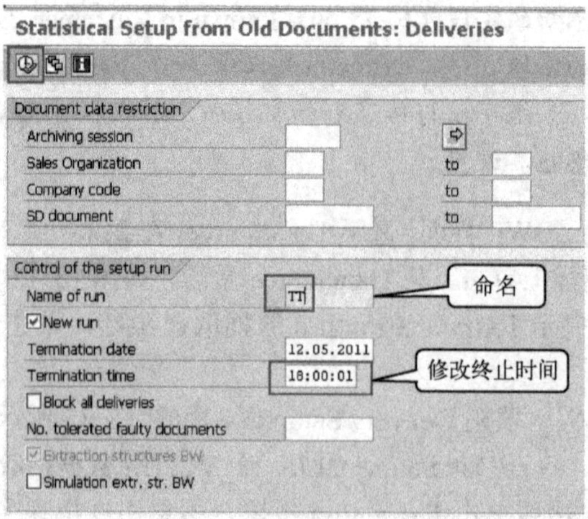

图 15-15　填充 Delivery Setup 表

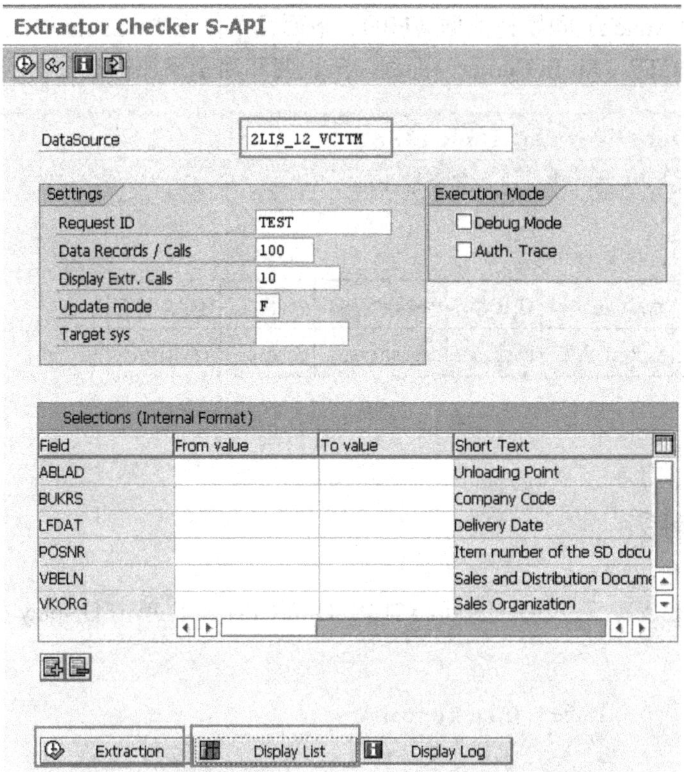

图 15-16　T-code：RSA3 抽取数据

16）抽取结果如图 15-17 所示。

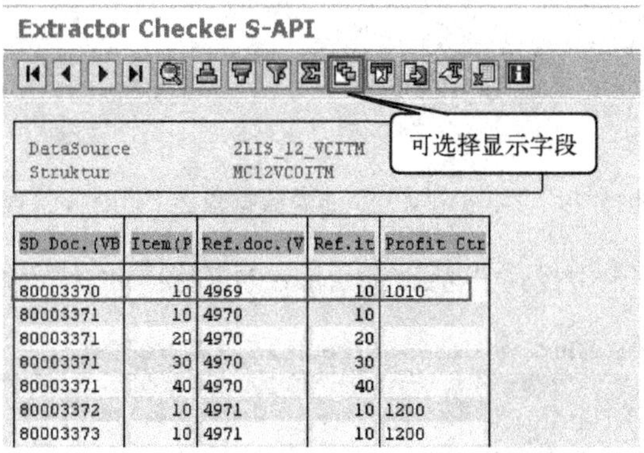

图 15-17　2LIS_12_VCITM 数据抽取结果

17）T-code：SE11，查看 LIPS 表中数据（Delivery 80003370，Item10），发现 Profit Center 与 DataSource 2LIS_12_VCITM 抽取数据一致，如图 15-18 所示。

到此，通过释放标准字段的方式来扩展 LO 标准数据源就完成了。该方式不需要代码来填充数据。接下来，可直接复制数据源，抽取数据。

如果不是 LO 标准数据源，或者在 LO 标准数据源的抽取结构中不存在业务需求的字段，那么增强标准数据源操作就是 LO 数据源增强与其他数据源增强相比的共同点部分。主要是两步：添加字段（Attach）和填充数据（Fill）。下面几节以在 DataSource 2LIS_12_VCITM 加入表 LIPS 中 PROCTR（Profit Center）为例，来说明和演示添加标准数据源的过程。

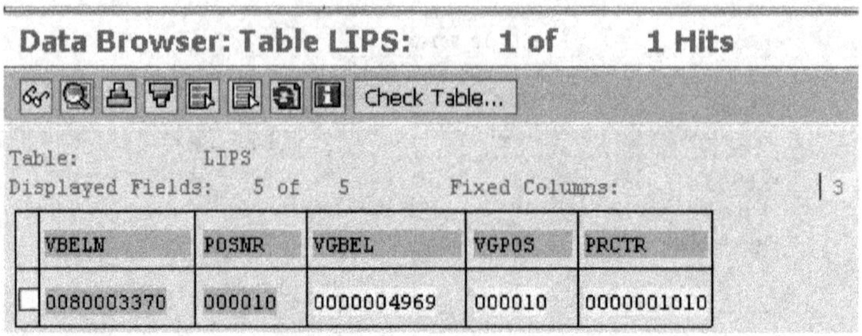

图 15-18　LIPS 表中数据

15.2　添加字段

1）T-code：RSA2，输入 DataSource 2LIS_12_VCITM，再单击 Display 按钮，如图 15-19 所示。

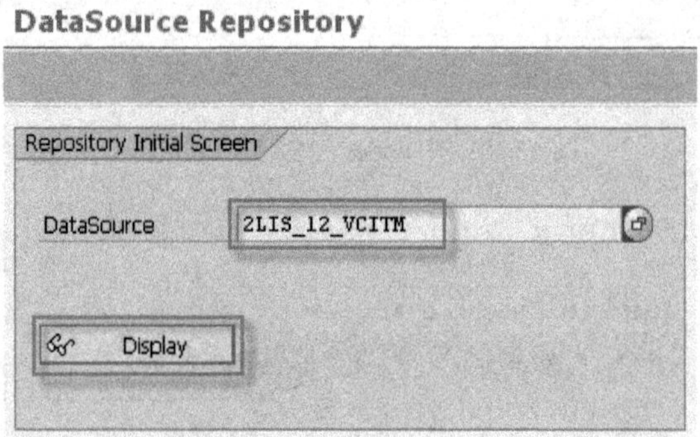

图 15-19　T-code：RSA2 查看数据源 2LIS_12_VCITM

2）在 Extraction 选项卡中找到 Extract Structure 的名称：MC12VC0ITM，如图 15-20 所示。

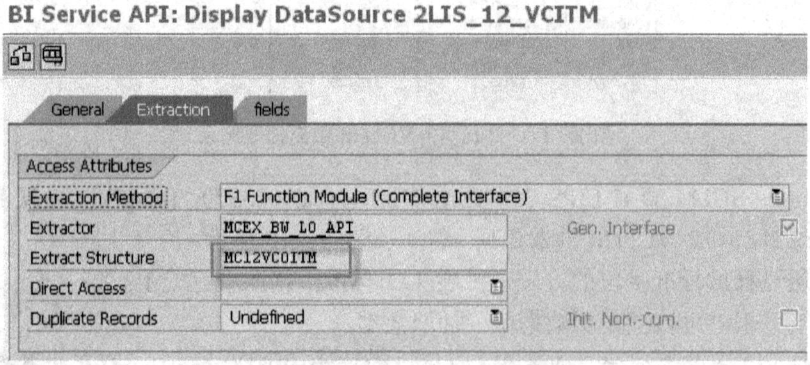

图 15-20　获得抽取结构名称 MC12VC0ITM

3）T-code：SE11，在 Data Type 后输入 MC12VC0ITM，单击 Display 按钮，如图 15-21 所示。

注意：也可以直接在图 15-20 所示界面双击 MC12VC0ITM，系统直接跳转到如图 15-22 所示界面。

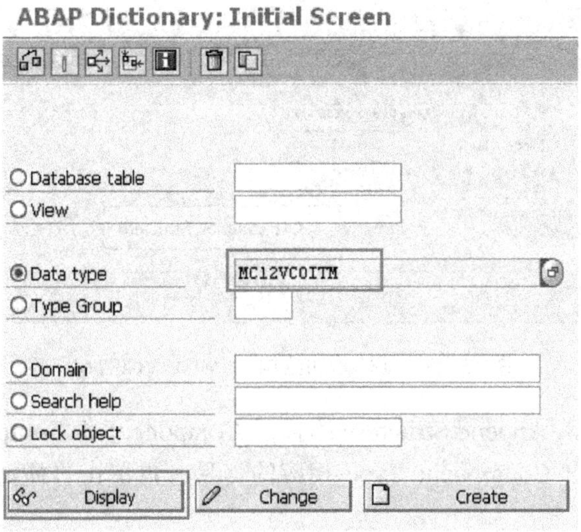

图 15-21　T-code：SE11 查看抽取结构

4）进入 Display Structure 界面，单击 Append Structure 按钮，如图 15-22 所示。

注意：在图 15-22 中的 MC12VC0ITM 中有 98 行，这个数字因系统而异。

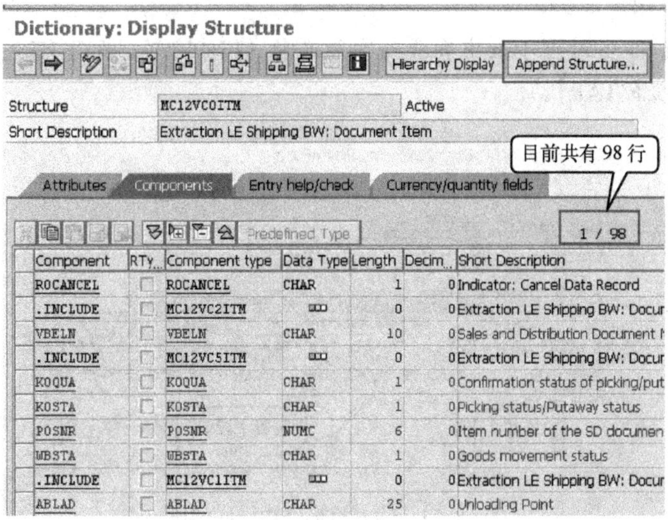

图 15-22　单击 Append Structure 按钮

5）在弹出的对话框中单击“新建”按钮，在弹出的新对话框中输入 ZAMC12VC0ITM，再单击两个对话框中的对钩按钮，新建一个 Append Structure，如图 15-23 所示。

注意：

- 自定义的 Append Structure 一般用 ZA + Extraction Structure 命名。
- 可以不新建，可以选中已有的 ZA 开头的 Append Structure 再继续添加字段，但图 15-23 所示是系统安装的行业解决方案添加的 Append Structure，不要直接修改。

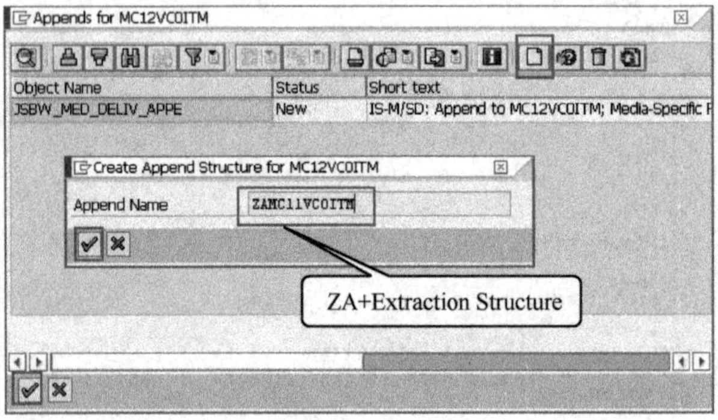

图 15-23　新建附加结构 ZAMC12VC0ITM

6）在新窗口中输入 Append Structure 的描述 Component 和 Component type，然后按回车键，系统会自动带出 Component Type 相应的信息，再单击“激活”按钮，如图 15-24 所示。

注意：

- 如果之前增强过，有 Append Structure，那么可以在原来的 Append Structure 的修改模式下，直接添加新的 Component 和 Component type。
- Component Type 对应于表中字段的数据元素（Data Element），如 MTART，一般都是复制过来使用。
- Component Type 对应于表中字段的字段名称（Field），一般用 ZZ + Component Type 命名，如 ZZMTART。

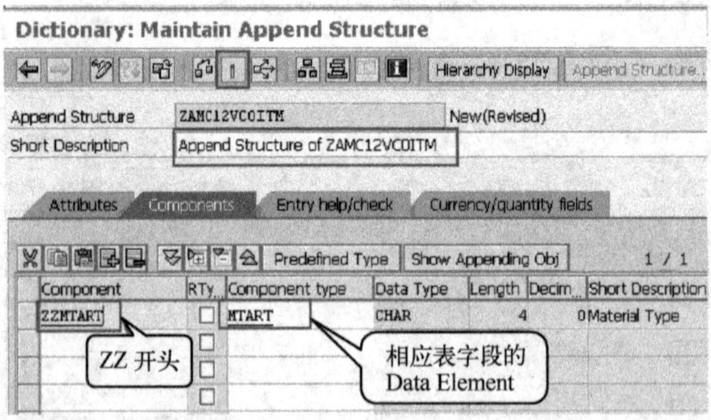

图 15-24　输入附加结构中的字段

7）系统重新弹出 Appends for MC12VC0ITM 对话框。新添加的 Append Structure 显示且是 Active 状态，这就说明字段已经添加成功了。单击左下角的红叉按钮或右上角的“关闭”按钮，如图 15-25 所示。

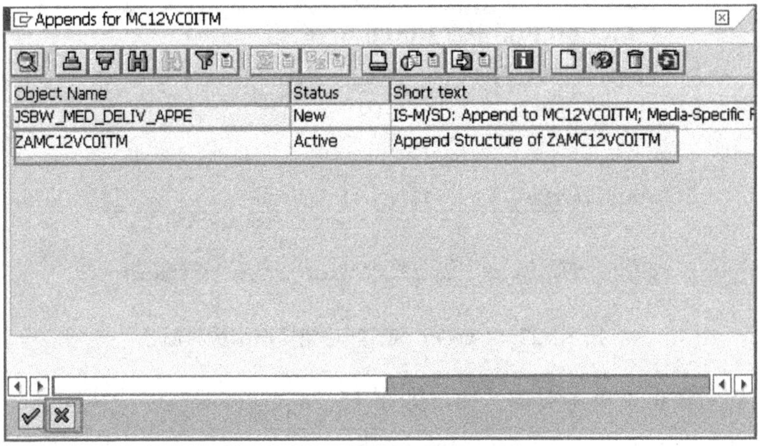

图 15-25　附加结构及字段已激活

8）系统自动跳转回前一界面。在最下方，新添加的 Append Structure 和 Component 已经显示出来，这就说明字段已经添加成功了，如图 15-26 所示。

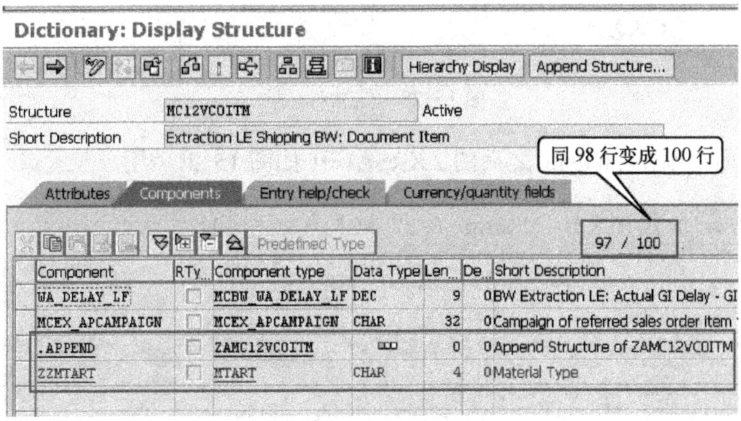

图 15-26　抽取结构包含新添加的结构和字段

15.3　写程序填充数据

接下来就是写 ABAP 程序填充数据了。

1）T-code：SE37，在 Function Module 输入 EXIT_SAPLRSAP_001，然后单击 Change 按钮，如图 15-27 所示。

注意：

EXIT_SAPLRSAP_001 用于业务数据数据源增强。

EXIT_SAPLRSAP_002 用于主数据数据属性和文本数据源增强。

EXIT_SAPLRSAP_004 用于主数据数据层级数据源增强。

另外，EXIT_SAPLRSAP_003 原用于主数据数据文本数据源增强，现已不用。

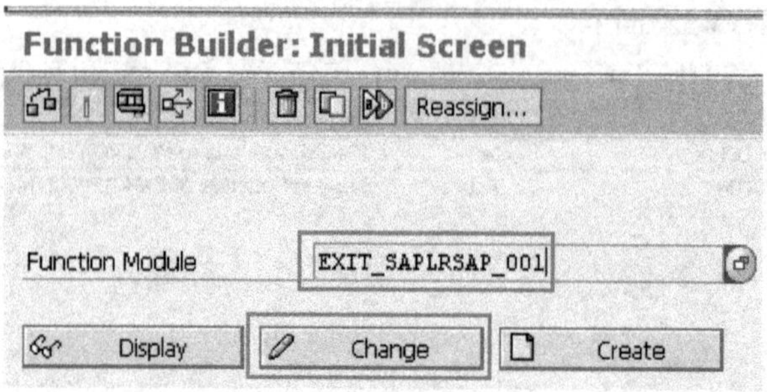

图 15-27　T-code：SE37 功能模块维护界面

2）在弹出的对话框中单击对钩按钮，如图 15-28 所示。

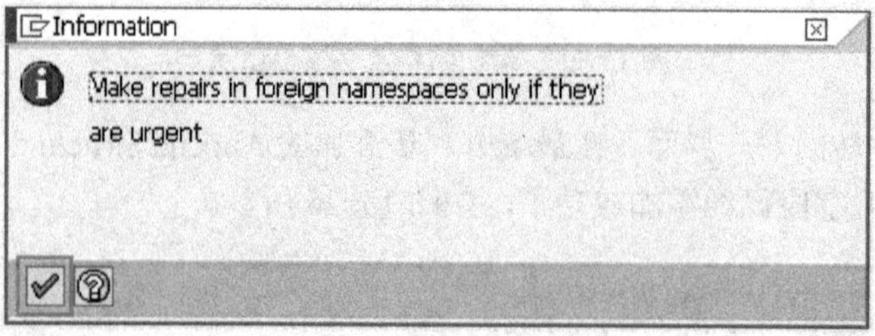

图 15-28　信息对话框

3）在新界面中双击 Include 之后的 ZXRSAU01 如图 15-29 所示。

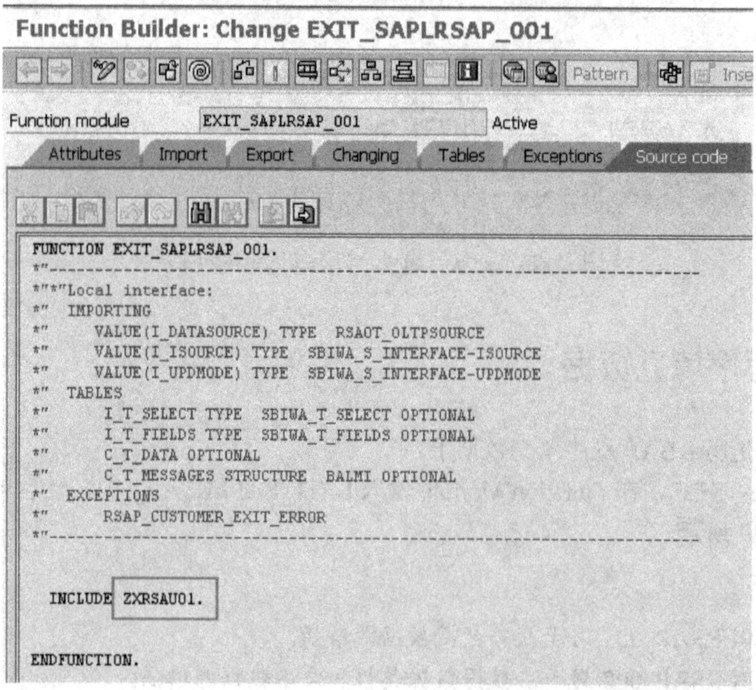

图 15-29　双击进入 Include 程序

4）在弹出的对话框中单击对钩按钮，如图 15-30 所示。

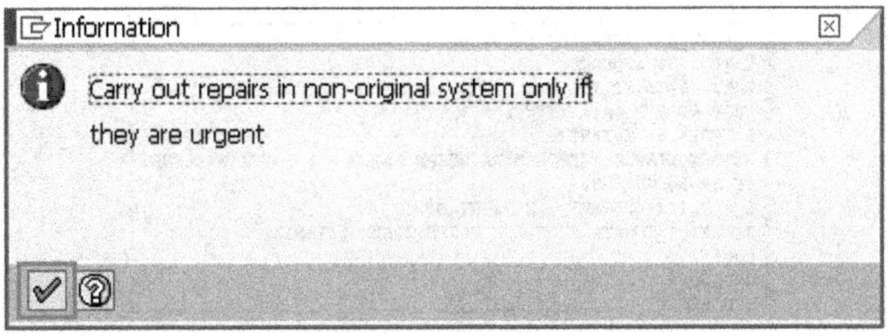

图 15-30　信息对话框

5）在新界面 ABAP Editor 的 Modify Include ZXRSAU01 中，插入如下代码：

```
*MTART 字段在表 MARA 中，所以要声明表 MARA .
Tables : MARA .
*还要声明 L_S_VCITM，如结构体 MC12VC0ITM .
DATA:L_S_VCITM LIKE MC12VC0ITM.
*同时加入如下代码，从 MARA 表中读取 MTART 字段
CASE I_DATASOURCE.
WHEN '2LIS_12_VCITM'.
LOOP AT C_T_DATA INTO L_S_VCITM.
L_TABIX = SY-TABIX.
SELECT SINGLE * FROM MARA WHERE MATNR = L_S_VCITM-MATNR.
IF SY-SUBRC = 0.
L_S_VCITM-ZZMTART = MARA-MTART.
MODIFY C_T_DATA FROM L_S_VCITM INDEX L_TABIX.
ENDIF.
ENDLOOP.
ENDCASE.
```

注意：上面的代码可以实现抽取功能，但是抽取性能较差。读者在掌握基本操作后还可以进行代码调优。

6）保存程序，检查并激活，如图 15-31 所示。注意，界面内容可能会因系统的不同而不同。

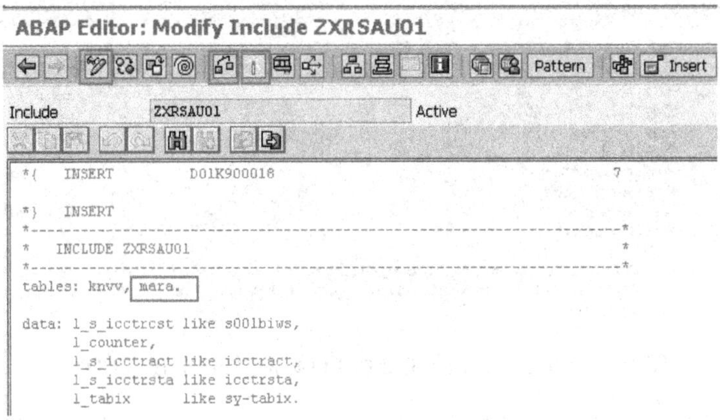

图 15-31　增强程序

```
DATA:L_S_VCITM LIKE MC12VCOITM.
CASE I_DATASOURCE.
WHEN '2LIS_12_VCITM'.
LOOP AT C_T_DATA INTO L_S_VCITM.
L_TABIX = SY-TABIX.
SELECT SINGLE * FROM MARA WHERE MATNR = L_S_VCITM-MATNR.
IF SY-SUBRC = 0.
L_S_VCITM-ZZMTART = MARA-MTART.
MODIFY C_T_DATA FROM L_S_VCITM INDEX L_TABIX.
ENDIF.
ENDLOOP.
ENDCASE.
```

图 15-31　增强程序（续）

15.4　设置数据源和数据抽取验证

1．设置数据源

一般来说，标准数据源 Append Structure 新增加的字段的隐藏（Hide Field），仅在客户退出存在（Field only known in Customer Exit）的两个选项都是勾选的。对于标准数据源增强之后，要取消其隐藏设置，该操作一般可以通过 T-code：RSA6 完成；对于 LO 数据源还可以通过 T-code：LBWE 完成。

1）方法一对所有数据源有效，使用 T-code：RSA6，按 SAP→SAP-R/3→SD 展开，找到并单击选中 DataSource 2LIS_12_VCITM，然后单击工具栏上的铅笔按钮，如图 15-32 所示。

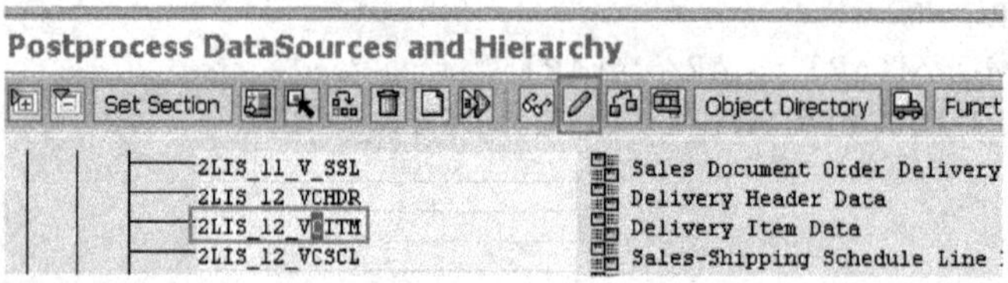

图 15-32　T-code：RSA6 维护数据源

2）方法二只对 LO 数据源有效，不使用 T-code：RSA6 而用 T-code：LBWE，单击 DataSource 2LIS_12_VCITM 前的铅笔图标，如图 15-33 所示。然后，在弹出的 Request 对话框中选择并确认。

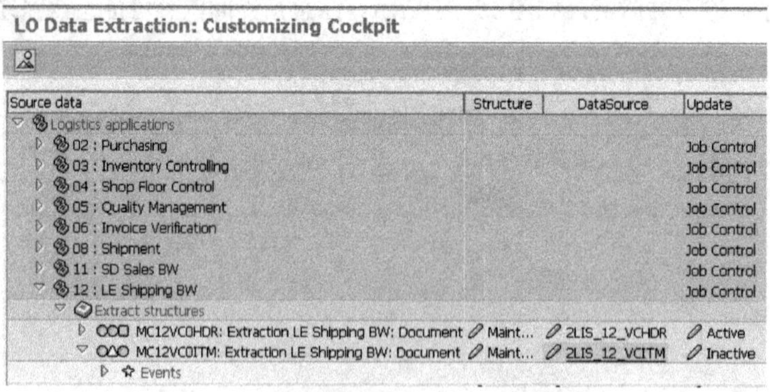

图 15-33　T-code：LBWE 维护 LO 数据源 2LIS_12_VCITM

3）采用上面任一种方法，系统都同样会跳转到如图 15-34 所示的新界面，移动滑块到最下面，检查新添加的字段 ZZMTART。注意在 Hide 列中，ZZMTART 被勾选，应取消选择该项，这样该字段就不会隐藏了。然后单击标准工具栏上的“保存”按钮。

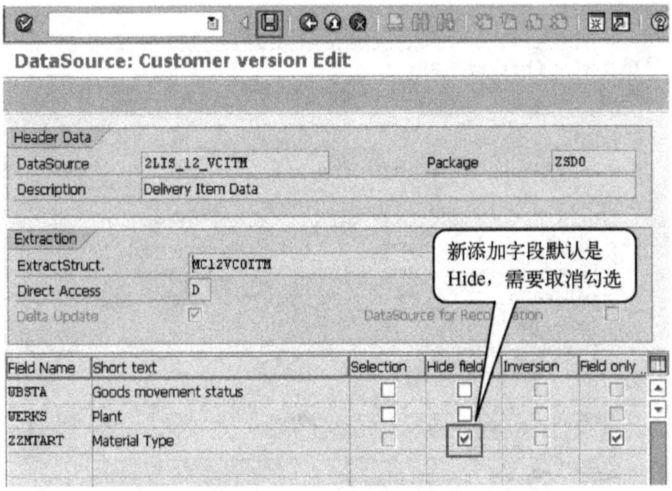

图 15-34　去掉隐藏勾选

4）对于 LO 数据源，由于增强前一般将 Update 状态灭活，现在需要在激活。在 T-code：LBWE 中单击 Inactive 前的铅笔按钮，将 DataSouce 激活。在弹出的 Request 对话框中选择并确认。激活后如图 15-35 所示。

图 15-35　激活后的数据源 2LIS_12_VCITM

2. 数据抽取验证

1）在 T-Code：OLI8BW 中，对 12 数据源做 SETUP，如图 15-36 所示。

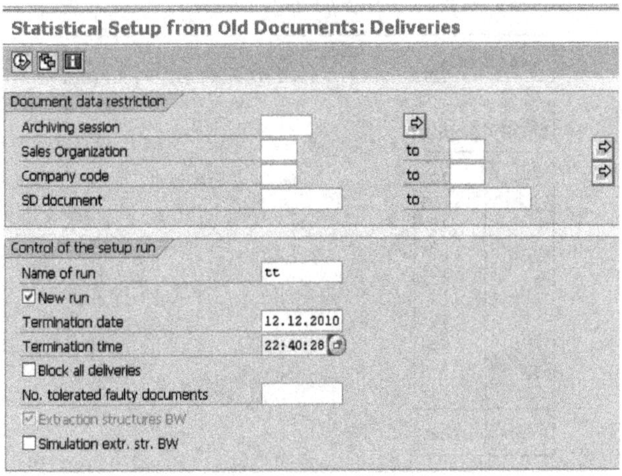

图 15-36　填充 Delivery Setup 表

2）T-Code：RSA3，检查数据源，在 DataSource 后输入 2LIS_12_VCITM。然后，单击 Extraction 按钮抽取数据，在弹出对话框中单击对钩按钮，再单击 List 按钮显示抽取到的数据，如图 15-37 所示。

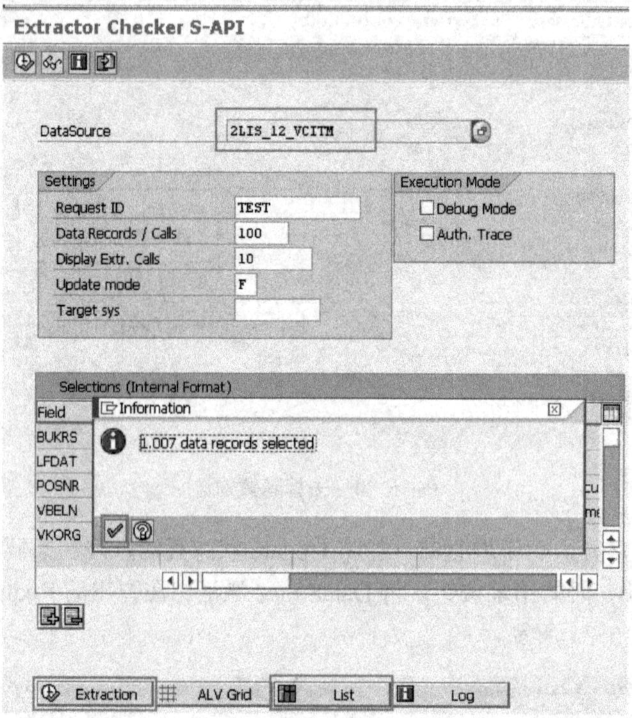

图 15-37　T-code：RSA3 抽取数据

3）在新界面中，双击第一个 Data Package，如图 15-38 所示。

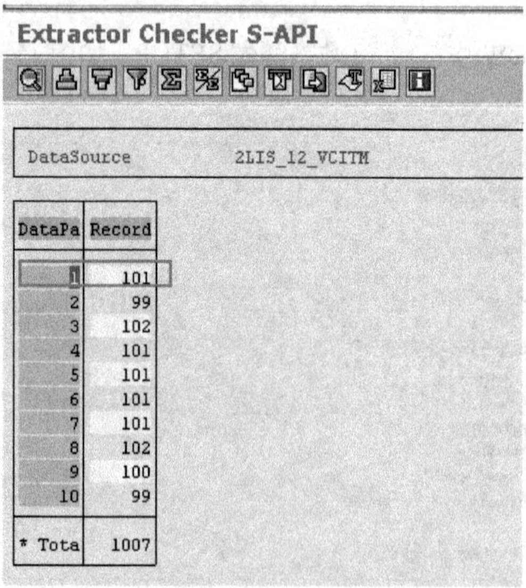

图 15-38　选取第一个 Data Package 的数据查看

4）在新界面中，单击 Current 按钮选择要显示的字段。在弹出的 Change layout 对话框中，将右侧的 Material Type 选中，加入到左侧，然后将左侧仅保留相关字段，单击 Copy 按钮，如图 15-39 所示。

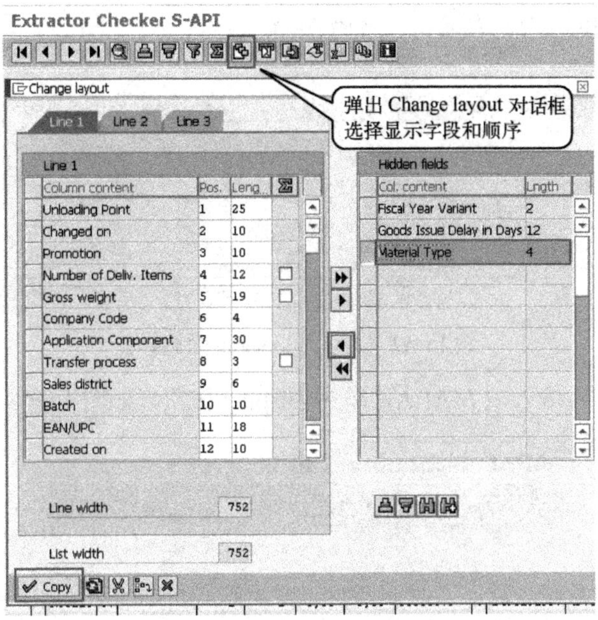

图 15-39　选择显示字段和顺序

5）在显示数据的最右侧，可以看到 Material Type 被抽取上来了。对于发货单 8000370，其对应的物料为 P-109，增强字段物料类型为 FERT，如图 15-40 所示。

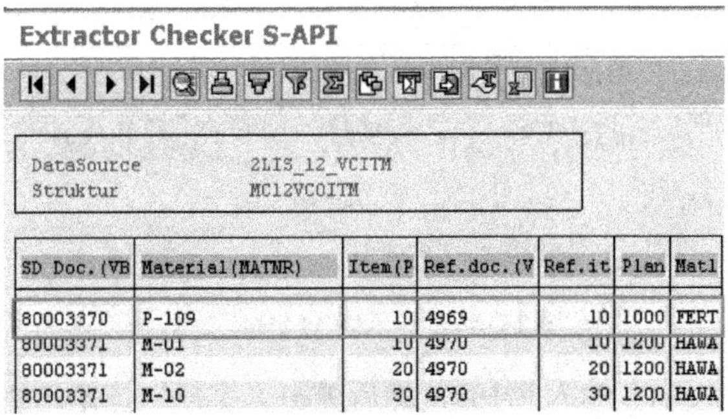

图 15-40　T-code :RSA3 抽取结果

6）T-code：VL03N,输入 Delivery Number 为 80003370，如图 15-41 所示。

图 15-41　T-code：VL03N 查询 Delivery

7）可查看到 Material 为 P-109，如图 15-42 所示。

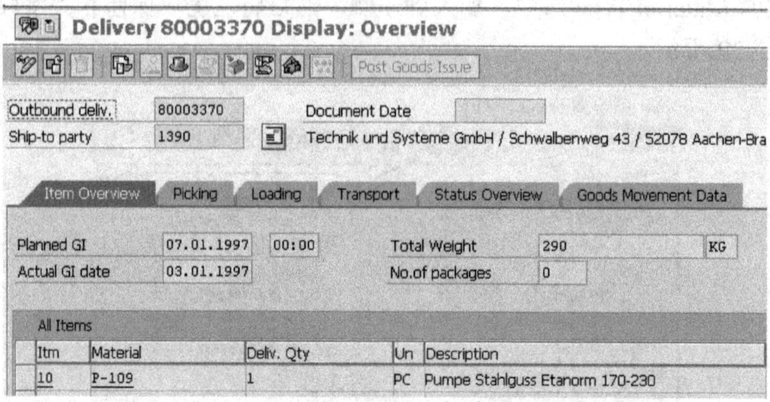

图 15-42　查看到 Material 为 P-109

8）T-code：SE11，输入表 MARA，单击 Display 按钮，如图 15-43 所示。

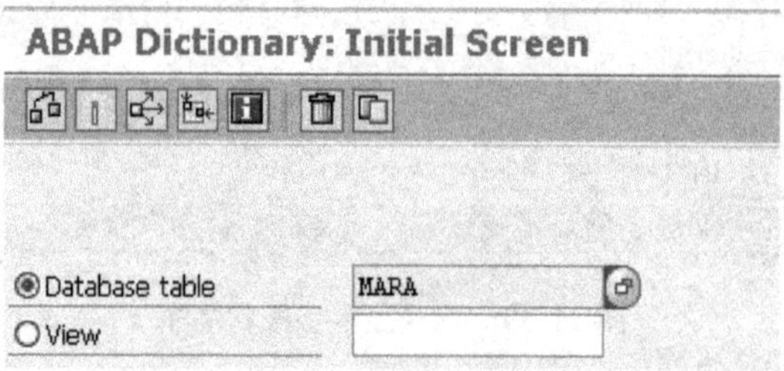

图 15-43　T-code：SE11 查看表 MARA

9）在新界面中单击 Contents 按钮，如图 15-44 所示。

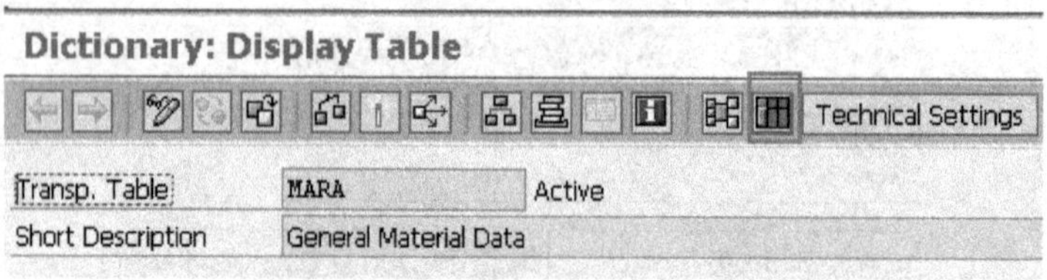

图 15-44　显示表 MARA 数据

10）在新界面的 MATNR 输入 P-109，然后单击“执行”按钮，如图 15-45 所示。

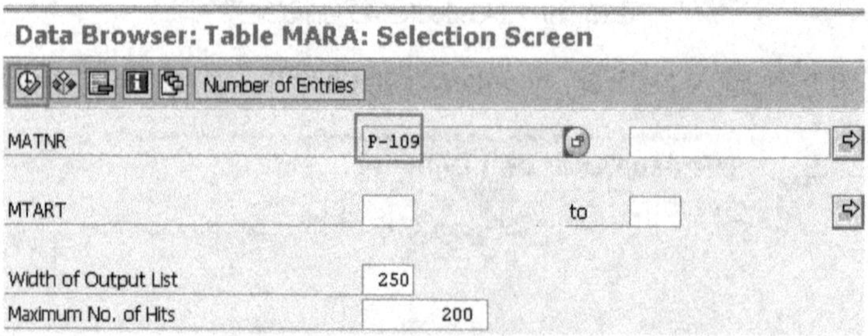

图 15-45　输入选择条件：物料号

11）在新窗口中选择 Settings→Format List→Choose Fields，只选择 MATNR 和 MTART 字段，则结果如图 15-46 所示。该结果与图 15-40 中 T-code：RSA3 抽取结果一致，说明标准数据源增强之后成功地将 MTART 字段的值抽取到 2LIS_12_VCITM 中。

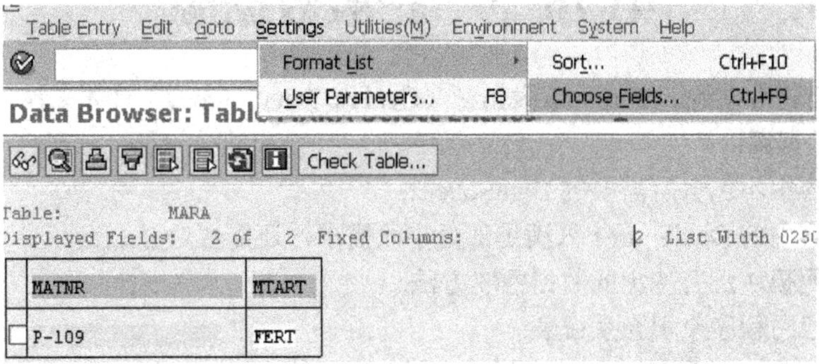

图 15-46　选择输出字段后的结果

到此，标准数据源增强的操作就演示完成了。

第 16 章　一般数据源

我们可以自建数据源，生成一般数据源（Generic DataSource）。具体来说，在下列情况下需要考虑自建数据源：

- 业务内容中不包含所需要的 DataSouce。
- 业务内容中的 DataSource 只满足部分字段需求，还需要增强。
- 某一应用模块没有特定的数据抽取方法。
- 需要自己写程序来填充系统表。

Generic DataSouce 可以针对以下三种数据创建：

- 业务数据。
- 主数据属性。
- 主数据文本。

Generic DataSouce 可以通过以下三种方式创建：

- 数据库表/视图（Database Table / View）。
- SAP 查询/信息集（SAP Query / InfoSet，这与 Business Explorer 中的 Query 不同）。
- 功能模块（Function Module）。

下面，我们针对最常用的一种情况，基于数据库视图对于业务数据创建一个 Generic DataSource。

16.1　数据库视图的创建

1）T-code：SE11，在 View 后输入技术名称 ZV_GDS，然后单击 Create 按钮，如图 16-1 所示。

2）在弹出的 Choose View Type 窗口中保持默认选项 Database view，单击 Copy 按钮，如图 16-2 所示。

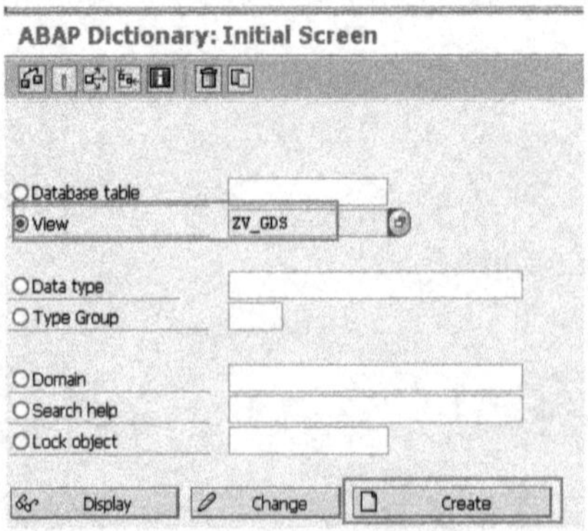

图 16-1　T-code：SE11 创建视图

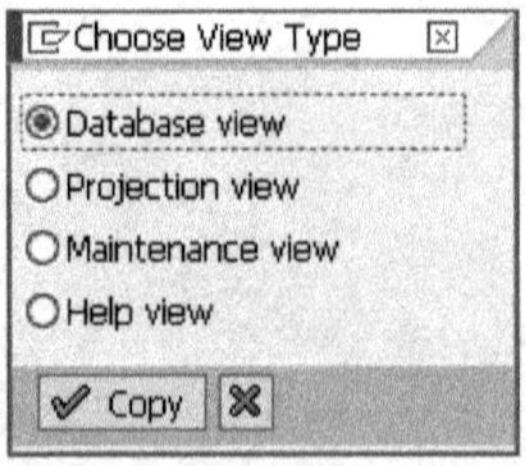

图 16-2　选择数据库视图

3）输入创建 View 需要的表名，并创建表之间的 Join 关系，如图 16-3 所示。

- 在 Short Description 之后输入短文本描述 View for Generic DataSource。
- 在 Tables 下输入两张表名：VBAK 和 VBAP。
- 在 Join Conditions 下输入两张表的共有 Key 字段。

注意：Join Conditions 还可以将两张表都选中，并单击左下侧的 Relationships 按钮，通过系统提示自动插入。

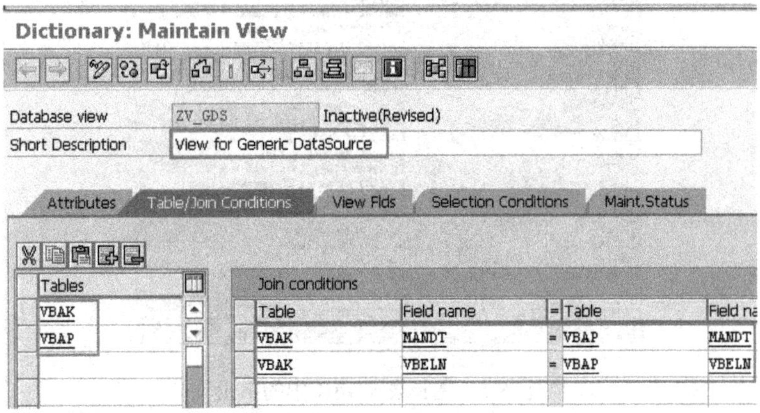

图 16-3　输入表及表间 Join 关系

4）切换到 View Flds 选项卡，选择 View 的字段，如图 16-4 和图 16-5 所示。

- 单击 Table fields 按钮。
- 在弹出的 Base Tables 对话框中，选择 VBAK。
- 在 Base Tables 窗口中，单击 Choose 按钮。

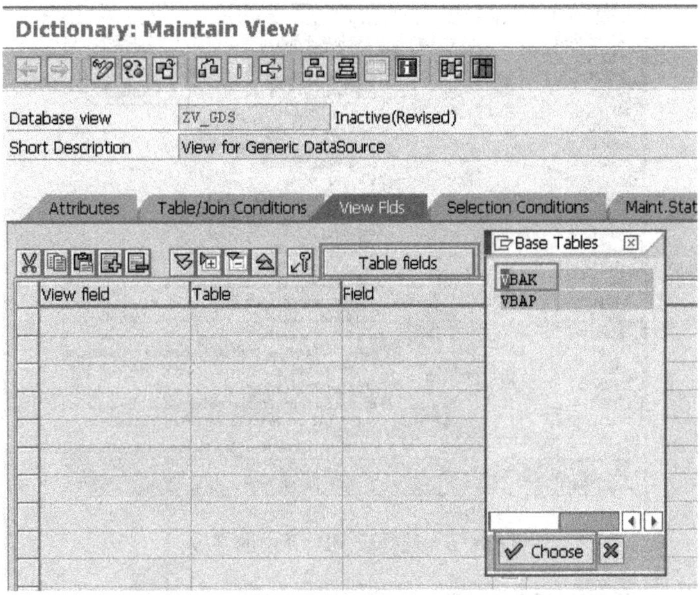

图 16-4　选择表 VBAK

● 接下来在弹出的 Field Selection from Table VBAK 对话框中勾选字段。

注意：一定要把表中所有的 Key 字段全部勾选，如 MANDT 和 VBELN。

● 在 Field Selection from Table VBAK 对话框的左下侧，单击 Copy 按钮。

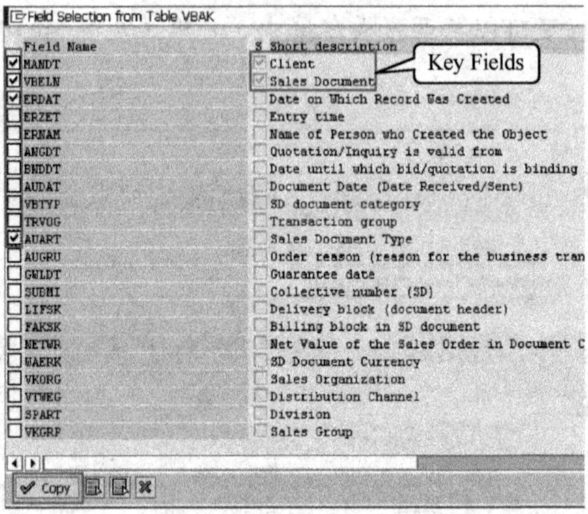

图 16-5　选择表 VBAK 中的字段

5）重复第 4）步操作，选择表 VBAP 中的相应字段，如图 16-6 所示。

注意：新建 View 时，需要将所用到的表中所有非重复的 Key 字段选到 View 中。在本例中，表 VBAP 中的 Key 字段有三个：MANDT、VBELN 和 POSNR。其中前两个已经包含在表 VBAK 中并在上一步操作中选入 View，所以只需要再勾选 POSNR 和其他非 Key 字段即可。

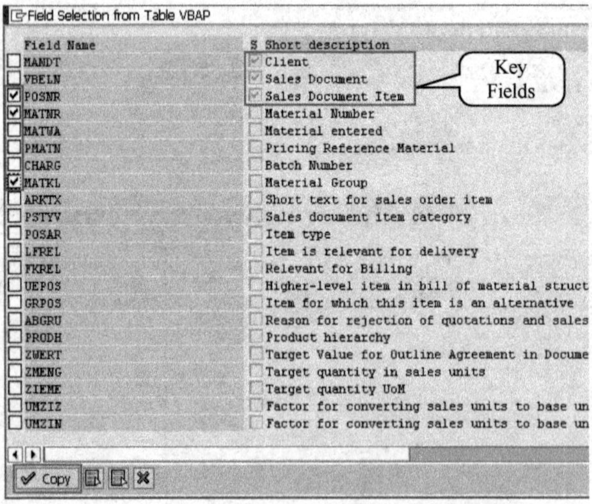

图 16-6　选择表 VBAP 中的字段

6）查看 View 选择字段后的结果，如图 16-7 所示。其中 View Field 列的字段名称可修改。

注意：添加视图字段有两种方法：一是如第 4）和 5）步的操作，单击 Table fields 按钮，再从表中选择字段插入；二是如果熟悉表中的字段，可以直接在 View Flds 选项卡下输入相应的表名和字段名。

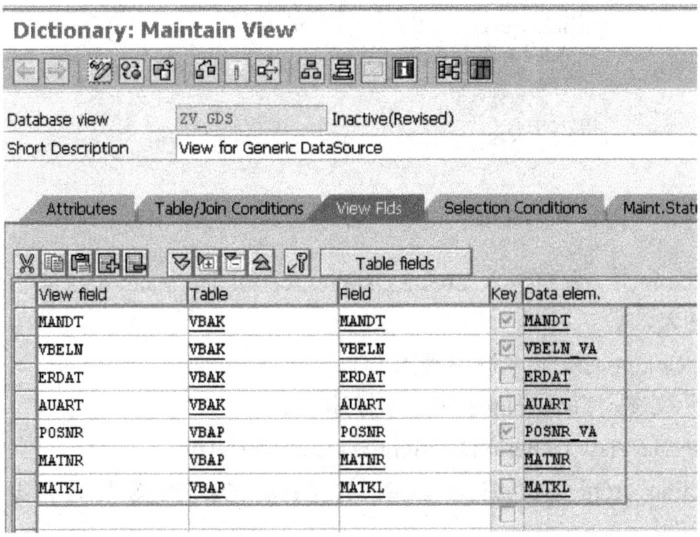

图 16-7　视图选择表字段后的结果

7）激活。单击标准工具栏上的激活图标，将新建的 View“ZV_GDS”激活。

当弹出警告对话框时，可单击 Cancel 按钮，如图 16-8 所示，则 View“ZV_GDS”就创建完成了。

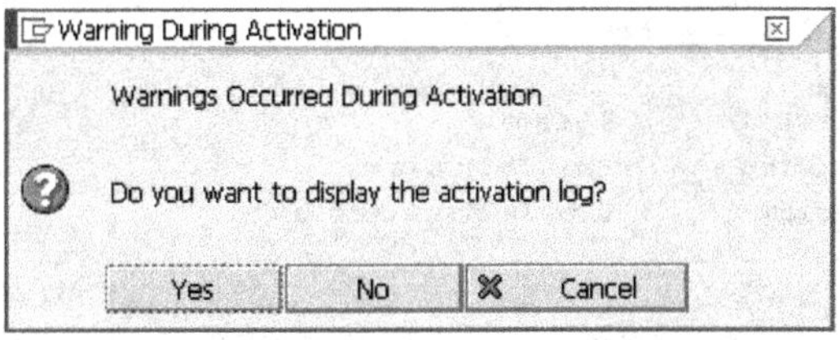

图 16-8　警告信息

8）查看 View 中的数据。可以像查看 Table 中的数据一样，单击标准工具栏中的 Contents 图标，来查看 View 中的数据。

16.2　一般数据源的创建

1）T-code：RSO2，进入创建 Generic DataSource 的界面，操作如图 16-9 所示。

- 在系统默认的 Generic DataSource 类型 Transaction data 后输入新建的 Generic DataSource 的技术名称，如 ZGDS_VIEW。
- 单击 Create 按钮。

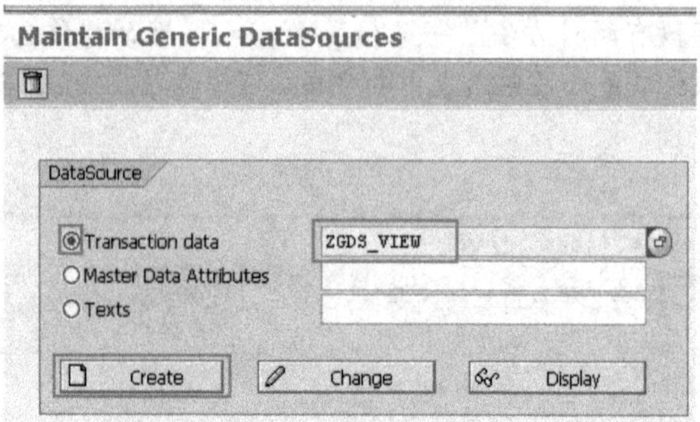

图 16-9　T-code：RSO2 输入业务数据源技术名称创建

2）创建 DataSource。系统进入 Create DataSource for Transactn data: ZGDS_VIEW 窗口，按图 16-10 所示输入参数。

- 在 Applic. Component 文本框中输入 SD。
- 在 Texts 区域输入 DataSource 的文本描述。
- GDS Demo via View Generic DataSource Demo via View。
- 在 Extraction from DB View 区域的 View/Table 后输入上一步所创建的 View "ZV_GDS"

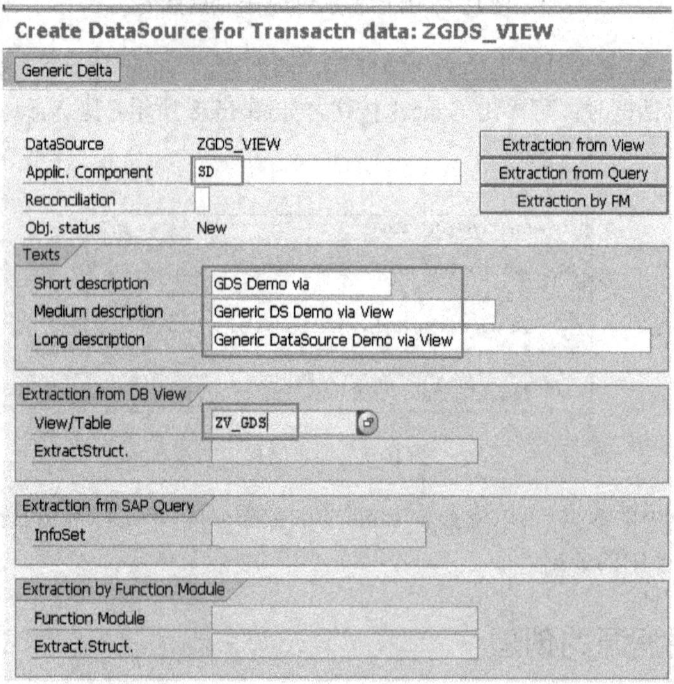

图 16-10　基于 View 创建 Generic DataSource

注意：Application Component（应用组件）是 DataSource 的文件夹，可以在 Applic. Component 后的空格处按〈F4〉键选择，在弹出的 Create DataSource for Transaction data: ZGDS_VIEW 对话框中，选择相应目录项（如 SD）并双击即可，如图 16-11 所示。

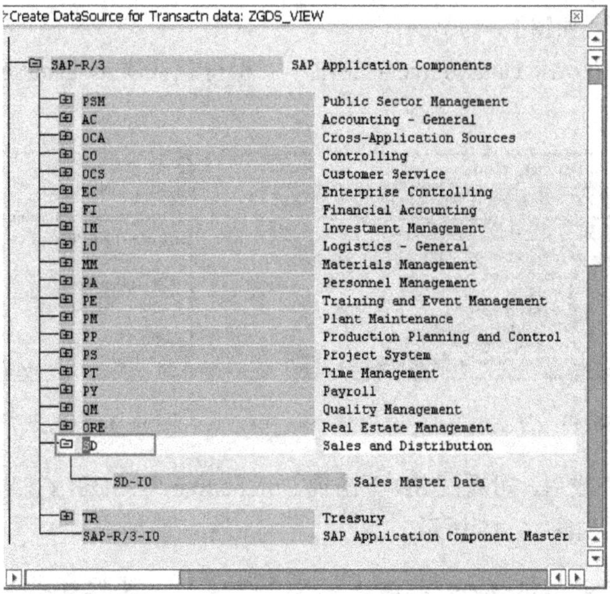

图 16-11　选择 Generic DataSource 的 Application Component

3）设定并保存 DataSource，如图 16-12 所示。

● 单击工具栏上的“保存”按钮。
● 系统转到 DataSource：Customer version Edit 窗口中。可以看到系统自动生成 Extract Structure 的名称：ZOXID30188。设定 BW InfoPackage 中需要的选择项，将相应字段在 Selection 列打钩。
● 再次单击工具栏上的保存按钮，保存 DataSource。
● 系统回到 Create DataSource for Transactn data: ZGDS_VIEW 对话框，左下侧弹出消息 DataSource has been saved successfully。

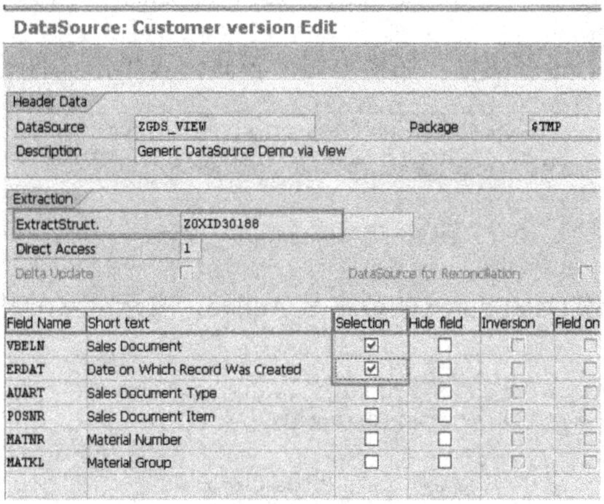

图 16-12　设定 Generic DataSource

4）切换到 BW 系统中，复制 ECC 中的 DataSource 到 BW 中，选择 T-code: RSA1→Modeling →DataSources，右侧按 SAP R/3→Sales and Distribution 展开，右击 Sales and Distribution，选

择 Replicate Metadata，如图 16-13 所示。

5）在弹出的 Unknown DataSource 对话框中，保持默认项 as DataSource，并单击对钩按钮，如图 16-14 所示。

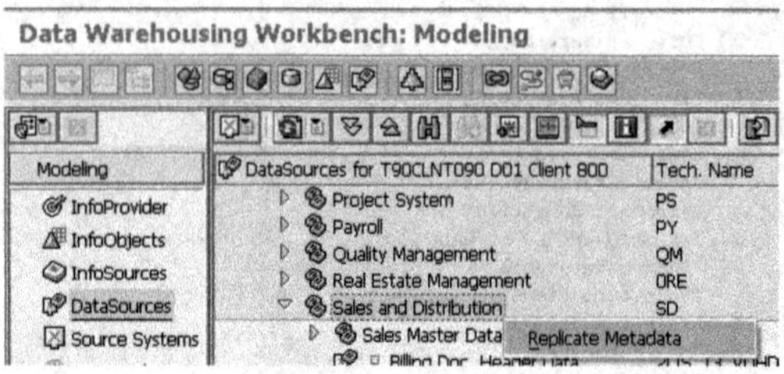

图 16-13　复制数据源

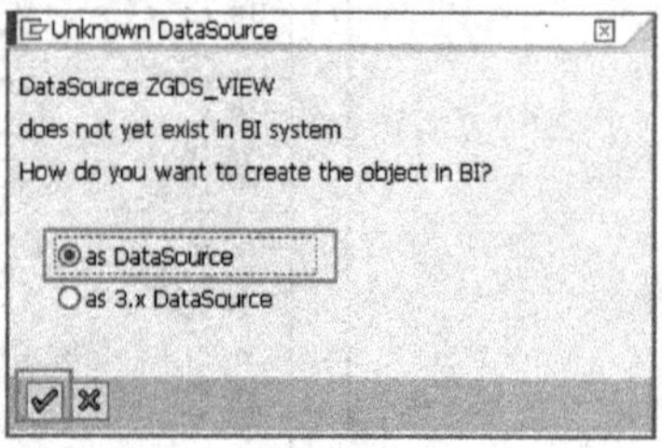

图 16-14　选择 7.0 数据源版本

6）在系统复制完成后，可看到 SD 下出现 DataSource“ZGDS_VIEW”，其中的不等号图标表明还未激活，如图 16-15 所示。

图 16-15　数据源未激活状态

7）激活复制到 BW 中的 DataSource：

- 选中并双击 DataSource“ZGDS_VIEW”，在屏幕右侧可看到该 DataSource 的版本是 Modified，表示修改过的且未激活的状态，如图 16-16 所示。

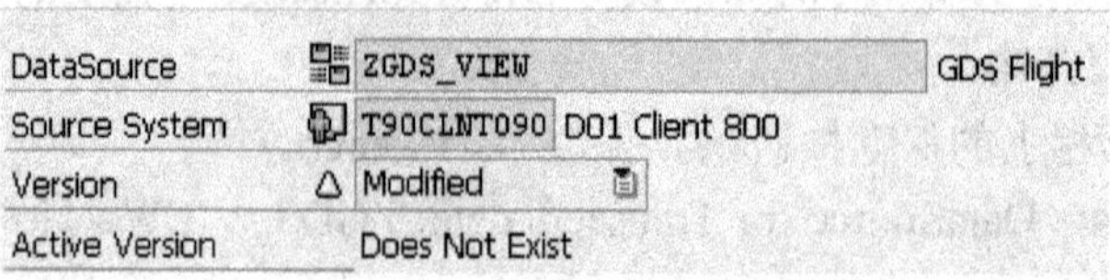

图 16-16　数据源版本：Modified

- 单击标准工具栏上的图标，切换为修改模式，再单击图标，如图 16-17 所示。

图 16-17　修改模式下激活

- 在屏幕右侧看到该 DataSource 的版本是 Active，表示激活的状态，如图 16-18 所示。

图 16-18　数据源已激活

- 在屏幕左侧 SD 下出现 DataSource“ZGDS_VIEW”，可以看到其中的不等号图标已变成等号图标，如图 16-19 所示。

图 16-19　数据源已激活

- 如果未变化，可以单击工具栏上的 Refresh 按钮并选择 Refresh Entire Tree 来消除缓存引起的未更新，如图 16-20 所示。

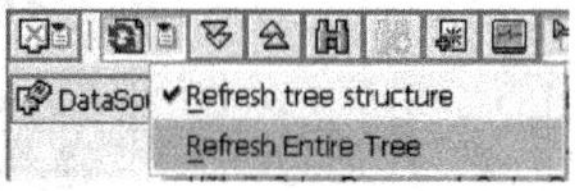

图 16-20　选择整个树结构刷新

8）接下来是数据的抽取和验证。数据的抽取和验证有两种方法：

- 在 ECC 系统中用 T-code：RSA3 抽取 DataSource 与 T-code：SE11 查看 View 两者之间的数据验证。
- 在 BW 系统中建立 Full InfoPackage 抽取数据，验证 PSA 与 ECC 系统 View 中的数据。

16.3　Generic Delta 的设置

1．设置 Generic Delta 的操作

前面创建的 Generic DataSource 只能用于 Full 抽取，如果想进行 Delta 抽取，那么需要进行 Delta 设置。

1）T-code：RSO2 进入修改 Generic DataSource 界面

- 在系统默认的 Generic DataSource 类型 Transaction data 后输入新建的 Generic DataSource 的技术名称，如 ZGDS_VIEW。
- 单击 Change 按钮。

2）在 Change DataSource 界面，单击 Generic Delta 按钮，如图 16-21 所示。

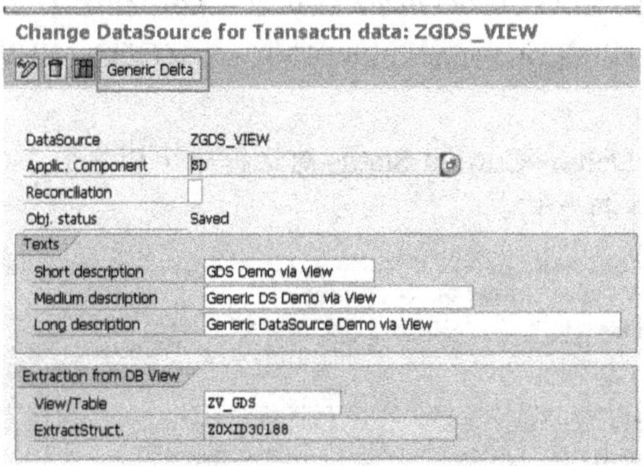

图 16-21　单击 Generic Delta 按钮

3）在弹出的 Generic Delta 对话框中的 Delta-Specific Field 区域，按图 16-22 所示进行设置。

- 在 Field Nm 后选中 DataSource 中的一个能够将 Delta 数据标识出来的字段，本例选择 ERDAT，即“销售订单创建日期”。
- 在下面单击选择相关联的 Calendar Day。

注意：本例的选择是不恰当的，因为 Delta 数据有三类：增、改、删。选择 ERDAT，只能将新增的销售订单捕获，而无法捕获改动和删除的销售订单。本例的选择一方面是为了提醒初学者，另一方面为了便于后面讲解 Safety Interval。

● 保存好 DataSource（注意单击三个对话框中的“保存”图标按钮）。

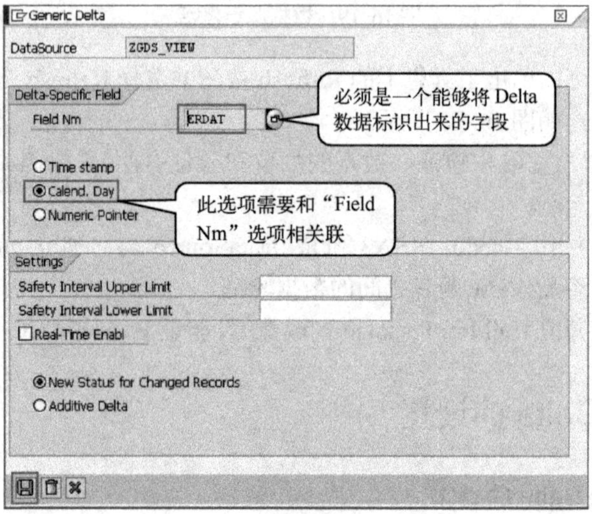

图 16-22 Generic Delta 设置

4）切换到 BW 系统，对于 DataSource 的“ZGDS_VIEW”做 Initial 抽取。

注意：这时可以不必删除上一步所做数据验证的 Full InfoPackage 和相应的 PSA 数据。

● 建立 Initial InfoPackage。

● Start 抽取数据。

5）切换到 ECC 系统，查看 Delta Queue 的状态，操作和结果如图 16-23 所示。

● T-code：RSA7，可以看到，完成 Initial 抽取后，ZGDS_VIEW 出现在 Delta Queue 中，单击图标。

● 在弹出的 Generic Delta：Current Status 对话框中可以看到，Current Status 是数据抽取的当天：2011 年 4 月 2 日。

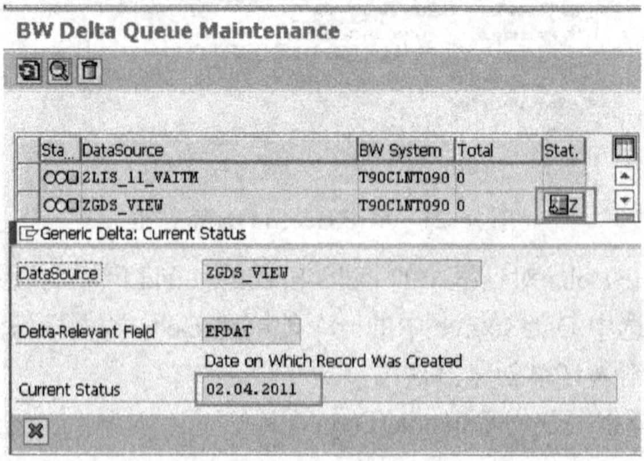

图 16-23 Delta Queue 的状态

6）修改 Delta 的安全间隔设置，如图 16-24 所示。

- 重复第 1）和 2）步，进入 Generic Delta 对话框。
- 在 Settings 区域的 Safety Interval Upper Limit 文本框中输入“1”。
- 保存 DataSource（注意要单击三个对话框中的保存图标按钮）。

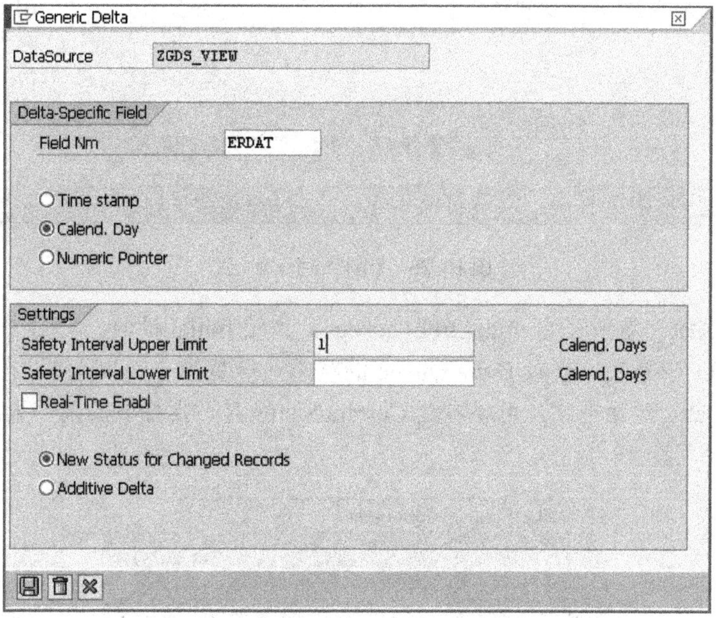

图 16-24　修改 Delta 的安全间隔设置

7）切换到 BW 系统，删除 Initial 的数据和标记。

- T-code：RSA1，在 DataSource 中 ZGDS_VIEW 的 PSA 中，删除 Initial 加载的数据。
- T-code：RSA1，双击 DataSource 中 ZGDS_VIEW 下的 Initial InfoPackage，选择菜单命令 Scheduler→Initialization Options for Source System，如图 16-25 所示。

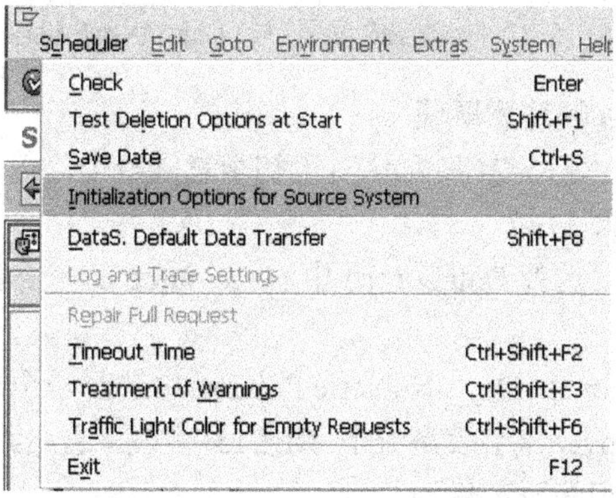

图 16-25　在 InfoPackage 下拉上菜单中选择源系统初始化选项

- 在弹出的 Initialization for this Source 对话框中，选中 Initial InfoPackage，并单击下面的删除图标按钮将其删除，弹出消息框，确认即可。在 Initialization for this Source 对话框中，单击继续图标按钮，如图 16-26 所示。

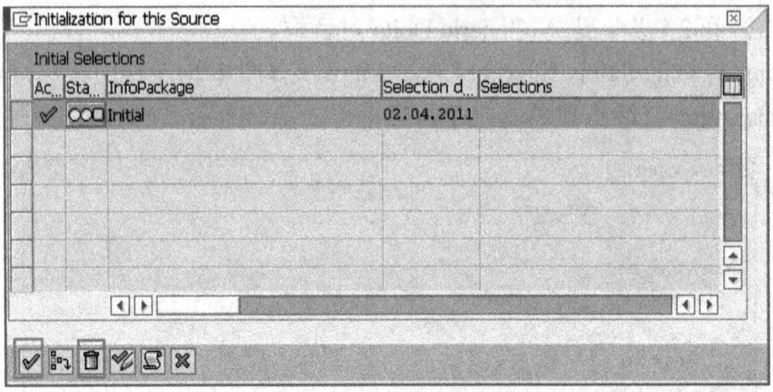

图 16-26　删除 Initial 标记

8）在 BW 系统，重新开始 Initial InfoPackage，重做 Initial 抽取。

9）切换到 ECC 系统，查看 Delta Queue 的状态，重复第 5）步操作，在弹出的 Generic Delta：Current Status 对话框中，可以看到 Current Status 是数据抽取的前一天：2011 年 4 月 1 日，如图 16-27 所示。

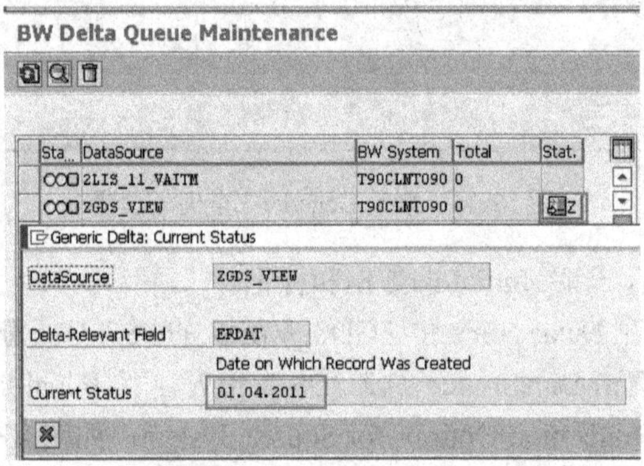

图 16-27　修改安全间隔后的 Delta Queue 状态

2．设置 Generic Delta 的注意事项

Generic Dleta 的设置如图 16-24 所示这对于初学者是一个难点，小结如下：

（1）Delta-Specific Field 区域

1）Field Nm (字段)：要选择 DataSource 中 DataSource 的一个能够将 Delta 数据标识出来的字段。

2）在 Time stamp / Calendar Day / Numeric Pointer 中选择一个与 Field Nm 相关的选项。

- 时间戳（Time stamp）。该字段是一个 DEC15 字段，它始终包含服务器时间格式的时间戳，是上次更改记录时产生的。
- 日历日期 （Calendar Day）。该字段是一个 DATS8 字段，它始终包含上次更改的日期。
- 数字指针 (Numeric Pointer)。该字段包含每个新记录出现的一个数字指针。

（2）Settings 区域的安全间隔选项

安全间隔不设置时可能会丢失 Delta 数据。

例如，假设本次 Delta 要抽取的数据间隔是 12:00～12:30，而现在有一个凭证是 12:25 创建，12:35 保存的，那么该条凭证的 Time stamp 是 12:25，所以本次 Delta 和下次 Delta 都不可能抽到这条凭证，数据就丢失了。因此，需要设置安全间隔。

安全间隔包括如下两种：

- 安全间隔上限（Safety Interval Upper Limit）：就是将抽取的结束时间调后，不会引起数据重复。
- 安全间隔下限（Safety Interval Lower Limit）：就是将抽取的开始时间调后，这种方式更保险，但可能造成数据重复加载，仅适用于 DataSource 上面接 DSO，且 Key Figure 汇总方式为覆盖情况。

还需要注意以下几点：

- 两者调后的时间都需要大于 DataSource 所涉及的凭证创建的最长时间。
- 当 Delta Field 为 Time stamp 时，间隔单位为秒。
- 当 Delta Field 为 Calendar Day 时，间隔单位为天。
- 无论上限还是下限，直接填入数值，不需要加符号，但起到的作用都是做减数。

一般在项目中仅使用安全间隔上限或下限中的一种。为了说明是否使用安全间隔的区别以及上限和下限的区别，图 16-28 列出了安全间隔下限和上限都使用的情况。

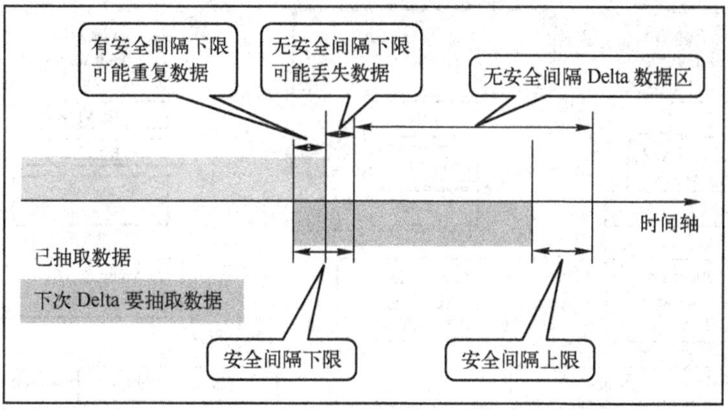

图 16-28　安全间隔

（3）Settings 区域的已提取数据的 Delta 类型

系统使用增量类型（Delta Type）来确定提取的数据如何在 BW 中解释，以及它可以传递到哪些数据目标中。包括如下两个选项：

1）New Status for Changed Records（已更改记录的新状态）。每条载入的记录都会为关键值和特征提供新的状态。具有此增量类型的数据源可以写入到 DSO 对象或主数据表中。

2）Additive Delta（附加增量）。已提取数据的关键值添加到 BW 中。具有此增量类型的数据源可以为 DSO 和 InfoCube 提供数据。

第 17 章　CO–PA 数据源

从图 17–1 中可以看到，数据源可以分为以下三类：

- 业务内容数据源（BI Content DataSource）：SAP 已完全配置好，激活后即可使用。
- 客户定义数据源（Customer-Defined DataSource）：因为 ECC 中 CO-PA 等模块需要 CO 顾问配置后才能生成相应的表和结构字段，所以需要在 BW 中进一步客户化定制和生成。
- 一般数据源（Generic DataSource）：高度灵活，完全由客户定制和生成，而且可以跨应用程序关联数据库表。

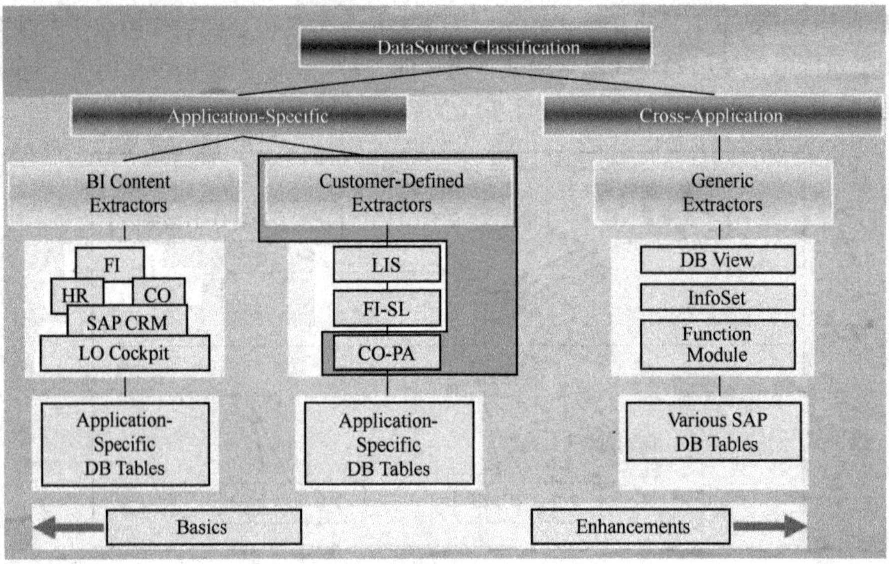

图 17–1　数据源分类

客户定义数据源主要有以下三种：

- LIS 数据源（LIS DataSource 目前已被 LO DataSource 取代）。
- 财务管理—特殊分类账数据源（FI-SL DataSource）。
- 管理会计—获利能力分析数据源（CO-PA DataSource）。

本章主要介绍客户定义数据源中的 CO-PA DataSource。

17.1　CO-PA 的原理

获利能力分析（CO-PA）提供以下数据。

- 特性（Characteristics ）：是所需信息的分类，如部门、地区、客户组等。

- 特性值（Characteristic Value）：是特性可采用的值，如销售部门、生产部门、财务部门等。
- 获利能力段 （Profitability Segment）：是特性值的固定组合，如销售部门，东部地区等。
- 值字段（Value Fields）：是数量化的字段，如收入、销货成本、直接费用成本等。

因为特性和值字段可以在每一个 ECC 安装单独定义，因此 ECC 安装时，无法生成相应的数据结构（以及用于访问这些结构的程序）。这些结构必须在配置 CO-PA 后生成，这就是 CO-PA 模块不能提供 BI Content DataSource，只能是 Customer-Defined DataSource 的根本原因。

CO-PA 中的数据库结构如下：对于每一个经营范围（Operating Concern），都有 4 张表与之对应，如 CE1XXXX（XXXX 代表经营范围）。可以通过 T-code：SE11 查看相应的表，如 CE1IDEA。每一张表的内容如图 17-2 所示。

- 实际行项目 （Actual Line Items）：表 CE1XXXX，用来存储凭证级别的信息。
- 计划行项目（Plan Line Items）：表 CE2XXXX，用来存储凭证级别的信息。
- 段层级（Segment Level）：表 CE3XXXX，用来在获利能力段和期间层级上汇总值字段。
- 段表（Segment Table）：表 CE4XXXX，用来维护获利能力段编号与特性值之间的链接。

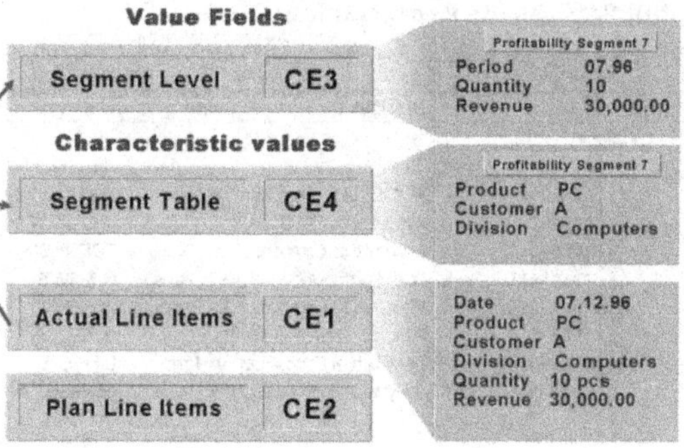

图 17-2　经营范围的 4 张表

CO-PA 和 BW 中的对象很相似：

- Operating Concern （由相关段层级和段表表示）和 InfoCube 类似，Operating Concern 中的段层级和段表就分别对应于 InfoCube 中的事实表和维度表，不同点在于 Operating Concern 中的段层级主键除了包含段表中的关键字段（Key Fields）之外，还包含其他关键字段（如记录类型）。
- CO-PA 中的特性和 InfoCube 中的特性（或特性的属性）相对应，值字段可以被看做每个特性中含附加汇总的关键值。
- Operating Concern 的 Summarization Level 和 InfoCube 的聚集（Aggregates）功能一样，不同点是聚集和 InfoCube 本身共同管理（经过 Roll-up，所有的聚集都和 InfoCube 中的值一致），而 Summarization Level 定期更新（通常是每天更新）。

- CO-PA 中的行项目可以与 DSO 中的行项目进行比较，也可以和它们过账到 InfoCube 之前的 Communication Structure 进行比较。

17.2 CO-PA 在 ECC 中的报表

CO-PA 在 ECC 中有自己的报表。

1）T-code：KE30，在弹出 Set Operating Concern 对话框后选择 IDEA，然后单击对钩按钮，如图 17-3 所示。

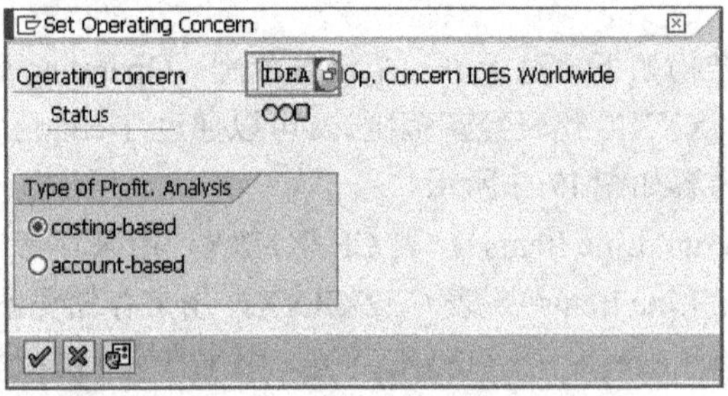

图 17-3　T-code：KE30 选择运营范围对话框

2）系统进入新界面，得到 CO-PA 报表列表，如图 17-4 所示。

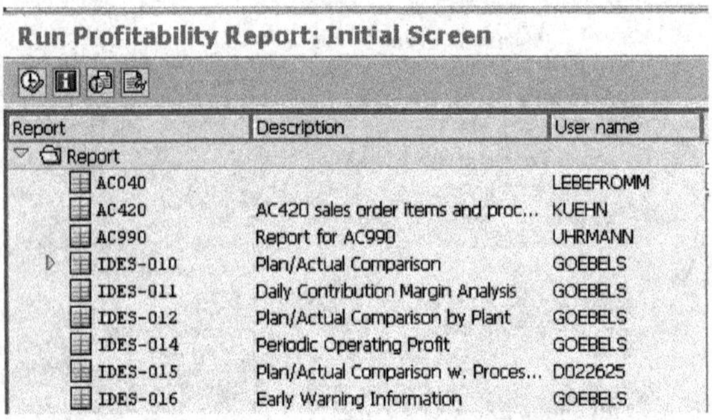

图 17-4　CO-PA 报表列表

3）选中 IDES-010 报表，双击，进入选择屏幕，保持默认值，然后单击“执行”按钮，如图 17-5 所示。

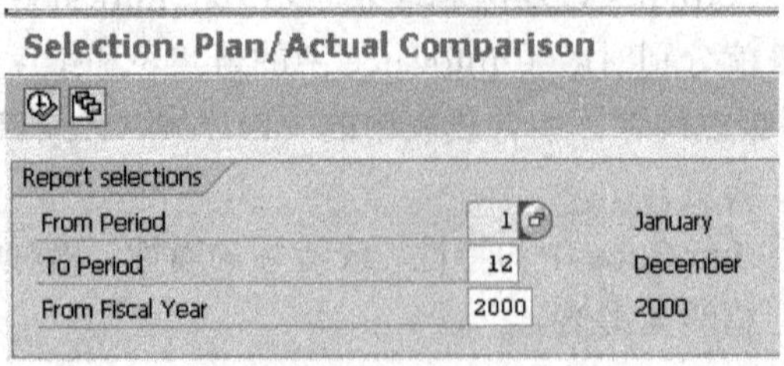

图 17-5　输入报表 IDES-010 选择条件

4）得到报表结果，如图 17-6 所示，在其中也可以进行报表导航。

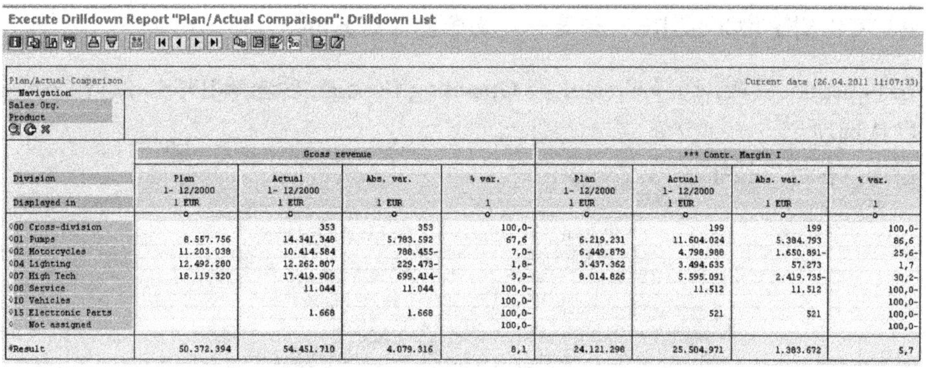

图 17-6　报表 IDES-010 结果

17.3　CO-PA 数据源的创建

1. 操作要点

1）ECC 系统中，T-code：SBIW，然后创建 CO-PA 数据源：

- 命名和引入初始设置。
- 勾选相应字段。
- 保存并设置 CO-PA 数据源。

2）BW 系统中，复制并激活数据源。

3）抽取数据验证。

2. 主要操作步骤

1）在 ECC 系统中，选择创建 CO-PA 数据源，路径如下：T-code：SBIW→Settings for Application-Specific DataSources (PI) → Profitability Analysis → Create Transaction Data DataSource，如图 17-7 所示。

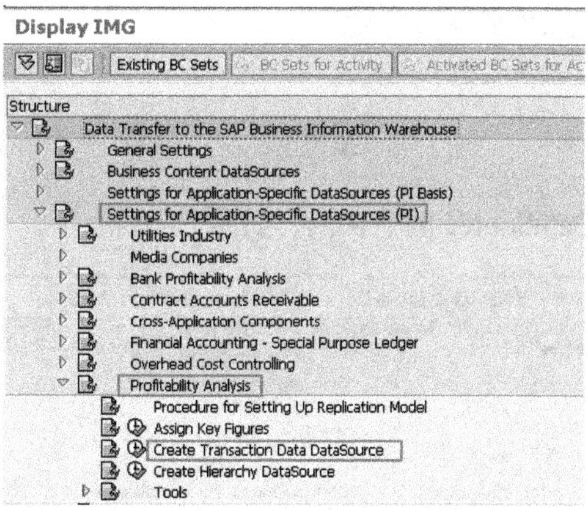

图 17-7　T-code：SBIW 创建 CO-PA 数据源路径

2）系统进入新界面，在新界面中配置如图 17-8 所示。

- CO-PA DataSource 后，系统自动给出名称 1_CO_PA%CL%ERK。其中，%CL 是变量代表 Client；%ERK 是变量代表 Operating Concern。在其后输入_DEMO。

注意：可以删除%CL%ERK，但是一定要保留 1_CO_PA。

- 在 Function 区域，选择 Create，在 Operating Concern 后选择 IDES，保持 Costing-based 默认选项。
- 单击“执行”按钮。

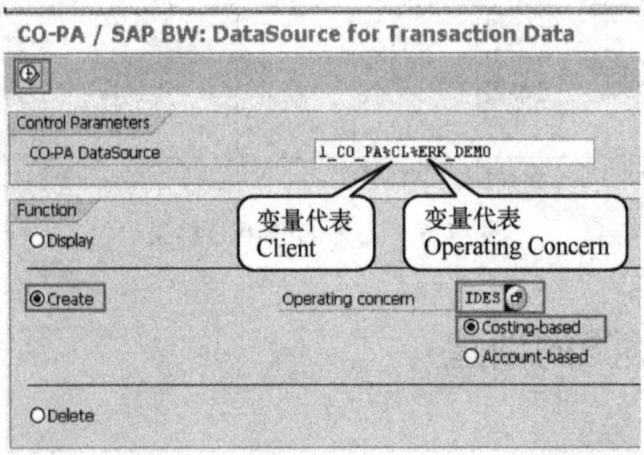

图 17-8　输入 CO-PA 数据源的技术名称和其他选项

3）系统进入新界面，在新界面中 T-code 区域输入=INIT，如图 17-9 所示。

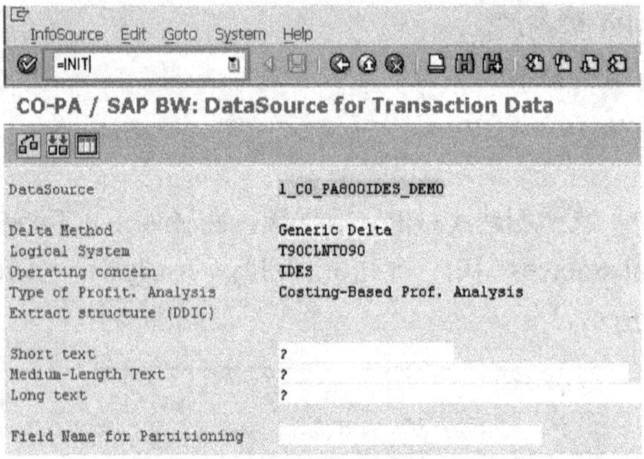

图 17-9　输入 T-code：=INIT

4）系统配置 CO-PA DataSource 的默认值，如图 17-10 所示。

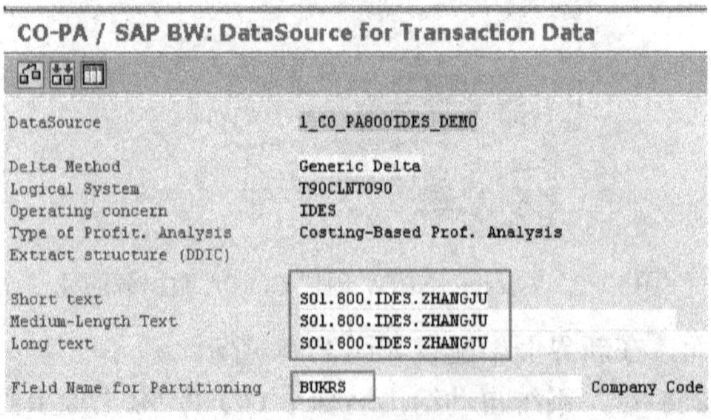

图 17-10　系统自动配置初始值

5）可以更改描述，如图 17-11 所示。

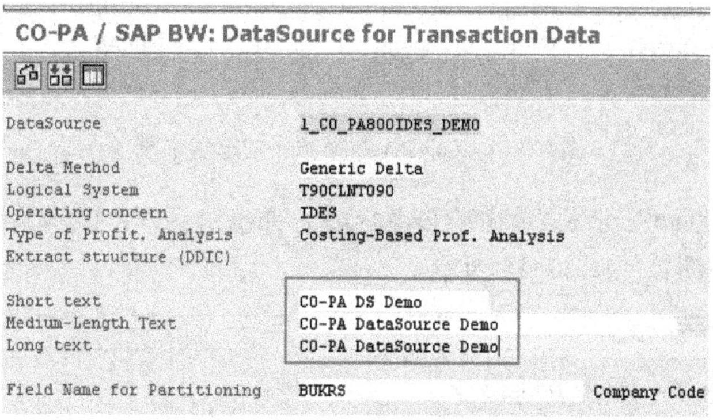

图 17-11　更改 CO-PA 数据源描述

注意：在屏幕上颜色为灰色的字段是系统默认不可更改的字段，如图 17-12 所示。

6）接下来就是勾选字段。如表 17-1、图 17-13、图 17-14 所示。

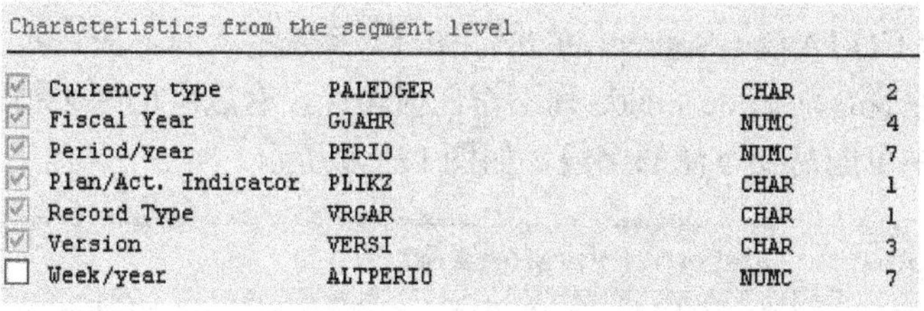

图 17-12　CO-PA 数据源默认特性

表 17-1　需要勾选的 CO-PA 数据源的特性和值字段

Characteristic	Description of Characteristic
BUKRS	Company Code
KOKRS	CO Area
SPART	Division
VKORG	Sales Org.
Value Fields	Description of Value Fields
VV010	Revenue
VVIQT	Invoiced Quantity
VVOQT	Sales Order Quantity

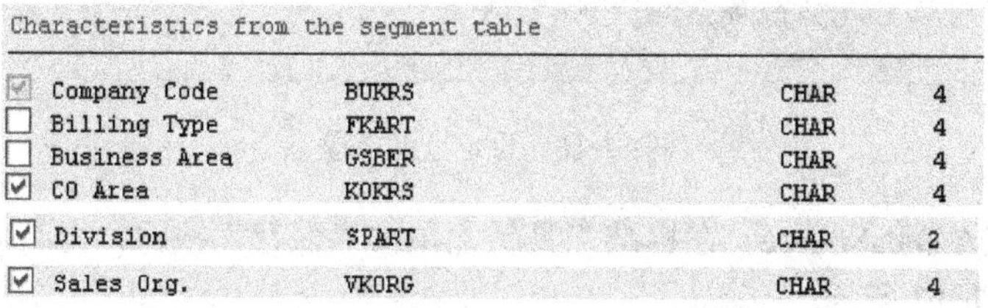

图 17-13　CO-PA 数据源—勾选段表中特性

图 17-14　CO-PA 数据源—勾选值字段

7）检查 CO-PA DataSource。单击检查图标，弹出对话框，提示系统检查结果：没有不一致。再单击对钩按钮，如图 17-15 所示。

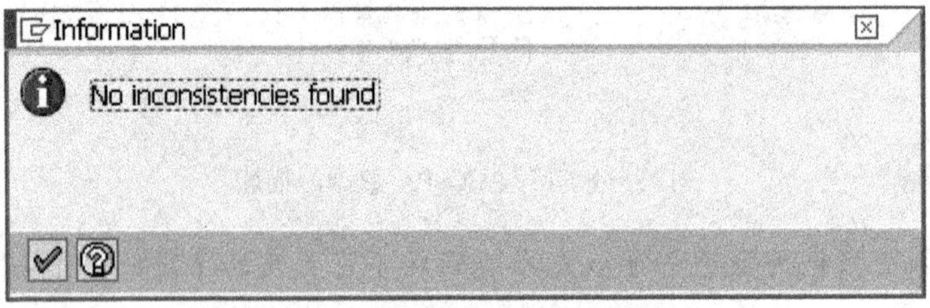

图 17-15　CO-PA 数据源检查结果无问题

8）进一步设定 CO-PA DataSource。单击图标，系统进入新界面，可以设定 Selection 和 Hide Fields。一般来说，对 Hide Fields 列不作任何勾选，有选中的要去掉。在 Selection 列勾选在 InfoPackage 中可能需要过滤的字段，如图 17-16 所示。

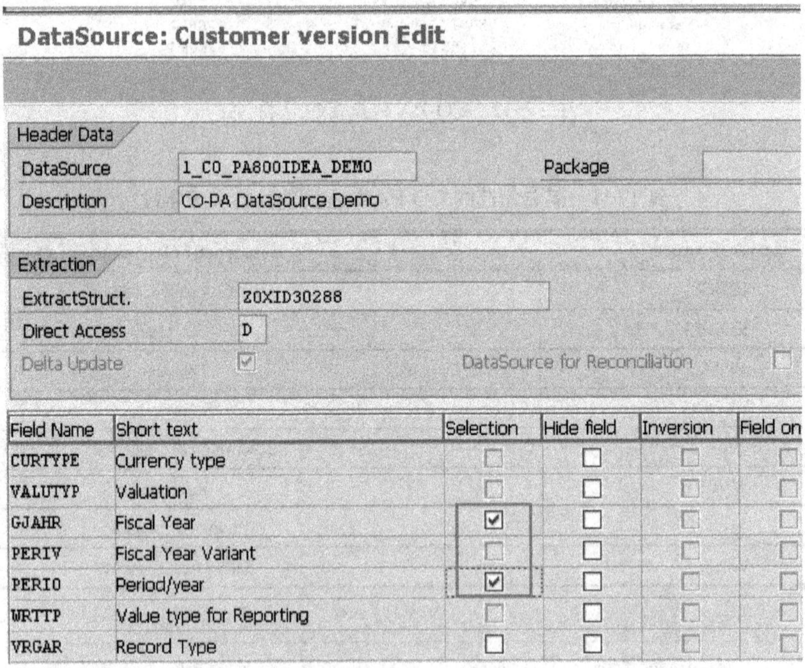

图 17-16　设定过滤字段

9）保存 CO-PA DataSource。在标准工具栏上单击“保存”按钮，会有对话框弹出，单击对钩按钮，如图 17-17 所示。

图 17-17　CO-PA 数据源创建成功信息

这样，一个新的 CO-PA DataSource 1_CO_PA800IDEA_DEMO 就生成了。

10）切换到 BW 系统，复制 DataSource，T-code：RSA1→Modeling→Source Systems 选中相应的 ECC 系统并双击，双击 T90CLNT090，如图 17-18 所示。

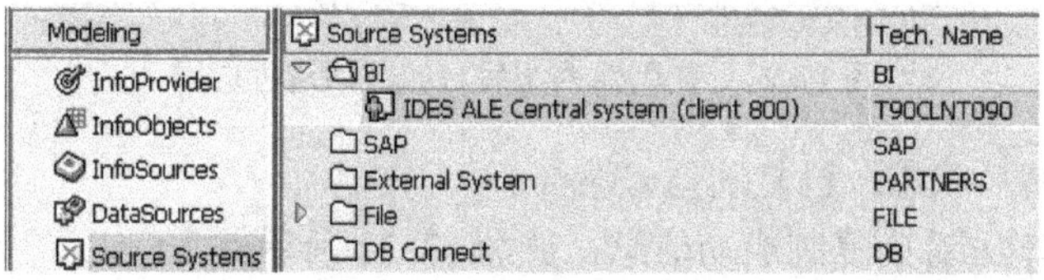

图 17-18　选中源系统

11）系统进入与相应 ECC 源系统对应的 DataSources 界面，展开右侧 DataSource 文件夹，右击 Profitability Analysis，在快捷菜单中单击 Replicate Metadata，如图 17-19 所示。

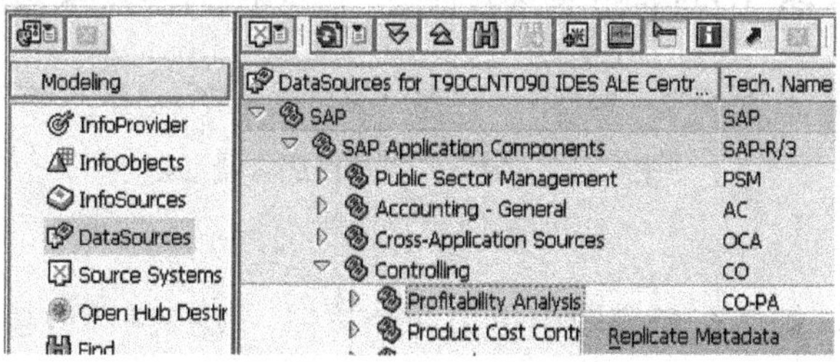

图 17-19　复制元数据选项

12）在系统弹出的对话框中，保持默认选项 as DataSource，再单击对钩按钮，如图 17-20 所示。

注意：

- as DataSource 会复制成 V7.0 DataSource，默认选项。
- as 3.x DataSource 会复制成 V3.x DataSource，除非特殊情况，一般不选择。

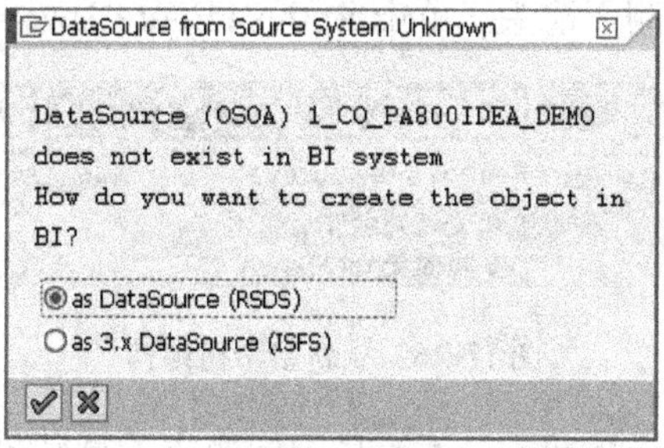

图 17-20　复制为 7.0 版本数据源

13）可能会有如图 17-21 所示的对话框弹出。

注意：当操作耗时较长时，选择 Background；否则，超时后系统操作失败。如本例只是复制一个数据源，可以任意选择 Background 和 Dialog。

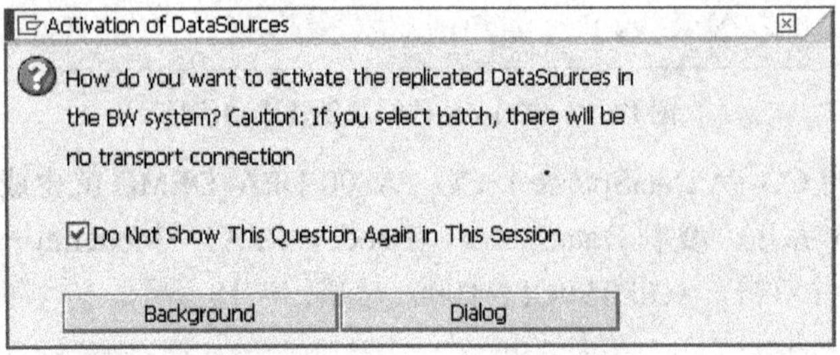

图 17-21　复制数据源后台或对话进程选择

14）数据源复制后状态：已复制但未激活。

● 可在屏幕左下方看到复制成功信息，如图 17-22 所示。

图 17-22　状态栏上数据源复制成功信息

● 在屏幕右侧 CO-PA 下找到新出现的数据源，注意不等号表示未激活，如图 17-23 所示。

图 17-23　数据源复制后还未激活

15）激活数据源。

双击 DataSource，然后在新界面中单击两个按钮，切换到修改模式并激活数据源，如图 17-24 所示。

● 数据源激活后，可在屏幕下方看到系统消息，如图 17-25 所示。

图 17-24　切换到修改模式并激活数据源　　　图 17-25　状态栏上数据源已激活信息

16）但是数据源后可能还是不等号，这是由于缓存造成的，需要刷新。

● 这时单击刷新按钮右侧下箭头，单击 Refresh Entire Tree，如图 17-26 所示。

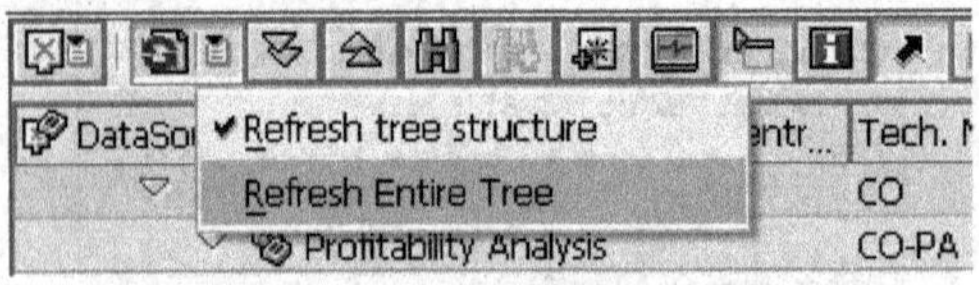

图 17-26　刷新整个树结构

● DataSource 就正常显示激活了，不等号图标变成了等号图标，如图 17-27 所示。

图 17-27 数据源激活后的状态

17）右击 DataSource，在弹出的菜单中选择 Create InfoPackage，在 InfoPackage 界面的 Data Selection 选项卡中可以看到在图 17-16 中 DataSource 设置的 Selection 字段，如图 17-28 所示。

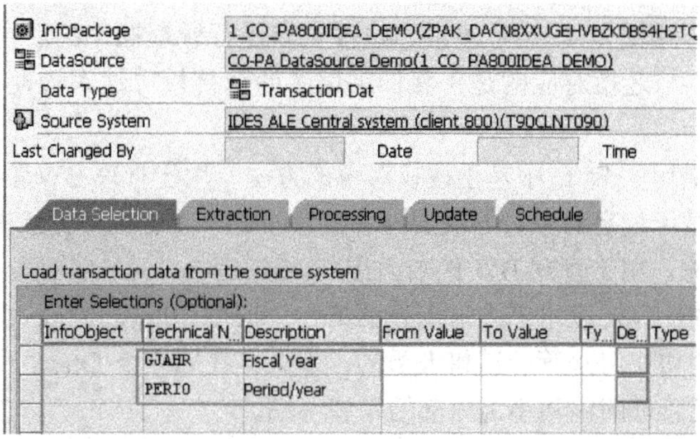

图 17-28 InfoPackage 中的 Data Selection 选项卡

18）在 Update 选项卡中看到数据源除了 Full，还有 Initial 选项，说明该数据源支持 Delta，如图 17-29 所示。

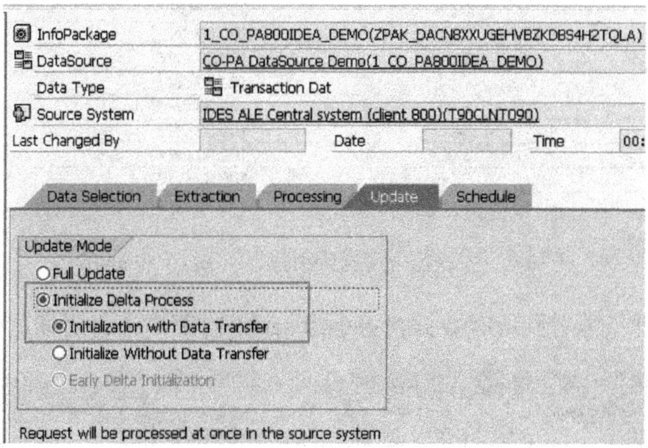

图 17-29 InfoPackage 中的 Update 选项卡

19）在 Schedule 选项卡中单击 Start 按钮，再单击心电图图标，可以看到数据加载成功，如图 17-30 所示。

图 17-30 数据加载监控结果

20）接下来还可以创建 Delta InfoPackage，将 Delta 数据抽取，本处略。

这样，一个 CO-PA DataSource 就创建完成了，并且通过数据抽取验证了其可用性。

第18章 授权管理

在 BW 中有两类用户：一类是建模、建报表和进行管理操作的后台用户；另一类是访问报表的前台用户。与之相对应的是，我们采用了两套授权方法来管理 BW 的后台用户和报表用户。

- 标准授权：沿用了 ECC 中基于授权对象的方法，用于管理 BW 的后台用户。
- 分析授权：基于信息对象、导航属性和层级授权，限制到数据级别。分析授权与标准授权结合起来，用于管理 BW 的前台用户。

为了演示授权的操作，以本书之前创建的第一个模型和报表为例，我们设定场景如下。

销售经理是按销售小组来管理销售人员的，那么，在同一个 Query 中，通过授权实现销售经理只能看到自己管理的销售小组内部的销售明细。

授权前销售经理能看到所有数据，包括销售小组 sg-01 和 sg-02 内部的销售明细，如图 18-1 所示。

Table

Sales Group Demo	Sales Demo	Sales Price Demo	Sales Quantity Demo
sg-01	S-01	200.00 CNY	2 PC
	S-02	100.00 CNY	2 PC
	S-03	100.00 CNY	3 PC
	S-04	100.00 CNY	4 PC
sg-02	S-05	100.00 CNY	5 PC
	S-06	100.00 CNY	6 PC
	S-07	100.00 CNY	7 PC
	S-08	100.00 CNY	8 PC
	S-09	100.00 CNY	9 PC

图 18-1 授权前—可查看销售小组 sg-01 和 sg-02

授权后销售经理只能看到所有数据销售小组 sg-01 内部的销售明细，如图 18-2 所示。

Table

Sales Group Demo	Sales Demo	Sales Price Demo	Sales Quantity Demo
sg-01	S-01	200.00 CNY	2 PC
	S-02	100.00 CNY	2 PC
	S-03	100.00 CNY	3 PC
	S-04	100.00 CNY	4 PC

图 18-2 授权后—只能查看销售小组 sg-01

对于该场景，需要首先对用户进行标准授权，然后再进行分析授权。

操作要点：

- 标准授权，T-code：PFCG 创建一个角色 ZSROLE01。
- 标准授权，T-code：SU01 创建一个用户 ZSUSR01，将角色 ZSROLE01 分配给该用户。
- 分析授权，T-code：RSA1，将信息对象 Sales Group Demo 设置为授权相关。
- 分析授权，T-code：RSECADMIN，创建一个分析授权 ZSANA01。
- 分析授权，T-code：RSECADMIN，将分析授权 ZSANA01 分配给用户 ZSUSR01。

● 分析授权，在 Query Designer 中，在 Sales Group Demo 下创建一个授权变量 ZV_AUTH01

● 经过上述操作，就完成了授权，可以在 BEx Analyzer 中查看到授权的结果。

主要操作步骤在 18.1 节中演示。

18.1 标准授权

1. 创建一个角色

1）T-code：PFCG，输入 ZSROLE01，再单击新建 Role 的按钮，如图 18-3 所示。

图 18-3　输入 Role 的技术名称，开始新建

2）输入描述，然后单击标准工具栏中的“保存”按钮，如图 18-4 所示。

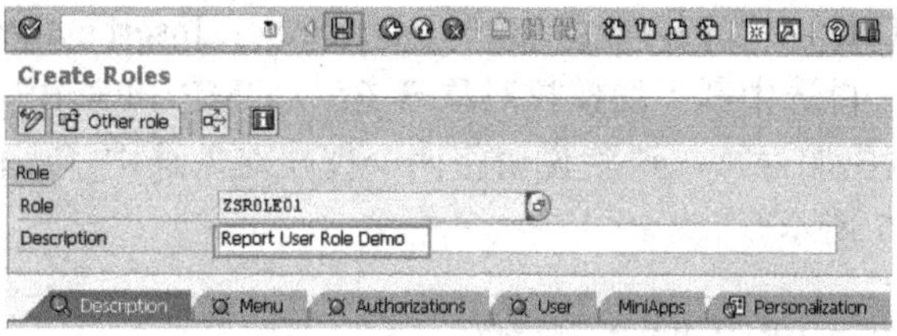

图 18-4　输入 Role 的描述再保存

3）单击 Authorizations 选项卡，单击 Change Authorization Data 前的铅笔图标按钮，如图 18-5 所示。

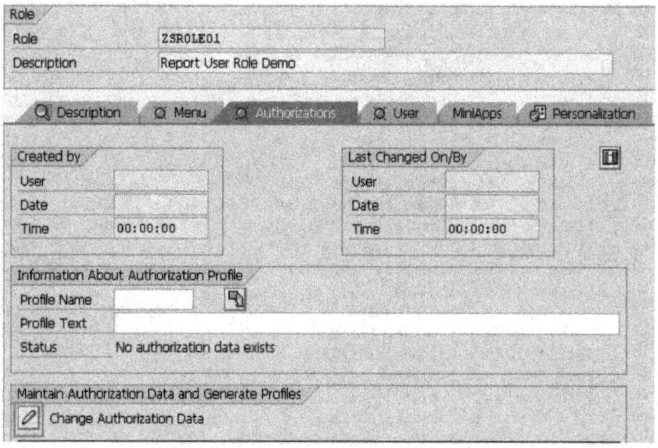

图 18-5　单击改变授权数据按钮

4）系统进入 Change Role：Authorizations 窗口，并有弹出 Choose Template 对话框。这时有两种选择：参照系统已有的角色模板（如 S_RS_RREPU）创建新角色，也可以不参照模板，但过程要复杂一些。本例不采用模板，我们单击 Do not select templates，如图 18-6 所示。

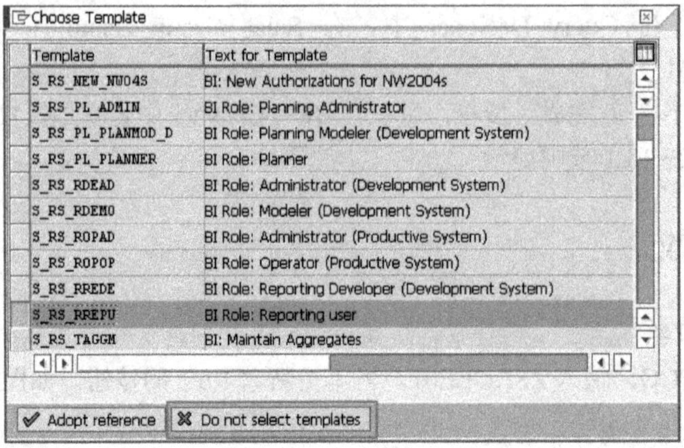

图 18-6　不选择模板

5）系统进入新界面，这时又有两种选择。一种是单击 Selection Criteria，选择系统中已有的授权对象；另一种是单击 Manually，直接输入相应的授权对象。这两种方法在下面的演示中都会用到。

6）单击 Selection Criteria 按钮，在弹出的 Change role：Insert authorizations 窗口中，单击授权类 RS，将其展开；再选中其下的授权对象 S_RS_COMP 和 S_RS_COMP1，单击前面的红色减号⊟使其变成绿色加号⊞，这就说明将两个授权对象选中了；再单击左上侧的 Insert Chosen 按钮，如图 18-7 所示。

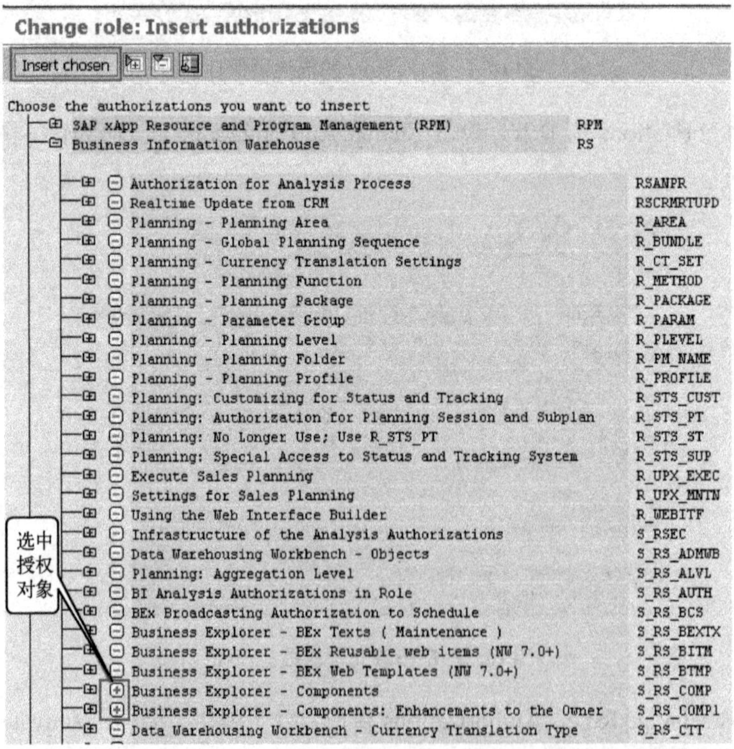

图 18-7　选择方式加入授权对象

7）系统进入到新界面。将相应的授权对象展开，如图 18-8 所示。还可以通过单击菜单栏中的 Utilities→Technical Names On，显示对象的技术名称。

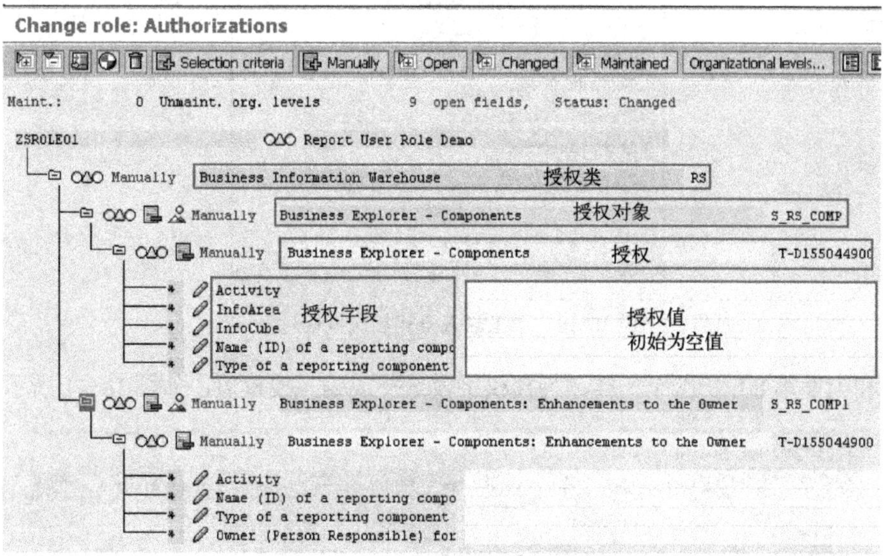

图 18-8　授权对象及相关对象

8）可以单击每一个授权字段前面的铅笔图标按钮，为授权字段选择或输入授权值。维护完成后，授权类、授权对象、授权和授权字段前面的黄灯都会变成绿灯，如图 18-9 所示。

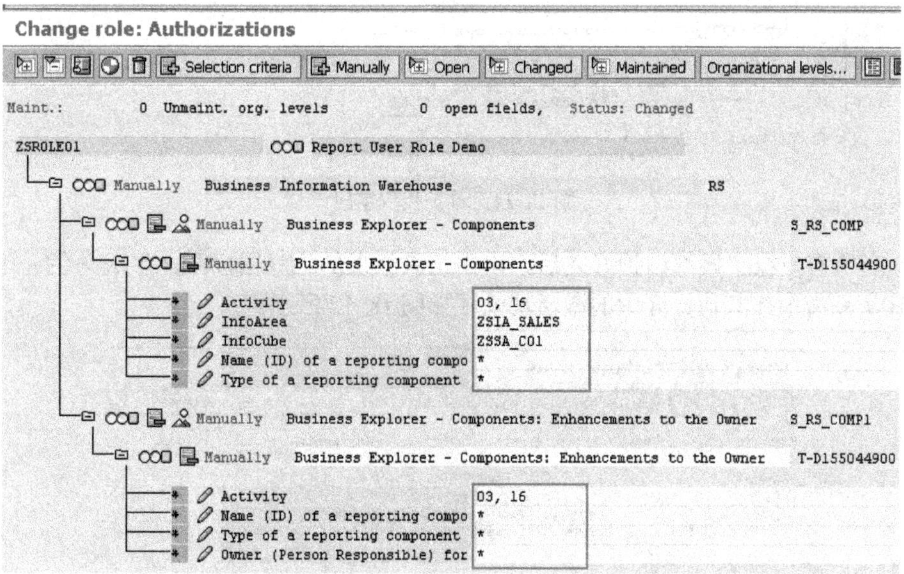

图 18-9　维护授权字段

9）下面通过单击 Manually 按钮，手工插入授权值。系统弹出 Manual Selection of authorizations 对话框，输入两个授权对象 S_RFC 和 S_TCODE，再单击对钩按钮，如图 18-10 所示。

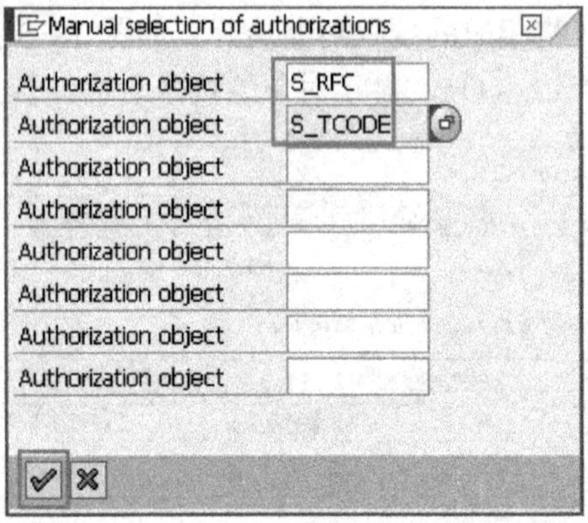

图 18-10　手工输入方式加入授权对象

10）和上面第 8）步操作一样，为授权字段选择或输入授权值，如图 18-11 所示。

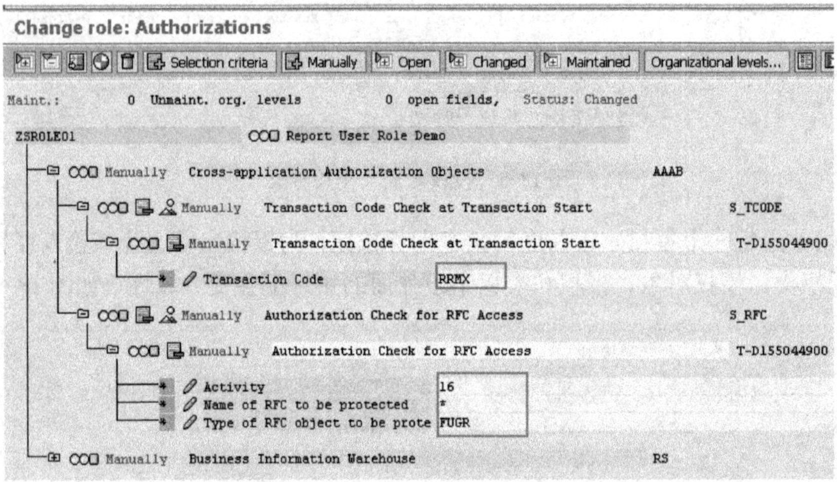

图 18-11　维护授权字段

11）当所有授权字段都维护好之后，单击工具栏上的生成图标，生成角色。这个操作类似于 BW 系统中在其他界面中的激活功能，如图 18-12 所示。

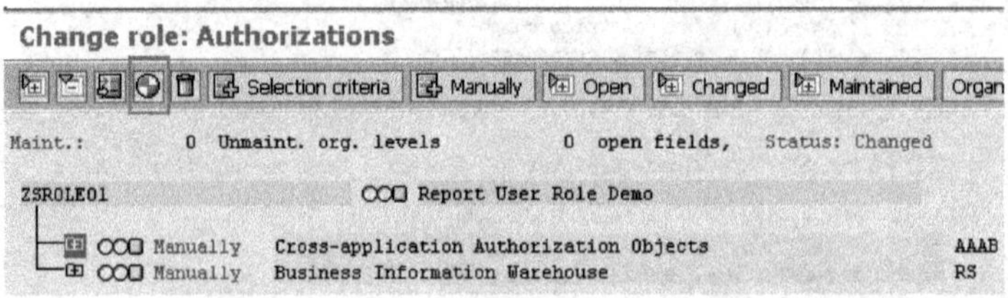

图 18-12　生成角色（类似激活）

12）系统弹出对话框，单击对钩按钮。这样，新的角色就创建完成了，如图 18-13 所示。

注意：生成后就不用再单击“保存”按钮了。

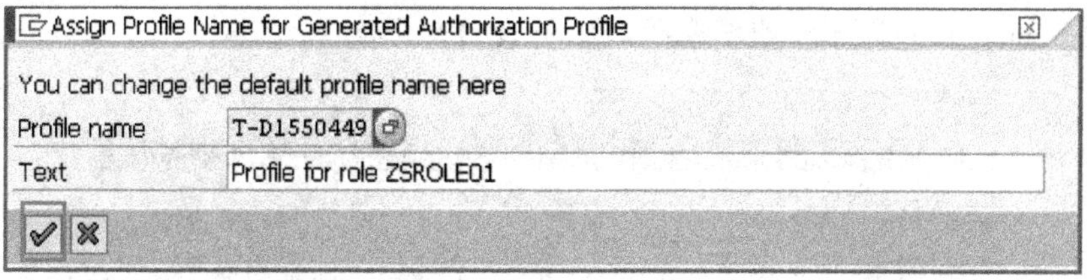

图 18-13　弹出对话框

13）单击标准工具栏上的图标按钮，系统回到 Change Role 界面。在 Authorizations 选项卡中的指示灯由红灯变成绿灯，而且此前为空的 Profile 信息已更新，如图 18-14 所示，可与图 18-5 所示的维护授权之前对比。

图 18-14　授权参数更新

2. 创建一个用户

1）T-code：SU01，在 User 后输入 ZSUSR01，然后单击“新建”按钮，如图 18-15 所示。

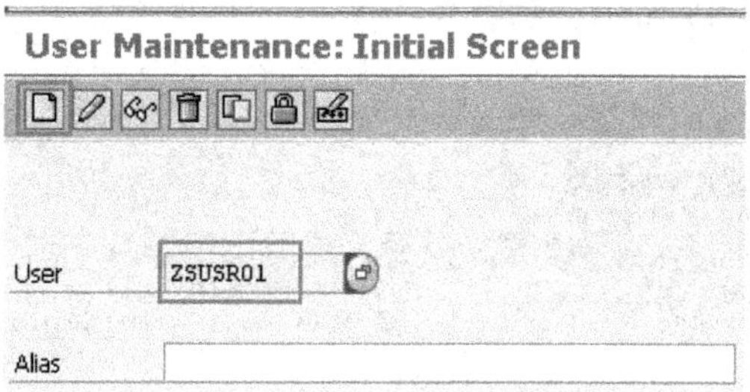

图 18-15　新建用户

2）在 Maintain User 界面的 Address 选项卡中维护 User Name，如图 18-16 所示。

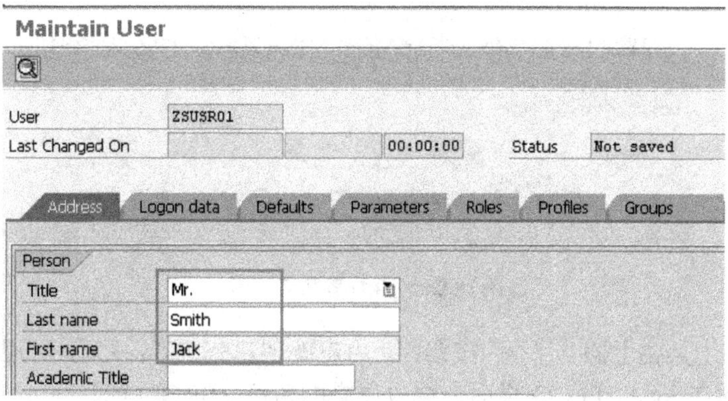

图 18-16　维护地址选项卡

3）在 Logon data 选项卡中维护密码，如图 18-17 所示。

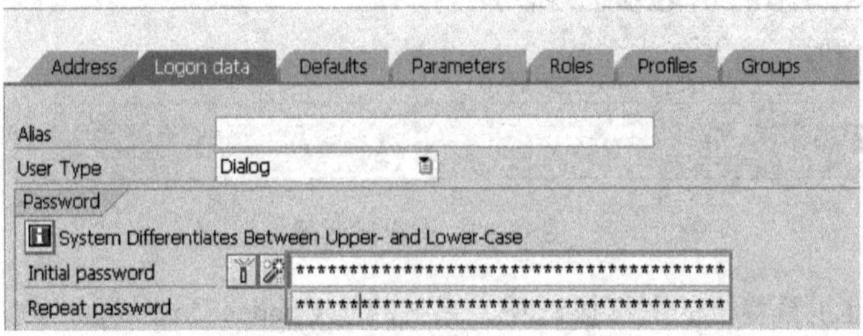

图 18-17　维护登录数据选项卡

4）在 Defaults 选项卡中查看用户的默认设置，如图 18-18 所示。

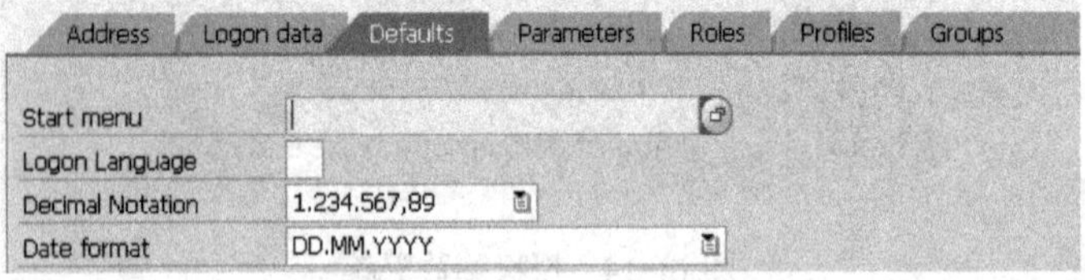

图 18-18　维护默认设置选项卡

5）在 Roles 选项卡中将上一节创建的角色 ZSROLE01 分配给该用户。输入 ZSROLE01，再按回车键即可，如图 18-19 所示。

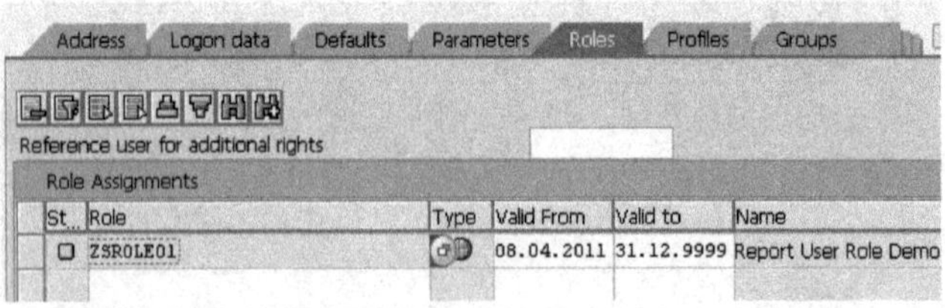

图 18-19　维护角色选项卡

6）在 Profiles 选项卡中可查看到角色 ZSROLE01 对应的 Profile 已经自动加入，如图 18-20 所示。

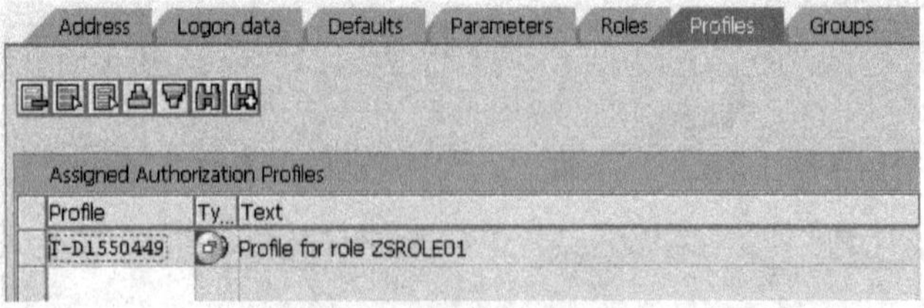

图 18-20　查看参数选项卡

7）单击标准工具栏上的“保存”按钮，新用户就创建完成了，并已经分配了相应的角色。

8）这时回到 T-code：PFCG 界面，修改原来的角色 ZSROLE01，单击 User 选项卡中的 User comparison 按钮，如图 18-21 所示。

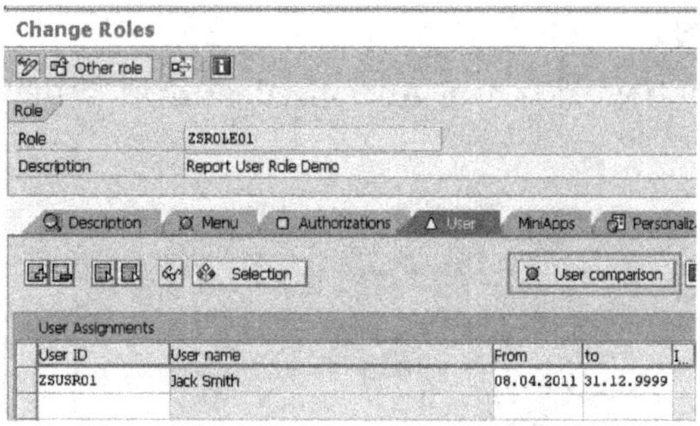

图 18-21　用户比较按钮

9）在弹出的对话框中再单击 Complete comparison 按钮，如图 18-22 所示。

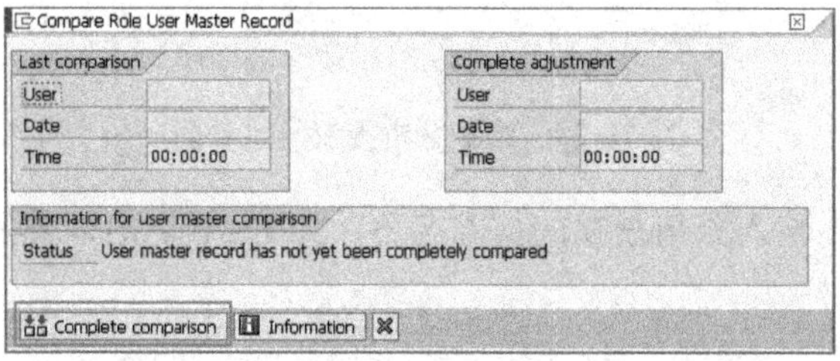

图 18-22　完成比较按钮

10）系统回到 Change Role 界面，且在 User 选项卡中指示灯由红灯变成绿灯，User comparison 按钮也变成绿灯。

到此，标准授权就完成了。

18.2　分析授权

1. 将信息对象设置为授权相关

1）运行 T-code：RSA1 或 RSD1 找到 InfoObject 中的 ZSSALEGP，然后在 Business Explorer 选项卡左下侧勾选 AuthorizationRelevant，如图 18-23 所示。

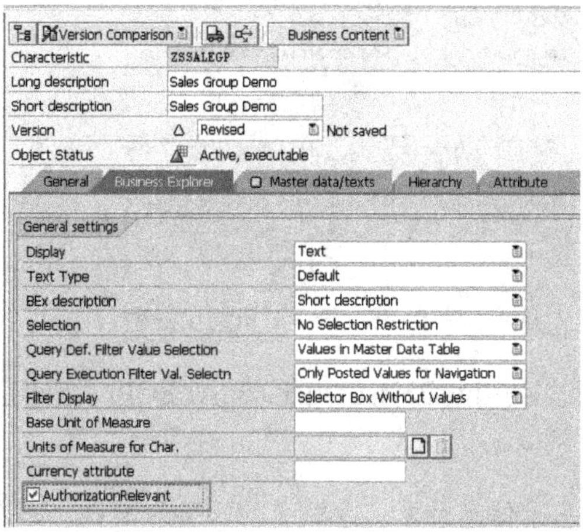

图 18-23　勾选 InfoObject 授权相关选项

2. 创建一个分析授权

1）T-code：RSECADMIN，然后单击 Authorizations 选项卡中的 Maint.按钮，如图 18-24 所示。

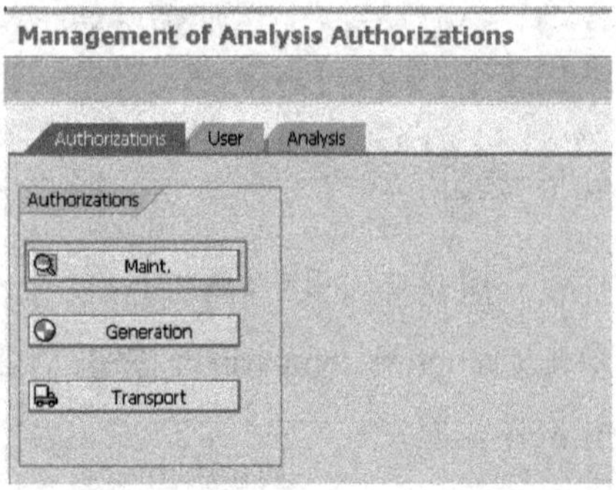

图 18-24　维护分析授权开始界面

2）在系统新界面中输入分析授权的技术名称，如 ZSANA01，然后单击 Create 按钮，如图 18-25 所示。

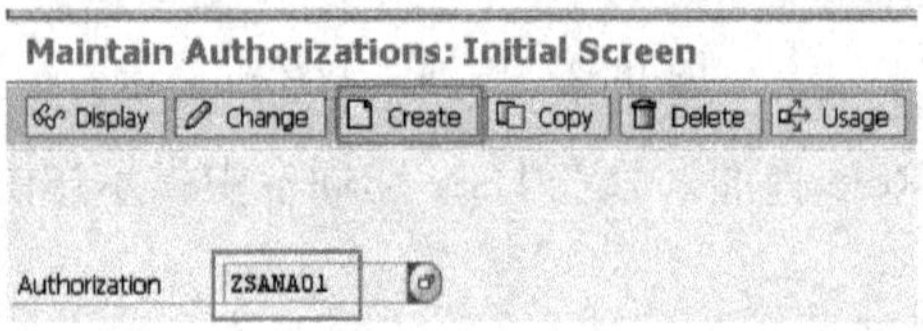

图 18-25　输入分析授权技术名称

3）输入分析授权描述，然后单击新建图标按钮，如图 18-26 所示。

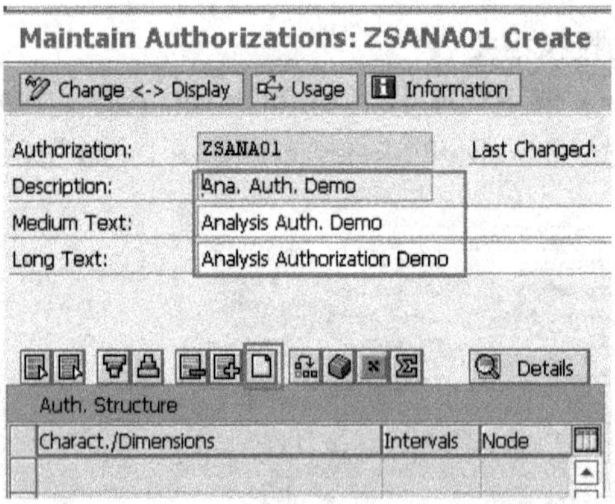

图 18-26　输入分析授权描述

4）输入或选择授权相关的 InfoObject 中的 ZSSALEGP，按回车键，然后单击 Details 按钮。如图 18-27 所示。

注意：分析授权可以基于信息对象、导航属性和层级授权。若在 BW 中已经将它们设置为授权相关，才能在此处输入或者选择，否则系统报错或找不到。

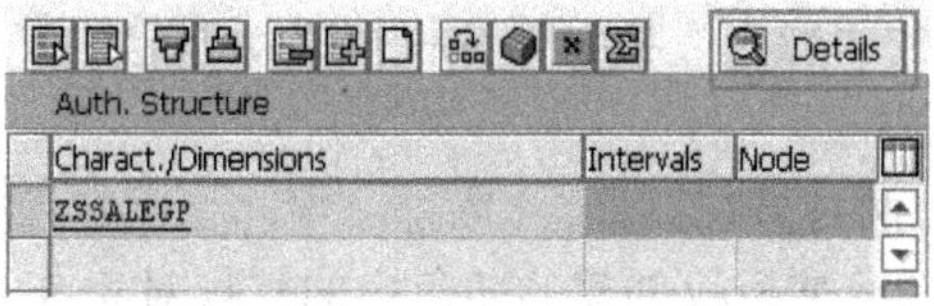

图 18-27 输入授权相关的 InfoObject

5）在弹出的 Maintain Authorizations：ZSANA01 Create 窗口中的 Value Auths.选项卡下，单击“新建”按钮，按图 18-28 所示进行选择。这样就限定只能访问 Sales Group 为值“sg-01”的授权。

注意：导航属性的授权和 InfoObject 一样操作，但如果是对于层级授权，就是在 Hierarchy Authorizations 选项卡下操作。

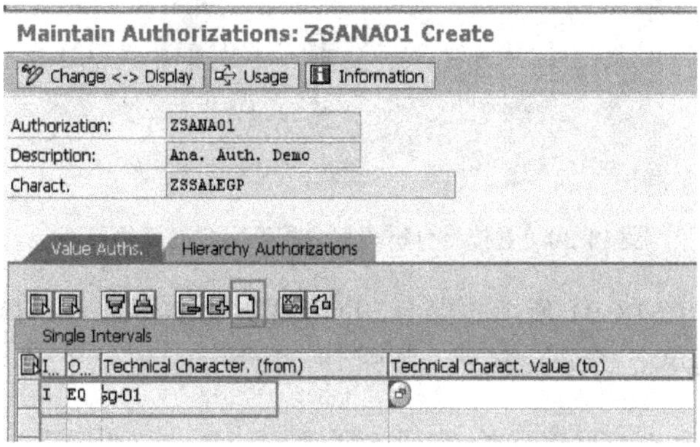

图 18-28 限定分析授权中 InfoObject 的取值

6）单击标准工具栏上的“保存”按钮，再单击回退按钮，系统回到 Maintain Authorizations：ZSANA01 Create 窗口。单击插入特殊特征值图标按钮，系统自动插入 Business Content 的三个 InfoObject 和相应的值，如图 18-29 所示。

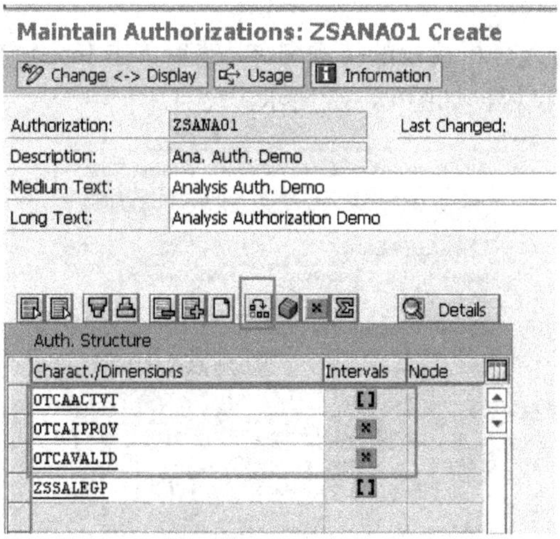

图 18-29 插入业务内容中的三个分析授权值

7）再次单击工具栏上的“保存”按钮，分析授权就创建完成了。

3．分配分析授权给用户

分配分析授权给用户有两种方法：

- 将该分析授权加入到标准授权创建的角色中的授权对象 S_RS_AUTH 中。
- 直接分配给用户。

下面演示如何直接将分析授权分配给用户：

1）单击 T-code：RSECADMIN→User 选项卡→Assign 按钮，如图 18-30 所示。

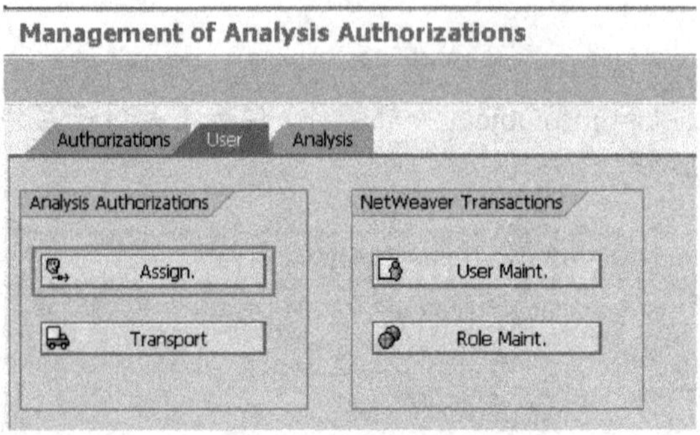

图 18-30　直接将分析授权分配给用户的开始界面

2）系统进入到如图 18-31 所示的界面，也可以通过 T-code：RSU01 直接进入。在 User 后输入 ZSUSR01，再单击 Change 按钮，如图 18-31 所示。

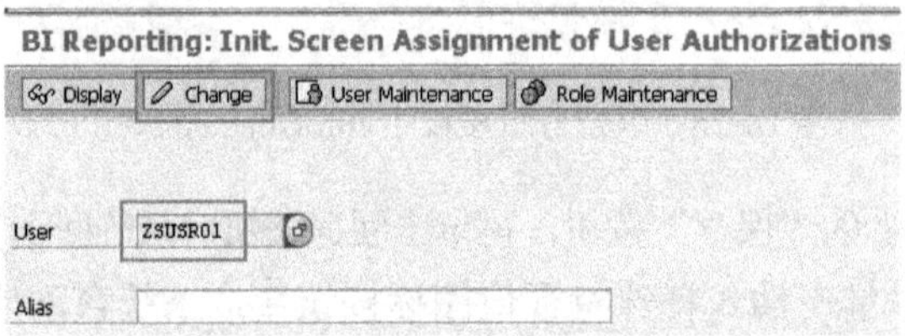

图 18-31　输入用户

3）在系统新界面中输入分析授权的技术名称，然后单击 Insert 按钮，在 Manual/Generated 选项卡中就会出现相应的授权，如图 18-32 所示。

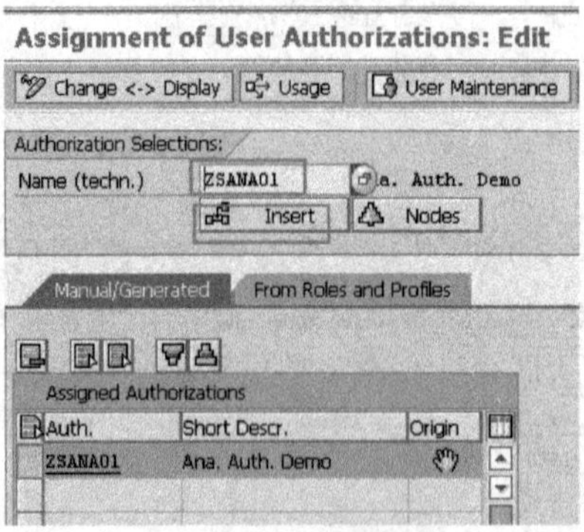

图 18-32　插入相应的分析授权给用户

4）单击标准工具栏上的“保存”按钮，这样就完成了分析授权对用户的分配。

4．创建授权变量

1）修改原来创建的第一个查询，当然也可以新建一个查询，如图 18-33 所示。

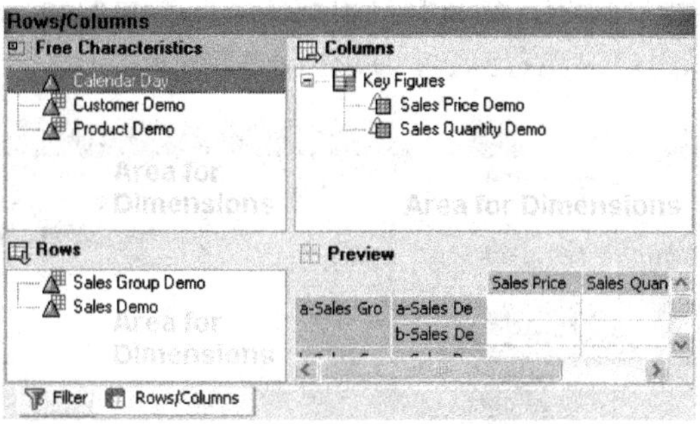

图 18-33　新建查询的行/列

2）对于特征值 Sales Group Demo，新建一个特性值变量，处理类型是授权。在变量的 General 和 Details 选项卡配置如图 18-34 所示。然后保存该变量，再保存 Query。

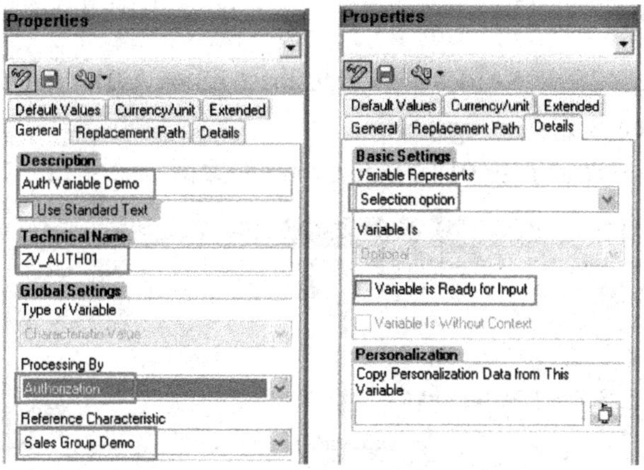

图 18-34　新建变量的一般和细节选项卡

3）用新建的授权变量来限制特征值 Sales Group Demo，如图 18-35 所示。

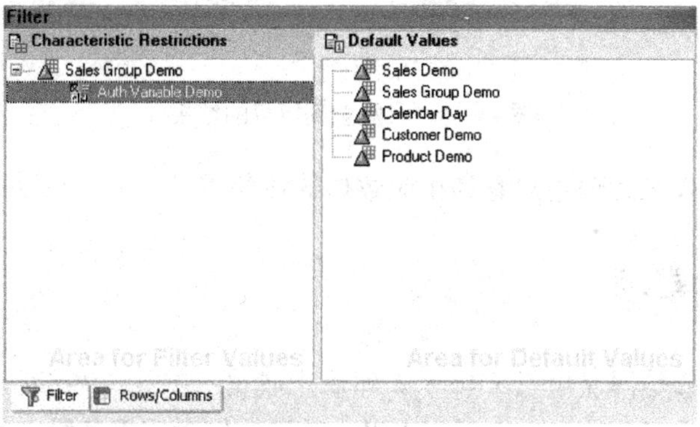

图 18-35　查询的过滤器—授权变量限制特性

5. 展示授权结果

1）启动 BEx Analyzer，单击“打开”按钮，输入新建的用户 ZSUSR01 和密码。由于是刚创建的用户，需要修改密码，如图 18-36 所示。

2）单击左下侧 InfoAreas 选项，在右侧只出现了一个 InfoArea：ZSIA_SALES。只有这一个 InfoArea 授权了，所以用户只能看到它，如图 18-37 所示。

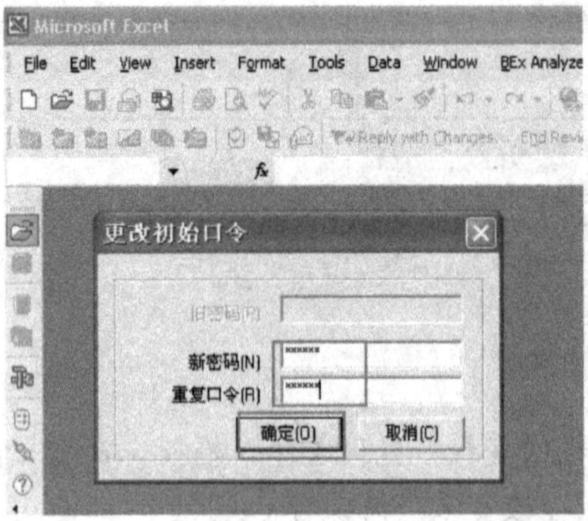

图 18-36　更改新用户密码

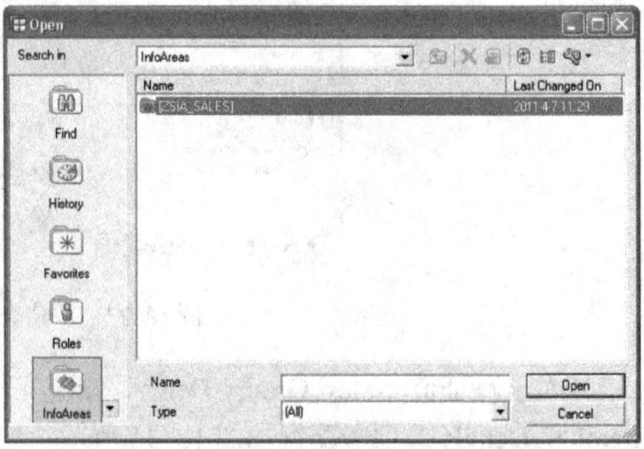

图 18-37　只能看见授权的 InfoArea

3）单击 InfoArea“ZSIA_SALES”→InfoCube“ZSSA_C01”→Query“Z_SALE_ANA_REP_01”，再单击 Open 按钮。

4）数据显示结果只显示了 sg-01 的 Sale Group 的数据，如图 18-38 所示。

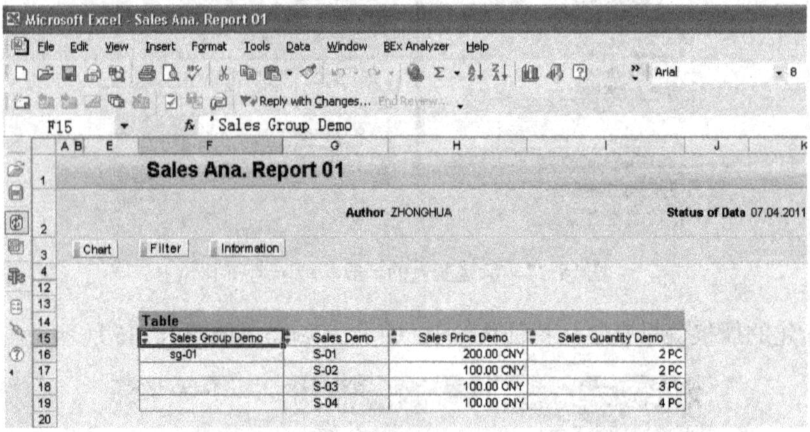

图 18-38　只能看到授权的结果

到此，实现了授权来管理用户看到相应数据的业务需求。

18.3　授权注意事项

标准授权中，核心是创建角色（Role），然后生成技术参数（Profile），角色再分配给用户（User）。Role 包含授权（Authorization），Authorization 包含授权字段（Authorization Filed），对于（Authorization Filed）分配授权值。标准授权基于面向对象的技术，Authorization 是基于授权对象（Authorization Object）的，Authorization Object 又分类放置在授权类（Authorization Class）中。上述对象的关系如图 18-39 所示。

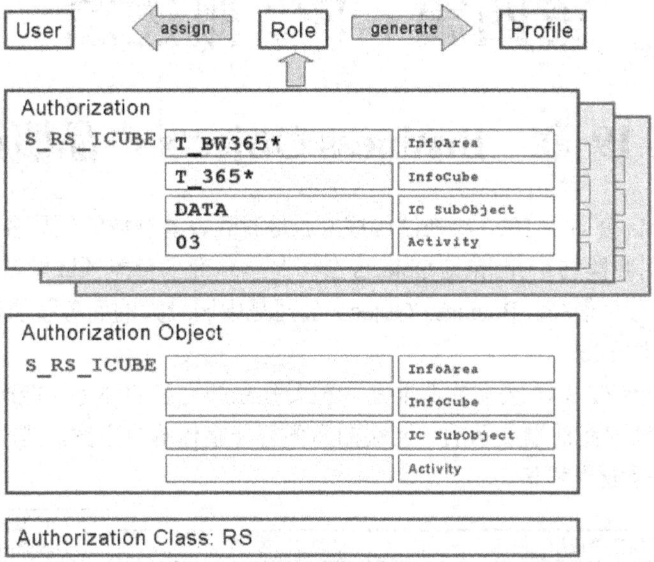

图 18-39　授权中相关对象及关系

标准授权中角色的创建一般是参照系统中的模板，然后再根据需求修改，这样可以将工作量最小化。本章中为了给读者演示更多的操作，所以没有采用模板。接下来又有 Selection Criteria 和 Manually 两个选择，一个是勾选授权对象，一个是直接输入授权对象。

分析授权中，核心是建立授权，这个授权再分配给用户。

分析授权中，在 BEx Query Designer 中建授权变量这一步操作相对独立，与展示授权结果前其他操作步骤没有先后关系。

分析授权中，可以对 InfoObject、Navigation Attribute、Hierarchy 的取值进行授权。

分析授权不仅可以分配给用户，也可以分配给标准授权角色中的授权对象 S_RS_AUTH。

标准授权和分析授权不是割裂的，而是联合起来使用的。对于报表用户进行分析授权的基础是用户首先要具有相应的标准授权（角色中至少要包括授权对象 S_RS_COMP、S_RS_COMP1、S_TCODE 和 S_RFC）。

第四篇　BO 概述篇

第 19 章　Business Objects 产品概述

Business Objects 公司于 1990 年在法国成立，是商务智能领域的领导者和开拓者。截止到 2007 年被 SAP 公司收购前，Business Objects 公司是全球商务智能领域排名第一的提供商，其规模最大，市场占有率最高。Business Objects 公司是中国最大的商务智能供应商，每年在中国的营业额增长超过 100%。

Business Objects 被 SAP 公司收购前是一整套独立的完整的商务智能产品。如图 19-1 所示，能提供从数据抽取到前端展示的端到端的商务智能整体解决方案。其产品线完整而庞大，而且每一个产品都是业界翘楚。

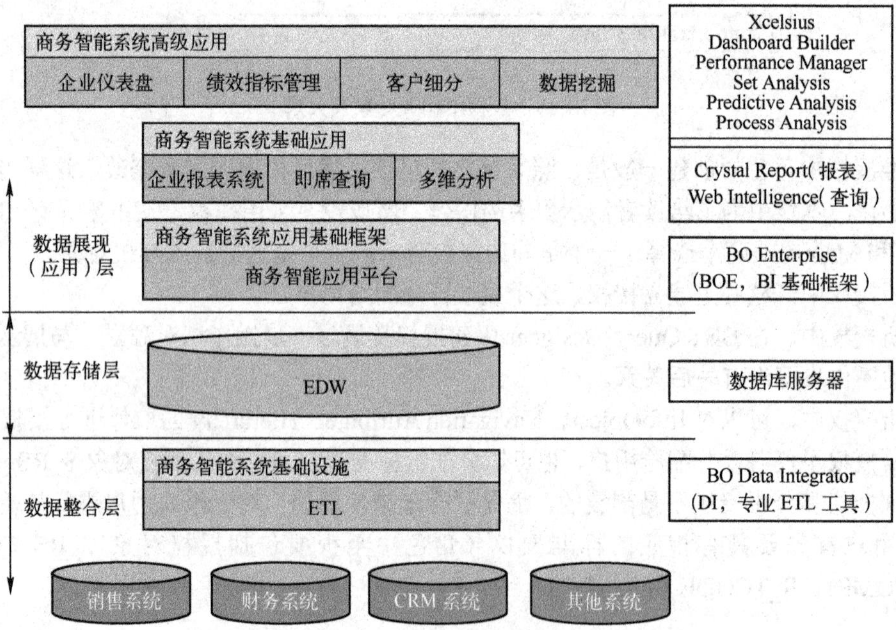

图 19-1　Business Objects 商务智能解决方案

19.1　Business Objects 主要产品

19.1.1　企业级报表 Crystal Reports

提到商务智能，很多用户马上会想到水晶报表（Crystal Reports）。水晶报表是业界最著名、最强大的报表设计和开发工具，已成为企业级报表的事实标准。

水晶报表最早是加拿大 Crystal Decisions 公司的商务智能产品。1992 年，Crystal Reports

随着微软公司的 VB 一起发行，随着 VB 的流行，它几乎在一夜之间成为报表软件业的标准。2001 年SAP签署捆绑 Crystal Reports 的 OEM 和分销商协议。2003 年，Crystal Reports 被 Business Objects 公司收购。2007 年归入 SAP 的 BI 产品线，并随即推出 Crystal Reports 2008 产品。

水晶报表作为独立产品时，被 Microsoft、SAP、Borland、BEA 以及 IBM 等公司嵌入自身产品中。目前，已有超过 500 家独立软件开发商选择 Crystal Reports 作为报表工具。Crystal Reports 是有史以来最强大的固定格式报表产品。

水晶报表的优势主要体现在如下几个方面。

1）访问任何数据：可以通过广泛的数据源连接访问各种数据库、文本文件和应用软件等；通过网络服务、ODBC、JDBC 或者 OLAP 可访问任意数据源。如图 19-2 所示。

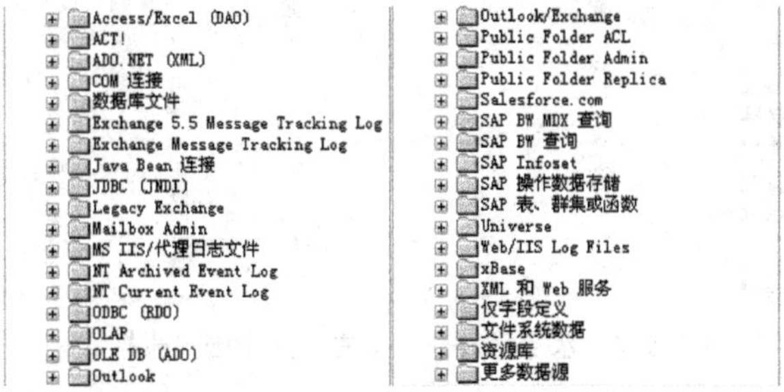

图 19-2　水晶报表—广泛的数据源连接

2）建立业务逻辑的丰富功能：内置报表专家在生成报表和完成一般的报表任务过程中，会一步一步地指导操作。报表专家通过公式、交叉表、子报表和设置条件格式帮助表现数据的实际意义，揭示可能被隐藏掉的重要关系。如果文字和数字确实不够充分，则用地理地图和图形进行形象的信息交流，如图 19-3 所示。

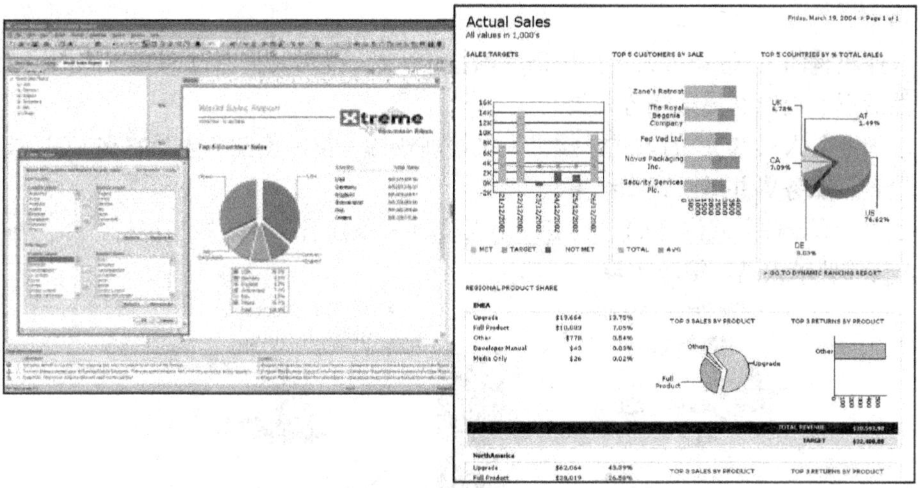

图 19-3　水晶报表—强大的固定格式报表

3）开放的架构：通过将 Crystal Reports 的报表处理功能整合到用户的数据库应用程序中，应用程序和 Web 开发人员可以节省开发时间并满足用户的需求。Crystal Reports 支持大多数流行的开发语言，可以方便地在任何应用程序中添加报表。Crystal Reports 可以用各种各样的格式发布，如 Microsoft 的 Word 和 Excel、电子邮件甚至 Web 发布。高级的 Web 报表功能允许工作组中的其他成员在他们自己的 Web 浏览器中查看或更新共享报表。

4）复杂的报表格式和结构：Crystal Reports 可以开发出各种复杂格式要求的报表，如某些复杂表头的中国式报表，如图 19-4 所示。同时，Crystal Reports 支持高精度的网络输出和打印输出，对字符位置的控制达到业界最高标准。

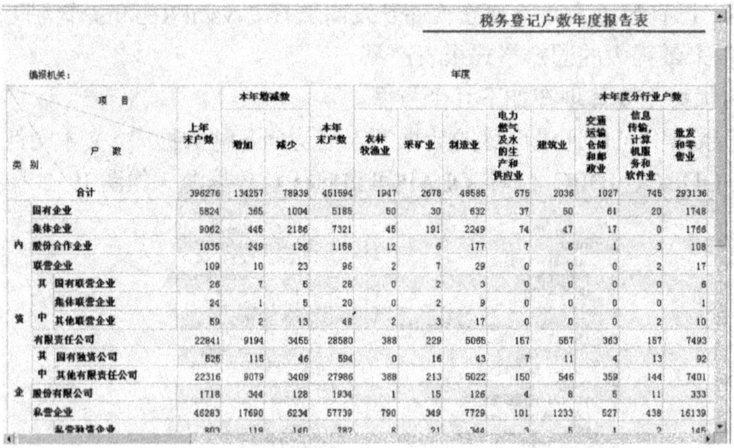

税务登记户数年度报告表

编报机关：　　　　年度

类别 \ 户数 \ 项目		上年末户数	本年增减数：增加	本年增减数：减少	本年末户数	本年度分行业户数：农林牧渔业	采矿业	制造业	电力燃气及水的生产和供应业	建筑业	交通运输仓储和邮政业	信息传输，计算机服务和软件业	批发和零售业
合计		396276	134257	78939	451594	1947	2678	48585	675	2036	1027	745	293136
内	国有企业	5824	365	1004	5185	50	30	632	37	50	61	20	1748
	集体企业	9062	445	2186	7321	45	191	2249	74	47	17	0	1766
	股份合作企业	1035	249	126	1158	12	6	177	7	6	1	3	108
	联营企业	109	10	23	96	2	7	29	0	0	0	2	17
	其中 国有联营企业	26	7	5	28	0	2	3	0	0	0	0	6
资	集体联营企业	24	1	5	20	0	2	9	0	0	0	0	1
	其他联营企业	59	2	13	48	2	3	17	0	0	0	2	10
	有限责任公司	22841	9194	3455	28580	388	229	5065	157	557	363	157	7493
	其中 国有独资公司	525	115	46	594	0	16	43	7	11	4	13	92
	其他有限责任公司	22316	9079	3409	27986	388	213	5022	150	546	359	144	7401
企	股份有限公司	1718	344	128	1934	1	15	126	4	8	5	11	333
	私营企业	46283	17690	6234	57739	790	349	7729	101	1233	527	438	16139
	私营独资企业	803	119	140	782	8	21	344	3	5	1	2	145

图 19-4　水晶报表—支持复杂的中国报表样式

19.1.2　核心专利 Universe 和即席查询 Web Intelligence

Crystal Reports 可以出具完美的固定格式报表，满足了报表分析中回答已知问题的需求。但是在报表分析中，还有大量的未知问题，用户需要基于固定格式报表中的结果或者需要自己根据问题完成分析和报告，即 Ad-hoc 报表。

在介绍 BO 在解决未知问题报表的方案和产品之前，我们来看一下传统的两种方法，如图 19-5 所示。

- 专业机构的方式：业务人员提出需求给技术人员，技术人员通过 SQL 语句查询服务器，然后返回查询结果给业务人员
- 培训业务人员 SQL 的方式：技术人员培训业务人员，使业务人员掌握 SQL 技能，直接查询服务器并返回查询结果。

很明显，第一种方式沟通的层级多，不仅费时，而且信息传导容易出错；第二种方式对于业务人员的要求太高，很难实现。

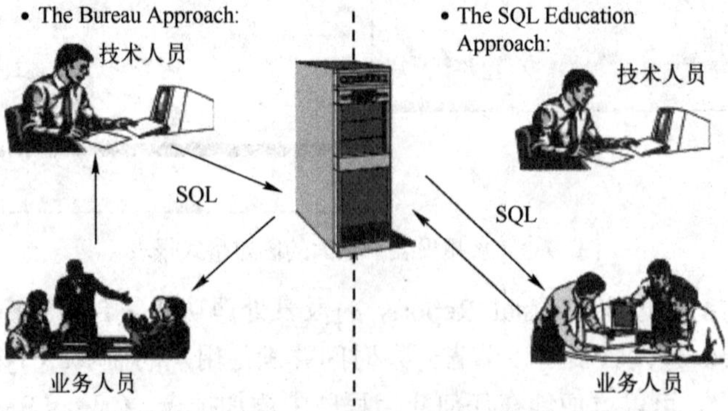

图 19-5　以前两种主要的解决数据访问问题的方法

BO 提出了基于 Universe 的 Web Intelligence 的解决方案。消除了前两种方法的缺陷，完美地满足报表中回答未知问题的需求，解决了业务人员自助式访问数据的问题。

Universe（语义层）是 BO 的核心专利技术，隐藏了基本数据源的复杂性，用户可以通过业务语言来实现信息的表达是业务人员用来创建报表的基础。Universe 是 BO 中的模型，位置在即席查询报表和数据库之间。Universe 中包含数据库的连接参数，各种表及其之间的连接关系，与数据库中实际 SQL 结构对应的 SQL 对象，以及类、对象、层级等。

WebI 是 Web Intelligence（即席查询与分析）的简称，基于 Universe 能够实现即席查询生成 Ad-hoc 报表。

技术人员专心维护系统和开发语义层，通过对数据库中表和语义层进行相应的映射，将数据迷宫转换成信息地图。从而使业务人员不需要学习 SQL，不需要了解数据库内部结构，而是直接透过语义层访问数据库，面对的是熟悉的业务对象而不是数据库的复杂结构，从而直接生成千变万化的查询报表来进行数据分析，如图 19-6 所示。

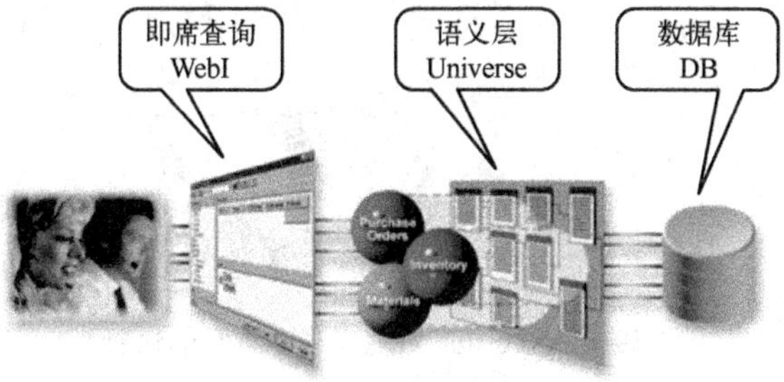

图 19-6　业务人员直接透过 Universe 访问数据库

BO 中的 Web Intelligence 可以方便地建立即席查询，生成 Ad-hoc 报表-WebI 报表。Web Intelligence 的主要优势是：

- 强大的即席查询和分析。
- 对于非技术性用户来说，更加简便易用和具有直观性。
- 从查询到分析的无缝过渡。
- 灵活的集成分析能力，在 Web 下钻取、切片，可以对业务问题多角度分析。
- 方便的个性化分析，支持离线客户端、本地数据源、多语种 Universe 等。
- 报表上的强大分析功能包括排列、分类、过滤和灵活的计算等。

Web Intelligence 的样例如图 19-7 所示。

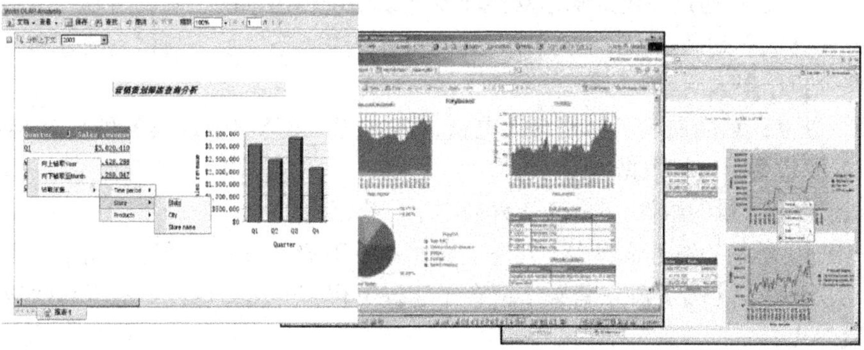

图 19-7　Web Intelligence 样例

19.1.3 动态交互式仪表盘：Xcelsius （水晶易表）

Xcelsius，以前也称为 Crystal Xcelsius 等，译为水晶易表。它将目前普及和广泛使用的 Excel 和 Flash 技术完美结合，可以将各种枯燥的报表转化为美观、直观和动态的演示。该产品是 BO 信息展现产品系列中最吸引客户眼球的产品，在报表中创建震撼的动态视觉效果，如图 19-8 所示。

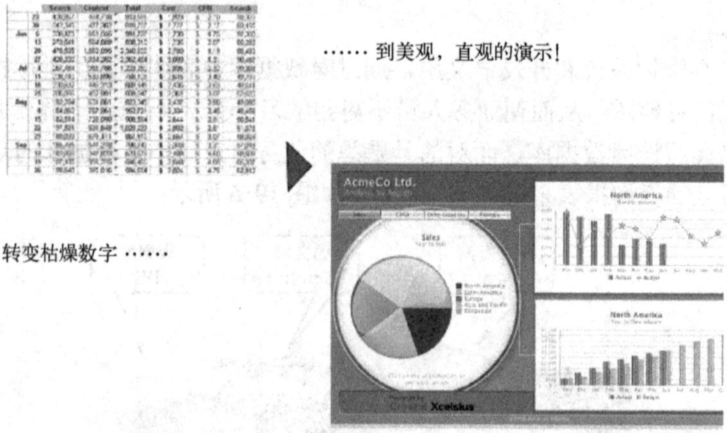

图 19-8 Xcelsius 实现美观和直观的报表

水晶易表具有如下主要优势。

1）操作简便：依靠直观的界面，利用各种已建好的部件、外观、地图、图表，让非技术人员也可以进行全面、交互式的可视化分析，变纷杂的历史数据为可衡量的业务指标。

2）交互式动态仪表盘展示：各种经典图形和交互方式可开发出引人注目且易于理解的财务模型展示，里面包括有动态的图表、生动的曲线图和交互式可视化分析。其动态展示在各种商务演讲中大放异彩。其丰富的组件中一小部分如图 19-9 所示。

3）假设情景分析：只需单击鼠标，通过一些可视化部件，如滑尺、漏斗图、过滤器、数字输入工具等可以迅速评估各种“WHAT—IF”（“如果—那么会”）假设，从而轻松实现对公司未来绩效的预测。Xcelsius 的“假设分析”样例如图 19-10 所示。

4）一键式输出：通过一键式输出功能将水晶易表制作出来的交互式可视化分析结果，即动态图表导出并嵌入到微软 Office、PDF 文档和网页中动态展示，与相关同事和客户等便捷地讨论这些分析结果。

5）平台独立：水晶易表可以在个人电脑、苹果机、手持电脑以及各种装有 Macromedia Flash 播放器的设备上进行数据展示。

Xcelsius 含有大量的组件，图 19-9 只列出了一小部分。

在图 19-10 所示的财务报表中，财务老总不用手工输入数字，通过拖动下方可视化的拖动杆或转动仪表盘，上方各种销售数字就会迅速发生相应变化，以便财务老总快速寻找到提高收益的最佳点。

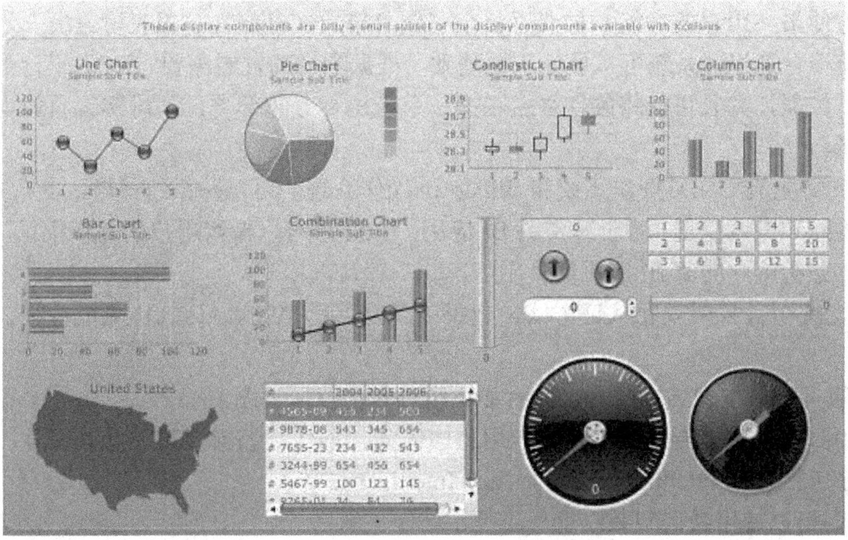

图 19-9　Xcelsius 中的部分组件

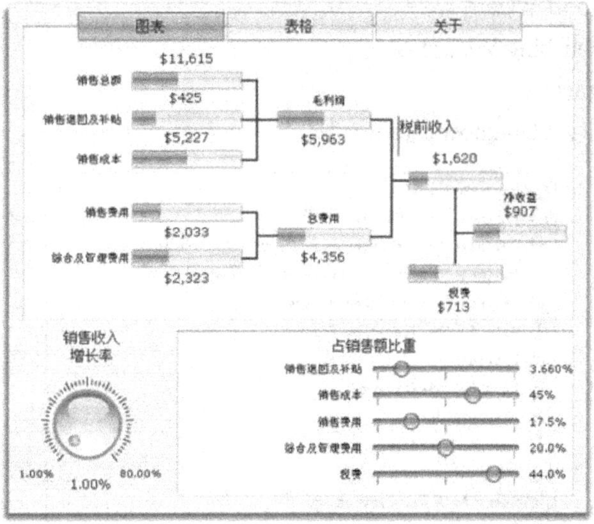

图 19-10　Xcelsius 的假设分析样例—财务报表

19.1.4　Business Objects Enterprise 平台

在 Business Objects 的 BI 解决方案中，一方面提供专业的软件工具实现企业报表、查询、分析和企业绩效管理。另一方面，同时提供统一的商务智能平台（Business Objects Enterprise ，BOE），给最终用户提供一个统一的信息门户访问各种数据信息；并且为系统管理员提供一个统一的管理平台，实现集中的用户管理、安全管理等系统管理任务。

Business Objects Enterprise (BOE) 为建立和集成内部网应用、外部网应用和企业门户应用提供了一个解决方案平台，用来满足不同安全级别用户对于信息传输的需求。BOE 是一个完整的 BI 平台，用来发布和管理各种文档，如报表、查询分析结果、各种 Office 文档等。 BOE

包含许多方便最终用户的功能，如“百科全书”、“集成 Office”、“报表讨论板”等。标准化的商务智能平台是保证系统可扩展的重要基础，根据项目的发展需要，BOE 平台可以进行平滑的升级、扩展，并且可以跨硬件平台、操作系统进行分布部署，同时实现负载均衡和失效保护等功能。

BOE 支持主流 UNIX 操作系统和 Windows 操作系统，可以跨系统部署，支持集群环境，实现负载均衡和失效恢复。对于日常的 BI 应用，BOE 还可以保留用户的操作记录，让系统管理员审核、分析用户的对 BI 应用的使用情况。

BOE 支持多种权限安全认证方式，包括 BOE 认证、Windows AD 集成认证、LDAP 认证等。

BOE 服务器典型安装完成后，具有如下组件和功能（见图 19-11）：

最终用户可以使用专用的工具和应用程序访问、创建、编辑报表并与其交互，这些工具和应用程序包括 Web Intelligence 和 Desktop Intelligence 等。

IT 部门可以使用数据和系统管理工具，其中包括：

- 中央管理控制台（Central Management Console）。
- 中央配置管理器（Central Configuration Manager）。
- 导入向导（Import Wizard）。
- 发布向导（Publishing Wizard）。
- Universe Designer。
- 资源库诊断工具（Diagnostic Tool）等。

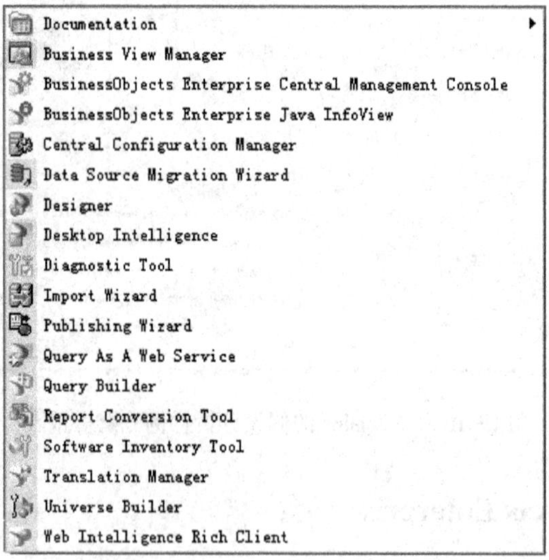

图 19-11　BOE 安装后的组件和功能

（1）BOE 平台架构

BOE 即 Business Objects Enterprise，是开放的、基于服务的架构（Service-Oriented Architecture），支持 Web Service、J2EE 和.NET。BOE 中各种服务支撑不同的 BI 应用。这些服务可以通过分布式的方式部署，从而更好地保证企业级商务智能应用的稳定性和可扩展性。在图 19-12 中显示了 BOE 的系统架构，其中的平台服务层就包含了这些服务。

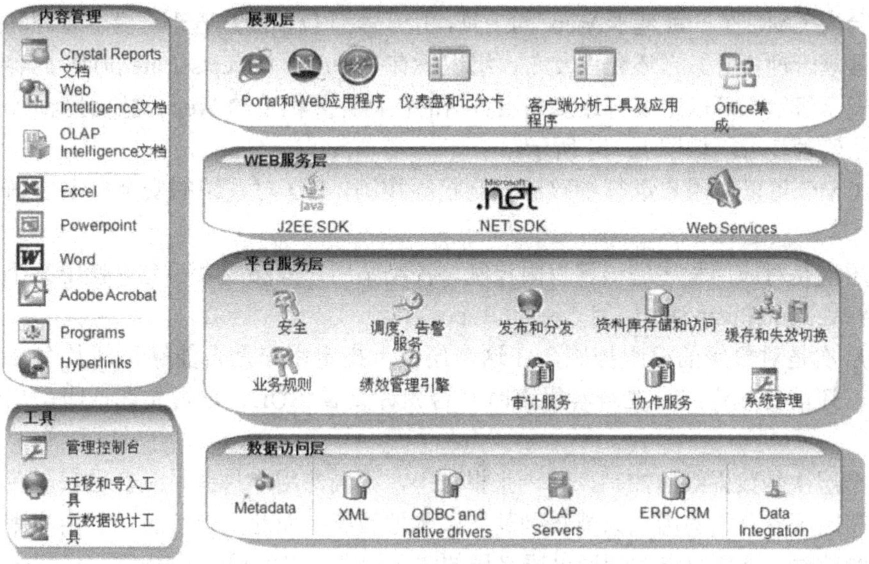

图 19-12　BOE 系统架构

（2）中央配置管理器

CCM 是 Central Configuration Manager（中央配置管理器）的简称。在 Microsoft Windows 环境中，CCM 允许通过其图形用户界面（GUI）或命令行管理本地和远程服务器。用于 BO 应用中所涉及服务器的启动或停止。如图 19-13 所示，可以启动或停止 Business Objects Enterprise Server、Tomcat Application Server，以及 Crystal Report 发布器的管理。只有在 Server 是运行（Running）的条件下，如 CMC、Universe Designer、Web Intelligence 等相关的 BOE 应用才能启动。

注意：大多数服务器管理任务现在是通过 CMC（而不是 CCM）处理的。在 Business Objects Enterprise 中，CCM 现在仅用于节点配置。

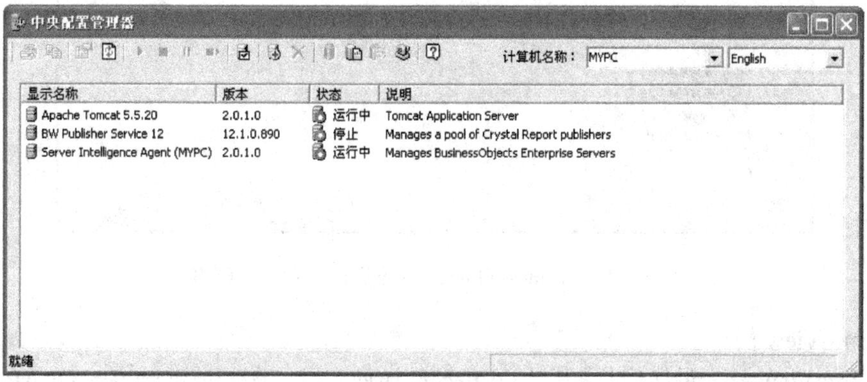

图 19-13　Business Objects 商务智能平台——CCM

（3）CMC 门户

BOE 为系统管理员提供了一个集中管理的门户 CMC（Central Management Console，中央管理控制台）。CMC 是一种基于 Web 的工具，用于执行包括用户管理、内容管理和服务器管理在内的常规管理任务。它还允许发布、组织所有 Business Objects Enterprise 内容并为这些内容设置安全级别。可以通过可连接到服务器的任何计算机上的 Web 浏览器登录到 CMC 执行所有这些管理任务，如图 19-14 所示。

通过 CMC 可以对用户进行细致的安全权限控制，BO 对系统的安全权限控制分为三个层次：

第一层次是对应用程序的访问权限控制，控制某用户能够或者不允许使用某个应用程序（例如使用 Web Intelligence，使用 Crystal Reports 等）。

第二层次是对象级的权限控制，在这个层次上指定用户是否能够访问某个文件夹或者某个文档，还能够规定用户在查看报表时是否允许查看 SQL、是否允许打印、是否允许导出等。

第三个层次是数据级的控制，同一张报表中，不同的用户只能看到各自权限范围内的数据，例如朝阳区分公司的用户只能看到朝阳区本地数据；而北京市分公司的用户则可以看到全市各区的数据，这项权限控制通过语义层的安全规则予以实现。

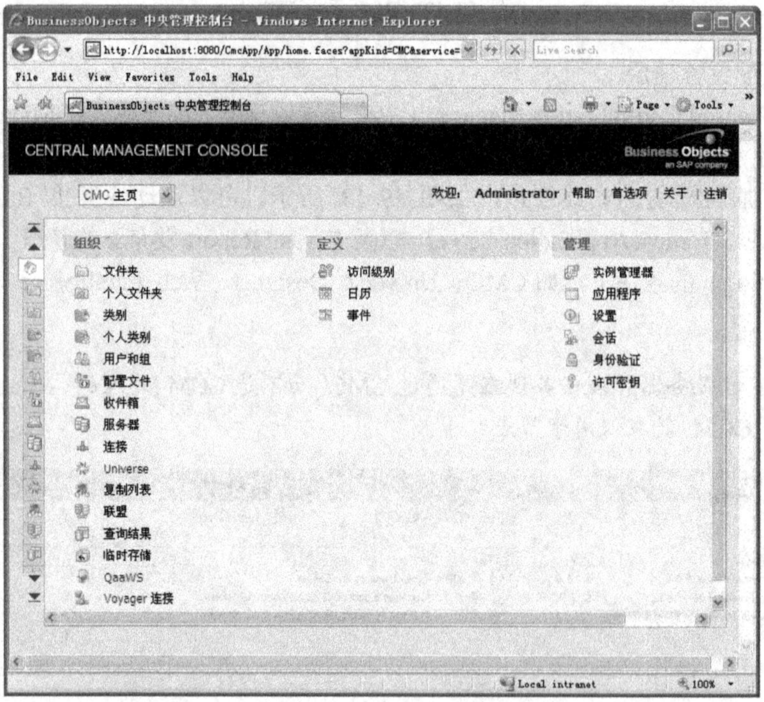

图 19-14　Business Objects 商务智能平台——CMC

（4）InfoView 门户

BOE InfoView 是为最终用户提供的商务智能访问门户。在 InfoView 中，OLAP 分析、即席查询、预定义报表均能够以标准的方式显示，用户在统一的界面中进行各种分析操作。

BOE 只维护一套用户账户和用户权限信息，用户登录 InfoView 之后，即可访问其权限范围的各种报表、查询以及 OLAP 等应用。

BOE InfoView 提供给每个用户自行定制界面的途径，通过定义“我的 InfoView”或者定义个人的使用偏好定制出具有高度个性化的界面内容和界面风格，而且这种定制完全不需要进行开发，在 InfoView 中进行定义即可。

在 BOE InfoView 门户中，不仅可以管理 Desktop Intelligence 文档、Web Intelligence 文档，还可以管理 Voyager 工作区、分析、公司仪表盘、类别和文件夹等多种内容。

（5）Universe Designer

在 Universe Designer 中，实现了 BO 的业务建模，它是定义 Universe 的工具。

Universe Designer 提供了一个连接向导，利用该向导可连接到数据库。可以使用 Universe Designer 创建多个连接，但只能为每个 Universe 定义一个连接。此数据库连接随 Universe 一起保存。

Universe Designer 提供了用于选择和查看数据库表的图形界面，在该图右侧 Schema（模式）图中，以表符号来表示数据库表，如图 19-15 所示。可以使用此界面处理表、创建表之间的连接。还可以创建别名表、创建上下文和解决 Schema（模式）中的循环（Loop），断层陷阱（Chasm Trap）和扇形陷阱（Fan Trap）等问题。

最终用户之所以能够自定义查询和分析，就是基于此 Universe（语义层）。它通过使用业务语言（而不是数据语言）访问、处理和组织数据，将数据的复杂性抽象化。

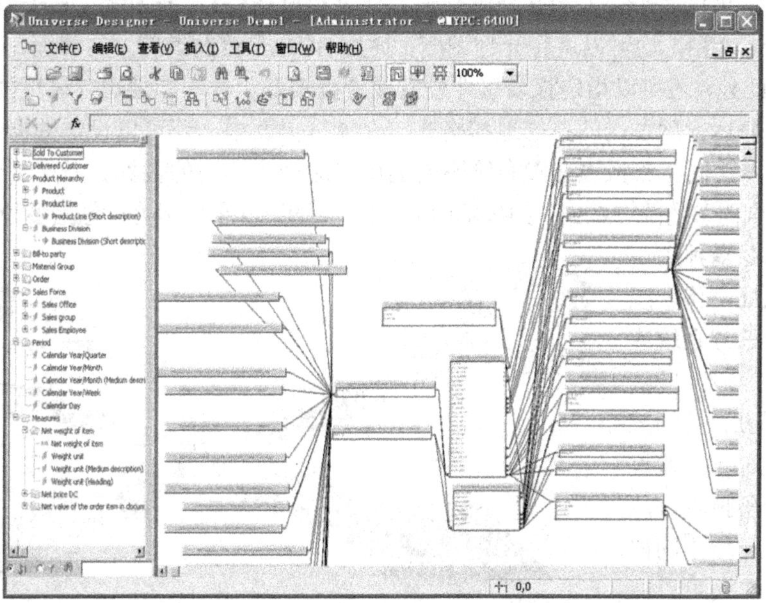

图 19-15 Universe Designer 中的 Schema（模式）

（6）Live Office

Live Office 是一个 BOE 平台插件，内置在用户已使用的 Microsoft Office 应用程序中，实现了与 Microsoft Office 的无缝集成。

业务人员会使用 Microsoft Office，就能使用 Live Office。可以使用直观向导和业务友好性视图来方便地选择数据。Live Office 能够获取准确可信的最新 Crystal Reports 或 Web Intelligence 信息。直接刷新和过滤使得无需再为数据的准确性而争论不休，而且，一旦嵌入了数据，可以使用 Office 中熟悉的功能来进行格式化和进一步计算。之后可以安全地发布和共享。总之，Live Office 实现了在 Office 中看 BO 报表，如图 19-16 所示。

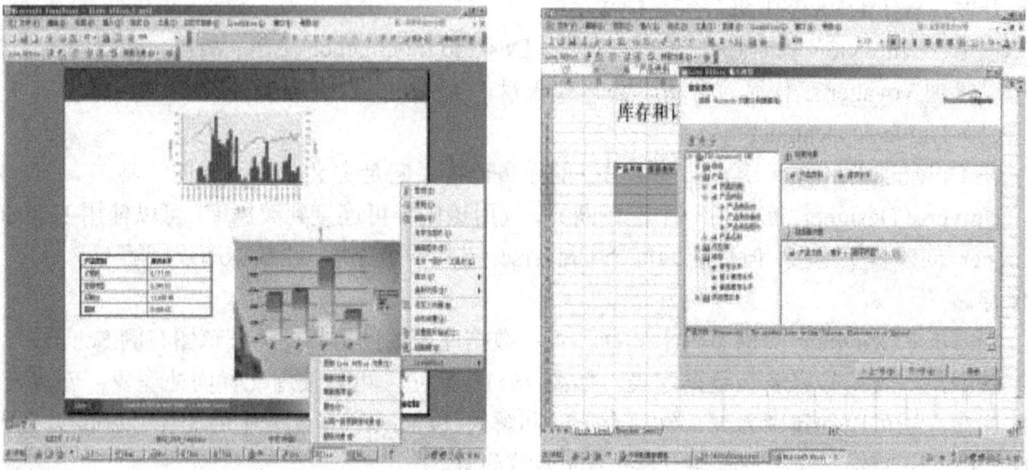

图 19-16　Live Office 实现 Office 中看 BO 报表

（7）定期调度和自动发布报表

使用 BOE，可以对平台上的文档进行定期调度和自动发布，例如对 Crystal Report 文档和 Web Intelligence 文档，均可以进行计划调度。通过 BOE 平台的调度发布界面，可以指定报表的运行周期。此外，还可以指定报表事件触发或者报表基于非周期性运行调度的日历表运行。

可配置报表运行后发送的目的地和格式。在调度界面中，还可以设定数据库登录信息，以及设定筛选器，同一张报表在发布给不同的用户时产生不同的数据。考虑到分发派送报表时需要根据不同的参数筛选数据（如按部门），另一方面，发布目标可以包括多种类型，即报表派送的目的地是多种的，如电子邮件地址、移动终端、桌面、第三方系统或是门户等。利用发布功能，BOE 平台可以在只访问一次数据库的情况下，通过参数切割同一份报表，从而为不同用户派送不同内容的报表，用户还可以方便地对查看的文档格式进行发布。通过 BOE，可以实现个性化的访问和发布，如图 19-17 所示。

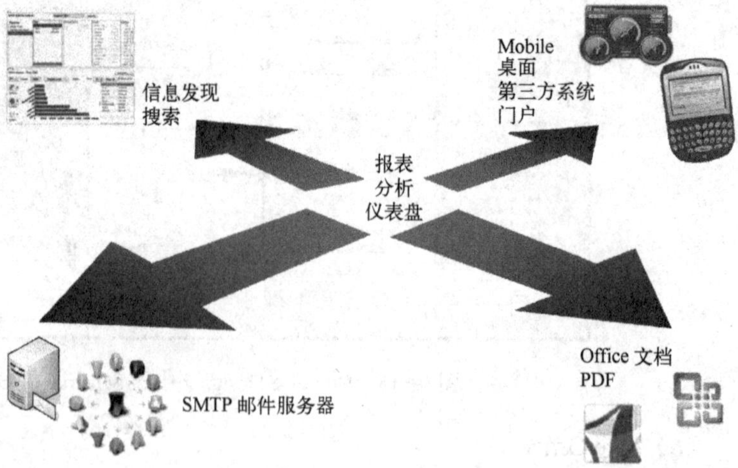

图 19-17　个性化的访问和发布

BOE 平台具有强大的工具，丰富的功能，本节不再一一列举。

19.1.5　强大的数据整合工具——Data Integrator

BO 具有高效、可伸缩的企业数据信息管理平台，如图 19-18 所示。其中包含业界最强大的数据整合工具——Data Integrator，其具有如下技术特点：

- 统一的开发环境来支持实时或批处理任务：设计、清洗、测试、调试、监控；支持所有的数据源和目标：ERP、数据库、遗留系统、EAI、Web Services。
- 图形化工作流易于使用：拖拽界面，执行多步转换处理无需编程，工具生成代码；复杂的数据迁移过程可以通过条件逻辑复用各个单元处理。
- 安全的基于 Web 系统的中央管理：与设计环境无关的管理服务器、任务和接口，与网络管理软件整合。
- 扩展的转换和函数，自带可重用的转换（Transform）加速开发。
- 良好的数据质量控制：内置的数据剖析功能，完善的脏数据分拣，端到端的流程分析和冲突分析。

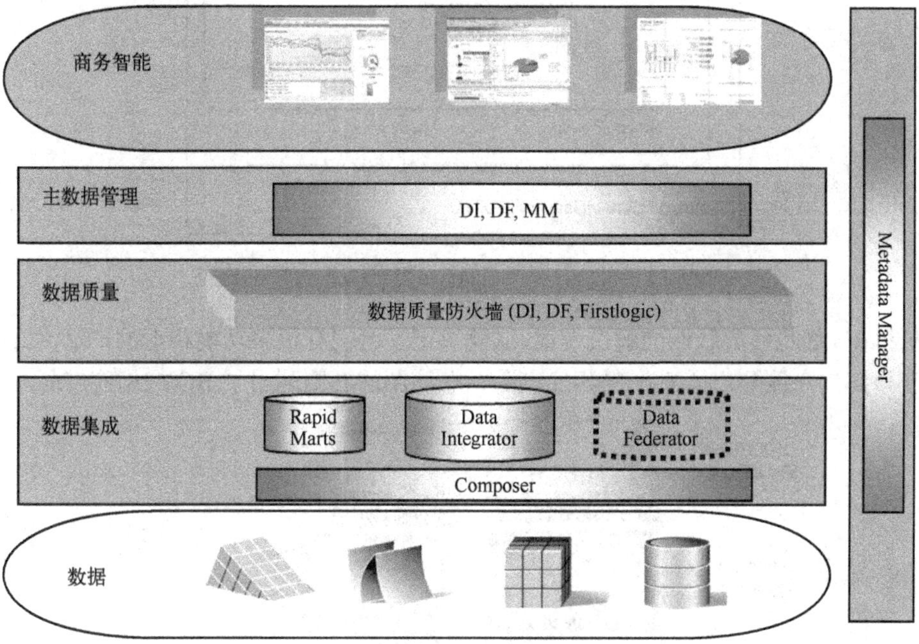

图 19-18　信息管理平台和强大的 ETL 工具——Data Integrator

19.2　BO 与 BW 的产品比较和产品方向

BO 在系统架构、系统全景图、项目路线图等方面和 BW 相似。下面在产品方面做一个比较，并简单介绍一下未来的产品发展方向。

1. BW 与 BO 产品比较

截止到 2007 年 1 月， Business Objects 是商务智能市场上的领导者。一同处在领导者阵营的还有 Cognos 和 Hyperion。作为独立产品的 SAP BW 还是处在一个挑战者（Challenger）的位置，与 Business Objects 相比存在一定的差距，如图 19-19 所示。

在 IBM 收购 Cognos，Oracle 收购 Hyperion 后，SAP 在商务智能市场的地位更加微妙。于是 2007 年 SAP 公司收购商务智能领域排名第一的法国的 Business Objects 公司，强强携手，奠定了 SAP 公司在商务智能领域的领导地位。

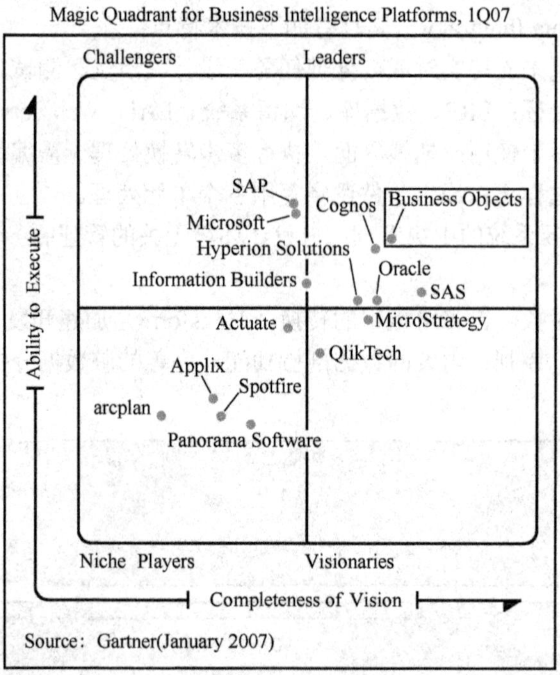

图 19-19　2007 年 1 月 Gartner 对市场上 BI 产品比较

BW 和 BO 都是商务智能的解决方案，这就决定了它们有很多功能相近的产品。如图 19-20 所示，在该图的左侧列出了 BW 的相应产品，在该图的右侧列出了 BO 的相应产品。

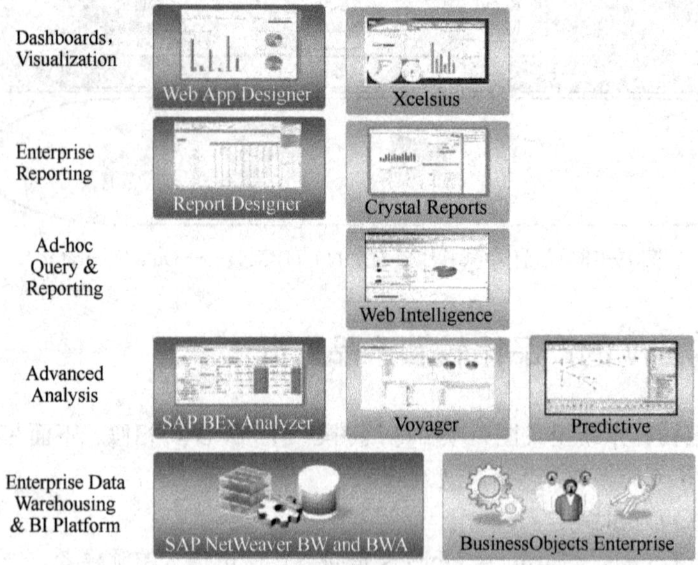

图 19-20　BW 和 BO 中相对应产品

在最下面的是 EDW 和 BI 平台层，BW 与 BOE 相对应。往上是报表层面，虽然图 19-20 中还没有完全列出 BO 的报表产品，但可以看出 BO 在报表产品线上具有极大的优势。每一类报表工具，BO 都有功能强大、界面友好、形式丰富、结果漂亮的工具与 BW 相对应，而且在 Ad-hoc 报表方面，更是填补了 BW 的空白。

2. SAP BW 和 BO 中相应前端产品发展方向

在SAP公司收购Business Objects之后，由于两者都提供商务智能端到端的完整解决方案，那么产品在各个领域尤其是在前端展现产品发生重叠。SAP 公司重新规划了 BI 产品路线图，基本上是全线采用 SAP Business Objects 的报表产品，如图 19-21 所示。

（1）信息展现层

- 仪表盘，可视化（Dashboards，Visualization）产品：放弃发展 Web Application Designer，采用 Xcelsius。
- 企业报表（Enterprise Reporting）产品：放弃发展 Report Designer，采用 Crystal Reports。
- 即席查询和报表（Ad-hoc Query & Reporting）产品：采用 Web Intelligence，填补原 SAP 产品线上空白。
- 高级分析（Advanced Analysis）产品：将 SAP BEx Analyzer 和 BO 的 Voyager 融合为支持包含 BEx Analyzer 的 Pioneer，同时保留原 BO 产品 Predictive。

（2）信息搜索和发布产品

1）信息搜索工具：BO 之前的信息检索产品是 Polestar。SAP 公司在收购后将 Polestar 的友好的前端搜索界面和索引与 SAP 的 BWA 强大的后端的搜索功能相结合，诞生新产品 Explorer。它的优势在于在海量数据中的快速搜索，并且能够以图形化展示。

2）信息发布工具：

- BI Widgets：将信息发布到用户桌面上。
- Mobile BI：将信息发布到用户手机上。
- Web Service：将信息发布到 Web 上。

（3）商务智能平台层

主数据管理产品中，BO 的 Data Quality 产品将逐步融入 SAP Master Data Management 产品中。

同时在图 19-21 中看到 BW 和 BOE 都将保留。BW 将主要用做 SAP 源系统的数据 ETL（抽取，转换和加载）和商务智能平台中的 Data Warehouse（数据仓库），BOE 将作为新的 BI 系统的商务智能平台的重要组成部分。

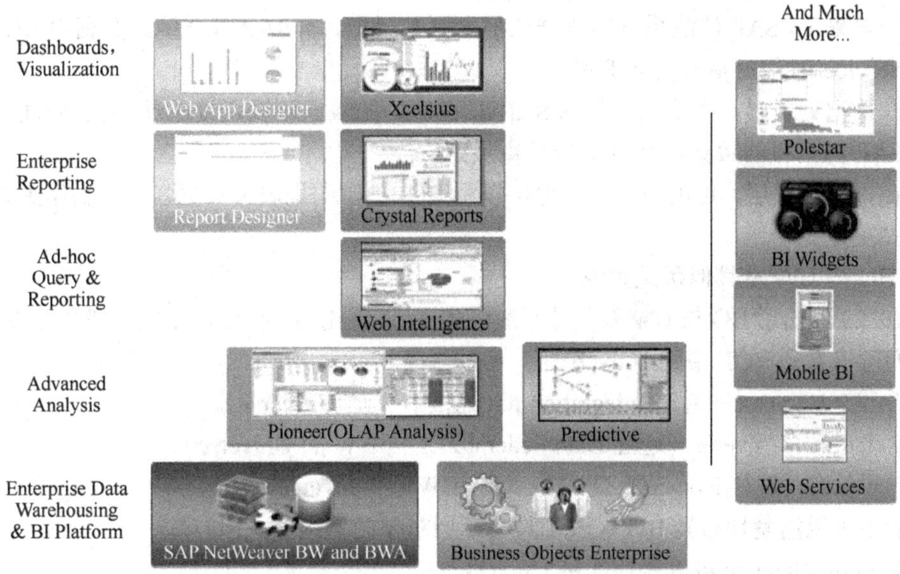

图 19-21　SAP BW 和 BO 中相应前端产品发展方向

19.3 BO 与 BW 以及其他系统的集成

Business Objects 被 SAP 收购后，就不断和 BW 等产品融合。虽然这条融合之路并没有那么轻松和迅速，迄今为止，两者之间的集成还存在一些问题。但是这并没有阻挡 BW+BO 产品组合在解决方案上的重要地位，以及在 BI 市场上市场份额的迅速增长。

1. BO 和 BW 的集成

如图 19-22 所示，我们可以看到，为了最大限度地保护既有客户的投资和利益，也为了给用户提供更多的选择方案，SAP 公司在当前阶段对于 BO 和 BW 的产品都予以保留和支持。我们还可以看到，按照数据流的方向从下往上，BO 从源数据抽取、数据处理和报表三方面加强了 BW 的功能。

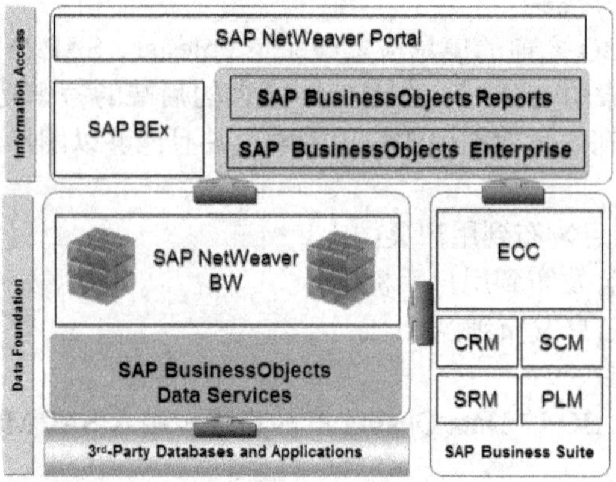

图 19-22 BO 和 BW 的集成

- 在数据抽取部分，对任何源系统，可以用 BW 抽取，也可以采用 BO Data Service 抽取。一般来说，SAP 的源系统的数据还是由 BW 抽取，非 SAP 源系统的数据由 BO 的 Data Service 抽取好后再进入 BW。
- 在数据处理层，源系统（包括 SAP ECC 等）的数据可以直接通过 BOE 处理。当然，SAP 源系统的数据还是 BW 处理得最好。
- 在报表展现层，可以用 BEx，也可以用 BO。BO 的报表工具更强大，制作更灵活，界面更漂亮。

2. BO 与 BW 及其他系统集成

图 19-23 给出了 BO 与 BW 及其他系统的集成，该图比图 19-22 所示的集成关系更细化了。我们可以看到 BOE 中的 Universe 分为三类：

- OLAP Universe（通过 Integration Kit 连接 BW 的 Universe）。
- Relational Universe（通过 Data Federator 连接 BW 的 Universe）。
- Universe（连接 Non-SAP DWH，即非 BW 的 Universe）。

我们还可以清楚地看到 BO 报表工具与下层对象的连接关系：

- Web Intelligence 可以直接连接 Universe。

- Crystal Reports 可以直接连接BW或Universe，还可以通过集成工具直接连接ERP系统。
- Xcelsius 可以通过 Live Office 连接 Crystal Reports，可以通过 Query as a Web Service 连接 Universe，还可以直接连接 BW。

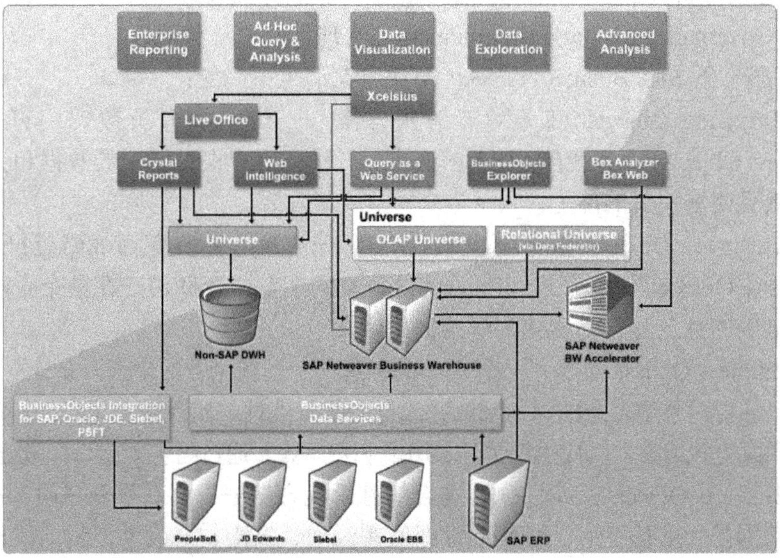

图 19-23　BO 和 BW 及其他系统的集成

19.4　BO 融入 SAP 全新解决方案

SAP 产品从 R/3 扩展为基于 NetWeaver 平台的 mySAP Business Suite，凭借强大的产品线在全球企业的广泛应用，在企业应用软件领域迅速并牢牢占据头把交椅。但是 SAP 公司没有固步自封，而是根据企业发展和 IT 技术发展的趋势，不断加强已有产品并通过自我研发和外部收购逐步扩展到其他领域，形成丰富的产品线和强大的解决方案，引领企业应用的发展方向。

商务智能和战略管理是 SAP 公司新的战略方向。SAP 公司在 2007 年重金收购商务智能领域排名第一的 BO。在 2006 年收购了合规软件 Virsa 系统公司，在 2007 年还收购了全面预算和业务合并软件 Outlook Soft 公司和战略管理分析软件 Pilot Software 公司。

SAP 公司面向未来，梳理全线产品，形成了全新的企业管理解决方案。奠定 SAP 公司基石的 ERP 系统以及之后推出的 CRM、SCM、PLM 等系统被划归为执行（Execution）系统，是传统的面向事物处理的 SAP Business Suite 产品线。同时，SAP 推出面向战略管理的 SAP Business Objects 产品线。

如图 19-24 所示，企业的整个应用系统分为以下三个层次：

- 执行（Execution）：主要有 ERP 和其他业务系统，可能是 SAP ECC、遗留系统或者第三方系统。
- 洞察（Insight）：主要是 BI 系统、BW 系统以及 IM 系统。
- 战略（Strategy）：主要是 EPM 系统和 GRC 系统。

图 19-24 中与 BO 密切相关的系统和解决方案主要术语如下：

- BI (Business Intelligence) ：商务智能。
- IM (Information Management)：信息管理。
- EPM (Enterprise Performance Management)：企业绩效管理。
- GRC (Governance Risk and Compliance)：治理、风险与合规性。

我们来了解一下 SAP Business Objects 解决方案的主要功能：

- SAP Business Objects 商务智能解决方案——访问和分析数据：充分利用 SAP Business Objects 商务智能（BI）解决方案，赋予用户根据坚实的数据和分析结果来制定有效且明智决策的能力。
- SAP Business Objects 信息管理解决方案——将信息转变为战略资产：利用 SAP Business Objects 信息管理（IM）解决方案的优势，帮助用户在整个企业内交付整合的、准确的且及时的结构化和非结构化数据。
- SAP Business Objects 企业绩效管理解决方案——把握企业的未来：充分发挥企业数据的价值，获得对整个企业的深入理解并改进组织一致性。实现整个组织的协调，并加强组织的洞察力和信心，以使组织更具灵敏度和竞争力。通过财务和运营绩效管理提升绩效。
- SAP Business Objects 治理、风险与合规性解决方案——主动平衡风险和机会：在如今企业范围扩大的情况下，可帮助管理所有治理、风险与合规性流程。实现企业战略、控制措施、机遇探索和损失缓解举措的统一，以便提升企业的公信度。

在图 19-24 中，我们还看到 SAP NetWeaver BW 产品以及 BWA 产品都将继续保留和发展，BW 将主要用于抽取 SAP 源系统的数据和担任数据仓库的重任，而 BWA 将成为后台搜索引擎。BW、BWA 和新收购的 Sybase 等产品将构成 SAP 数据仓库解决方案——获取、存储和转换企业数据。

图 19-24　SAP 解决方案图

以上是针对大型企业的从执行到战略的 SAP 解决方案。和业务管理软件领域一样，SAP 公司在商务智能领域全线出击，也推出了 SAP BusinessObjects 中小企业解决方案，从而满足不同类型企业的不同需求。

- SAP 商务智能大型企业解决方案：SAP BusinessObjects。
- SAP 商务智能中型企业解决方案：SAP BusinessObjects Edge。
- SAP 商务智能小型企业解决方案：SAP Crystal 。
- SAP 商务智能按需配置解决方案：SAP BusinessObjects BI OnDemand。

根据企业规模和实际需求，客户可以选择将 SAP 业务管理解决方案和 SAP 商务智能解决方案配合使用，这样能够以最高的效率进行运营，同时以最高效的方式管理业务。

第 20 章　BO 软件的安装

与 BW 软件相比，BO 系列软件有一个好处，就是可以直接在现阶段常用配置的台式机和笔记本上安装 Server，然后在本机上学习。这一方面是因为 BO Server 软件的硬件资源需求较少，另一方面是因为 BO Server 软件的安装过程也比较简单。

安装之前，我们需要到 SAP 网站上下载相关的软件安装包和 License Key。

例如在 http://www.sap.com/china/solutions/sapbusinessobjects/index.epx，我们可以看到免费试用 SAP BusinessObjects 的链接，如图 20-1 所示。

图 20-1　免费试用 BO 软件

本章记录了下列软件的安装过程。

- BOE 3.1 Server：运行 BO 系列软件的平台。
- Integration Kit：BO 与 SAP 系统集成套件。
- Xcelsius 2008：水晶易表 2008 版。
- Crystal Reports 2008：水晶报表 2008 版。

20.1　安装 BOE 3.1

注意：安装之前，需要关闭 McAfee、瑞星、360 等防火墙和查杀病毒的软件。

安装步骤如下：

1）按如下路径找到存放到本机上要安装的软件包：BOXI3_INSTALL\Business_Objects_Enterprise_3.1\RTM\win32_x86\packages\setup.exe。

2）双击 setup.exe 后，弹出安装语言选择对话框，选择简体中文，单击“确定”按钮，如图 20-2 所示。

3）接下来，系统会弹出 Windows Installer 对话框，如图 20-3 所示，不用做任何操作。

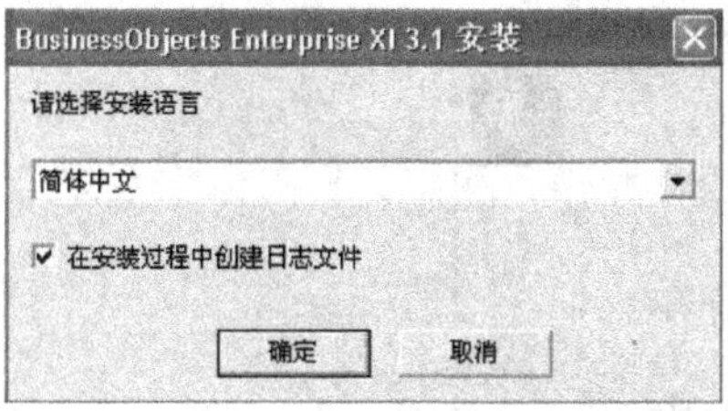

图 20-2　选择安装语言

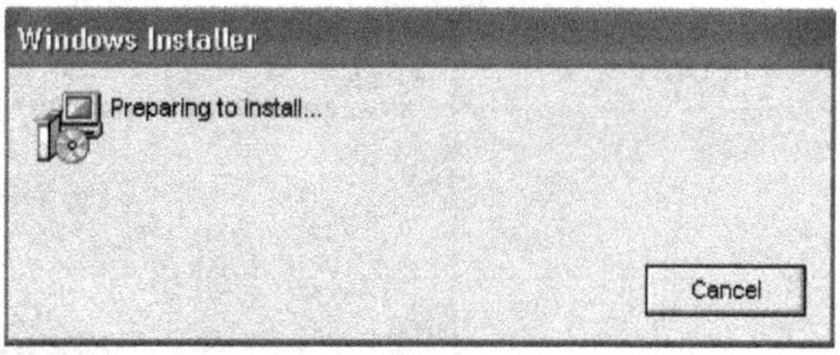

图 20-3　准备安装信息

4）稍等一下，系统会弹出安装向导界面，单击“下一步”按钮，如图 20-4 所示。

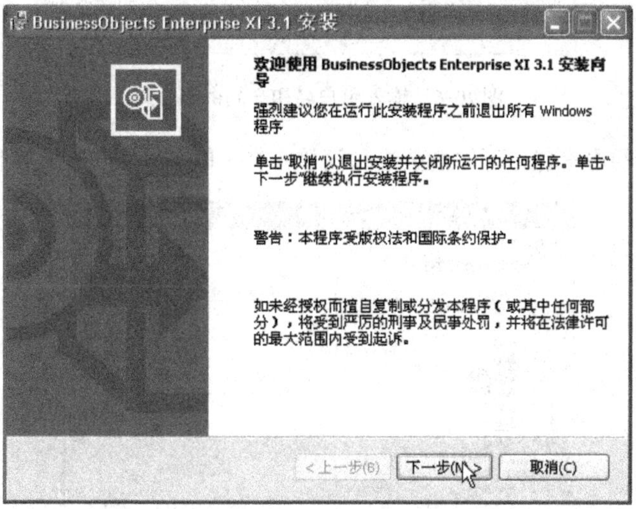

图 20-4　安装向导窗口

5）选择“我接受此许可协议”，单击“下一步”按钮，如图 20-5 所示。

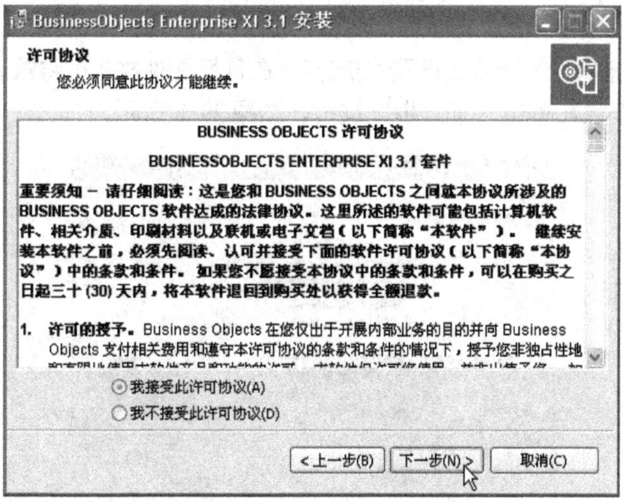

图 20-5　接受许可协议窗口

6）输入全名和产品密钥号码，单击“下一步”按钮，如图 20-6 所示。

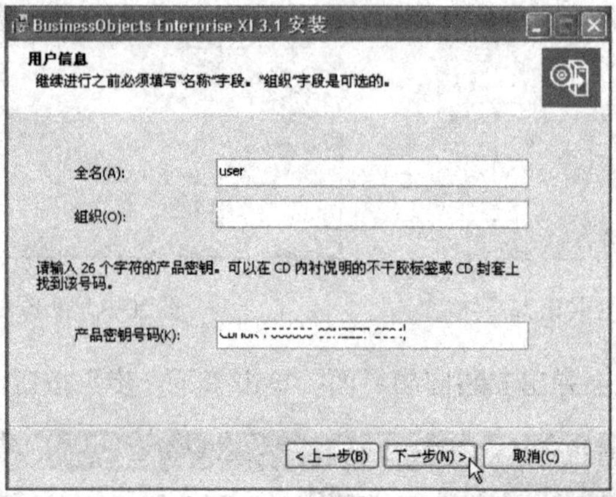

图 20-6　输入用户名和产品密钥号码

7）选择要安装的语言包，可勾选英语和简体中文，单击“下一步”按钮，如图 20-7 所示。

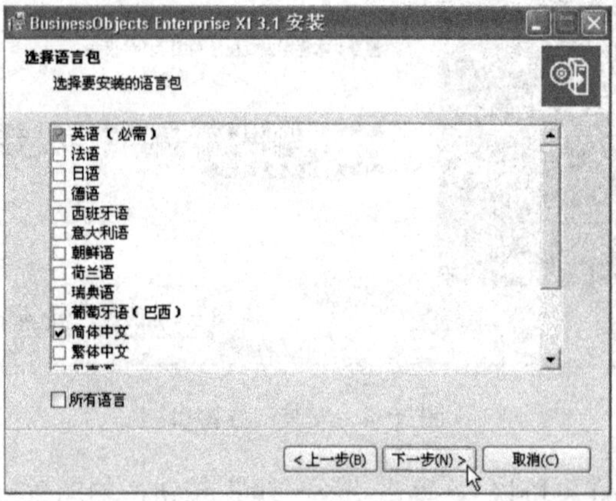

图 20-7　选择安装的语言包

8）在安装类型窗口，保持默认设置“新建”，在目标文件夹，可将默认的 C 盘改为 D 盘，当然也可以保持为 C 盘。单击“下一步”按钮，如图 20-8 所示。

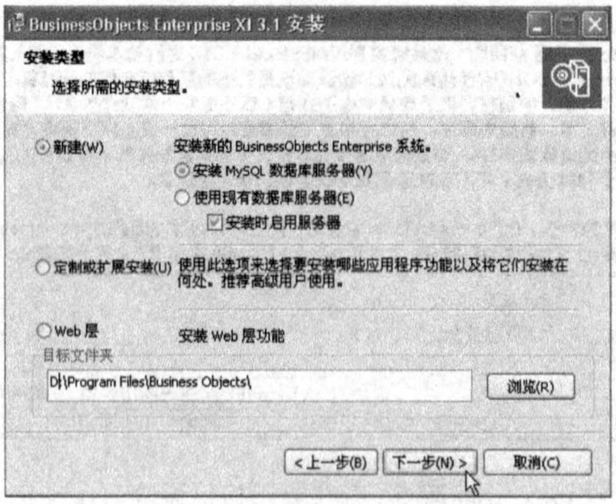

图 20-8　选择安装类型和目标文件夹

9）再为管理员指定端口号和密码窗口，保持端口号 6400 不变，勾选“在以后配置 BusinessObjects Enterprise 管理员密码（F）”，这样初始管理员 administrator 的密码就为空。单击“下一步”按钮，如图 20-9 所示。

注意：管理员密码为空不是标准安装方法，但本例演示 BOE Server 安装在本机上，方便自己使用而设置密码为空。之后可以在 BOE 中央管理控制台（Central Management Console）中设置和更改密码。

10）在服务器智能代理窗口中，保持默认值，单击“下一步”按钮，如图 20-10 所示。

注意：节点名称在本例中就是安装的电脑名，即本机，保持默认值；端口号保持默认值 6410。

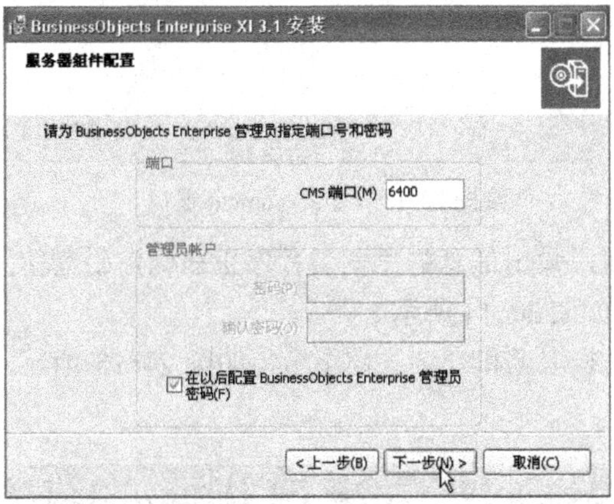

图 20-9　保持端口号和以后配置管理员账户

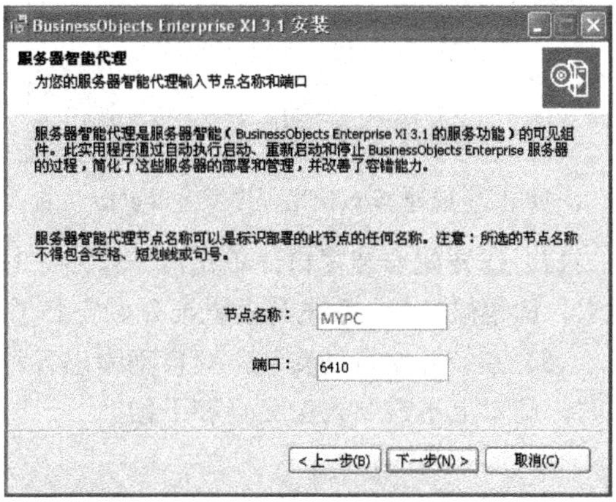

图 20-10　保持节点名称和端口默认值

11）在 MySQL 数据库服务器配置窗口中，保持 MySQL 端口号默认值 3306，输入 MySQL root 用户账户和 MySQL BusinessObjects 用户账户密码，单击“下一步”按钮，如图 20-11 所示。

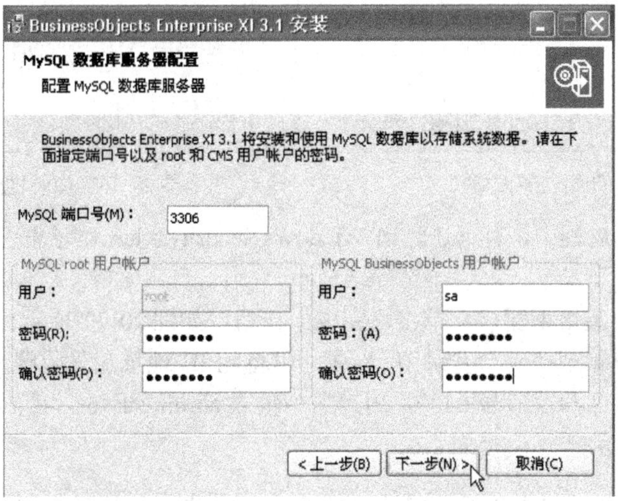

图 20-11　输入 MySQL 用户账户和密码

12）在选择 Web 应用程序服务器窗口中，保持默认设置，单击“下一步”按钮，如图 20-12 所示。

13）在配置 Tomcat 窗口中，保持默认设置，单击“下一步”按钮，如图 20-13 所示。

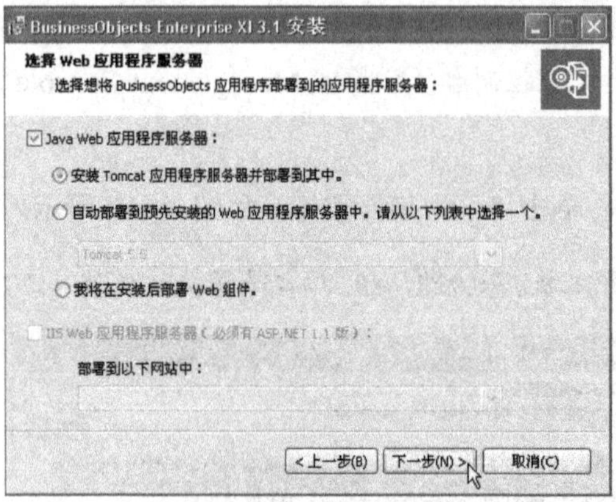

图 20-12　选择 Web 应用程序服务器窗口

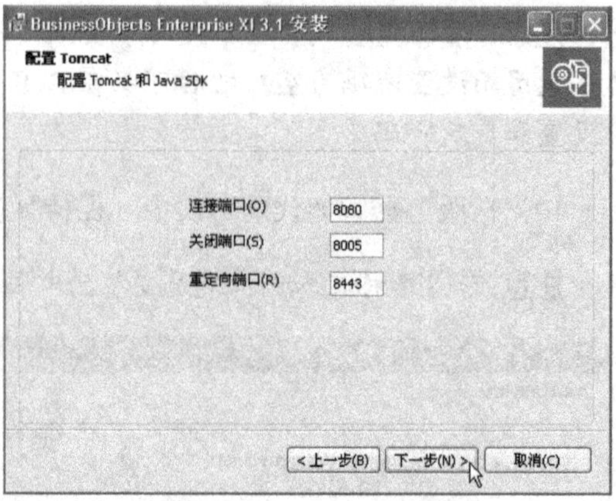

图 20-13　配置 Tomcat 窗口

14）在开始安装窗口，单击“下一步”按钮，弹出信息框“安装程序正在确定磁盘空间需求，请稍候...”，系统马上就要开始安装了，如图 20-14 所示。

15）系统开始自动安装，会自动弹出各种安装信息和安装进程指示，如图 20-15 所示。这时，基本上不需要人工交互和干预。

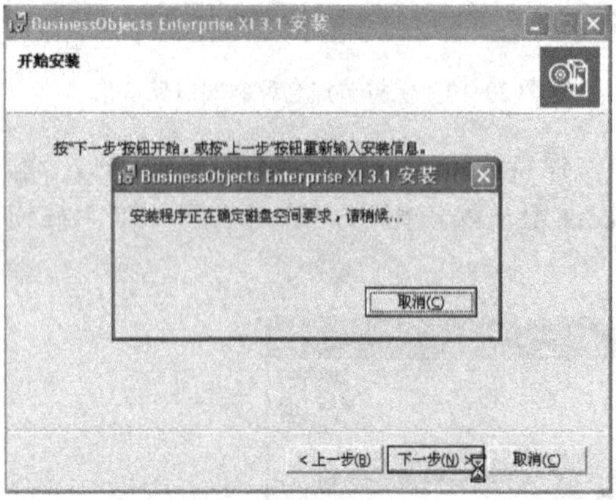

图 20-14　开始安装窗口

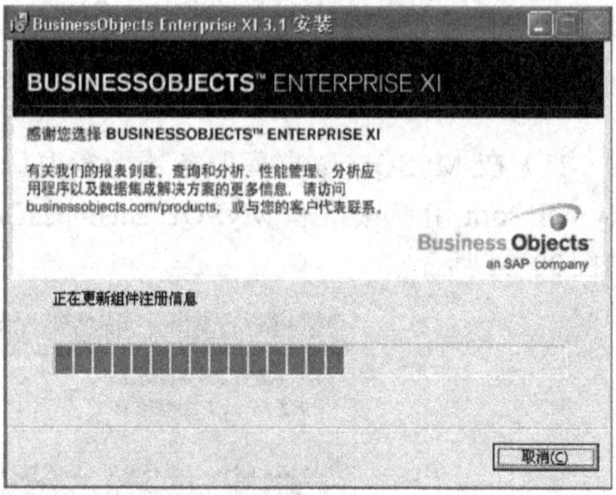

图 20-15　安装过程中

16）如果在安装过程中，有下述弹出 Windows Security Alert 对话框，单击 Unblock 按钮，如图 20-16 所示。

17）最后弹出安装结束窗口，单击“完成”按钮，如图 20-17 所示。

18）系统会弹出管理控制台登录 IE 界面，可将此 IE 地址加入收藏夹，方便以后登录。系统会自动显示电脑名和端口号 6400，用户名中输入 administrator，密码为空，单击“登录”按钮，如图 20-18 所示。

注意：在前面安装过程中配置管理员密码时，勾选“在以后配置 BusinessObjects Enterprise 管理员密码（F)”，这样初始管理员 administrator 的密码就为空。

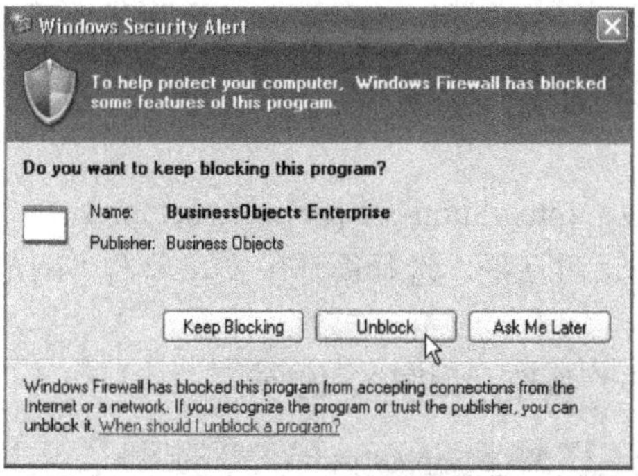

图 20-16 安全警告对话框：选择不阻止 BO

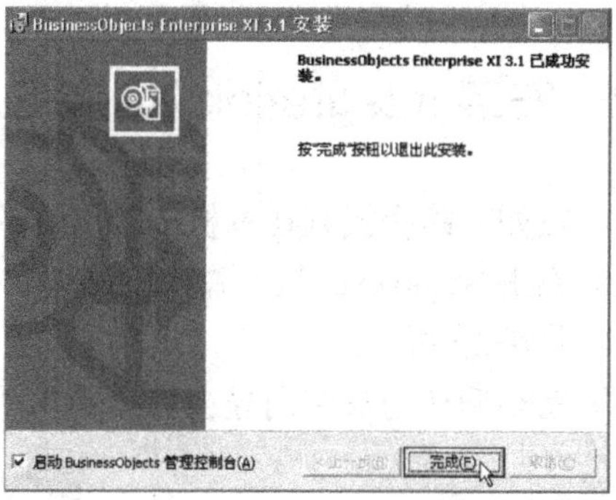

图 20-17 安装完成

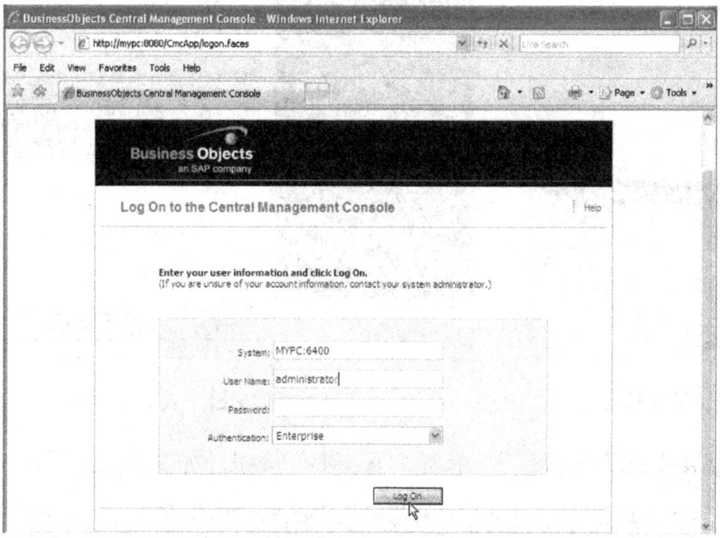

图 20-18 IE 登录界面

19）IE 界面变为中央管理控制台，这就验证了 BOE Server 已经成功安装在本机上了，如图 20-19 所示。

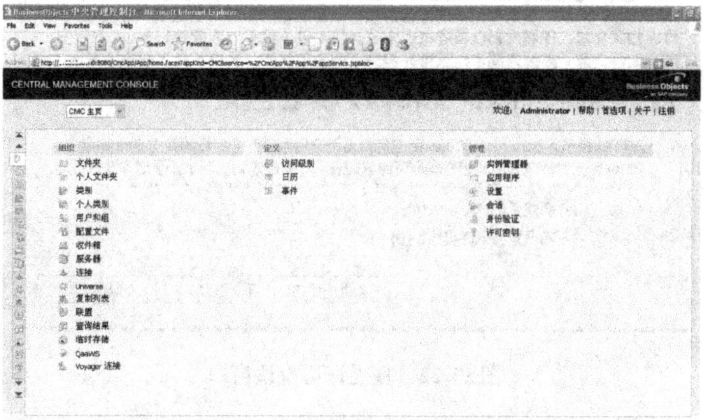

图 20-19 中央管理控制台界面

20.2 安装 Integration Kit 和 SAP Java 连接器

1）按如下路径找到在本机上要安装的软件包：Integration Kit\packages\setup.exe。

2）双击 setup.exe 后，弹出安装语言选择对话对话框，选择简体中文，单击“确定”按钮，如图 20-20 所示。

3）在欢迎使用安装向导窗口，单击“下一步”按钮，如图 20-21 所示。

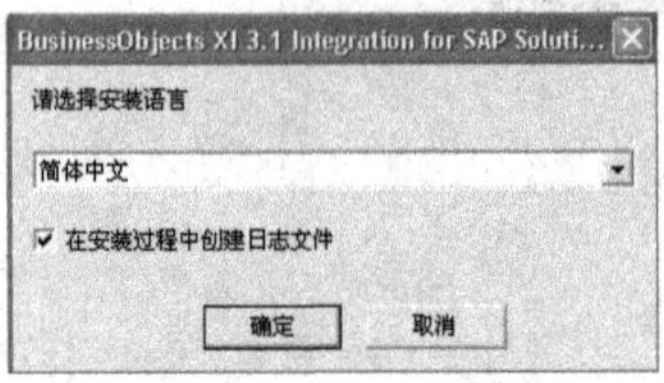

图 20-20　选择安装语言

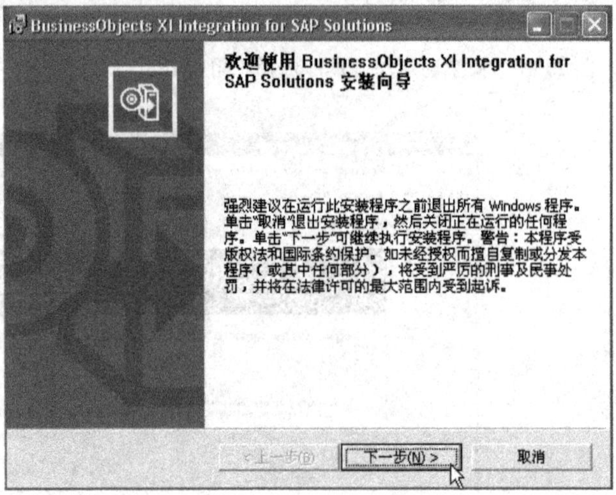

图 20-21　安装向导窗口

4）选择“我接受此许可协议”，单击“下一步”按钮，如图 20-22 所示。

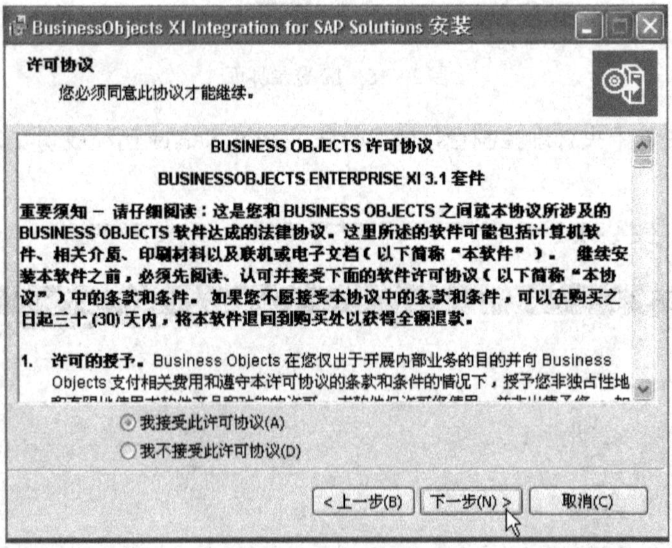

图 20-22　接受许可协议窗口

5）在用户信息窗口，输入全名和产品 ID，单击“下一步”按钮，如图 20-23 所示。

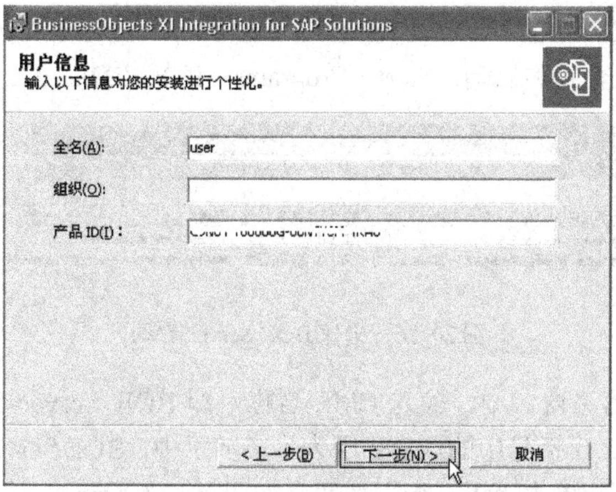

图 20-23　输入用户名和产品 ID

6）选择要安装的语言包，可勾选英语和简体中文，单击“下一步”按钮，如图 20-24 所示。

图 20-24　选择安装的语言包

7）选择安装 Server 或 Customization，不要选择 Client，单击“下一步”按钮，如图 20-25 所示。

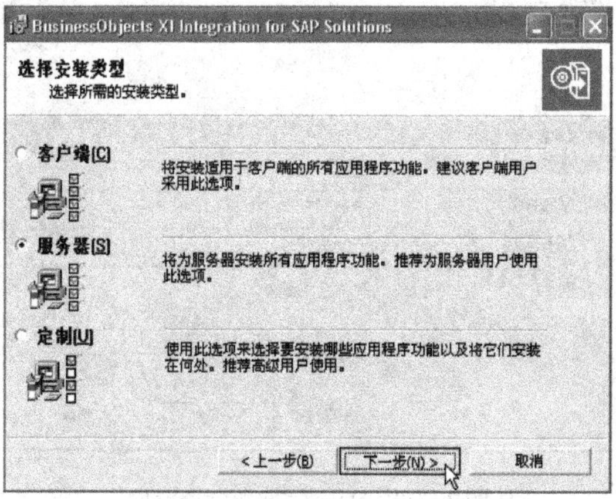

图 20-25　选择安装类型

8）这时要确保 CCM 中的 Apache Tomcat 5.5.20 和 Server Intelligence Agent 是“运行中”状态（可通过如下路径查看和启动：Start→Programs→BO→BOE→CCM），如图 20-26 所示。

图 20-26　确保 BOE Server 启动

9）在 CMS 登录信息窗口中，输入 CMS 名称，即 BOE Server 名称，也就是上一步中 Server Intelligence Agent 后括号中的内容。因为本书演示中，BOE Server 安装在本机上，所以填写本机电脑名称即可，单击“下一步”按钮，如图 20-27 所示。

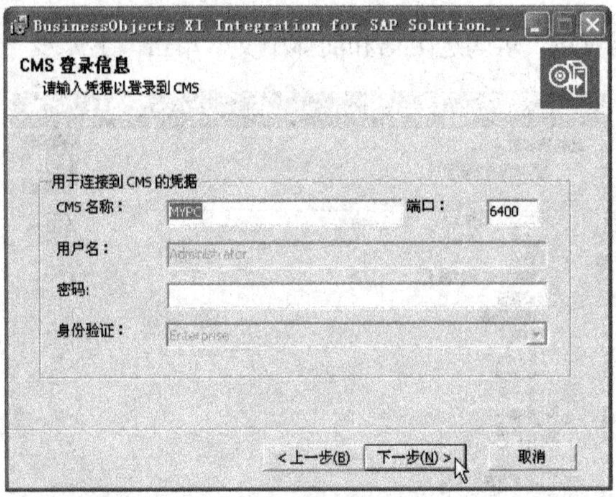

图 20-27　输入 CMS 名称（本机电脑名称）

10）在 BW 发布器参数窗口，程序 ID 输入本机名 MYPC；网关主机和网关服务可输入任意字符即可。本例中输入 gateway 和 gw service，单击“下一步”按钮，如图 20-28 所示。

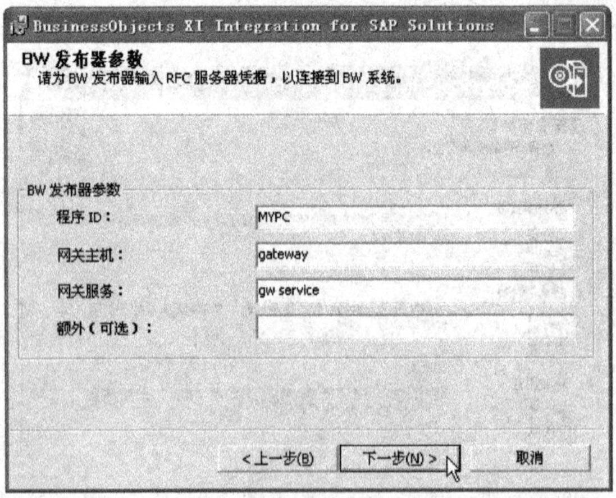

图 20-28　BW 发布器参数窗口

11）勾选自动部署 Web 应用程序，单击“下一步”按钮，如图 20-29 所示。

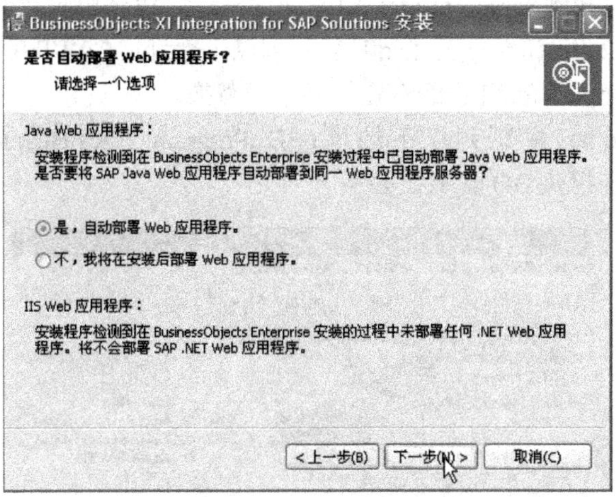

图 20-29　自动部署 Web 应用程序

12）在配置 Web 应用程序服务器窗口中，保持默认设置，单击“下一步”按钮，如图 20-30 所示。

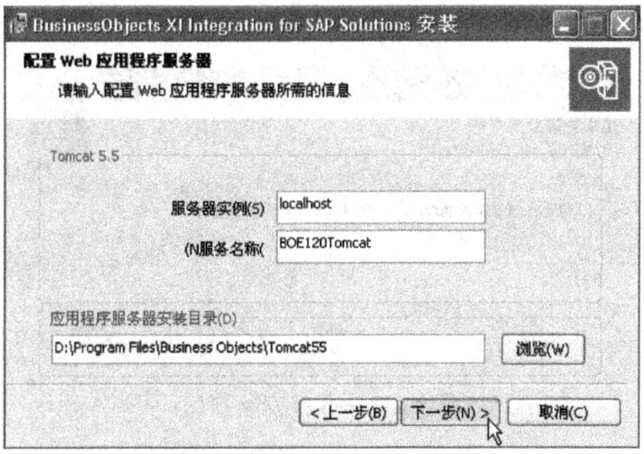

图 20-30　配置 Web 应用程序服务器窗口

13）这时系统弹出是否安装 SAP Java 连接器窗口，提示我们需要停下来，先安装 SAP Java 连接器，如图 20-31 所示。

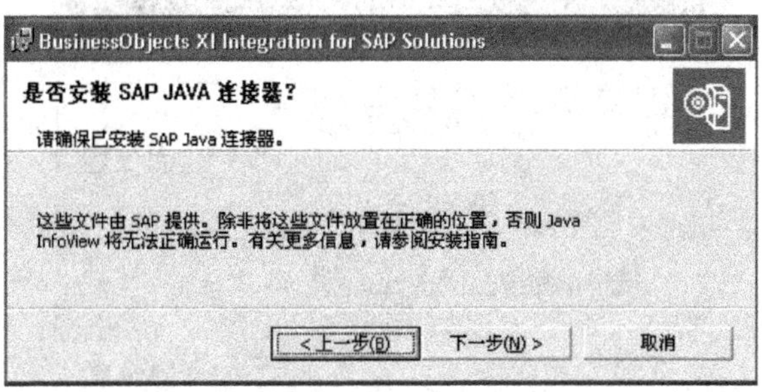

图 20-31　提示先安装 Java 连接器

14）下面安装 SAP Java Connector。

在安装软件包中，找到 sapjco-ntintel-2.1.9 文件夹，并找到相应文件，如图 20-32 所示。

● 将文件 librfc32.dll 和 sapjcorfc.dll 复制到以下地址：C:\WINDOWS\system32，如果 librfc32.dll 和 sapjcorfc.dll 已经存在，则不必替换。

● 将文件 sapjco.jar 复制到以下地址：D:\Program Files\Business Objects\Tomcat55\common\lib（前提是 BO 安装在 D 盘）。

图 20-32 sapjco-ntintel-2.1.9 中的文件

15）再回到 Integration Kit 安装过程中准备安装应用程序窗口，单击“下一步”按钮，如图 20-33 所示。

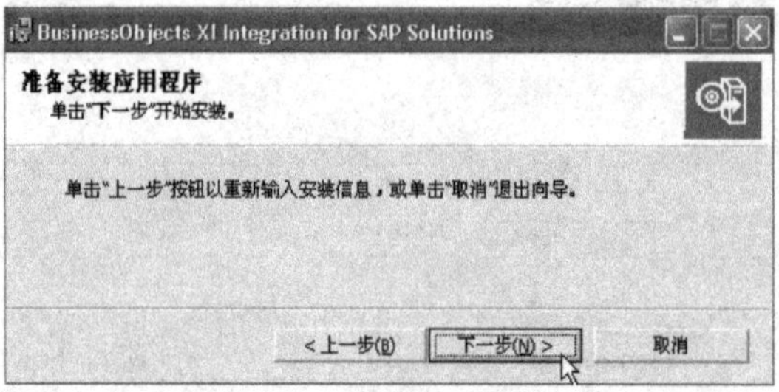

图 20-33 准备安装窗口

16）系统开始自动安装，并会自动弹出各种安装信息和安装进程指示。这时基本上不需要人工交互和干预，如图 20-34 所示。

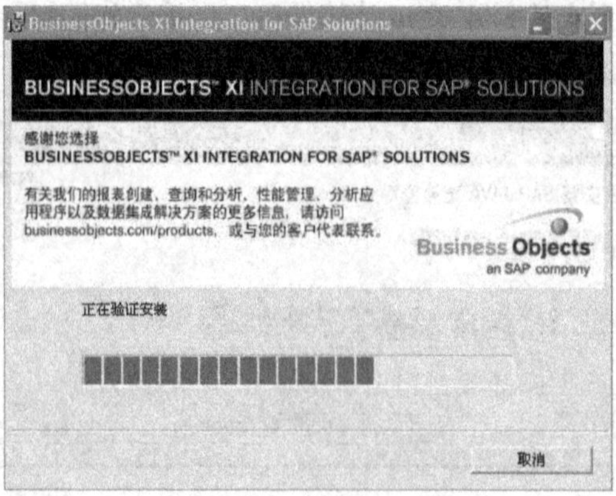

图 20-34 安装过程中

17）最后弹出安装结束窗口，单击“完成”按钮。这样，Integration Kit 和 SAP Java Connector 就都安装成功了，如图 20-35 所示。

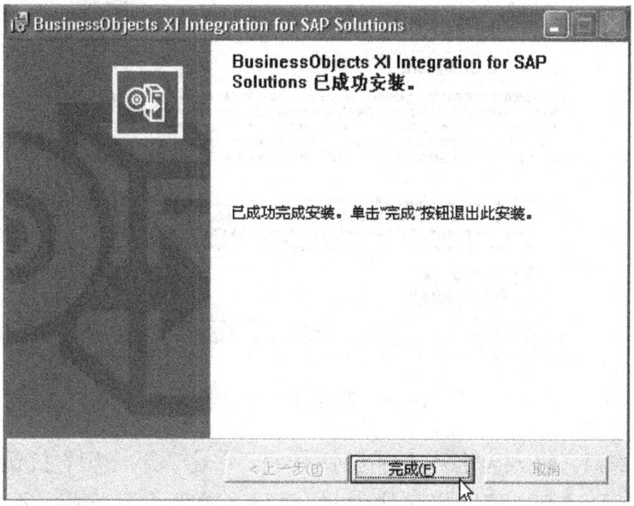

图 20-35　安装完成

20.3　安装 Xcelsius

1）按如下路径找到在本机上要安装的软件包：Xcelsius\XcelsiusSP2\Xcelsius\setup.exe。

2）双击 setup.exe 后，弹出安装语言选择对话框，选择简体中文，单击“确定”按钮，如图 20-36 所示。

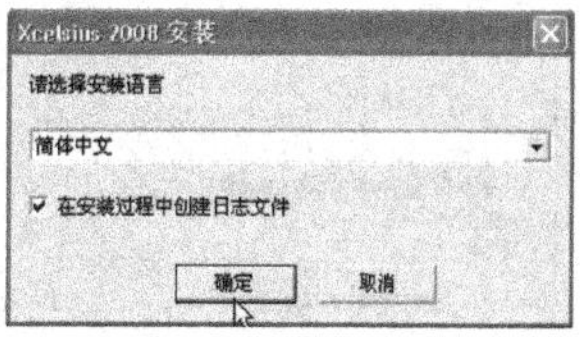

图 20-36　选择安装语言

3）在欢迎使用安装向导窗口，单击“下一步”按钮，如图 20-37 所示。

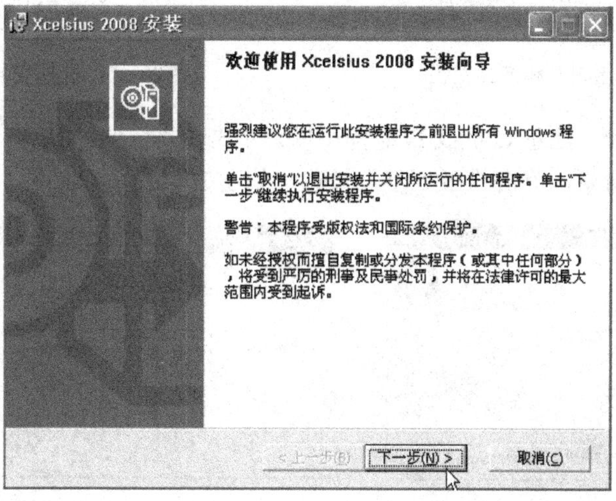

图 20-37　安装向导窗口

4）选择“我接受此许可协议”，单击“下一步”按钮，如图20-38所示。

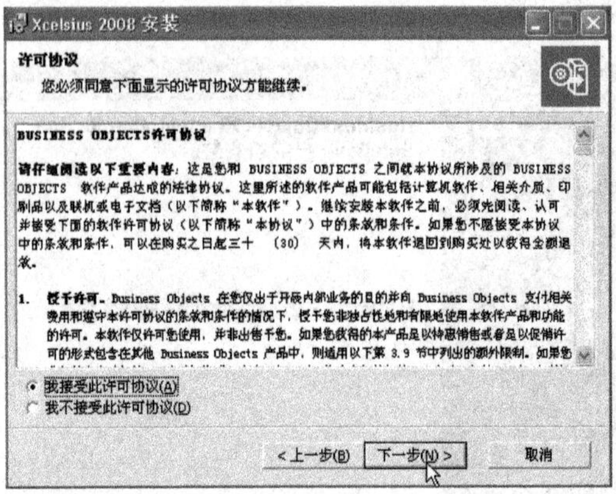

图20-38　接受许可协议窗口

5）在用户信息窗口，输入全名和产品密钥号码，单击“下一步”按钮，如图20-39所示。

6）选择要安装的语言包，可选择简体中文，注意英文为默认选择，不需要勾选，单击“下一步”按钮，如图20-40所示。

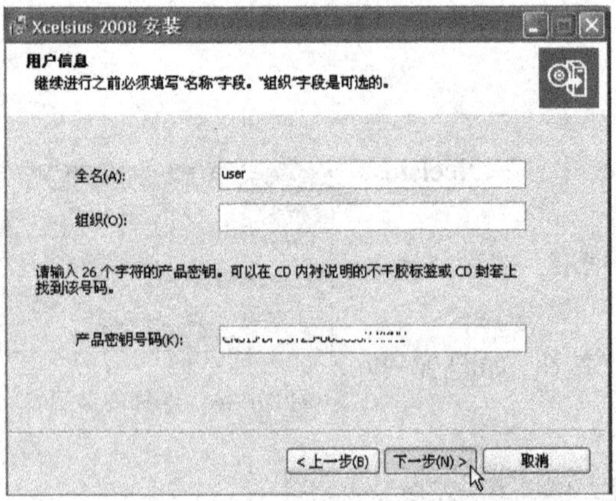

图20-39　输入用户名和产品密钥

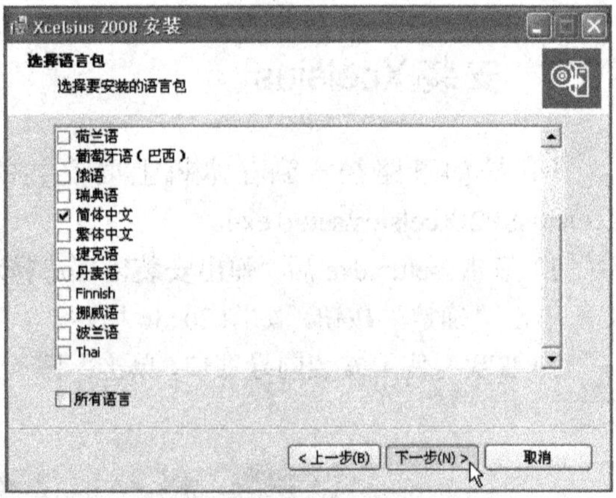

图20-40　选择安装的语言包

7）选择安装路径，注意C盘或D盘都可以，单击“下一步”按钮，如图20-41所示。

8）在开始安装窗口，单击“下一步”按钮，如图20-42所示。

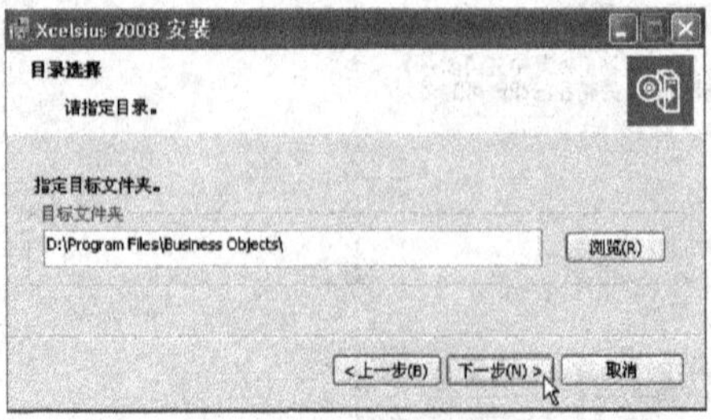

图20-41　选择路径

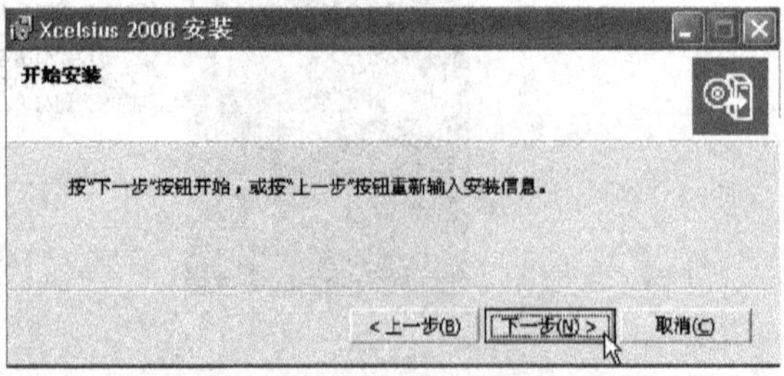

图20-42　开始安装窗口

9）系统开始自动安装，并会自动弹出各种安装信息和安装进程指示。这时，基本上不需要人工交互和干预，如图20-43所示。

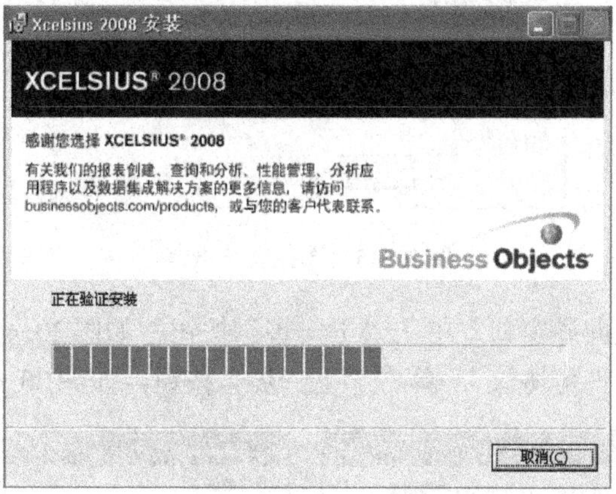

图20-43　安装过程中

10）最后弹出安装结束窗口，单击“完成”按钮。这样，Xcelsius就安装成功了，如图20-44所示。

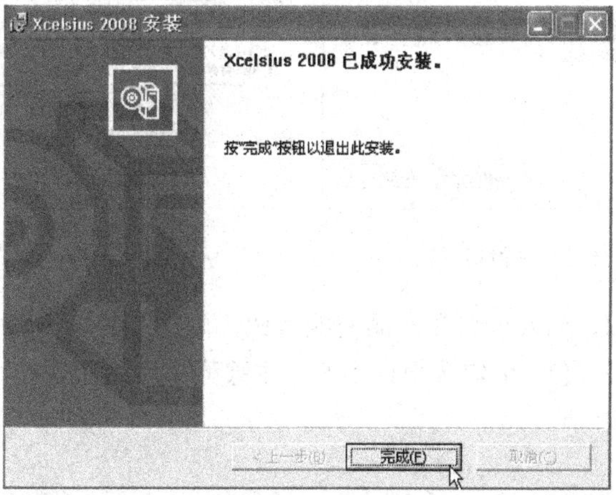

图20-44　安装完成

20.4　安装Crystal Reports

注意：

- 该安装过程中如果软件注册时间太长，需要关闭McAfee、瑞星、360等系列防火墙和查杀病毒的软件。
- 安装Xcelsius和Crystal Reports没有先后次序的要求。

1）按如下路径找到在本机上要安装的软件包：CR\CR 2008 SP1\RTM\win32_x86\packages。

2）双击setup.exe后，弹出安装语言选择对话框，选择简体中文，单击“确定”按钮，如图 20-45 所示。

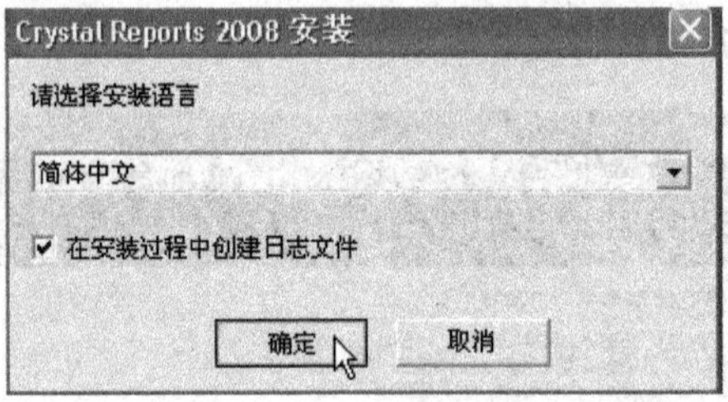

图 20-45　选择安装语言

3）在欢迎使用安装向导窗口，单击“下一步”按钮，如图 20-46 所示。

4）选择“我接受此许可协议”，单击“下一步”按钮，如图 20-47 所示。

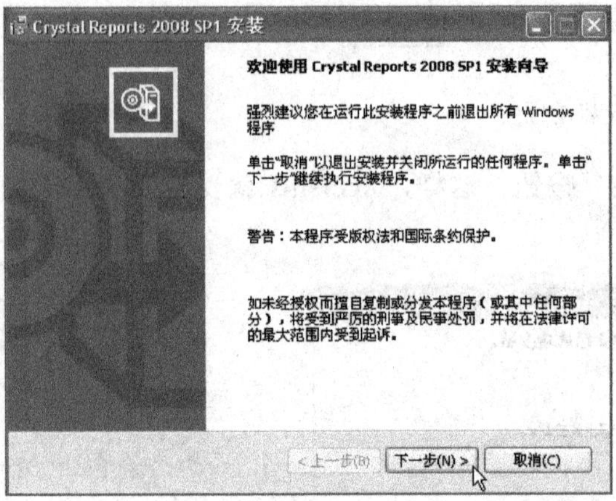

图 20-46　安装向导窗口

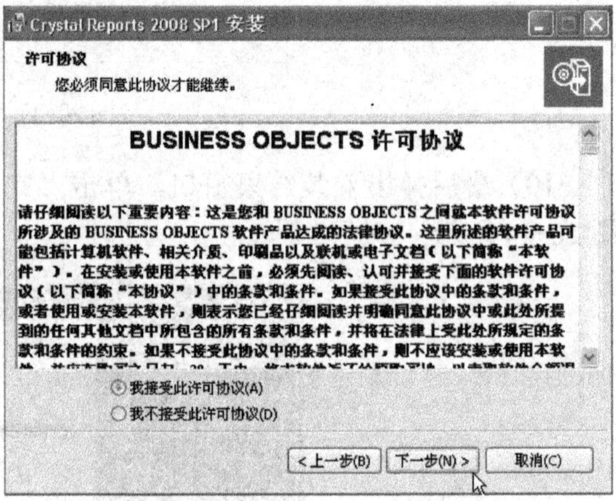

图 20-47　接受许可协议窗口

5）在用户信息窗口，输入全名和产品密钥号码，单击“下一步”按钮，如图 20-48 所示。

6）选择要安装的语言包，可勾选简体中文，注意英文为默认选择，不需要勾选，单击“下一步”按钮，如图 20-49 所示。

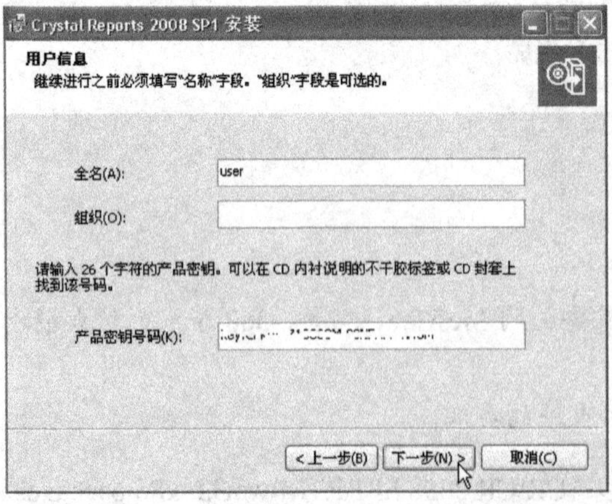

图 20-48　输入用户名和产品密钥

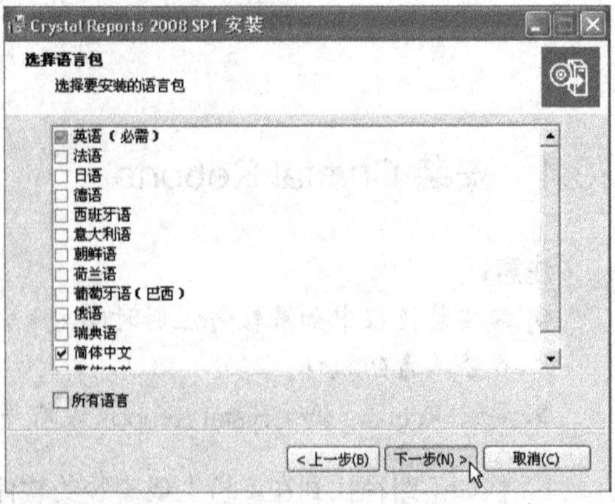

图 20-49　选择安装的语言包

7）选择典型安装类型，单击“下一步”按钮。如果更改安装目录等，可选择定制修改，如图 20-50 所示。

8）在开始安装窗口，单击“下一步”按钮，如图 20-51 所示。

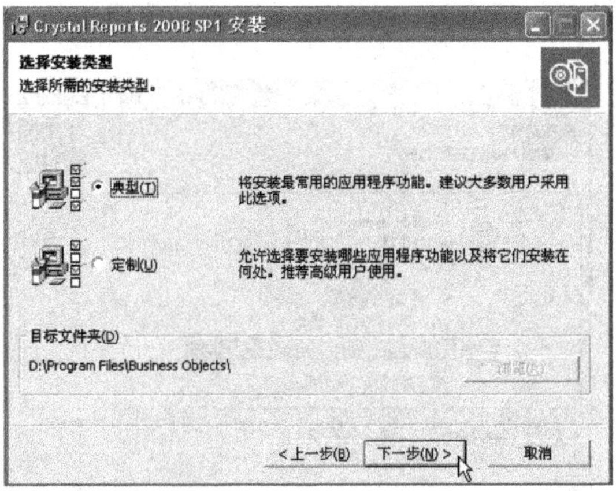

图 20-50　选择安装类型

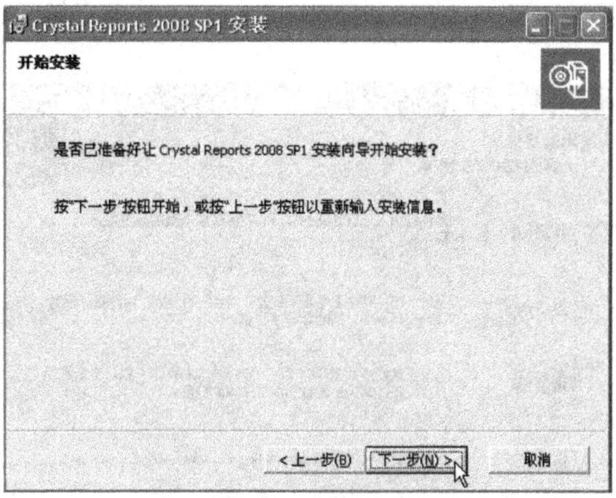

图 20-51　开始安装窗口

9）系统开始自动安装，并会自动弹出各种安装信息和安装进程指示，如图 20-52 所示。这时，基本上不需要人工交互和干预。

10）最后弹出安装结束窗口，单击“完成”按钮。这样，Xcelsius 就安装成功了，如图 20-53 所示。

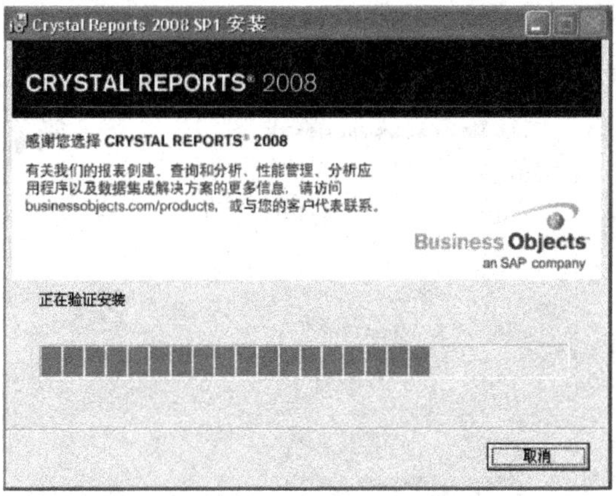

图 20-52　安装过程中

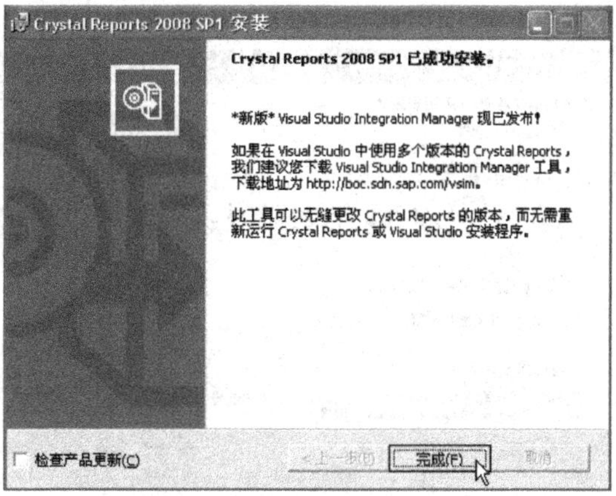

图 20-53　安装完成

20.5　重新安装 Integration Kit

因为 Integration Kit 在 Xcelsius 和 Crystal Reports 之前已安装，所以需要重复第 2 步，重新安装 Integration Kit 并选择修改。当然，也可以之前不安装 Integration Kit，在安装 BOE3.1、Xcelsius 和 Crystal Reports 之后再安装 Integration Kit。

1）按如下路径找到在本机上要安装的软件包：IntegrationKit\packages\setup.exe。

2）双击 setup.exe 后，弹出应用程序维护窗口，选择修改，单击“下一步”按钮，如图 20-54 所示。

3）在选择功能窗口，找到如下路径：SAP BW 安装→SAP BW 工具栏，单击下箭头，选择“整个功能将被安装在本地硬盘上”，单击“下一步”按钮，如图 20-55 所示。

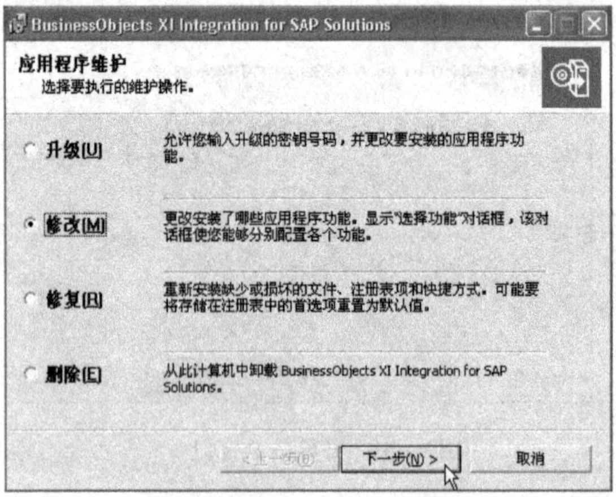

图 20-54　选择修改

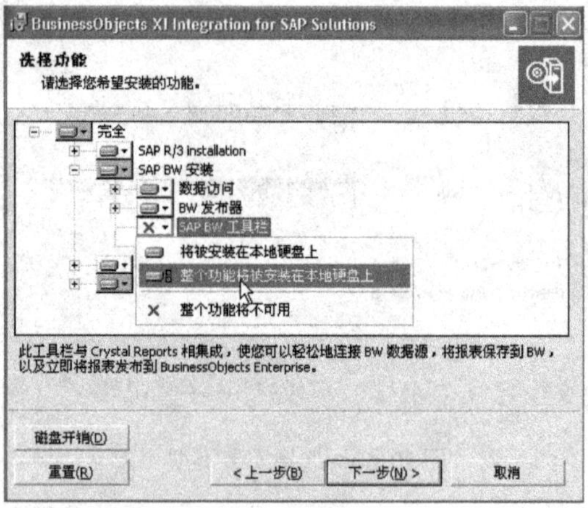

图 20-55　修改 SAP BW 工具栏

4）勾选自动部署 Web 应用程序，单击“下一步”按钮，如图 20-56 所示。

5）在配置 Web 应用程序服务器窗口中，保持默认设置，单击“下一步”按钮，如图 20-57 所示。

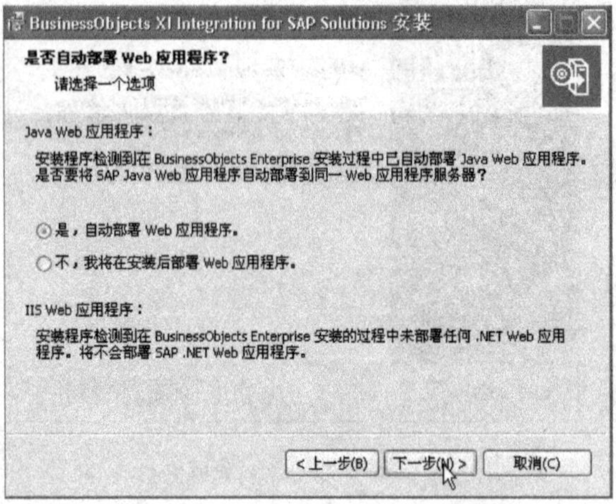

图 20-56　自动部署 Web 应用程序

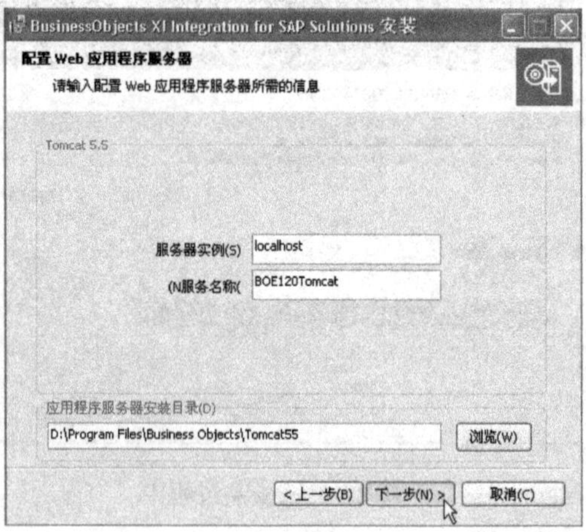

图 20-57　配置 Web 应用程序服务器窗口

6）在准备修改应用程序窗口中，单击“下一步”按钮，如图 20-58 所示。

7）系统开始自动安装，并会自动弹出各种安装信息和安装进程指示，如图 20-59 所示。这时，基本上不需要人工交互和干预。

8）最后弹出安装结束窗口，单击“完成”按钮，如图 20-60 所示。这样，Integration Kit 就再次安装和配置成功了。

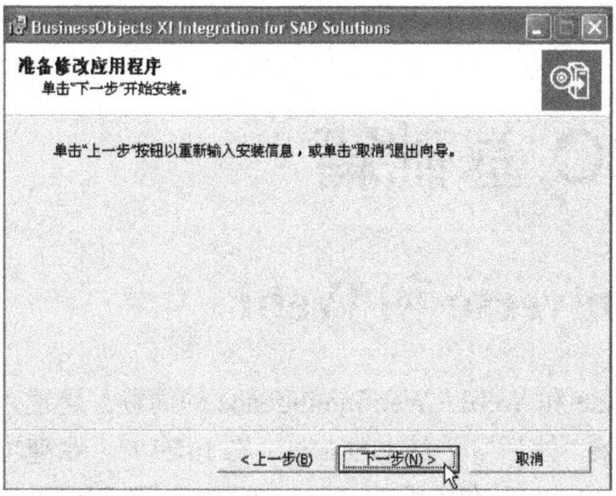

图 20-58　准备修改应用程序窗口

图 20-59　安装过程中

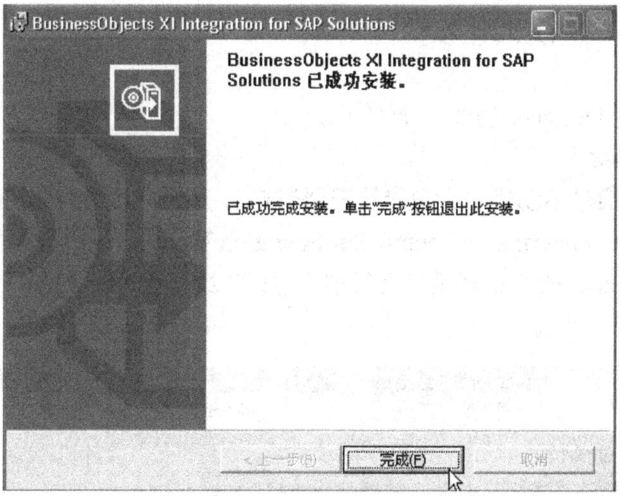

图 20-60　再次完成安装 Integration Kit

第五篇　BO 基础篇

第 21 章　建立 Universe 和 WebI

在本章中，通过一个实例使读者对于 Universe 和 WebI（Web Intelligence 的简称）迅速入门。先在 BO Designer 中建立一个简单的 Universe，然后基于该 Universe，在 InfoView 中建立 WebI 查询和报表。最后再进一步修改 Universe 和 WebI。在了解 Universe 和 WebI 的创建过程之后，将 BW 与 Universe 中的术语进行比较，从而避免两者的混淆。

21.1　创建第一个 Universe

在这一节中，用 Designer 创建一个 Universe。

1．启动 Designer

1）按如下路径启动 BOE“中央配置管理器”窗口：开始→程序→BusinessObjects <Version No>→BusinessObjects Enterprise→Central Configuration Manager。检查其中 Server Intelligence Agent 和 Apache Tomcat 的状态都是“运行中”，如图 21-1 所示。如果状态是“停止”，可以右击该状态，再选择“启动”。

图 21-1　中央配置管理器（CCM）窗口

2）按如下路径启动 Designer：开始→程序→BusinessObjects <Version No>→Business Objects Enterprise→Designer。

3）登录系统，本例中演示登录“BO 安装”章节中安装的 BO Server，相应参数如图 21-2 所示。

- 在“系统”后输入或选择“MYPC”。
- 在“用户名”输入“administrator”，密码为空。
- 在“身份验证”后选择“Enterprise”。
- 单击“确定”按钮。

4）系统弹出“快速设计向导”窗口，在本例中不使用向导，单击“取消”按钮，如图 21-3 所示。

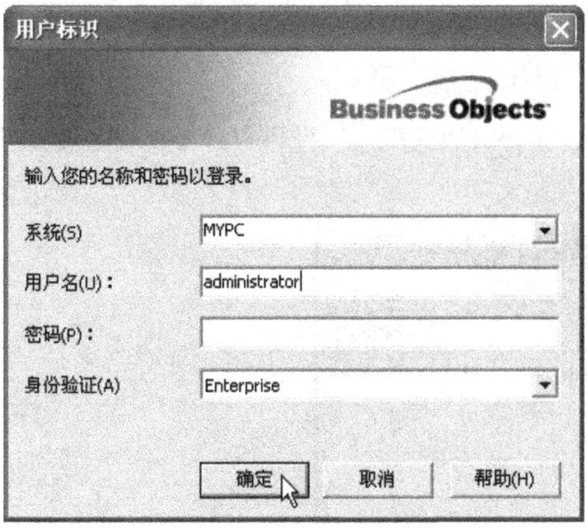

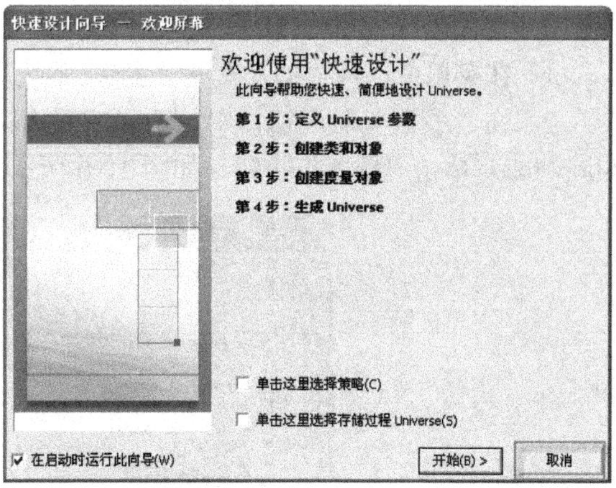

图 21-2　Designer 登录界面　　　　图 21-3　快速设计向导窗口

5）系统进入 Designer 开始界面，如图 21-4 所示。

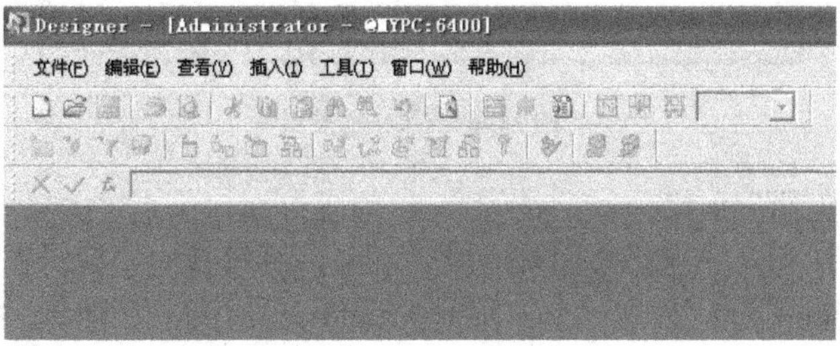

图 21-4　Designer 开始界面

2．创建 Universe

1）在菜单中选择文件→新建命令，系统弹出“Universe 参数”对话框。

2）在“Universe 参数”对话框中，切换至“定义”选项卡。

3）在“名称”后输入 Universe Demo1，如图 21-5 所示。

4）在“连接”后选择 efashion，单击“确定”按钮，如图 21-5 所示。

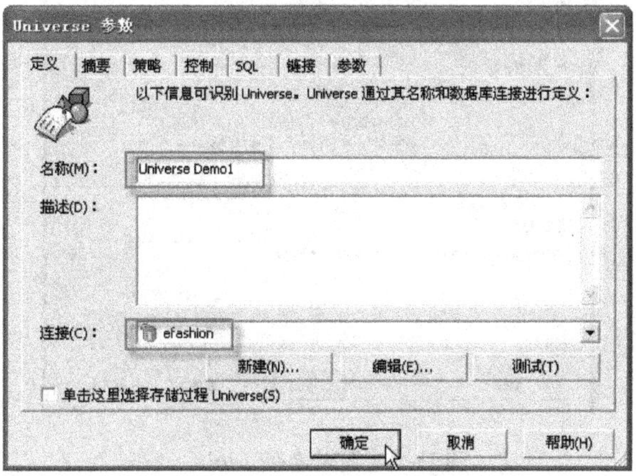

图 21-5　输入 Universe 名称和选择连接

3. 插入表（Table）和插入连接（Join）

1）在菜单中选择“插入”→“表”，系统弹出“表浏览器”窗口。

2）在“表浏览器”窗口中，选择三张表，即 Article_lookup、Calendar_year_lookup 和 Shop_facts 单击“插入”按钮，如图21-6所示。

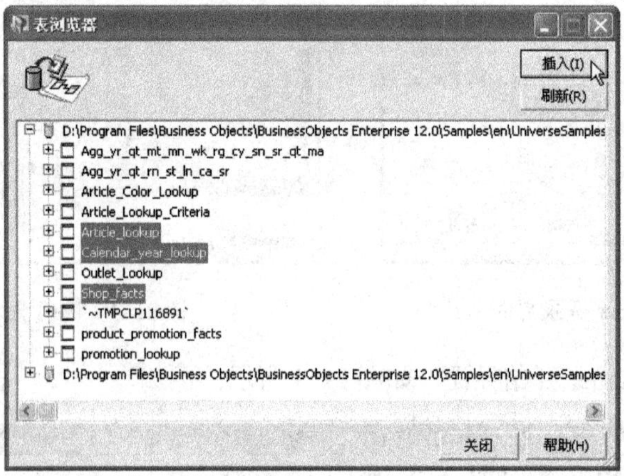

图21-6　插入三张表

3）关闭“表浏览器”窗口。

4）在菜单中选择插入→连接来加入连接（Join），系统弹出“编辑连接”对话框。

设置 Article_lookup.Article_id : Shop_facts.Article_id = 1:N，如图21-7所示。

注意：在“基数”区域，可以单击“检测”按钮，得到系统提示的比例关系，也可以手动选择和更改比例关系。

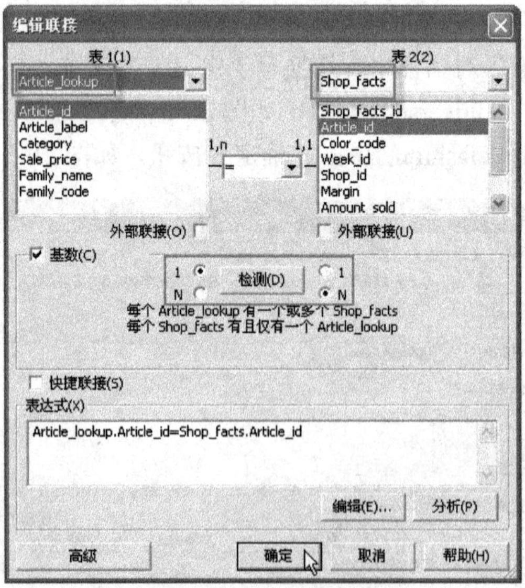

图21-7　编辑连接（Join）

5）同上一步操作，设置 Calendar_year_lookup.Week_id : Shop_facts.Week_id = 1: N。如

图21-8所示。

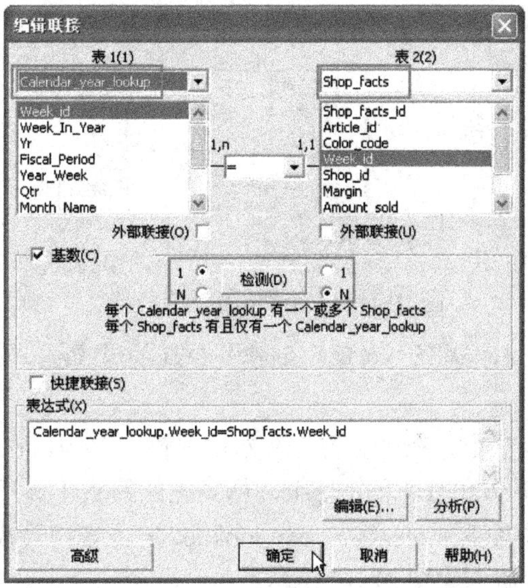

图21-8　编辑连接（Join）

6）编辑连接后的结果，即模式（Schema），如图21-9所示。

注意：可以通过拖拽方式手动调整表的位置。

4. 创建类（Class）和对象（Object）

1）在菜单中选择“插入”→“类”，系统弹出“编辑1类的属性”对话框。

2）输入新类名和描述，单击“确定”按钮，如图21-10所示。

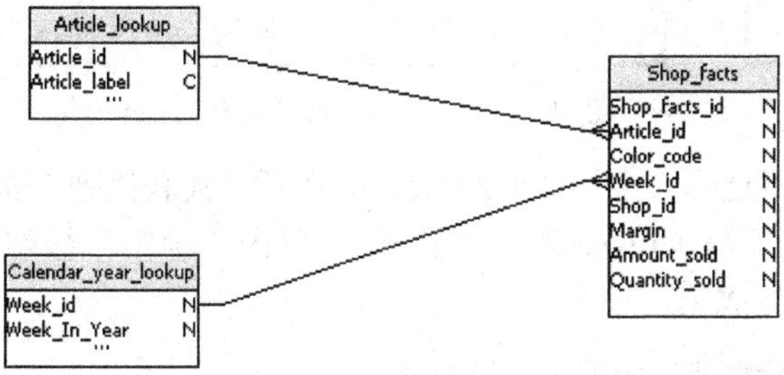

图21-9　模式（Schema）

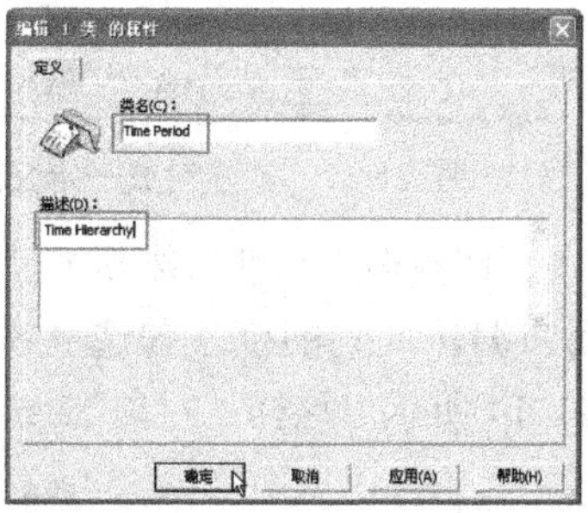

图21-10　创建类（Class）

3）一共创建三个类，如表21-1所示。类创建完后，结果如图21-11所示。

表21-1　新建类

类　　名	描　　述
Time period	Time hierarchy （如图21-10所示）
Product	Product Hierarchy
Measures	3 years historical view showing measures.

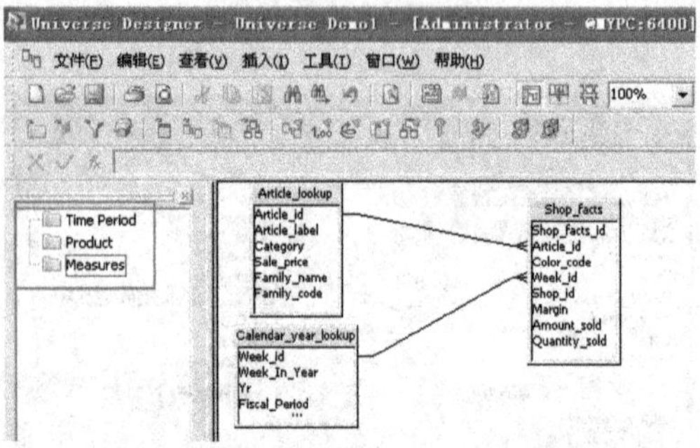

图 21-11　三个类创建完后的结果

4）右击类 Time period，选择“对象”创建一个新的维 Year，系统弹出“编辑 1 对象的属性”对话框。

5）切换至“定义”选项卡，在“名称”文本框中输入 Year，在“类型”下选择“字符”，在“描述”下输入 Year 1999-2001，单击 Select 框右侧的箭头“≫”，如图 21-12 所示。

6）在弹出的对话框中输入 Calendar_year_lookup.Yr 或者展开表 Calendar_year_lookup，双击 Yr，单击“确定”按钮，如图 21-13 所示。

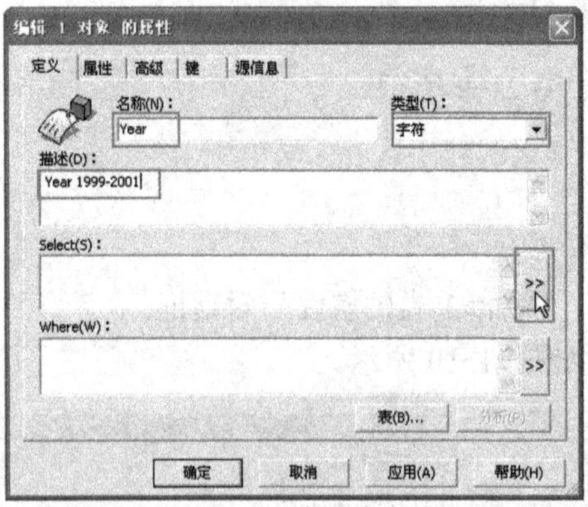

图 21-12　创建对象—定义选项卡

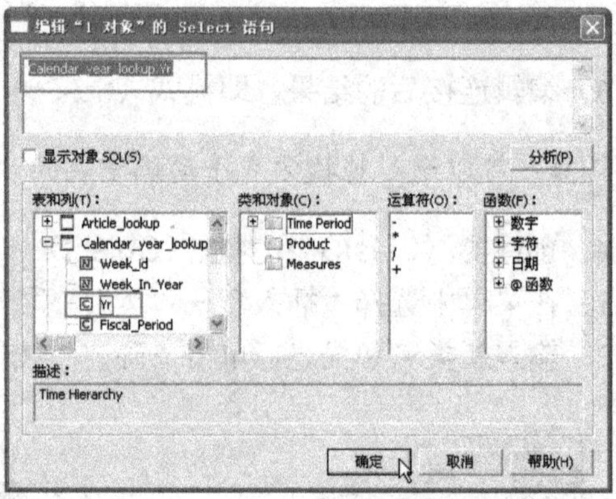

图 21-13　创建 Object—编辑 Select 语句

7）切换至“属性”选项卡，在限定下选择“维”（Dimension），保留“关联值列”和“允许用户编辑此列的值”勾选状态，勾选“与 Universe 一同导出”，单击“确定”按钮，如图 21-14 所示，这样，对象 Year 就创建完成了。

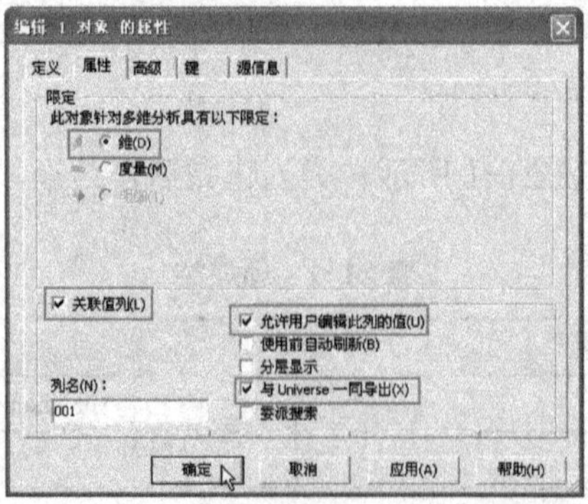

图 21-14　创建对象—属性选项卡

8）使用创建对象 Year 同样的步骤来创建如下对象。

- Year：

  所属类: Time period。

  类型: 字符。

  描述: Year 1999 – 2001。

  Select 语句: Calendar_year_lookup.Yr。

  限定: 维（Dimension）。

  关联值列: 勾选。

- Fiscal Period：

  所属类: Time period。

  类型: 字符。

  描述: Year FY99 - FY01。

  Select 语句: Calendar_year_lookup.Fiscal_period。

  限定: 明细（Detail）。

  关联维: Year（Time period）。

  关联值列: 勾选。

- Lines：

  所属类: Product。

  类型: 字符。

  描述: Product line. Each line contains a set of categories。

  Select 语句: Article_lookup.Family_name。

  限定: 维（Dimension）。

  关联值列: 勾选。

- Sales revenue：

  所属类: Measures。

  类型: 数值（Number）。

  描述: Sales revenue $ - $ revenue of SKU sold。

  Select 语句: SUM(Shop_facts.Amount_sold)，如图 21-15 所示。

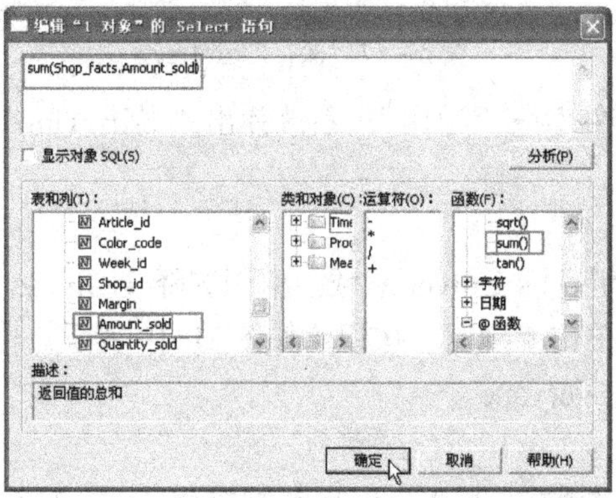

图 21-15　度量 Sales revenue 的 Select 语句

限定: 度量（Measure）。

关联值列: 勾选。

9）类和对象创建完成后的结果如图 21-16 所示。

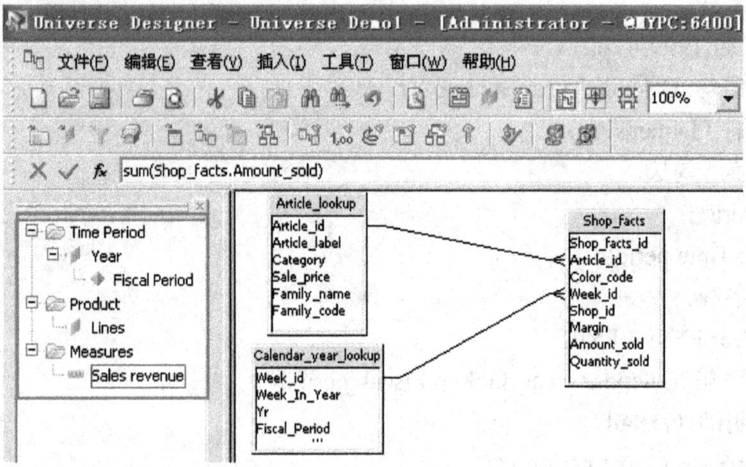

图 21-16　类和对象创建完成后的结果

5．导出 Universe

1）在菜单中选择“文件”→“保存”。在弹出的“另存为”对话框中，如图 21-17 所示，输入文件名 Universe_Demo1，保存在系统默认的 Universes 文件夹中。当然也可以保存在其他文件夹中。

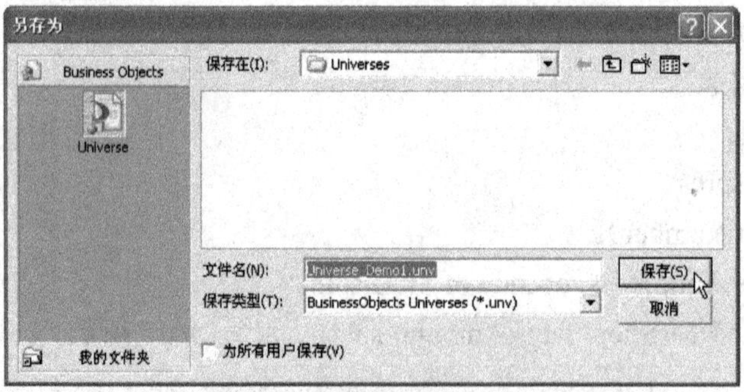

图 21-17　保存 Universe

2）在菜单中选择“文件”→“导出”，系统弹出“导出 Universe”对话框，如图 21-18 所示。

在图 21-18 对话框中

- 选择“浏览”来指明目标 Universe 域，本例选择 BOE Server 上 Universe 根文件夹 MYPC:6400，然后单击“确定”按钮，如图 21-19 所示。
- 选择“组”下面的 Everyone。
- 单击“确定”按钮。

3）系统弹出信息提示对话框，表明 Universe 被成功导出，即上传到 Server 上，如图 21-20 所示。

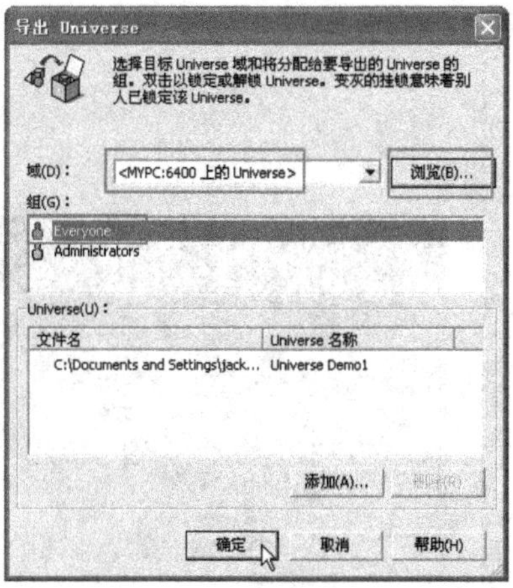

图 21-18　导出 Universe

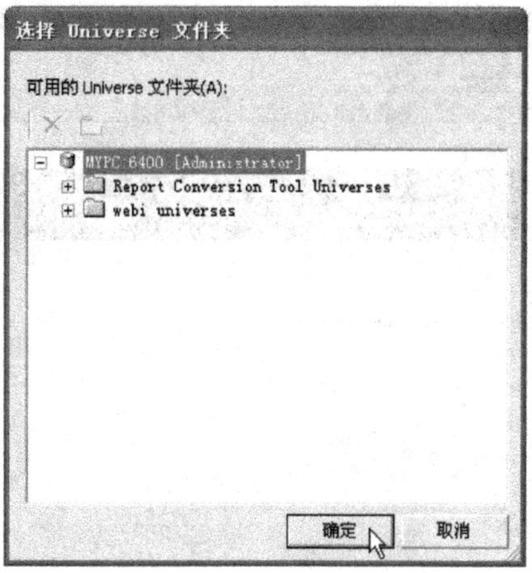

图 21-19　浏览后找到根文件夹

图 21-20　Universe 已成功导出

21.2　创建第一个 WebI

基于在上一节中创建的 Universe，在本节创建一个简单的 Web Intelligence 查询和报表。

1. 启动 BusinessObjects Enterprise Java InfoView

1）有三种方法启动：

- 打开 Internet Explorer，输入链接 http://localhost:8080/InfoViewApp/。
- 打开 Internet Explorer，输入链接 http://mypc:8080/InfoViewApp/（注意：本书中的 BOE Server 名称是 mypc）。
- 还可以按如下路径启动该应用程序：开始→程序→BusinessObjects <Version No>→BusinessObjects Enterprise→BusinessObjects Enterprise Java InfoView

2）登录系统，如图 21-21 所示。

- 在 Authentication（身份验证）后选择 Enterprise。
- 输入 User Name 和 Password。
- 单击 Log On（登录）按钮。

然后就可以登录 InfoView。

2. 创建一个 Web Intelligence 查询和报表

1）单击 BUSINESSOBJECTS INFOVIEW 界面的“文档列表”。

2）单击“新建”，选择“Web Intelligence 文档”，如图 21-22 所示。

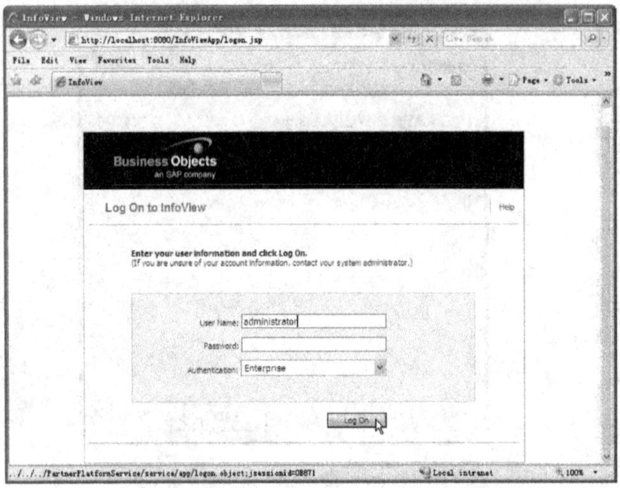

图21-21　登录 InfoView 界面

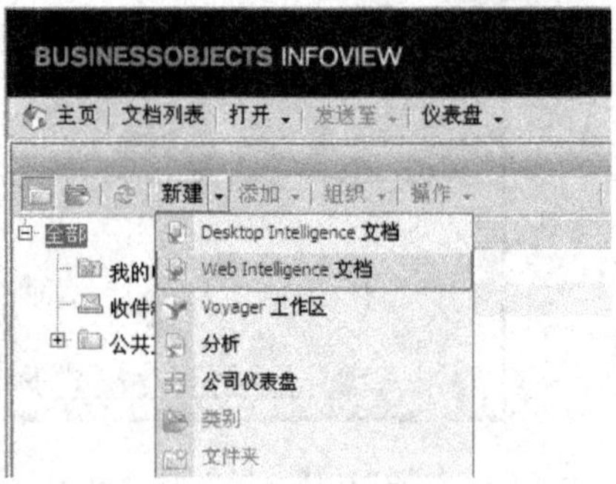

图21-22　开始新建 WebI 文档

3）在 Universe 选择窗口中，单击在 Exercise 1 创建的 Universe Demo1, Java Report Panel 就启动了。

4）几秒钟之后，Java Report Panel 就加载成功了。新建的 WebI 查询界面如图 21-23 所示。

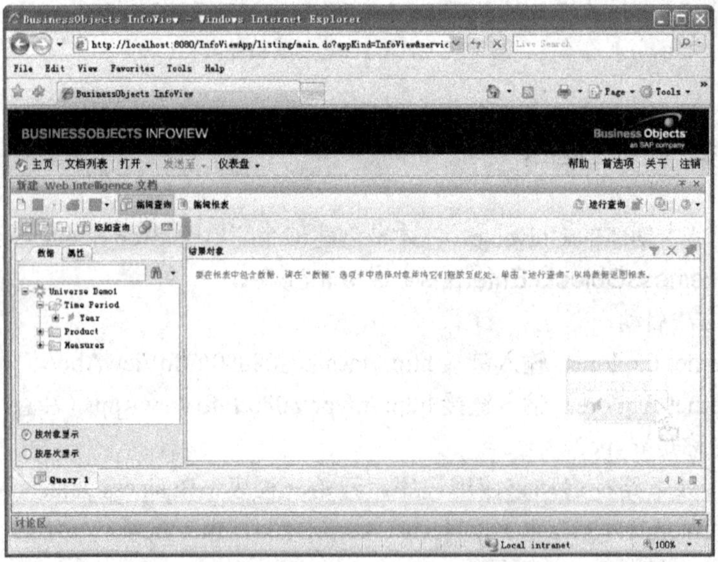

图21-23　新建的 WebI 查询界面

5）拖放 4 个对象（Year、Fiscal Period、Lines、Sales revenue）到“结果对象”区域，如图 21-24 所示。

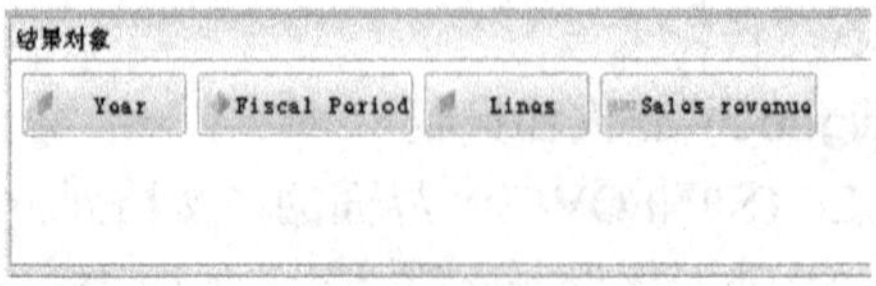

图21-24　结果对象

6）通过单击 图标按钮，可以检查 SQL statement，如图 21-25 所示。

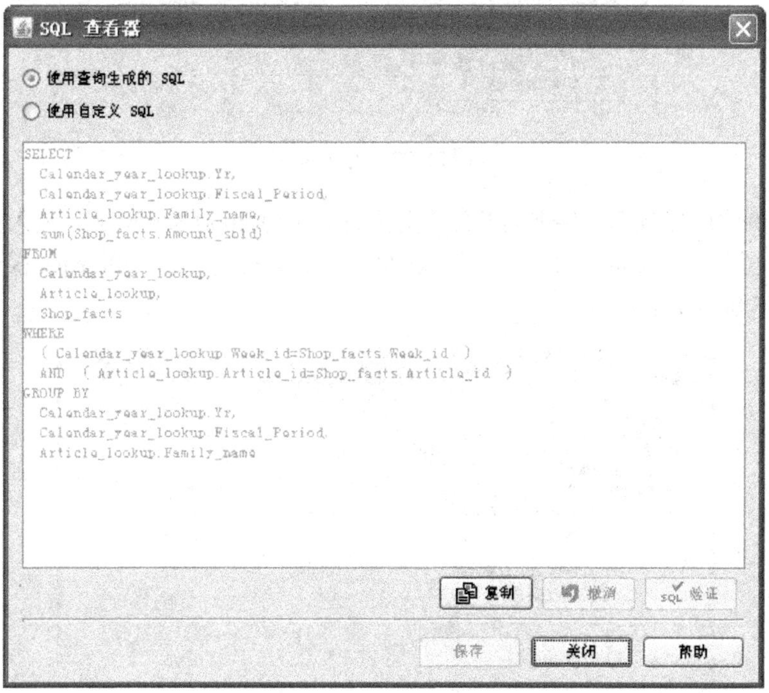

图 21-25　通过 SQL 按钮检查 SQL 语句

7）单击右上角的“运行查询”按钮，来运行查询并且生成报表。

8）WebI 报表创建完成后如图 21-26 所示。

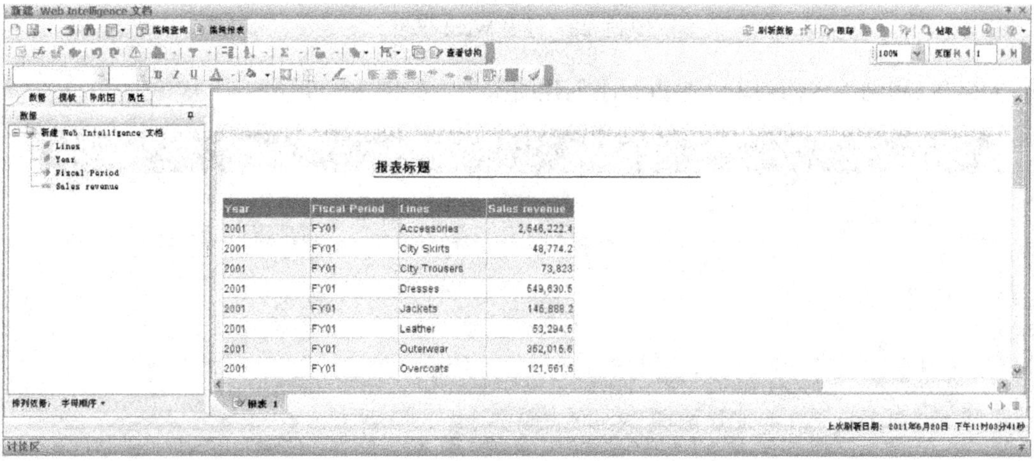

图 21-26　WebI 报表创建完成后的结果

3. 导出报表

导出报表（Export Report）是指将报表由本地保存到 Server 上。

1）单击保存图标按钮 ，并选择“另存为”，如图 21-27 所示。

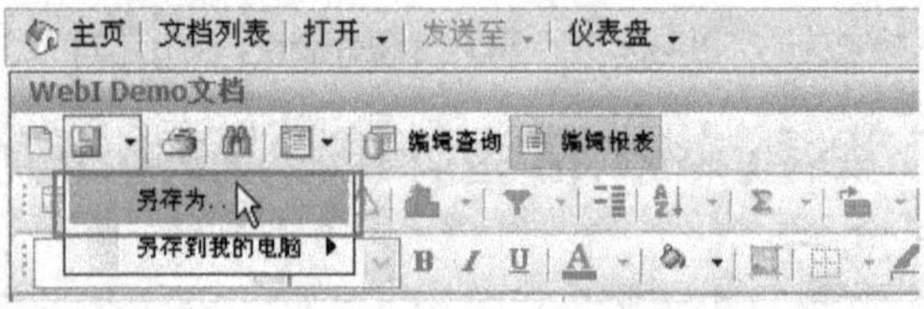

图 21-27　另存为

2）在本例中选择目标文件夹为“公共文件夹”→“Report Samples”。输入报表名“WebI Demo 文档”，再单击“确定”按钮，如图 21-28 所示。新的 Web Intelligence 报表就被保存并且上传到 CMS Server 上。

图 21-28　导出 WebI 报表

3）可以回到“文档列表”来查看刚创建的报表，如图 21-29 所示。

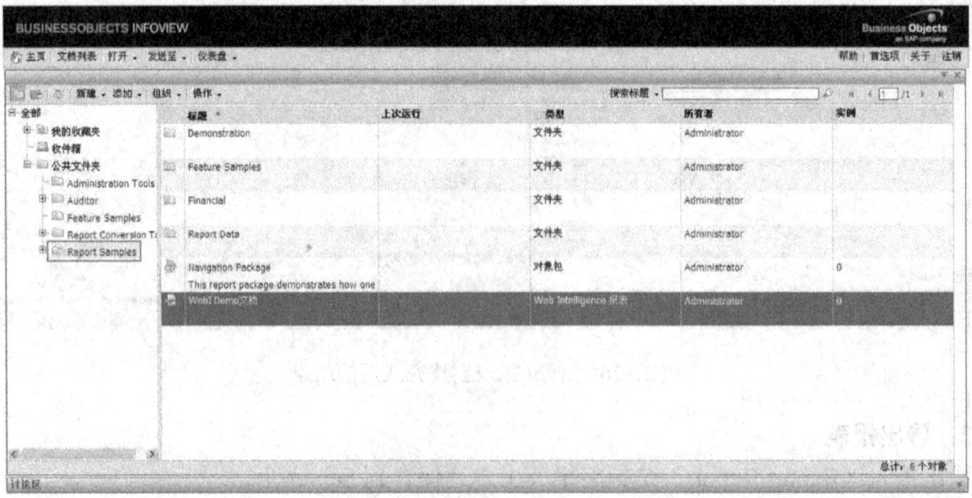

图 21-29　在文件列表中查看 WebI 报表

21.3 Universe 进一步

在这一节中，我们来修改第一个 Universe，使其包含 Where 语句、层次（Hierarchy）和条件（Condition）。

1. 启动 Designer

1）按如下路径启动 Designer：开始→程序→BusinessObjects <Version No>→BusinessObjects Enterprise→Designer

2）登录系统，如图 21-2 所示。

- 在“身份验证”后选择 Enterprise。
- 在“系统”后输入或选择 MYPC。
- 在“用户名”文本框中输入 administrator，密码为空。
- 单击“确定”按钮。

2. 导入刚创建的第一个 universe

1）在菜单中选择“文件”→“导入”，以下步骤如图 21-30 所示。

2）指明文件夹是“CMS 根文件夹”。

3）选择 Universe 的名称为 Universe Demo1，保留系统默认的导入到的文件夹。

4）单击“确定”按钮, Universe 将从服务器向本地导入。

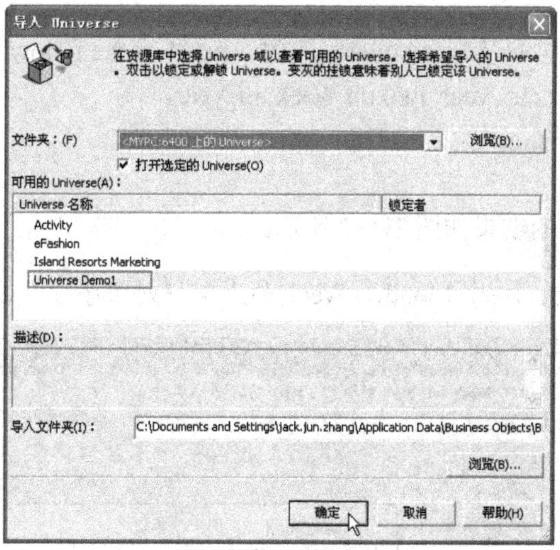

图 21-30　导入 Universe

5）系统弹出信息提示对话框，表明 Universe 被成功导出，即从 Server 导入到本机上，如图 21-31 所示。

图 21-31　Universe 已成功导入

3. 创建 对象（Object）

1）用在创建第一个 Universe 中的同样步骤创建下述对象。

- Quarter：

  所属类: Time period。

  类型：字符。

  描述: Quarter number: Q1, Q2, Q3, Q4。

  Select 语句: {fn concat('Q',Calendar_year_lookup.Qtr)}。

  限定：维（Dimension）。

  关联值列: 勾选。

- Month：

  所属类: Time period。

  类型：数值。

  描述: Month number in year, 1-12。

  Select 语句: Calendar_year_lookup.Mth。

  限定：维（Dimension）。

  关联值列: 勾选。

- Week：

  所属类: Time period。

  类型：数值。

  描述: Week1-53. Week 53 may overlap with week 1 of the following year。

  Select 语句: Calendar_year_lookup.Week_in_year。

  限定：维（Dimension）。

  关联值列: 勾选。

2）对象创建完成后的结果如图 21-32 所示。

注意：对象 Year、Quarter、Month、Week 的上下排列顺序可以通过拖动来调整。

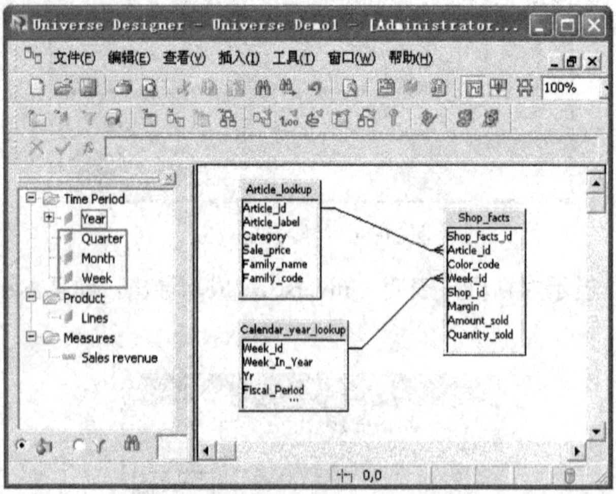

图 21-32　Universe 中加入新对象的结果

4. 创建 Where 语句

1）双击类 Product 下的维 Lines，系统弹出“编辑 Lines 的属性”对话框。

2）在 Where 语句中，输入 Article_lookup.Family_name <> 'Dresses'，然后单击“确定”按钮，如图 21-33 所示。

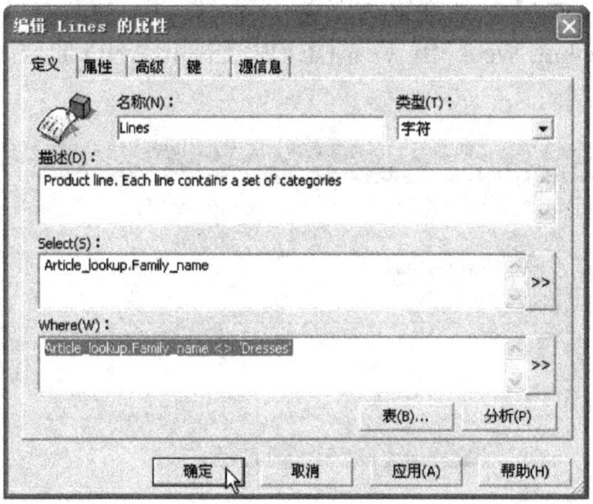

图 21-33 创建 Where 语句

5. 创建层次（Hierarchy）

1）在菜单中选择“工具”→“层次”，系统弹出“层次编辑器”对话框。

2）在“缺省层次”下，双击 Time Period 类，在“定制层次结构”下，会出现 Time period 类，单击“确定”按钮来保存 hierarchies，如图 21-34 所示。

注意：“定制层次结构”中对象 Year、Quarter、Month、Week 的顺序可以通过选中后，单击“上移”或“下移”按钮来调整，可以和“缺省层次”中的顺序不一致。

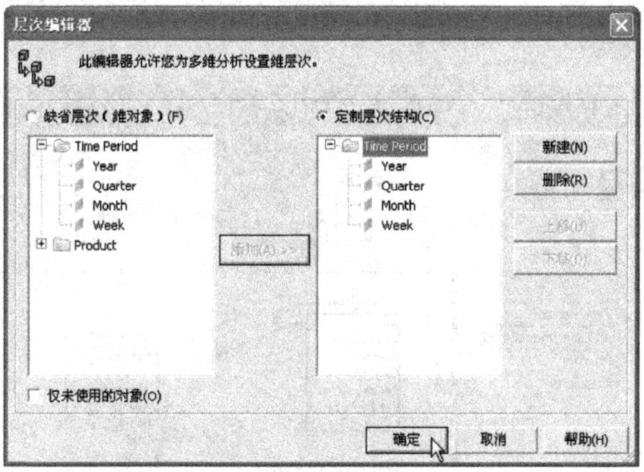

图 21-34 创建层次—编辑层次

6. 创建条件（Condition）

1）点选左下角的“类/条件”按钮从默认的“类/对象”视图切换到“类/条件”视图，如图 21-34 所示。

图 21-35 点选“类/条件”按钮

2）右击类 Time Period，选择“条件”来创建一个新的条件。系统弹出“编辑 1 条件的属性”对话框，进行下述操作（见图 21-36）：

- 在“名称”文本框中输入 Christmas period。
- 在“描述”下输入 Filter as Filter for Christmas rush period - Weeks 46 to 52 (incl. occasional week 53)。
- 在 Where 下，直接输入或者单击“≫”按钮，用 SQL editor 来写 Select 语句：Calendar_year_lookup.Week_In_Year BETWEEN 46 AND 53。
- 单击“确定”按钮。

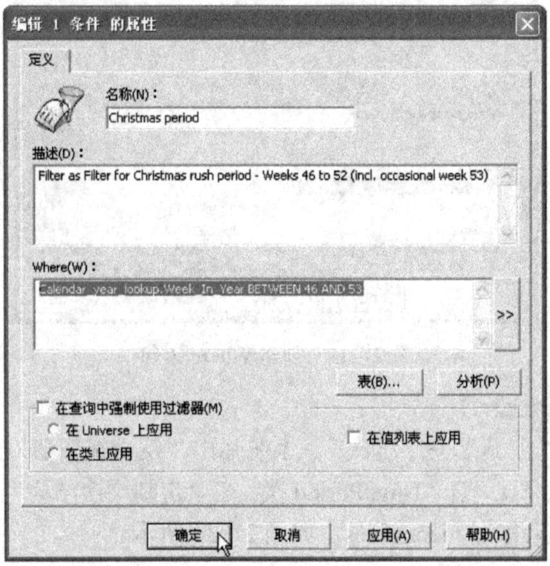

图 21-36　创建条件—编辑条件

3）“条件”创建完成后，在“类/条件”视图中的类 Time Period 下，出现一个条件 Christmas period，结果如图 21-37 所示。

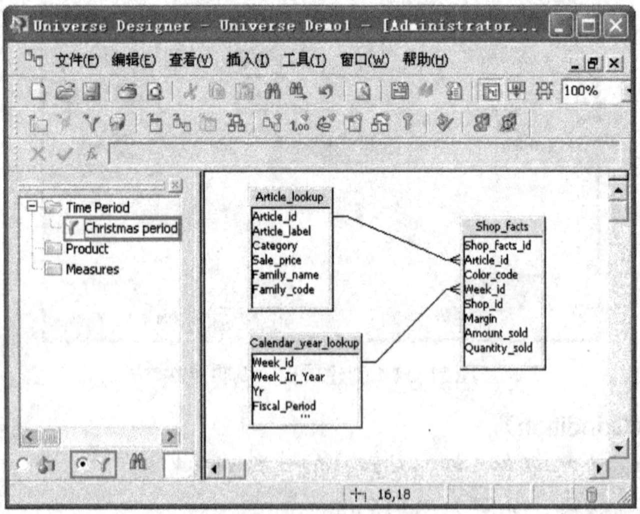

图 21-37　创建条件—“类/条件视图”结果

7. 保存 Universe 并导出 Universe

将修改后的Universe保存并导出。

21.4 WebI 进一步

在这一节中，我们创建一个新的 WebI 查询和报表，使其包含下列功能：

- 创建查询过滤器（ Query Filter）。
- 加入节（Section）。
- 创建变量（Variable）。
- 加入计算（Calculation）。
- 下钻报表 (Drill down)。
- 加入图标（Chart）。

1. 创建一个新的 WebI 查询和报表

1）在 InfoView 中，创建一个新的 Web Intelligence 文档。

2）选择 Universe Demol 作为数据源。

3）拖放对象包括 Year、Fiscal Period、Quarter、Month、Week、Lines and Sales revenue 到“结果对象”区域。

4）拖放条件 Christmas period 到“查询过滤器”区域。

5）拖放 Lines 到“查询过滤器”区域 ，如图21-38所示。

- 单击“属于列表”右侧下箭头，并选择“等于”。
- 单击最右侧的下箭头 并选择“提示”，结果如图21-39所示。

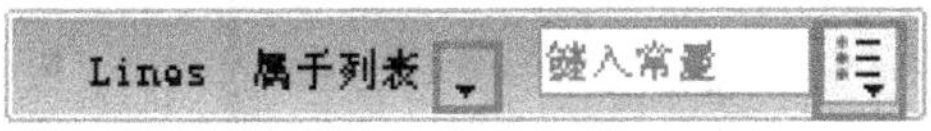

图21-38 Lines 被拖放到“查询过滤器”

图21-39 选择“提示”后的结果

- 单击“提示属性”图标按钮 ，系统弹出“提示”对话框，如图21-40所示。

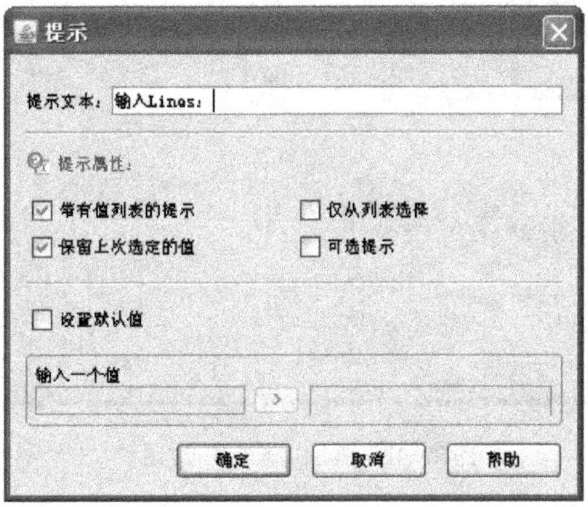

图21-40 提示窗口

6）7 个查询中“结果对象”和两个“查询过滤器”就已经被定义好，如图 21-41 所示。

图21-41　设定报表对象和条件

7）单击“运行查询”，弹出“提示”对话框，如图21-42 所示。

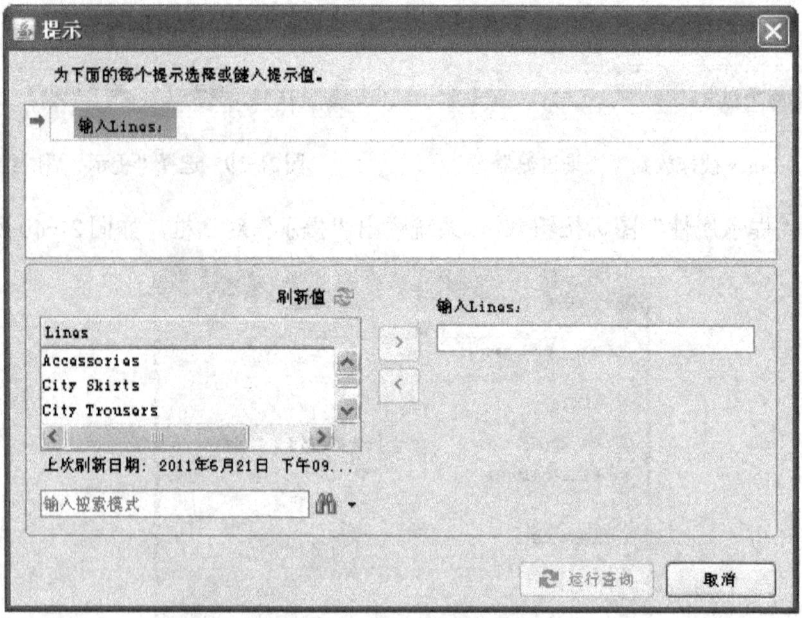

图21-42　弹出“提示”对话框

8）双击 Lines 下的 City Skirts，将“输入 Lines:”的取值设定为 City Skirts，再单击“运行查询”，如图 21-43 所示。

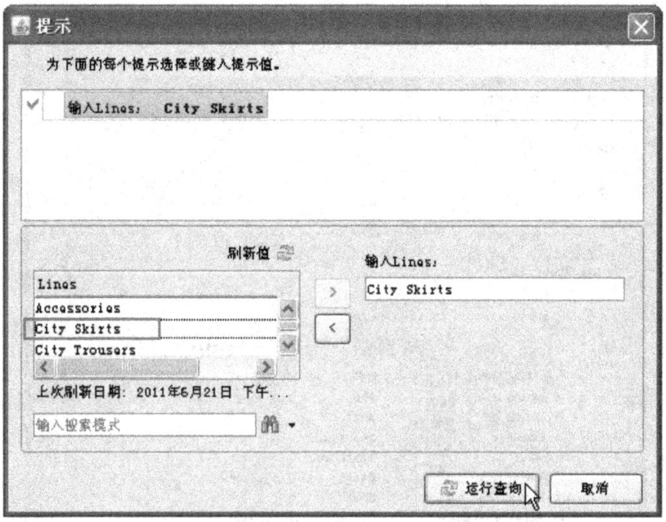

图 21-43　输入条件取值

9）这样就生成了报表，如图 21-44 所示。

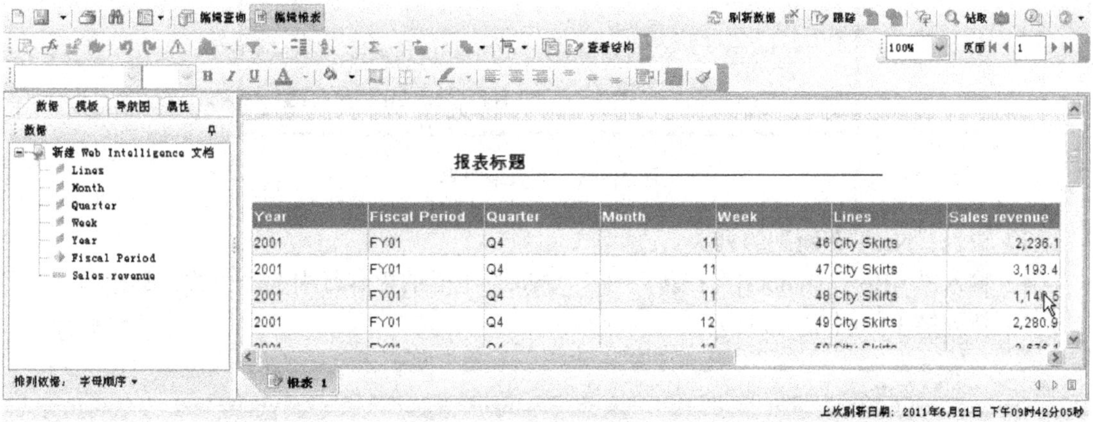

图 21-44　生成报表

2. 创建变量（Variable）

1）单击“变量编辑器”按钮 来创建一个新变量，如图 21-45 所示。

- 在“名称”文本框中输入 Row Number。
- 在“公式”下输入“= LineNumber() – 1”。
- 在“资格”后选择“维”。
- 单击“确定”按钮。

2）报表变量“Row Number”就创建了，该变量用于展示报表中数据的行号。

3. 在表（Table）中加入新列（Column）

1）单击“显示/隐藏公式工具栏”按钮 显示“公式工具栏”。

2）右击 Year 列，选择“插入”→“将列插入到左边”。

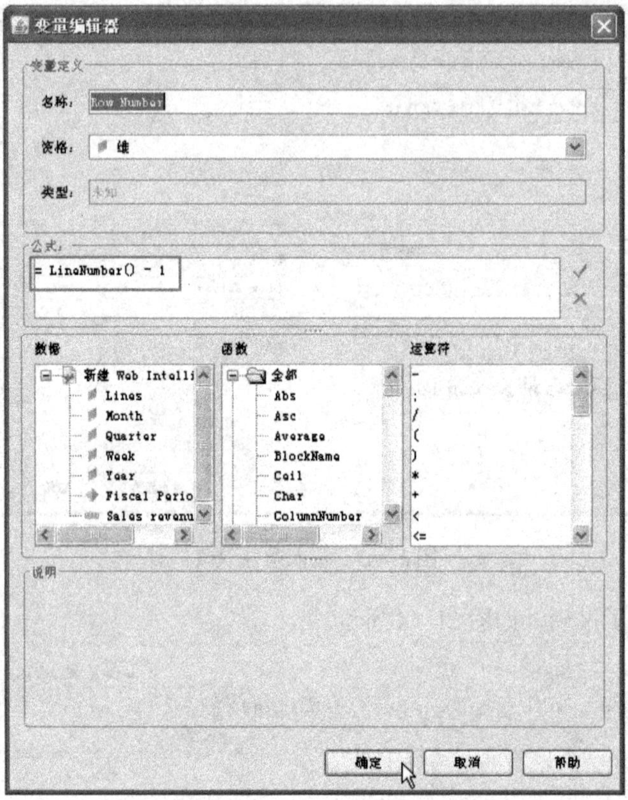

图 21-45　变量编辑器

3）输入“No.”在新列的列头。

4）输入“=[Row Number]”在新列列头“No.”下面的内容行中的“公式工具栏”。

5）新列结果如图 21-46 所示。

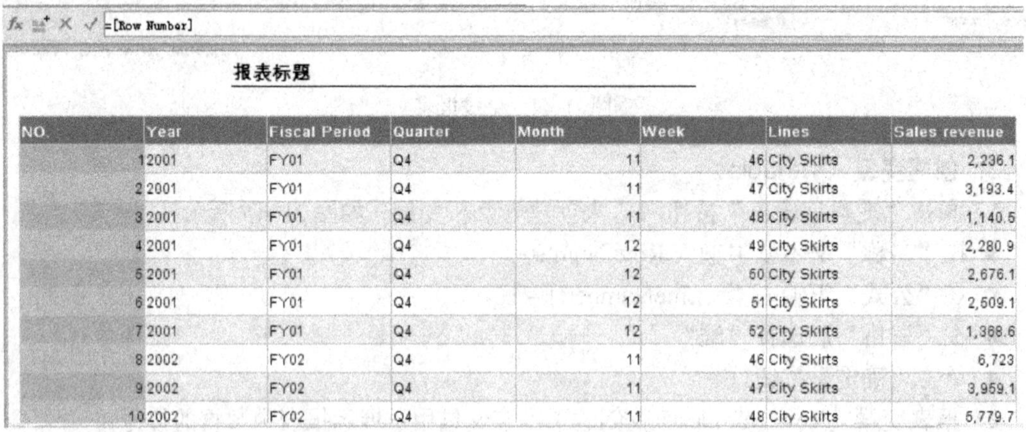

=[Row Number]

报表标题

NO.	Year	Fiscal Period	Quarter	Month	Week	Lines	Sales revenue
1	2001	FY01	Q4	11	46	City Skirts	2,236.1
2	2001	FY01	Q4	11	47	City Skirts	3,193.4
3	2001	FY01	Q4	11	48	City Skirts	1,140.5
4	2001	FY01	Q4	12	49	City Skirts	2,280.9
5	2001	FY01	Q4	12	50	City Skirts	2,676.1
6	2001	FY01	Q4	12	51	City Skirts	2,509.1
7	2001	FY01	Q4	12	52	City Skirts	1,388.6
8	2002	FY02	Q4	11	46	City Skirts	6,723
9	2002	FY02	Q4	11	47	City Skirts	3,959.1
10	2002	FY02	Q4	11	48	City Skirts	5,779.7

图 21-46　在表中加入新列的结果

4．加入节（Section）

右击 Year 列内容 (不是列头)，选择“设置为节”，结果如图 21-47 所示。

5. 加入计算（Calculation）

1）单击列 Sales revenue 来选中该列。

2）单击“插入总和”按钮 Σ ▾ 右侧下箭头，选择计算类型“总和”，如图 21-48 所示。

2001

No.	Fiscal Period	Quarter	Month	Week	Lines	Sales revenue
1	FY01	Q4	11	46	City Skirts	2,236.1
2	FY01	Q4	11	47	City Skirts	3,193.4
3	FY01	Q4	11	48	City Skirts	1,140.5
4	FY01	Q4	12	49	City Skirts	2,280.9
5	FY01	Q4	12	50	City Skirts	2,676.1
6	FY01	Q4	12	51	City Skirts	2,509.1
7	FY01	Q4	12	52	City Skirts	1,368.6

2002

No.	Fiscal Period	Quarter	Month	Week	Lines	Sales revenue
1	FY02	Q4	11	46	City Skirts	6,723
2	FY02	Q4	11	47	City Skirts	3,959.1

图 21-47　在报表中加入节的结果

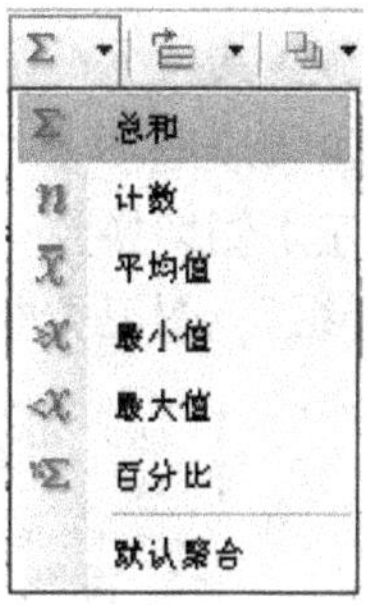

图 21-48　在计算类型中选择求和（Sum）

3）“总和” 结果值就加在表尾，结果图 21-49 所示。

2001

NO.	Fiscal Period	Quarter	Month	Week	Lines	Sales revenue
1	FY01	Q4	11	46	City Skirts	2,236.1
2	FY01	Q4	11	47	City Skirts	3,193.4
3	FY01	Q4	11	48	City Skirts	1,140.5
4	FY01	Q4	12	49	City Skirts	2,280.9
5	FY01	Q4	12	50	City Skirts	2,676.1
6	FY01	Q4	12	51	City Skirts	2,509.1
7	FY01	Q4	12	52	City Skirts	1,368.6
					总和：	15,404.7

图 21-49　在表中加入计算的结果

6. 下钻报表

1）右击报表选项卡“报表 1”，选择插入报表创建一个新报表选项卡“报表 2”。

2）创建一个表，包含 Year 和 Sales revenue 两列，如图 21-50 所示。

3）单击右上角的“钻取”按钮 钻取 切换到钻取模式，所有数据后有下画线，如图 21-51 所示。

Year	Sales revenue
2001	15,404.7
2002	37,956.3
2003	10,137.6

图 21-50　表仅含两列

Year	Sales revenue
2001	15,404.7
2002	37,956.3
2003	10,137.6

图 21-51　切换到下钻模式后的结果

4）现在可以下钻/上溯（Drill down/up），单击 2001,下钻到 Q4，结果如图 21-52 所示。

5）同样可以由 quarter 下钻到 month 或者单击向上箭头从 quarter 上溯到 year。

Quarter	Sales revenue
Q4	15,404.7

图21-52　单击年后下钻到季度

7. 加入图表

1）右击报表选项卡“报表 2”，选择插入报表创建一个新报表选项卡“报表 3”。

2）在左上侧切换到“模板”选项卡，依次展开“统计图”→“条形图”→“垂直分组”，将“垂直分组” 图表类型拖放到到屏幕右侧，如图21-53 所示。

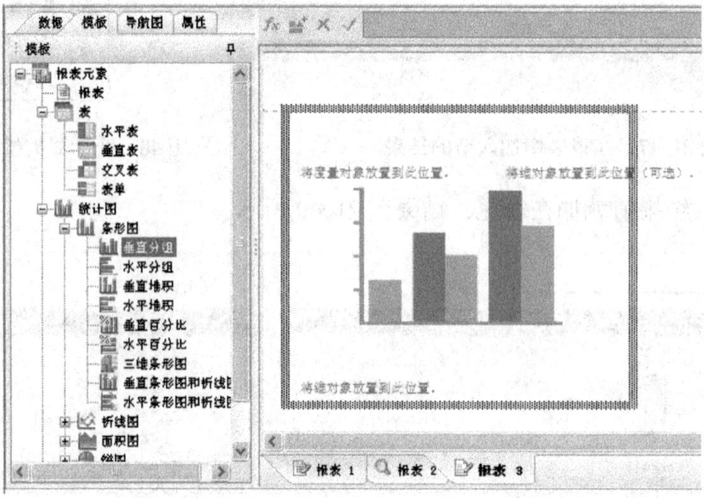

图21-53　选定报表类型并拖放到右侧

3）在左上侧切换到“数据”选项卡，拖放 Year 到报表底部的“将维对象放置到此位置”。

4）拖放 Sales revenue 到“将度量对象放置到此位置”。

5）单击工具栏上的“查看结果”按钮切换到结果视图。

6）单击“刷新数据”按钮。

7）在弹出的“提示”对话框中，双击 Lines 中的 Accessories，单击“刷新数据”按钮，结果如图21-54 所示。

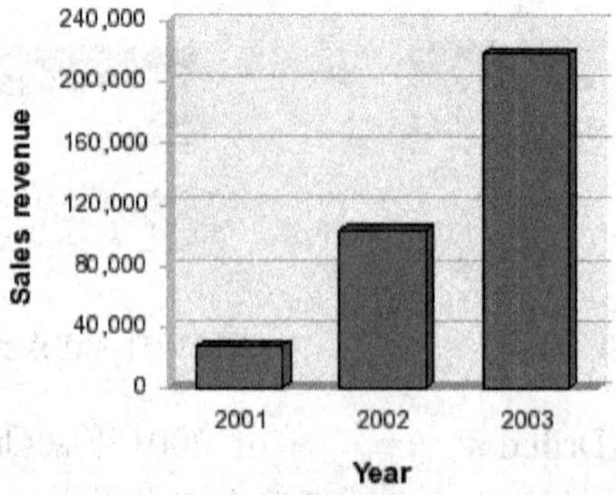

图21-54　图表结果视图

8）保存和导出 WebI 报表。

21.5　BW 与 Universe 中对象比较

在 BO 中，建模是在 BOE 中的 Universe 完成的，BW 与 Universe 中对象的对应关系如表 21-2 所示。

可以看到，在 BW 中的维度、特性、带层级的特性、导航属性、显示属性、关键值和 BEx 查询中的计算型关键值、限制型关键值、变量、Key Date 变量在 BO 的 Universe 中都有相对应的对象。

表 21-2　BW 和 Universe 中相应对象

BW 对象 （BW 术语）	Universe 对象（（BO 术语））
维度（Dimension）	类（Class, 类更像一个文件夹）
特性（Characteristic）	维（Dimension）
带层级的特性 (Characteristic with hierarchy)	一系列已排序的相关维
导航属性（Navigation Attribute）	维（Dimension）
显示属性（Display Attribute）	维的明细 (Detail)
关键值（Key Figure）	度量 (Measure)+表示单位的维（Dimension）
BEx 中的计算型关键值（Calculated Key Figure）	计算得出的度量+表示单位的维
BEx 中的限制型关键值（Restricted Key Figure）	有过滤器限制的度量+表示单位的维
BEx 中的变量（Variable）	在 Universe 中预定义的过滤器(Filter)
BEx 中的 Key Date 变量（Key Date Variable）	用 Universe 参数定义的 Key Date 变量

在图 21-55 中，可以看到 BEx Query 中的特性、关键值和 Universe 中的维、度量与单位对应。当然，也可以看到 BW 中的维度对应到 Universe 中的类等。

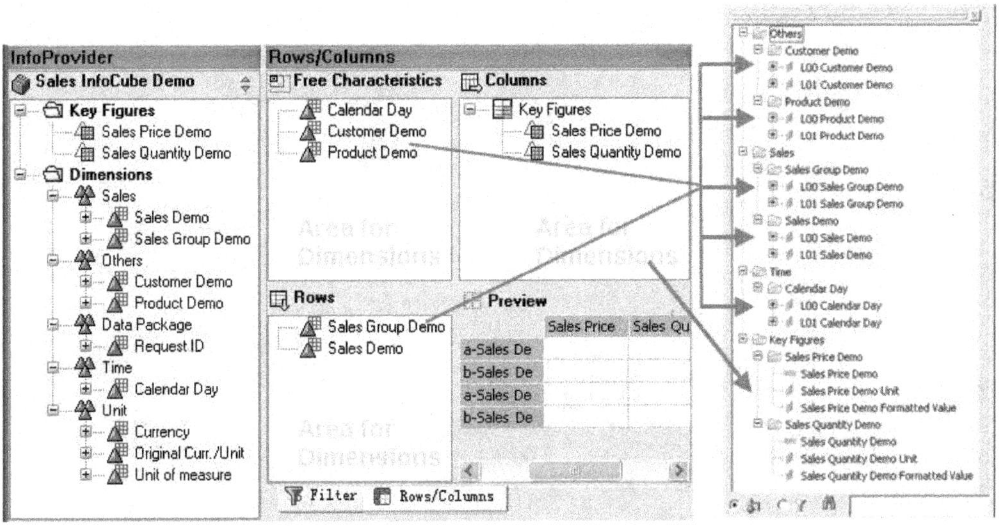

图 21-55　BEx Query 与 Universe 中相应对象之一

在图21-56中，可以看到BEx Query中的变量对应Universe中预定义的过滤器(Filter)。

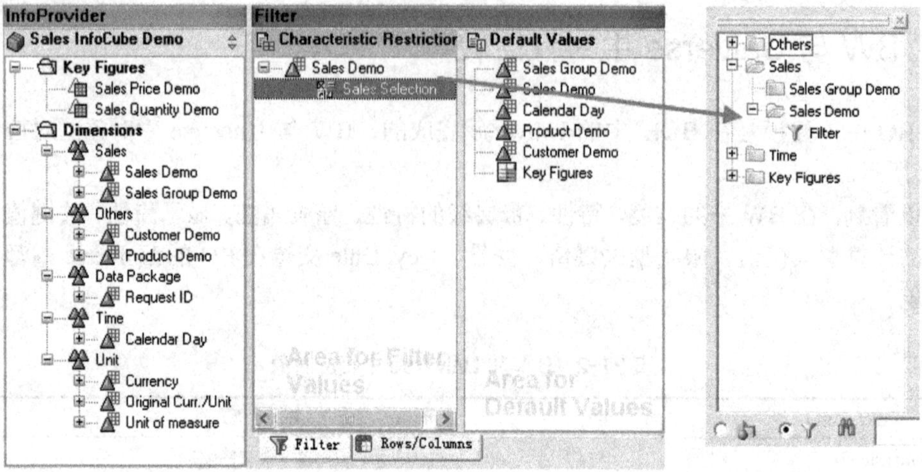

图21-56　BEx Query与Universe中相应对象之二

第 22 章　建立 Crystal Reports

本章基于 Xtreme.mdb 示例数据库创建一个水晶报表。通过该实例的学习，可以迅速熟悉水晶报表的开发界面；掌握选择数据库，插入表和字段，预览结果，调整对齐方式，组合字段，添加字段列标题，添加摘要信息和报表标题，删除字段；然后再学习插入图片，记录选择，分组和排序等基础操作。从而对于水晶报表快速入门。

22.1　创建第一个水晶报表

1．启动 Crystal Reports

按下列路径启动 Crystal Reports：开始→程序→Crystal Reports 2008→Crystal Reports 2008。

2．创建报表

1）如果 Crystal Reports 中尚未显示开始页，请单击“开始页”选项卡，如图 22-1 所示。

图 22-1 “开始页”选项卡

2）在图 22-1 中的“开始设计新报表”区域中，单击“空白报表”，将出现“数据库专家”对话框。

3．选择要使用的数据库

创建报表的下一个步骤是选择数据库。本例使用 Xtreme.mdb 示例数据库。Xtreme.mdb 文件位于 Business Objects 技术支持网站上，链接如下：http://support.businessobjects.com/samples/。

将 Xtreme.mdb 复制到本地计算机上可访问的位置，本例将它保存在“BO 教材”文件夹。

1）在“数据库专家”对话框中，按路径“创建新连接”→“数据库文件”展开。然后搜索 Xtreme.mdb 示例数据库，如图 22-2 和图 22-3 所示。

注意：

- 必须先在本地计算机上按 Xtreme 数据库存放的路径找到 Xtreme 数据库。
- 必须使用“打开”对话框才能找到 Xtreme 数据库。

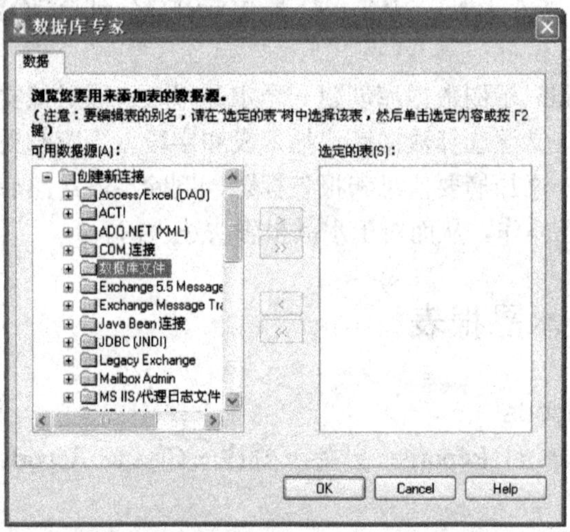

图 22-2　展开数据库文件

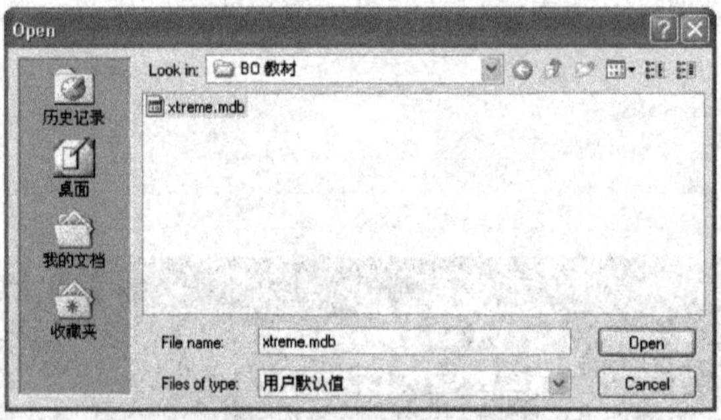

图 22-3　在本机上找到下载的数据库文件：xtreme.mdb

2）展开 Xtreme.mdb 连接的“表”节点，查看表的列表，如图 22-4 所示。

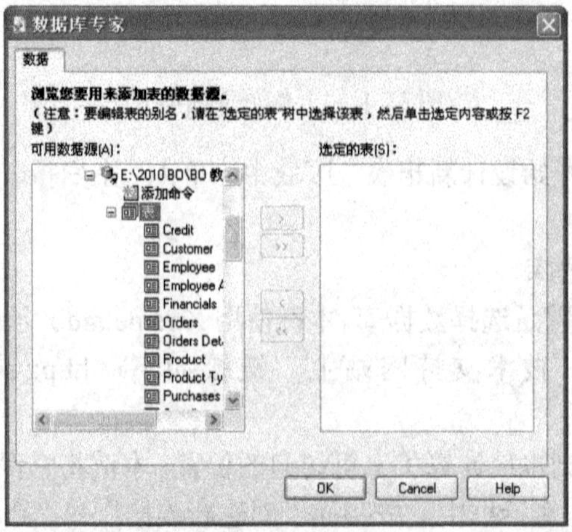

图 22-4　数据库文件 xtreme.mdb 中的表

3）选择图 22-4 中的 Customer 表并单击右向“>”箭头，将其添加到“选定的表”列表中，然后单击“确定”按钮。出现报表设计器的“设计”选项卡，如图 22-5 所示。

图 22-5　报表设计器的“设计”选项卡

4）单击“标准”工具栏中的“字段资源管理器”图标按钮。出现“字段资源管理器”对话框，如图 22-6 所示。

4．报表节

“设计”选项卡分为 5 个节：“报表头”(RH)、“页眉”(PH)、“详细资料”(D)、“报表尾”(RF) 和“页脚”(PF)。在报表左侧的阴影区中显示了节名称或指派给该名称的首字母。

如果在文件→选项→布局→设计视图区域中选中了“短节名”复选框，那么报表头、页眉、详细资料、报表尾和页脚分别显示为 RH、PH、D、RF 和 PF。

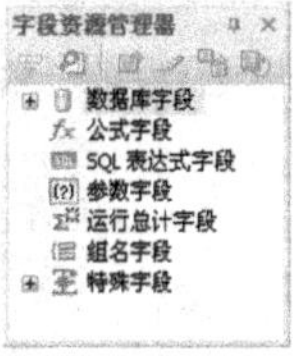

图 22-6　“字段资源管理器”对话框

5．插入字段

“字段资源管理器”对话框中列出了所有可使用的表，当创建新报表时，可以使用“字段资源管理器”对话框插入数据库字段。

1）依次展开“字段资源管理器”对话框中的“数据库字段”节点和表 Customer。

2）选中表 Customer 中的字段 Customer ID，将它拖放到报表的“详细资料”节中蓝色标尺线的最左侧，如图 22-7 所示。

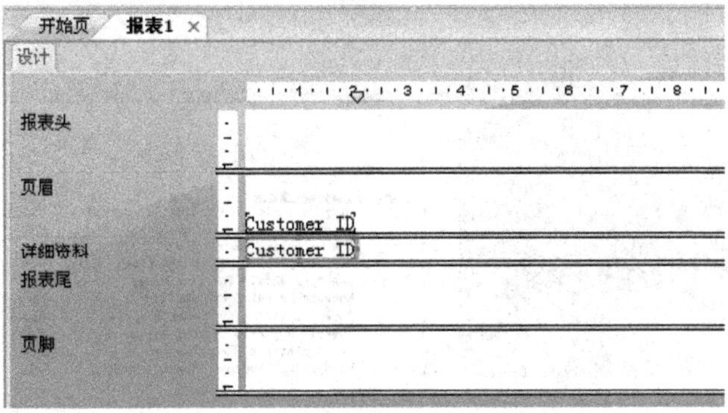

图 22-7　拖放表中字段到详细资料

3）按住〈Ctrl〉键，选中表Customer中的Customer Name、City和Country将它们拖放到报表的“详细资料”节中的Customer ID右侧（〈Ctrl〉键用于不连续选择，〈Shift〉键用于连续选择），如图22-8所示。

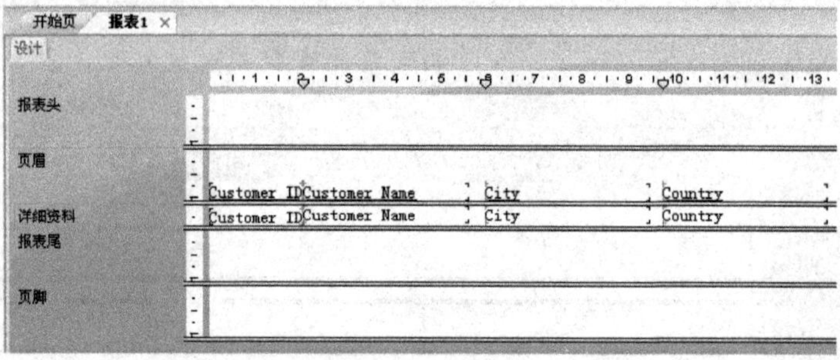

图22-8　拖放表中字段到详细资料

6. 预览结果

单击“标准”工具栏上的“打印预览”图标按钮激活“预览”选项卡，预览结果如图22-9所示。

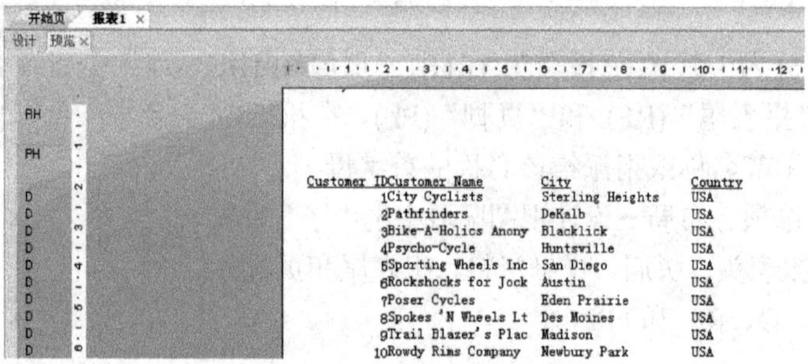

图22-9　预览结果

7. 调整对齐方式

我们看到，Customer ID中的值显示偏右，与Customer Name连在一起，可以在“预览”界面中选中Customer ID下面的值“1”，单击标准工具栏中的图标按钮，调整为“左对齐”，如图22-10所示。

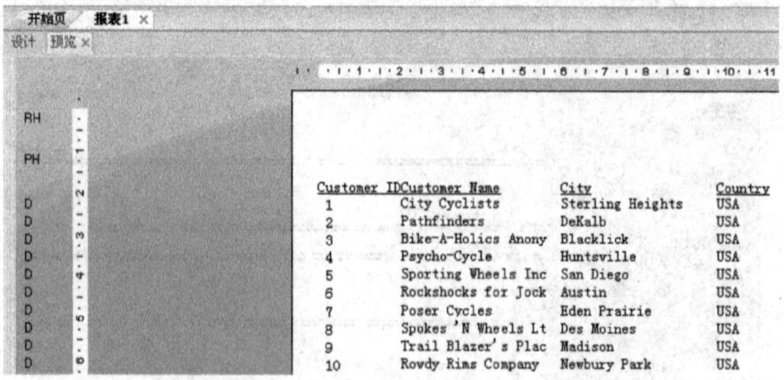

图22-10　在预览结果中调整对齐方式

8. 组合字段

1）选择“设计”选项卡，切换回到设计视图，单击插入工具栏中的“插入文本对象”图标按钮，并拖放到“详细资料”节中的最右侧，如图 22-11 所示。

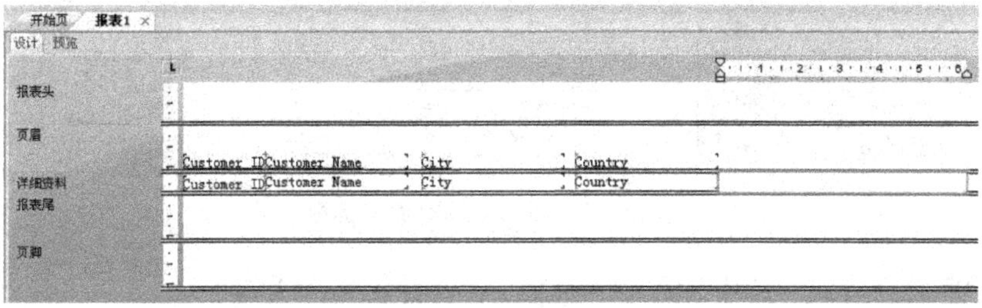

图 22-11　插入文本框

注意：还可以选中文本框，让其四周出现控制点时，拖动控制点，来调整文本框的大小，同样操作可以调整其他字段如 Customer ID 等的大小。

2）在“字段资源管理器”选中表 Customer 中的 Contact First Name 和 Contact Last Name”，将其拖放到文本框中，在 Contact First Name 后加入逗号“,”，如图 22-12 所示。

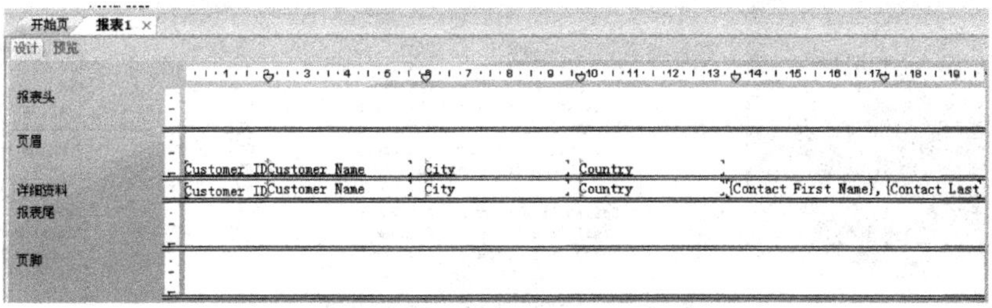

图 22-12　添加文本内容

3）“预览”选项卡如图 22-13 所示。

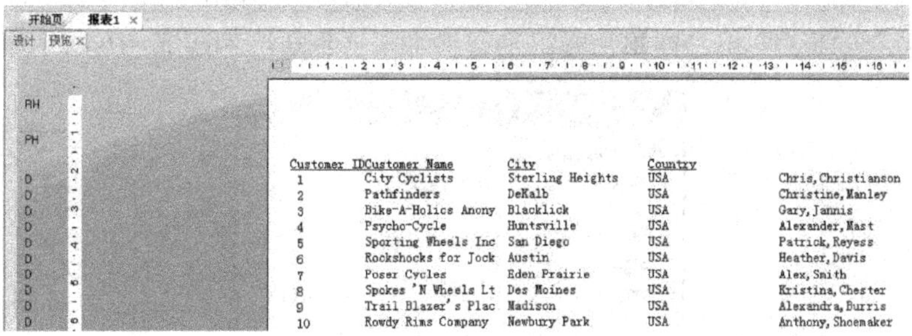

图 22-13　预览结果—拼接字段

9. 添加字段列标题

我们看到在报表中，新拼接的联系人字段是没有字段标题的，下面来添加，可以在“设计”视图下操作，也可以直接在“预览”视图下操作。

1）单击插入工具栏中的“插入文本对象”图标按钮，并拖放到“PH”（页眉）区域，输入 Contact Name，如图 22-14 所示。

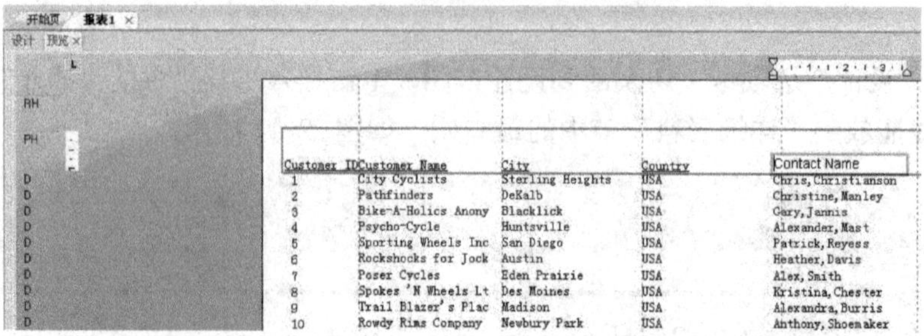

图22-14　插入文本对象—标题

2）接下来调整格式，选中标题 Country，可查看到其格式如下：

为保持一致性，选中标题 Contact Name，将 Contact Name 调整为与 Country 一样的格式。

3）调整后，“预览”选项卡如图 22-15 所示。

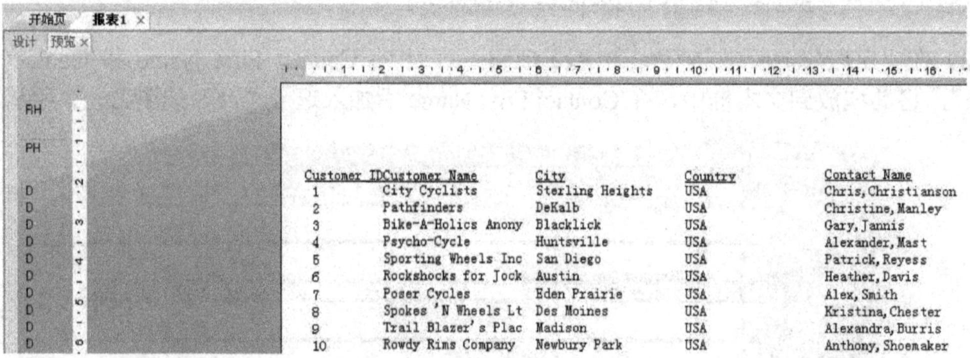

图22-15　预览结果—调整格式后

10. 添加摘要信息

1）在菜单栏按如下路径选择：“文件”→“摘要信息”，弹出“文档属性”对话框，可以输入“作者”、“关键字”和“标题”等。单击“确定”按钮，如图 22-16 所示。

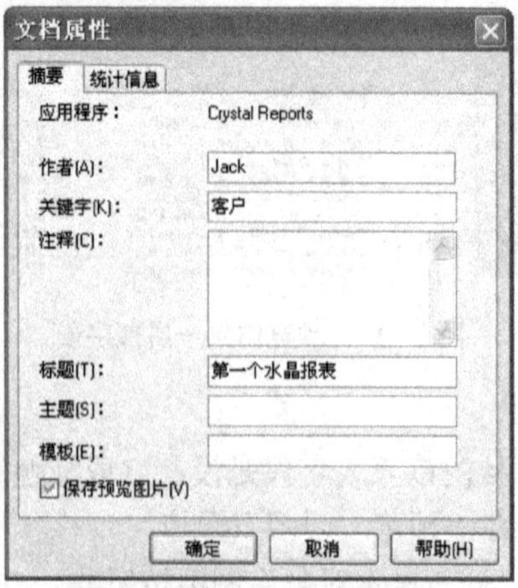

图22-16　“文档属性”对话框

2）这时报表标题自动由“报表 1”改为“第一个水晶报表”，如图 22-17 所示。

图 22-17　报表标题

11．添加报表标题

与添加字段标题一样，可以在“设计”和“预览”视图下添加报表标题，其他很多操作也都是可以在两个视图下操作。在“预览”视图下，可以更直观地看到结果。

1）在“字段资源管理器”中选中“特殊字段”中的“报表标题”，将其拖放到 RH（报表头）区域，“预览”选项卡如图 22-18 所示。

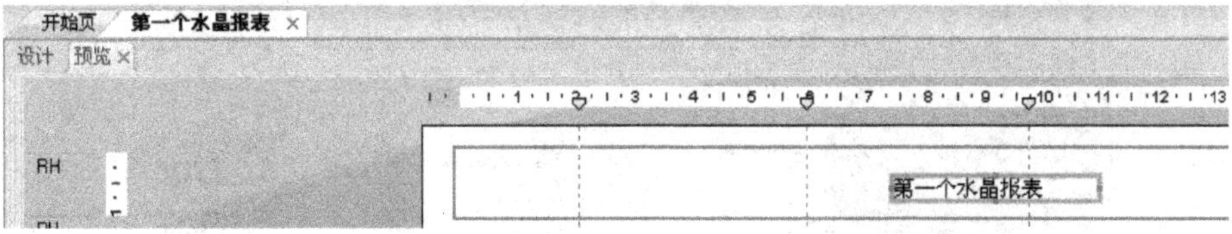

图 22-18　添加“特殊字段”中的“报表标题”

2）调整标题框的大小，并调整文字的格式，如图 22-19 所示。

图 22-19　调整标题的格式

3）“预览”选项卡如图 22-20 所示。

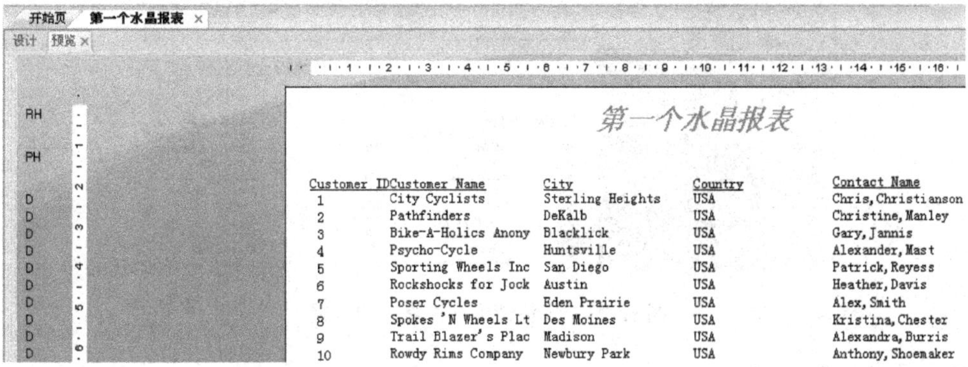

图 22-20　预览结果—标题

12．删除字段

1）如果想删除字段，如 Customer Name，那么可以在“设计”选项卡下的“详细资料”节中选择 Customer Name，按〈Delete〉键删除；也可以在“预览”选项卡下，选中“D”（详细资料）下 Customer Name 列的某一个具体值，然后按〈Delete〉键删除，如图 22-21 所示。

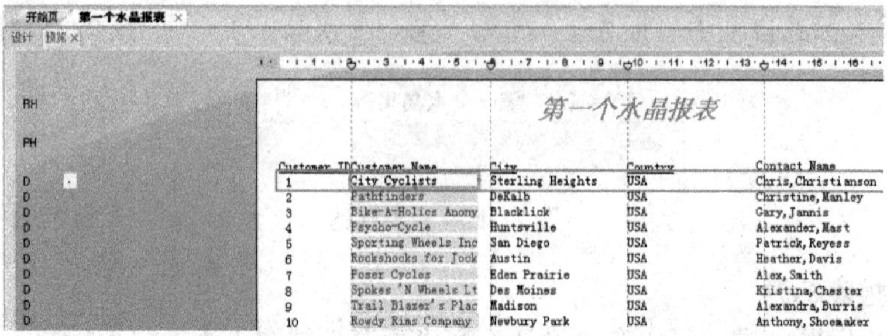

图 22-21　删除字段 Customer Name

2）“预览”选项卡如图 22-22 所示。

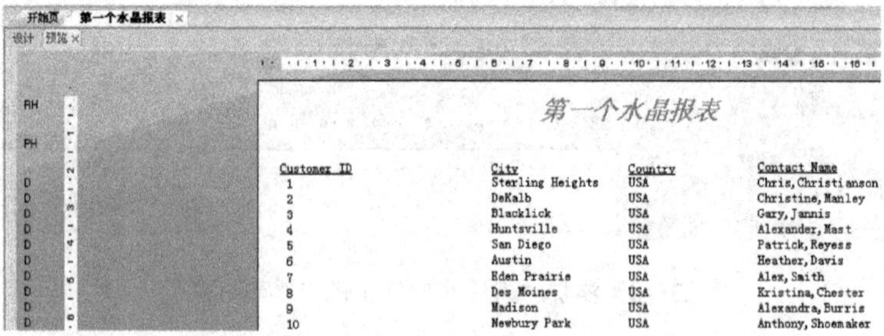

图 22-22　预览结果—删除字段 Customer Name

3）调整字段之间的位置

将 City、Country 和 Contact Name 列向左移动，并调整页眉上 Contact Name 的位置，“预览”选项卡如图 22-23 所示。

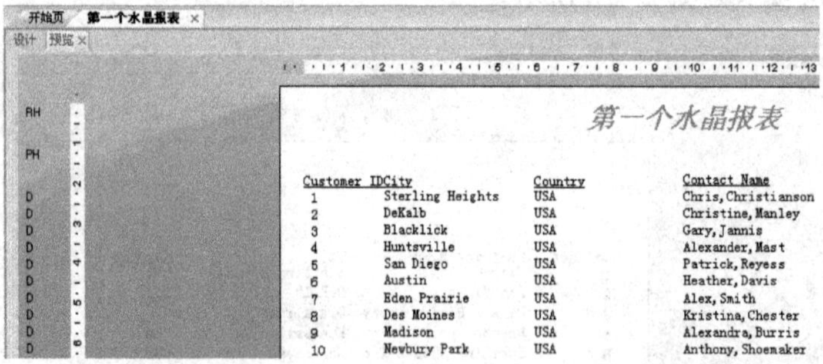

图 22-23　预览结果—调整列的位置

13．保存报表

单击标准工具栏上的“保存”图标按钮，可以将报表保存到相应的文件夹下。

22.2　水晶报表进一步

1．打开保存报表

启动 Crystal Reports，在“开始页”选项卡中的“我最近的报表”下，可以看到上面创建和保存的“第一个水晶报表.rpt”，用鼠标双击，即可打开。如图 22-24 所示。

也可以通过菜单栏中的路径“文件”→“打开”，按照“第一个水晶报表.rpt”保存的路径找到它并打开。

图 22-24　打开“我最近的报表”

2．插入图片

1）单击工具栏上的“插入图片”图标按钮 。

2）在弹出的打开图片文件窗口中，找到并选中相应的文件，单击“打开”按钮。

3）拖动活动窗口，放在合适的位置上，如本例就放置在 RH（页眉）的左侧，如图 22-25 所示。

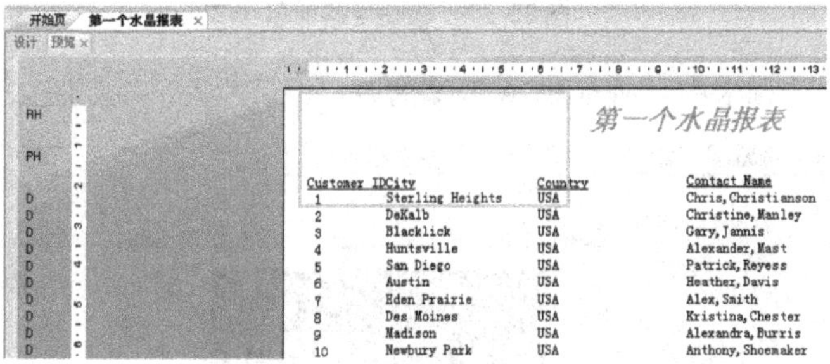

图 22-25　插入图片

4）当位置选好后，单击鼠标，图片就插入到相应的位置上，而且页眉区域会自动调整，以显示图片。当然也可以调整图片和页眉位置来达到理想的显示效果，如图 22-26 所示。

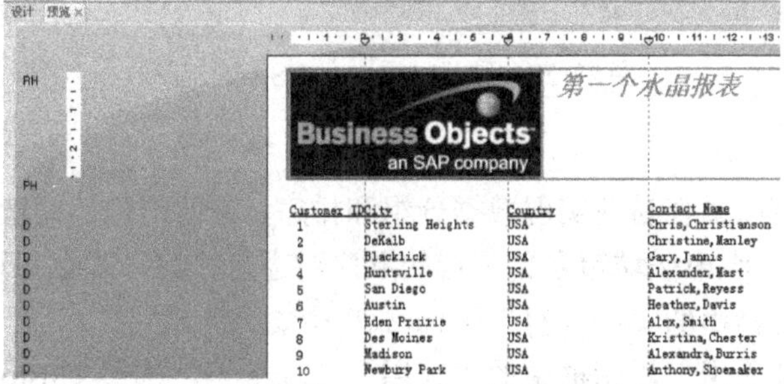

图 22-26　调整图片

3. 记录选择

Crystal Reports 允许选择性显示报表中的记录。如要显示所有非 USA 国家的客户记录，那么可以做如下操作：

1）可以在“设计”或“预览”选项卡中单击专家工具栏上的“选择专家”图标，并选择“记录”。

2）在弹出的“选择专家—记录”对话框中选择“不等于”、“USA”，然后单击“确定”按钮，如图 22-27 所示。

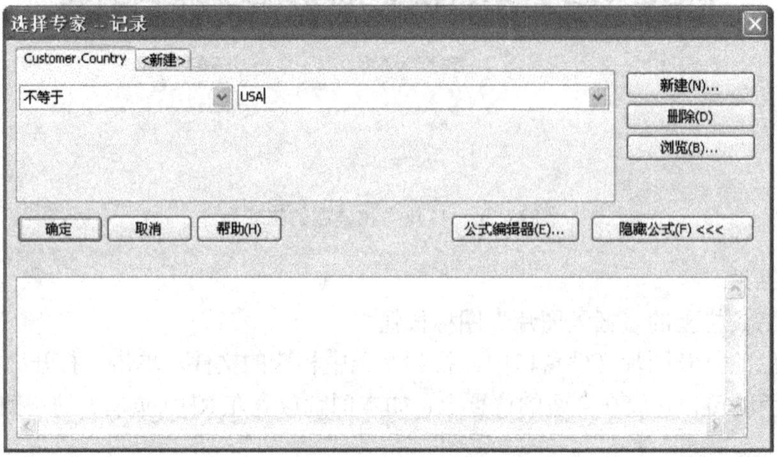

图 22-27　选择专家窗口

3）在“预览”选项卡中，所有 USA 国家的客户记录消失了，如图 22-28 所示。

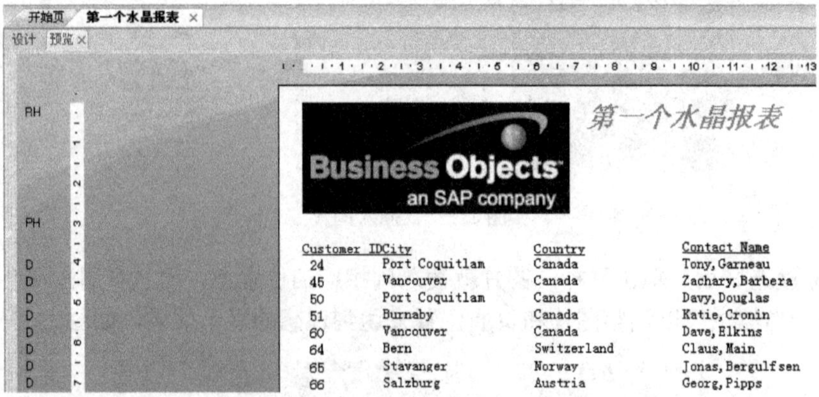

图 22-28　预览结果—非 USA 的记录

4. 分组及排序

Crystal Reports 可以很容易地实现数据分组和排序，方便用户的阅读。如要将客户按国家进行分组，然后在每一组内按城市名首字母的顺序对客户排序，那么可以做如下操作。

1）单击插入工具栏中的“插入组”图标按钮。

2）在弹出的“插入组”对话框中的“公用”选项卡下，选择 Customer.Country，保留默认设置“按升序”，单击“确定”按钮，如图 22-29 所示。

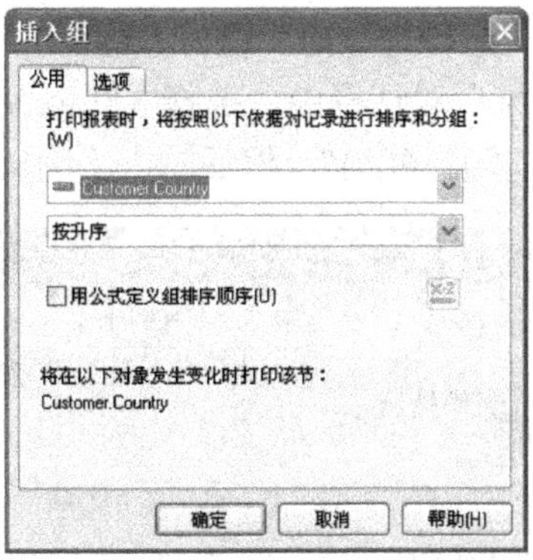

图 22-29 “插入组”对话框

3）在“预览”选项卡中，客户记录按国家分组，而且在左侧出现了 GH1（组头#1）和 GF1（组尾#1）两个新节，如图 22-30 所示。

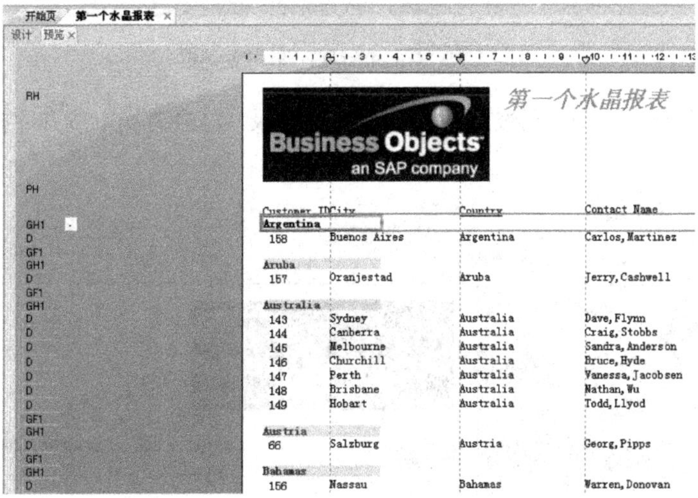

图 22-30 预览结果—插入组

4）在“设计”选项卡中，客户记录按国家分组，而且在左侧出现了“组头#1”和“组尾#1”两个新节，如图 22-31 所示。

图 22-31 组头和组尾

5）单击专家工具栏中的“记录排序专家”图标按钮。

6）在弹出的“记录排序专家”对话框中，选择 Customer.City 报表字段，单击“>”右向箭头按钮，保持默认排序方向“升序(A)”，然后单击“确认”按钮，如图22-32所示。

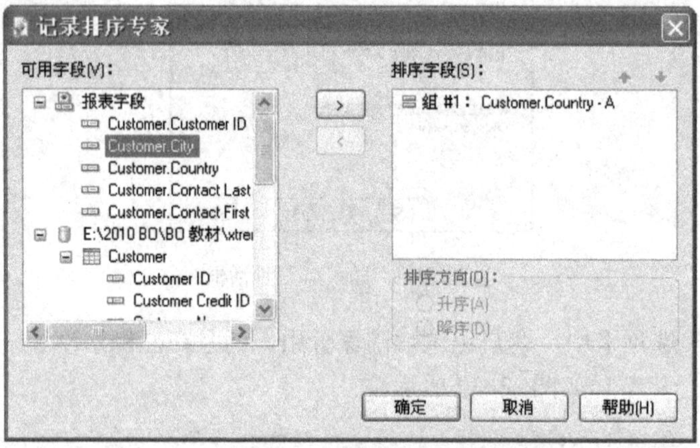

图22-32 “记录排序专家”对话框

7）在“预览”选项卡中，已按国家分组的客户记录，再根据城市按升序排列，如图22-33所示。

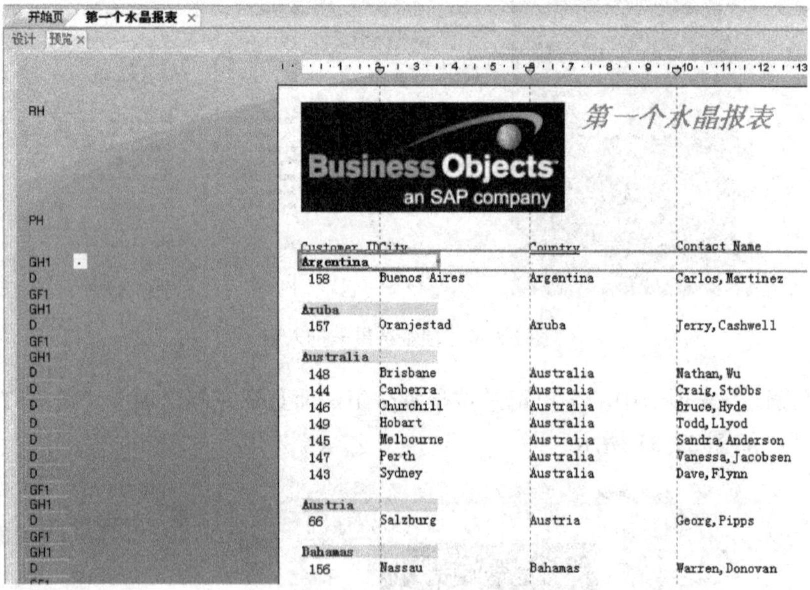

图22-33 预览结果—组内排序

8）在报表任意空白处单击，则“预览”选项卡中虚线等会消失，如图22-34所示。

5. 再次保存报表

单击标准工具栏上的“保存”图标按钮，可以将报表的修改保存到原来的文件“第一个水晶报表.rpt”。也可以单击菜单栏中“文件”→“另存为”，将文件保存到新的文件名或新的文件夹中。

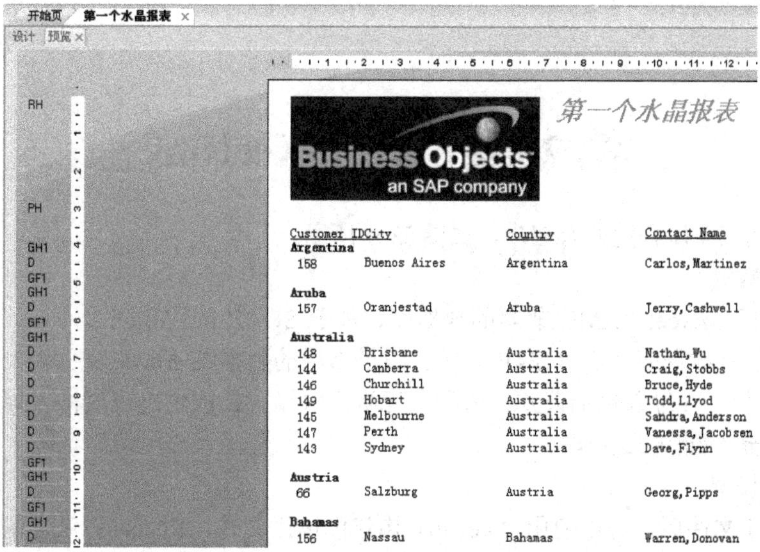

图 22-34　预览结果—没有虚线

第 23 章　建立 Xcelsius

Xcelsius 的工作流程主要有三步，如图 23-1 所示。

（1）导入数据

数据源包括：Excel、XML 兼容的数据库、基于 SOAP 的 Web Services、MS Reporting service，以及各种数据库（通过 BOE）等。以最常用的数据源 Excel 文件为例，Xcelsius 将复制 Excel 文件，并导入包括公式、值和单元格格式设置在内的电子表格。导入 Excel 文件后，其副本即嵌入到 Xcelsius 中。

（2）设计模型

导入 Excel 文件后，可以使用 Xcelsius 构建可视化文件。Xcelsius 包含从背景到统计图在内的各种部件，可以选择这些部件并将它们链接到嵌入电子表格中的一个或多个单元格。举例来说，如果要创建统计图，可以选择并单击统计图部件，然后从电子表格中选择统计图数据范围。此过程类似于使用 Excel 创建统计图的方式。可以组合两个或更多部件，并将它们链接到电子表格。

（3）发布模型

最后一步是预览和导出可视化文件。通过预览，可以测试可视化文件，并查看其导出后的外观和运行状态。Xcelsius 支持多种格式来发布可视化文件，如 Macromedia Flash SWF、HTML、BusinessObjects Enterprise、Adobe PDF、Microsoft PowerPoint、Outlook、Word 等。

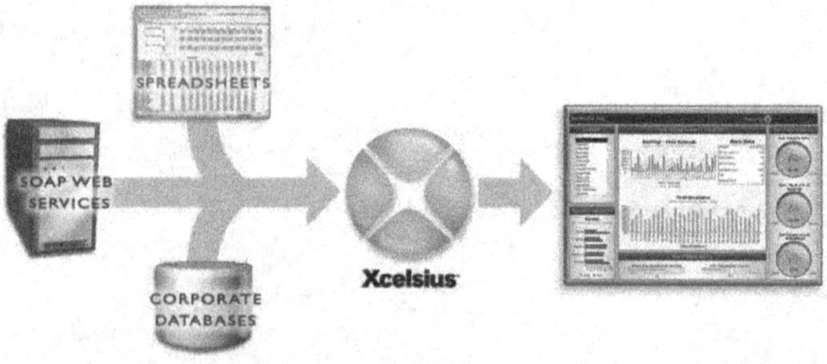

图 23-1　Xcelsius 工作流程

本章制作一个世界七大洲旅游人气图表来演示 Xcelsius 的基本使用方法。

有原始数据如表 23-1 所示（纯属虚构，仅做演示）。

达到目标：

- 在世界地图上显示七大洲，且比较各洲 2010 年和 2008 年旅游人数，上升用绿色，持平用黄色，下降用红色显示。当鼠标移动到该洲时，显示其在 2010 年的旅游人数。
- 在世界地图上方，同时用柱形图显示该洲在 2008～2010 年三年的旅游人数。
- 柱形图默认值为亚洲。

表 23-1　世界七大洲旅游人气表（单位：万人）

洲	2008 年	2009 年	2010 年
非洲	300	700	100
南极洲	10	20	30
亚洲	700	100	400
大洋洲	500	300	200
欧洲	600	400	600
北美洲	400	500	700
南美洲	200	600	500

23.1　导入数据

1．启动 Xcelsius

按下列路径启动 Xcelsius：“开始”→“程序”→Xcelsius→Xcelsius 2008。

2．界面简介

Xcelsius 的界面如图 23-2 所示。

除了常见的菜单栏和工具栏之外，界面还包括部件、画布、属性栏、内嵌 Excel 数据表、对象浏览器。

- 部件包括各种图表模板，可以按类别、目录树和列表三种方式查看其中对象。
- 画布就是放置和操作图表的工作区，可以将部件下的图表模板直接拖拽到画布上编辑。
- 属性框就会动态显示画布上选定的各种对象的属性。
- 对象浏览器展示对象的各种状态。
- 内嵌 Excel 数据表提供各种图表的数据来源。

以上是默认设置，可以通过调整菜单栏的视图来选择性地展示 Xcelsius 界面。

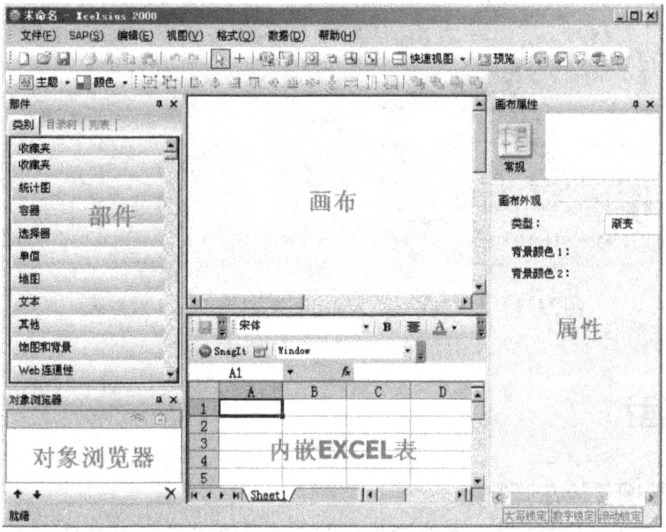

图 23-2　Xcelsius 初始界面

3．准备数据

1）准备如下数据在一个 Excel 表格中，如图 23-3 所示。

	A	B	C	D	E	F	G	H	I
1			世界七大洲旅游人气图表						
2			显示数据区域			源数据区域			
3	地区	地区代码	洲	2010年		洲	2008年	2009年	2010年
4	Africa	非洲	非洲	100		非洲	300	700	100
5	Antarctica	南极洲	南极洲	3		南极洲	10	20	30
6	Asia	亚洲	亚洲	400		亚洲	700	100	400
7	Europe	欧洲	欧洲	600		欧洲	600	400	600
8	North America	北美洲	北美洲	700		北美洲	400	500	700
9	Oceania	大洋洲	大洋洲	200		大洋洲	500	300	200
10	South America	南美洲	南美洲	500		南美洲	200	600	500
11					目标区域				

图 23-3　世界七大洲旅游人气图表

2）在菜单栏上选择"数据"→"导入"，在弹出的询问"是否继续"的信息对话框中，选择"是"，然后在新弹出的"打开"对话框中按上述 Excel 文件路径找到它，单击"打开"按钮。

3）数据就会导入到 Xcelsius 的内嵌 Excel 数据表中，如图 23-4 所示。

注意：如果屏幕看上去不一致，如"属性栏"没有出现等，可以通过菜单栏的"视图"菜单命令进行调整。

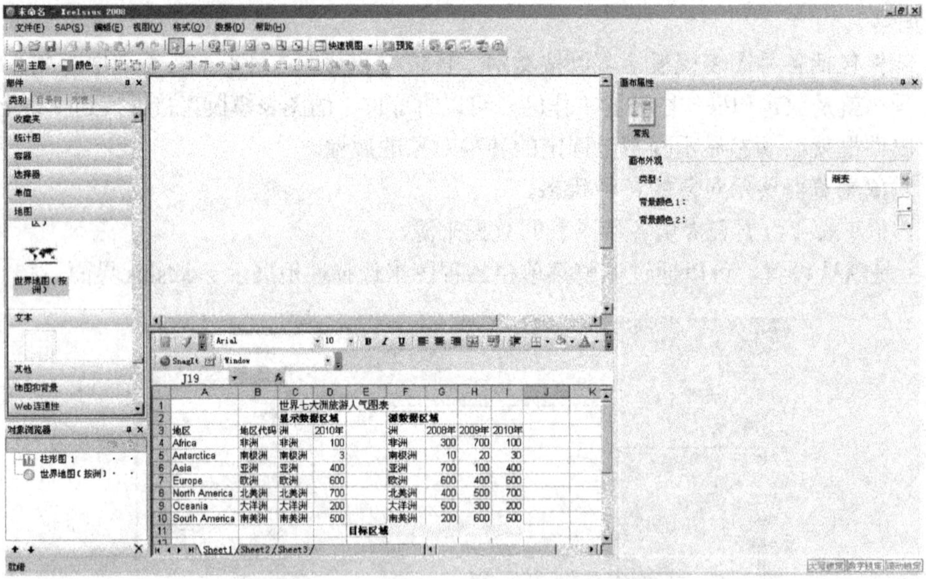

图 23-4　数据导入到 Xcelsius 的内嵌 Excel 数据表

23.2　设计模型

1．找到世界地图并放在画布上

1）单击"部件"→"类别"→"地图"，再移动滑块或者向下箭头，找到"世界地图（按洲）"地图，如图 23-5 所示。

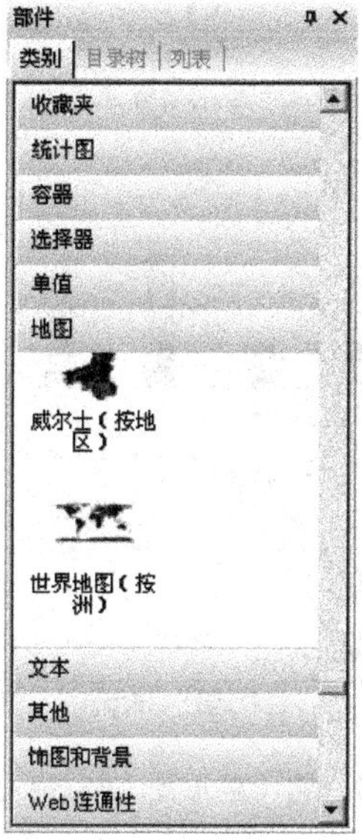

图23-5　在“部件”中找到世界地图

2）将“世界地图（按洲）”拖放到画布上，或者选中“世界地图（按洲）”，再在画布上的任意位置单击。然后在画布上拖动该图，调整到合适的位置，如图23-6所示。

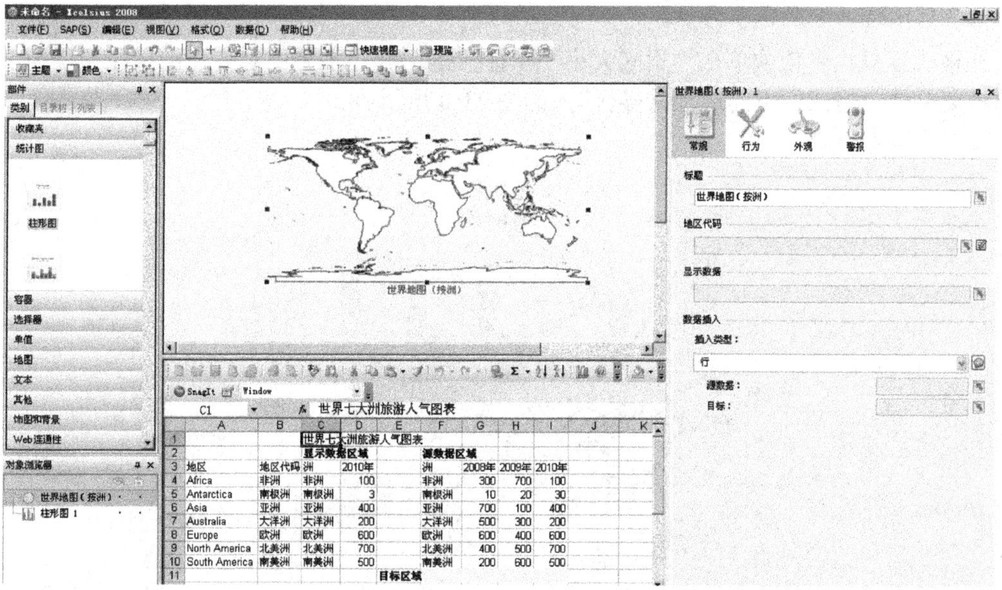

图23-6　将“世界地图（按洲）”拖放到画布上

2．找到柱形图并放在画布上

同上一步拖放世界地图操作一样。

1）单击“部件”→“类别”→“统计图”，再移动滑块或者下向箭头，找到“柱形图”。也可以通过“部件”→“目录树”→“统计图”或者“部件”→“列表”来找到“柱形图”。

2）将“柱形图”拖放到画布上，如图23-7所示。

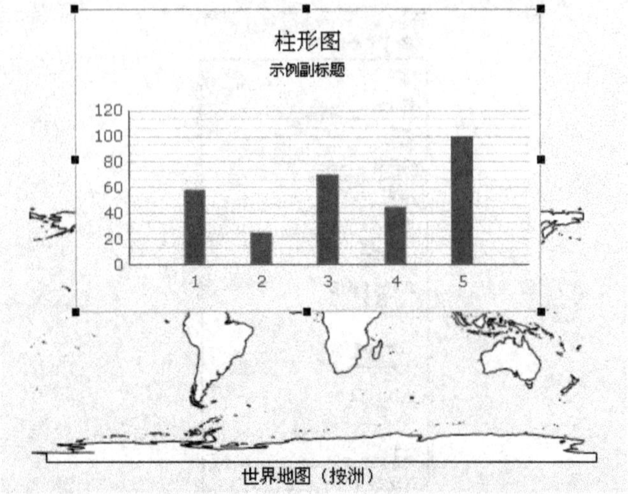

图 23-7　将“柱形图”拖放到画布上

3．调整两个图形的位置

1）将“柱形图”上移或者单击“世界地图（按洲）”图选中它，将其下移，使两张图片都能完全显示。

2）按住〈Ctrl〉键，在两个图形上单击，将两个图形同时选中，这时两个图形四周边角位置都各自出现 8 个黑色小方点。

在格式工具栏中依次单击“相同大小”图标按钮和“水平中对齐”图标按钮（也可以通过菜单栏“格式”下的选项来操作），如图 23-8 所示。

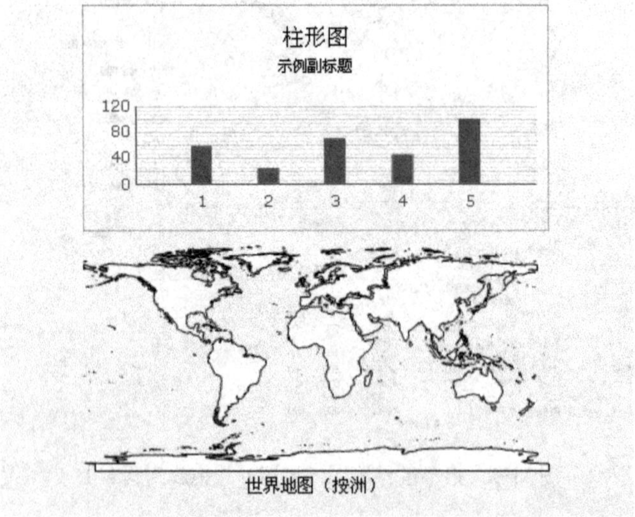

图 23-8　调整两张图大小一致并居中对齐

4．设置“世界地图（按洲）”属性——“常规”选项卡

1）在画布工作区，单击“世界地图（按洲）”来选中它，在屏幕右侧“属性”栏中就会出现其属性，如图 23-9 所示。

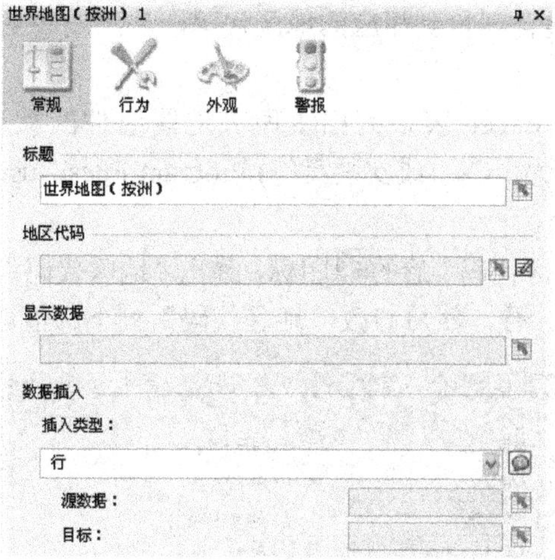

图 23-9 “世界地图（按洲）”属性”栏“常规”选项卡初始界面

2）在“属性”栏→“常规”选项下，修改标题。

标题下的白色背景框中有该图自带名称“世界地图（按洲)”，可以直接修改，也可以单击后面的图标按钮，弹出“选择范围”窗口，再在 Xcelsius 的内嵌 Excel 数据表中单击 C1 单元格。如图 23-10 所示。

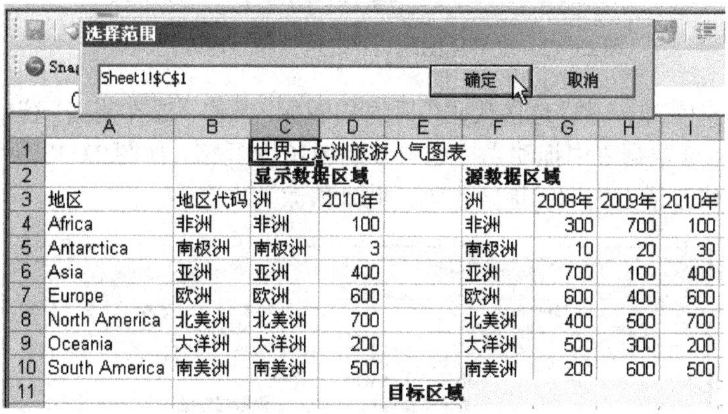

	A	B	C	D	E	F	G	H	I
1			世界七大洲旅游人气图表						
2			显示数据区域			源数据区域			
3	地区	地区代码	洲	2010年		洲	2008年	2009年	2010年
4	Africa	非洲	非洲	100		非洲	300	700	100
5	Antarctica	南极洲	南极洲	3		南极洲	10	20	30
6	Asia	亚洲	亚洲	400		亚洲	700	100	400
7	Europe	欧洲	欧洲	600		欧洲	600	400	600
8	North America	北美洲	北美洲	700		北美洲	400	500	700
9	Oceania	大洋洲	大洋洲	200		大洋洲	500	300	200
10	South America	南美洲	南美洲	500		南美洲	200	600	500
11					目标区域				

图 23-10 选定“标题”在内嵌 Excel 表的取值范围

单击图 23-10 中的“确定”按钮，就将标题改为 C1 单元格的值：“世界七大洲旅游人气图表”。修改后的标题如图 23-11 所示。

图 23-11 选定“标题”在内嵌 Excel 表的取值范围—结果

3）在“属性”栏→“常规”选项下，设置地区代码。

Xcelsius 利用“地区代码”来关联地图上的地区和对应的内嵌 Excel 数据表中的数据。每一个地图上的地区都有一个默认的地区代码，用户可以输入自己的地区代码。当地图上的某一地区被选中后，系统就会自动找到相应的地区代码，从而关联到对应的内嵌 Excel 数据表中的数据。

Xcelsius 提供了一个 Excel 表，列出了所有地图组件的默认地区代码。该文件名为 MapRegions.xls，存放路径为：C：(或安装盘符)\Program Files\BusinessObjects\Xcelsius\assets\samples\User Guide Samples。

- 单击图 23-9 中“地区代码”后的图标，弹出“地区代码”对话框，如图 23-12 所示。可以直接单击选中一行，然后修改“地区代码”列下的值。

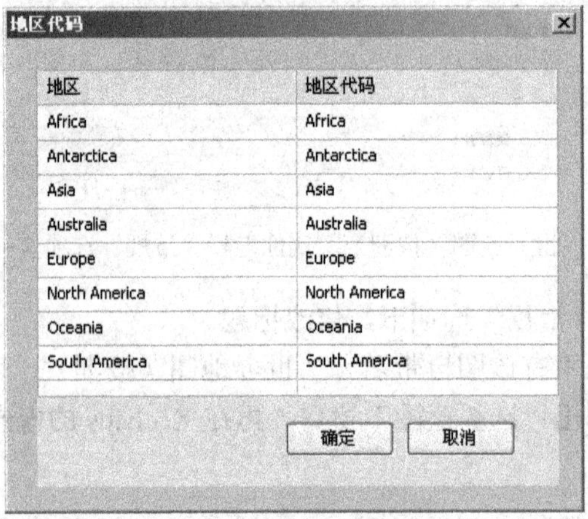

图 23-12　世界地图默认“地区”和“地区代码”

- 也可以单击图 23-9 中“地区代码”后的图标，弹出“选择范围”窗口，再在 Xcelsius 的内嵌 Excel 数据表中拖动光标选中 B4～B10 单元格，如图 23-13 所示，单击“确定”按钮，就修改了七大洲的地区代码，此处修改为中文。

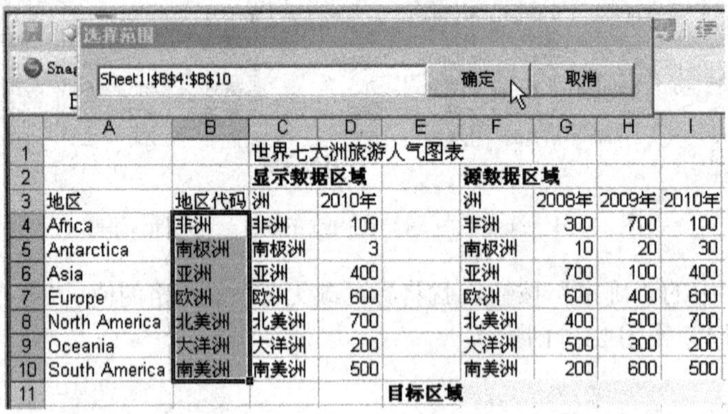

图 23-13　选定“地区代码”在内嵌 Excel 表的取值范围

- 再单击图标，弹出“地区代码”窗口，设置后的结果如图 23-14 所示。
- 由于系统数据有错，将属于大洋洲的 Australia（澳大利亚）误认为一个洲，所以需要检查和修改。

注意：可直接检查文件 MapRegions.xls，发现对于世界地图中地区代码配置有误。

● 地区代码修改后如图23-15所示

图23-14 选定“地区代码”在内嵌Excel表的取值范围—结果

图23-15 “地区代码”手工修正

4）同理，操作“显示数据”区域，选择Xcelsius的内嵌Excel数据表中的C4～D10。

5）同理，操作“源数据”区域，选择Xcelsius的内嵌Excel数据表中的F4～I10。

6）同理，操作“目标”区域，选择Xcelsius的内嵌Excel数据表中的F11～I11。

7）在“属性”栏→“常规”选项下设置完成后，如图23-16所示。

5. 设置 “世界地图（按洲）”图属性—“行为”选项卡

在“属性”栏→“行为”选项卡下，修改默认选定地区为“Asia”，如图23-17所示。

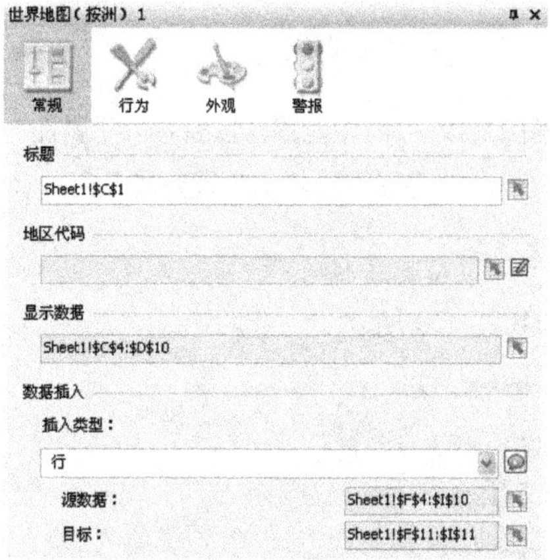

图23-16 “世界地图（按洲）”“属性”栏“常规”选项卡设置完成后的界面

图23-17 “世界地图（按洲）”“属性”栏“行为”选项卡设置

6. 设置 “世界地图（按洲）”图属性——“警报”选项卡

在“属性”栏→“警报”选项卡下设置不同省级单位显示颜色，如图23-18所示。

1）勾选“启用警报”，在“占目标百分比”，选择Xcelsius的内嵌Excel数据表中的F4～G10。

2）在“警报阀值”区域，保持默认 “使用范围” 不勾选，将警报值从系统默认的“从最小值至30%”、“从30%至70%”、“从70%至最大值”修改为“从最小值至50%”、“从50%

至 100%”、“从 100%至最大值”。单击要修改的值然后直接修改。

3）对“世界地图（按洲）”图“属性”栏中“警报”选项卡的设置完成后，如图 23-19 所示。

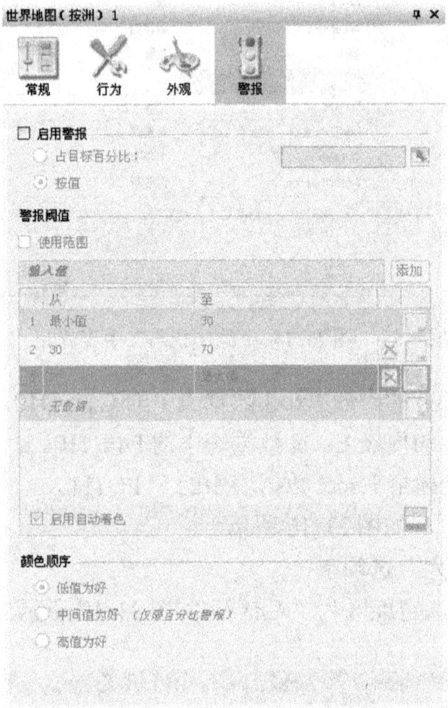

图 23-18 “世界地图（按洲）”“属性”栏“警报”选项卡设置初始界面

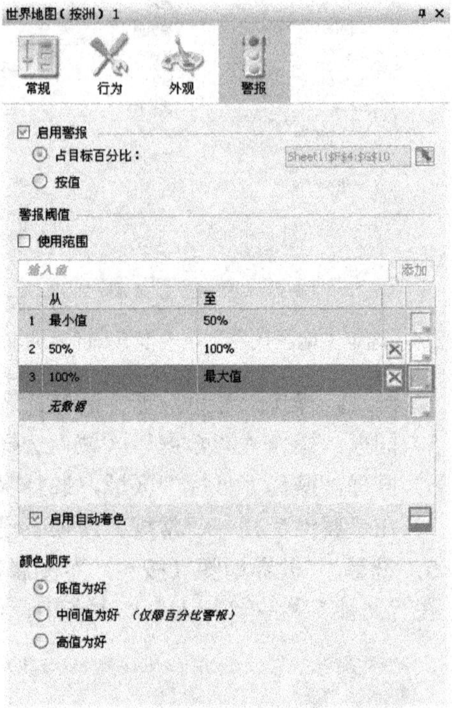

图 23-19 “世界地图（按洲）”“属性”栏“警报”选项卡设置完成界面

7．设置“世界地图（按洲）”图属性后结果

设置“世界地图（按洲）”图属性后的结果如图 23-20 所示。

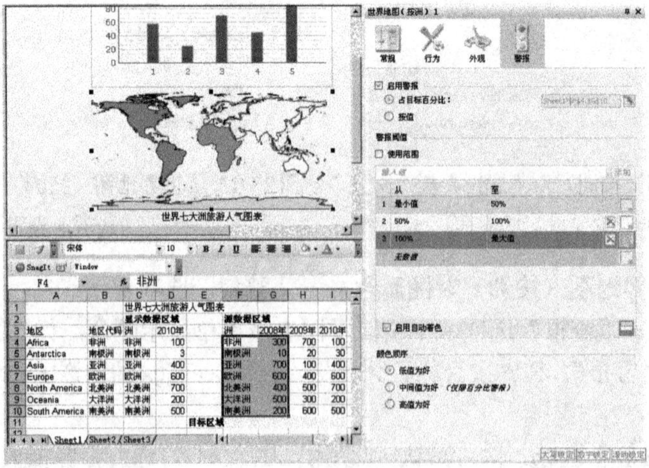

图 23-20 设置“世界地图（按洲）”图属性后的结果

8. 设置“柱形图”属性

1）在画布工作区，单击“柱形图”来选中它，在屏幕右侧的“属性”栏中就会出现其属性，如图23-21所示。

接下来就在“属性”栏的“常规”选项卡下操作。

2）在“标题”区域，修改“标题”，选择Xcelsius的内嵌Excel数据表中的C1。

3）在“标题”区域，修改“副标题”，选择Xcelsius的内嵌Excel数据表中的F11。

4）在“标题”区域，“值（Y）轴”下，输入“万人”。

5）在“数据”区域，按图23-22所示进行设置。

- 点选“按系列”。
- 单击[+]按钮，在空白方框中出现“系列1”。
- 将“名称”由直接输入方式从“系列1”改为“旅游人气”。
- 修改“值（Y）”，选择Xcelsius的内嵌Excel数据表中的G11～I11。
- 修改“类别标签”选择Xcelsius的内嵌Excel数据表中的G3～I3。

6）对“柱形图”“属性”栏的“常规”选项卡下设置完成后，如图23-22所示。

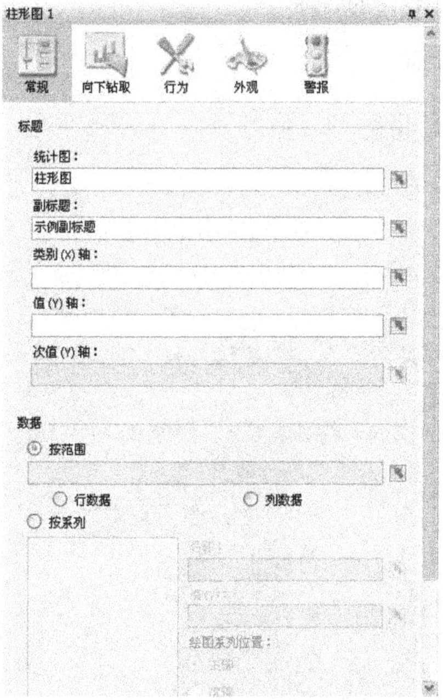

图23-21 “柱形图”“属性”栏“常规”选项卡设置初始界面

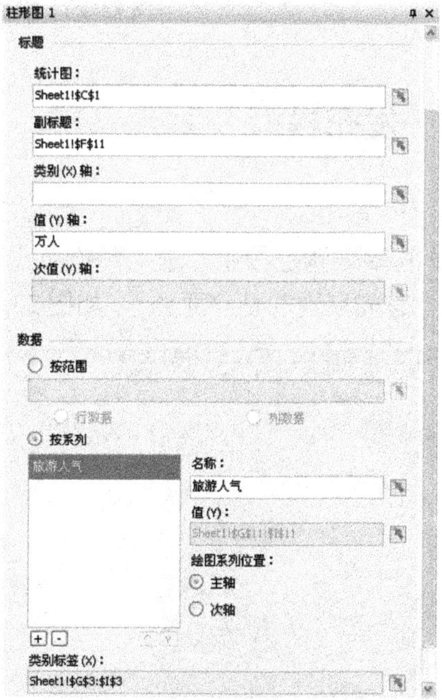

图23-22 “柱形图”“属性”栏“常规”选项卡设置完成后的界面

7）在“柱形图”“属性”栏的“常规”选项卡下设置完成后，不再设置其他选项卡，“柱形图”属性设置完成后如图23-23所示。

9. 保存Xcelsius报表

单击标准工具栏上的“保存”图标按钮，输入文件名，将其保存在硬盘上。

到这里，我们就用虚拟的旅游人气数据演示了Xcelsius中两种部件地图和统计图的基本操作步骤。

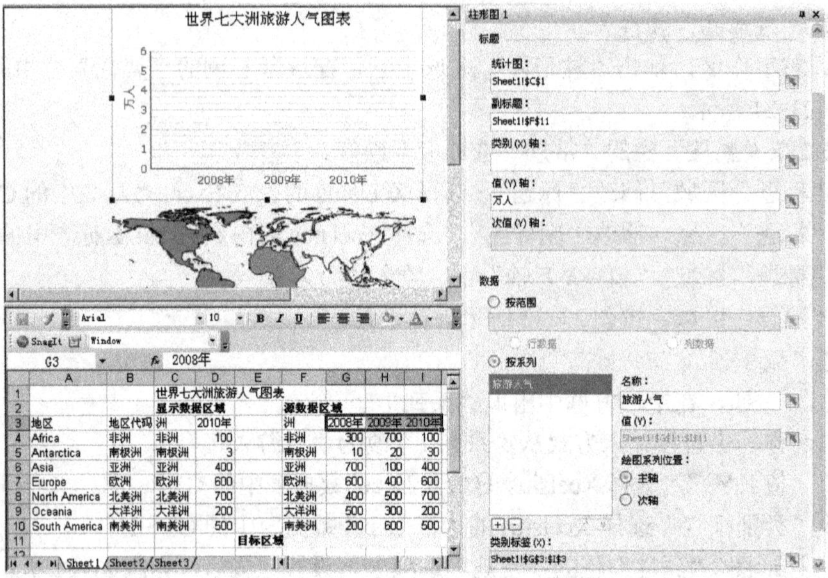

图 23-23　设置“柱形图”属性后的结果

23.3　发布模型

1．预览

单击预览按钮，进入预览模式。

1）首先展现的是“亚洲”，如图 23-24 所示。

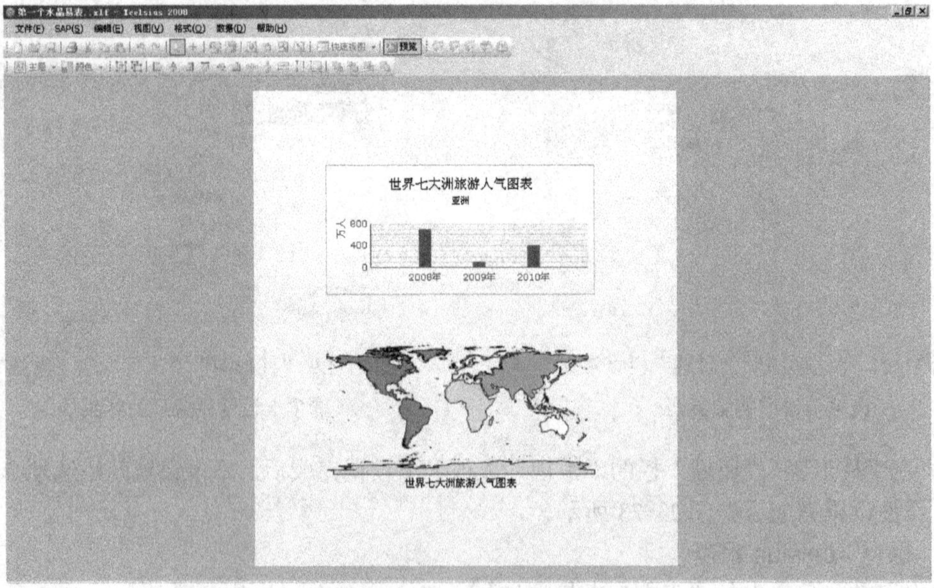

图 23-24　预览结果—默认首先展示“亚洲”

2）单击世界地图中的“北美洲”，结果如图 23-25 所示。

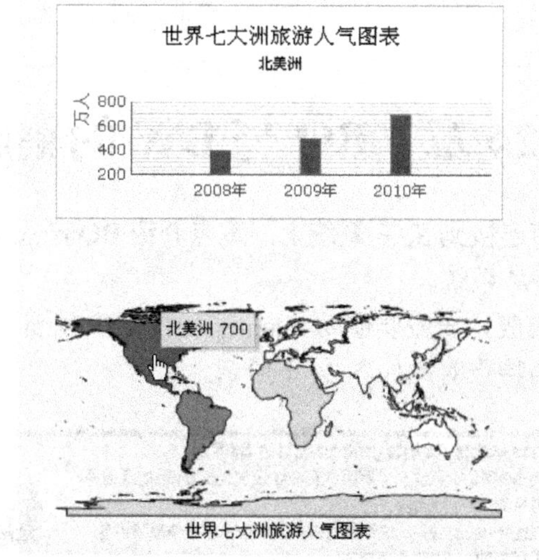

图 23-25　预览结果—单击展示“北美洲”

2．导出

可以在标准工具栏上看到导出到 Microsoft PowerPoint、Word、Outlook、Adobe PDF 和 Business Objects 平台的按钮，如图 23-26 所示。

图 23-26　工具栏上导出文件类型按钮

单击菜单命令“文件”→“导出”，还可以看到更丰富的导出文件类型，如图 23-27 所示。

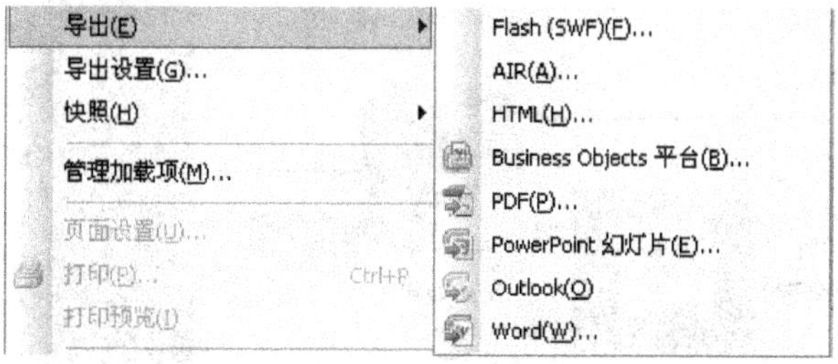

图 23-27　导出文件类型

选择相应的文件类型，导出即可。这样就可以直接在相应文件运行时，得到动态可交互的可视化文件。

第24章　BO与BW的集成

本章介绍BO产品如何连接到SAP系统上，重点介绍BO产品Crystal Reports、WebI和Xcelsius如何连接到SAP BW系统。

BO产品与SAP系统集成，一般要借助Integration Kit和Data Federator这两个集成工具帮助建立数据连接。两者的特点对比如图24-1所示。

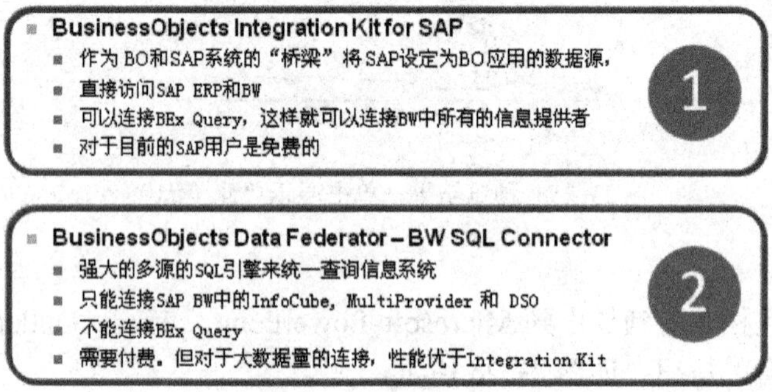

图24-1　BO产品与SAP系统集成的两个工具

本章主要介绍通过Integration Kit，将BO的前端展现产品连接到SAP BW系统上。Integration Kit在整个架构中的位置如图24-2所示。不同源系统中的数据抽取到SAP BW中，通过Integration Kit连接到BOE平台上的各种BO前端展现产品。

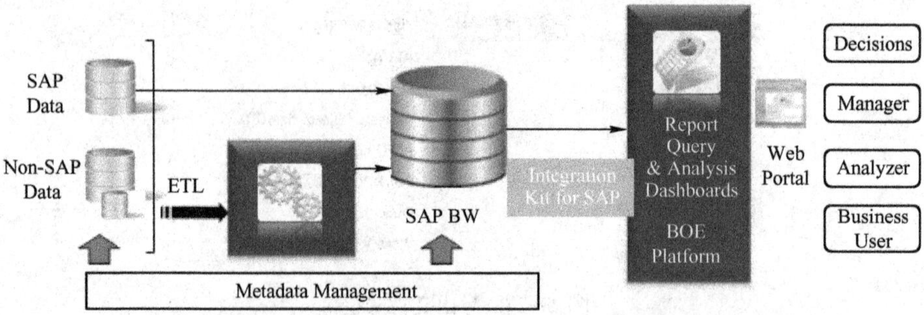

图24-2　Integration Kit在整个架构中的位置

24.1　BO产品与SAP系统集成

1．Web Intelligence（即席查询分析）

Web Intelligence可以通过Integration Kit和Data Federator两种工具与SAP系统集成，如图24-3所示。

在安装了Integration Kit后，在Universe“创建连接”的对话框中就会多出一个“连接到

SAP BW”的选项。如果选择 BW 为数据源，这个新建的 Universe 就会是一个 OLAP Universe。OLAP Universe 会把 BW Query 的定义带到 Universe 中，并把 BW 中的特性映射为 Universe 中的维度对象，把 BW 中的关键值映射为 Universe 中的度量对象。在 OLAP Universe 中，结构区域是空的（没有表和连接），并且在 Universe 中可以修改的地方并不多。

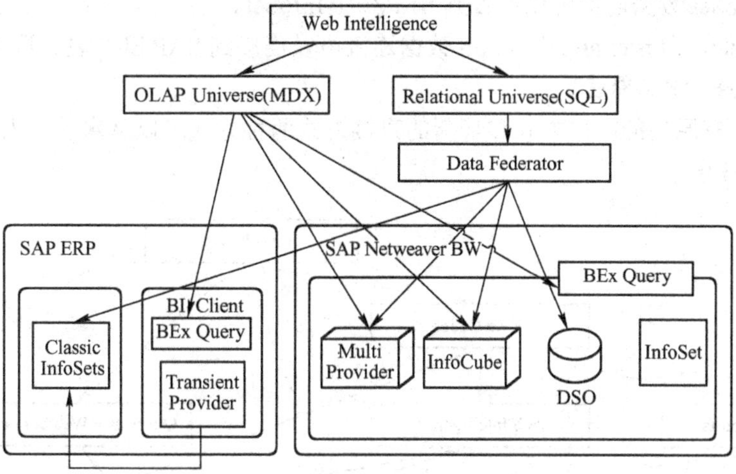

图 24-3　Web Intelligence 与 SAP 系统集成

BO 传统的 Universe 可以通过 Data Federator 连接到 SAP BW 中的 InfoCube、MultiProvider 和 DSO，还可以连接 SAP ERP 中的 InfoSet。

2. Crystal Reports（水晶报表）

需要安装 Integration Kit 来激活水晶报表到 SAP 的数据连接。有如图 24-4 所示不同的数据连接组件，可以从不同的 SAP 数据源取得数据。

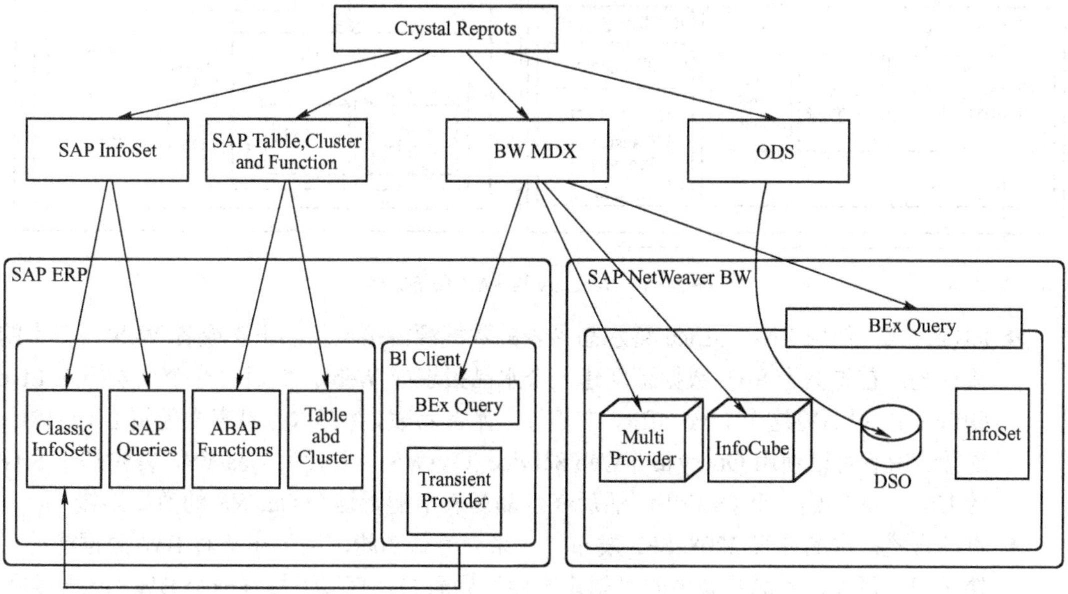

图 24-4　Crystal Reports 与 SAP 系统集成

- SAP BW Query 数据连接和 SAP BW MDX 数据连接，可以连接到 SAP BW。BW Query 数据连接只能从BW Query中取得数据，而BW MDX数据连接既可以连接到BW Query，也可以连接到 BW 信息提供者。图 24-3 中只标出了 BW MDX 数据连接。
- ODS 数据连接可以连接到 SAP BW 中的 DSO。
- SAP InfoSet 数据连接可以连接到 SAP ERP InfoSet。
- SAP Table、Cluster and Function 数据连接可以连接到 SAP ERP 表、群集和函数。

3. Xcelsius（水晶易表）

总体来说，有原先的间接方式和最新的直接方式两种方式可以从水晶易表连接到 SAP 数据源，如图 24-5 所示。

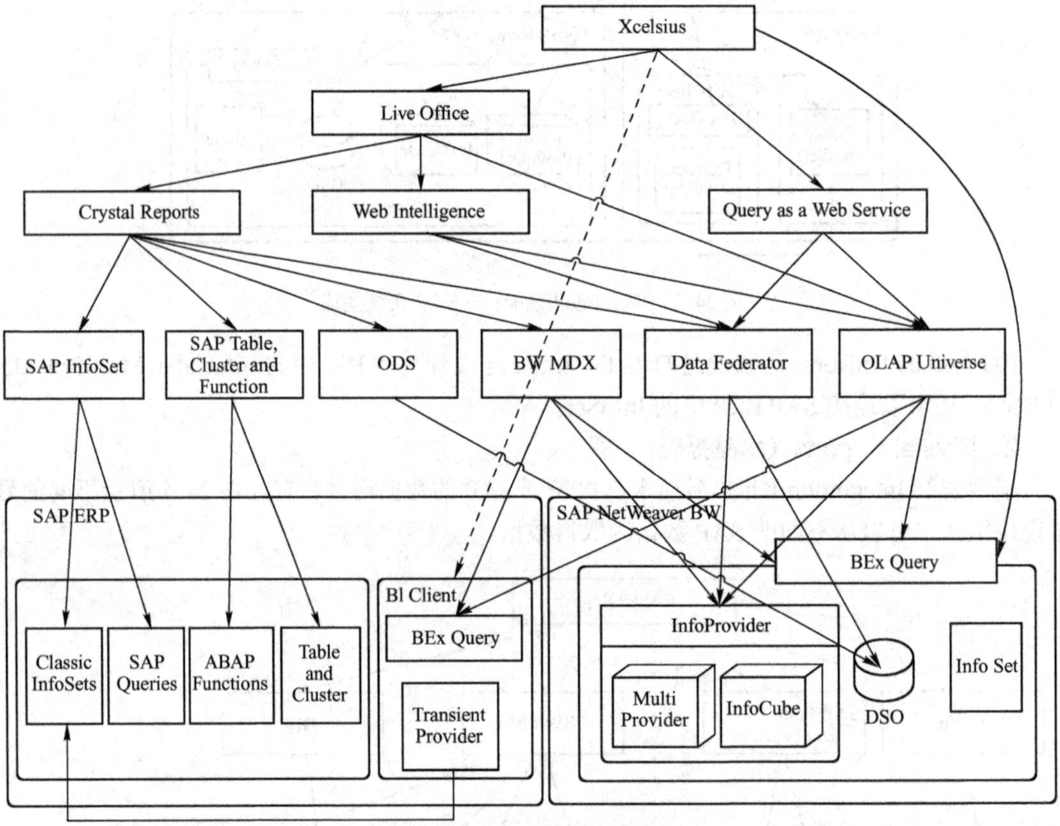

图 24-5　Xcelsius 与 SAP 系统集成

- 间接方式：使用 Live Office 将水晶易表的数据源桥接至水晶报表或者 WebI。基本的流程为：首先基于 SAP 数据源创建一个水晶报表或 WebI，然后将这个报表插入 Live Office 中，最后将这个 Live Office 文档导入水晶易表，并在水晶易表中配置 Live Office 连接。或者可以使用 Query as a Web Service (QaaWS)。要使用 QaaWS，首先基于 SAP 的 Universe 创建一个 QaaWS，然后在水晶易表中配置这个 QaaWS 的数据连接。
- 直接方式：水晶易表 2008 SP2 发布了一系列的新功能，用于支持对 BW 数据源的直接访问。可以在水晶易表中的“创建连接”界面中，直接连接到一个 BW Query 数据源。除此之外，还可以将生成的可视化文件直接发布到 BW 和门户上。

4．Business Objects Enterprise（商务智能平台）

如前所述，BOE 平台在 BO 的前端展现工具和 BW 的集成中发挥了重要作用。

Integration Kit 支持使用 SAP 用户的用户名/密码直接登录 BOE，并且实现 BOE 和 SAP 系统之间的单点登录。管理员将 SAP 的角色导入到 BOE 中并分配相应的权限后，SAP 用户就可以直接使用他们的 SAP 用户名/密码登录 BOE，并且不需要再次输入用户名/密码就可以查看基于 SAP 数据源的报表。

5．Data Integrator（BO ETL 工具）

Data Integrator 是业界强大的数据 ETL（Extraction，Transformation and Loading，抽取、转化和加载）工具。可以利用它抽取所有的非 SAP 源系统的数据，配合使用 Data Quality 等其他工具，完成非 SAP 源系统的数据的清洗和处理。然后将数据放到 BW 中进一步统一化和标准化。

24.2 BO 产品与 BW 系统集成实例

下面我们来看将 BO 中的产品与 BW 系统集成的两个实例：Web Intelligence 与 BW Query 的集成和 Crystal Reports 与 BW InfoCube 的集成。

1．Web Intelligence 与 BW Query 的集成实例

其操作要点如下：

- 在 BEx Query Designer 中启用 Query 的属性中的“允许外部访问”。
- 创建一个 Universe 的连接，连接到该 Query。
- 创建一个 Universe。

主要操作步骤如下：

1）在 BEx Query Desinger 中，新建或打开一个查询。本例中打开“第一个报表”中创建的查询 Sales Ana. Report 01，在查询“属性”窗格的 Advanced 选项卡下，勾选 Allow External Access to this Query，如图 24-6 所示。

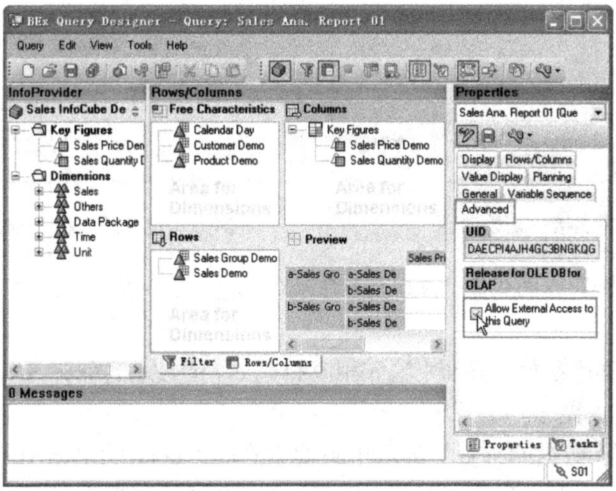

图24-6　勾选查询中“允许外部访问”设置

2）在 BO 中，启动并登录 Universe Designer。选择“文件”→“新建”命令，系统弹出“Universe 参数”对话框，单击“新建”按钮，如图 24-7 所示。

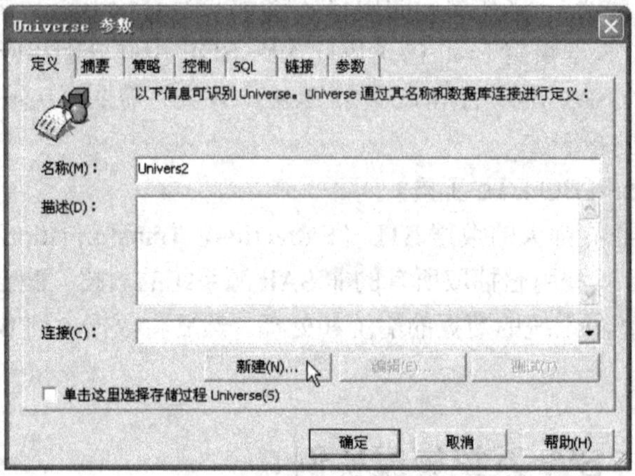

图 24-7 “Universe 参数”对话框—新建连接

3）系统弹出“定义新连接”对话框，单击“下一步”按钮，如图 24-8 所示。

4）在“数据库中间件选择”界面中输入“连接名称”BW_Query，在“连接类型”中选择“SAP”→“SAP Business Warehouse”→“SAP 客户端”，单击“下一步”按钮，如图 24-9 所示。

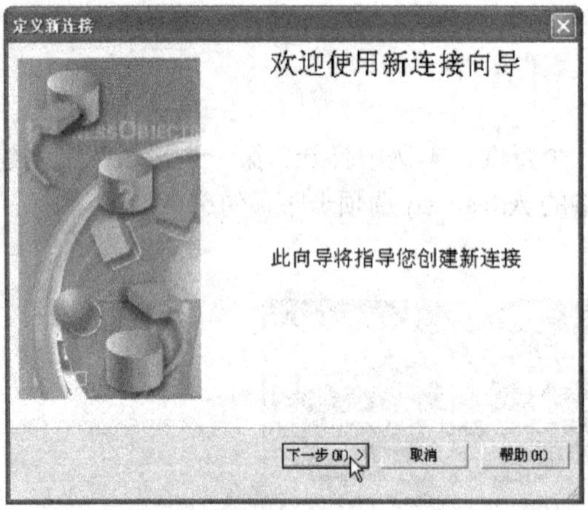

图 24-8 定义新连接—初始界面

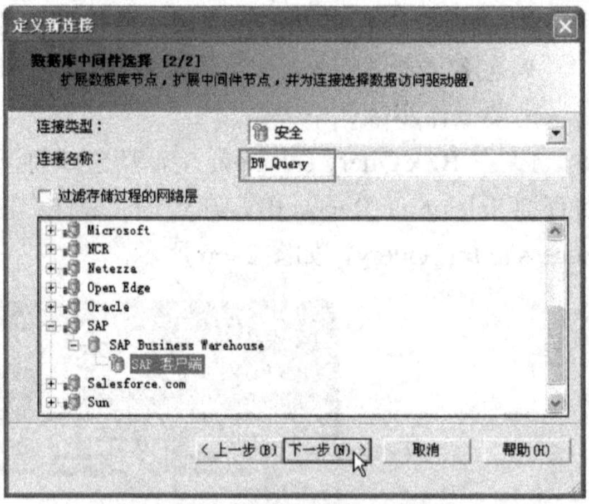

图 24-9 定义新连接—数据库中间件选择

5）在“登录参数”界面中输入相应的 BW 系统登录参数，单击“下一步”按钮，如图 24-10 所示。

6）在“目标/数据库参数”界面中输入相应的 Query 的技术名称 Z_SALES_ANA_REP_01，单击“搜索”按钮，如图 24-11 所示。

7）系统在“目标/数据库参数”界面中将搜索到的 Query 的 Z_SALES_ANA_REP_01 以蓝色背景显示，单击“下一步”按钮，也可以单击“测试连接”按钮来检查连接状况，如图 24-12 所示。

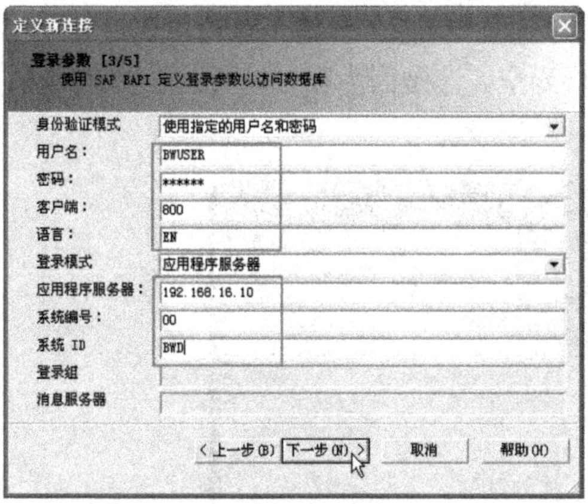

图 24-10　定义新连接—登录参数

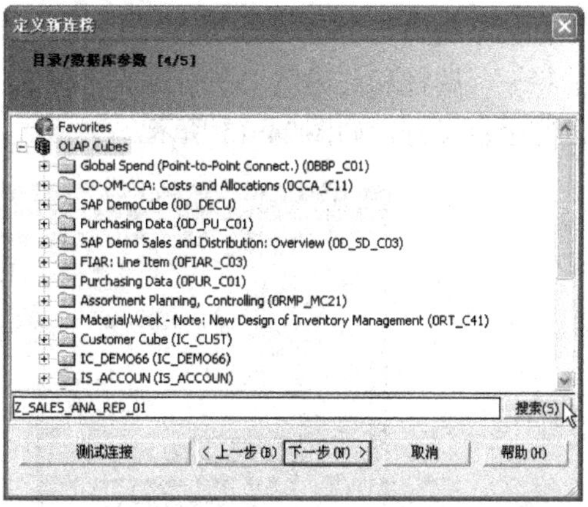

图 24-11　定义新连接—目录/数据库参数

8）在“配置参数”界面中保持默认设置，单击“完成”按钮。到此，新建 Universe 中的连接就创建完成了，如图 24-13 所示。

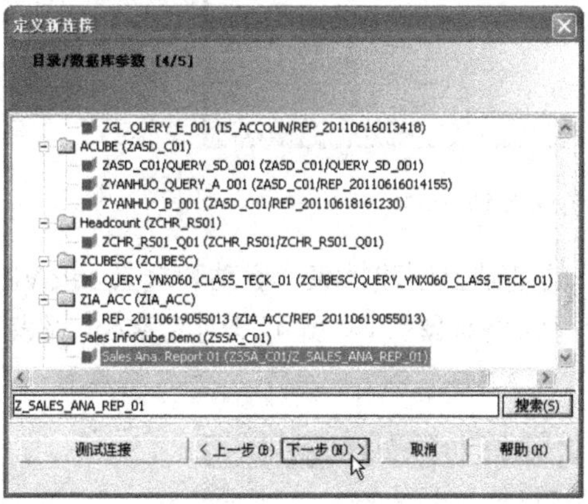

图 24-12　定义新连接—目录/数据库参数—选择查询

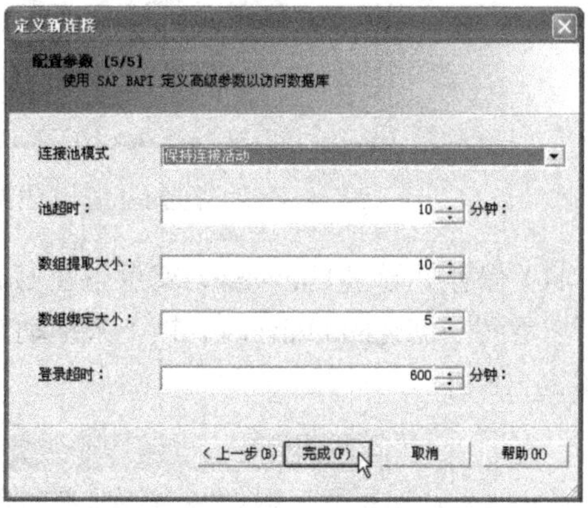

图 24-13　定义新连接—配置参数

9）系统返回到“Universe 参数”对话框，新创建的连接 BW_Query 已经出现。单击“确定”按钮，如图 24-14 所示。

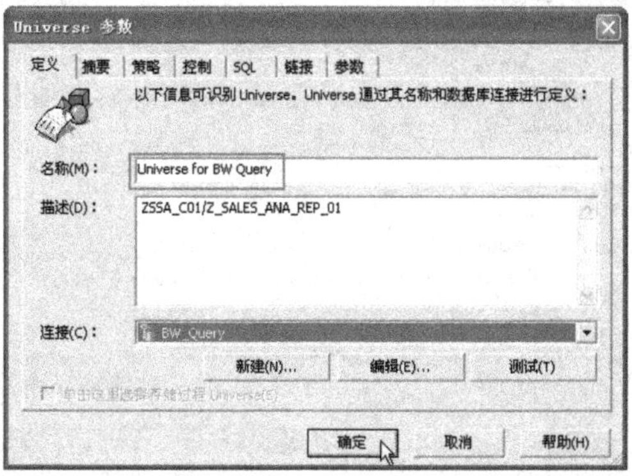

图 24-14　“Universe 参数”对话框—连接新建完成

10）系统进入 Universe 界面，我们看到，在左侧的“对象”窗格，自动出现 BW Query 中的特性、属性和关键值，在右侧的“模式”窗格为空。这是因为在 BW Query 中对象的关系已完全定义好，如图 24-15 所示。

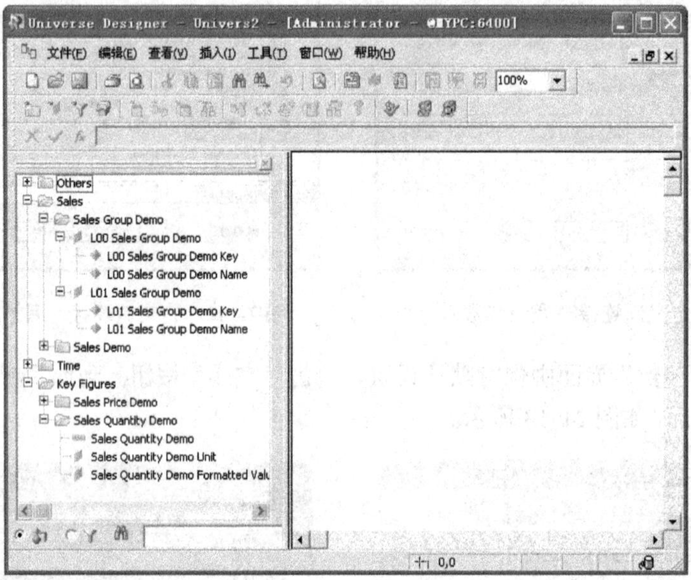

图 24-15　由 BW 查询生成的 Universe

11）保存并导出 Universe，就可以在 Universe 的基础上创建报表。启动和登录 InfoView，就可以看到刚创建的 Universe，接下来拖动对象到“结果对象”中，就可以创建 WebI 报表了，如图 24-16 所示。

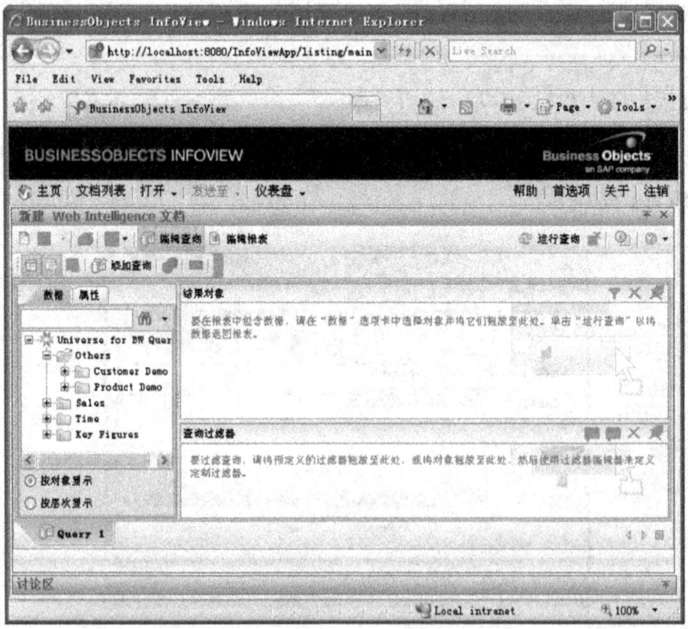

图 24-16　WebI 查询创建界面

2．Crystal Reports 与 BW InfoCube 的集成实例

其操作要点如下：

- 在 Crystal Reports 中创建一个 SAP BW MDX 的连接。
- 通过 SAP BW MDX 的连接选定在 BW 系统中的一个 InfoCube。
- Crystal Reports 将 InfoCube 当做二维表数据源，然后基于该数据源选择字段创建水晶报表。

主要操作步骤如下：

1）在 Crystal Reports 中，启动 Crystal Reports。选择“文件”→“新建”→“空白报表”，系统弹出“数据库专家”对话框。

2）在“数据库专家”对话框中，展开“创建新连接”，可以看到 Crystal Reports 可以连接几乎任意数据源。双击其中的“SAP BW MDX 查询”，如图 24-17 所示。

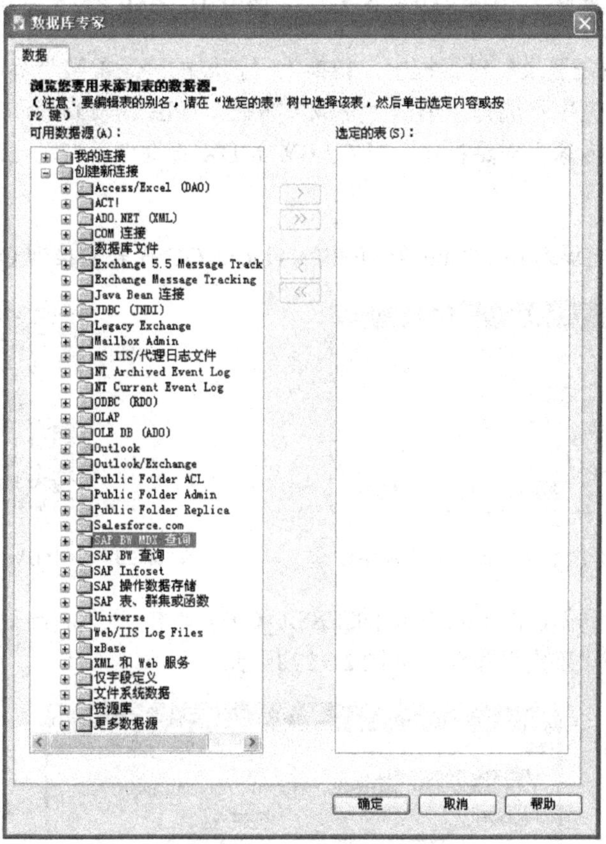

图 24-17 “数据库专家”对话框—选择“SAP BW MDX 查询”

3）系统弹出“SAP 系统登录”对话框，为“选择 SAP 系统”界面。系统列出可用的 SAP 系统，即在用户本机中 SAP Logon 窗口中配置的所有 SAP 系统。本例选中 BW DEV，然后单击“下一步”按钮，如图 24-18 所示。

4）在 “SAP 系统登录”对话框中，切换为“输入用户登录凭据”界面。输入客户端、用户名和密码，然后单击“下一步”按钮，如图 24-19 所示。

图 24-18　SAP 系统登录—选择 SAP 系统

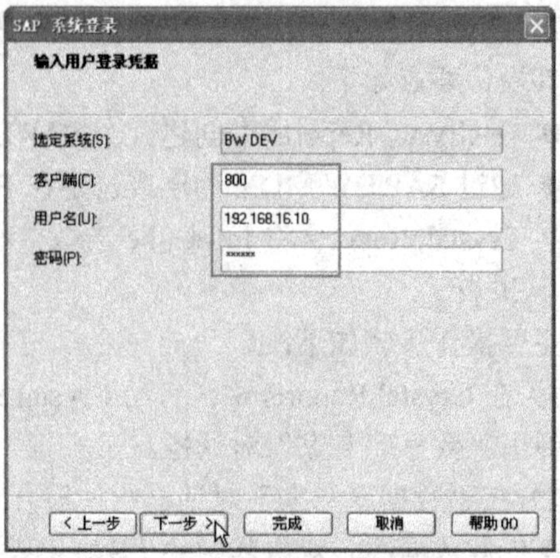

图 24-19　SAP 系统登录—输入用户登录凭据

5）在 “SAP 系统登录”对话框中，切换为“扩展的登录参数”界面。“生成 RFC 跟踪文件”是可选项，本例中不选择，单击“完成”按钮，如图 24-20 所示。

6）在 “数据库专家”对话框中，“SAP BW MDX 查询”下自动出现新建立的连接，如图 24-21 所示。

注意：CU 代表连接到 InfoCube 和 MultiProvider，QC 代表连接到 Query。

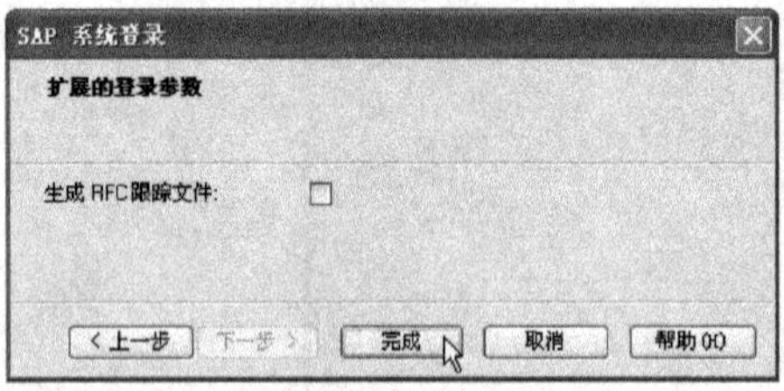

图 24-20　SAP 系统登录—扩展的登录参数

图 24-21　SAP BW MDX 连接建立成功

7）展开 CU，找到创建的 InfoCube 的$ZSSA_C01，单击“>”右向箭头，将它加入到“选定的表”下，再单击“确定”按钮，如图 24-22 所示。

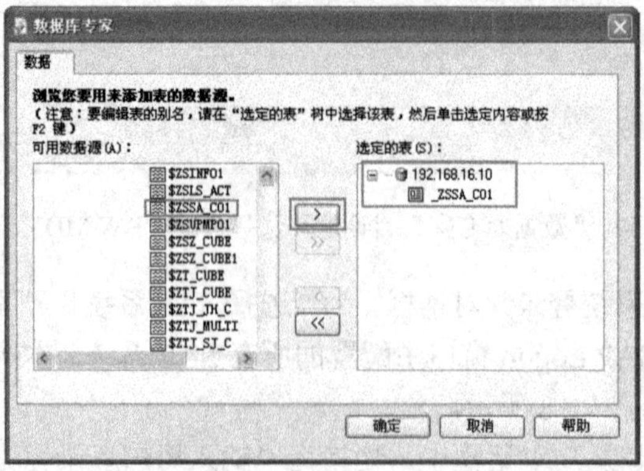

图 24-22　SAP BW MDX 连接建立成功

8）在 Crystal Reports 主界面，出现“报表 1”选项卡。在菜单中选择“视图”→“字段资源管理器”，或者直接单击按钮，系统弹出“字段资源管理器”窗口，如图 24-23 所示。

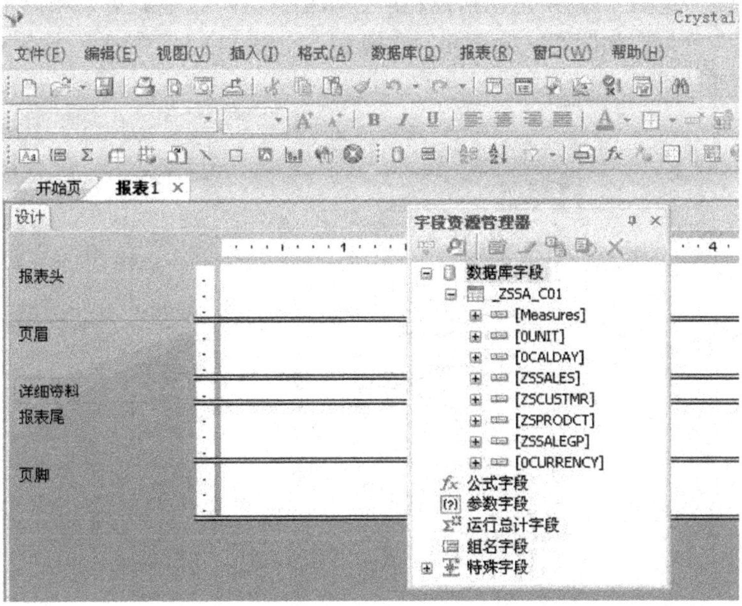

图 24-23　新报表选项卡和字段资源管理器

9）在 “报表 1”选项卡下，从 “字段资源管理器”拖放相应字段到“详细资料”区域，如图 24-24 所示。

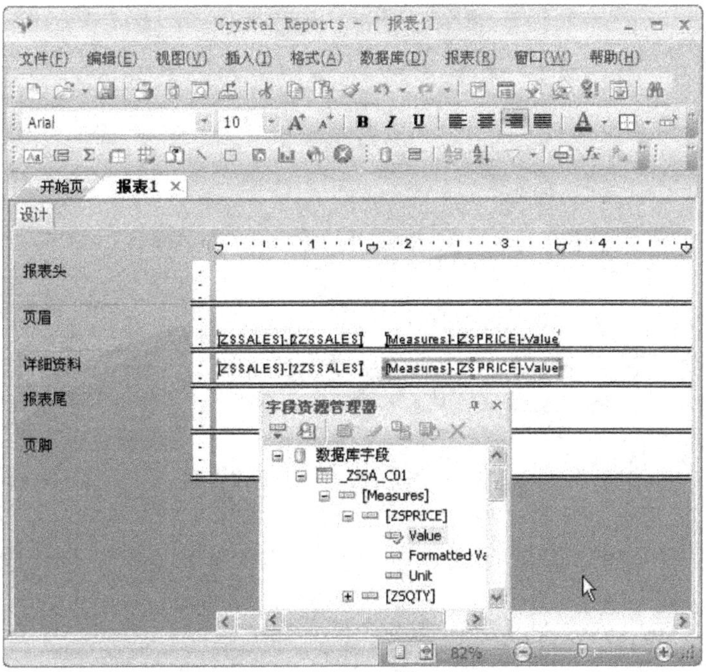

图 24-24　拖放字段

10）在 “字段资源管理器”中，将信息对象如“ZSSALES”展开后，可以看到下面有多个字段，如键值（Key）、描述（Name）、属性键值（Attribute Key）、属性描述（Attribute Name）等。将光标停留在字段上，系统自动给出相应提示信息。可以根据需要和提示将相应字段拖放到“详细资料”区域。如图 24-25 所示，字段如“2ZSSALES”下有一个小钩，表示该字段已被放入到水晶报表中。

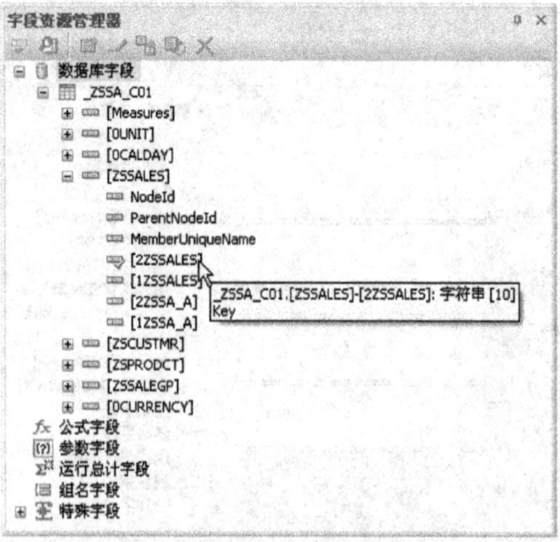

图 24-25　字段详细信息

到此，我们演示了 WebI 和 Crystal Reports 与 BW 集成的实例。

参 考 文 献

[1] http://help.sap.com/

[2] http://www.sap.com/index.epx#/solutions/index.epx

[3] 陈永杰. SAP 商务智能完全解决方案[M].北京：机械工业出版社，2008.